LECTURE ON STARTUP LAW

창업법강의

정쾌영 저

박영사

본서의 개정판이 출간된 이후 최근까지 창업 관련 법률의 개정이 빈번하게 이루어졌다. 중소기업 창업의 기본법인 「중소기업창업지원법」이 2021년 12월 28일 전부 개정되었고, 「벤처기업 육성에 관한 특별조치법」과 「소상공인 보호 및 지원에 관한 법률」 등의 주요 법령이 대폭 개정되고, 「소상공인기본법」과 「벤처투자 촉진에 관한 법률」이 새로 제정되었다. 조세 관련 법령에도 손질이 가해지는 등 창업 관련 법령에 많은 변화가 있었다.

이 가운데 「중소기업창업지원법」의 개정에서는 종래 동 법률에서 정하였던 중소기업창업투자회사와 엑셀러레이트 및 중소기업창업투자조합에 관한 규정이 삭제되었다. 「벤처기업 육성에 관한 특별조치법」의 개정에서는 벤처투자기업, 연구개발기업, 기술평가보증기업, 기술평가대출기업의 네 유형으로 구분됐던 벤처기업이 벤처투자기업과 연구개발기업 및 혁신성장기업의 세 유형으로 축소되고 예비벤처기업이 추가되었다.

새로 제정된 「벤처투자 촉진에 관한 법률」은 종래 「벤처기업 육성에 관한 특별조치법」과 「중소기업창업지원법」에 분산돼 있었던 전문개인투자자, 개인투자조합, 창업기획자, 중소기업창업투자회사, 벤처투자조합, 한국벤처투자 및 벤처투자모태조합 등에 관한 조항을 통합하여 규정하는 등 창업 관련 제도와 규정이 대폭 개선되었다. 또 「소상공인 보호 및 지원에 관한 법률」의 불공정거래 피해상담센터제도 신설과 개정 「중소기업창업지원법」의 창업기업제품의 공공기관 우선구매제도 및 창업기업 해당 여부 확인제도의 신설 등 창업기업의 경영 여건과 투자 환경 개선을 위한 각종 제도가 대폭 확충되어 폭넓은 이해가 요구되고 있다.

이러한 창업 관련 법령의 개정과 제도의 개선에 따라 본서 또한 개정하지 않으면 안 되었다. 현장의 수요에 따라 법령은 제·개정될 수밖에 없고, 법령이 바뀌면 그 내용을 잘 알아야 적절하게 대처할 수 있다. 또 본서 제7장 제4절에 '상표'와 특허권 등의 지식재산권, 제5절에 '도메인네임'의 법률관계를 새로 추가하여 넣고, 각 장의 끝에 종전의 [창업 성공 사례] 대신 [판례 산책]을 넣어 각 장의 본문 내용과 관련되는 대법원 및 헌법재판소의 주요 판례 요지를 일부 소개하여 참고할 수 있도록 하였다.

사서(四書) 대학(大學)에 보면 공자는 "송사를 듣고 판단하는 일은 나도 남에게 뒤지지 않지만, 송사와 같은 일은 처음부터 일어나지 않도록 해야 한다(聽訟 吾猶人也, 必也使無訟乎!)"고 하였다. 창업 현장도 치열한 전쟁터라 할 수 있다. 손자(孫子)는 「병법(兵法)」 모공(謀攻)편에서 "식견을 가지고 있으면 규모가 작은 부대를 운용하더라도 승리할 수 있다(識衆寡之用者勝)"고 하였다. 그러잖아도 어려운 난제가 산적해 있는 창업 과정에서 관련 법률 규정을 잘 몰라 어려움을 겪는 일은 없어야 한다는 점에서 되새겨볼 만하다.

본서를 교재로 사용하거나 또는 창업 현장에서 본서를 참고하는 독자들이 창업에 관한 복잡한 법규를 체계적으로 이해하고 또 실무에 효과적으로 활용하는 데 본서가 조금이나마 도움이 되었으면 하는 마음 간절하다. 끝으로 본서의 편집과 발간에 많은 노고를 기울이신 박영사 임직원 여러분께 깊은 감사를 드린다.

2023. 2.
저자

개정판을 내면서

  지난해 연초에 본서를 발간한 이후 창업에 관련되는 각종 법률이 다수 개정되었다. 창업에 관하여는 그 구체적인 사항에 따라 수많은 법령이 적용되므로 법령이 개정된 경우에는 그 개정 법령의 내용을 잘 파악하고 창업 관련 업무 활동에 바로 적용할 수 있도록 해야 한다. 본 개정판이 창업 관련 법령과 제도를 효과적으로 활용하는데 조금이라도 도움이 되었으면 한다.

  창업이 결코 쉬운 일이 아님은 두말할 나위가 없다. 많은 자금을 투자하여 온갖 노력을 기울여야 하지만, 성공의 확률은 그리 높지 않다. 실패를 두려워하지 않고 최선을 다하여 반드시 성공을 이끌어내지 않으면 안 된다. 이를 위해서는 무엇보다도 먼저 성공 가능성을 높여주는 창업 아이템이 있어야 하지만, 이와 함께 반드시 성공을 일궈내는 칠전팔기의 의지와 나아가 각종 지원제도를 효과적으로 활용하는 지혜로운 접근이 있어야 한다.

  주지하다시피 법은 생물과 같아서 사회의 변화에 따라 그 규정 내용이 수시로 개정된다. 특히 경제가 어려워 취업난이 갈수록 심화되는 오늘날에는 취업 대신 창업을 활성화하기 위한 기존 제도의 개선이나 새로운 제도의 도입이 끊임없이 계속되고 있다. 그럼에도 불구하고 각종 조사결과를 보면 실제 창업자나 예비창업자들 중에는 이러한 제도나 규정을 잘 모르는 경우가 너무나 많다.

  창업에는 많은 투자와 노력이 요구된다. 창업자나 예비창업자는 자신이 창업하고자 하는 분야에 관하여 법령에서 요구하는 것이 무엇이며, 자신이 활용할 수 있는 제도가 어떠한가를 잘 파악하여 적절하고 신속하게 대처하는 것은 기회비용을 최소화하는 첩경이 된다. 본서가 창업을 하는데 이러한 부담과 비용을 줄여 성공을 앞당기는 촉매가 되었으면 한다.

2019. 2.

저자

창업에 대한 우리 사회의 관심이 날로 커지고 있다. 취업난이 갈수록 악화되니 창업을 통해 일자리를 찾아보자는 것이 범국가적 과제이다. 제4차 산업혁명이 빠른 속도로 진행되고 있어 취업의 문은 점점 더 좁아지고 창업의 중요성은 더욱 강조되고 있다.

창업은 모든 기업의 출발이라 할 수 있다. 창업이 성공하면 안정된 일자리를 확보할 수 있을 뿐만 아니라 많은 수익을 얻고 나아가 기업의 규모를 키워 더 큰 기업으로의 성장을 기대할 수 있다. 새로운 아이디어나 기술로 고객 가치를 창출하는 창업의 활성화는 우리 사회의 안정과 발전을 위해서도 절실히 요구되는 중요한 과제이다.

최근 우리나라에서 창업을 촉진하고 활성화하기 위한 여러 법령이 시행되고 있다. 기업의 규모와 특성에 따라 「1인창조기업 육성에 관한 법률」, 「중소기업창업지원법」, 「벤처기업 육성에 관한 특별 조치법」 등의 각종 법령이 그 창업을 위한 각종 지원 방향을 정하고 있으며, 이들 법령에 따라 창업에 대한 다양한 지원이 이루어지고 있다.

그러나 창업을 하는 경우에 부딪치는 법적인 문제는 이러한 지원시책에 그치지 않는다. 창업 시에 자영업으로 할 것인가 아니면 회사 등의 법인 형태로 할 것인가, 법인을 설립하는 경우 그 설립 절차는 어떠한가 등에서부터 기업의 상호나 명칭의 법률관계, 창업을 위한 영업인수의 법률관계, 사무실이나 점포 등 상가건물 임대차의 법률문제, 가맹점사업의 법적 문제 등 숱한 난제에 조우하게 된다. 많은 자금과 시간을 투입하여 창업을 하는 상황에서 이러한 제반 법적 문제에 대한 지식이 없다면 생각지도 못한 어려움을 겪을 수 있고, 자칫 법적 분쟁에 휘말리기라도 하면 낭패를 당할 위험도 있다.

이에 본서는 창업자나 예비창업자가 창업에 관련되는 제반 법적 문제를 스스로 분석하고 용이하게 해결할 수 있는 능력을 배양하는데 중점을 두고 있다. 가령 기업의 형태를 정하는 경우에도 창업자가 각종 기업에 관한 해당 법률을 일일이 찾아 그 내용을 파악하기는 결코 쉽지 않다. 창업자에게 창업 관련 법령에 관한 지식이 어느 정도 있다면 시간과 비용을 절약하면서 훨씬 용이하게 해결해 나갈 수 있을 것이다.

본서는 이러한 관점에서 창업에 관심이 있거나 창업을 하고자 하는 경우에 누구나 쉽게 읽고 이해할 수 있도록 엮고자 했다. 대학의 창업 관련 강좌에서 교재로 사용할 수 있도록 글의 순서와 내용을 체계화하고 법학을 전공하지 않는 독자들도 내용을 용이하게 파악할 수 있도록 주의를 기울였다. 본문에는 근거 법령과 조문을 일일이 달아 독자가 직접 관련 법령을 찾아 확인할 수 있도록 했다. 각 장의 끝에는 창업 성공 사례를 수록하여 창업의 꿈을 설계하는데 참고할 수 있도록 하였다.

본문 중에 법령의 조문을 표시함에 있어서 긴 법령의 명칭을 약어로 표기했다. 「1인 창조기업 육성에 관한 법률」은 '창조', 「중소기업창업지원법」은 '중소', 「벤처기업 육성에 관한 특별 조치법」은 '벤육', 「부가가치세법」은 '부가', 「협동조합기본법」은 '협동', 「사회적기업육성법」은 '사회', 「채무자 회생 및 파산에 관한 법률」은 '파산', 「근로기준법」은 '근기', 「산업재해보상보험법」은 '산재', 「국민건강보험법」은 '국건', 「상업등기법」은 '상등', 「상표법」은 '상표', 「가맹사업 거래의 공정화에 관한 법률」은 '가맹', 「국민연금법」은 '국연', 「법인세법」은 '법세', 「소득세법」은 '소세' 등으로 표기하였으니, 이점 착오 없기 바란다.

처음 집필을 시작할 때에는 의욕이 넘쳤으나, 막상 출간하고 보니 부족하고 미진한 부분이 한두 곳 아니다. 독자 여러분들의 양해를 당부하며 앞으로 보완할 것을 다짐한다. 끝으로 본서를 발간하여 빛을 보게 하신 박영사 임직원 여러분께 깊은 감사를 드리면서 독자 여러분들의 건승을 기원한다.

2018. 2.

저자

차 례

LECTURE
ON
STARTUP
LAW

제**1**장

창업의 개념

LECTURE ON STARTUP LAW

제1장 창업의 개념

제1절 창업의 의의

창업은 기업을 설립하여 새로운 영업을 개시하는 것을 말한다. 기업은 그 형태가 개인기업인가 공동기업인가, 공동기업이라면 조합인가 회사기업인가, 또는 협동조합인가 묻지 아니하며, 어떤 형태의 기업이든 새로운 영업을 목적으로 하는 것이라면 창업의 범주에 속한다. 새로운 영업은 자신이 종래 영업으로 하지 않았던 영업을 새로 시작하거나 또는 타인이 운영하던 영업을 인수하여 그 영업활동을 계속하는 것을 가리킨다.[1]

창업은 기업 활동의 첫 출발이다. 모든 기업은 창업을 통하여 경제적 조직으로서의 실체를 갖게 되며, 그 목적인 영업활동을 본격적으로 수행하게 된다. 더욱이 창업은 성공할 경우 창업자에게 많은 수익을 주고, 근로자들에게는 일자리를 제공할 수 있다. 나아가 성장기에 들어가면 새로운 제품 개발과 시장 확대, 무역 증대 등으로 대규모의 고용 창출과 이에 따른 전후방 연관 효과로 관련 거래의 활성화와 경기 부양 효과를 가져 올 수 있다.

이러한 점에서 창업은 새로운 부가가치를 창출함으로써 지역 및 국가의 경제를 발전시키는 원동력이 된다. 국가와 지방자치단체들이 창업을 촉진하고 활성화하기 위하여 많은 지원을 강구하고 있는 이유도 바로 여기에 있다. 개인이 가지고 있는 창의적인 아이디어나 새로운 기술을 산업화함으로써 수익을 창출하여 창업자와 그 가족의 생계문제를 해결할 수 있을 뿐만 아니라 고용 증대, 과학기술의 발전, 지역경제의

---

1) 「중소기업창업지원법」에 의한 중소기업 창업지원에 있어서는 ⅰ) 타인으로부터 사업을 승계하여 승계 전의 사업과 같은 종류의 사업을 계속하는 경우와 ⅱ) 개인사업자인 중소기업자가 법인으로 전환하거나 법인의 조직변경 등 기업 형태를 변경하여 변경 전의 사업과 같은 종류의 사업을 계속하는 경우, ⅲ) 폐업 후 폐업 전의 사업과 같은 종류의 사업을 계속하는 경우는 창업의 범위에서 제외된다(중창 시행령 제2조 제1항, 제1,2,3호).

활성화, 국가 경제의 발전 등 다양한 성과를 거둘 수 있는 것이다.[2)]

창업은 창업자 개인이 단독으로 자영업을 하는 경우와 2인 이상이 동업을 하는 경우 및 회사 등의 법인 설립에 의하는 경우를 포함한다. 동업 형태는 2인 이상이 공동으로 투자를 하여 사업을 공동으로 운영하는 것으로서 그 법적 형태는 민법상의 조합 또는 합자조합이다. 법인의 설립에 의한 창업은 회사, 협동조합, 사회적협동조합, 사회적기업 등의 각종 법인을 설립하여 창업을 하는 것을 말한다. 창업 시 어떤 유형의 법인을 설립할 것인가는 창업자의 자유로운 판단에 의함은 물론이다.

제2절 창업의 자유와 제한

헌법 제15조는 모든 국민이 직업 선택의 자유를 갖는다고 천명함으로써 창업의 자유를 인정하고 있다. 각 개인은 헌법에서 보장하는 직업 선택의 자유권에 기하여 창업을 통해 각종 영업 활동을 할 수 있는 것이다. 다만, 국민의 모든 자유와 권리는 국가안전보장·질서유지 또는 공공복리를 위하여 필요한 경우에 한하여 법률로써 제한될 수 있다. 개인의 영업도 경찰행정상의 목적이나 사회질서 및 공익의 유지 등 여러 가지 목적에서 공법 또는 사법에 의하여 제한되는 경우가 적지 않다. 이처럼 영업이 제한되는 경우를 제외하고는 모든 국민은 그 연령이나 성별, 종교 등에 관계없이 누구든지 어떠한 분야의 영업이라도 창업을 할 수 있다.

제3절 창업의 유형

I. 창업의 동기에 따른 분류

창업은 그 동기에 따라 생계형 창업과 기회형 창업으로 구분된다. 생계형 창업은 창업자 자신과 그 가족의 생계를 영위하기 위한 수단으로서 하는 창업이며, 기회형 창업은 새로운 기술이나 아이디어를 기반으로 하여 새로운 사업 기회를 실현하기 위

---

2) 중소벤처기업부와 창업진흥원의 「2019년 창업기업실태조사」에서 창업 아이템 및 아이디어 원천은 본인만의 아이디어가 86.7%로 가장 높고, 기술이전 8.5%, 아이디어 교류·협업을 통한 창업아이템 발굴 2.6%, 아이디어 보유자와 함께 참여 2.2%이었다. 「2019년 창업기업실태조사」, 2022.02, 105면.

한 창업을 말한다.[3]

생계형 창업은 미취업자나 실직자 등이 안정된 생계를 유지하기 위한 수단으로 하는 창업으로서 투자 규모가 비교적 작고 영업의 안정성을 중시하는 경향이 있다. 이에 비하여 기회형 창업은 벤처기업과 같이 기술 등 창업 아이템에 기하여 다액의 투자를 하여 많은 수익을 도모하는 창업으로서 투자 규모가 비교적 크고, 수익성을 중시하는 경향이 있다.

기회형 창업으로서 주목되는 것이 기술창업이다. 기술창업은 창의적인 아이디어, 신기술, 과학기술 및 정보통신기술 등에 기한 창업을 말한다. 기술창업을 활성화하기 위하여 「과학기술기본법」은 정부에 대하여 창의적인 아이디어, 신기술, 과학기술 및 정보통신기술에 기반하여 문화 등 다양한 부문과의 융합을 촉진하고 중소·벤처기업의 과학기술 혁신 역량을 강화하기 위하여 필요한 시책을 세워 추진하게 한다(동법 제16조의4 제1항).

동 법률은 중앙행정기관의 장에 대하여 기술창업 관련 사업을 기업, 교육기관, 연구기관 및 과학기술 관련기관·단체 등에 수행하게 하고 해당 사업 수행에 드는 비용의 전부 또는 일부를 출연하거나 보조할 수 있도록 한다(동법 제16조의4제2항, 제16조의3제2,3항). 나아가 관련 업무를 종합적으로 지원하는 전담기관을 각 지역별로 지정할 수 있게 하고(동법 제16조의4제3항), 정부와 지방자치단체에 대하여 예산의 범위에서 전담기관의 운영 및 사업 수행에 필요한 비용의 일부 또는 전부를 출연하거나 보조할 수 있도록 규정하고 있다(동법 제16조의4 제4항).

II. 기업의 형태에 따른 창업의 분류

창업은 창업에 의하여 설립되는 기업의 규모와 기술 수준에 따라 1인창조기업의 창업과 중소기업 창업, 벤처창업으로 구분된다. 1인창조기업은 창의성과 전문성을 갖

---

3) 중소벤처기업부와 창업진흥원의 「2021년 1인창조기업실태조사」에서 우리나라 1인창조기업 45개 업종 1인 사업체 4,500개를 대상으로 표본조사한 결과, 창업의 동기에 관하여 자신의 적성과 능력의 발휘 49.6%, 생계유지를 위하여 16.4%, 높은 소득 획득 32.9%, 정부의 창업지원정책의 영향 0.7%, 기타 0.4% 순이었다. 중소벤처기업부·창업진흥원, 전게 「2021년 1인창조기업실태조사」, 96면.
한편 2019년 12월 31일 기준 창업기업 전체를 대상으로 한 「2019년 창업기업실태조사」에서는 '더 큰 경제적 수입을 위하여'가 50.8%, '적성에 맞는 일이기 때문에' 39.9%, '경제·사회 발전에 이바지하기 위하여' 31.6%, '다른 선택의 여지가 없어서' 17.8%, '앞으로의 경기전망이 창업에 유리하여' 13.1%, '취업 및 직장전망이 불투명하여' 11.1%, '자유롭게 일할 수 있기 때문에' 5.8%, '기발한 아이디어를 사업화 시키려고' 3.1%, '주변 지인의 창업 성공사례가 있어서' 3.6%로 나타났다. 중소벤처기업부·창업진흥원, 전게 「2019년 창업기업실태조사」, 99면.

춘 1인 또는 5인 미만의 공동사업자로서 상시근로자 없이 사업(부동산업 등 대통령령으로 정하는 업종을 제외한 사업)을 영위하는 자를 말한다. 1인창조기업은 1인 또는 소수의 공동 창업자가 기술이나 아이디어, 정보 등의 핵심 역량을 소자본의 투자로 사업화하여 소규모 기업을 설립하여 영업 활동을 수행하는 창업 형태이다. 이러한 1인창조기업의 창업과 그 지원에 관하여는 「1인창조기업 육성에 관한 법률」과 그 시행령에서 규정하고 있다.

중소기업 창업은 중소기업을 새로 설립하는 것을 말한다. 여기서 말하는 중소기업이란 「중소기업기본법」 제2조에 따른 중소기업으로서, ⅰ) 업종별 매출액 또는 자산총액 등과 소유와 경영의 실질적인 독립성이 「중소기업기본법 시행령」에서 정하는 기준에 모두 부합하고, 영리를 목적으로 사업을 하는 기업, ⅱ) 「사회적기업육성법」에서 정하는 일정한 사회적기업, ⅲ) 「협동조합기본법」 제2조에 따른 협동조합, 협동조합연합회, 사회적협동조합, 사회적협동조합연합회 등을 말한다. 이러한 중소기업의 창업에 관하여는 「중소기업창업지원법」 등의 법률과 그 시행령 등에서 정하고 있다.

벤처창업은 벤처기업을 창업하는 것을 말한다. 벤처기업은 새로운 기술이나 혁신적인 아이디어를 기반으로 하는 기술집약적인 신생 중소기업을 가리킨다. 벤처기업은 사업 실패의 위험성이 높은 반면 성공할 경우 기술적 우월성과 새로운 시장 개척으로 고부가가치를 창출하는 등 높은 기대 수익이 예상되므로 시장 참가자들로부터 자금 및 경영 자원을 제공받기가 용이하다. 벤처기업의 요건과 창업지원에 관하여는 「벤처기업 육성에 관한 특별 조치법」과 그 시행령에서 정하고 있다.

Ⅲ. 기업 경영 방식에 따른 창업의 분류

창업은 기업을 경영하는 방식에 따라 독립 창업과 가맹사업(프랜차이즈) 창업으로 구분된다. 독립 창업은 창업의 기획에서 투자 및 기업의 운영에 이르는 모든 경영 활동에 대하여 창업자 스스로 독립하여 경영상의 모든 권한을 행사하는 창업 형태이다.

가맹사업 창업은 가맹점사업자가 가맹본부와 체결한 가맹계약에 따라 가맹점을 개설·운영하는 창업 형태이다. 가맹점사업자는 가맹계약에 따라 경영 및 영업활동 등에 대한 가맹본부의 지원·교육 및 통제 아래 가맹본부의 상표와 서비스표 및 상호·간판 등의 영업표지를 사용하여 가맹본부가 제시하는 일정한 품질 기준이나 영업 방식에 따라 상품 또는 용역을 판매하고, 가맹본부에 대하여 영업표지 사용 등의 대가로 가맹금을 지급한다.

　독립 창업은 창업자가 자신의 경험과 능력에 따라 독자적으로 경영하고, 시장의 변화에 따라 신축적으로 대응할 수 있으나, 창업과 마케팅 및 홍보 등에 많은 비용과 시간이 소요된다. 가맹사업 창업은 사업 경험이 부족해도 창업이 비교적 용이하며, 가맹본부의 노하우와 인지도 및 신뢰도를 활용하고 광고 및 마케팅의 지원을 받을 수 있으나, 경영에 있어서 가맹본부에 경제적으로 종속되고 가맹금 지급 등 비용 부담이 크다.

IV. 사업장의 유무에 따른 창업의 분류

　창업은 사업장의 유무에 따라 점포형 창업과 무점포형 창업으로 구분된다. 점포형 창업은 일정한 사업장을 중심으로 하는 창업을 말한다. 무점포형 창업은 별도의 사업장이 요구되지 않는 전자상거래 등에 의한 온라인형 창업과 방문판매 등의 오프라인형 창업이 있다.

　전자상거래의 온라인형 창업 형태는 인터넷의 웹 브라우저를 이용하여 가상공간에서 매매가 이루어지는 온라인 쇼핑몰 등을 개설하는 형태의 창업을 말한다. 인터넷 쇼핑몰은 판매자가 단독으로 구축하여 상품의 판매 및 배송 업무를 수행하는 개별 쇼핑몰과 통신 판매 중개자가 인터넷의 가상공간에 다수의 판매자들이 등록하여 상품을 판매할 수 있도록 설치한 이마켓 플레이스로 구분된다.

　창업자가 이마켓 플레이스에서 상품을 전자상거래 방식으로 판매하고자 하는 경우에는 이마켓 플레이스 운영자와 그 이용 계약을 체결하여 판매자로 등록하여야 한다. 그러나 판매자가 단독 쇼핑몰을 운영하고자 하는 경우에는 자신의 도메인이름(domain name)을 정하여 인터넷주소관리기관이나 인터넷주소관리대행자 또는 최상위 도메인 등록 업체에 등록하고, 웹 에이전시나 쇼핑몰 호스팅에 의뢰하여 쇼핑몰의 웹사이트를 구축하여야 한다.

　방문 판매는 방문 판매업자가 직접 생산자로부터 상품을 공급 받고 잠재 고객이나 사업체의 주소지를 방문하여 직접 고객과 접촉하여 판매하는 방식이다. 방문 판매를 하기 위해서는 「방문 판매 등에 관한 법률」이 정하는 법정 요건을 갖추어야 한다.

V. 창업의 주체에 따른 분류

창업은 창업의 주체에 따라 학생 창업, 청년 창업, 여성 창업, 장애인 창업 등으로 구분된다. 학생 창업은 고등학생이나 대학생들에 의한 창업을 말하고, 청년 창업은 학교를 졸업하여 취업을 앞둔 청년들이 창업을 하는 것을 가리킨다. 여성 창업은 여성이 창업을 하는 경우이며, 장애인 창업은 장애인에 의한 창업을 말한다.[4]

학생 창업에 관하여 특히 초·중·고교생들을 대상으로 하는 창업지원 프로그램으로서 융합형 창의 인재 양성을 위하여 기업가 정신 함양 및 경제·창업 교육을 지원하는 청소년 비즈쿨 프로그램이 운영되고 있다. 대학생 및 예비창업자를 대상으로 하는 창업지원 프로그램으로는 실전형 창업교육, 멘토링 지원 등 창업을 위한 기초 역량을 갖출 수 있도록 맞춤형 교육을 지원하는 창업 아카데미 프로그램이 시행되고 있다.

여성 창업에 대해서는 여성창업경진대회, 여성 가장 창업자금 지원, 여성창업보육센터에 의한 지원 등이 이루어지고 있다. 여성창업경진대회는 예비 여성 창업자들의 창의적이고 우수한 창업아이템을 조기에 발굴·육성하고, 여성의 창업 분위기를 조성하여 적극적인 창업을 지원하기 위하여 해마다 개최되고 있다. 또 저소득층 여성 가장이 창업을 원하는 경우에 임대 보증금을 저렴한 금리로 지원하거나 여성 창업 초기 기업 및 예비 여성 창업자에 대한 창업 보육 공간 제공, 경영 활동 지원 등의 각종 프로그램이 운영되고 있다.

장애인의 창업에 대해서는 장애인기업종합지원센터를 중심으로 장애인 예비창업자 및 다른 업종으로의 전환을 준비하는 장애인 기업을 대상으로 맞춤형 교육을 제공하고, 또 우수한 창업 아이템을 보유한 창업 초기의 장애인 기업 및 예비창업자를 대상으로 비즈니스 공간 및 사무기기 등을 지원하며, 창업 역량을 갖춘 장애인 예비창업자에게 임차 사업장을 일정한 기간 동안 제공하는 등의 다양한 사업이 시행되고 있다.

---

4) 중소벤처기업부와 창업진흥원의 「2019년 창업기업실태조사」에서 2019년 12월 31일 기준 전산업 창업기업 창업자의 성별 분포는 남성 59.6%, 여성 40.4%이었으며, 창업자의 연령 분포를 보면 20대 이하 4.2%, 30대 19.0%, 40대 31.0%, 50대 30.9%, 60대 이상 14.9%로 나타났다. 창업자의 학력은 중졸 이하 12.9%, 고졸 36.3%, 전문대 졸 9.0%, 4년제 대학 졸업 36.5%, 대학원졸(석사) 4.3%, 대학원졸(박사) 1.0%로 나타났다. 전문대졸 이상 창업자의 전공은 인문계열 18.4%, 공학계열 13.0%, 상경계열 6.8%, 예체능계열 5.3%, 자연계열 3.2%, 교육계열 2.2%, 의학계열 1.4%, 기타 2.1%로 나타났다. 중소벤처기업부·창업진흥원, 「2019년 창업기업실태조사」, 2022.02, 57~63면.

[판례 산책]

사례 1 : 「청년기본법」이 2020년 2월 4일 법률 제16956호로 제정되어 시행되고 있다. 동 법률은 청년의 권리 및 책임과 국가와 지방자치단체의 청년에 대한 책무를 정하고 청년정책의 수립·조정 및 청년지원 등에 관한 기본적인 사항을 규정함을 목적으로 하며, 청년이 인간으로서의 존엄과 가치를 실현하고 행복한 삶을 영위할 수 있는 권리를 보장받으며 건전한 민주시민으로서의 책무를 다할 수 있도록 하는 것을 기본이념으로 한다. 청년창업에 관하여도 청년의 창업을 촉진하고, 창업환경을 개선하기 위한 대책을 마련하도록 하는 동 법률은 '청년'을 19세 이상 34세 이하인 사람으로 규정하고 있다. 당시 만 36세인 사람이 제대군인의 경우에는 복무기간만큼 연령을 상향해야 함에도 복무기간을 고려하지 않고 지원 대상인 청년의 연령을 정하는 것은 기본권을 침해하는 것이 아닌가?

【헌법재판소 결정 요지】 이 청구에 대하여 헌법재판소는 "법령 또는 법령조항 자체가 헌법소원의 대상이 될 수 있으려면, 구체적인 집행행위를 기다리지 아니하고 그 법령 또는 법령조항 자체에 의하여 직접·현재·자기의 기본권을 침해받아야 하는 것을 요건으로 하고, 여기서 말하는 기본권침해의 직접성이란 집행행위에 의하지 아니하고 법령 또는 법령조항 그 자체에 의하여 자유의 제한, 의무의 부과, 권리 또는 법적 지위의 박탈이 생긴 경우를 뜻한다. 따라서 정의규정이나 선언규정과 같이 그 법령조항 자체에 의하여는 기본권의 침해가 발생할 수 없는 경우에는 직접성 요건이 결여된다(헌재 2009. 2. 26. 2007헌마716 참조). 그런데, 청년기본법에서 사용하는 "청년"이란 "용어에 대한 단순한 정의규정이므로 심판 대상 조항 자체에 의하여는 청구인에 대한 자유의 제한, 의무의 부과, 권리 또는 법적 지위의 박탈이 생길 수 없다. 나아가 청년기본법은 청년에 대한 지원책을 구체적으로 규정하는 것이 아니라 청년의 권리 및 책임, 청년정책의 수립·조정 및 청년지원 등에 관한 기본적인 사항을 규정하고 있을 뿐이며, 심판대상조항은 청년의 연령을 다르게 적용할 가능성도 열어두고 있다. 따라서 심판대상조항으로 인하여 청구인이 청년에 대한 지원책의 수혜대상에서 제외된다고 볼 수 없으므로, 심판 대상 조항 그 자체에 의하여 자유의 제한, 의무의 부과, 권리 또는 법적 지위의 박탈이 생기는 경우에 해당하지 않아 헌법소원심판 청구는 직접성의 요건을 갖추지 못하여 부적법하다"고 하여 각하하였다(헌법재판소 2021.2.9. 2020헌마1723 결정).

사례 2 : 헌법 제15조에 따라 보장되는 직업선택의 자유의 내용과 기업의 경영에 관한 의사결정의 한계는?

【대법원 판결 요지】 헌법 제15조는 "모든 국민은 직업선택의 자유를 가진다."라고 규정하여 직업선택의 자유를 보장하고 있고, 이 규정에 의하여 보장되는 자유에는 선택한 직업에 종사하면서 그 활동의 내용·태양 등에 관하여도 원칙적으로 자유로이 결정할 수 있는 직업활동의 자

유도 포함된다. 아울러 헌법 제15조 제1항, 제23조 제1항, 제119조 제1항의 취지를 기업 활동의 측면에서 보면, 모든 기업은 그가 선택한 사업 또는 영업을 자유롭게 경영하고 이를 위한 의사를 결정할 자유를 가지며 이는 헌법에 의하여 보장되고 있다. 헌법 제10조는 "모든 국민은 인간으로서의 존엄과 가치를 가지며, 행복을 추구할 권리를 가진다."라고 규정한다. 이러한 행복추구권에서 파생되는 일반적 행동자유권은 모든 행위를 하거나 하지 않을 자유를 내용으로 하고, 그 보호 영역에는 개인의 생활방식과 취미에 관한 사항도 포함된다. 이에 따라 헌법 제32조 제3항 역시 '근로조건'의 기준이 '인간의 존엄성'을 보장하도록 법률로 정한다고 규정하고 있고, 제33조 제1항은 근로자의 근로조건 향상을 위하여 근로 3권을 인정하고 있다. 이러한 조항들은 기업의 경영에 관한 의사결정의 자유가 무제한적인 것이 아니라 그 의사결정과 관계되는 또 다른 기본권 주체인 근로자와의 관계 속에서 그 존엄성을 인정하는 방향으로 조화롭게 조정되어야 함을 당연히 전제하고 있다. 헌법 제119조 제2항이 국가로 하여금 경제주체 간의 조화를 통한 경제의 민주화를 위하여 경제에 관한 규제와 조정을 할 수 있도록 규정한 취지 역시 이와 궤를 같이한다(대법원 2018. 9. 13. 선고 2017두38560 판결).

사례 3 : 형법 제243조 중 '음란한 물건을 판매한 자'에 관한 부분 및 제244조 중 '판매할 목적으로 음란한 물건을 소지한 자'에 관한 부분이 죄형법정주의와 성기구 판매자의 직업수행의 자유를 침해하는 것이 아닌가?

【헌법재판소 결정요지】 헌법재판소와 대법원의 판례상 음란개념은 매우 엄격하게 인정되고 있고, 이 사건 법률조항은 '영리'를 위한 음란한 물건 판매 행위 및 판매 목적 소지행위만을 규율하고 있을 뿐 판매 목적이 없는 음란한 물건의 단순 소지 등의 행위까지 금지하는 것이 아니다. 성기구라고 하여 무차별적으로 판매 등이 금지되는 것이 아니라 그 형상이나 색깔, 재질 등을 살펴 형상 자체의 자극과 표현의 노골성을 이유로 사람의 존엄성과 가치를 심각하게 훼손·왜곡함으로써 음란한 물건으로 인정되는 예외적인 경우에만 판매 등이 금지되고, 음란성이 인정되지 아니하는 성기구 일반의 판매 또는 소지가 금지되는 것은 아닌 점, 이처럼 예외적으로 판매 등이 금지되는 성기구를 일반적으로 유형화하기 어려워 개별 사안에서 판단할 수밖에 없는 점 등에 비추어 보면, 이 사건 법률조항이 성기구 판매자의 직업수행의 자유 및 성기구 사용자의 사생활의 비밀과 자유를 과도하게 제한하여 침해최소성원칙에 위반된다고 보기는 어렵고, 법익의 균형성도 인정되므로 이 사건 법률조항은 과잉금지원칙에 위배되지 아니한다(헌법재판소 2013. 8. 29. 2011헌바176 결정).

제**2**장

창업법의 법원

LECTURE ON STARTUP LAW

제2장 창업법의 법원

제1절 총설

우리나라의 경제 질서는 개인과 기업의 경제상의 자유와 창의를 존중함을 기본으로 하고 있으며, 모든 국민은 직업 선택의 자유를 가진다. 따라서 국민은 누구나 국가안전보장·질서유지 또는 공공복리를 위하여 법률로써 제한되는 경우를 제외하고는 어떤 종류의 사업이든지 생계를 유지하기 위하여 또는 새로운 사업 기회를 실현하기 위하여 창업을 할 수 있다.

창업은 창업자와 그 가족의 생계를 유지하고 창업자 개인의 사업 기회를 실현하는 길임과 동시에 일자리 창출과 소득의 증대, 새로운 제품의 생산과 품질 개선, 가격 인하 등을 가져와 국민 생활의 향상과 지역 사회 및 국가 경제의 발전을 위하여도 중요한 과제이다. 따라서 법은 창업을 촉진하기 위하여 창업 기업의 설립과 활동 및 창업지원에 관한 각종 규정을 두고 있다.[5]

그러나 창업에 관한 법률이 하나의 법률로 되어 있는 것은 아니다. 창업 기업의 설립이라고 하여 일반 기업의 설립과 다를 리 없다. 창업 기업의 대외적인 거래 활동에도 일반 기업과 다른 규정을 적용할 수 없는 노릇이다. 따라서 현행법상 창업을 위한 기업의 설립과 활동은 일반 기업의 설립 및 거래 관련 법령에 의하고, 다만 창업의 지원에 대해서는 창업의 활성화를 위하여 특별법에 의하여 각종 지원 제도가 규정되어 있다.

---

5) 중소벤처기업부와 창업진흥원의 「2019년 창업기업실태조사」에서 창업 시 장애요인은 '창업자금 확보에 대해 예상되는 어려움'이 70.9%, '창업실패 및 재기에 대한 막연한 두려움' 40.1%, '창업에 대한 전반적 지식, 능력, 경험의 부족' 30.7%, '창업 준비부터 성공하기까지의 경제활동(생계유지) 문제' 23.1%, 창업 아이디어 및 아이템의 부족 8.2%, 일과 가정 양립의 어려움 5.4%, 지인의 만류 3.2%, 기존 직업활동의 제한 1.9% 등의 순으로 나타났다. 중소벤처기업부·창업진흥원, 「2019년 창업기업실태조사」, 2022.02, 93면.

제2절 창업 기업의 설립에 관한 법규

창업자가 단순한 자영업을 하고자 하는 경우에는 그 영업에 관한 특별한 제한 규정이 없는 한 상호를 정하고 사업자등록을 한 후 바로 영업을 개시하면 된다.[6) 그러나 창업하고자 하는 기업의 형태가 조합이나 협동조합, 회사, 사회적기업 등이라면 그 명칭이나 상호를 선정하고 그 설립에 필요한 법적 절차를 밟아야 한다.

이러한 기업의 설립절차에 관하여는 기업의 종류에 따라 그 근거법에서 정하고 있다. 민법상 조합이나 비영리법인의 설립에 관하여는 「민법」에서 규정하고 있으며, 합자조합과 회사의 설립 절차에 관하여는 「상법」에서 정하고 있다. 협동조합 또는 사회적협동조합 등의 설립 절차에 관하여는 「협동조합기본법」과 그 시행령에서 정하고 있다.

이들 각 기업의 형태는 그 목적 사업의 영리성 여부, 구성원(조합원 또는 사원)의 수, 기업의 채무에 대한 구성원(조합원 또는 사원)의 변제 책임, 업무집행 및 대표권의 소재, 청산 시 잔여재산의 귀속 등에 많은 차이가 있으며, 그 설립 요건과 절차도 서로 다르다. 따라서 창업을 하면서 기업의 형태를 정할 때는 이러한 차이점을 감안하여 그 설립을 하여야 한다.

그리하여 창업자가 사회적기업을 창업하고자 하는 경우에는 그 조직 형태에 따라 「민법」상의 법인이나 조합, 「상법」상의 회사나 합자조합, 특별법상의 법인이나 비영리민간단체 등의 조직을 갖추고 일정한 요건을 구비하여 고용노동부 장관의 사회적기업 인증을 받아야 한다. 사회적기업의 설립과 인증에 관해서는 「사회적기업육성법」과 그 시행령에서 정하고 있다.

또 벤처기업을 창업하고자 하는 경우에는 벤처기업의 요건을 갖추어야 하며, 벤처기업 지원을 받기 위해서는 벤처기업 해당 여부에 관하여 중소기업진흥공단 등 벤처기업확인기관의 장으로부터 벤처기업 확인을 받아야 한다. 벤처기업의 설립과 확인, 벤처기업에 대한 지원에 관하여는 「벤처기업 육성에 관한 특별조치법」과 그 시행령에서 정하고 있다.

---

6) 중소벤처기업부와 창업진흥원의 조사 결과, 2019년 12월 31일 기준 업력 7년 이내 창업기업 수는 1,962,665개이며, 이 중 개인기업이 1,713,863개, 법인 기업이 248,802개이다. 중소벤처기업부·창업진흥원, 「2019년 창업기업실태조사」, 2022.02, 43면.

제3절 창업의 요건에 관한 법규

창업을 하기 위해서는 업종에 따라서는 일정한 요건이 요구되는 경우가 있다. 예컨대 방문 판매업을 목적으로 하는 창업에 있어서는 방문 판매원이 있는 때에는 창업자는 그 상호 등 일정한 사항을 공정거래위원회 또는 특별자치시장·특별자치도지사, 시장, 군수, 자치구 구청장에게 신고하고, 방문 판매원 명부를 작성하여 비치하는 등의 요건을 갖추어야 한다. 이에 관하여는 「방문판매 등에 관한 법률」에서 규정하고 있다.

통신판매나 전자상거래 등을 목적으로 하는 창업에 있어서는 「전자상거래 등에서의 소비자 보호에 관한 법률」과 「소비자기본법」 등에서 규정하고 있는 요건을 갖추어야 하고, 프랜차이즈의 창업에 있어서는 「가맹사업 거래의 공정화에 관한 법률」에서 규정하는 요건을 갖추어야 한다.

농업경영체나 어업경영체를 창업하여 농어업·농어촌에 관련된 융자·보조금 등을 지원받으려는 경우에, 농업경영체는 농지·축사·원예시설 등 생산수단과 생산 농산물, 생산 방법 및 가축 사육 마릿수 등 농업경영 관련 정보를, 어업경영체는 어선·양식시설 등 생산수단과 생산 수산물, 생산 방법 및 어업생산 규모 등 어업경영 관련 정보를 등록하여야 하는데, 이에 관하여는 「농어업 경영체 육성 및 지원에 관한 법률」에서 정하고 있다.

또 하나 예를 들자면 학원을 설립·운영하려는 자는 시·도의 조례로 정하는 단위시설별 기준에 따라 교습과 학습에 필요한 시설과 설비를 갖추고 설립자의 인적사항과 교습 과정 등 일정한 사항을 학원설립·운영등록신청서에 기재하여 교육감에게 등록하는 등 일정한 조건을 갖추어야 한다. 이에 관하여는 「학원의 설립·운영 및 과외 교습에 관한 법률」에서 정하고 있다.

최근 창업 아이템으로 주목되는 게임 제작업 또는 게임 배급업을 영위하고자 하는 자는 시장·군수·구청장에게 등록하여야 한다. 일반 게임 제공업을 영위하고자 하는 자가 영업을 하기 위해서는 시장·군수·구청장의 허가를 받아야 한다. 이 등록과 허가 등에 관하여는 「게임 산업 진흥에 관한 법률」에서 규정하고 있다.

제4절 창업 활동에 관한 법규

창업을 하여 사업 활동을 하고자 하는 창업자는 「부가가치세법」에 의하여 사업 개시일 이전 또는 사업 개시일로부터 20일 이내에 사업장 관할 세무서장에게 사업자등록을 신청하여 사업자등록증을 발급받아야 한다(동법 제8조 제1항).

창업자의 사업 활동에 행정관청의 인·허가가 필요한 때에는 관할 행정기관으로부터 사업의 인·허가를 받아야 한다. 공장이 있는 중소기업을 창업하는 경우에는 창업자는 공장설립계획을 작성하여 시장·군수 또는 자치구 구청장의 승인을 받아야 한다. 이 경우 시장·군수 또는 구청장이 공장설립계획을 승인할 때 다른 행정기관의 장과 협의를 한 사항에 대하여는 그 허가, 인가, 면허, 승인, 지정, 결정, 신고 등을 받은 것으로 간주된다(중창 제35조 제1~3항).

창업자가 영업에 필요한 점포나 사무실을 빌려 사용하는 경우에는 임대차 계약을 체결하여야 한다. 임대차 계약의 체결은 민법에 의하나, 그 임대차 계약의 체결과 관할 세무서장의 확정일자 부여, 임대차 기간과 임대차의 대항력, 보증금의 우선변제권, 계약의 갱신, 권리금 회수 기회 보호, 표준 권리금 계약서의 작성, 차임의 증감 청구권, 전대차 관계, 소액보증금 보호 등에 관하여는 「상가건물임대차보호법」과 그 시행령에서 정하고 있다.

창업자가 창업 시 상호를 선정하여 사용하며, 회사나 협동조합 등의 상호나 명칭은 설립 시에 정관에 기재하고 등기를 하여야 한다. 생산 제품이나 공급 서비스에 대해서는 상표를 사용한다. 이러한 상호와 상표 등에 대해서는 「상법」과 「상표법」, 「부정경쟁 방지 및 영업비밀 보호에 관한 법률」 등이 적용된다.

영업을 위한 광고물의 표시나 설치도 법령에 의한 제한을 받음은 물론이다. 특히 도시지역과 문화재 및 보호구역, 보전산지나 자연공원 등에 간판, 디지털 광고물, 입간판, 현수막, 벽보, 전단 등을 설치하는 경우에는 관할 행정관청의 허가를 받거나 또는 신고를 하여야 한다. 특히 일정한 지역·장소 또는 물건에는 이러한 광고물 등의 표시나 설치가 금지된다. 이러한 옥외 광고물의 표시 및 설치 제한 또는 금지에 관하여는 옥외광고물 관련 법률과 그 시행령에서 구체적으로 정하고 있다.

제5절 창업지원에 관한 법규

I. 개설

창업은 국가와 지역의 경제 발전에 크게 기여하므로 국가는 법령에 의하여, 지방자치단체는 조례와 규칙에 의하여 창업을 장려하고 그 지원을 강화해 나가고 있다. 창업을 장려·지원하는 국가 법령으로는 「1인창조기업 육성에 관한 법률」, 「소상공인기본법」과 「소상공인 보호 및 지원에 관한 법률」, 「중소기업창업지원법」, 「벤처기업 육성에 관한 특별조치법」, 「벤처투자 촉진에 관한 법률」 등의 각종 법률과 그 시행령이 있다. 지방자치단체의 창업지원 관련 자치입법으로는 각 지방자치단체마다 당해 지역의 특성을 반영한 조례와 규칙을 마련하여 시행하고 있다.

II. 1인창조기업 육성에 관한 법률

「1인창조기업 육성에 관한 법률」은 창의성과 전문성을 갖춘 국민의 1인창조기업 설립을 촉진하고 그 성장 기반을 조성하여 1인창조기업을 육성하는 것을 목적으로 한다. '1인창조기업'이란 다음의 업종을 제외한 업종에서 창의성과 전문성을 갖춘 1인 또는 5인 미만의 공동사업자로서 상시근로자 없이 사업을 영위하는 자를 말한다(동법 제2조 1호).[7] 1인창조기업 중 특히 39세 이하인 청년이 소유하거나 경영하며, 대통령령으로 정하는 기준에 해당하는 기업을 '청년 1인창조기업'이라 한다.

동 법률은 중소벤처기업부 장관에게 3년마다 문화체육관광부 장관 등관계 중앙행정기관의 장과 협의를 거쳐 1인창조기업 육성계획을 수립·시행하도록 한다(동법 제5조 제1항). 이 육성계획에는 ⅰ) 1인창조기업의 육성을 위한 정책의 기본방향, ⅱ) 1인창조기업의 창업지원에 관한 사항, ⅲ) 1인창조기업의 기반 조성에 관한 사항, ⅳ) 1인창조기업 관련 통계 조사·관리에 관한 사항, ⅴ) 그 밖에 1인창조기업의 육성을 위하여 필요한 사항을 포함시키도록 하고 있다(동법 제5조 제2항).

---

7) 중소벤처기업부와 창업진흥원이 2019년 12월 31일 기준 국내 1인창조기업 458,322개의 유효표본 수 4,500개 사업체를 대상으로 조사한 결과 단독창업이 96.3%, 공동창업은 3.7%였으며, 기업조직 형태는 개인사업체 81.6%, 법인사업체 18.4%였다. 대표자 성별은 남성 75.0%, 여성 25.0%이고, 그 연령은 20대 1.0%, 30대 9.8%, 40대 27.4%, 50대 34.6%, 60대 22.0%, 70대 이상 5.2%순이었다. 창업동기에 관하여는 '나의 적성과 능력을 발휘하기 위해서' 49.6%, '높은 소득을 얻을 수 있어서' 32.9%, '생계유지를 위하여' 16.4%, '정부 창업지원정책의 영향을 받아서' 0.7%, 기타 0.4%이었다. 자본금은 1천만원 미만 12.5%, 1천만~5천만원 미만 37.3%, 5천만원 이상 1억원 미만 23.9%, 1억원 이상 25.6%이었다. 중소벤처기업부·창업진흥원, 「2021년 1인창조기업실태조사」, 2022.02, 68~75면.

[**1인창조기업의 범위에서 제외되는 업종**(동법 제2조 제1호 관련)]

구 분	제외 업종
광업	석탄·원유 및 천연가스 광업, 금속광업, 비금속광물 광업(연료용 제외), 광업지원서비스업
제조업	담배제조업, 코크스·연탄 및 석유정제품 제조업, 1차 금속 제조업
전기·가스·증기·수도사업	전기·가스·증기 및 공기조절 공급업, 수도사업
하수·폐기물처리, 환경복원업 등	하수·폐수 및 분뇨 처리업, 폐기물 수집운반·처리 및 원료재생업, 환경 정화 및 복원업
건설업	종합건설업, 전문직별 공사업
도매 및 소매업	자동차 및 부품 판매업, 도매 및 상품중개업, 소매업(자동차는 제외), 전자상거래업
운수업	육상운송 및 파이프라인 운송업, 수상 운송업, 항공 운송업, 창고 및 운송관련 서비스업
숙박 및 음식점업	숙박업, 음식점 및 주점업
금융 및 보험업	금융업, 보험 및 연금업, 금융 및 보험 관련 서비스업(그 외 기타 금융지원 서비스업은 제외)
부동산업 및 임대업	부동산업, 임대업(부동산은 제외)
보건·사회복지 서비스업	보건업, 사회복지 서비스업
예술·스포츠·여가 서비스업	스포츠 및 오락관련 서비스업
협회·단체 기타 개인서비스업	기타 개인 서비스업

동 법률은 1인창조기업[8]을 체계적으로 육성하고 그 육성계획을 효율적으로 수립·추진하기 위하여 중소벤처기업부 장관에게 매년 1인창조기업의 활동 현황 및 실태 등에 대한 조사를 하여 그 결과를 공표하도록 한다(동법 제6조 제1항). 또 1인창조기업지원센터를 지정하여 1인창조기업 및 1인창조기업을 하고자 하는 자를 지원하도록 하고 있다(동법 제8조).

1인창조기업에 대한 지원으로서 1인창조기업의 지식 서비스 거래를 활성화하기 위하여 지식서비스를 제공하는 1인창조기업 및 1인창조기업으로부터 지식서비스를 제공받는 자 등에 대한 지원(동법 제9조), 1인창조기업에 대한 교육 훈련 지원(동법 제10조), 기술개발 지원(동법 제11조), 아이디어의 사업화 지원(동법 제12조), 1인창조기업의 관련 기술 및 인력의 국제교류, 국제행사 참가 등 해외진출 지원(동법 제13조), 필요 자금의 투융자 지원과 같은 금융 지원(동법 제15조) 등에 관하여 규정하고, 이들 지원에 있

---

8) 1인창조기업이 규모의 확대로 1인창조기업에 해당하지 아니하게 된 경우에는 그 사유가 발생한 연도의 다음 연도부터 3년간은 1인창조기업으로 본다. 다만, 1인창조기업이 1인창조기업 외의 기업과 합병하거나 그 밖에 대통령령으로 정하는 사유로 1인창조기업에 해당하지 아니하게 된 경우에는 그러하지 아니하다(1인창조기업 육성에 관한 법률 제3조).

어서 특히 청년1인창조기업에 대해서는 우대할 수 있게 하고 있다(동법 제15조의2). 이밖에 전통식품 및 수산전통식품을 제조하는 1인창조기업에 대하여는 대통령령으로 정하는 바에 따라 전통식품 및 수산전통식품의 품질인증 기준을 완화하여 따로 정할 수 있도록 하고 있다(동법 제18조).

III. 소상공인 보호 및 지원에 관한 법률

소상공인의 창업과 보호에 관한 법률로는 「소상공인기본법」과 「소상공인 보호 및 지원에 관한 법률」이 있다.

「소상공인기본법」은 소상공인의 지속가능한 성장과 경영안정을 촉진하고 사회적·경제적 지위 향상 및 고용안정을 도모하기 위한 시책의 기본적 방향을 정하고 있다. 동 법률은 소상공인을 「중소기업기본법」제2조 제2항에 따른 소기업(小企業) 중 i) 상시 근로자 수가 10명 미만이고, ii) 업종별 상시 근로자 수 등이 대통령령으로 정하는 기준에 해당하는 자[9]를 말한다(소상공인기본법 제2조 제1항, 동법 시행령 제2조 제1항).

동 기본법은 정부에 대하여 3년마다 소상공인지원기본계획을 수립·시행하고(동법 제7조), 이 기본계획에 따라 소상공인지원시행계획을 수립하여 관련 예산과 함께 3월까지 국회에 제출하도록 하고, 특별시장·광역시장·특별자치시장·도지사 및 특별자치도지사에 대하여 매년 관할 지역별 소상공인지원시행계획을 수립·시행하도록 규정하고 있다(동법 제8조). 중소벤처기업부 장관에게는 매년 소상공인의 현황 및 경영실태 등에 관한 실태조사를 실시하여 그 결과를 공표하도록 하고 있다(동법 제9조).

소상공인 지원 및 육성 시책으로서 동 기본법은 창업촉진 및 성장, 인력 확보, 소상공인의 직무능력 향상, 판로 확보, 소상공인의 디지털화 활성화 및 혁신활동의 촉진, 사업장의 환경 개선, 수출 경쟁력의 제고 및 해외시장 진출 활성화, 소상공인 협업 조직의 구성, 상권 등 집적지역 지원, 구조고도화 등의 시책을 실시하도록 규정하고 있다(동법 제11조~제22조).

소상공인 보호 시책으로는 경영안정의 지원, 소상공인 사회안전망 확충, 폐업 및 재기에 대한 지원, 소상공인 공제제도, 공정경쟁 및 상생협력의 촉진, 재난 피해 지원

---

9) 소상공인이 그 규모의 확대 등으로 소상공인에 해당하지 아니하게 된 경우 그 사유가 발생한 연도의 다음 연도부터 3년간은 소상공인으로 본다. 다만, 소기업 외의 기업과 합병하거나 그 밖에 대통령령으로 정하는 사유로 소상공인에 해당하지 아니하게 된 경우에는 그러하지 아니하다(소상공인기본법 제2조 제2항).

등의 시책을 실시하도록 하고(동법 제23조~제29조), 소상공인의 고용보험료 및 연금보험료 일부 지원과 소득세 등 각종 세금의 감면을 가능하게 하였다(동법 제30조, 제31조). 이 밖에 동 기본법은 소상공인 전문연구평가기관 설치(동법 제32조), 소상공인 애로사항 등에 대한 중소기업 옴부즈만의 업무 수행(동법 제33조), 소상공인 단체의 결성(동법 제34조), 소상공인 지원기관(동법 제35조) 등에 대하여 규정하고 있다.

「소상공인 보호 및 지원에 관한 법률」은 소상공인의 창업과 경영 안정을 위한 구체적인 지원 방안으로서 소상공인의 창업에 대한 지원(소상 제8조), 소상공인의 경영 안정 지원(소상 제9조), 소상공인의 상권정보시스템의 구축·운영(소상 제13조 제1항), 소상공인의 고용 보험료에 대한 지원(소상 제12조의3 제2항), 소상공인에 대한 조세 감면(소상 제14조) 등에 대하여 규정하고, 특히 불공정거래로 인하여 피해를 입은 소상공인을 위하여 불공정거래 피해상담센터를 설치·운영할 수 있도록 규정하고 있다(소상 제15조).

특히 동 법률은 2021년 7월 7일 개정을 통하여 「감염병의 예방 및 관리에 관한 법률」에 의한 다중 집합 제한 또는 금지 조치로서 영업장소 사용 및 운영시간 제한 등 대통령령으로 정하는 조치로 인하여 소상공인에게 발생한 손실에 대하여 중소벤처기업부 장관에게 그 부담을 완화하는 손실보상을 하도록 하고, 그 지급 신청과 환수, 이의신청, 정보제공, 손실보상에 관한 사항을 심의하는 손실보상심의위원회와 손실보상업무전담조직 설치에 관하여 규정하고 있다(소상 제12조의2~제12조의5).

이 밖에 동 법률은 소상공인의 경영안정과 성장 및 구조고도화 등의 지원에 필요한 재원을 확보하기 위한 소상공인시장진흥기금의 설치 및 재원조성, 기금사용 및 관리 운영 등(소상 제19조~제25조)과 소상공인연합회의 설립 및 사업, 운영(소상 제24조~제27조)에 관하여 규정하고 있다.

IV. 중소기업창업지원법

「중소기업창업지원법」은 창업과 예비창업자, 창업기업, 예비재창업자, 재창업기업 등(사행산업 등 경제질서 및 미풍양속에 현저히 어긋나는 업종의 창업 및 창업기업 등은 제외)을 적용 대상으로 하며, 창의적인 아이디어와 혁신적인 기술을 바탕으로 창업에 도전하고 글로벌 선도기업으로 성장할 수 있는 창업생태계를 조성하여, 디지털경제 시대에 새로운 국가경제의 성장동력과 일자리를 창출하는 창업국가 건설을 목적으로 한다.

동 법률은 창업정책의 수립 및 추진체계, 창업저변 확대 및 환경 개선, 신산업·기술 창업의 촉진, 창업기업의 성장 및 재창업 촉진, 창업기업의 공장 설립절차 특례, 창업지원 기반 구축 등에 관하여 규정하고 있다. 정부에 대하여 창업국가 건설을 위하여 신산업창업 및 기술창업을 활성화하고 창업기업의 사업화 촉진 및 국제화 역량 강화에 필요한 시책을 세워 추진하고, 창업기업 등의 기술성, 사업성, 혁신성, 성장가능성 등을 고려하여 지원대상의 특성에 맞는 창업지원방안을 마련하도록 의무화하는 한편, 지방자치단체에 대해서는 지역의 특색 있는 창업을 촉진하기 위하여 창업을 저해하는 규제를 완화하고 창업친화적인 환경을 조성하는데 노력하도록 규정하고 있다(동법 제3조).

창업정책의 수립 및 추진체계에 관하여 동 법률은 중소벤처기업부 장관에게 창업지원종합계획의 수립·시행(동법 제7조), 창업지원시행계획의 수립·공고(동법 제8조), 창업활성화 지원사업과 연령별 창업지원시책의 수립·시행(동법 제10, 11조)에 관하여 규정하고 있다. 이밖에 창업지원정책의 효율화(동법 제12조), 중소기업의 창업 및 창업기업 등의 실태조사 및 통계작성(동법 제13조), 창업정책정보의 수집 및 제공(동법 제14조), 창업종합관리시스템의 구축 및 운영(동법 제15조) 등에 대하여 규정하고 있다.

창업저변 확대 및 환경 개선을 위하여 동 법률은 기업가정신의 함양 및 확산(동법 제16조), 기업가정신 활성화 사업을 목적으로 하는 청년기업가정신재단에 대한 출연 또는 보조(동법 제17조), 창업교육의 활성화(동법 제18조), 진취적이고 도전적인 창업문화 및 분위기 확산(동법 제20조 제1항), 창업저해 규제의 발굴 및 개선(동법 제21조), 창업기업 등의 행정절차 간소화 및 비용부담 완화 등에 관한 제도적·절차적 조치 마련(동법 제22조), 창업기업의 부담금 면제(동법 제23조), 온라인창업지원시스템의 구축 및 운영(동법 제24조) 등에 대하여 규정하고 있다.

신산업 창업 및 기술창업의 촉진을 위하여 동 법률은 신산업·기술 창업기업에 대한 우선 지원 등 신산업·기술 창업기업 집중 육성을 위한 시책의 수립(동법 제25조), 신산업·기술 창업기업의 혁신역량 강화(동법 제26조), 지역특화형 신산업·기술 창업의 활성화 촉진(동법 제28조), 민관협력형 신산업·기술 창업기업의 발굴·육성(동법 제29조), 기업 간 개방형 혁신창업 활성화 촉진(동법 제30조), 대학·연구기관 기반 신산업·기술 창업의 촉진과 대학 내 창업지원 전담조직 설립(동법 제31, 32조) 등에 대하여 규정하고 있다.

창업기업의 성장 및 재창업의 촉진에 관하여는 동 법률은 창업기업의 성장촉진 지원 강화(동법 제34조), 창업기업 융자·투자 등 금융지원(동법 제35조), 창업기업의 기술혁신 역량 강화(동법 제36조), 창업기업의 인력 양성 및 활용(동법 제37조), 창업기업제품의 공공기관 우선구매(동법 제38조), 우선구매 참여기업의 창업기업 해당 여부 확인(동법 제39조) 및 창업기업 확인의 취소(동법 제40조), 중소벤처기업부 장관의 중소기업 재창업지원계획의 수립(동법 제42조) 및 재창업기업의 성실경영에 대한 평가(동법 제42조), 재창업기업 성실경영 평가 전담기관의 지정(동법 제44조) 등에 대하여 규정하고 있다.

창업기업의 공장 설립절차에 관한 특례로서 동 법률은 창업기업의 공장 설립계획의 승인(동법 제45조), 설립승인의 사전협의(동법 제46조), 공장설립 관련 인·허가 등의 의제(동법 제47조), 법령 제정·개정 시 관계 행정기관장과 중소벤처기업부 장관의 사전 협의(동법 제48조), 창업기업 공장 설립승인의 취소 등(동법 제49조)에 대하여 규정하고 있다.

이 밖에 동 법률은 창업지원 기반의 구축에 관하여 창업진흥원의 설립과 업무(동법 제51조), 지역창업전담기관의 지정과 업무(동법 제52조), 창업보육센터사업자의 지정(동법 제53조), 중소기업상담회사의 요건과 등록(동법 제54조), 중소기업창업민원실 설치(동법 제55조 제1항) 등에 대하여 규정하고 있다.

V. 벤처기업 육성에 관한 특별조치법

「벤처기업 육성에 관한 특별조치법」은 기존 기업의 벤처기업으로의 전환과 벤처기업의 창업을 촉진하여 우리 산업의 구조조정을 원활히 하고 경쟁력을 높이는 것을 목적으로 한다. 이 법률은 2027년 12월 31일까지 그 효력을 가지는 한시법이다.

동 법률은 2020년 2월 11일 개정을 통하여 벤처기업 요건을 개선, 벤처기업을 ⅰ) 벤처투자기업(중소기업창업투자회사, 벤처투자조합, 신기술사업금융업자, 신기술사업투자조합, 한국벤처투자 등 일정한 투자자로부터 받은 투자금액의 합계 및 연간 총매출액에 대한 비율이 일정한 기준 이상인 기업), ⅱ) 연구개발기업(기업부설연구소나 연구개발전담부서 또는 기업부설창작연구소나 기업창작전담부서의 어느 하나를 보유하고 연간 연구개발비와 연간 총매출액에 대한 비율이 각각 일정한 기준 이상이며, 성장성이 우수한 기업), ⅲ) 혁신성장기업(기술의 혁신성과 사업의 성장성이 우수한 것으로 평가받은 기업), ⅳ) 예비벤처기업(법인설립 또는 사업자등록을 준비 중인 기업으로서 기술의 혁신성과 사업의 성장성이 우수한 것으로 평가받은 기업)으로 구분하고 있다(벤육 제2조의2 제1항 2호).

동 법률은 중소벤처기업부 장관에 대하여 3년마다 벤처기업 육성계획을 수립·시행하도록 하고(동법 제3조의2), 벤처기업의 창업 및 활동기반을 강화하기 위하여 벤처기업 관련 정보종합관리시스템을 구축·운영하도록 하였다(동법 제3조의4). 대학이나 연구기관에 대하여 신기술창업전문회사를 설립할 수 있도록 하고(동법 제11조의2~제11조의7), 벤처기업 확인 업무의 효율적인 수행을 위하여 전문인력과 전담조직을 갖춘 벤처기업확인기관을 지정하고(동법 제25조의3), 벤처기업확인위원회를 설치하도록 하였다(제25조의4). 동 법률은 벤처기업과 신기술창업전문회사에 대한 기술보증기금의 우선적 신용보증(동법 제5조), 지식재산권 등의 출자 특례(동법 제6조), 외국인의 벤처기업 주식취득 제한에 대한 특례(동법 제9조), 벤처기업 조세에 대한 특례(동법 제14조) 등을 규정하고, 중소벤처기업의 인수합병을 효율적으로 지원하기 위한 중소벤처기업 인수합병지원센터(동법 제15조의13)를 지정하여 운영하도록 하고 있다.

이와 함께 동 법률은 주식회사인 벤처기업의 구조개편 촉진을 위하여 벤처기업의 주식교환(동법 제15조), 주식교환 반대주주의 주식매수청구권(동법 제15조의2), 벤처기업의 합병 절차의 간소화(동법 제15조의3), 벤처기업의 신주발행에 의한 주식 교환 등(동법 제15조의4), 신주발행 주식교환 시 반대주주의 주식매수청구 및 주식교환의 특례(동법 제15조의5, 제15조의6), 다른 주식회사의 영업양수에 대한 특례(동법 제15조의8), 벤처기업 소규모 합병과 간이합병의 특례(동법 제15조의9, 제15조의10), 간이영업양도(동법 제15조의11), 벤처기업의 주식매수선택권(동법 제제16조의3), 벤처기업이었던 기업에 대한 주식발행 등의 특례(동법 제24조) 등 「상법」의 회사편에 대한 특별규정을 다수 두고 있다.

VI. 벤처투자 촉진에 관한 법률

「벤처투자 촉진에 관한 법률」은 창업기업과 중소기업, 벤처기업 등에 대한 투자를 촉진하고 벤처투자 산업을 육성할 목적으로 2020년 2월 11일 제정되어 동년 8월 12일부터 시행되고 있다.

벤처투자제도는 과거에는 투자 주체별로 「벤처기업 육성에 관한 특별조치법」과 「중소기업창업지원법」에 각각 분산되어 있었고 투자대상 등도 제한적이었으나, 이 법률은 창업자와 중소기업 및 벤처기업 등에 대한 투자 활성화 기반 조성 차원에서 벤처투자에 관한 사항을 통합하여 규정하고 있다. 동 법률은 투자역량을 갖춘 전문적인 개인투자자를 발굴하고 건전한 개인투자 문화를 확산하기 위하여 개인투자 활성화 사업을 추진하게 하고, 전문개인투자자 등록제를 도입하였으며, 벤처투자조합 등의 결성주체를 확대하고 개인투자조합 및 중소기업창업투자회사 등의 의무투자비율 산정기준을 합리적으로 조정하였다.

그리하여 동 법률은 전문개인투자자의 등록과 투자의무 및 등록취소(동법 제8조~제11조), 개인투자조합의 결성·등록과 업무집행 등(동법 제12조~제18조), 창업기획자의 등록과 투자의무 등(동법 제24조~제36조), 중소기업창업투자회사의 등록·운용(동법 제37조~제49조), 벤처투자조합의 결성·등록과 운용(동법 제50조~제65조), 한국벤처투자의 설립 및 벤처투자모태조합의 결성·운용(동법 제66조~제70조) 등에 관하여 규정하고 있다.

VII. 지방자치단체의 창업지원 조례와 규칙

창업에 관한 자치입법으로서 전국의 광역 지방자치단체 및 기초 지방자치단체에서는 지역의 1인창조기업 육성을 위한 '1인창조기업 육성 및 지원에 관한 조례' 등과, 중소기업의 창업 촉진 및 활성화를 위한 중소기업 창업보육센터(또는 중소기업창업지원센터)의 설치 및 운영에 관한 조례와 시행규칙 등이 마련돼 시행되고 있다.

또 벤처기업의 창업과 그 활성화를 도모하기 위하여 지방자치단체마다 '벤처기업 육성 및 기업 활동 지원 등에 관한 조례', '벤처기업 지원 심사위원회 운영에 관한 조례', '벤처기업과 지식산업육성 및 지원에 관한 조례 시행규칙' 등의 자치입법을 제정·시행하고 있다.

[판례 산책]

사례 1 : 창업자가 벽돌공장을 짓기 위하여 농지를 매수한 후에 그 전용이 불가능하다는 사실을 알게 된 경우에 착오를 이유로 매매계약을 취소할 수 있는가?

【대법원 판결 요지】 원고가 토지의 전용허가를 받기 위하여는 구 중소기업창업지원법에 의한 사업계획의 승인을 받는 등의 복잡한 절차를 거쳐야 한다는 사실을 모르고 곧바로 벽돌공장을 지을 수 있는 것으로 잘못 알고 있었다고 하여도, 그러한 착오는 동기의 착오에 지나지 않으므로 당사자 사이에 그 동기를 의사표시의 내용으로 삼았을 때 한하여 의사표시의 내용의 착오가 되어 취소할 수 있는데, 매수인의 이러한 동기가 매매계약의 내용으로 되었다는 점을 인정할 만한 증거가 없으면 착오를 이유로 매매계약을 취소할 수 없다(대법원 1997. 4. 11. 선고 96다31109 판결).

사례 2 : 당사자가 표시한 문언에 의하여 객관적인 의미가 명확하게 드러나지 않는 경우에는 어떻게 해석하여야 하는가?

【대법원 판결 요지】 법률행위의 해석은 당사자가 그 표시행위에 부여한 객관적 의미를 명백하게 확정하는 것으로서, 당사자가 표시한 문언에 의하여 그 객관적인 의미가 명확하게 드러나지 아니하는 경우에는 문언의 내용과 법률행위가 이루어진 동기 및 경위, 당사자가 법률행위에 의하여 달성하려는 목적과 진정한 의사, 거래의 관행 등을 종합적으로 고려하여 정의와 형평의 이념에 맞도록 논리와 경험의 법칙, 그리고 사회 일반의 상식과 거래의 통념에 따라 합리적으로 해석하여야 하고, 이러한 법리는 소송의 당사자 사이에 조정이 성립한 후 조정조항의 해석에 관하여 다툼이 있는 경우에도 마찬가지로 적용된다(대법원 2019. 4. 25. 선고 2017다21176 판결).

사례 3 : 개인사업체를 법인으로 전환하여 변경 전의 사업과 동종의 사업을 계속하는 경우에도 법률상 창업으로 보는가?

【대법원 판결 요지】 당초 구 조세감면규제법에서 중소기업의 창업에 대한 조세특례규정을 두게 된 경위 및 그 변천 과정 등을 종합하면, 구 조세특례제한법 제6조의 창업중소기업 등에 대한 세액감면 규정은 구 중소기업창업 지원법과 그 시행령에서 정하고 있는 창업을 전제로 여기에 해당하는 중소기업에 대하여 세액감면의 혜택을 부여하고자 한 것으로 봄이 상당하고, 2000. 12. 29. 법률 제6297호로 개정된 조세특례제한법 제6조 제4항에서 구 중소기업창업 지원법 및 그 시행령에서와 같은 창업의 범위를 제한하는 규정이 신설되었다고 하더라도 달리 볼

것은 아니다. 원심이 같은 취지에서, 원고와 같이 개인이 영위하던 사업을 법인으로 전환한 경우는 구 중소기업창업 지원법 시행령(2000. 5. 10. 대통령령 제16806호로 개정되기 전의 것) 제2조 제1항 제2호의 '개인사업자인 중소기업자가 법인으로 전환하여 변경 전의 사업과 동종의 사업을 계속하는 경우'로서 창업의 범위에 해당하지 아니하여 구 조세특례제한법 제6조 제2항 소정의 법인세 감면대상에서 제외된다고 본 것은 정당하고, 거기에 상고이유에서 주장하는 바와 같은구 조세특례제한법 제6조 제2항에 관한 법리오해나 조세법규 엄격해석 원칙 및 소급과세금지의 원칙 등에 반하는 위법이 없다(대법원 2007. 7. 13. 선고 2007두5240 판결).

사례 4 : 시각장애인만이 안마사 자격인정을 받을 수 있도록 하고, 시·도지사로부터 안마사 자격인정을 받지 아니한 자는 안마시술소 또는 안마원을 개설할 수 없도록 규정한 의료법 제82조 제1항과 제3항이 직업선택의 자유와 평등권을 침해하는 것은 아닌가? 안마사 자격인정을 받지 아니한 채 영리목적으로 안마를 한 자를 형사처벌하도록 규정하고 있는 의료법 제88조 제3호는 책임과 형벌 사이의 비례원칙에 위반되는 것은 아닌가?

【헌법재판소 결정요지】 1. 안마업을 시각장애인에게 독점시키는 의료법의 자격조항으로 말미암아 일반국민의 직업선택의 자유가 제한되는 것은 사실이지만, 안마업은 시각장애인이 정상적으로 영위할 수 있는 거의 유일한 직업이므로 시각장애인 안마사제도는 시각장애인의 생존권 보장을 위한 불가피한 선택으로 볼 수밖에 없다. 이러한 시각장애인과 달리, 비장애인은 상대적으로 높은 교육기회를 바탕으로 안마업 이외에 선택가능한 직업의 종류와 범위가 상당히 넓다. 시각장애인 안마사 제도는 여전히 시각장애인들, 특히 중증시각장애인 내지 중도 실명자들의 최소한의 삶을 지탱해주는 직업교육 및 취업의 틀로서 기능한다. 의료법은 안마사 자격인정을 받은 자만이 안마시술소 등을 개설할 수 있도록 함으로써 일반국민에게 제공되는 안마의 질을 담보하고, 시각장애인들이 목표를 가지고 자아를 실현할 수 있도록 적극적인 기회를 제공하며, 시각장애인 안마사들이 열악한 환경에서 노동력을 착취당하는 것을 방지한다. 그렇다면 의료법의 안마사 자격조항 및 안마시술소 등의 개설조항은 비시각장애인의 직업선택의 자유 및 평등권을 침해한다고 보기 어렵다.

2. 의료법 제88조 제3호는 벌금형과 징역형의 하한에는 제한을 두지 않고 그 상한만 3년 이하의 징역형 또는 3천만 원 이하의 벌금형으로 제한함으로써 죄질에 따라 벌금형이나 선고유예까지 선고될 수 있으므로, 이 사건 처벌조항은 책임과 형벌 사이의 비례원칙에 위반된다고 볼 수 없다(헌법재판소 2021. 12. 23. 2019헌마656 결정).

LECTURE
ON
STARTUP
LAW

제3장

창업의 형태

LECTURE ON STARTUP LAW

제3장 창업의 형태

제1절 총설

창업은 창업한 사업의 성공적인 수행을 목표로 한다. 창업한 사업을 성공적으로 수행하여 나가기 위해서는 시장 환경에 대한 분석, 성장 가능성이 있는 창업 아이템의 선정, 경영 자원의 동원 능력, 불굴의 기업가정신 등이 요구된다.

창업을 하면서 시장의 경영 환경이 어떻게 변화되고 있는지를 읽지 못하면 결코 창업의 성공을 기대할 수 없다. 기존 시장의 변화 흐름을 분석하고 틈새시장을 포착할 수 있어야 한다. 창업 아이템은 지속적인 성장 가능성이 있고 경쟁 우위를 선점할 수 있는 업종이어야 한다. 창업의 성패는 대부분 창업 아이템에 달려있는 만큼 창업하려는 업종과 품목에서 목표 시장에 접근할 수 있는 전략과 대안을 가져야 한다.

기업가정신은 창업의 확고한 비전과 사업 수행의 의지, 모험심과 도전 정신, 추진력과 리더십, 정의감 등의 정신적 소양과 자질을 말한다. 미개척 분야를 끊임없이 탐구하여 새로운 가능성을 열어나가고, 어떠한 어려움이 닥쳐도 긍정적인 사고와 강한 인내심, 불굴의 노력으로 극복해나가면서 부정과 불법을 배척하고 타인을 깊이 이해하고 배려하는 능동적인 실천적 가치관이 명확하게 정립되어야 한다.

이 밖에 창업을 하기 위해서는 사업의 수행에 필요한 인적 자원을 동원할 수 있어야 함은 물론이다. 사업의 효율적 추진에 필요한 자본과 설비 · 시설 등의 물적 자원의 분석과 그 동원 가능성에 대한 검토가 선행되어야 함은 두말할 여지가 없다.

창업자는 이러한 바탕 위에서 어떠한 형태로 창업할 것인가를 정하여야 한다. 창업의 형태는 창업자가 단독의 개인기업으로 창업하는 경우와 타인과 함께 동업하여 창업하는 경우 및 법인을 설립하여 창업하는 경우로 구분된다. 법인의 형태로 창업하는 경우에는 그 법인의 목적을 고려하여야 한다. 일반적으로 법인은 그 이익의 분배를 목적으로 하는가 그렇지 않은가에 따라 영리법인과 비영리법인으로 구분된다. 회사와 일반 협동조합은 영리법인이나, 민법상 법인과 사회적 협동조합, 사회적기업은 비영리법인이다. 이 중 어느 형태로 할 것인지를 정해야 한다.

특히 법인으로 창업하는 경우에는 사원 수에 대한 제한을 고려해야 한다. 유한책임회사나 주식회사, 유한회사의 설립에는 사원 수에 대한 제한이 없으나, 합명회사나 합자회사의 설립에는 사원 수가 2인 이상이어야 한다. 협동조합의 설립에는 발기인으로서 5인 이상의 조합원이 있어야 한다. 사회적협동조합의 설립에는 기획재정부장관의 설립인가를 받아야 하는데, 이 설립인가를 받기 위해서는 발기인에게 설립동의서를 제출한 설립 동의자가 5인 이상이어야 한다.

개인이 단독으로 창업하는 경우에도 기업의 형태를 개인기업으로 할 것인지, 아니면 1인 설립이 가능한 회사 법인으로 창업할 것인지를 결정하여야 한다. 2인 이상이 공동으로 창업을 하는 경우에도 그 기업의 형태를 조합의 형태로 할 것인지 합명회사나 합자회사 등의 회사 법인 형태로 할 것인지, 조합의 형태로 공동 창업을 하는 경우에는 민법상 조합으로 할 것인지 합자조합으로 할 것인지를 결정하여야 한다. 이러한 결정에 있어서는 각종 기업의 법률관계와 그 특징을 잘 파악하여 고려하여야 한다.

이하에서 기업의 형태를 개인기업과 동업 기업 및 법인 기업으로 구분하여 그 경영구조와 특징 및 설립절차에 관하여 살펴본다.

제2절 개인기업

I. 특징

창업자가 단독으로 창업을 하는 경우에 개인기업으로 창업할 수 있을 뿐만 아니라 1인 창업이 가능한 유한책임회사나 주식회사 또는 유한회사의 설립에 의한 법인 형태의 창업도 가능하다. 이중 어떠한 형태로 창업할 것인지는 창업자 자신의 자유로운 판단에 의한다.[10]

---

10) 중소기업청과 창업진흥원이 중소벤처기업부와 창업진흥원의 「2019년 창업기업실태조사」에서는 2019년 12월 31일 기준 업력 7년 이내 창업기업 1,962,665개 업체 중 개인기업이 1,713,863개, 법인 기업이 248,802개로 전체 창업기업수의 87.3%, 12.7%를 차지하는 것으로 나타났고(중소벤처기업부·창업진흥원, 「2019년 창업기업실태조사」, 2022.02, 43면), 2020년 12월 31일 기준 1인창조기업 458,322업체 중 개인사업체는 81.6%, 법인기업이 18.4%로 개인사업체가 압도적인 비중을 차지하는 것으로 나타났다(중소벤

개인기업 형태의 창업은 창업자 스스로가 영업의 주체가 되어 사업을 경영하는 것이다. 흔히 자영업이라고 일컫고 있다. 이러한 개인기업에서는 후술하는 법인의 경우와는 반대로 창업절차가 간단하고 창업비용도 적어 비교적 소자본으로도 창업이 가능하다. 창업하는 기업의 경영에 관한 방침과 계획을 창업자가 자유롭고 신속하게 수립하여 집행할 수 있다. 영업 이익도 전부 창업자 자신에게 독점적으로 귀속되며, 회계 처리에 있어서도 대차대조표와 회계장부를 작성하여야 하나, 법인의 경우와 같은 엄격한 형식이 요구되지 않는다. 창업 후 영업의 양도도 창업자가 단독으로 자유로이 할 수 있다.

그 반면에 개인기업에서는 기업 경영에서 발생하는 책임과 손실 전부가 창업자 자신에게 귀속되며, 영업상의 채무에 대해서는 창업자가 단독으로 직접 무한책임을 진다. 소득세 등의 세금 부담도 법인에 비하여 불리하고, 대외적인 공신력도 창업자 개인에 대한 주변의 사회적 평가에 달려 있다. 생산·판매 등의 영업활동과 대출 등 자금 조달에도 창업자 개인의 능력에 따른 한계가 있을 수 있다.

II. 창업절차

창업자가 개인기업의 형태로 창업하는 경우에는 자기 소유 또는 임차한 점포나 사무실에서 영업에 필요한 시설을 갖추고 관할 세무관서에 사업자등록만 하면 영업활동을 시작할 수 있다.

다만, 창업자가 미성년자나 피한정후견인 또는 피성년후견인인 경우에는 제한능력자 보호를 위한 민법의 일반 원칙에 따라 그 창업에 관하여 법정대리인의 허락을 얻거나 또는 법정대리인이 그 창업에 관한 법률행위를 대리하여야 하며, 이때에는 그 제한능력자 또는 법정대리인의 등기를 하여야 한다.

III. 미성년자·피한정후견인의 창업과 영업 허락의 등기

1. 영업 허락의 등기

성년자가 자영 개인기업을 창업하는 경우에는 창업에 관하여 다른 사람의 허락을 받을 필요가 없으며, 영업의 등기도 필요 없다. 그러나 미성년자나 피한정후견인이 개인기업을 창업하고자 하는 때에는 법정대리인[11]의 허락을 얻어야 한다. 미성년자

처기업부·창업진흥원, 「2021년 1인창조기업실태조사」, 2022.02, 69면).

나 피한정후견인이 법정대리인의 허락을 얻어 창업한 특정 영업에 관하여는 법정대리인이 그 허락을 취소 또는 제한하지 않는 한 성년자와 동일한 행위능력이 있다(민법 제8조).

미성년자가 법정대리인의 허락을 얻어 창업하는 경우에는 미성년자의 등기를 해야 한다(상법 제6조). 미성년자의 등기는 미성년자의 영업소 소재지를 관할하는 지방법원(지원) 또는 등기소에서 창업의 허락을 받은 미성년자 본인이 신청한다(상등 제47조 제1항). 미성년자의 신청을 받아 등기관이 미성년자의 등기를 할 때에는 그 허락을 얻은 자가 미성년자인 뜻, 미성년자의 성명·주민등록번호 및 주소, 영업소의 소재지, 허락을 얻은 영업의 종류를 등기부에 기재하여야 한다(상등 제46조).

2. 영업소 이전의 등기

창업 허락의 등기를 한 미성년자나 피한정후견인이 그 영업소를 다른 등기소의 관할구역 내로 이전하였을 때에는 종전 영업소 소재지에서는 새로운 영업소의 소재지와 이전 연월일을 등기하고, 새로운 영업소 소재지에서는 그 허락을 얻은 자가 미성년자 또는 피한정후견인인 뜻과 그 성명·주민등록번호 및 주소, 영업소의 소재지, 허락을 얻은 영업의 종류를 등기하여야 한다(상등 제46조 제2항, 제30,31조).

---

11) 미성년자의 법정대리인은 친권자이다. 친권자는 부모이나, 입양을 한 경우에는 양부모이다(민법 제909조제1항). 친권은 부모가 혼인중인 때에는 부모가 공동으로 이를 행사하여야 하나, 부모의 의견이 일치하지 아니하는 경우에는 친권을 행사할 자를 당사자의 청구에 의하여 가정법원이 정한다(민법 제909조제2항). 부모의 일방이 친권을 행사할 수 없을 때에는 다른 일방이 친권을 행사한다(민법 제909조 제3항).
친권을 행사하는 부 또는 모는 미성년인 자의 법정대리인이 된다(민법 제911조). 미성년자에게 친권을 행사하는 부모는 유언으로 미성년후견인을 지정할 수 있으나, 법률행위의 대리권과 재산관리권이 없는 친권자는 그 지정을 할 수 없다. 미성년후견인이 유언으로 지정된 경우라도 가정법원은 미성년자의 복리를 위하여 필요하면 생존하는 부 또는 모를 친권자로 지정할 수 있다(민법 제931조). 미성년자에게 친권자가 없거나 친권자가 대리권 및 재산관리권의 상실 선고 또는 친권 상실 선고에 의하여 친권의 전부 또는 일부를 행사할 수 없는 경우에는 가정법원은 직권으로 또는 미성년자, 친족, 이해관계인, 검사, 지방자치단체장의 청구에 의하여 미성년후견인 1인을 선임한다(민법 제932조, 제930조 제1항).
피한정후견인의 법정대리인은 한정후견인이다(민법 제938조 제1항). 피한정후견인은 질병, 장애, 노령, 그 밖의 사유로 인한 정신적 제약으로 사무를 처리할 능력이 부족하여 가정법원에서 한정후견 개시의 심판을 받은 자를 말한다. 가정법원은 한정후견 개시의 심판을 할 때에 직권으로 한정후견인을 1인 또는 수인 선임한다. 가정법원이 한정후견인을 선임할 때에는 피한정후견인의 의사를 존중하여야 하며, 그 밖에 피한정후견인의 건강, 생활관계, 재산상황, 한정후견인이 될 사람의 직업과 경험, 피한정후견인과의 이해관계 유무 등의 사정도 고려하여야 한다(민법 제959조의3). 가정법원은 한정후견인에게 대리권을 수여하는 심판을 할 수 있고, 한정후견인이 피한정후견인의 신상에 관하여 결정할 수 있는 권한의 범위를 정한다. 가정법원은 피한정후견인 본인, 배우자, 4촌 이내의 친족 등의 청구에 의하여 이러한 권한의 범위를 변경할 수 있다(민법 제959조의4).

3. 창업 허락 취소 등에 의한 변경등기

　법정대리인은 미성년자나 피한정후견인에게 창업을 허락한 후에는 언제든지 그 허락을 취소하거나 또는 제한할 수 있다(민법 제8조 제2항). 법정대리인이 미성년자에 대한 영업의 허락을 취소하거나 제한하는 경우에는 지체 없이 변경등기를 하여야 한다(상등 제46조 제2항, 제32조). 영업 허락의 취소로 인한 소멸의 등기 또는 영업 허락의 제한으로 인한 변경의 등기는 미성년자 외에 법정대리인도 신청할 수 있다(상등 제47조 제2항). 미성년자의 사망으로 인한 소멸의 등기는 법정대리인이 신청한다(상등 제47조 제3항).

IV. 법정대리인의 영업 대리와 등기

1. 의의

　미성년자나 피한정후견인이 법정대리인의 허락을 얻지 않고 창업을 한 경우에는 스스로 영업활동을 하더라도 영업에 관한 개개의 행위는 법정대리인이 취소할 수 있으며, 이 경우에 그 취소 여부는 오로지 법정대리인의 판단에 의한다.

　피성년후견인은 독자적인 영업능력이 없으므로 설령 법정대리인의 허락을 받아 영업을 하더라도 본인은 물론 법정대리인도 그 거래를 언제든지 취소할 수 있다.[12] 피성년후견인이 자신의 명의로 창업을 하더라도 법정대리인은 언제든지 취소할 수 있으므로 결국 그 영업활동은 법정대리인이 피성년후견인을 대리할 수밖에 없다.

2. 법정대리인의 등기

　법정대리인이 미성년자 등 제한능력자의 영업을 대리하는 경우에는 상업등기부에 법정대리인의 등기를 하여야 한다. 법정대리인의 등기는 법정대리인이 제한능력자의 영업소 소재지를 관할하는 지방법원(지원) 또는 등기소에서 신청하여야 한다. 이 때 등기할 사항은 법정대리인의 성명·주민등록번호 및 주소, 제한

---

12) 피성년후견인은 질병, 장애, 노령, 그 밖의 사유로 인한 정신적 제약으로 사무를 처리할 능력이 지속적으로 결여되어 가정법원에서 성년후견개시의 심판을 받은 자를 말한다. 피성년후견인의 법정대리인은 성년후견인이다(민법 제938조 제1항). 성년후견인은 가정법원이 성년후견개시의 심판을 할 때에 직권으로 선임한다. 가정법원은 피성년후견인의 신상과 재산에 관한 모든 사정을 고려하여 성년후견인을 여러 명 둘 수 있다(민법 제936조 제1,2,3항). 가정법원이 성년후견인을 선임할 때에는 피성년후견인의 의사를 존중하여야 하며, 그 밖에 피성년후견인의 건강, 생활관계, 재산상황, 성년후견인이 될 사람의 직업과 경험, 피성년후견인과의 이해관계의 유무 등의 사정도 고려하여야 한다(민법 제936조 제4항). 피성년후견인은 질병 등의 정신적 제약으로 사무 처리 능력이 지속적으로 결여되어 있는 것이 보통이어서, 설령 법정대리인의 동의를 얻은 거래라도 본인에게 불리한 것일 수 있으므로 본인이나 법정대리인은 그 거래행위를 제척기간 내에는 언제든지 취소할 수 있다.

능력자의 성명·주민등록번호 및 주소, 영업소의 소재지, 영업의 종류 등이다(상등 제49조 제1항, 제48조 제1항).

3. 소멸의 등기

제한능력자가 능력자로 되거나 법정대리인이 퇴임 또는 사망하는 경우에는 상업등기부에 법정대리 소멸의 등기를 하여야 한다. 제한능력자가 능력자로 됨으로 인한 소멸의 등기는 제한능력자도 신청할 수 있으나, 미성년자가 성년이 됨으로 인한 소멸의 등기는 등기관이 직권으로 할 수 있다(상등 제49조 제2항). 기존 법정대리인의 퇴임으로 인한 소멸의 등기는 새로운 법정대리인이 신청할 수 있다(상등 제49조 제3항). 법정대리인의 사망으로 인한 소멸의 등기는 새로운 법정대리인이 신청한다(상등 제49조 제4항).

제3절 조합

I. 개설

2인 이상이 공동으로 창업하고자 하는 경우에는 법인을 설립하여 창업하거나 또는 법인격이 없는 동업기업을 설립하여 창업을 할 수 있다. 동업기업 형태로 창업하고자 하는 때에는 일반적으로 조합계약을 체결하여 공동으로 사업을 수행한다. 이 때 2인 이상의 창업자는 동업을 위한 조합을 구성하게 되는데, 이 때 그 조합의 형태는 「민법」상의 조합과 「상법」상의 합자조합으로 구분된다.

동업을 위한 이들 조합은 공동기업이라는 점에서 개인기업과 다르고, 법인격이 없다는 점에서 후술하는 법인 기업과 다르다. 조합의 설립 절차와 업무 집행, 조합채무의 부담, 조합원의 탈퇴 등의 대내적 및 대외적 법률관계는 민법상의 조합과 합자조합 사이에 차이가 있다.

II. 민법상 조합

1. 민법상 조합의 의의

민법상 조합은 2인 이상의 조합원이 「민법」에서 정하는 조합계약에 따라 상호 출자하여 공동으로 사업을 경영할 것을 목적으로 하는 공동기업형태이다. 조합원은 금전 기타 재산 또는 노무로 출자할 수 있고, 자신의 출자에 기하여 지분을 가진다. 조합원은 손실을 분담하며, 조합의 재산과 채무는 조합원 전원의 합유(合有)로서 각 조합원이 균분하여 그 권리와 의무를 가지는 등 그 법률관계는 「민법」에 의한다.

2. 민법상 조합의 조직과 운영

1) 조합원의 지분

조합원은 조합계약에서 약정한 바에 따라 출자를 할 의무를 지며, 자신의 출자에 기하여 지분을 가진다. 조합원의 지분에 대한 압류는 그 조합원의 장래의 이익배당과 지분의 반환을 받을 권리에 대하여 효력이 있다(민법 제714조). 조합원의 지분은 그 조합원이 사망하더라도 상속되지 아니하며, 상속인은 다른 조합원에 대하여 지분환급청구권을 가진다.

2) 손익의 분배

조합의 이익 또는 손실의 분배에 관하여는 조합원 상호간에 손익 분배의 비율을 정한 때에는 그 비율에 의하고, 그 비율을 정하지 아니한 때에는 각 조합원의 출자가액에 비례하여 이를 정한다(민법 제711조 제1항). 조합원 사이에 손익 분배의 비율을 정한 때에는 그 비율은 이익과 손실에 공통된 것으로 추정한다(민법 제711조 제2항).

3) 조합채무의 부담

조합의 채무는 조합원 전원의 합유(合有)에 속하므로, 조합의 채무는 각 조합원이 손실 부담의 비율에 따라 분담한다. 그러나 조합 채권자가 채권 발생 당시에 조합원의 손실 부담의 비율을 알지 못한 때에는 각 조합원에게 균분하여 그 권리를 행사할 수 있다(민법 제712조). 이 때 조합원 중에 변제할 자력이 없는 자가 있는 때에는 그 변제할 수 없는 부분은 다른 조합원이 균분하여 변제할 책임이 있으며(민법 제713조), 변제한 후에 그 자력을 가지게 된 때에는 그 변제부분에 관하여 구상권을 행사할 수 있다.

4) 업무집행

민법상 조합의 업무집행은 업무집행자의 유무에 따라 다르다. 조합원들이 업무집행자를 정하지 아니한 경우에는 조합원의 과반수로써 결정한다(민법 제706조 제2항). 다만, 조합의 통상 사무는 다른 조합원의 이의가 없는 한 각 조합원이 단독으로 집행할 수 있다(민법 제706조 제3항).

조합원들이 조합계약에서 업무집행자를 정한 경우에는 그 업무집행자가 업무집행을 결정한다. 조합계약으로 업무집행자를 정하지 아니한 때에는 조합원의 3분의 2 이상의 찬성으로써 업무집행자를 정한다(민법 제706조 제1항). 업무집행자가 수인인 때에는 업무집행은 업무집행자의 과반수로써 결정하나, 조합의 통상 사무는 다른 업무집행자의 이의가 없으면 각 업무집행자가 단독으로 집행할 수 있다(민법 제706조 제2,3항).

5) 조합원의 탈퇴

조합계약으로 조합의 존속기간을 정하지 아니하거나 조합원의 종신까지 존속할 것을 정한 때에는 각 조합원은 언제든지 탈퇴할 수 있다. 그러나 조합원이 탈퇴하더라도 조합의 불리한 시기에는 부득이한 사유가 있어야 탈퇴할 수 있다(민법 제716조 제1항). 조합계약에서 조합의 존속기간이 정해져 있는 때에도 조합원은 부득이한 사유가 있으면 탈퇴할 수 있다(민법 제716조 제2항). 조합원이 사망하거나, 파산, 성년후견의 개시, 제명 등의 사유가 있는 때에는 당연히 탈퇴된다.

조합원이 탈퇴한 경우에는 그 지분을 환급하여야 한다. 이 경우 조합원과 다른 조합원간의 계산은 탈퇴 당시의 조합 재산 상태에 의하며, 그 출자의 종류 여하에 불구하고 금전으로 반환할 수 있다(민법 제719조 제1,2항). 탈퇴 당시에 조합의 재산 상태에 완결되지 아니한 사항이 있는 때에는 그 완결 후에 계산할 수 있다(민법 제719조 제3항).

3. 민법상 조합의 설립

2인 이상이 상호 출자하여 이러한 민법상 조합의 형태로 동업을 하고자 하는 경우에는 공동사업을 경영할 것을 약정하는 조합계약을 체결함으로써 그 효력이 생긴다(민법 제703조 제1항). 조합계약에서는 당사자 간의 합의에 의하여 수행할 목적 사업, 각 조합원의 출자 목적과 그 가액 및 평가기준, 상호, 출자의 시기와 방법, 업무집행자의 선임 여부와 업무집행 방법, 손익 분배의 비율, 존속기간, 조합원의 탈퇴 사유, 청산 방법 등을 정한다.

2인 이상의 동업자들이 이와 같이 조합계약을 체결하여 동업을 하는 경우에는 조합계약의 체결과 아울러 공동사업의 수행에 필요한 점포나 사무실 등 영업시설을 갖추고 관할 세무관서에 사업자등록을 하여야 하며, 영업활동에 인허가가 필요한 경우에는 이를 얻어야 한다.

III. 합자조합

1. 합자조합의 의의

합자조합(合資組合)은 업무집행조합원과 유한책임조합원이 상호 출자하여 공동사업을 경영하는 공동기업형태의 조합이다(상법 제86조의2). 업무집행조합원은 조합의 업무집행자로서 출자에 대한 제한이 없으며 조합의 채무에 대하여 무한책임을 지나, 유한책임조합원은 재산만 출자할 수 있으며, 조합의 채무에 대하여 출자 재산의 가액을 한도로 유한책임을 진다.

합자조합은 2인 이상의 조합원으로 구성되는 공동기업으로서 법인이 아니라는 점에서 민법상 조합과 유사하나, 조합원이 업무집행조합원과 유한책임조합원으로 이원화되며, 이들 조합원 상호간에 출자의 목적과 조합채무에 대한 책임, 업무집행권의 유무 등이 서로 다르다는 점에서 민법상 조합과 구별된다.

2. 합자조합의 조직과 운영

1) 출자의 목적

일반적으로 출자는 그 목적에 따라 재산출자와 노무출자, 신용출자로 구분된다. 재산출자는 금전이나 그 밖의 현물로 출자하는 것이다. 노무출자는 정신적 또는 육체적 노무를 제공하는 것을 내용으로 하는 출자이다. 신용출자는 자신의 성명을 상호에 사용하게 하거나 보증을 서는 등 자신의 사회·경제적 신용을 이용하게 하는 것을 내용으로 하는 출자이다.

합자조합의 업무집행조합원은 무한책임조합원으로서 재산은 물론, 그 밖에 노무나 신용도 출자할 수 있으나, 유한책임조합원은 재산만 출자할 수 있다(상법 제86조의8 제2,4항, 상법 제272조, 민법 제703조 제2항).

2) 조합채무에 대한 책임

합자조합이 채무를 부담하는 경우에 조합의 재산으로 채무를 완제할 수 없거나 조합재산에 대한 강제집행이 주효하지 못한 때에 각 조합원은 조합의 채무에 대하여 연대하여 변제할 책임이 있다. 따라서 조합원은 조합에 변제자력이 있으며 그 집행이 용이함을 증명한 때에는 조합채무에 대한 변제책임이 없다(상법 제86조의8 제2항, 제212조 제3항).

조합원이 부담하는 책임의 한도에 있어서 업무집행조합원은 조합의 채무에 대하여 출자 가액 및 그 이행 여부에 관계없이 그 채무 전부에 대하여 무한책임을 부담한다. 유한책임조합원은 이와는 달리 조합계약에서 정한 출자 가액에서 이미 출자를 이행한 부분을 뺀 가액을 한도로 하여 조합채무를 변제할 책임이 있고, 그 한도를 넘는 부분에 대해서는 변제책임이 없다(상법 제86조의6 제1항). 유한책임조합원이 조합에 이익이 없음에도 배당을 받은 금액은 변제 책임을 정할 때에 그 변제 책임의 한도액에 더한다(상법 제86조의6 제2항).

3) 업무집행

합자조합의 업무집행은 원칙적으로 업무집행조합원이 한다. 업무집행조합원은 조합계약에 다른 규정이 없으면 각자가 합자조합의 업무를 집행하고 대리할 권리와 의무가 있다(상법 제86조의5 제1항). 업무집행조합원은 조합의 영업에 관하여 재판상 또는 재판외의 모든 행위를 할 권한이 있으며, 이 권한에 대한 제한은 선의의 제삼자에게 대항하지 못한다(상법 제86조의8 제2항, 제209조).

업무집행조합원이 둘 이상인 경우에 조합계약에 다른 정함이 없으면 어느 업무집행조합원의 업무집행에 관한 행위에 대하여 다른 업무집행조합원의 이의가 있는 때에는 그 행위를 중지하고 업무집행조합원 과반수의 결의에 따라야 한다(상법 제86조의5 제3항). 유한책임조합원은 원칙적으로 업무집행권이 없으며, 업무집행에 대한 감시권만 가진다. 그러나 유한책임조합원도 조합계약에서 달리 정한 때에는 업무집행을 할 수 있으며, 이때는 유한책임조합원의 성명 또는 상호와 주소 및 주민등록번호를 등기해야 한다(상법 제86조의4 제1항).

4) 손익의 분배

합자조합의 손익의 분배에 관하여는 조합계약에서 손익분배의 비율을 정한 때에는 그 비율에 의하고, 이익이나 손실 중 어느 하나의 분배 비율을 정한 때에는 그 비율은 이익과 손실에 공통된 것으로 추정한다. 조합원 사이에 분배 비율을 정하지 아니한 때에는 그 분배 비율은 조합원의 출자가액에 비례하여 정한다(상법 제86조의8 제4항, 민법 제711조).

5) 지분의 양도

유한책임조합원은 조합계약에서 정하는 바에 따라 그 지분을 타인에게 양도할 수 있으나, 업무집행조합원이 그 지분의 전부 또는 일부를 타인에게 양도하는 때에는 다른 조합원 전원의 동의를 받아야 한다. 지분을 양수한 자는 양도인의 권리·의무를 승계한다(상법 제86조의7 제1~3항).

6) 경업 및 자기거래의 제한

업무집행조합원은 다른 조합원의 동의가 없으면 자기 또는 제3자의 계산으로 조합의 영업부류에 속하는 거래를 하지 못하며, 동종영업을 목적으로 하는 다른 회사의 무한책임사원 또는 이사가 되지 못한다(상법 제86조의8 제2항, 제198조 제1항). 또 업무집행조합원은 다른 조합원 과반수의 결의가 있는 경우를 제외하고는 자기 또는 제삼자의 계산으로 당해 조합과의 자기 거래를 하지 못한다(상법 제86조의8 제2항, 제199조).

유한책임조합원도 당해 조합과의 자기 거래에 관하여는 다른 조합원 과반수의 결의에 의한 동의를 얻어야 하나(상법 제86조의8 제3항, 제199조), 경업은 허용된다.

3. 합자조합의 설립

1) 설립절차

2인 이상이 상호 출자하여 조합의 형태로 동업을 하되 일부 조합원이 업무집행을 하며 조합의 채무에 대하여 무한책임을 지고 나머지 조합원은 조합의 채무에 대하여 유한책임을 지고자 하는 경우에는 합자조합의 설립에 의하여야 한다. 합자조합은 조합원 전원이 조합계약을 체결한 후 조합의 주된 영업소 소재지에서 등기함으로써 설립된다.

2) 합자조합계약의 체결

합자조합의 조합계약은 업무집행조합원과 유한책임조합원이 상호 출자하여 공동사업을 경영할 것을 약정함으로써 성립된다. 합자조합의 조합계약에는 조합의 목적, 조합의 명칭, 업무집행조합원과 유한책임조합원의 성명 또는 상호와 주소 및 주민등록번호 등의 일정한 사항을 적고[13] 총 조합원이 기명날인하거나 서명하여야 한다(상법 제86조의3). 합자조합계약은 조합계약에서 정한 효력 발생일로부터 그 효력이 있다.

---

13) 합자조합을 설립할 때 그 설립을 위한 조합계약에 적어야 하는 사항은 ① 목적, ② 명칭, ③ 업무집행조합원의 성명 또는 상호, 주소 및 주민등록번호, ④ 유한책임조합원의 성명 또는 상호, 주소 및 주민등록번호, ⑤ 주된 영업소의 소재지, ⑥ 조합원의 출자에 관한 사항, ⑦ 조합원에 대한 손익분배에 관한 사항, ⑧ 유한책임조합원의 지분(持分)의 양도에 관한 사항, ⑨ 둘 이상의 업무집행조합원이 공동으로 합자조합의 업무를 집행하거나 대리할 것을 정한 경우에는 그 규정, ⑩ 업무집행조합원 중 일부 업무집행조합원만 합자조합의 업무를 집행하거나 대리할 것을 정한 경우에는 그 규정, ⑪ 조합의 해산 시 잔여재산 분배에 관한 사항, ⑫ 조합의 존속기간이나 그 밖의 해산사유에 관한 사항, ⑬ 조합계약의 효력 발생일 등이다(상법 제86조의3).

3) 등기

합자조합의 등기는 그 설립 후 2주 내에 업무집행조합원이 조합의 주된 영업소 소재지에서 일정한 사항을 등기함으로써 한다(상법 제86조의4 제1항).[14] 합자조합의 등기사항이 변경된 때에는 업무집행조합원은 그 변경된 날로부터 2주간 내에 변경등기를 하여야 한다(상법 제86조의4 제2항). 합자조합이 본점을 이전하는 경우에는 2주간 내에 구소재지에서는 신소재지와 이전 년월일을, 신소재지에서는 위 등기사항을 등기하여야 한다(상법 제86조의8 제1항, 제182조 제1항). 합자조합의 업무집행조합원이나 직무대행자 또는 청산인이 이러한 등기를 게을리한 경우에는 500만 원 이하의 과태료가 부과된다(상법 제86조의9).

[참고]
익명조합의 법률관계

1) 익명조합의 의의

익명조합은 영업의 주체인 영업자와 익명조합원간의 익명조합계약에 의하여 익명조합원이 영업자의 영업을 위하여 출자를 하고 영업자는 영업으로 얻은 이익을 익명조합원에게 분배할 것을 목적으로 하는 기업 형태이다. 민법상 조합이나 합자조합은 조합원간의 공동기업 형태로서 각 조합원이 동업자로서 공동사업에 참여하나, 익명조합에서는 영업은 영업자가 단독으로 수행하며, 익명조합원은 출자를 하되 영업에는 직접 참여하지 않는다는 점에 특징이 있다.

익명조합의 영업자는 반드시 개인기업에 국한하는 것은 아니며, 회사 법인도 가능하다. 그리하여 개인투자자가 특정 회사의 영업에 관하여 이러한 익명조합의 형태로 출자를 할 수 있다. 익명조합은 익명조합원의 출자에 대하여 영업자가 이익을 분배하는 것을 그 본질적인 요소로 하므로, 영업자에게 이익이 있든 없든 영업자가 매월 일정한 금액을 지급하기로 하는 약정은 익명조합에 속하지 않는다.

2) 익명조합계약의 체결

익명조합은 영업자와 익명조합원이 익명조합계약을 체결하여 익명조합원이 영업자의 영업을 위하여 출자하고 영업자는 영업으로 얻은 이익을 익명조합원에게 분배할 것을 약정함으로써 효

---

14) 합자조합의 등기를 할 때 등기할 사항은 합자조합의 목적, 합자조합의 명칭, 조합원의 출자의 목적과 재산출자의 경우에는 그 가액과 이행한 부분, 업무집행조합원의 성명 또는 상호와 주소 및 주민등록번호, 유한책임조합원이 업무를 집행하는 경우 유한책임조합원의 성명 또는 상호와 주소 및 주민등록번호, 주된 영업소의 소재지, 둘 이상의 업무집행조합원이 공동으로 업무를 집행하거나 대리할 것을 정한 경우에는 그 규정, 업무집행조합원 중 일부 업무집행조합원만 합자조합의 업무를 집행하거나 대리할 것을 정한 경우에는 그 규정, 합자조합의 존속기간이나 그 밖의 해산사유에 관한 사항 등이다(상법 제86조의4).

력이 생긴다(상법 제78조). 영업자와 익명조합원은 익명조합계약에서 계약의 목적인 영업과 영업자의 영업수행의무, 익명조합원의 출자 목적과 가액, 익명조합원이 사용권을 출자하는 경우에는 그 사용기간, 영업 이익의 산정 기준, 손익 분담 비율, 계약의 해지 사유 등을 정한다.

3) 익명조합의 조직과 운영
(1) 익명조합원의 출자

익명조합원은 출자자에 지나지 않으므로 그 자격에 아무런 제한이 없고, 개인인가 법인인가도 가리지 않는다. 익명조합원은 익명조합계약에서 정한 바에 따라 금전 기타 재산의 출자의무를 부담한다. 출자재산은 영업자의 소유로 된다. 익명조합원이 출자를 하는 때에는 출자한 재산의 소유권을 영업자에게 이전하는 절차를 밟아야 한다. 익명조합원은 특정재산의 사용권만을 출자할 수 있는데, 이 경우에 소유권은 이전되지 않고 영업자는 그 사용권만을 가진다.

(2) 영업자의 영업수행의무와 익명조합원의 업무감시권

영업자는 익명조합계약에 따라 선량한 관리자의 주의의무로 영업을 수행하여야 한다. 영업자는 정당한 사유 없이 영업을 개시하지 않거나 영업을 폐지·양도 등을 하지 못하며, 익명조합원에 대하여 경업피지의무를 부담한다.

익명조합원은 영업자의 영업에 대한 업무감시권을 가진다. 익명조합원은 영업연도 말에 영업시간 내에 한하여 회계장부와 대차대조표 기타 서류를 열람할 수 있고 또한 업무와 재산상태를 검사할 수 있다. 특히 중대한 사유가 있을 때에는 익명조합원은 언제든지 법원의 허가를 얻어 회계장부와 대차대조표 기타 서류를 열람할 수 있고 또 업무와 재산상태를 검사할 수 있다.

(3) 손익 분배

영업자는 익명조합계약의 목적인 영업에서 생긴 이익을 익명조합원에게 분배할 의무를 부담하며, 익명조합원은 계약에서 정한 바에 따라 영업자에 대하여 이익의 분배를 청구할 수 있다. 여기서 이익이란 당해 영업연도 중 영업활동을 통하여 증가된 재산상의 수액(순재산액의 증가)을 말한다. 이익분배의 비율은 당사자 간에 특약이 있으면 그에 의하나, 특약이 없으면 각자의 출자가액과 영업자의 노력 기타 모든 사정을 참작하여 정한다. 영업연도는 특약이 없는 한 1년으로 한다.

익명조합원의 손실분담 의무는 익명조합계약의 요소는 아니나, 당사자 간의 특약으로 영업상의 손실을 익명조합원이 분담하는 약정을 할 수 있다. 또 당사자 간에 손실을 분담하지 않기로 하는 특약이 없는 한 손실이 발생한 경우에 익명조합원이 손실을 분담한다는 묵시적 특약이 있다고 추정된다.

(4) 익명조합원의 지위

익명조합원은 영업자의 영업에 관하여 제3자에 대해 아무런 권리나 의무가 없다. 영업자가 영업에 관하여 제3자에게 부담하는 채무에 대해서도 아무런 책임을 지지 아니한다. 다만, 익명조합원이 자신의 성명이나 상호를 영업자의 상호로 사용하도록 허락한 경우에는 명의대여자로서 그 사용 이후에 발생한 영업자의 채무에 대하여 영업자와 연대하여 변제할 책임을 부담한다.

제4절 비영리법인

I. 개설

비영리법인은 영리법인과 달리 학술, 종교, 자선, 기예, 사교 기타 영리 아닌 사업을 목적으로 하는 사단법인 또는 재단법인을 말한다. 여기서 영리라 함은 법인의 수익사업을 통하여 얻은 이익을 사원들에게 분배하는 것을 목적으로 하는 것을 말한다. 따라서 비영리법인은 영리를 추구하지 않는 사업을 목적으로 하며, 이익이 있더라도 법인의 재정 수요에 충당하거나 공익에 사용하여야 한다. 이러한 비영리법인 중 특히 공익을 목적으로 하는 법인을 공익법인이라고 하며, 공익법인에 대해서는 「공익법인의 설립·운영에 관한 법률」이 적용된다. 영리를 목적으로 하는 사단은 상사회사 설립의 조건에 좇아 이를 법인으로 할 수 있으며, 이 사단법인에는 모두 상사회사에 관한 상법의 규정이 준용된다(민법 제39조 제1,2항). 재단법인은 영리를 목적으로 할 수 없다.

II. 비영리법인의 운영

1. 법인의 능력과 책임

비영리법인은 법률의 규정에 좇아 정관으로 정한 목적의 범위 내에서 권리능력을 가지므로, 자연인과 같은 권리와 의무의 주체가 된다(민법 제34조). 법인의 의사능력과 행위능력은 이사 등의 대표기관을 통하여 인정된다.

법인은 이사 기타 대표자가 그 직무에 관하여 타인에게 가한 손해를 배상할 책임이 있다. 이 경우 그 대표자도 법인과 연대하여 손해배상책임을 진다(민법 제35조 제1항). 법인의 목적 범위 외의 행위로 인하여 타인에게 손해를 가한 때에는 그 사항의 의결에 찬성하거나 그 의결을 집행한 사원, 이사 및 기타 대표자가 연대하여 배상하여야 한다(민법 제35조 제2항).

2. 기관조직

1) 임원

비영리법인은 이사를 두어야 하며(민법 제57조), 정관 또는 총회의 결의로 감사를 둘 수 있다(민법 제66조). 민법에는 비영리법인의 이사 및 감사의 수와 임기에 대한 제한이 없으나, 「공익법인의 설립·운영에 관한 법률」은 공익법인에 대하여 이사가 5명 이상 15명 이하이고, 감사는 2명이어야 하며, 주무 관청의 승인을 받아 그 수를 증감할 수 있도록 규정하고, 이사와 감사의 임기는 정관으로 정하되, 이사는 4년, 감사는 2년을 초과할 수 없으나, 연임은 가능하다(공익 제5조 제1,3항).[15]

2) 이사

이사는 법인의 사무를 집행하고, 법인을 대표한다(민법 제58조 제1항). 이사가 수인인 경우에는 정관에 다른 규정이 없으면 법인의 사무집행은 이사의 과반수로써 결정하고(민법 제58조 제2항), 법인의 사무에 관하여 각자 법인을 대표하는 것이 원칙이나, 사단법인에서 이사의 대표행위는 총회의 의결에 의하여야 한다(민법 제59조 제1항). 법인이 이사의 대표권을 제한하는 경우에 그 대표권에 대한 제한은 등기하지 아니하면 제삼자에게 대항하지 못한다(민법 제60조).

이사가 없거나 결원이 있는 경우에 이로 인하여 손해가 생길 염려 있는 때에는 법원은 이해관계인이나 검사의 청구에 의하여 임시이사를 선임하여야 한다(민법 제63조).

3) 감사

감사는 법인의 재산상황과 이사의 업무집행 상황을 감사하고, 재산상황 또는 업무집행에 관하여 부정, 불비한 것이 있음을 발견한 때에는 사단법인에서는 이를 총회 또는 주무관청에 보고하며, 이 보고를 하기 위하여 필요가 있는 때에는 총회를 소집할 수 있다. 재단법인의 감사는 이를 주무관청에 보고하여야 한다(민법 제67조).

4) 총회

가. 의의

사단법인에는 사원 전원으로 구성되는 총회가 있다. 사단법인의 사무는 정관으로 이사 또는 기타 임원에게 위임한 사항 외에는 총회의 결의에 의하여야 한다(민법 제68조). 재단법인에는 사원이 없으므로 총회가 있을 수 없다.

나. 소집

총회는 통상총회와 임시총회가 있다. 사단법인의 이사는 매년 1회 이상 통상총회를 소집하여야 하며(민법 제69조), 필요하다고 인정한 때에는 임시총회를 소집할 수 있

---

15) 공익법인의 이사의 과반수는 대한민국 국민이어야 하며, 이사회를 구성할 때 대통령령으로 정하는 특별한 관계가 있는 자의 수는 이사 현원(現員)의 5분의 1을 초과할 수 없다. 임원은 주무 관청의 승인을 받아 취임한다(공익법인의 설립·운영에 관한 법률 제5조 제2,4,5항).

다(민법 제70조 제1항). 또 이사는 총사원의 5분의 1이상으로부터 회의의 목적사항을 제시하여 청구한 때에는 임시총회를 소집하여야 한다. 이 정수는 정관으로 증감할 수 있다(민법 제70조 제2항). 사원의 임시총회 소집 청구가 있은 후 2주간 내에 이사가 총회소집의 절차를 밟지 아니한 때에는 청구한 사원은 법원의 허가를 얻어 이를 소집할 수 있다(민법 제70조 제3항). 총회의 소집은 1주간 전에 그 회의의 목적사항을 기재한 통지를 발송하고 그 밖에 정관에서 정한 방법에 의하여야 한다(민법 제71조).

다. 결의사항과 결의방법

총회는 사원에게 총회의 소집 통지에서 통지한 사항에 관하여서만 결의할 수 있다. 그러나 정관에 다른 규정이 있는 때에는 그 규정에 의한다(민법 제72조). 총회에서 각 사원의 의결권은 정관에 다른 규정이 없는 한 모두 평등으로 하며, 서면이나 대리인에 의하여 의결권을 행사할 수 있다(민법 제73조 제1~3항). 다만, 당해 사단법인과 어느 사원과의 관계사항을 의결하는 경우에는 그 사원은 의결권이 없다(민법 제74조).

라. 의사

총회의 결의는 민법 또는 정관에 다른 규정이 없으면 사원 과반수의 출석과 출석사원의 의결권의 과반수로써 한다(민법 제75조 제1항). 사원이 서면이나 대리인에 의하여 의결권을 행사한 경우에는 당해 사원은 출석한 것으로 한다(민법 제75조 제2항).

총회의 의사에 관하여는 의사록을 작성하여야 한다.[16] 총회의 의사록에는 의사의 경과와 요령 및 결과를 기재하고 의장 및 출석한 이사가 기명날인하여야 한다. 이사는 의사록을 주된 사무소에 비치하여야 한다(민법 제76조 제1~3항).

3. 업무집행

법인의 사무는 이사가 집행한다. 이사는 선량한 관리자의 주의로 그 직무를 행하여야 한다(민법 제61조). 법인과 이사의 이익이 상반하는 사항에 관하여는 이사는 대표권이 없으며, 특별대리인을 선임하여야 한다(민법 제64조). 법인의 사무는 주무관청이 검사, 감독한다(민법 제37조).[17] 이사가 법인의 사무를 집행함에 있어서 그 임무를 해태한 때에는 법인에 대하여 연대하여 손해배상의 책임이 있다(민법 제65조).

법원이 이사의 직무대행자를 선임하는 가처분을 하거나 그 가처분을 변경·취소하

---

16) 이사·감사가 총회에 대하여 사실 아닌 신고를 하거나 사실을 은폐한 때 500만 원 이하의 과태료에 처한다(민법 제97조 4호).
17) 법인의 이사·감사가 주무관청의 검사·감독을 방해하거나 사실 아닌 신고를 하거나 사실을 은폐한 때 500만 원 이하의 과태료에 처한다(민법 제97조 3호).

는 경우에 그 직무대행자는 가처분명령에 다른 정함이 있거나 법원의 허가를 얻은 경우 외에는 법인의 통상사무에 속하지 않는 행위를 하지 못한다. 직무대행자가 이에 위반한 행위를 한 경우에 법인은 선의의 제3자에 대하여 책임을 진다(민법 제60조의2 제1,2항).

4. 재산목록과 사원명부

법인은 성립한 때 및 매년 3월내에 재산목록을 작성하여 사무소에 비치하여야 한다. 사업연도를 정한 법인은 법인이 성립한 때 및 사업연도 말에 재산목록을 작성하여야 한다(민법 제55조 제1항). 특히 사단법인은 사원명부를 비치하고 사원의 변경이 있는 때에는 이를 기재하여야 한다(민법 제55조 제2항). 사단법인의 사원의 지위는 양도 또는 상속할 수 없다(민법 제56조). 법인의 이사·감사가 재산목록 또는 사원명부에 부정기재를 한 때에는 500만 원 이하의 과태료에 처한다(민법 제97조 2호).

5. 잔여재산의 귀속

비영리법인은 존립기간의 만료, 법인의 목적의 달성 또는 달성의 불능 기타 정관에 정한 해산사유의 발생, 파산 또는 설립허가의 취소 등의 사유로 해산한다(민법 제77조 제1항). 사단법인은 사원이 없게 되거나 총회의 결의로도 해산한다(민법 제77조 제2항). 총회의 해산결의는 총사원 4분의 3이상의 동의에 의하나, 정관에 다른 규정이 있는 때에는 그 규정에 의한다(민법 제78조).

해산한 법인의 재산은 정관으로 지정한 자에게 귀속한다(민법 제80조 제1항). 정관으로 귀속권리자를 지정하지 아니하거나 이를 지정하는 방법을 정하지 아니한 때에는 이사 또는 청산인은 주무관청의 허가를 얻어 그 법인의 목적에 유사한 목적을 위하여 그 재산을 처분할 수 있다. 사단법인에 있어서는 이러한 재산의 처분에 총회의 결의가 있어야 한다. 이에 의하여 처분되지 아니한 재산은 국고에 귀속한다(민법 제80조 제2,3항).

6. 공익법인에 대한 특칙

1) 이사회

공익법인에는 이사 전원으로 구성되는 이사회를 둔다(공익 제5조 제1항). 이사장은 정관으로 정하는 바에 따라 이사 중에서 호선(互選)한다. 이사장은 이사회를 소집하며, 이사회의 의장이 된다(공익 제5조 제2,3항). 이사장은 필요하다고 인정할 때에는 이사회를 소집할 수 있으며, 재적이사의 과반수가 회의의 목적을 제시하여 소집을 요구하거나 감사가 소집을 요구할 때에는 그 소집 요구가 있는 날로부터 20일 이내에 이사회를 소집하여야 한다(공익 제8조 제1,2항). 이사회는 법인의 예산, 결산, 차입금 및 재산의 취득·처분과 관리에 관한 사항, 정관의 변경과 법인의 해산, 임원의 임면, 수익사업 등에 관한 사항을 심의 결정한다(공익 제7조 제1항). 이사회의 의사는 정관에 특별한 규정이 없으면 재적이사 과반수의 찬성으로 의결한다(공익 제9조 제1항). 이사는 평등한 의결권을 가지며, 이사회의 의사는 서면결의에 의하여 처리할 수 없다(공익 제9조 제2,3항).

2) 재산관리

공익법인의 재산은 기본재산과 보통재산으로 구분한다(공익 제11조 제1항). 기본재산은 그 목록과 평가액을 정관에 적어야 하며, 평가액에 변동이 있을 때에는 지체 없이 정관 변경 절차를 밟아야 한다(공익 제11조 제2항). 공익법인이 기본재산에 관하여 매도·증여·임대·교환 또는 용도변경하거나 담보로 제공하려는 경우나 일정 금액 이상을 장기차입하려는 경우, 또는 기본재산의 운용수익이 감소하거나 기부금 또는 그 밖의 수입금이 감소하는 등 대통령령으로 정하는 사유로 정관에서 정한 목적사업의 수행이 현저히 곤란하여 기본재산을 보통재산으로 편입하려는 경우 등에는 주무 관청의 허가를 받아야 한다(공익 제11조 제3항).

3) 예산 및 결산

공익법인의 회계연도는 정부의 회계연도에 따른다(공익 제12조 제1항). 공익법인은 주무 관청에 대하여 대통령령으로 정하는 바에 따라 매 회계연도가 시작되기 전에 다음 해에 실시할 사업계획 및 예산을 제출하고 매 회계연도가 끝난 후에 사업실적과 결산을 보고하여야 한다. 이 경우 결산보고에는 대통령령으로 정하는 바에 따라 공인회계사의 감사증명서를 첨부하게 할 수 있다(공익 제12조 제2항). 공익법인은 결산상 잉여금을 기본재산에 전입하거나 다음 해에 이월하여 목적사업에 사용하여야 한다(공익 제12조 제3항).

4) 잔여재산의 귀속

해산한 공익법인의 남은 재산은 정관으로 정하는 바에 따라 국가나 지방자치단체에 귀속된다. 국가나 지방자치단체에 귀속된 재산은 공익사업에 사용하거나 이를 유사한 목적을 가진 공익법인에 증여하거나 무상대부(無償貸付)한다(공익 제13조 제1,2항).

III. 비영리법인의 설립

1. 개설

비영리법인은 법률의 규정에 의함이 아니면 성립하지 못한다(민법 제31조). 비영리법인의 설립에는 정관을 작성하고 주무관청의 허가를 얻어 그 주된 사무소의 소재지에서 설립등기를 함으로써 성립한다(민법 제32조, 제33조). 법인의 주소는 그 주된 사무소의 소재지에 있는 것으로 한다(민법 제36조). 비영리법인의 설립절차는 사단법인과 재단법인에 따라 차이가 있다.

2. 사단법인의 설립절차

1) 복수의 사원의 존재

사단법인은 복수의 사원의 존재를 그 핵심적인 요소로 하므로, 그 설립에는 2인 이상의 사원이 있어야 하나, 공익법인의 경우 이사와 감사의 수만 7인 이상이어야 하므로 사원의 수는 최소한 7인 이상이 되어야 한다.

2) 정관의 작성

사단법인의 설립자는 정관을 작성하여 기명날인하여야 한다. 정관에는 목적, 명칭, 사무소의 소재지, 자산에 관한 규정, 이사의 임면에 관한 규정, 사원자격의 득실에 관한 규정, 존립시기나 해산사유를 정하는 때에는 그 시기 또는 사유 등을 기재하여야 한다(민법 제40조).[18]

3) 창립총회의 결의

창립총회를 개최하여 정관을 확정하고, 이사와 감사를 선임하여야 한다. 이사회가 있는 경우에는 이사장의 선임 등에 이사회의 결의가 필요하면 이사회의 결의가 있어야 한다. 창립총회의 의사와 이사회의 의사에 관하여는 의사록을 작성하여 참석 이사가 기명날인하여야 한다.

4) 주무관청의 허가

사단법인의 설립에는 주무관청의 허가를 얻어야 한다. 주무관청은 사단법인의 목적 사업을 관할하는 주무 중앙행정관청이나, 광역지방자치단체장 또는 교육감이다.

---

18) 사단법인의 정관은 총사원 3분의 2이상의 동의가 있는 때에 한하여 이를 변경할 수 있다. 그러나 정수에 관하여 정관에 다른 규정이 있는 때에는 그 규정에 의한다(민법 제42조 제1항). 정관의 변경은 주무관청의 허가를 얻지 아니하면 그 효력이 없다(민법 제42조 제2항).

사단법인이 목적 이외의 사업을 하거나 설립허가의 조건에 위반하거나 기타 공익을 해하는 행위를 한 때에는 주무관청은 그 허가를 취소할 수 있다(민법 제38조).

5) 공증

창립총회의 의사록과 이사장의 선임 등에 이사회의 의결이 필요한 경우에는 이사회의 의사록에 공증인의 인증을 받아야 한다.

6) 설립등기

법인설립의 허가가 있는 때에는 3주간 내에 주된 사무소 소재지에 있는 지방법원 등기소에서 설립등기를 하여야 한다(민법 제49조 제1항). 설립등기사항은 목적, 명칭, 사무소, 설립허가의 연월일, 존립시기나 해산이유를 정한 때에는 그 시기 또는 사유, 자산의 총액, 출자의 방법을 정한 때에는 그 방법, 이사의 성명과 주소, 이사의 대표권을 제한한 때에는 그 제한 등이다(민법 제49조 제2항).

설립등기 신청서에는 이사의 기명날인이 있는 정관과 공증인의 인증을 받은 창립총회 의사록과 이사회 의사록을 첨부하여야 한다.[19] 법인의 이사·감사가 등기를 해태한 때 500만 원 이하의 과태료에 처한다(민법 제97조 1호).

3. 재단법인의 설립

1) 재산의 출연

재단법인을 설립하기 위해서는 재단법인의 설립자가 일정한 재산을 출연하여야 한다(민법 제43조). 재산의 출연에 있어서 재단법인의 설립자가 생전처분으로 재단법인을 설립하는 때에는 증여에 관한 민법의 규정을 준용하며, 그 출연재산은 법인이 성립된 때로부터 법인의 재산이 된다(민법 제47조 제1항, 제48조 제1항). 유언으로 재단법인을 설립하는 때에는 민법의 유증에 관한 규정을 준용하며, 그 출연재산은 유언의 효력이 발생한 때로부터 법인에 귀속한 것으로 본다(민법 제47조 제2항, 제48조 제2항).

2) 정관의 작성

재단법인의 설립자는 정관을 작성하여 기명날인하여야 한다. 정관에는 목적,[20] 명

---

19) 법인이 분사무소를 설치한 때에는 주사무소 소재지에서는 3주간 내에 분사무소를 설치한 것을 등기하고 그 분사무소 소재지에서는 동 기간 내에 등기할 사항을 등기하고 다른 분사무소 소재지에서는 동 기간 내에 그 분사무소를 설치한 것을 등기하여야 한다(민법 제50조 제1항). 주사무소 또는 분사무소의 소재지를 관할하는 등기소의 관할구역 내에 분사무소를 설치한 때에는 3주간 내에 그 사무소를 설치한 것을 등기하면 된다(민법 제50조 제2항).

칭, 사무소의 소재지, 자산에 관한 규정, 이사의 임면에 관한 규정을 기재하여야 한다 (민법 제43조).[21] 재단법인의 설립자가 그 명칭, 사무소 소재지 또는 이사 임면의 방법을 정하지 아니하고 사망한 때에는 이해관계인 또는 검사의 청구에 의하여 법원이 이를 정한다(민법 제44조).

3) 이사회의 결의

재단법인의 설립에 관하여 정관에 의하여 이사회의 결의가 요구되는 사항에 대하여는 이사회의 결의가 있어야 한다. 이사회의 결의가 있는 때는 그 의사록을 작성하여 참석 이사들이 기명날인을 하여야 한다.

4) 주무관청의 허가

재단법인을 설립하기 위해서는 주무관청의 허가를 얻어야 한다. 주무관청은 재단법인의 목적 사업을 관할하는 주무 중앙행정관청이나, 광역지방자치단체의 단체장 또는 교육감이다. 재단법인이 목적 이외의 사업을 하거나 설립허가의 조건에 위반하거나 기타 공익을 해하는 행위를 한 때에는 주무관청은 그 허가를 취소할 수 있다(민법 제38조).

5) 공증

이사의 선임 등 이사회의 의결이 필요한 경우에는 이사회의 의사록에 공증인의 인증을 받아야 한다.

6) 설립등기

재단법인의 설립등기는 위의 사단법인의 경우와 같다.

---

20) 재단법인의 목적을 달성할 수 없는 때에는 설립자나 이사는 주무관청의 허가를 얻어 설립의 취지를 참작하여 그 목적 기타 정관의 규정을 변경할 수 있다(민법 제46조).
21) 재단법인의 정관은 그 변경방법을 정관에 정한 때에 한하여 변경할 수 있으나, 재단법인의 목적달성 또는 그 재산의 보전을 위하여 적당한 때에는 그 명칭 또는 사무소의 소재지를 변경할 수 있다(민법 제45조 제1,2항). 재단법인 정관의 변경도 주무관청의 허가를 얻지 아니하면 그 효력이 없다(민법 제42조 제2항).

제5절 회사

I. 개설

우리나라 회사에는 합명회사와 합자회사, 유한책임회사, 주식회사와 유한회사의 5 가지 유형이 있다. 이들 회사는 영리를 목적으로 하며 설립등기를 요건으로 하는 영리법인이다. 회사의 인적 구성에 있어서 합명회사의 사원은 무한책임사원 2인 이상에 의하여, 합자회사는 무한책임사원과 유한책임사원 각 1인 이상에 의하여, 유한책임회사는 유한책임사원만으로 구성된다. 주식회사는 발기인에 의하여 설립되며 설립 시나 설립 후에 주식을 인수한 사람은 주주가 된다. 주식회사의 발기인이나 주주는 모두 최소한 1인이면 되고, 유한회사의 사원도 마찬가지로 1인이면 된다.

이들 각종 회사들은 모두 법인으로서 그 구성원인 사원과는 독립된 법인격을 가지나, 그 실질에 있어서는 상당한 차이가 있다. 합명회사는 민법상 조합을 법인화한 것이고, 합자회사는 합자조합을 법인화한 것으로 보면 된다. 회사의 경영구조와 사원의 책임에 있어서 합명회사는 민법상 조합에, 합자회사는 합자조합에 유사하며, 회사의 경영과 회계가 대부분 사원들의 자율에 맡겨져 있고, 회사의 설립절차도 간단하다. 따라서 2인 이상이 공동으로 창업을 하는 경우에 민법상 조합이나 합자조합의 비법인 형태로 할 것인지, 합명회사나 합자회사의 법인 형태로 할 것인지는 동업자들이 판단할 일이다.

유한책임회사는 대내적으로 일정한 자본이 있어야 하며, 대외적으로는 사원이 회사 채무에 대하여 유한책임을 진다는 점에서 주식회사나 유한회사와 같은 물적 회사의 특징을 가지나, 회사의 내부관계에 대한 규율은 합명회사와 유사하다.

주식회사나 유한회사는 모두 자본을 중심으로 하는 물적 회사이며, 주주나 사원은 회사 채무에 대한 책임을 지지 아니한다. 따라서 이 두 회사에서는 회사 자본의 충실을 도모하기 위하여 설립절차와 회계에 대한 규제가 엄격하며, 특히 주식회사에서는 경영의 적법성과 투명성을 확립하기 위하여 회사의 기관 구성이 복잡하고 업무집행에 대한 감독이 강화되어 있다.

이 두 회사에 대하여 상법은 주식회사를 대기업에 적합한 회사 형태로, 유한회사는 중소기업에 적합한 회사 형태로 예정하여 규정하고 있다. 그러나 우리나라에서는 주식회사에 대한 선호도가 지나치게 높아 중소기업도 대부분 주식회사 형태를 취하고 있다. 그리하여 상법은 자본금 10억 원 미만인 중소 규모의 주식회사에 대해서는 그 기관 구성과 회사의 운영에 있어서는 유한회사에 유사하게 규정하고 있다.

이처럼 각종 회사의 특징은 그 종류에 따라 서로 다른데, 어떠한 종류의 회사든 회사는 모두 법인으로서 그 창업자와는 법률상 독립된 법인격을 가진다. 창업 시 창업 기업의 형태가 이러한 회사인 경우에는 개인사업자의 소득세율보다 낮은 법인세의 과세 대상이 되므로 조세 부담에서 유리하고, 사회적인 신용에 있어서도 개인사업자에 비하여 비교적 높은 평가를 받을 수 있다. 특히 사원이 수인인 경우에는 다수인의 출자와 노력을 결합하여 개인기업이 수행하기 어려운 대규모 사업을 경영할 수 있으며, 손실이 생겨도 다수의 사원들이 분담함으로써 기업의 경영에 따른 위험을 분산·경감시키는 이점이 있다. 이하에서 각종 회사의 법적 특징과 그 법률관계 및 설립절차에 대하여 본다.

II. 합명회사

1. 합명회사의 의의

합명회사는 사원이 2인 이상의 무한책임사원으로 구성되는 회사이다. 합명회사는 회사의 채무를 회사 재산으로써 완제할 수 없는 경우에 사원 각자가 회사 채권자에 대하여 직접 연대하여 무한책임을 지므로, 사원 각자가 업무집행권을 가지는 등 회사의 조직과 운영에 있어서 사원의 개성이 중시되는 순수한 인적 회사이다.

2. 합명회사의 조직과 운영

1) 사원의 출자

합명회사의 사원은 재산이나 노무 또는 신용을 출자할 수 있다. 재산출자는 금전이나 그 밖의 현물로 출자하는 것이다. 노무출자는 사원이 회사에 대하여 정신적 또는 육체적 노동력을 제공하는 것을 내용으로 하는 출자이다. 신용출자는 자신의 성명을 상호에 사용하게 하거나 자신이 회사의 채무에 보증을 서는 것과 같이 회사로 하여금 자신의 사회적·경제적 신용을 이용하게 하는 것을 내용으로 하는 출자이다. 합명회사의 각 사원의 출자의 목적과 그 가액 및 평가기준은 그 사원의 성명과 주민등록번호 및 주소와 함께 반드시 정관에 기재하여야 한다(상법 제179조).

2) 업무집행

합명회사에 있어서는 원칙적으로 각 사원이 업무집행권을 가지나(상법 제200조), 정관으로 사원의 1인 또는 수인을 업무집행사원으로 정한 때에는 그 사원이 회사의 업무를 집행할 권리와 의무가 있다(상법 제201조). 정관으로 업무집행사원을 정하지 아니한 때에는 각 사원은 회사를 대표하나, 수인의 업무집행사원을 정한 경우에 각 업무집행사원이 회사를 대표한다. 정관 또는 총사원의 동의로 업무집행사원 중 특히 회사를 대표할 자를 정한 때에는 그 업무집행사원이 회사를 대표한다(상법 제207조).

3) 회사 채무에 대한 사원의 책임

합명회사에 있어서 회사 재산으로 회사 채무를 완제할 수 없거나 회사 재산에 대한 강제집행이 주효하지 못한 경우에는 각 사원은 회사 채무에 대하여 채권자에게 직접, 연대, 무한의 변제 책임을 부담한다. 이 경우 사원이 회사에 변제 자력이 있으며 집행이 용이한 것을 증명한 경우에는 이 책임을 지지 아니한다(상법 제212조). 사원이 변제책임을 지는 회사 채무는 사법상의 채무와 공법상의 채무도 포함하며, 사원은 회사 채무에 종속하는 2차적인 채무로서 법률의 규정에 의하여 이러한 책임을 진다.

4) 사원의 지분 양도와 압류

합명회사 사원은 사원의 지위에서 회사에 대하여 지분을 가진다. 사원의 지분은 출자의 목적이나 가액에 관계없이 모두 하나이다. 사원이 자신의 지분을 양도할 때에는 다른 사원 전원의 동의를 얻어야 한다(상법 제197조). 사원의 채권자는 채무자인 사원의 지분을 압류할 수 있다. 지분 압류의 효력은 사원의 재직 중에는 장래의 이익배당, 퇴직 시에는 지분환급청구권에 대하여 발생한다(상법 제223조).

5) 사원의 지분의 상속

합명회사 사원이 사망한 경우에 그 지분은 원칙적으로 상속이 되지 아니하나, 정관으로 그 상속인이 회사에 대한 피상속인의 권리의무를 승계하여 사원이 될 수 있음을 정한 때에는 상속인은 상속의 개시를 안 날로부터 3월내에 회사에 대하여 승계 또는 포기의 통지를 발송하여야 한다(상법 제219조제1항). 상속인이 이 통지 없이 3월을 경과한 때에는 사원이 될 권리를 포기한 것으로 본다(상법 제219조제2항).

사원 지분의 상속에 관하여 정관에 이러한 규정이 없거나 상속인이 그 권리를 포기한 것으로 보는 경우에는 그 상속인은 회사에 대하여 그 사원이 사망 당시 회사에 대하여 가지고 있던 지분에 대하여 환급을 청구할 수 있을 뿐이다.

6) 사원의 퇴사

합명회사의 사원은 퇴사에 의하여 사원의 지위를 상실하게 된다. 사원은 부득이한 사유가 있을 때에는 언제든지 퇴사할 수 있다(상법 제217조제2항). 또 정관으로 회사의 존립기간을 정하지 아니하거나 어느 사원의 종신까지 존속할 것을 정한 때에는 사원은 영업연도 말에 한하여 퇴사할 수 있는데, 이 때에는 6월전에 퇴사를 예고하여야 한다(상법 제217조제1항).

이 밖에 사원은 정관에 정한 사유의 발생, 총사원의 동의, 사망, 피성년후견개시의 선고, 파산, 제명에 의하여 퇴사한다. 퇴사한 사원은 노무 또는 신용을 출자의 목적으로 한 경우에도 정관에 다른 규정이 없는 한 그 지분의 환급을 받을 수 있다(상법 제222조).

3. 합명회사의 설립

합명회사의 설립은 정관의 작성과 설립등기에 의하여 이루어진다. 정관에는 사원 2인 이상이 절대적 기재사항을 기재하고,[22] 총사원이 기명날인 또는 서명을 하여야 한다(상법 제179조).[23] 합명회사는 정관의 작성 후 본점소재지에서 설립등기를 함으로써 법인격을 취득한다(상법 제172조).[24]

III. 합자회사

1. 합자회사의 의의

합자회사는 무한책임사원과 유한책임사원으로 구성되는 회사이다. 합자회사의 무한책임사원의 지위나 책임은 합명회사의 사원과 같고, 유한책임사원은 출자액의 한

---

22) 정관의 절대적 기재사항은 그 중 하나의 기재라도 누락되는 때에는 정관은 물론 회사설립 자체가 무효가 되는 사항이다(상법 179조). 정관에 기재할 절대적 기재사항은 목적, 상호, 사원의 성명과 주민등록번호 및 주소, 사원의 출자의 목적과 그 가격 또는 평가의 기준, 본점과 지점의 소재지, 정관 작성 연월일이다. 합명회사를 설립하는 사원은 이들 사항을 정관에 기재하고 총사원이 기명날인 또는 서명을 하여야 한다(상법 제179조). 이밖에 상대적 기재사항과 임의적 기재사항을 기재할 수 있다. 상대적 기재사항은 정관에 기재함으로써 법률상 효력을 가지는 사항이다. 회사의 대표에 관한 사항, 공동대표에 관한 사항, 사원의 퇴사 원인과 퇴사원의 지분환급 제한에 관한 사항 등이 그 예이다.
23) 합명회사의 정관은 이 책 말미 「부록」 '1. 합명회사의 정관(예시)' 참조.
24) 합명회사의 설립등기에서는 회사의 목적, 상호, 사원의 성명·주민등록번호 및 주소(회사를 대표할 사원을 정한 때에는 그 외의 사원의 주소는 제외한다), 본점의 소재지, 지점을 둔 때에는 그 소재지, 사원의 출자의 목적, 재산출자에 대해서는 그 가격과 이행한 부분, 존립기간 기타 해산사유를 정한 때에는 그 기간 또는 사유, 회사를 대표할 사원을 정한 경우에는 그 성명·주소 및 주민등록번호, 수인의 사원이 공동으로 회사를 대표할 것을 정한 때에는 그 규정을 등기하여야 한다(상법 제180조).

도 내에서 회사 채무에 대하여 무한책임사원과 연대하여 채권자에게 직접 변제하여야 할 책임을 부담한다(상법 제269조, 제279조).

2. 합자회사의 조직과 운영

1) 출자

합자회사의 무한책임사원은 합명회사의 사원과 같이 재산이나 노무 또는 신용으로 출자할 수 있으나, 유한책임사원은 재산으로만 출자할 수 있고, 노무나 신용의 출자는 허용되지 아니한다.

2) 업무집행

합자회사의 업무집행권과 대표권은 무한책임사원에게만 있고, 유한책임사원은 업무집행에 대한 감시권만 갖는 것이 원칙이다(상법 제277조, 제278조). 다만, 회사는 정관 또는 총사원의 동의로 유한책임사원에게 업무집행권을 부여할 수 있으나, 회사 대표권은 부여할 수 없다.

3) 사원의 책임

합자회사의 무한책임사원은 회사 채권자에 대하여 합명회사의 사원과 같은 책임을 지나, 유한책임사원은 출자가액을 한도로 직접 연대책임을 부담한다. 유한책임사원이 이미 회사에 출자를 이행한 때에는 그 범위 내에서 책임이 소멸되나, 회사에 이익이 없는데도 배당을 받은 경우에는 변제책임을 정함에 있어서 이를 가산하여야 한다(상법 제279조 제1,2항).

4) 지분의 양도와 상속

합자회사의 무한책임사원의 지분 양도와 사망에 따른 지분의 상속 및 퇴사는 합명회사 사원의 경우와 같다. 그러나 유한책임사원은 지분 양도에 무한책임사원의 동의만 있으면 되고, 사원이 사망한 경우에 지분의 상속도 허용되며, 피성년후견개시의 선고를 받은 때에도 퇴사되지 아니한다(상법 제276조, 제282조~ 제284조).

3. 합자회사의 설립

합자회사의 설립은 합명회사의 경우와 같다. 다만 합자회사의 정관에는 합명회사 정관의 절대적 기재사항(상법 제179조) 이외에 각 사원이 무한책임인가, 유한책임인가를 구별하여 기재하여야 한다(상법 제270조). 사원의 출자는 무한책임사원은 합명회사 사원의 경우와 같으나, 유한책임사원은 재산출자만 할 수 있고, 노무나 신용의 출자는 허용되지 않는다.

합자회사의 설립등기에 있어서도 그 등기할 사항은 합명회사의 설립등기 사항과 같으나, 그 외에 각 사원이 무한책임 또는 유한책임인 것을 구분하여 등기하여야 한다(상법 제271조 제1항).

Ⅳ. 유한책임회사

1. 유한책임회사의 의의

유한책임회사는 회사의 경영에 있어서는 조합과 같이 운영되나, 자본금이 사원의 출자에 의하여 형성되고, 사원들은 출자금액을 한도로 회사 채무에 대하여 유한책임을 지는 회사이다. 유한책임회사는 대외적으로는 자본과 사원의 유한책임을 그 주요 기반으로 하는 물적 회사의 특징을 가지고 있으나, 그 내부에서는 실질적인 조합관계에서 조합에서와 같은 방법으로 운영되므로 그 내부의 법률관계는 합명회사에 유사하다.

2. 유한책임회사의 조직과 운영

1) 사원의 출자

사원은 신용이나 노무를 출자의 목적으로 하지 못하며, 금전이나 그 밖의 재산으로 출자할 수 있다. 출자는 정관의 작성 후 설립등기를 하는 때까지 그 전부를 이행하여야 한다(상법 제287조의4 제1,2항). 정관을 변경하여 새로운 사원을 가입시키는 경우에 사원 가입의 효력은 정관을 변경한 때에 발생하나, 정관을 변경한 때에 해당 사원이 출자를 이행하지 않은 경우에는 그 이행을 마친 때에 사원이 된다(상법 제287조의23 제2항).

2) 업무집행

유한책임회사에는 업무집행자가 있어야 한다. 유한책임회사의 업무집행자는 회사의 업무를 집행하고 회사를 대표한다(상법 제287조의12). 업무집행자가 아닌 사원은 업무집행자의 업무집행에 대하여 감시권을 가지며, 필요한 경우에는 회사에 대하여 업무집행자의 책임을 추궁하는 소의 제기를 청구할 수 있다(상법 제287조의14, 제287조의22).

3) 내부관계

유한책임회사의 내부관계는 합명회사의 경우와 같으며, 정관이나 상법에 다른 규정이 없으면 합명회사에 관한 규정을 준용한다(상법 제287조의18).

4) 사원의 책임

유한책임회사의 사원은 다른 규정이 있는 경우 외에는 회사의 채무에 대하여 그 출자금액을 한도로 책임을 진다. 그러나 유한책임회사의 사원은 회사의 설립 시에는 설립등기를 하기 전에 출자를 모두 이행하여야 하고, 회사의 설립 후 사원으로 가입하는 경우에는 정관을 변경하고 출자의 이행을 완료하여야 사원이 된다. 따라서 사원이 된 후에는 출자가 이미 완료되어 회사 채무에 대하여 아무런 책임을 지지 않는다.

5) 지분의 양도와 상속

유한책임회사의 사원은 출자에 의하여 지분을 가진다. 각 사원의 지분은 합명회사의 경우와 같이 모두 단일하나, 그 분량은 출자의 가액에 비례한다. 사원이 자신의 지분을 양도하는 때에는 다른 사원의 동의를 얻어야 하며, 다른 사원의 동의를 받지 아니하면 그 지분의 전부 또는 일부를 양도하지 못한다(상법 제287조의8). 사원이 사망한 경우 정관의 다른 정함이 없는 한, 지분은 상속되지 않으며, 상속인이 그 지분의 환급을 받게 된다.

3. 유한책임회사의 설립

유한책임회사의 설립에는 정관의 작성, 출자의 이행 및 설립등기가 필요하다. 유한책임회사를 설립하기 위해서는 사원이 정관을 작성하고,[25] 출자를 전부 이행한 후 설립등기를 하여야 한다.

출자의 이행에 있어서 현물출자를 하는 사원은 납입기일에 지체 없이 유한책임회사에 출자의 목적인 재산을 인도하고, 등기, 등록, 그 밖의 권리의 설정 또는 이전이 필요한 경우에는 이에 관한 서류를 모두 갖추어 교부하여야 한다(상법 제287조의4).

유한책임회사는 본점의 소재지에서 설립등기를 함으로써 성립한다(상법 제287조의5 제1항). 설립등기에서는 목적, 상호, 자본금, 업무집행자 등 일정한 사항을 등기하여야 한다.[26]

---

25) 유한책임회사 정관의 절대적 기재사항은 목적, 상호, 사원의 성명·주민등록번호 및 주소, 사원의 출자의 목적 및 가액, 자본금의 액, 업무집행자의 성명(법인인 경우에는 명칭) 및 주소, 본점의 소재지, 정관의 작성 년월일이다(상법 제287조의3).

26) 유한책임회사의 설립등기사항은 목적, 상호, 본점의 소재지, 지점을 둔 경우에는 그 소재지, 존립기간 기타 해산사유를 정한 때에는 그 기간 또는 사유, 자본금의 액, 업무집행자의 성명, 주소 및 주민등록번호(법인인 경우에는 명칭, 주소 및 법인등록번호)(다만, 유한책임회사를 대표할 업무집행자를 정한 경우에는 그

V. 주식회사

1. 주식회사의 의의

주식회사는 주주의 출자에 의하여 이루어지는 자본금을 그 존립의 기초로 하며, 주주는 회사의 설립 시나 신주 발행 시 자신이 인수한 주식에 대하여 출자를 이행한 후에는 회사 채무에 대하여 원칙적으로 아무런 책임을 지지 않는 전형적인 물적 회사이다.

이와 같이 주식회사는 자본금과 주식 및 주주의 간접유한책임을 그 본질적 요소로 한다는 점에서 다른 회사와 구분된다. 주식회사의 자본금은 등기사항에 지나지 않으며, 최저나 최고의 제한이 없다.

2. 주식회사의 조직과 운영

1) 주주의 지위

주주는 주식회사의 사원으로서 주식의 소유자이다. 주주는 회사의 설립 시에는 발기인으로서 또는 모집설립 시 주식을 인수한 자는 주식인수인으로서, 회사의 신주 발행 시에 신주를 인수한 때에는 신주의 인수인으로서, 자신이 인수한 주식의 인수가액에 대한 출자의무만 부담하고, 회사 채무에 대하여는 법인격 부인의 경우를 제외하고는 아무런 책임을 지지 않는다(상법 제295조, 제303조, 제331조, 제421조).

주주는 자신의 경제적 이익을 목적으로 하는 자익권과 회사의 경영에 참여하거나 회사 경영을 감시하는 수단이 되는 공익권을 가진다. 자익권은 이익배당청구권과 잔여재산분배청구권, 주권교부청구권 등이며, 공익권은 의결권, 주주제안권, 이사 등의 위법행위 유지청구권, 대표소송 제기권, 회계장부열람권, 회사의 업무·재산상태 검사권 등이다.

주주의 권리는 주식을 1주라도 가지고 있으면 행사할 수 있는 단독주주권과 일정한 수 이상의 주식을 가진 주주만이 행사할 수 있는 소수주주권으로 구분된다.

소수주주권의 행사요건은 비상장회사의 경우는 발행주식총수의 100분의 1 이상을 요하는 권리(이사의 위법행위유지청구권과 대표소송제소권), 100분의 3 이상을 요하는 권리(주주제안권, 주주총회소집청구권, 집중투표에 의한 이사선임청구권, 이사해임청구권, 회계장부열

외의 업무집행자의 주소는 제외한다), 유한책임회사를 대표할 자를 정한 경우에는 그 성명 또는 명칭과 주소, 정관으로 공고방법을 정한 경우에는 그 공고방법, 둘 이상의 업무집행자가 공동으로 회사를 대표할 것을 정한 경우에는 그 규정이다(상법 제287조의5 제1항, 제179조, 제180조).

람권 등), 100분의 10 이상을 요하는 권리(회사해산판결청구권,회사정리절차개시신청권)의 세 가지가 있다.

그러나 주권상장법인의 경우는 그 소수주주권의 행사요건이 주주총회소집청구권과 회사업무 및 재산상태검사청구권의 행사에는 발행주식총수의 1천분의 15 이상, 주주제안권의 행사에는 상장회사의 의결권 없는 주식을 제외한 발행주식총수의 1천분의 10(대통령령으로 정하는 상장회사의 경우에는 1천분의 5) 이상, 이사·감사·청산인 해임청구권의 행사에는 상장회사 발행주식총수의 1만분의 50(대통령령으로 정하는 상장회사의 경우에는 1만분의 25) 이상 등으로 그 주식 보유 비율이 대폭 완화되고 그 대신 6개월 전부터 계속하여 보유할 것을 그 요건으로 하는데, 상장회사는 정관에서 이 보다 더 단기의 주식 보유기간을 정하거나 낮은 주식 보유비율을 정할 수 있다(상법 제542조의6).

2) 주식의 종류

주식은 자본의 구성요소이면서 동시에 주주가 회사에 대해 가지는 권리·의무의 단위가 된다. 주식회사는 정관의 규정으로 무액면주식을 발행할 수 있으며, 액면주식을 발행하는 경우에는 1주의 금액은 100원 이상으로 균일하여야 한다. 액면주식을 발행하는 회사의 자본금은 원칙적으로 발행주식의 액면총액이다(상법 제451조 제1항).

무액면주식을 발행하는 회사의 자본금은 설립 시에는 발기인이 주식의 발행가액 중 자본금으로 계상하기로 정한 금액의 총액, 신주 발행 시에는 주식 발행가액의 2분의 1 이상의 금액으로서 이사회(주주총회에서 신주발행사항을 결정하는 회사에서는 주주총회)에서 자본금으로 계상하기로 정한 금액의 총액으로 한다(상법 제451조 제2항).

회사가 발행할 수 있는 주식에는 ⅰ) 이익배당과 잔여재산의 분배에 관한 종류주식으로서 우선주, 보통주, 후배주, 혼합주,[27] ⅱ) 주주의 의결권 행사에 관한 종류주식으로서 의결권 없는 주식과 의결권 제한 주식[28], ⅲ) 주식의 상환에 관한 종류주식으로서 상환사유부주식과 상환청구부주식,[29] ⅳ) 주식의 전환에 관한 종류주식으로

---

27) 보통주는 이익배당 또는 잔여재산 분배에 있어서 표준이 되는 주식이며, 우선주는 이익배당 또는 잔여재산 분배에 있어서 다른 종류의 주식보다 우선적 지위가 인정되는 주식을 말한다. 후배주는 이러한 경제적 이익의 분배에 있어서 보통주보다 열후적 지위에 있는 주식을 말하며, 혼합주는 이익배당과 잔여재산분배 중 어느 점에서는 우선적 지위를 가지나 다른 점에서는 열후적 지위에 있는 주식을 가리킨다.

28) 정관에서 정하는 일정한 사항에 관하여 의결권이 인정되지 않는 주식을 말한다.

29) 상환사유부주식은 회사가 정관에서 정하는 바에 따라 주주의 의사에 관계없이 일방적으로 소각할 수 있는 주식이며, 상환청구부주식은 주주가 정관에서 정하는 바에 따라 회사에 상환을 청구할 수 있는 주식이다.

서 전환사유부주식과 전환청구부주식[30]이 있다. 회사는 이러한 각종 종류주식의 특성을 결합하여 이 밖의 다양한 유형의 종류주식을 발행할 수 있다. 회사가 이러한 종류주식을 발행하기 위해서는 정관으로 각 종류주식의 내용과 수를 정하여야 한다(상법 제344조 제1,2항).

3) 주식회사의 기관

가. 기관의 구성

주식회사의 기관은 회사의 규모에 따라 차이가 있다. 주주총회는 회사의 규모에 관계없이 모든 주식회사의 필요기관이나, 이사회와 감사기관은 회사의 규모에 따라 다르다. 즉, 자본금 10억 원 미만의 소규모 회사에는 회사의 업무집행기관으로서 이사 1명 또는 2명을 둘 수 있으며, 감사(監事)는 임의기관으로서 선임하지 아니할 수 있다(상법 제409조 제4항).

그러나 자본금 10억 원 이상 자산총액 2조 원 미만의 중규모 회사에서는 이사회와 대표이사 또는 (대표)집행임원을 두어야 하며, 감사기관으로는 감사 또는 감사위원회(監査委員會) 중 어느 하나를 정관에서 정하는 바에 따라 설치하여야 한다(상법 제409조 이하).

최근 사업연도 말 현재의 자산총액이 2조 원 이상인 대규모 회사에서는 이사회와 대표이사 또는 (대표)집행임원을 두어야 하며(상법 제382조 이하), 사외이사가 이사 총수의 과반수이어야 하고, 감사기관으로는 반드시 감사위원회를 설치하여야 한다(상법 제542조의11 제1항).

나. 이사회 · 이사 · 사외이사

중규모 및 대규모 주식회사의 이사는 3인 이상이어야 한다. 이들 이사 전원은 이사회를 구성하여 회사의 업무집행에 관한 의사를 결정하고, 대표이사 또는 집행임원 등의 업무집행에 대한 감시를 한다.

이사는 주주총회에서 선임된다. 회사가 2인 이상의 이사를 선임하고자 하는 때에는 의결권없는 주식을 제외한 발행주식총수의 100분의 3 이상에 해당하는 주식을 가진 주주는 정관에서 달리 정하는 경우를 제외하고는 회사에 대하여 집중투표 방법으로 이사를 선임할 것을 주주총회일의 7일 전까지 서면 또는 전자문서로 청구할 수 있다

---

30) 전환사유부주식은 회사가 일방적으로 주주의 주식을 다른 종류주식으로 전환할 수 있는 주식이며, 전환청구부주식은 주주가 인수 주식을 다른 종류주식으로 전환할 것을 청구할 수 있는 주식이다.

(상법 제382조의2 제1,2항).[31)]

이사의 선임에 있어서 주권상장회사는 자산 규모 등을 고려하여 대통령령으로 정하는 경우를 제외하고는 이사 총수의 4분의 1 이상을 사외이사로 하여야 한다. 특히 최근 사업연도 말 현재의 자산총액이 2조 원 이상인 주권상장회사의 사외이사는 3명 이상으로 하되, 이사 총수의 과반수가 되도록 하여야 한다(상법 제542조의8 제1항).

이사의 임기는 3년을 초과하지 못한다(상법 제383조 제2항). 이사의 임기는 정관으로 그 임기 중의 최종의 결산기에 관한 정기주주총회의 종결에 이르기까지 연장할 수 있다(상법 제383조 제3항).

다. 대표이사 또는 집행임원

대표이사는 대내적으로 회사의 업무를 집행하고 대외적으로 회사를 대표하는 기관이다. 집행임원은 대표이사에 갈음하여 이사회의 감독 아래 회사의 업무집행을 전담하는 자를 말한다. 회사는 정관으로 대표이사 대신 집행임원을 둘 수 있다. 집행임원이 1명인 경우에는 그 집행임원이 대표집행임원이 되나, 2명 이상의 집행임원이 선임된 경우에는 이사회 결의로 대표집행임원을 선임하여야 한다(상법 제408조의5 제1항). 대표집행임원에 관하여는 다른 규정이 없으면 대표이사에 관한 규정이 준용된다(상법 제408조의5 제2항). 집행임원을 설치한 주식회사에는 대표이사를 두지 못한다(상법 제408조의2 제1항).

라. 감사와 감사위원회

감사는 독임제(獨任制) 기관으로 그 임기는 취임 후 3년 내의 최종의 결산기에 관한 정기총회의 종결 시까지로 한다(상법 제410조). 감사위원회는 이사회 산하 합의제 감사기관으로서 3인 이상의 이사로 구성되며 그 3분의 2 이상이 사외이사이어야 한다(상법 제415조의2). 감사위원회는 감사에 갈음하므로 회사가 감사위원회를 설치한 때에는 감사를 둘 수 없다.

감사와 감사위원회는 이사의 직무 집행을 감사하고, 언제든지 이사에 대하여 영업에 관한 보고를 요구하거나 회사의 업무와 재산상태를 조사할 수 있으며(상법 제412조 제1,2항, 제415조의2 제7항), 회의의 목적사항과 소집의 이유를 기재한 서면으로 이사회 또는 임시총회의 소집을 청구할 수 있다(상법 제412조 의3,4, 제415조의2 제7항).

---

31) 집중투표의 청구가 있는 경우에 이사의 선임결의에 관하여 각 주주는 1주마다 선임할 이사의 수와 동일한 수의 의결권을 가지며, 그 의결권은 이사 후보자 1인 또는 수인에게 집중하여 투표하는 방법으로 행사할 수 있다. 이러한 투표 방법으로 이사를 선임하는 경우에는 투표의 최다수를 얻은 자부터 순차적으로 이사에 선임되는 것으로 한다(상법 제382조의2 제3항).

마. 외부감사인

주권상장법인과 해당 사업연도 또는 다음 사업연도 중에 주권상장법인이 되려는 회사, 그 밖에 대통령령으로 정하는 기준에 해당하는 회사는 회사로부터 독립된 외부 감사인에 의한 회계감사를 받아야 한다(주식회사의외부감사에관한법률 제4조 제1항). 이들 회사는 매 사업연도 개시일부터 45일 이내에 회계법인 또는 감사반을 해당 사업연도의 감사인으로 선임하여야 하는데, 특히 주권상장법인과 대형비상장주식회사 또는 금융회사는 연속하는 3개 사업연도의 감사인은 동일한 감사인이어야 한다(동법 제10조 제 1,3,4항). 감사인은 언제든지 회사 및 관계회사의 회계와 업무 및 재산상태를 조사하고, 이사의 직무 수행에 관하여 부정행위 또는 법령·정관에 위반되는 중대한 사실을 발견하면 감사 또는 감사위원회에 통보하고 주주총회에 보고하여야 한다(동법 제21,22조).

4) 이익배당과 주식배당

주식회사는 주주에게 이익배당을 하여야 한다. 이익배당은 대차대조표의 순자산액으로부터 ⅰ) 자본금의 액, ⅱ) 그 결산기까지 적립된 자본준비금과 이익준비금의 합계액, ⅲ) 그 결산기에 적립하여야 할 이익준비금의 액, ⅴ) 대통령령으로 정하는 미실현이익 등을 공제한 액을 한도로 한다. 이익배당은 주주총회의 결의로 정하나, 재무제표를 이사회가 승인하는 때는 이사회의 결의로 정한다(상법 제462조 제1,2항).

주식회사는 이익의 배당을 새로이 발행하는 주식으로써 할 수 있다. 주식에 의한 배당은 이익배당 총액의 2분의 1에 상당하는 금액을 초과하지 못한다. 주식배당은 주주총회의 결의에 의하며, 주식의 권면액으로 하되, 회사가 종류주식을 발행한 때에는 각각 그와 같은 종류의 주식으로 할 수 있다. 주식으로 배당을 받은 주주는 주식배당 결의가 있는 주주총회가 종결한 때부터 신주의 주주가 된다(상법 제462조의2 제1,2항).

이 밖에 주식회사는 정관으로 금전 외의 재산으로 현물배당을 할 수 있음을 정할 수 있다. 이러한 현물배당을 정한 회사는 주주가 배당되는 금전 외의 재산 대신 금전의 지급을 회사에 청구할 수 있도록 한 경우에는 그 금액 및 청구할 수 있는 기간, 일정 수 미만의 주식을 보유한 주주에게 금전 외의 재산 대신 금전을 지급하기로 한 경우에는 그 일정 수 및 금액을 정할 수 있다(상법 제462조의4 제1,2항).

5) 주식의 양도와 상속

주식의 양도는 양도인과 양수인 사이의 합의에 의하여 개별적으로 이루어지는 경우와 증권시장에서 증권예탁결제제도에 의하는 경우가 있다. 상장회사의 주식은 이

두 가지 방법에 의하여 양도될 수 있으나, 비상장회사의 주식은 증권예탁결제 방식에 의하여 양도할 수 없다.

주식의 개별적인 양도는 양도인과 양수인이 주식 양도의 합의를 하고 양수인에게 주권이 교부되어야 그 효력이 있으며(상법 제336조제1항), 주주명부 또는 전자주주명부에 명의개서를 하여야 한다(상법 제337조제1항). 이 때 명의개서는 주식 양수인이 주식 발행회사에 대하여 주주로서의 권리를 행사하기 위한 대항요건이며, 주식의 양수인은 주주명부 또는 전자주주명부에 명의개서를 하여야 주주의 권리를 행사할 수 있다.[32]

증권예탁결제제도에 의한 주식의 양도는 주권의 현실적인 교부와 양수인의 명의개서에 의하지 아니하며, 계좌이체의 방법으로 이루어진다.[33] 주권상장법인의 주식 양도는 대부분 이 방법에 의한다. 이 밖에 주식도 재산권의 일종으로서 상속의 대상이 됨은 당연하다.

---

32) 주권상장법인의 주식은 개별적인 양도방법으로서 주식양도인이 주식양수인에게 주권을 교부하고 주식양수인이 명의개서를 함으로써 양도되나, 증권예탁결제제도 아래서는 주권 소유자로부터 그 주권을 예탁받은 예탁자(증권회사 등)가 고객계좌부를 작성·비치한 후 그 주권을 다시 증권예탁원에 예탁하고, 증권예탁원은 예탁자계좌부를 작성·비치하는데, 이렇게 예탁되어 있는 주식은 주권의 개별적인 교부와 양수인의 명의개서가 없더라도 계좌 이체(移替)의 기재만으로 주식의 양도가 이루어진다. 이러한 제도는 「자본시장 및 증권투자업에 관한 법률」에 의하여 신주인수권 등 각종 증권이나 회사채, 국·공채와 같은 채권의 거래에도 이용되고 있다.

33) 주식을 표창하는 유가증권을 주권이라 하는데, 이 주권이 증권시장에서 거래되기 위하여는 증권시장에 상장되어야 한다. 이와 같이 증권시장에 상장된 주권을 발행한 법인 또는 주권과 관련된 증권예탁증권이 증권시장에 상장된 경우에 그 주권을 발행한 법인을 주권상장법인이라고 한다(자본시장과금융투자업에관한법률 제9조 제15항).

여기서 상장이란 한국거래소가 정한 요건을 충족한 기업이 발행한 주권을 증권시장에서 거래할 수 있도록 허용하는 것으로서 주권을 발행한 법인의 상장신청에 의하여 원칙적으로 그 법인이 발행한 증권의 전부가 상장된다(다만, 상장 신청 법인은 유통성이 없는 등 상장의 실익이 없다고 인정되는 주권(보통주는 제외)은 상장하지 않을 수 있다.

증권시장이란 증권의 매매를 위하여 거래소가 개설하는 시장으로서 유가증권시장과 코스닥시장으로 구분된다(자본시장과금융투자업에관한법률 제9조 제13항). 유가증권시장(KOSPI Market)은 주권 등 각종 증권의 매매를 위하여 거래소가 개설한 증권시장이다. 이 유가증권시장에 상장하기 위해서는 자기자본 300억 원 이상, 상장주식수 100만주 이상, 일반주주 수 700명 이상 등의 일정한 요건을 갖추어야 한다(유가증권시장상장규정 참고).

코스닥시장은 IT(Information Technology), BT(Bio technology), CT(Culture technology) 기업과 벤처기업의 자금조달을 목적으로 1996년에 개설된 벤처기업 중심 시장이다. 코스닥시장에 상장하기 위해서는 자기자본이 15억 원 이상이고, 주식의 기준시가총액이 90억 원 이상이어야 하며, 경영성과 및 이익규모가 일정한 수준 이상이어야 하는 등 일정한 요건을 갖추어야 한다(코스닥시장상장규정 참고).

이 밖에 코넥스시장이 있다. 코넥스시장은 초기 중소·벤처기업에 최적화된 시장으로 이들 기업의 상장이 용이하도록 그 진입요건을 완화하여, 상장 초기 중소·벤처기업이 자본시장을 통해 자금조달을 원활하게 할 수 있도록 하고 있다. 코넥스시장은 유가증권시장 및 코스닥시장 상장을 위한 인큐베이터 역할을 하므로 코스닥시장 상장 계획이 있는 기업은 코넥스시장 상장을 통해 코스닥시장에 용이하게 상장할 수 있다.

6) 회계

주식회사의 이사 또는 대표이사(또는 집행임원)는 결산기마다 재무제표와 그 부속명세서 및 영업보고서를 작성하여 이사회의 승인을 받아야 한다(상법 제447조, 제447조의2). 재무제표는 대차대조표와 손익계산서 및 자본변동표와 이익잉여금처분계산서 또는 결손금처리계산서 등의 서류를 말한다.[34] 이들 서류에 대한 이사회의 승인이 있으면, 이사는 정기총회 회일의 6주간 전에 이들 서류를 감사에게 제출하여야 하고, 감사는 이들 서류를 받은 날부터 4주 내에 감사보고서를 이사에게 제출하여야 한다(상법 제447조의3, 제447조의4).

감사보고서를 제출받은 이사는 정기총회 회일의 1주간 전부터 이들 서류와 감사보고서를 본점에 5년간, 그 등본을 지점에 3년간 비치하여야 한다. 주주와 회사 채권자는 영업시간 내에 언제든지 이들 비치서류를 열람할 수 있으며, 회사가 정한 비용을 지급하고 그 서류의 등본이나 초본의 교부를 청구할 수 있다(상법 제448조). 이와 함께 이사는 재무제표와 그 부속서류 및 영업보고서를 정기총회에 제출하여 그 승인을 요구하여야 한다. 주주총회에서 이들 서류에 대한 승인을 얻은 때에는 이사는 지체없이 대차대조표를 공고하여야 한다(상법 제449조).

다만, 회사는 재무제표와 그 부속서류에 대하여 정기 총회의 승인을 받지 않고 정관으로 정하는 바에 따라 일정한 요건 아래 이사회의 결의로 승인할 수 있다(상법 제449조의2). 재무제표에 대하여 총회의 승인 대신 이사회의 승인이 가능하기 위해서는 ⅰ) 재무제표와 그 부속서류가 법령 및 정관에 따라 회사의 재무상태 및 경영성과를 적정하게 표시하고 있다는 외부감사인의 의견이 있고, ⅱ) 이사회의 승인에 대하여 감사(감사위원회 설치회사에서는 감사위원) 전원의 동의가 있어야 한다. 재무제표에 대한 이사회의 승인이 있는 때에는 이사는 그 각 서류의 내용을 주주총회에 보고하여야 한다(상법 제449조의2 제1,2항).

3. 주식회사의 설립

1) 특징

주식회사는 자본을 중심으로 하므로 회사의 설립에 있어서 자본의 형성과 충실을 도모하기 위한 복잡한 자본형성 절차와 설립경과 조사절차가 요구된다. 주식회사의

---

34) 「주식회사의 외부감사에 관한 법률」에 의한 외부감사 대상 회사의 재무제표는 ⅰ) 대차대조표, ⅱ) 손익계산서, ⅲ) 자본변동표, ⅳ) 이익잉여금 처분계산서 또는 결손금 처리계산서, ⅴ) 현금흐름표, ⅵ) 주석(註釋)을 모두 포함한다(상법시행령 제16조 제1항 단서).

설립 사무는 발기인이 집행하는데, 발기인이 2인 이상인 경우에는 발기인조합을 구성한다. 발기인조합은 회사가 성립되면 그 목적을 달성하여 해산된다. 회사의 설립 중에 회사의 설립이 불가능하게 된 경우에는 발기인조합은 목적 달성의 불능으로 소멸됨은 당연하다. 주식회사의 설립은 설립 시에 발행하는 주식을 발기인만이 인수하는가 그렇지 않은가에 따라 발기설립과 모집설립으로 나누어진다.

2) 발기인

발기인은 주식회사의 설립 시에 정관에 발기인으로 기명날인 또는 서명을 한 자이며 회사 설립 사무를 집행한다. 발기인의 수는 1인이면 되고(상법 제288조 제1항), 발기인의 자격에 대한 제한도 없으므로, 자연인은 물론 법인도 발기인으로 될 수 있다. 설립 사무 집행은 발기인이 1인인 경우에는 발기인이 단독으로 하나, 발기인이 2인 이상인 경우에는 발기인조합의 업무집행으로서 이루어진다.

3) 정관의 작성

주식회사의 설립에는 먼저 발기인이 법정사항을 기재한 정관을 작성하여 기명날인 또는 서명을 하고 공증인의 인증을 받아야 한다(상법 제288조, 제289조 제1항, 제292조). 정관은 회사의 조직과 운영에 관한 근본규칙으로서 일정한 형식을 갖춘 것을 말한다.[35] 정관의 기재사항에는 절대적 기재사항과 상대적 기재사항 및 임의적 기재사항이 있다.

가. 절대적 기재사항

정관의 절대적 기재사항은 정관에 반드시 기재하여야 하고 그 기재가 결여되면 정관 자체가 무효로 되는 사항이다(상법 제289조 제1항). 현행 상법상 정관의 절대적 기재사항은 i) 목적, ii) 상호, iii) 회사가 발행할 주식의 총수, iv) 액면주식을 발행하는 경우 1주의 금액, v) 회사의 설립 시에 발행하는 주식의 총수, vi) 본점의 소재지, vii) 회사가 공고를 하는 방법, viii) 발기인의 성명·주민등록번호 및 주소 등이다.

이들 기재사항 중 먼저 목적은 회사가 수행할 영업의 범위를 말한다. 상호에는 주식회사라는 문자가 포함되어야 하며, 그 밖에 은행·보험 등의 영업을 목적으로 하는 회사는 상호 중에 그러한 문자도 있어야 한다. 회사가 발행할 주식의 총수는 회사가 성립 후 존속 중에 발행할 것으로 예상되는 주식의 총수를 말한다.

액면주식을 발행하는 경우 1주의 액면금액은 100원 이상이어야 하고(상법 제329조 제3항) 균일하여야 한다(상법 제329조 제2항). 회사가 원시정관에서 주식의 전부를 무액면주

---

35) 이 책 말미 「부록」 '2. 주식회사의 정관(예시)' 참조.

식으로 발행하기로 한 경우에는 액면주식을 발행할 수 없으므로 1주의 금액을 기재할 필요가 없다(상법 제329조 제1항). ⅴ)의 회사가 설립 시 발행하는 주식의 총수는 과거에는 ⅲ)의 회사가 발행할 주식의 총수의 4분의 1 이상이어야 한다는 제한이 있었으나, 지금은 그 제한이 없다.

회사가 공고를 하는 방법은, 회사가 공고를 할 때 관보 또는 시사에 관한 사항을 게재하는 일간신문에 할 것인지, 또는 정관으로 정하는 바에 따라 전자적 방법으로 할 것인지를 원시정관에 기재하게 한 것이다(상법 제289조 제3항). 여기서 전자적 방법이란 공고할 사항을 당해 회사의 인터넷 홈페이지에 게시하는 것을 말한다(상법시행령 제6조 제1항).

나. 상대적 기재사항

정관의 상대적 기재사항은 정관에 기재하면 회사의 법률관계에서 그 기재한 대로 효력이 발생하고, 기재하지 않으면 그 효력이 생기지 않는 사항이다. 상대적 기재사항에는 회사 설립에 관한 변태설립사항과 상법에서 예상하는 개별적인 사항이 있다.

가) 변태설립사항

a. 발기인이 받을 특별이익　　발기인이 받을 특별이익은 발기인이 회사설립에 기여한 공로에 대하여 회사가 그 성립 후에 제공할 경제적 이익을 말한다. 발기인이 회사 성립 후 이러한 특별이익을 받기로 정한 경우에는 이를 정관에 기재하여야 그 이익을 받을 수 있으며(상법 제290조 1호), 그러한 정함이 있더라도 이를 정관에 기재하지 아니하면 발기인은 회사로부터 그 이익을 제공받을 수 없다.

b. 현물출자에 관한 사항　　현물출자를 하는 자가 있는 경우에는 정관에 그 성명과 출자의 목적인 재산의 종류, 수량, 가격과 이에 대하여 부여할 주식의 종류와 수를 기재하여야 한다(상법 제290조 제2호). 현물출자는 금전 이외의 재산출자로서 동산, 부동산, 유가증권, 무체재산권, 영업, 재산적 가치 있는 사실관계 등도 그 대상이 된다. 현물출자에 관하여 이러한 사항을 정관에 기재하게 한 이유는 현물출자에 대한 과대평가로 회사의 재정이 부실하게 되거나 또는 그 과소평가로 탈법행위 등에 악용되는 것을 예방하기 위한 것이다.

현물출자는 회사 설립 시에는 발기인은 물론 모집설립 시 발기인 이외의 다른 주식인수인도 할 수 있다. 발기인 또는 다른 주식인수인이 현물출자를 하더라도 현물출자에 관한 기재사항을 정관에 기재하지 아니하면 현물출자로서의 효력이 인정되지 않는다.

현물출자를 하는 자는 납입기일에 지체없이 출자의 목적인 재산을 인도하고 등기, 등록 기타 권리의 설정 또는 이전을 요할 경우에는 이에 관한 서류를 완비하여 교부하여야 한다(상법 제295조 제2항, 제305조 제3항, 425조). 현물출자를 할 자가 그 이행을 하지 않는 경우에는 설립중의 회사는 민법의 채무불이행의 일반원칙에 따라 손해배상의 청구(민법 제390조, 제544조, 제551조) 및 강제집행(민법 제389조)을 할 수 있으나, 이와는 반대로 당해 현물출자에 관한 정관의 기재 사항을 삭제한 후 회사의 설립절차를 속행할 수 있다.

c. 재산인수에 관한 사항　　발기인이 회사 성립 후 재산을 양수하기로 약정한 경우에는 그 약정한 재산의 종류와 수량, 가격과 그 양도인의 성명을 정관에 기재하여야 한다(상법 제290조 3호). 회사의 설립 후 이루어질 영업에 필요한 특정 재산을 회사 성립 후에 제3자로부터 양수하기로 발기인이 설립 중에 미리 약정을 하는 계약을 재산인수라 하는데, 발기인이 이러한 약정을 하는 경우에는 그 주요 내용을 정관에 기재하도록 한 것이다.

재산인수의 약정이 있더라도 정관에 기재하지 않으면 성립 후의 회사에 효력이 없다. 그런데 정관에 기재하지 않은 재산인수의 약정에 대하여 추후 창립총회나 성립 후의 회사가 추인할 수 있는지 문제된다.

이에 관하여 ⅰ) 다수설은 정관에 기재하지 아니한 재산인수에 대하여 사후 추인을 인정하면 재산인수를 엄격하게 규제하는 상법의 취지에 어긋나고, 그 탈법행위를 허용하는 것이 되므로, 정관에 기재하지 아니한 재산인수는 사후설립의 요건에 해당하지 않는 한, 회사 성립 후 주주총회의 특별결의가 있더라도 절대적으로 무효라고 본다.

그러나 ⅱ) 소수설은 정관에 기재하지 아니한 발기인의 재산인수는 사후설립과 유사하므로 사후설립에 관한 규정을 유추하여 성립 후의 회사가 주주총회의 특별결의로 추인할 수 있다고 한다. 대법원 판결은 이 소수설에 입각해 있다.[36]

d. 설립비용과 발기인이 받을 보수에 관한 사항　　회사가 부담할 설립비용과 발기인

---

36) [판례] 피고 회사에 토지를 양도하기로 한 약정이 상법 제290조 제3호에서 정한 재산인수에 해당하기는 하나, 한편으로 원고가 이 사건 토지의 종전 소유자에게 지급하였다고 주장하는 매수대금 및 피고 회사의 설립 당시 자본금의 규모 등으로 미루어 이 사건 토지의 취득 대가는 피고 회사 자본의 20분의 1 이상이었던 것으로 보인다. 사정이 이러하다면 이 사건 토지에 관한 재산인수는 동시에 상법 제375조에서 정한 사후설립에도 해당할 것이고, 따라서 이에 대하여 만약 피고 회사 주주총회의 특별결의에 의한 추인이 있었다면 피고 회사는 유효하게 이 사건 토지의 소유권을 취득할 수 있었다고 보아야 한다(대법원 2015.03.20. 선고 2013다88829 판결).

의 보수가 있는 경우에는 그 비용과 보수를 정관에 기재하여야 설립 후 회사가 부담한다(상법 제290조 4호).

설립비용은 발기인이 설립 중의 회사의 기관으로서 설립 사무실의 차임, 정관이나 주식청약서 등의 인쇄비, 납입금취급은행의 수수료 등 회사의 설립을 위하여 지출한 비용을 말하며, 개업준비비용은 포함하지 않는다. 발기인이 받을 보수는 발기인이 설립사무에 종사한 노력에 대한 대가로서 지급되는 급료를 말한다.

이와 같이 정관에 기재된 설립비용과 발기인의 보수에 대해서는 검사인의 조사보고 등의 절차(상법 제299조, 제300조)를 거쳐 또는 창립총회의 승인(상법 제310조)을 얻어 확정된 경우에는 성립 후의 회사가 지급의무를 부담한다.

그러나 회사의 설립에 실제 소요된 비용이지만 정관에 설립비용으로 기재되지 않았거나 검사인의 조사보고 또는 창립총회의 승인 등의 절차를 거쳐 확정되지 않은 경우에는 그 비용을 누가 부담해야 하는지 문제된다.

이에 관하여는 발기인의 권한의 범위와 관련하여 다음과 같이 학설이 나뉘어 있다. ⅰ) 발기인은 회사 설립 자체를 직접 목적으로 하는 행위만 할 수 있다는 설에 의하면 정관에 기재하지 않고 발기인이 지출한 비용은 회사에 구상할 수 없고, 부당이득이나 사무관리의 규정에 의하여도 회사에 청구할 수 없고, 주주총회의 승인에 의한 회사의 추인도 불가능하며, 발기인 개인이 책임을 져야 한다고 한다.

이에 대하여 ⅱ) 발기인은 회사의 설립을 위하여 법률상 또는 경제상 필요한 행위는 물론 개업준비행위도 할 수 있다고 보는 설에서는 발기인이 회사의 설립을 위하여 지출한 비용은 회사의 설립 중에는 설립 중의 회사에 귀속하고, 회사가 성립되면 모두 성립 후의 회사에 귀속하므로, 회사가 그 전액을 부담하여야 한다고 한다. 대법원 판례는 이 입장을 취하고 있다.

나) 개별적 · 상대적 기재사항

상법상의 개별적인 상대적 기재사항으로는 회사 설립 시의 주식발행사항(상법 제291조), 무액면주식의 발행 및 전환에 관한 사항, 명의개서대리인의 설치에 관한 사항, 주식매수선택권의 부여에 관한 사항, 자기주식의 취득과 처분에 관한 사항, 각종 종류주식의 발행에 관한 사항, 주식의 전자등록에 관한 사항, 자격주에 관한 사항, 공동대표에 관한 사항, 집행임원의 임기에 관한 사항, 주주총회 보통결의 요건의 완화에 관한 사항, 감사 선임 시 의결권 제한의 비율에 관한 사항, 감사위원회의 설치에 관한 사항, 신주 발행 사항 등이 있다.

다. 임의적 기재사항

임의적 기재사항은 상법 등 법률의 규정이 없더라도 회사가 임의로 기재하는 사항으로서, 강행법규나 공서양속 또는 주식회사의 본질에 어긋나지 않는 한 어떠한 사항이라도 정관에 기재할 수 있다.

라. 정관의 인증

정관은 공증인의 인증을 받음으로써 효력이 생긴다(상법 292조 본문). 다만, 자본금 총액이 10억 원 미만인 회사를 발기설립하는 경우에는 공증인의 인증을 받지 않더라도 정관을 작성하여 각 발기인이 기명날인 또는 서명함으로써 효력이 생긴다(상법 제292조 단서).

4) 주식발행사항의 결정

회사는 정관에서 정하는 설립 시 발행 주식 총수를 설립 시에 발행해야 하는데, 이 주식의 발행에 관하여 먼저 발행할 주식의 종류와 수를 정하여야 한다. 또 액면주식을 발행하는 경우에 액면 이상으로 발행할 때에는 그 수와 금액을 정하여야 하고, 특히 무액면주식을 발행하는 경우에는 주식의 발행가액과 주식의 발행가액 중 자본금으로 계상하는 금액을 정하여야 한다. 이러한 사항은 정관에 다른 정함이 없으면 발기인 전원의 서면에 의한 동의로 정하여야 한다(상법 제291조).

그러나 이 외의 주식 발행에 관한 사항, 예컨대 주식의 청약 및 납입기간, 납입 취급금융기관 등의 사항은 정관에 다른 정함이 없는 한 발기인의 과반수 결의로 정한다.

이러한 주식발행사항에 관한 결의에 따라 설립 시에 발행되는 주식을 발기인들이 전부 인수하여 회사를 설립하는 경우가 발기설립이고, 발기인이 설립 시 발행 주식의 일부를 인수하고 나머지 부분에 대해서는 주주를 모집하여 회사를 설립하는 경우가 모집설립이다.

5) 발기설립 절차

가. 발기인의 주식 전부 인수

발기설립에 있어서는 발기인이 설립 시에 발행하는 주식의 전부를 서면으로 인수하여야 한다(상법 제293조). 발기인이 1인이면 단독으로 설립 시 발행하는 주식의 전부를 인수하여야 하고, 발기인이 2인 이상이면 그 인수 비율은 서로 협의하여 정하겠지만 그 전부를 인수하여야 한다. 주식을 인수하는 서면의 방식에는 제한이 없다. 발기인이 현물출자를 하는 경우에는 그 내용이 변태설립사항으로서 정관에 기재되므로 별도로 서면에 의할 필요가 없다.

나. 출자의 이행

발기인이 설립 시에 발행하는 주식의 총수를 인수한 때에는 납입을 맡을 은행 기타 금융기관과 납입장소를 지정하여 지체없이 그 주식의 인수가액 전액을 납입하여야 한다. 현물출자를 하는 경우에는 납입기일에 그 출자 전부를 이행하여야 하므로, 출자의 목적이 동산인 때에는 그 목적물을 발기인(대표)에게 인도하면 되나, 등기·등록 기타 권리의 설정 또는 이전 절차가 필요한 경우에는 이에 관한 서류를 완비하여 발기인(대표)에게 교부하여야 한다(상법 제295조제1,2항).

납입사무의 집행은 정관에 다른 규정이 없는 한 발기인 대표 또는 1인 발기인이 한다. 발기설립에서는 발기인이 출자를 이행하지 않는 경우에는 모집설립의 경우와 같은 실권절차(상법 제307조)가 인정되지 않으므로 금전출자든 현물출자든 「민사집행법」에 의한 이행의 강제(민법 제389조, 제390조)를 할 수 있으나, 그 이행이 없으면 회사가 성립되지 아니한다.

다. 이사와 감사 또는 감사위원회 위원의 선임

발기인은 출자의 이행이 완료된 때에 그 의결권의 과반수로 이사와 감사를 선임하여야 한다. 감사위원회가 설치되는 회사에서는 감사 대신 감사위원회 위원을 선임하여야 한다. 이사와 감사 또는 감사위원회 위원의 선임에 있어서 발기인은 인수하는 주식 1주에 대하여 1개의 의결권을 갖는다(상법 제296조). 발기인은 이사 등의 선임에 관하여 의사록을 작성하여 의사의 경과와 그 결과를 기재하고 기명날인 또는 서명을 하여야 한다(상법 제297조).

이사의 선임과 관련하여 대표이사 설치 회사에서는 대표이사를 선임하여야 하고, (대표)집행임원 설치 회사에서는 (대표)집행임원을 선임하여야 한다. 대표이사 또는 (대표)집행임원의 선임에 관하여는 정관에서 회사의 설립 시에 발기인 또는 창립총회에서 선임하게 한 경우를 제외하고는 이사들이 이사회를 열어 선임하여야 한다.

라. 설립경과의 조사

가) 이사와 감사의 설립 경과 조사   이사와 감사는 취임 후 지체없이 회사의 설립에 관한 모든 사항이 법령 또는 정관의 규정에 위반되지 아니하는지의 여부를 조사

하여 발기인에게 보고하여야 한다. 이사와 감사 중에서 발기인이나 현물출자자 또는 재산인수계약의 당사자인 자는 이 조사 및 보고에 참가하지 못한다. 이사와 감사 전원이 이에 해당하는 때에는 이사는 공증인으로 하여금 설립경과에 대한 조사 및 보고를 하게 하여야 한다(상법 제298조 제1,2,3항).

나) 검사인의 변태설립사항 조사   정관으로 변태설립사항을 정한 때에는 이사는 이에 관한 조사를 하게 하기 위하여 검사인의 선임을 법원에 청구하여야 한다(상법 제298조 제4항 본문). 법원이 선임한 검사인은 변태설립사항과 현물출자의 이행을 조사하여 법원에 보고하여야 한다(상법 제299조 제1항).

그러나 ⅰ) 발기인의 특별이익과 회사 설립비용 및 발기인의 보수에 관하여 공증인의 조사·보고가 있거나 현물출자와 재산인수에 관한 공인 감정인의 감정이 있는 경우, ⅱ) 현물출자 및 재산인수의 총액이 자본금의 5분의 1을 초과하지 아니하고 또 5,000만원을 초과하지 아니하는 경우, ⅲ) 현물출자 및 재산인수의 목적인 재산이 거래소의 시세가 있는 유가증권으로서 정관에 적힌 가격이 대통령령으로 정한 방법으로 산정된 시세(상법시행령 제7조 제2,3항)를 초과하지 아니하는 경우 기타 이에 준하는 경우에는 검사인의 조사·보고가 요구되지 않는다(상법 제298조 제4항 단서, 제299조 제2항).

검사인이 변태설립에 관한 사항과 현물출자의 이행을 조사하여 법원에 보고하는 경우에는 그 조사보고서를 작성한 후 지체 없이 그 등본을 각 발기인에게 교부하여야 한다. 이 검사인의 조사보고서에 사실과 다른 사항이 있는 경우에는 발기인은 이에 대한 설명서를 법원에 제출할 수 있다(상법 제299조).

발기인이 받을 특별이익과 회사의 설립비용 및 발기인의 보수에 관한 공증인의 조사·보고가 있거나, 현물출자와 재산인수에 관한 감정인의 감정이 있는 경우에는 공증인 또는 감정인이 그 조사 또는 감정의 결과를 법원에 보고하여야 한다(상법 제299조의2).

다) 법원의 변경처분   법원은 검사인 또는 공증인의 조사보고서 또는 감정인의 감정 결과와 발기인의 설명서를 심사하여 변태설립사항이 부당하다고 인정한 때에는 이를 변경하여 각 발기인에 통고할 수 있다(상법 제300조 제1항). 법원의 처분에 불복하는 발기인은 즉시항고를 할 수도 있지만, 주식의 인수를 취소하거나 정관을 변경하여 설립에 관한 절차를 속행할 수 있다. 법원의 이 통고가 있은 후 2주 내에 주식의 인수를 취소한 발기인이 없는 때에는 정관은 법원의 통고에 따라 변경된 것으로 본다(상법 제300조 제1,2,3항).

6) 모집설립 절차

가. 발기인의 주식 일부 인수

모집설립에 있어서는 회사가 설립 시에 발행하는 주식의 일부를 발기인이 인수하고 그 나머지는 주주를 모집하여 인수시키게 된다. 발기인의 주식 인수 방법은 발기설립의 경우와 동일하다.

나. 주주의 주식 인수

가) 주주의 모집　　발기인은 설립 시에 발행하는 주식 총수 중 발기인이 인수하지 아니한 주식에 대하여는 주주를 모집하여야 한다(상법 제301조). 주주의 모집은 주식청약서에 의한다. 주식청약서는 발기인이 작성한다. 주식청약서에는 정관의 인증연월일과 공증인의 성명, 정관의 절대적 기재사항과 변태설립사항, 각 발기인이 인수한 주식의 종류와 수, 납입금융기관과 납입장소, 명의개서대리인을 둔 때에는 그 성명·주소 및 영업소 등을 기재하여야 한다(상법 제302조 제2항).

나) 주식 인수의 청약　　주식 인수의 청약을 하려는 자는 주식청약서 2통에 인수할 주식의 종류와 수 및 주소를 기재하고 기명날인 또는 서명을 하여 청약하여야 한다(상법 제302조 제1항).

주식 인수의 청약도 하나의 의사표시이므로 의사표시에 하자가 있는 경우에는 민법의 일반원칙에 따라 무효로 되거나 취소할 수 있는 것이 원칙이나, 주식 인수의 청약에 있어서는 비진의표시에 관한 민법 제107조 제1항 단서의 규정이 적용되지 아니한다(상법 제302조제3항). 따라서 주식 인수의 청약을 한 자가 비진의표시를 하고 발기인이 그 사실을 알았거나 알 수 있었던 경우에도 그 청약은 무효로 되지 아니하고 유효하다.

주식 인수의 청약자가 주식을 배정받아 인수한 후에 창립총회에 출석하여 그 권리를 행사하거나 또는 회사가 성립된 후에는 주식청약서의 요건 흠결을 이유로 주식인수의 무효를 주장하거나 사기, 강박 또는 착오를 이유로 취소하지 못한다(상법 제320조 제1항). 주식 인수의 무효의 주장 또는 취소가 제한되는 사유는 주식청약서의 요건 흠결, 사기, 강박 또는 착오가 있는 때에 한하므로, 주식청약자의 의사무능력에 기한 무효의 주장이나 제한행위능력에 기한 취소, 채권자사해행위에 기한 채권자의 취소 등은 허용된다.

다) 가설인 또는 타인 명의에 의한 주식의 인수　　주식 인수의 청약을 한 자가 가설인

의 명의로 또는 타인의 승낙을 받지 않고 그 명의로 주식을 인수한 경우에는 그 명의에 관계없이 실제 주식 인수의 청약을 한 자가 주식인수인으로 되어 인수 주식의 가액을 납입하여야 할 의무를 진다(상법 제332조 제1항).

그러나 주식 인수의 청약을 한 자가 타인의 승낙을 얻어 그 명의로 주식을 인수한 경우에는 그 타인과 연대하여 납입할 책임이 있다(상법 제332조 제2항). 이 경우에 주식인수인이 누구인가에 관하여, 주식 인수의 청약자에게 명의의 사용을 승낙한 명의대여자가 주식인수인으로 된다는 형식설과 타인의 명의로 실제로 주식 인수의 청약을 한 명의차용자가 주식인수인이라고 하는 실질설이 대립하고 있다. 실질설이 다수설이며 대법원 판례이다.

다. 주식의 배정

주식 인수의 청약에 대하여 발기인은 모집 주식 총수의 범위 내에서 자유로운 판단에 따라 인수시킬 주식의 종류와 수량을 정하여 배정한다. 발기인의 배정에 의하여 주식의 청약자는 주식을 인수하게 되며, 인수한 주식에 대하여 주식인수인으로서 납입의무를 부담한다(상법 제303조).

라. 출자의 이행

가) 주식에 대한 납입　　회사의 설립 시에 발행하는 주식 총수가 인수되면, 발기인은 지체없이 주식인수인에 대하여 주식 인수 가액의 전액을 납입시켜야 한다(상법 제305조 제1항). 주식인수인은 주식 인수 가액의 전액을 납입하여야 하며, 일부 납입이나 분할 납입은 허용되지 않는다. 수인이 공동으로 주식을 인수한 경우에는 그 수인이 연대하여 납입하여야 한다(상법 제333조 제1항).

모집설립 시 인수 주식에 대한 납입에 있어서 현물출자를 이행하는 방법은 발기설립의 경우와 동일하나, 금전출자의 납입은 주식청약서에 기재된 은행 기타 금융기관의 납입장소에서만 하여야 한다(상법 제305조 제2항). 발기인이 인수 주식의 납입장소나 납입금 보관자를 변경할 경우에는 법원의 허가를 얻어야 한다(상법 제306조).

그런데 주식 인수의 청약을 하는 때에는 청약한 주식의 납입금액에 해당하는 주식청약증거금을 주식청약과 동시에 미리 납부하는 경우가 대부분이다. 이러한 경우에는 주식인수가액을 납입할 필요가 없으며, 발기인은 청약주식 수 중 배정되지 아니한 주식 수에 해당하는 청약증거금을 정산하여 주식인수인에게 반환하여야 한다.

나) 납입금보관증명서 등의 교부　　납입금을 보관하는 은행 기타 금융기관은 발기인

또는 이사의 청구가 있으면 그 보관금액에 관하여 보관증명서를 교부하여야 한다(상법 제318조 제1항). 다만, 자본금 총액이 10억 원 미만인 회사를 발기설립하는 경우에는 납입금보관증명서를 은행이나 그 밖의 금융기관의 잔고증명서로 대체할 수 있다(상법 제318조 제3항). 납입금보관증명서에 의하여 증명한 보관금에 대하여는 납입의 부실 또는 그 반환에 관한 제한이 있음을 이유로 회사에 대항하지 못한다(상법 제318조 제2항).

다) 납입가장행위   회사의 설립 시 납입을 가장하는 행위로서 통모가장납입(通謀假裝納入)과 위장납입(僞裝納入)의 두 가지 유형이 있다. 전자는 발기인이 납입금융기관과 통모하여 금전을 차입하여 주식 납입에 충당하고 그 차입금을 변제할 때까지 이를 인출하지 않을 것을 약정하는 것이다. 후자는 발기인이 납입금융기관 이외의 제3자로부터 금전을 차입하여 납입에 충당하고 설립등기 후에 이를 인출하여 차입금을 변제하는 것이다.

상법은 이러한 납입가장행위를 막기 위하여 납입금융기관이 납입금 보관 증명으로 증명한 금액에 대하여는 그 후에 납입의 부실 또는 반환에 관한 제한이 있음을 이유로 납입금융기관이 회사에 대항하지 못하도록 규정하고 있다(상법 제318조제2항). 그러나 위장납입에 대하여는 이러한 규정이 없으므로 그 납입의 효력이 문제된다. 이에 관하여 차입금에 의하여 납입한 후 이를 인출하여 변제하는 경우에는 실질적으로 납입이 있었다고 볼 수 없으므로 납입이 무효라는 설과, 비록 차입금에 의한 납입이라도 현실적으로 납입이 있고, 차입금이 실제 납입을 가장하는 수단으로 이용되어도 이는 발기인의 주관적 의도에 불과하므로 이러한 형태의 주식 납입도 유효하다는 설이 대립하고 있다. 대법원 판례는 납입 유효설을 취하고 있다.[37]

라) 현물출자의 이행   주식인수인이 현물출자를 하는 경우에는 납입기일에 지체없이 출자의 목적인 재산을 발기인(대표)에게 인도하고 등기, 등록 기타 권리의 설정 또

---

37) 대법원은 1985.01.29. 선고 84다카1823 판결에서 "회사의 설립이나 증자의 경우에 일시적인 차입금을 가지고 주금납입의 형식을 취하여 회사설립이나 증자절차를 마친 후 곧 그 납입금을 인출하여 차입금을 변제하는 이른바 주금의 가장납입의 경우에도 주금납입의 효력을 부인할 수 없으므로 주금납입의 절차는 일단 완료되고 주식인수인이나 주주의 주금납입의무도 종결되었다고 보아야 한다"고 판시하였다. 그 후 대법원은 1998.12.23. 선고 97다20649 판결에서도 "주식회사를 설립하면서 일시적인 차입금으로 주금납입의 외형을 갖추고 회사 설립절차를 마친 다음 바로 그 납입금을 인출하여 차입금을 변제하는 이른바 가장납입의 경우에도 주금납입의 효력을 부인할 수는 없는 것이므로, 피고 회사 설립 당시 원래 주주들이 주식인수인으로서 주식을 인수하고 가장납입의 형태로 주금을 납입한 이상 그들은 바로 피고 회사의 주주이고, 그 후 그들이 회사가 청구한 주금 상당액을 납입하지 아니하였다고 하더라도 이는 채무불이행에 불과할 뿐 그러한 사유만으로 주주의 지위를 상실하게 된다고는 할 수 없다"고 판시하였다.

는 이전이 필요한 경우에는 이에 관한 서류를 완비하여 발기인(대표)에게 교부하여야 한다(상법 제305조제3항, 제295조 제2항).

마) 납입 지체와 실권절차　금전출자에 있어서 주식인수인이 납입기일에 납입을 하지 않는 경우에는 일반적인 강제집행을 통하여 납입을 강제할 수도 있지만 실권절차를 취할 수도 있다. 즉, 발기인은 일정한 기일을 정하여 그 기일에 납입하지 않으면 실권한다는 뜻을 기일의 2주일 전에 주식인수인에게 통지하고, 주식인수인이 그 기일 내에 납입의 이행을 하지 않으면 권리를 상실하게 되며, 이 실권주식에 대하여 발기인은 다시 주주를 모집할 수 있다(상법 제307조 제2항).

그러나 현물출자를 할 주식인수인이 현물출자를 이행하지 않는 경우에는 이러한 실권절차를 취할 수 없다. 현물출자의 불이행에 대해서는 강제집행에 의하거나(민법 제389조, 제390조) 정관의 변경을 통하여 설립절차를 속행해야 하며, 그렇지 않으면 회사는 불성립으로 된다.

실권된 주식에 대하여 다시 주주를 모집하든 그렇지 않든 발기인은 실권된 주식인수인에 대하여 손해배상을 청구할 수 있다(상법 제307조 제3항).

마. 창립총회의 소집과 설립경과의 조사

가) 창립총회의 소집　모집설립에 있어서 설립 시 발행 주식 총수가 인수되고 납입과 현물출자의 이행이 완료된 때에는 발기인은 지체없이 창립총회를 소집하여야 한다. 창립총회는 주식인수인 전원으로 구성되는 설립 중의 회사의 의사결정기관이다. 창립총회의 소집절차, 소집지, 주식인수인의 의결권, 의사 등은 주주총회의 경우와 같다(상법 제308조).

나) 창립총회의 권한　창립총회는 이사와 감사 또는 감사위원회 위원을 선임하여야 한다(상법 제312조). 대표이사 또는 대표집행임원은 정관에 다른 규정이 없으면 이사들이 이사회에서 선임한다. 창립총회는 설립경과를 조사하며(상법 제310조), 변태설립사항 등에 관하여 정관의 변경 또는 설립 폐지의 결의를 할 수 있다(상법 제316조 제1항). 창립총회의 결의는 출석한 주식인수인의 의결권의 3분의 2 이상이며, 인수된 주식 총수의 과반수에 해당하는 다수로 하여야 한다(상법 제309조).

다) 설립경과의 조사　발기인은 회사의 창립에 관한 사항을 서면에 의하여 창립총회에 보고하여야 한다. 이 보고서에는 주식인수와 납입에 관한 제반상황 및 변태설립사항에 관한 실태를 명확히 기재하여야 한다(상법 제311조 제1,2항).

창립총회에서 선임된 이사와 감사는 취임 후 지체없이 회사의 설립에 관한 모든 사항이 법령 또는 정관의 규정에 위반되지 아니하는지의 여부를 조사하여 창립총회에 보고하여야 한다(상법 제313조 제1항). 이사와 감사 중 발기인이었던 자이거나, 현물출자자 또는 회사 성립 후 양수할 재산의 계약당사자인 자는 이 조사·보고에 참가하지 못하며, 이사와 감사의 전원이 이에 해당하는 때에는 이사는 공증인으로 하여금 회사 설립에 관한 조사·보고를 하게 하여야 한다(상법 제313조 제2항, 제298조 제2,3항).

정관에 변태설립사항의 기재가 있는 경우에 발기인은 법원에 검사인의 선임을 청구하여야 하며, 법원이 선임한 검사인은 그 변태설립사항을 조사하여 창립총회에 보고서를 제출하여야 한다(상법 제310조 제1,2항). 그러나 발기인이 받을 특별이익과 설립비용 및 발기인의 보수에 관한 공증인의 조사보고가 있거나, 현물출자와 그 이행 및 재산인수에 관한 공인 감정인의 감정이 있는 경우에는 공증인 또는 감정인이 그 조사 또는 감정 결과를 창립총회에 보고하여야 한다(상법 제310조 제3항, 제299조의2).

창립총회는 검사인의 조사보고서와 발기인의 보고서 및 이사와 감사의 조사보고, 공증인 또는 감정인의 조사 또는 감정 결과 등을 검토하여 변태설립사항이 부당하다고 인정하는 경우에는 이를 변경할 수 있다(상법 제314조 제1항). 이에 불복하는 발기인은 주식의 인수를 취소할 수 있고, 이 경우에는 정관을 변경하여 설립 절차를 속행하거나 설립 폐지의 결의를 할 수 있다. 변태설립사항의 변경 통고가 있는 날로부터 2주일 내에 주식 인수를 취소한 발기인이 없으면 정관은 그 결의에 따라 변경된 것으로 본다(상법 제314조 제2항, 제300조 제2,3항).

7) 설립등기

가. 의의

회사는 설립등기에 의하여 성립하고 법인격을 취득한다. 설립등기는 회사가 성립된 사실과 그 조직과 주요 현황을 공시하여 이해관계자들을 보호하고, 회사의 설립에 관한 법정 기준과 형식의 준수 여부를 심사하여 그 적법성을 확보하는데 그 목적이 있다.

나. 등기절차

설립등기는 발기설립의 경우에는 설립경과의 조사를 완료한 날로부터 2주간 내에, 모집설립의 경우에는 창립총회가 종결한 날 또는 변태설립사항의 변경절차가 종결한 날로부터 2주간 내에 회사의 본점소재지에서 하여야 한다. 회사의 설립과 동시에 지점을 설치하는 경우에는 설립등기를 한 후 2주 내에 지점소재지에서 등기하여야 한다(상법 제317조).

다. 등기사항

가) 본점의 등기사항   회사의 설립등기에 있어서 본점에서는 다음의 사항을 등기하여야 한다(상법 제317조 제2항). 즉, 목적, 상호, 발행예정주식총수, 액면주식을 발행하는 경우 액면주식 1주의 금액, 본점 소재지, 회사가 공고를 하는 방법, 자본금의 액, 발행주식의 총수 및 그 종류와 각종주식의 내용과 수, 주식의 양도에 관하여 이사회의 승인을 얻도록 정한 때에는 그 규정, 주식매수선택권을 부여하도록 정한 때에는 그 규정, 지점의 소재지, 회사의 존립기간 또는 해산사유를 정한 때에는 그 기간 또는 사유, 주주에게 배당할 이익으로 주식을 소각할 것을 정한 때에는 그 규정, 전환주식을 발행하는 경우에는 그 전환에 관한 사항, 사내이사·사외이사 그 밖에 상무에 종사하지 아니하는 이사·감사 및 집행임원의 성명과 주민등록번호, 회사를 대표할 이사 또는 집행임원의 성명·주민등록번호 및 주소, 둘 이상의 대표이사 또는 대표집행임원이 공동으로 회사를 대표할 것을 정한 경우에는 그 규정, 명의개서대리인을 둔 때에는 그 상호 및 본점소재지, 감사위원회를 설치한 때에는 감사위원회 위원의 성명 및 주민등록번호 등이다.

나) 지점의 등기사항   주식회사의 지점 설치 및 이전 시 지점소재지 또는 신(新)지점소재지에서 등기를 할 때에는 목적, 상호, 본점소재지, 공고방법, 회사의 존립기간 또는 해산사유를 정한 때에는 그 기간 또는 사유, 회사를 대표할 이사 또는 집행임원의 성명·주민등록번호 및 주소, 둘 이상의 대표이사 또는 대표집행임원이 공동으로 회사를 대표할 것을 정한 경우에는 그 규정만 등기하면 된다(상법 제317조 제3항).

라. 설립등기의 효력

회사는 본점소재지에서 설립등기를 한 때에 비로소 법인격을 취득하여 회사로 성립한다(상법 제172조). 발기인조합은 그 목적의 달성으로 소멸하며, 회사의 설립 중에 발생했던 권리와 의무는 당연히 성립 후의 회사에 승계된다. 설립 중에 주식을 인수한 주식인수인은 회사의 주주가 되며, 설립 중에 선임된 대표이사와 이사, 감사 또는 감사위원회 위원은 성립 후 회사의 기관 또는 그 구성원으로 된다.

회사는 설립 시에 발행하는 주식에 대하여 설립등기 후에는 지체없이 주권을 발행하여 주주에게 교부하여야 한다(상법 제355조 제1항). 회사의 설립등기 전에는 주식의 인수로 인한 권리, 즉 권리주의 양도가 회사에 대하여 효력이 없는데, 회사의 설립등기

후에는 이 권리주의 양도가 가능하다(상법 제319조, 제335조 제3항). 이밖에 회사의 설립등기 후에는 주식인수인이 주식청약서의 요건 흠결을 이유로 주식인수의 무효를 주장하거나 사기, 강박 또는 착오를 이유로 하여 주식인수를 취소하지 못함은 앞서 기술한 바와 같다.

8) 발기인의 책임

회사 설립 시에 발행한 주식으로서 회사 성립 후에 아직 인수되지 아니한 주식이 있거나 주식인수의 청약이 취소된 때에는 발기인이 이를 공동으로 인수한 것으로 보고, 회사 성립 후 납입을 완료하지 아니한 주식이 있는 때에는 발기인은 연대하여 그 납입을 하여야 한다(상법 제321조 제1,2항).

발기인이 회사의 설립에 관하여 그 임무를 해태한 때에는 회사에 대하여 연대하여 손해를 배상할 책임이 있다. 발기인이 악의 또는 중대한 과실로 인하여 그 임무를 해태하여 제삼자에게 손해가 생긴 때에는 그 발기인은 제삼자에 대하여도 연대하여 손해를 배상할 책임이 있다(상법 제322조 제1,2항).

설립 중인 회사가 성립하지 못한 경우에는 발기인은 그 설립에 관한 모든 행위에 대하여 연대하여 책임을 지며, 회사의 설립에 관하여 지급한 비용은 모두 발기인이 부담한다(상법 제326조).

회사의 설립 시에 주식청약서 기타 주식 모집에 관한 서면에 성명과 회사의 설립에 찬조하는 뜻을 기재할 것을 승낙한 자는 회사가 성립된 경우에는 발기인과 동일한 자본충실책임을 지고, 회사가 성립하지 못한 경우에는 그 설립에 관한 모든 행위에 관하여 발기인과 동일한 책임이 있다(상법 제327조).

VI. 유한회사

1. 유한회사의 의의

유한회사는 사원의 출자에 의한 자본금이 있어야 하며, 사원은 출자에 따른 지분을 가지고, 회사 채권자에 대하여는 직접적인 책임을 부담하지 않는 회사이다. 유한회사는 사원의 출자로 구성되는 자본금을 중심으로 하는 자본단체로서 사원이 회사 채권자에 대하여 직접 책임을 부담하지 않는다는 점에서 주식회사와 비슷하나, 소규모의 비공개적·폐쇄적 회사로서 사원 상호간의 인적 신뢰를 기초로 한다는 점에서는 인적 회사로서의 성질이 있다. 그리하여 유한회사는 주식회사에 비하여 설립절차가 간

이하고 경영기관이 이사를 중심으로 하는 등 주식회사와 인적회사의 장점을 서로 결합시킨 회사로서 중소기업의 경영에 적합하다.

2. 유한회사의 조직과 운영

1) 사원의 지분

사원의 지분은 사원이 회사에 대하여 가지는 법률상의 지위이다. 유한회사의 각 사원은 그 출자좌수에 따라 지분을 가지며, 자본금 증가 시에 그 지분에 따라 출자를 인수할 권리가 있다. 유한회사 사원의 지분에 관하여는 지시식 또는 무기명식의 증권을 발행하지 못한다(상법 제555조).

유한회사의 사원은 그 지분에 따라 사원으로서 권리와 의무를 가진다. 유한회사 사원의 권리는 주주의 경우와 같이 그 내용에 따라 자익권과 공익권으로 분류되고, 권리의 행사방법에 따라 단독사원권과 소수사원권으로 구분된다. 사원의 대표소송과 이사의 위법행위유지청구, 소수사원에 의한 총회소집 청구, 사원의 회계장부열람과 업무·재산상태 검사 등의 소수사원권을 행사하기 위해서는 그 권리를 행사하고자 하는 사원이 자본금 총액의 100분의 3 이상에 해당하는 출자좌수를 가져야 한다(상법 제564조의2, 제565조, 제572조, 제581조, 제582조).

유한회사 사원은 그 지분의 전부 또는 일부를 양도할 수 있으나, 회사는 정관으로 지분의 양도를 제한할 수 있다. 지분의 양도는 취득자의 성명과 주소 및 그 목적이 되는 출자좌수를 사원명부에 기재하지 않으면 회사와 제3자에게 대항하지 못한다(상법 제556조, 제557조).

2) 기관

유한회사의 필요적 기관은 사원총회와 이사이다. 사원총회는 회사에 관한 모든 사항에 대하여 결의할 수 있으며, 소집절차나 결의방법은 주주총회에 비하여 크게 완화되어 있다(상법 제571조~578조).

유한회사의 이사는 회사의 업무를 집행하고 회사를 대표하는 필요 상설기관이다. 이사가 수인인 경우에는 회사의 업무집행과, 지배인의 선임 또는 해임, 지점의 설치나 이전 및 폐지는 정관에 다른 규정이 없는 한 이사 과반수의 결의에 의한다(상법 제564조 제1항).

유한회사의 감사는 임의기관이다. 회사가 1인 또는 수인의 감사를 두기 위해서는 정관에 그 근거 규정이 있어야 한다(상법 제568조 제1항). 감사는 회사의 업무집행에 관하여 업무와 회계에 대한 감사 권한을 가지며, 총회를 소집하고 이사의 위법행위에 대해 사원총회에 보고하고 이사에게 그 유지를 청구할 수 있다(상법 제571조 제1항, 제564조의2).

3) 회계와 이익배당

유한회사의 재무제표와 그 비치·공시 및 총회의 승인에 관한 규정은 주식회사의 경우와 대체로 유사하다. 이익배당은 정관에 다른 정함이 있는 경우 외에는 각 사원의 출자좌수에 따라 하여야 하나(상법 제580조), 벤처기업인 유한회사는 정관에서 정하는 바에 따라 사원총회의 결의로 이익배당에 관한 기준을 따로 정할 수 있다(벤처기업육성에관한특별조치법 제16조의5 제3항). 유한회사에서는 주식배당과 같은 지분배당은 인정되지 아니한다.

3. 유한회사의 설립

1) 정관의 작성

유한회사의 설립에는 사원이 정관을 작성하고 기명날인 또는 서명하여야 한다. 정관에는 절대적 기재사항으로서 회사의 목적, 상호, 사원의 성명과 주민등록번호 및 주소, 본점의 소재지, 자본금의 총액, 출자 1좌의 금액, 각 사원의 출자좌수를 기재하여야 한다(상법 제543조 제2항). 출자 1좌의 금액은 100원 이상으로 균일하여야 한다(상법 제546조). 유한회사에는 발기인이 없으므로 변태설립사항으로는 현물출자, 재산인수, 설립비용의 세 가지만 있다. 정관은 공증인의 인증을 받은 때에 효력이 생기나, 자본금 총액이 10억 원 미만인 회사의 설립 시에는 각 사원이 정관에 기명날인 또는 서명함으로써 효력이 생긴다(상법 제543조 제3항, 제292조).

2) 이사와 감사의 선임

정관으로 초대이사를 정하지 않은 경우에는 회사의 성립 전에 사원총회를 열어 이사를 선임하여야 한다(상법 제547조 제1항). 정관에서 감사를 두도록 정한 경우에 정관으로 감사를 지정하지 아니한 때에는 회사 성립 전에 사원총회에서 감사를 선임하여야 한다(상법 제568조 제1,2항).

3) 출자의 이행

이사는 사원들로 하여금 출자금액의 납입 또는 현물출자의 목적인 재산 전부의 급여를 시켜야 한다. 사원의 출자는 재산출자만 가능하며, 노무 또는 신용의 출자는 허용되지 않는다(상법 제548조 제1항).

4) 설립등기

회사는 출자 전액의 납입 또는 현물출자의 이행이 있은 날로부터 2주간 내에 설립등기를 하여야 한다(상법 제549조 제1항).

5) 설립에 관한 자본충실책임

현물출자 또는 재산인수의 목적인 재산의 회사 성립 당시 실제 가액이 정관에 정한 가격에 현저하게 부족한 때에는 회사 성립 당시의 사원은 회사에 대하여 그 부족액을 연대하여 지급할 책임이 있다(상법 제550조 제1항).

유한회사의 회사 성립 후 출자금액의 납입 또는 현물출자의 이행이 완료되지 아니한 때에는 회사 성립 당시의 사원과 이사 및 감사는 회사에 대하여 납입되지 아니한 금액이나 이행되지 아니한 목적물의 가액을 연대하여 지급할 책임이 있다(상법 제551조 제1항).

제6절 협동조합

I. 개설

과거에는 농업협동조합이나 수산업협동조합, 중소기업협동조합 등의 각종 협동조합이 특별법에 의하여 설립·운영되었으며, 그 밖의 협동조합의 설립과 운영은 허용되지 않았다. 그런데 2012년 「협동조합기본법」의 제정 및 시행으로 영리를 목적으로 하는 일반협동조합과 사회적 공익의 실현을 목적으로 하는 사회적협동조합의 설립과 운영이 가능하게 되었다(협동 제4조 제1항). 특히 이 법률에 의하여 협동조합을 설립하여 사업을 수행할 수 있는 산업 분야가 금융 및 보험업을 제외한 전 영역으로 개방되었으며, 협동조합에 의하여 지역 주민이나 취약계층의 권익 및 복리를 보다 더 효과적으로 증진시킬 수 있는 길도 열리게 되었다.[38]

---

38) 「협동조합기본법」상의 협동조합은 일반협동조합과 일반협동조합연합회, 사회적협동조합, 사회적협동조합연합회로 구분된다. 2022년 10월 기준 협동조합 수는 일반협동조합 19,407개, 일반협동조합연합회 94개, 사회적협동조합 3,997개, 사회적협동조합연합회 24개, 이종협동조합연합회 6개로 모두 23,528개이다(https://www.coop.go.kr/home/ statistics/statistics1.do?menu_no=2035).

II. 협동조합

1. 협동조합의 의의

협동조합은 「협동조합기본법」에 의하여 재화 또는 용역의 구매·생산·판매·제공 등을 협동으로 영위함으로써 조합원의 권익을 향상하고 지역 사회에 공헌하고자 하는 사업조직이다. 협동조합은 영리를 목적으로 함과 동시에 조합원의 복리 증진과 상부상조를 목적으로 하며, 조합원 또는 회원의 경제적·사회적·문화적 수요에 부응하여야 한다(협동 제5조).

협동조합은 그 설립 목적을 달성하기 위하여 필요한 사업(금융 및 보험업을 제외한 상행위 기타 영업)을 정관에 의하여 자율적으로 정하되,[39] ⅰ) 조합원과 직원에 대한 상담, 교육·훈련 및 정보 제공 사업, ⅱ) 협동조합 간 협력을 위한 사업, ⅲ) 협동조합의 홍보 및 지역사회를 위한 사업을 포함하여야 한다(협동 제45조).[40]

[참고]

「협동조합기본법」에 의한 협동조합은 「농업협동조합법」에 의한 농업협동조합이나 「수산업협동조합법」에 의한 수산업협동조합과 구별하여야 한다. 「농업협동조합법」에 의한 농업협동조합에는 ⅰ) 농업협동조합중앙회와 ⅱ) 지역조합으로서 지역농업협동조합과 지역축산업협동조합이 있고, ⅲ) 품목조합으로서 품목별·업종별 협동조합이 있다.

「수산업협동조합법」에 의한 수산업협동조합은 ⅰ) 수산업협동조합중앙회와 ⅱ) 지구별 수산업협동조합, ⅲ) 업종별 수산업협동조합, ⅳ) 수산물가공 수산업협동조합이 있다.

이들 협동조합은 조합원의 농업 또는 수산업의 생산성을 높이고 조합원이 생산한 농산물 또는 수산물의 판로 확대 및 유통 원활화를 도모하며, 조합원이 필요로 하는 기술·자금·정보 등을 제공하여 조합원의 경제적·사회적·문화적 지위 향상을 증대시키는 것을 목적으로 한다. 중앙회는 지역조합, 품목조합 및 품목조합연합회를 회원으로 하며, 이들 회원 조합 등의 공동이익을 증진

---

39) 상조나 공제 등의 금융·보험업을 목적으로 하는 협동조합은 당해 공제 관련 특별법 또는 법률의 개별적인 근거규정에 의하여 설립된다(대한소방공제회법, 전기공사공제조합법, 과학기술인공제회법, 중소기업협동조합법 제115조에 의한 노란우산공제회). 그러나 금융·보험업을 제외한 영역에서는 이같은 개별 근거법령이 요구되지 않는다. 즉, 자활단체나 돌봄노동·장애아동 학습지원·대안기업·보훈단체·사회복지·공동육아·소규모어린이집·공동구매 등의 사회서비스 분야, 대학생 창업과 소액창업 등의 창업분야, 문화·예술·체육·문화교실 등 문화분야에서의 협동조합 설립·운영, 대리운전·청소·경비·집수리·퀵서비스·시간강사·대학병원 전공의·각종 비정규직 근로자·화물연대 등의 직원협동조합 등의 설립·운영이 그 예이다.

40) 협동조합이 이러한 사업목적 이외의 다른 용도로 자금을 사용하거나, 투기를 목적으로 조합의 재산을 처분하거나 이용하여 협동조합에 손해를 끼친 임직원 또는 청산인에 대해서는 7년 이하의 징역 또는 7천만 원 이하의 벌금에 처하며, 징역형과 벌금형을 병과할 수 있다(협동 제117조).

시키고 그 건전한 발전을 도모하는 것을 목적으로 하고 있다.

이들 협동조합과 중앙회는 각각 법인이나, 그 협동조합 구성원 개개인의 이익을 목적으로 하는 영리법인이 아니며, 생산성 제고와 판로 확대, 유통의 원활화 등 전체 조합원 내지 회원의 공동이익 증진을 목적으로 하는 중간법인이라는 점에서 「협동조합기본법」에 의한 영리협동조합과 다르다.

2. 협동조합의 조직과 운영

1) 조합원의 자격

조합원은 협동조합의 설립 목적에 동의하고 조합원으로서의 의무를 다하고자 하는 자로 한다(협동 제20조). 협동조합의 설립 목적에 동의하고 조합원으로서의 의무를 다하고자 하는 자는 누구나 조합원의 자격이 있다. 다만, 협동조합은 정관으로 설립 목적 및 특성에 부합되는 자로 조합원의 자격을 제한할 수 있다(협동 제21조 제2항). 협동조합은 정당한 사유 없이 조합원의 자격을 갖추고 있는 자에 대하여 가입을 거절하거나 가입에 있어 다른 조합원보다 불리한 조건을 붙일 수 없다(협동 제21조 제2항).

2) 조합원의 지위

가. 출자

조합원은 정관으로 정하는 바에 따라 1좌 이상을 출자하여야 한다. 조합원 1인의 출자좌수는 총 출자좌수의 100분의 30을 넘지 않아야 한다. 출자는 금전으로 하는 것이 원칙이나, 필요한 경우에는 정관으로 정하는 바에 따라 현물을 출자할 수 있다. 조합원의 책임은 납입한 출자액을 한도로 한다(협동 제22조 제1~5항). 조합원은 의결권과 선거권을 가지나, 그 수는 출자좌수에 관계없이 각각 1개이며, 대리인(다른 조합원 또는 동거가족에 한한다)을 통해 의결권 또는 선거권을 행사하게 할 수 있다(협동 제23조).

나. 우선출자

경영의 투명성과 재무상태가 양호한 협동조합은 정관으로 정하는 바에 따라 잉여금 배당에서 우선적 지위를 가지는 우선출자를 발행할 수 있다(협동 제22조의2 제1항). 협동조합이 우선출자를 발행하기 위해서는 직전연도(설립된 연도에 발행하려는 경우에는 그 설립연도)에 경영공시를 하고 있으며, 부채총액을 자기총자본으로 나눈 비율이 200퍼센트 이하이어야 한다(협동시행령 제8조의2 제1항).

우선출자 1좌의 금액은 출자 1좌의 금액과 같다. 우선출자에 대하여는 출자에 대한 배당보다 우선하여 배당을 실시하며, 의결권과 선거권은 인정되지 아니한다(협동 제 22조의2 제4,5항). 우선출자의 배당률은 정관으로 정하는 최저 배당률과 최고 배당률 사이에서 정기총회에서 정한다(협동 제22조의2 제5항). 우선출자자는 협동조합의 채무에 대하여 그가 가진 우선출자의 인수가액을 한도로 책임을 진다(동시행령 제8조의10).

협동조합이 우선출자를 발행할 때에는 우선출자의 납입기일 2주 전까지 발행하려는 우선출자의 내용, 좌수(座數), 발행가액, 납입기일 및 모집방법을 공고하고 출자자 및 우선출자자에게 알려야 한다(협동시행령 제8조의3). 우선출자의 청약을 하려는 자는 우선출자청약서에 인수하려는 우선출자의 좌수 및 인수가액과 주소를 적고 기명날인해야 한다(동시행령 제8조의4).

협동조합이 발행하는 우선출자의 총액은 ⅰ) 우선출자금을 제외한 자기자본과 ⅱ) 납입출자금 총액 중 더 큰 금액의 100분의 30을 초과할 수 없다(협동 제22조의2 제2항). 조합원이 우선출자에 참여할 경우, 조합원 1인의 납입출자금 총액과 우선출자 총액을 합한 금액은 협동조합이 발행한 우선출자 총액의 100분의 30을 초과할 수 없다(협동 제22조의2 제1항).

다. 조합원의 지위 상실

조합원이 탈퇴하거나 제명된 경우에는 탈퇴 또는 제명 당시 회계연도의 다음 회계연도부터 정관으로 정하는 바에 따라 그 지분의 환급을 청구할 수 있다. 이 지분은 탈퇴 또는 제명 당시 회계연도 말의 자산과 부채에 따라 정한다. 당해 조합원이 협동조합에 대한 채무를 다 갚을 때까지는 지분의 환급을 정지할 수 있고, 협동조합의 재산으로 그 채무를 다 갚을 수 없는 경우에는 지분의 환급분을 계산할 때 정관으로 정하는 바에 따라 탈퇴 조합원이 부담하여야 할 손실액의 납입을 청구할 수 있다(협동 제26조, 제27조).

3) 기관

가. 총회

총회는 이사장과 조합원으로 구성한다(협동 제28조 제2항). 총회는 이사장이 소집하며, 이사장이 총회의 의장이 된다. 정기총회는 매년 1회 정관으로 정하는 시기에 소집하고, 임시총회는 정관으로 정하는 바에 따라 필요하다고 인정될 때 소집할 수 있다(협동 제28조).

총회는 의결기관이다. 총회의 의결 사항은 ⅰ) 정관의 변경, ⅱ) 규약의 제정·변경 또는 폐지, iii) 임원의 선출과 해임, iv) 사업계획 및 예산의 승인, ⅴ) 결산보고서의 승인, vi) 감사보고서의 승인, vii) 협동조합의 합병·분할·해산·휴업 또는 계속, viii) 조합원의 제명, ix) 탈퇴·제명 조합원에 대한 출자금 환급, ⅹ) 다른 협동조합에 대한 우선출자, xi) 총회의 의결을 받도록 정관으로 정하는 사항, xii) 그 밖에 이사장 또는 이사회가 필요하다고 인정하는 사항 등이다(협동 제29조 제1항).

총회의 의결은 정관의 변경, 협동조합의 합병·분할·해산·휴업 또는 계속, 조합원의 제명, 탈퇴·제명 조합원에 대한 출자금 환급, 다른 협동조합에 대한 우선출자 등에 관하여는 총조합원 과반수의 출석과 출석자 3분의 2 이상의 찬성으로 의결하며, 그 밖의 사항은 총조합원 과반수의 출석과 출석자 과반수의 찬성으로 의결한다(협동 제29조 제2항). 총회의 의사에 관하여 의사록을 작성하여야 한다. 의사록에는 의사의 진행 상황과 그 결과를 적고 의장과 총회에서 선출한 조합원 3인 이상이 기명날인하거나 서명하여야 한다(협동 제30조 제1,2항).

그러나 조합원 수가 200인을 초과하는 경우에는 총회를 갈음하는 대의원총회를 둘 수 있다. 대의원총회는 조합원 중에서 선출된 대의원으로 구성된다. 대의원총회에 관하여는 총회에 관한 규정에 의한다. 대의원은 자신의 의결권 및 선거권을 직접 행사하여야 하며, 그 의결권과 선거권을 대리인으로 하여금 행사하게 할 수 없다(협동 제31조 제1~4항).

협동조합이 우선출자를 발행한 경우에는 우선출자자에게 손해를 미치는 내용으로 정관이 변경되는 경우에는 총회 또는 대의원총회와는 별도로 우선출자자총회의 의결을 거쳐야 한다(동시행령 제8조의12 제1항). 우선출자자총회의 의결은 발행한 우선출자 총 좌수의 과반수 출석과 출석한 출자좌수 3분의 2 이상의 찬성으로 한다(동시행령 제8조의12 제2항). 우선출자자총회의 운영 등에 필요한 사항은 정관으로 정한다(동시행령 제8조의12 제3항).

나. 이사회

이사회는 이사장 및 이사로 구성한다(협동 제32조 제2항). 이사장은 이사회를 소집하고 그 의장이 된다(협동 제32조 제3항). 이사회는 구성원 과반수의 출석과 출석원 과반수의 찬성으로 의결하며, 그 밖에 이사회의 개의 및 의결방법 등 이사회의 운영에 관하여 필요한 사항은 정관으로 정한다(협동 제32조 제4항). 이사회는 ⅰ) 협동조합의 재산 및 업무집행에 관한 사항, ⅱ) 총회의 소집과 총회에 상정할 의안, ⅲ) 규정의 제정·변경 및 폐지, iv) 사업계획 및 예산안 작성, ⅴ) 법령 또는 정관으로 이사회의 의결을 받도록 정하는 사항, ⅵ) 그 밖에 협동조합의 운영에 중요한 사항 또는 이사장이 부의하는 사항 등을 의결한다(협동 제33조).

조합원 수가 10인 미만인 협동조합은 총회의 의결을 받아 이사회를 두지 아니할 수 있다(협동 제32조 제5항).

다. 임원

가) 이사　　이사는 3명 이상이어야 하며, 이사의 정수 및 선출방법 등은 정관으로 정한다(협동 제34조 제2항).[41] 이사는 정관으로 정하는 바에 따라 협동조합의 업무를 집행하고, 이사장이 부득이한 사유로 직무를 수행할 수 없을 때에는 정관으로 정하는 순서에 따라 그 직무를 대행한다(협동 제41조 제2항). 이사장이 아닌 이사는 이사장의 직무를 대행하는 경우와 이사장이 권한을 위임한 경우를 제외하고는 협동조합을 대표할 수 없다(협동 제41조 제1,3항). 이사의 임기는 4년의 범위에서 정관으로 정하나, 연임할 수 있다(협동 제35조 제1,2항).[42]

나) 이사장　　이사장은 이사 중에서 정관으로 정하는 바에 따라 총회에서 선출한다(협동 제34조 제3항). 이사장은 협동조합을 대표하고 정관으로 정하는 바에 따라 협동조합의 업무를 집행한다. 이사장은 두 차례만 연임할 수 있고(협동 제35조 제2항), 감사 또는 다른 협동조합의 이사장을 겸직할 수 없다(협동 제44조 제1,2항).

다) 감사　　협동조합에는 1명 이상의 감사를 둔다. 감사의 원수와 그 선출방법 등은 협동조합의 정관으로 정한다(협동 제34조 제1,2항).[43] 감사는 협동조합의 업무집행 상황, 재산 상태, 장부 및 서류 등을 감사하여 총회에 보고하여야 하며, 예고없이 협동조합의 장부나 서류를 대조·확인할 수 있다(협동 제42조 제1,2항).

다만, 사업의 성격이나 조합원의 구성 등을 고려하여 대통령령으로 정하는 협동조합은 총회의 의결을 받아 감사를 두지 아니할 수 있다(협동 제34조 제5항).

---

41) 협동조합의 임원 또는 대의원선거에 있어서 누구든지 자기 또는 특정인을 당선되도록 하거나 당선되지 아니하도록 할 목적으로 조합원이나 그 가족 또는 조합원이나 그 가족이 설립·운영하고 있는 기관·단체·시설에 대하여 금전·물품·향응이나 그 밖의 재산상의 이익을 제공하는 행위, 공사의 직을 제공하는 행위, 또는 이를 제공하겠다는 의사표시 또는 그 제공을 약속을 하는 행위 등을 할 수 없다(협동조합기본법 제37조).

42) 조합원인 법인이 협동조합의 임원인 경우 그 조합원인 법인은 임원의 직무를 수행할 사람을 선임하고, 그 선임한 사람의 성명과 주소를 조합원에게 통지하여야 한다(협동조합기본법 제34조 제4항).

43) 협동조합기본법 제34조 제5항에서는 사업의 성격, 조합원 구성 등을 감안하여 대통령령으로 정하는 협동조합에는 총회의 의결을 받아 감사를 두지 아니할 수 있다고 규정하나, 현재 이에 관한 시행령의 규정이 없다.

4) 협동조합의 운영

가. 운영의 공개

협동조합은 ⅰ) 정관과 규약 또는 규정, ⅱ) 총회·이사회의 의사록, ⅲ) 조합원명부, ⅳ) 회계장부, ⅴ) 그 밖에 정관으로 정하는 사항을 적극 공개하여야 한다(협동 제49조 제1항). 협동조합은 이들 서류를 주된 사무소에 비치해야 하며, 협동조합의 채권자 및 조합원은 이들 서류를 열람하거나 그 사본을 청구할 수 있다(협동 제49조 제2,3항).

나. 경영공시

조합원 수가 200인 이상이거나 직전 사업연도의 결산보고서에 적힌 출자금 납입총액이 30억 원 이상인 협동조합은 설립신고를 한 시·도 또는 협동조합연합회의 인터넷 홈페이지에 ⅰ) 정관과 규약 또는 규정, ⅱ) 사업결산 보고서, ⅲ) 총회, 대의원총회 및 이사회의 활동 상황, ⅳ) 사업결과 보고서를 공시하여야 한다(협동 제49조의2 제1항). 다만, 기획재정부 장관은 이 공시를 대신하여 공시 사항을 별도로 표준화하고 이를 통합하여 공시할 수 있다. 이 통합 공시를 하기 위하여 기획재정부 장관이 필요한 자료를 요구하는 경우에 협동조합은 특별한 사정이 없으면 그 요구에 따라야 한다(협동 제49조의2 제2,3항).

다. 회계

협동조합의 회계연도는 정관으로 정한다. 회계는 일반회계와 특별회계로 구분하되, 각 회계별 사업부문은 정관으로 정한다(협동 제47조 제1,2항). 협동조합은 매 회계연도의 사업계획서와 수지예산서를 작성하여 총회의 의결을 받아야 한다(협동 제48조).

협동조합은 매 회계연도 결산의 결과 잉여금이 있는 때에는 해당 회계연도 말 출자금 납입총액의 3배가 될 때까지 잉여금의 100분의 10 이상을 법정적립금으로 적립하여야 한다. 협동조합은 손실의 보전에 충당하거나 해산하는 경우 외에는 법정적립금을 사용하여서는 아니 된다(협동 제50조 제1,3항). 이 밖에 협동조합은 정관으로 정하는 바에 따라 사업준비금 등을 임의적립금으로 적립할 수 있다(협동 제50조 제1,2항).

라. 손실금 보전과 잉여금의 배당

협동조합은 매 회계연도의 결산 결과 손실금(당기손실금)이 발생하면 미처분이월금, 임의적립금, 법정적립금의 순으로 이를 보전하고, 보전 후에도 부족이 있을 때에는 이를 다음 회계연도에 이월한다. 협동조합이 손실금을 보전하고 법정적립금 및 임의적립금 등을 적립한 이후에는 정관으로 정하는 바에 따라 조합원에게 잉여금을 배당할 수 있다(협동 제51조 제1,2항). 잉여금의 배당에 있어서는 협동조합 사업 이용실적에 대한 배당은 전체 배당액의 100분의 50 이상이어야 하고, 납입출자액에 대한 배당은 납입출자금의 100분의 10을 초과하여서는 아니 된다(협동 제51조 제3항).

마. 결산보고서의 승인

협동조합은 정기총회일 7일 전까지 결산보고서를 감사에게 제출하여야 한다. 결산보고서는 사업보고서, 대차대조표, 손익계산서, 잉여금처분안 또는 손실금처리안이다. 협동조합은 이 결산보고서와 감사의 의견서를 정기총회에 제출하여 승인을 받아야 한다(협동 제52조).

5) 구조변경

협동조합은 「협동조합기본법」에 따른 협동조합과 합병하거나 동법에 따른 협동조합으로 분할할 수 있으나, 동법에 따른 협동조합 이외의 법인, 단체 및 협동조합 등과 합병하거나 동법에 따른 협동조합 이외의 법인, 단체 및 협동조합 등으로 분할할 수 없다. 다만, 협동조합이 기획재정부 장관의 인가를 받은 경우에는 「상법」에 따라 설립된 주식회사나 유한회사 또는 유한책임회사를 흡수합병할 수 있다(협동 제56조 제5,6항).[44]

그리고 「상법」에 따라 설립된 유한책임회사와 주식회사, 유한회사 및 그 밖에 다른 법령에 따라 설립된 영리법인은 소속 구성원 전원의 동의에 따른 총회의 결의, 총회가 구성되지 않은 경우에는 소속 구성원 전원의 동의를 얻어 그 조직을 협동조합으로 변경할 수 있다(협동 제60조의2 제1항). 이 조직변경의 결의에서는 정관과 출자금 등 조직변경에 필요한 사항을 정하여야 하며, 관계 행정기관 장의 승인·허가 등이 필요한 경우에는 그 인·허가 등을 먼저 받고, 주된 사무소를 관할하는 시·도지사에게 그 조직변경에 관한 사항을 신고하여야 한다(협동 제60조의2 제4,5항).

3. 협동조합의 설립절차

1) 정관의 작성

협동조합을 설립하려는 경우에는 5인 이상의 조합원이 발기인이 되어 정관을 작성

---

44) 협동조합이 합병 또는 분할을 하는 경우에는 합병계약서 또는 분할계획서를 작성한 후 총회의 의결을 받아야 하며, 협동조합이 합병할 경우에 합병 후 존속하는 협동조합은 합병신고를, 분할 후 새로 설립되는 협동조합은 설립신고를, 합병으로 소멸되는 협동조합은 해산신고를 각각 그 주된 사무소의 소재지를 관할하는 시·도지사에게 하여야 한다(협동 제56조 제1,2항).

하여야 한다(협동 제15조 제1항). 협동조합의 정관에는 목적과 명칭, 조합원 및 대리인의 자격, 조합원의 출자 1좌의 금액과 출자좌수의 한도 등 일정한 사항을 기재하여야 한다.[45] 출자 1좌의 금액은 균일하여야 한다(협동 제16조 제1,2항). 이 때 협동조합의 조합원이 되고자 하는 자는 발기인에게 설립동의서를 제출하여야 한다(협동 제15조 제2항).

2) 창립총회

발기인은 정관을 작성한 후 창립총회를 소집하여 설립에 관한 의결을 하여야 한다. 협동조합의 설립신고를 하려는 자는 ⅰ) 창립총회의 일시와 장소, ⅱ) 조합원의 자격요건, ⅲ) 창립총회에서 의결하여야 할 사항을 7일 이상 공고한 후 창립총회를 개최하여야 한다(협동 시행령 제6조 제1항).

창립총회의 의사는 창립총회 개의 전까지 발기인에게 설립동의서를 제출한 자 과반수의 출석과 출석자 3분의 2 이상의 찬성으로 의결한다(협동 제15조 제4항). 창립총회의 의사에 관하여는 의사록을 작성하여야 하고, 이 의사록에는 의사의 진행 상황과 그 결과를 적고, 의장과 창립총회 개의 전까지 발기인에게 설립동의서를 제출한 자 가운데 창립총회에서 선출한 3인 이상이 기명날인하거나 서명하여야 한다(협동 시행령 제6조 제3,4항).

3) 설립신고

창립총회의 의결 후 발기인은 그 주된 사무소의 소재지를 관할하는 특별시장·광역시장·특별자치시장·도지사·특별자치도지사에게 협동조합의 설립신고를 하여야 한다(협동 제15조 제1항). 협동조합의 설립신고를 할 때에는 설립신고서를 작성하고, 정관 사본과 창립총회 개최 공고문 등의 일정한 서류를 첨부하여 제출해야 한다(동법 시행령 제7조 제1항).[46]

---

45) 협동조합 정관의 기재사항은 ⅰ) 목적, ⅱ) 명칭 및 주된 사무소의 소재지, ⅲ) 조합원 및 대리인의 자격, ⅳ) 조합원의 가입, 탈퇴 및 제명에 관한 사항, ⅴ) 출자 1좌의 금액과 납입 방법 및 시기, 조합원의 출자좌수 한도, ⅵ) 조합원의 권리와 의무에 관한 사항, ⅶ) 잉여금과 손실금의 처리에 관한 사항, ⅷ) 적립금의 적립방법 및 사용에 관한 사항, ⅸ) 사업의 범위 및 회계에 관한 사항, ⅹ) 기관 및 임원에 관한 사항, ⅺ) 공고의 방법에 관한 사항, ⅻ) 해산에 관한 사항, ⅹⅲ) 출자금의 양도에 관한 사항, ⅹ ⅵ) 그 밖에 총회·이사회의 운영 등에 필요한 사항 등이다(협동 제16조 제1항). 협동조합의 정관은 이 책 말미 「부록」 '3. 협동조합의 정관(예시)' 참조.
46) 설립신고 시에 첨부해야 하는 서류는 ⅰ) 정관 사본, ⅱ) 창립총회 개최 공고문, ⅲ) 창립총회 의사록 사본, ⅳ) 별지 제3호 서식에 따른 임원 명부(임원이력서와 사진 포함), ⅴ) 별지 제4호서식에 따른 사업계획서, ⅵ) 별지 제5호서식에 따른 수입·지출 예산서, ⅶ) 출자 1좌(座)당 금액과 조합원 또는 회원별로 인수하려는 출자좌수를 적은 서류, ⅷ) 발기인 및 창립총회가 열리기 전까지 발기인에게 설립동의서를 제출한 자 또는 협동조합의 별지 제6호 서식에 따른 명부, ⅸ) 협동조합이 합병 또는 분할로 인

설립신고를 받은 시·도지사는 협동조합의 설립신고를 받은 때에는 즉시 기획재정부 장관에게 그 사실을 통보하여야 하며(협동 제15조 제5항), 설립신고를 받은 날부터 20일 이내에 신고수리 여부를 신고인에게 통지하여야 한다(협동 제15조 제2항). 시·도지사가 이 기간 내에 신고수리 여부나 민원 처리 관련 법령에 따른 처리기간의 연장을 신고인에게 통지하지 아니하면 그 기간(민원 처리 관련 법령에 따라 처리기간이 연장 또는 재연장된 경우에는 해당 처리기간)이 끝난 날의 다음 날에 신고수리를 한 것으로 본다(협동 제15조 제3항). 시·도지사가 설립신고를 수리한 때에는 즉시 신고확인증을 발급하여 교부하여야 한다(협동 제15조 제5항, 제15조의2).

4) 출자금의 납입

발기인은 관할 시·도지사로부터 신고확인증이 발급되면 지체 없이 그 설립사무를 조합의 이사장에게 인계하여야 하며, 이사장은 납입기일을 정하여 조합원에게 출자금을 납입하게 하여야 한다. 정관으로 현물출자에 관한 사항을 정한 경우에 현물출자자는 납입기일 안에 출자 목적인 재산을 인도하고 등기·등록 그 밖의 권리의 이전에 필요한 서류를 구비하여 협동조합에 제출하여야 한다. 협동조합의 자본금은 조합원이 납입한 출자금의 총액으로 한다(협동 제18조).

5) 설립등기

협동조합은 출자금의 납입이 끝난 날부터 14일 이내에 주된 사무소의 소재지에서 설립등기를 하여야 하며, 이 설립등기를 함으로써 협동조합이 성립하고 법인격을 취득한다(협동 제19조, 제61조).

Ⅲ. 사회적협동조합

1. 사회적협동조합의 의의

사회적협동조합은 협동조합 중 지역 주민들의 권익·복리 증진과 관련된 사업을 수행하거나 취약계층에게 사회 서비스 또는 일자리를 제공하는 등 영리를 목적으로 하지 아니하는 비영리 협동조합이다(협동 제2조 3호, 제4조 제2항). 일반 협동조합이 조합원의 영리를 그 직접적인 목적으로 하는데 비해, 사회적협동조합은 그 직접적인 목적이 조합원의 이익이 아니라 지역 주민들의 권익·복리 증진이나 취약계층에 대한 사회 서비스 또는 일자리 제공 등 공익을 증진하는데 있다는 점에 그 특징이 있다.

___

하여 설립되는 경우 합병 또는 분할을 의결한 총회 의사록 사본 등이다(협동 시행규칙 제5조).

2. 사회적협동조합의 목적

사회적협동조합은 주된 목적이 공익의 증진에 있으므로 그 주 사업이 제한된다. 즉, 사회적협동조합은 ⅰ) 지역 사회의 재생, 지역 경제의 활성화, 지역 주민들의 권익·복리 증진 및 그 밖에 지역 사회가 당면한 문제 해결에 기여하는 사업, ⅱ) 취약계층에 복지·의료·환경 등의 분야에서 사회서비스를 제공하는 사업, ⅲ) 취약계층에 일자리를 제공하는 사업, ⅳ) 국가·지방자치단체로부터 위탁받은 사업, ⅴ) 그 밖에 공익 증진에 이바지 하는 사업 중 하나 이상을 주 사업으로 하여야 한다(협동 제93조 제1항). 이 주 사업은 당해 사회적협동조합 전체 사업량의 100분의 40 이상이어야 한다(협동 제93조 제2,3항).

다만, 사회적협동조합은 조합원의 상호 복리 증진을 위하여 주 사업 이외의 사업으로 정관으로 정하는 바에 따라 조합원을 대상으로 납입 출자금 총액의 한도에서 소액 대출과 상호부조를 할 수 있다. 이 경우 소액대출은 납입 출자금 총액의 3분의 2를 초과할 수 없다(협동 제94조 제1항).

3. 사회적협동조합의 운영에 대한 특칙

1) 개설

사회적협동조합의 조합원의 지위와 기관의 구성, 임원의 지위, 운영의 공개, 경영공시, 결산 등에 대한 법적 규율은 일반 협동조합의 경우와 대체로 같다. 다만, 사회적협동조합은 그 주된 목적이 사익의 추구가 아니라 공익의 증진에 있으므로 법정적립금의 적립한도와 잉여금의 배당, 부과금의 면제, 공공기관의 생산제품 우선구매 등의 특별 규정이 있다.

2) 법정적립금의 적립 한도

사회적협동조합은 매 회계연도 결산의 결과 잉여금이 있는 때에는 해당 회계연도 말 출자금 납입총액의 3배가 될 때까지 법정적립금을 적립하여야 하고, 정관으로 정하는 바에 따라 사업준비금 등을 임의적립금으로 적립할 수 있는 것은 협동조합의 경우와 똑 같으나, 법정적립금의 적립 한도가 다르다. 일반 협동조합의 경우 법정적립금의 적립 한도는 잉여금의 100분의 10 이상이나, 사회적협동조합에서는 잉여금의 100분의 30 이상이어야 하는 것이다(협동 제97조 제1항). 이 법정적립금은 손실의 보전에 충당하거나 해산하는 경우 외에는 사용하지 못한다(협동 제97조 제2,3항).

3) 잉여금의 배당 제한

사회적협동조합도 협동조합의 경우와 같이 매 회계연도의 결산 결과 손실금이 발생하면 미처분이월금, 임의적립금, 법정적립금의 순으로 이를 보전하고, 보전 후에도 부족이 있을 때에는 다음 회계연도에 이월하여야 한다(협동 제51조 제1항, 제98조 제1항). 이 경우 손실금을 보전하고 법정적립금 등을 적립한 이후에 발생하는 잉여금의 처분에 관하여 협동조합에서는 정관으로 정하는 바에 따라 조합원에게 배당할 수 있으나(협동 제51조 제2항), 사회적협동조합은 그 잉여금을 모두 임의적립금으로 적립하여야 하고 조합원에게 배당할 수 없다(협동 제98조 제2항).

4) 부과금의 면제

사회적협동조합의 사업과 재산에 대하여는 국가와 지방자치단체의 조세 외의 부과금을 면제한다(협동 제99조).

5) 공공기관의 사회적협동조합 생산제품 우선구매

국가기관과 지방자치단체 등 공공기관의 장은 구매하려는 재화나 서비스에 사회적협동조합이 생산하는 재화나 서비스가 있는 경우에는 해당 재화나 서비스의 우선 구매를 촉진하여야 한다(협동 제95조의2 제1항). 사회적협동조합이 생산하는 재화나 서비스의 구매 증대를 위하여 공공기관의 장은 그 구매 증대를 위한 구매 계획과 전년도 구매 실적을 기획재정부 장관에게 통보하여야 한다(협동 제95조의2 제2항).

4. 사회적협동조합의 설립 절차

1) 절차 일반

사회적협동조합의 설립에는 조합원 자격을 가진 5인 이상의 발기인이 정관을 작성하고 창립총회의 의결을 거쳐 설립등기를 하여야 한다는 점은 일반 협동조합의 설립과 같으나, 사회적협동조합의 설립에 있어서는 시·도지사에 대한 설립신고 대신 특히 기획재정부 장관의 설립인가를 얻어 설립등기를 하여야 한다는 점이 특이하다.

2) 설립인가의 신청

사회적협동조합을 설립하고자 하는 때에는 발기인이 정관을 작성하고 창립총회의 의결을 거친 후 기획재정부 장관에게 신청하여 설립인가를 받아야 한다(협동 제85조 제1항). 이 설립인가를 받으려면 ⅰ) 창립총회 개의 전까지 발기인에게 설립동의서를 제출한 설립동의자가 5인 이상이고, ⅱ) 설립동의자에는 사회적협동조합의 주 사업을 원활히 수행할 수 있도록 생산자, 소비자, 직원, 자원봉사자 및 후원자 등 다양한 이해관계인 가운데 둘 이상의 이해관계인이 포함되어야 하고(동법 시행령 제19조 제1항), 「협동조합기본법 시행규칙」에서 정하는 각종 서류를 구비하여 제출하여야 한다(동법시행규칙 제14조).[47)]

3) 설립인가

사회적협동조합의 설립인가 신청이 있는 경우에 기획재정부 장관은 ⅰ) 설립인가 구비서류가 갖춰지지 않은 경우, ⅱ) 설립절차, 정관 및 사업계획서의 내용이 법령을 위반한 경우, ⅲ) 그 밖에 설립인가 기준에 미치지 못하는 경우 등을 제외하고는 신청일로부터 60일 이내에 설립 인가를 하여야 한다. 부득이한 사유로 처리기간 내에 처리하기 곤란한 경우에는 60일 이내에서 1회에 한하여 그 기간을 연장할 수 있다(협동 제85조 제3항 단서).

4) 설립등기

사회적협동조합은 설립인가를 받은 날부터 60일 이내에 주된 사무소의 소재지에서 설립등기를 하여야 한다. 설립등기의 신청은 이사장이 하여야 한다. 설립등기 신청서에는 목적, 명칭, 주된 사무소 소재지, 출자 총좌수와 납입한 출자금의 총액, 설립인가 연월일, 이사장의 성명·주민등록번호·주소를 적어야 한다(협동 제106조).

제7절 사회적기업

I. 사회적기업의 의의

사회적기업은 재화 및 서비스의 생산·판매 등 영업활동을 수행하여 취약계층에게 사회서비스 또는 일자리를 제공하거나 지역사회에 공헌함으로써 지역 주민의 삶의 질을 높이는 등의 사회적 목적을 추구하는 사회적 성격을 지닌 기업을 말한다(사회 제2

---

47) 사회적협동조합의 설립인가 신청 시 첨부해야 하는 서류는 ⅰ) 정관 사본, ⅱ) 창립총회 개최 공고문, ⅲ) 창립총회 의사록 사본, ⅳ) 임원 명부(임원이력서와 사진 포함), ⅴ) 해당 연도 사업계획서, ⅵ) 해당 연도 수입·지출 예산서, ⅶ) 출자 1좌당 금액과 조합원 또는 회원별로 인수하려는 출자좌수를 적은 서류, ⅷ) 발기인 및 창립총회가 열리기 전까지 발기인에게 설립동의서를 제출한 자 또는 사회적협동조합의 명부, ⅸ) 사회적협동조합이 합병 또는 분할로 인하여 설립되는 경우 합병 또는 분할을 의결한 총회 의사록 사본, ⅹ) 주 사업의 내용이 설립인가 기준을 충족하는 것을 증명하는 서류 등이다(협동조합기본법 시행규칙 제14조 제2항).

조 1호).[48]

사회적기업은 전통적인 사기업의 영리성과 사회서비스의 창출을 목표로 하는 사회성 내지 공공성이 결합된 제3의 경제주체이다. 즉, 사회적기업은 영업활동을 통하여 영리를 추구하는 일반 기업의 성질을 지니지만, 그 주된 목적은 단순한 영리 추구가 아니라 취약계층[49]에게 사회서비스[50] 또는 일자리 제공 등 사회적 목적을 추구하는 공공적 특성을 동시에 지니며, 그 비중에 있어서 영리성 보다는 공공성에 더 중점이 있다.

사회적기업은 지역을 기반으로 사회적경제에 기하여 활동하는 새로운 기업형태로서, 취약계층에게 지속가능한 고용친화적 일자리를 제공하고, 새로운 분야에서 혁신적인 아이디어를 가진 청년과 여성 등에게 창업기회를 제공하며, 지역주민들의 복지를 증진하는 역할을 수행한다. 뿐만 아니라 사회적기업은 사회적 기업의 투명경영과 사회공헌활동의 증가로 기업의 윤리경영문화를 확산시키고, 기부·후원·자원봉사 등 다양한 사회적 자원과 결합하여 양질의 사회서비스를 적정 가격으로 공급하고, 사회적 가치를 가진 제품·서비스의 구매 및 소비를 촉진함으로써 우리 사회에 '가치 소비'의 새로운 소비문화를 정착시켜 나가는 등의 역할이 기대되고 있다.[51]

> **[참고]**
> ## 사회적협동조합과 사회적기업의 차이점
>
> 사회적협동조합은 협동조합의 한 형태이며, 「협동조합기본법」의 적용을 받으나, 사회적기업은 그 적용법령이 「사회적기업육성법」이다. 설립에 있어서 사회적협동조합은 인가제에 의하여 기획재정부 장관의 인가를 받아야 하나, 사회적기업은 인증제에 의하여 고용노동부 장관의 인증을 받

48) 우리나라 사회적기업으로 인증을 받은 곳은 2021년 12월까지 총 3,794개소이며, 이 중 3,215개소가 활동하고 있다. 지역별로는 서울 565개소, 경기 561개소, 경북 217개소, 인천 202개소, 전북 183개소, 강원 182개소, 전남 172개소, 경남 158개소, 부산 152개소, 광주 136개소, 충북 135개소, 충남 126개소, 대구 118개소, 울산 110개소, 대전 92개소, 세종 23개소, 제주 83개소이다.
49) 취약계층이란 자신에게 필요한 사회서비스를 시장가격으로 구매하는 데에 어려움이 있거나 노동시장의 통상적인 조건에서 취업이 특히 곤란한 계층으로서, 가구 월평균 소득이 전국 가구 월평균 소득의 100분의 60 이하인 사람, 고령자, 장애인, 성매매 피해자, 신규 고용촉진 장려금 지급 대상자, 북한이탈주민, 가정폭력 피해자, 결혼 이민자, 갱생보호 대상자 등이 이에 해당한다(사회적기업육성법 시행령 제2조).
50) 사회서비스란 교육, 보건, 사회복지, 환경 및 문화 분야의 서비스, 그 밖에 이에 준하는 서비스로서 보육 서비스, 예술·관광 및 운동 서비스, 산림 보전 및 관리 서비스, 간병 및 가사 지원 서비스, 문화재 보존 또는 활용 관련 서비스, 청소 등 사업시설 관리 서비스, 직업안정법에 따른 고용서비스 등 고용노동부 장관이 정책심의회의 심의를 거쳐 인정하는 서비스를 말한다(사회 제2조 3호, 동법 시행령 제3조).
51) 한국사회적기업진흥원, 전게 "2022 한손에 잡히는 사회적기업", 6면.

아야 한다. 따라서 사회적협동조합은 사회적기업의 인증을 받아야 사회적기업이 되며, 그렇지 않는 한 사회적기업이 될 수 없는 것이다. 소관 중앙행정기관도 다르다. 사회적협동조합의 경우는 정관상의 주된 사업을 관할하는 중앙행정기관이나, 사회적기업은 고용노동부이다.

이익배당에 있어서도 차이가 있다. 사회적협동조합은 지역 주민들의 권익·복리 증진과 관련된 사업을 수행하거나 취약계층에게 사회 서비스 또는 일자리를 제공하는 수익사업을 할 수 있으나, 영리를 목적으로 할 수는 없으므로 그 이익의 배당은 원천적으로 불가능하다. 그러나 사회적기업은 그 법적 형태가 「상법」상의 회사이거나 합자조합인 경우에는 영리기업이므로 사원 또는 조합원에 대한 이익의 배당이 가능하다. 이들 사회적기업은 수익사업을 통하여 이윤이 발생된경우에 그 이윤의 3분의2 이상을 반드시 사회적 목적에 사용하여야 하지만, 그 나머지는 이익 배당을 할 수 있는 것이다. 그러나 사회적 기업의 법적 형태가 비영리 단체인 때는 이익이 있더라도 배당할 수 없다.

II. 사회적기업의 유형과 목적

1. 사회적 기업의 목적 유형

사회적기업의 주된 목적은 단순한 영리의 확보가 아니라 사회적 목적의 실현에 있다. 사회적기업은 사회적 목적의 실현을 조직의 주된 목적으로 하여야 한다. 사회적기업은 그 추구하는 사회적 목적의 구체적인 내용에 따라 사회서비스 제공형, 일자리 제공형, 지역사회 공헌형, 혼합형의 4개 유형으로 구분된다(사회적기업육성법시행령 제9조).[52]

2. 사회서비스 제공형

사회서비스 제공형은 취약계층에 대한 사회서비스의 제공을 주된 목적으로 하는 사회적기업으로서, 해당 조직으로부터 사회서비스를 제공받는 사람 중 취약계층의 비율이 100분의 50 이상이어야 한다.

3. 일자리 제공형

일자리 제공형은 취약계층에 대한 일자리의 제공을 주된 목적으로 하하여야 하고, 해당 조직의 전체 근로자 중 취약계층의 고용비율이 100분의 50 이상이어야 한다.

---

52) 우리나라 사회적기업의 목적 유형은 2021년 12월 현재 일자리 제공형 2,138개소(66.5%), 사회서비스 제공형 228개소(7.1%), 지역사회공헌형 261개소(8.1%), 혼합형 203개소(6.3%), 기타(창의,혁신)형 358개소(12.0%)이다. 한국사회적기업진흥원, "사회적기업현황 2021.12월 기준", 「2022 한손에 잡히는 사회적기업」. 1면.

4. 지역사회 공헌형

지역사회 공헌형은 지역 주민의 소득 및 일자리 확대, 지역사회의 사회문제 해결 등 지역사회에 대한 공헌을 주된 목적으로 하는 사회적기업으로서, ⅰ) 고용노동부 장관이 지역사회 공헌이 필요하다고 인정하는 지역의 인적·물적 자원을 활용하여 지역 주민의 소득과 일자리를 늘리는 사회적기업은 해당 조직의 전체 근로자 중 해당 조직이 있는 지역에 거주하는 취약계층의 고용비율이나 해당 조직으로부터 사회서비스를 제공받는 사람 중 지역 취약계층의 비율이 100분의 20 이상이어야 하며, ⅱ) 지역의 빈곤, 소외, 범죄 등 사회문제를 해결하는 사회적기업은 해당 조직의 주된 목적에 해당하는 부분의 수입 또는 지출이 조직의 전체 수입 또는 지출의 100분의 40 이상이어야 하고, ⅲ) 지역사회의 사회적기업에 대한 컨설팅·마케팅·자금 등을 지원하는 사회적기업은 해당 조직의 주된 목적에 해당하는 부분의 수입 또는 지출이 조직의 전체 수입 또는 지출의 100분의 40 이상이어야 한다.

5. 혼합형

혼합형은 그 주된 목적이 지역 주민에 대한 일자리 제공과 사회서비스의 제공 등이 혼합되어 있는 사회적 기업으로서, 해당 조직의 전체 근로자 중 취약계층의 고용비율과 해당 조직으로부터 사회서비스를 제공받는 사람 중 취약계층의 비율이 각각 100분의 30이상이어야 한다.

Ⅲ. 사회적기업의 조직과 운영

1. 사회적기업의 조직 형태

사회적기업의 조직 형태에 대한 제한은 없으며, 그 조직 형태는 「민법」상의 비영리법인이나 조합 또는 「상법」상의 합자조합, 합명회사·합자회사·유한책임회사·주식회사·유한회사, 특별법에 따라 설립된 법인 또는 비영리민간단체 등이라도 무방하다.[53] 사회적기업은 이러한 법인이나 비영리민간단체 등이 사회적 목적의 실현을 주된 목적으로 하는 등 사회적기업의 요건을 갖추어 고용노동부 장관의 인증을 받음으로써 사회적기업으로서의 실체를 갖게 된다.

---

53) 우리나라 사회적기업의 조직형태는 2021년 12월 현재 비영리 678개소(21.1%)(민법상 법인 311개소, 비영리민간단체 66개소, 사회복지법인 76개소, 사회적협동조합 223개소, 기타 법인 및 단체 2개소), 영리법인 2,537개소(78.9%)(상법상회사 2,004개소, 농(어)업회사법인 146개소, 영농(어)조합법인 109개소, 협동조합 278개소)이다. 한국사회적기업진흥원, 전계 "사회적기업현황 2021.12월 기준". 1면.

2. 사회적기업의 운영

사회적기업의 대내외 법률관계는 그 조직형태에 관한 개별 근거법에 의한다. 즉, 사회적기업의 사원의 지위와 기관의 구성, 운영 등은 당해 사회적 기업이 「민법」상의 법인이나 조합인 경우에는 당해 법인이나 조합에 관한 「민법」의 규정에 의하고, 당해 사회적 기업이 「상법」상의 합자조합이나 회사인 경우에는 합자조합과 회사에 관한 「상법」의 규정에 의한다.

다만, 사회적기업은 주된 목적이 사회적 목적의 실현에 있으므로, 그 의사결정에 있어서는 민법의 법인이나 조합 또는 상법의 합자조합이나 회사의 경우와는 달리 서비스 수혜자와 근로자 등 이해관계자가 참여하는 구조를 갖추어야 한다(사회 제8조 제1항 4호).

회계에 있어서도 사회적기업은 영업활동을 통하여 창출한 이익을 당해 사회적기업의 유지·확대에 재투자하여야 하며(사회 제3조 제3항), 연도별로 배분 가능한 이윤이 발생한 경우에는 그 이윤의 3분의 2 이상을 사회적 목적에 사용하여야 한다(사회 제8조 제1항 7호).

사회적기업은 사회적 목적의 실현을 위하여 이처럼 그 이익의 처분이 제한되므로, 사회적기업에 대하여 재정 지원이나 경영 자문 등 다양한 지원을 하는 연계기업[54]도 그 사회적기업이 창출하는 이익을 취할 수 없다(사회 제3조 제4항). 대신 연계기업에 대해서는 국가 및 지방자치단체가 「법인세법」, 「소득세법」, 「조세특례제한법」 및 「지방세법」에서 정하는 바에 따라 국세 및 지방세가 감면된다(사회 제16조).

IV. 사회적기업에 대한 지원

1. 개설

사회적기업은 취약계층의 고용과 사회서비스 제공 등 사회적 목적의 실현을 주된 목적으로 하므로 사회 통합과 국민의 삶의 질 향상에 기여할 수 있다. 그리하여 「사회적기업육성법」은 사회적기업의 이러한 긍정적인 효과를 극대화하기 위하여 고용노동부 장관에게 사회적기업육성기본계획을 수립하게 하고, 사회적기업에 대한 경영 및

---

54) 연계기업은 특정한 사회적기업에 대하여 재정 지원, 경영 자문 등 다양한 지원을 하는 기업으로서 그 사회적기업과 인적·물적·법적으로 독립되어 있는 자를 말한다(사회 제3조 제4항). 연계기업은 그 지원을 받는 사회적기업과 인적·물적·법적으로 독립되어 있으므로 그 사회적기업의 근로자에 대하여 고용상의 책임을 지지 아니한다(사회 제15조).

교육 훈련 지원, 사회적기업 생산 제품 및 서비스에 대한 공공기관의 우선 구매, 조세 감면 및 사회 보험료 지원 등의 각종 지원을 강구하도록 하고 있다(사회 제10~14조).

2. 경영지원 등

고용노동부 장관은 사회적기업의 설립과 운영에 필요한 경영·기술·세무·노무·회계 등의 분야에 대한 전문적인 자문 및 정보 제공 등 지원을 할 수 있으며(사회 제10 조제1항). 이 지원업무를 정부출연기관이나 민간단체에 위탁할 수 있다(사회 제10조 제2항).

3. 교육훈련 지원 등

고용노동부 장관은 사회적기업의 설립·운영에 필요한 전문 인력의 육성과 사회적 기업 근로자의 능력향상을 위한 교육훈련을 실시할 수 있다(사회 제10조의2).

4. 시설비 등의 지원

국가 및 지방자치단체는 사회적기업의 설립과 운영에 필요한 부지구입비·시설비 등을 지원·융자하거나 국유·공유 재산 및 물품을 대부하거나 사용하게 할 수 있다 (사회 제11조).

5. 공공기관의 사회적기업 생산 제품 우선 구매

국가기관과 지방자치단체 등 공공기관의 장은 사회적기업이 생산하는 재화나 서비스의 우선 구매를 촉진하여야 한다(사회 제12조 제1항). 공공기관의 장은 사회적기업이 생산한 제품의 구매 증대를 위한 구매계획과 전년도 구매실적을 고용노동부 장관에게 통보하여야 하고, 고용노동부 장관은 구매계획과 구매실적을 종합하여 공고하여야 한다(사회 제12조 제3항).

6. 조세의 감면

국가 및 지방자치단체는 사회적기업에 대하여 「법인세법」, 「조세특례제한법」 및 「지방세특례제한법」이 정하는 바에 따라 국세 및 지방세를 감면할 수 있다(사회 제13 조 제1항).

7. 사회보험료의 지원

국가는 사회적기업에 대하여 「고용보험 및 산업재해보상보험의 보험료 징수 등에 관한 법률」에 따른 고용보험료 및 산업재해보상보험료, 「국민건강보험법」에 따른 보험료 및 「국민연금법」에 따른 연금보험료의 일부를 지원할 수 있다(사회 제13조 제2항).

8. 사회서비스 제공 사회적기업에 대한 재정 지원

고용노동부 장관은 사회서비스를 제공하는 사회적기업에 대하여 예산의 범위에서 공개모집 및 심사를 통하여 사회적기업의 운영에 필요한 인건비, 운영 경비, 자문 비용 등의 재정 지원을 할 수 있다(사회 제14조 제1항). 고용노동부 장관이 연계기업 또는 연계 지방자치단체로부터 지원받고 있는 사회적기업에 이같은 지원을 할 때에는 그 연계기업이나 연계 지방자치단체의 재정 지원 상황을 고려하여 사업비를 추가로 지원할 수 있다(사회 제14조 제2항). 재정 지원 대상의 선정 요건과 심사 절차 등에 관하여 필요한 사항은 고용노동부령으로 정한다(사회 제14조 제3항).

V. 사회적기업의 설립절차

1. 개설

사회적기업은 그 선택에 따라 「민법」에 따른 법인 또는 조합, 「상법」에 따른 합자조합이나 회사, 특별법에 따라 설립된 법인 또는 비영리민간단체 중 어느 하나의 조직 형태를 갖추어야 하므로, 그 설립의 요건과 절차도 그 근거법에서 정하는 바에 의하여야 하나, 특히 정관이나 규약의 기재사항은 「사회적기업육성법」에 따라야 하고, 사회적기업의 운영에 관한 고용노동부 장관의 인증을 받아야 한다.

2. 정관 또는 규약의 기재사항

사회적기업의 정관이나 규약에는 ⅰ) 목적, ⅱ) 사업내용, ⅲ) 명칭, ⅳ) 주된 사무소 소재지, ⅴ) 기관 및 지배구조의 형태와 운영 방식 및 중요 사항의 의사결정 방식, ⅵ) 수익배분 및 재투자에 관한 사항, ⅶ) 출자 및 융자에 관한 사항, ⅷ) 종사자의 구성 및 임면에 관한 사항, ⅸ) 해산 및 청산에 관한 사항, ⅹ) 그 밖에 대통령령으로 정하는 사항이 기재되어야 한다(사회 제9조 제1항).

사회적기업이 특히 「상법」상의 합자조합 또는 회사인 경우에는 그 정관이나 규약에 해산 및 청산에 관한 사항에 있어서 청산 시에 배분 가능한 잔여재산이 있으면 잔여재산의 3분의 2 이상을 다른 사회적기업 또는 공익적 기금 등에 기부하도록 하는 내용이 반드시 포함되어야 한다(사회 제9조 제1항 9호). 이러한 정관이나 규약의 기재사항이 변경된 경우에는 변경일부터 14일 이내에 그 내용을 고용노동부 장관에게 보고하여야 한다(사회 제9조 제2항).

3. 고용노동부 장관의 인증

1) 인증의 요건

사회적기업을 운영하려는 자는 고용노동부 장관의 인증을 받아야 한다(사회 제7조 제1항).[55] 사회적기업의 인증을 받기 위해서는 ⅰ) 민법에 따른 법인·조합, 상법에 따른 회사·합자조합, 특별법에 따라 설립된 법인 또는 비영리민간단체 등 대통령령으로 정하는 조직 형태[56]를 갖출 것, ⅱ) 유급 근로자를 고용하여 재화와 서비스의 생산·판매 등 영업활동을 할 것, ⅲ) 취약계층에게 사회서비스 또는 일자리를 제공하거나 지역사회에 공헌함으로써 지역 주민의 삶의 질을 높이는 등 사회적 목적의 실현을 조직의 주된 목적으로 할 것,[57] ⅳ) 서비스 수혜자, 근로자 등 이해관계자가 참여하는 의사결정 구조를 갖출 것, ⅴ) 영업활동을 통하여 얻는 수입이 대통령령으로 정하는 기준 이상일 것,[58] ⅵ) 「사회적기업육성법」에 따른 정관이나 규약 등을 갖출 것,

---

55) 사회적기업인증제도가 시행된 2007년부터 2020년 11월까지 우리나라 사회적기업 인증 신청 건수는 4,951건이며, 이중 인증을 받은 건수는 모두 3,212건인데, 이중 2020년 11월 현재 유지되고 있는 인증 건수는 2,704건이며, 2021년 11월 현재 활동하고 있는 인증 기업은 3,142개소이며, 2021년 10월 현재 예비 사회적기업은 1,783개소이다.
56) "특별법에 따라 설립된 법인 또는 비영리민간단체 등 대통령령으로 정하는 조직 형태"란 ⅰ) 공익법인, ⅱ) 비영리민간단체, ⅲ) 사회복지법인, ⅳ) 소비자생활협동조합, ⅴ) 협동조합과 협동조합연합회, 사회적협동조합 및 사회적협동조합연합회, ⅵ) 그 밖에 다른 법률에 따른 법인 또는 비영리단체 중 어느 하나에 해당하는 조직 형태를 말한다(사회적기업육성법 시행령 제8조).
57) 주된 목적이 사회적 목적을 실현하는 것인지에 대한 판단기준은 ⅰ) 조직의 주된 목적이 취약계층에게 사회서비스를 제공하는 것이라고 하기 위해서는 해당 조직으로부터 사회서비스를 제공받는 사람 중 취약계층의 비율이 100분의 30 이상이어야 하며, ⅱ) 조직의 주된 목적이 취약계층에게 일자리를 제공하는 것이라고 하기 위해서는 해당 조직의 전체 근로자 중 취약계층의 고용비율이 100분의 30 이상이어야 하며, ⅲ) 지역의 빈곤, 소외, 범죄 등 사회문제를 해결하는 것이라고 하기 위해서는 해당 조직의 주된 목적에 해당하는 부분의 수입 또는 지출이 조직의 전체 수입 또는 지출의 100분의 40 이상이어야 하며, ⅳ) 조직의 주된 목적이 취약계층에게 사회서비스와 일자리를 제공하는 것이라고 하기 위해서는 해당 조직의 전체 근로자 중 취약계층의 고용비율과 해당 조직으로부터 사회서비스를 제공받는 사람 중 취약계층의 비율이 각각 100분의 20 이상이어야 한다(사회적기업육성법 시행령 제9조).
58) "영업활동을 통하여 얻는 수입이 대통령령으로 정하는 기준 이상"이란 사회적기업의 인증을 신청한 날이 속하는 달의 직전 6개월(해당 조직의 영업활동 기간이 6개월 미만인 경우에는 그 영업활동 기간) 동안에 해당 조직의 영업활동을 통한 총수입이 같은 기간에 그 조직에서 지출되는 총 노무비(서비스나 생산에 투입되는 인력에 대한 비용)의 100분의 50 이상인 경우를 말한다(사회적기업육성법 시행령 제10조).

vii) 회계 연도별로 배분 가능한 이윤이 발생한 경우에는 이윤의 3분의 2 이상을 사회적 목적에 사용할 것 등의 요건을 모두 갖추어야 한다(사회 제8조 제1항).

2) 인증의 절차

사회적기업의 인증 신청 및 인증 신청기간 등은 고용노동부 장관이 연 1회 이상 공고한다(동시행규칙 제12조). 사회적기업으로 인증을 받기 위해서는 사회적기업 인증신청서를 작성하고 인증 심사에 필요한 구비서류[59]를 첨부하여 인증신청기간 내에 사회적기업진흥원장에게 우편, 팩스 또는 정보통신망을 이용하여 제출하여야 한다(동시행규칙 제9조 제1항 본문).

사회적기업진흥원장은 사회적기업 인증신청서를 받으면 인증심사에 필요한 구비서류를 갖추었는지를 조사·확인하고, 구비서류가 다 갖추어지지 아니한 경우에는 보완하도록 요구할 수 있다. 이 조사·확인이 끝나면 사회적기업진흥원장은 사회적기업 인증신청서를 지체 없이 고용노동부 장관에게 송부하여야 한다(동시행규칙 제9조 제2,3항).

3) 인증서의 발급

고용노동부 장관은 사회적기업진흥원장으로부터 사회적기업 인증신청서를 받으면 인증 신청기간 종료일부터 60일 이내에 고용정책심의회[60]의 심의를 거쳐 사회적기업으로 적합하다고 인정하는 경우에는 그 신청인에게 사회적기업 인증서를 발급하여야 한다(사회 시행규칙 제10조). 인증의 심사기준은 고용노동부 장관이 고시한다(사회 제7조 제2항, 제8조 제3항).

4) 관보 게재

고용노동부 장관이 사회적기업을 인증한 경우에는 그 인증의 사실을 관보에 게재하여야 한다(사회 제8조 제2항).

---

59) 사회적기업의 인증 심사에 필요한 구비서류는 ⅰ) 사회적기업의 조직 형태를 갖추고 있음을 확인할 수 있는 서류, ⅱ) 유급 근로자 명부, ⅲ) 사회적 목적 실현 판단 기준의 충족 여부를 확인할 수 있는 서류, ⅳ) 이해관계자가 참여하는 의사결정 구조를 갖추고 있음을 확인할 수 있는 서류, ⅴ) 영업활동을 통한 수입기준의 충족 여부를 확인할 수 있는 서류, ⅵ) 정관이나 규약 사본 등이다(사회 시행규칙 제9조 제1항 1~7호).

60) 고용정책심의회는 「고용정책 기본법」에 의하여 고용에 관한 주요 사항을 심의하기 위하여 고용노동부에 설치되어 있는 심의기구이다. 고용정책심의회는 고용노동부 장관을 위원장으로 하며 고용노동부 장관이 위촉하는 30명 이내의 위원으로 구성되어 있다. 고용정책심의회는 고용정책기본계획의 수립에 관한 사항, 고용 및 실업대책에 관한 사항, 고용영향평가 대상의 선정과 평가방법 등에 관한 사항, 사회적기업육성기본계획과 사회적기업 인증의 심사기준에 관한 사항 등에 대하여 심의한다(고용정책기본법 제10조).

5) 인증서의 재발급

사회적기업이 기관명이나 대표자 등의 변경으로 사회적기업 인증서를 재발급받아야 할 필요가 있는 경우에는 사회적기업 인증서 재발급신청서에 사회적기업 인증서 및 관련 증명서류를 첨부하여 사회적기업진흥원장에게 신청하여야 한다. 사회적기업 진흥원장이 이 재발급신청서를 받으면 구비서류를 갖추었는지를 조사·확인한 후 사회적기업 인증서 재발급 신청서를 지체 없이 고용노동부 장관에게 송부하여야 한다. 고용노동부 장관은 인증서 재발급 신청서를 받으면 그 신청일부터 14일 이내에 사회적기업 인증서를 재발급하여야 한다(사회 시규 제11조 제1~4항).

6) 인증의 취소

고용노동부 장관은 사회적기업이 ⅰ) 거짓이나 그 밖의 부정한 방법으로 인증을 받은 경우에는 인증을 반드시 취소하여야 하며, ⅱ) 인증의 요건을 갖추지 못하게 된 경우나 ⅲ) 거짓이나 그 밖의 부정한 방법으로 법령에 따른 재정 지원을 받았거나 받으려고 한 경우, ⅳ) 경영악화 등 사회적기업의 유지가 어렵다는 특별한 사유 없이 인증을 반납하는 경우의 어느 하나에 해당하면 인증을 취소할 수 있다(사회 제18조 제1항).

고용노동부 장관이 인증을 취소하려면 청문을 하여야 한다(사회 제18조 제3항). 인증 취소의 구체적 기준 및 세부 절차는 「사회적기업육성법시행령」에서 정하고 있다(사회 제18조 제4항). 사회적기업의 인증이 취소된 경우에 고용노동부 장관은 인증 취소 기업 또는 해당 기업과 실질적 동일성이 인정되는 기업에 대해서는 그 취소된 날부터 3년이 지나야 인증을 할 수 있고, 3년이 지나지 않은 경우에는 인증해서는 안된다(사회 제18조 제2항).

[판례 산책]

사례 1 : 구 농어업경영체 육성 및 지원에 관한 법률상 영농조합법인의 채권자가 채권 발생 당시의 각 조합원에 대하여 채무의 이행을 청구할 수 있는가?

【대법원 판결 요지】 2015. 1. 6. 법률 제12961호로 개정되기 전의 구 농어업경영체 육성 및 지원에 관한 법률은 영농조합법인의 실체를 민법상 조합으로 보면서 협업적 농업경영을 통한 농업생산성의 향상 등을 도모하기 위해 일정한 요건을 갖춘 조합체에 특별히 법인격을 부여하고 있으나, 영농조합법인의 채권자가 조합원에 대하여 권리를 행사하는 경우에 관하여는 이 법률 등에 특별히 규정된 것이 없다. 따라서 영농조합법인의 채권자는 원칙적으로 조합원에 대한 채권자의 권리행사에 관한 민법 제712조에 따라 채권 발생 당시의 각 조합원에 대하여 지분비율에 따라 또는 균분해서 해당 채무의 이행을 청구할 수 있다. 다만 조합채무가 조합원 전원을 위하여 상행위가 되는 행위로 부담하게 된 것이라면 상법 제57조 제1항을 적용하여 조합원들의 연대책임을 인정하여야 하는데, 이러한 법리는 영농조합법인의 채권자가 권리를 행사하는 경우에도 마찬가지이다(대법원 2018. 8. 1. 선고 2017다246739 판결).

사례 2 : 영농조합법인의 채권자가 채권 발생 당시의 각 조합원에 대하여 채무의 이행을 청구할 수 있는가?

【대법원 판결 요지】 2015. 1. 6. 법률 제12961호로 개정되기 전의 구 농어업경영체 육성 및 지원에 관한 법률은 영농조합법인의 실체를 민법상 조합으로 보면서 협업적 농업경영을 통한 농업생산성의 향상 등을 도모하기 위해 일정한 요건을 갖춘 조합체에 특별히 법인격을 부여하고 있으나, 영농조합법인의 채권자가 조합원에 대하여 권리를 행사하는 경우에 관하여는 이 법률 등에 특별히 규정된 것이 없다. 따라서 영농조합법인의 채권자는 원칙적으로 조합원에 대한 채권자의 권리행사에 관한 민법 제712조에 따라 채권 발생 당시의 각 조합원에 대하여 지분비율에 따라 또는 균분해서 해당 채무의 이행을 청구할 수 있다. 다만 조합채무가 조합원 전원을 위하여 상행위가 되는 행위로 부담하게 된 것이라면 상법 제57조 제1항을 적용하여 조합원들의 연대책임을 인정하여야 하는데, 이러한 법리는 영농조합법인의 채권자가 권리를 행사하는 경우에도 마찬가지이다(대법원 2018. 8. 1. 선고 2017다246739 판결).

사례 3 : 이사·감사의 임면에 있어 주무관청의 인가 또는 승인을 요한다는 재단법인 정관 규정의 의의와 주무관청의 비영리법인 임원취임 승인(인가)행위의 법적 성질은?

【대법원 판결 요지】 민법의 비영리법인 이사·감사의 임면에 관한 규정들을 종합하여 보면,

비영리법인인 재단법인의 이사 임면에 관한 규정을 주무관청이 검토하여 법인설립 또는 정관변경을 허가할 것인지 여부를 결정하도록 하여 재단법인에 대한 주무관청의 감독의 실효를 올리도록 한 법의를 찾아볼 수 있고, 따라서 법인의 이사와 감사의 임면에 있어 주무관청의 인가 또는 승인을 요한다는 취지의 정관의 규정이 있을 때에는 주무관청은 민법의 이사 임면에 관한 정관 규정의 당·부당을 검토하므로, 재단법인을 일반적으로 감독하는 권한을 정관의 규정에 의하여 구체적인 이사와 감사의 임면에 대하여 확장하였다고 보는 것이 타당하다. … 비영리법인 임원의 취임이 사법인인 그 법인의 정관에 근거한다 할지라도 이에 대한 행정청의 승인(인가)행위는 법인에 대한 주무관청의 감독권에 연유하는 이상 그 인가행위 또는 인가거부행위는 공법상의 행정처분으로서, 그 임원 취임을 인가 또는 거부할 것인지 여부는 주무관청의 권한에 속하는 사항이므로, 비영리법인의 임원취임승인신청에 대하여 주무관청이 이에 기속되어 이를 당연히 승인(인가)하여야 하는 것은 아니다(대법원 1995. 7. 25. 선고 95누2883 판결).

사례 4 : 소집절차에 하자가 있는 비영리법인 이사회결의의 효력은?

【대법원 판결 요지】 민법상 비영리법인의 이사회결의가 법령 또는 정관이 정하는 바에 따라 정당한 소집권자가 아닌 자에 의하여 소집되고 적법한 소집절차도 없이 개최되어 한 것이라면 그 이사회결의는 당연무효라 할 것이고, 당연무효인 이사회의 결의에 의하여 선임된 이사에 대한 주무관청의 이사취임승인 처분은 그 행정처분에 중대한 하자 있는 경우이므로 이에 대하여 행정청은 스스로 이를 취소할 수 있다고 할 것이다(대법원 1988. 3. 22. 선고 85누884 판결).

사례 5 : 주식회사의 설립무효의 사유는?

【대법원 판결 요지】 상법은 회사의 설립에 관하여 이른바 준칙주의를 채택하고 있으므로, 상법 규정에 따른 요건과 절차를 준수하여 회사를 설립한 경우에 회사의 성립이 인정된다. 그러나 다수의 이해관계인이 참여하는 회사의 설립에 관하여 일반원칙에 따라 제한 없이 설립의 무효를 주장할 수 있도록 허용하면 거래안전을 해치고 회사의 법률관계를 혼란에 빠지게 할 수 있으므로 상법은 회사 설립의 무효에 관하여 반드시 회사성립의 날로부터 2년 내에 소를 제기하는 방법으로만 주장할 수 있도록 하였다(상법 제184조, 제269조, 제287조의6, 제328조, 제552조). 또한 주식회사를 제외한 합명회사와 합자회사, 유한책임회사와 유한회사에 대해서는 설립취소의 소를 규정하고 있으나 주식회사에 대해서는 설립취소의 소에 관한 규정을 두지 않았는데(상법 제184조, 제269조, 제287조의6, 제552조), 이는 물적 회사로서 주주 개인의 개성이 중시되지 않는 주식회사에 있어서는 취소사유에 해당하는 하자를 이유로 해서는 회사 설립의 효력을 다툴 수 없도록 정한 것이다. 회사 설립을 위해 주식을 인수한 자는 일정한 요건을 갖추어 주식인수의 무효 또는 취소를 다툴 수 있으나, 이 역시 주식회사가 성립된 이후에는 그 권리행사가 제한된다(상법 제320조). 이러한 상법의 체계와 규정 내용을 종합해 보면, 주식회사의 설

립과 관련된 주주 개인의 의사무능력이나 의사표시의 하자는 회사설립무효의 사유가 되지 못하고, 주식회사의 설립 자체가 강행규정에 반하거나 선량한 풍속 기타 사회질서에 반하는 경우 또는 주식회사의 본질에 반하는 경우 등에 한하여 회사설립무효의 사유가 된다고 봄이 타당하다(대법원 2020. 5. 14. 선고 2019다299614 판결).

사례 6 : 사회적기업에 대한 보조금 교부결정의 일부를 취소한 행정청의 처분에 대한 효력 정지결정의 효력이 소멸하여 보조금 교부결정 취소처분의 효력이 되살아난 경우 보조금의 반환을 명하여야 하는가?

【**대법원 판결 요지**】 구 사회적기업 육성법(2010. 6. 8. 법률 제10360호로 개정되기 전의 것)에 의하면, 노동부장관은 사회서비스를 제공하는 사회적기업에 대하여 예산의 범위 안에서 공개모집 및 심사를 통하여 사회적기업의 운영에 필요한 인건비·운영경비·자문비용 등의 재정적인 지원을 할 수 있다(제14조 제1항). 그리고 구 보조금의 예산 및 관리에 관한 법률(2011. 7. 25. 법률 제10898호 보조금 관리에 관한 법률로 개정되기 전의 것)에 의하면, 보조사업자가 보조금을 다른 용도에 사용하거나 보조금 교부결정의 내용 등에 위반한 때에는 보조금 교부결정의 전부 또는 일부를 취소할 수 있으며(제30조 제1항), 보조금의 교부결정을 취소한 경우에 취소된 부분의 보조사업에 대하여 이미 보조금이 교부되어 있을 때에는 취소한 부분에 해당하는 보조금의 반환을 명하여야 한다(제31조 제1항). 한편 행정소송법 제23조에 의한 효력정지결정의 효력은 결정주문에서 정한 시기까지 존속하고 그 시기의 도래와 동시에 효력이 당연히 소멸하므로, 보조금 교부결정의 일부를 취소한 행정청의 처분에 대하여 법원이 효력정지결정을 하면서 주문에서 그 법원에 계속 중인 본안소송의 판결 선고 시까지 처분의 효력을 정지한다고 선언하였을 경우, 본안소송의 판결 선고에 의하여 정지결정의 효력은 소멸하고 이와 동시에 당초의 보조금 교부결정 취소처분의 효력이 당연히 되살아난다. 따라서 효력정지결정의 효력이 소멸하여 보조금 교부결정 취소처분의 효력이 되살아난 경우, 특별한 사정이 없는 한 행정청으로서는 보조금법 제31조 제1항에 따라 취소처분에 의하여 취소된 부분의 보조사업에 대하여 효력정지기간 동안 교부된 보조금의 반환을 명하여야 한다(대법원 2017. 7. 11. 선고 2013두25498 판결).

LECTURE
on
STARTUP
LAW

제4장

창업 절차

LECTURE ON STARTUP LAW

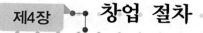

제4장 · 창업 절차

제1절 창업의 일반 절차

I. 개설

창업의 성공을 도모하기 위해서는 창업의 목적과 사업의 타당성, 자본 등 제반 여건을 충분히 검토하고 실현가능한 사업계획을 세워야 하며 각종 법규에서 정하는 요건을 갖추어야 한다.

창업을 하기 위해서는 일반적으로 업종이나 기업 규모에 관계없이 사업계획서를 작성하고 사업자등록을 신청하여야 한다. 창업자가 사업자등록을 신청하지 아니한 경우에는 조세와 상가건물임대차 보호 등에서 법률상 일정한 불이익을 받게 된다.

창업하고자 하는 영업이 관할 행정관청에 대한 신고를 요건으로 하는 경우에는 그 신고를 하여야 하며, 관할 행정관청의 인가나 허가, 면허, 승인, 결정 등을 받아야 하는 경우에는 이러한 요건도 갖추어야 한다.[61] 창업을 할 때 이러한 신고나 인·허가 등의 요건을 갖추지 아니한 경우에는 과태료 등 행정처분의 대상이 된다.

이러한 창업의 절차는 창업지원기관과 지방자치단체 등의 창업 지원을 받기 위한 선행조건이 되기도 한다. 이하에서 창업의 일반적인 요건과 절차를 살펴본다.

---

61) 중소벤처기업부와 창업진흥원의 「2019년 창업기업실태조사」에서 2019년 12월31일 기준 창업기업 총수 1,962,665개의 업종별 기업 수는 숙박·음식점업이 532,044개로 전체 창업기업의 27.1%로 가장 많았으며, 그 다음으로 도매·소매업 488,232개(24.9%), 제조업 174,488개(8.9%), 개인서비스업 149,843개(7.6%), 교육서비스업 102,723개(5.2%), 운수·창고업 127,345개(6.5%), 예술·스포츠·여가 80,865개(4.1%), 부동산업 78,175개(4.0%), 건설업 69,913개(3.6%), 전문·과학·기술 56,269개(2.9%), 사업·임대서비스업 35,763개(1.8%), 보건·사회복지 28,158개(1.4%), 정보통신업 23,809개(1.2%), 금융·보험업 7,355개(0.4%), 농림어업 2,543개(0.1%), 수도·하수 및 원료재생업 2,939개(0.1%), 전기·가스·공기 1,868개(0.1%), 광업 333개(0.0%) 등이다. 중소벤처기업부·창업진흥원, 「2019년 창업기업실태조사」, 2022.02, 45면.

II. 사업계획서의 작성

1. 의의

사업계획서는 사업 주체가 사업의 성공적인 추진을 위하여 사업의 수행 방향을 구체적이고 체계적으로 기술하는 사업의 청사진 또는 로드맵이다. 창업을 하는 경우에는 창업자가 창업 아이템을 어떻게 구체화하여 수익성을 창출할 것인지 그 사업의 구체적인 추진 방향을 기술하는 것이다.

사업계획서는 기존의 사업자는 물론이고 신규로 창업을 하는 창업자가 자신이 가지고 있는 사업 아이템을 실제 구현하기 위하여 구체적인 사업계획을 세운 후에 작성한다. 사업계획서에 사업의 비전과 목적, 조직, 성장잠재력, 시장 현황과 변화 추이, 제품과 마케팅 등의 사업전략과 구체적인 실행계획 등을 체계적으로 작성함으로써 대내적으로는 사업의 자가진단 수단이면서, 대외적으로는 각종 지원을 확보하는 근거가 된다.

2. 사업계획서의 중요성

사업계획서의 용도는 일반적으로 대내적 목적과 대외적 목적으로 구분할 수 있다. 대내적으로는 사업의 가이드라인으로서 사업의 현안 과제를 점검하고 내부 역량을 효과적으로 결집하는 수단이 된다. 창업자는 창업 시에 사업계획서를 작성함으로써 창업을 보다 더 체계적으로 추진하여 창업비용을 절약하고 창업의 시행착오와 혹시 발생할지도 모르는 리스크를 사전에 점검하여 사업의 성공 가능성을 높일 수 있다.

다른 한편 사업계획서는 대외적으로는 금융이나 투자 등의 자금 조달을 위하여 또는 정부나 지방자치단체, 신용보증, 기술보증 등의 각종 지원을 확보하기 위한 요건으로 이용된다. 창업 시에도 창업자가 정부나 지방자치단체 기타 창업지원기관의 각종 지원을 신청하고자 하는 때에는 사업계획서를 작성하여 제출하여야 한다. 투자자와 금융기관 및 거래 관계자에게 창업하고자 하는 사업의 방향과 내용, 사업의 성공 가능성 등을 제시하여 투자와 금융을 용이하게 하는 투·융자 제안의 기능도 있다.

특히 제조업을 목적으로 하는 중소기업의 창업 시에 공장 설립 예정지 관할 시장·군수·구청장에게 공장설립계획을 제출하여 승인을 얻어야 「중소기업창업지원법」에 의한 지원을 받을 수 있다. 1인창조기업지원센터로 지정받으려는 자도 그 신청서에 정관 또는 이에 준하는 사업운영규정 등의 서류와 함께 사업계획서를 첨부하여 관계 중앙행정기관의 장에게 제출하여야 한다(1인창조기업육성에관한법률 시행령 제4조 제2항).

3. 사업계획서 작성의 사전 준비

창업을 하고자 하는 자는 우선 자신의 창업 분야에 대한 사업 타당성을 사전에 충분히 검토하여야 한다. 창업의 가능성과 사업의 안정성, 장래의 발전 가능성, 수익성 등을 면밀히 분석하여야 한다. 사업계획서를 작성하기 전에 창업하고자 하는 업종의 시장 현황과 규모, 고객의 욕구, 시장 변화 추이와 성장잠재력, 사업 수행에 필요한 초기 비용과 운영 자금, 제조 원가 산정 기준, 중·장기 자본 수지와 중·장기 손익 추정, 투자 유치 가능성, 이익 창출 방법 등을 모두 검토하여야 하며, 검토 결과 사업의 타당성이 있다고 판단되는 경우에 사업계획서를 작성하여야 한다.

4. 사업계획서 작성의 원칙

사업계획서를 작성할 때에는 창업하고자 하는 사업에 관한 객관적인 자료와 시장 현황, 경쟁 업체의 동향 등에 대한 합리적이고 전문적인 분석을 통해 사업 계획에 대한 객관적인 신뢰성을 확보할 수 있도록 해야 한다. 특히 사업계획서를 통하여 정부나 지방자치단체 등의 지원을 받거나 투자자들의 투자를 유치하고자 하는 경우에는 사업계획서를 논리적으로 간결하게 기재하고 창업자의 역량과 전문성을 뒷받침할 수 있는 내용을 명확하고 일목요연하게 기술하여야 한다.

사업계획서의 기재에 있어서 사업에 대한 투자계획과 생산계획 및 재정계획 등은 실현 가능한 것이어야 하며, 기재 내용의 논리적 일관성을 유지하도록 하여야 한다. 생산 제품이나 서비스의 공정·품질·원가·용도, 제품의 가격, 이윤, 판매량, 시장점유율 등을 현실적이고 객관적으로 예측하고 어느 정도의 수익을 어떻게 창출할 것인지를 설득력 있게 기술하여야 한다. 뿐만 아니라 그 내용에 있어서도 기존 경쟁 업체와 차별화하여 독창성을 갖도록 하여야 하며, 실행목표를 중심으로 비전문가도 용이하게 이해할 수 있도록 체계적으로 작성하여야 한다.

5. 사업계획서의 기재 사항

사업계획서는 당해 사업의 아이템과 창업의 목표, 경영조직과 앞으로의 생산·판매·자금조달 등의 각종 계획, 미래 발전 방향 등 당해 기업의 실체를 보여주는 것이므로 그 기재사항을 구체적이며 측정 가능한 방향으로 현실성 있게 기재하여야 한다.

사업계획서에 기재하여야 하는 사항은 일반적으로 표지 및 목차, 요약문, 기업의 개요, 비전과 핵심가치, 경영의 목적 및 방향, 인적 구성과 경영조직, 사업에 대한 스와프 분석, 계획 사업 및 서비스의 주요 내용, 시장 분석, 공장입지, 사업 추진 일정, 향후 수익 전망과 분석, 재정운용계획 및 투자유치전략, 생산계획, 마케팅 및 판매계획, 시설투자계획, 소요자금 및 재무계획 등이다.

사업계획서에는 그 기재사항을 뒷받침할 수 있는 대표자 및 주요 경영진의 이력서와 경력증명서, 당해 기업의 정관과 등기부 등본, 사업자등록증 사본, 제품 관련 지식재산권 등록증 사본, 신기술보유 관련 증빙서류, 시제품 사진 등 그 근거 및 부속 자료를 첨부하여야 한다.

III. 사업의 신고와 인·허가 등

1. 의의

일정한 업종에 속하는 사업을 하기 위해서는 업종에 따라 행정관청의 허가, 인가, 면허, 승인, 지정, 결정, 신고, 해제 또는 용도폐지 등의 행정처분이 요구되는 경우가 있다. 이러한 업종에 속하는 사업을 창업하고자 하는 경우에는 그 신고를 하거나 허가 등의 행정처분을 받아야 한다.

2. 행정관청에 신고를 해야 하는 업종

1) 공중위생영업

숙박업, 목욕장업, 이용업, 미용업, 세탁업, 건물위생관리업[62] 등의 공중위생영업을 하고자 하는 자는 그 영업의 종류별로 보건복지부령이 정하는 시설 및 설비를 갖추고, 시장·군수·구청장에게 신고하여야 한다. 신고를 한 공중위생영업을 폐업한 때에는 그 폐업을 한 날로부터 20일 이내에 시장·군수·구청장에게 폐업의 신고를 하여야 한다. 이 신고의 방법과 절차 등에 관하여 필요한 사항은 보건복지부령으로 정한다(공중위생관리법 제3조 제1,2,4항).

2) 건강기능식품판매업

건강기능식품 판매업을 하려는 자는, 「약사법」에 따라 개설·등록한 약국에서 건

---

62) 건물위생관리업은 공중이 이용하는 건축물·시설물 등의 청결유지와 실내공기정화를 위한 청소 등을 대행하는 영업을 말한다.

강기능식품을 판매하는 경우를 제외하고는, 영업소별로 일정한 시설을 갖추고 영업소 소재지를 관할하는 특별자치시장·특별자치도지사·시장·군수·구청장에게 신고하여야 한다. 이 신고를 한 자가 그 영업을 폐업하거나 중요한 사항을 변경하려는 경우에는 특별자치시장·특별자치도지사·시장·군수·구청장에게 신고하여야 한다. 이 영업의 신고 및 변경신고의 절차 등에 관하여 필요한 사항은 총리령으로 정한다(건강기능식품에관한법률 제6조 제2,3,5항). 건강기능식품 제조업을 하려는 자는 후술과 같이 식품의약품안전처장의 허가를 받아야 한다.

3) 방문판매업 및 전화권유판매업

방문 판매업자 또는 전화권유 판매업자는 방문 판매원 또는 전화권유 판매원을 두지 아니하는 소규모 판매업의 경우를 제외하고는 그 상호, 주소, 전화번호, 전자우편 주소(법인인 경우에는 대표자의 성명, 주민등록번호 및 주소 포함), 그 밖에 대통령령으로 정하는 사항을 공정거래위원회 또는 특별자치시장·특별자치도지사·시장·군수·자치구구청장에게 신고하여야 한다(방문판매등에관한 법률 제5조).

4) 국내결혼중개업

국내결혼중개업을 하고자 하는 자는 보증보험금 및 중개사무소 등 대통령령으로 정하는 기준을 갖추어 시장·군수·구청장에게 신고하여야 한다. 국내결혼중개업의 신고를 받은 시장·군수·구청장은 그 신고자에게 신고필증을 내주어야 한다(결혼중개업의관리에관한법률 제3조). 국제결혼중개업을 하고자 하는 자는 시장·군수·구청장에게 등록을 하여야 한다(동법 제4조). 신고필증의 교부 등 국내결혼중개업의 신고에 관한 사항은 동 법률 시행규칙에서 정하고 있다.

5) 음반·음악영상물 제작·배급업

음반·음악영상물 제작업 또는 음반·음악영상물 배급업을 영위하고자 하는 자는 특별시장·광역시장·도지사에게 신고하여야 하며, 온라인 음악 서비스 제공업을 영위하고자 하는 자는 시장·군수·구청장에게 신고하여야 한다(음악산업진흥에관한법률 제16조 제1,2항). 시장·군수·구청장은 이 신고를 받은 날부터 7일 이내에 신고수리 여부를 신고인에게 통지하여야 한다(동법 제16조 제3항). 특별시장·광역시장·도지사에게 신고한 음악영상물·음악영상파일 제작업자와 음악영상물·음악영상파일 배급업자는 「영화 및 비디오물의 진흥에 관한 법률」에 따른 비디오물 제작업 또는 비디오물 배급업의 신고를 한 것으로 본다(동법 제16조 제3항). 이 신고의 절차·방법 및 운영 등에 관하여 필요한 사항은 문화체육관광부령으로 정한다.

6) 영화업

영화업을 하려는 자는 특별자치시장·특별자치도지사·시장·군수·구청장에게 신고하여야 하며, 그 신고 사항을 변경할 때에도 신고하여야 한다(영화및비디오물의진흥에관한법률 제26조 제1항). 비디오물 제작업 또는 비디오물 배급업을 하려는 자는 시장·군수·구청장에게 신고하여야 한다(동법 제57조 제1항). 비디오물시청제공업을 영위하고자 하는 자는 소정의 시설을 갖추어 시장·군수·구청장에게 등록하여야 한다(동법 제58조 제1항). 이 신고와 등록의 절차, 신고증의 교부 및 재교부 등에 관하여 필요한 사항은 「영화 및 비디오물의 진흥에 관한 법률 시행규칙」에서 정한다(동법 제26조 제2항, 제57조 제2항, 제58조 제2항).

7) 신고체육시설업

신고체육시설업(요트장업, 조정장업, 카누장업, 빙상장업, 승마장업, 종합 체육시설업, 수영장업, 체육도장업, 골프 연습장업, 체력단련장업 등[63])을 하려는 자는 시설 기준에 따른 시설을 갖추어 특별자치시장·특별자치도지사·시장·군수 또는 구청장에게 신고하여야 한다. 이 신고를 한 자가 신고 사항을 변경한 때에도 같다. 특별자치시장·특별자치도지사·시장·군수 또는 구청장은 이 신고를 받은 경우에는 신고를 받은 날부터 7일 이내에, 그 변경신고를 받은 경우에는 변경신고를 받은 날부터 5일 이내에 신고 수리 여부를 신고인에게 통지하여야 하며, 이 기간 내에 신고 수리 여부나 처리기간의 연장 여부를 신고인에게 통지하지 아니하면 그 기간이 끝난 날의 다음 날에 신고를 수리한 것으로 본다(체육시설의 설치·이용에 관한 법률 제10조, 제20조).

8) 먹는샘물 등의 유통전문판매업과 정수기 제조·수입판매업

먹는샘물 등의 유통전문판매업을 하려는 자는 환경부령으로 정하는 바에 따라 시·도지사에게 신고하여야 한다. 환경부령으로 정하는 중요한 사항을 변경하려는 때에도 같다(먹는물관리법 제21조 제6항). 정수기의 제조업 또는 수입판매업을 하려는 자는 환경부 장관이 지정한 기관의 검사를 받고 환경부령으로 정하는 바에 따라 시·도지사에게 신고하여야 하며, 환경부령으로 정하는 중요한 사항을 변경하려는 때에도 같다(동법 제21조 제7항). 시·도지사는 이 신고 또는 변경신고를 받은 날부터 7일 이내에 신고

---

63) 신고 체육시설업에는 이 밖에 당구장업, 썰매장업, 무도학원업, 무도장업, 야구장업, 가상체험 체육시설업, 체육교습업, 인공암벽장업이 있다.

또는 변경신고 수리 여부를 신고인에게 통지하여야 한다. 시·도지사가 이 기간 내에 신고수리 여부 또는 민원 처리 관련 법령에 따른 처리기간의 연장을 신고인에게 통지하지 아니하면 그 기간(민원 처리 관련 법령에 따라 처리기간이 연장 또는 재연장된 경우에는 해당 처리기간을 말한다)이 끝난 날의 다음 날에 신고 또는 변경신고를 수리한 것으로 본다(동법 제21조 제8,9항).

9) 동물병원

동물병원을 개설하려면 농림축산식품부령으로 정하는 바에 따라 특별자치도지사·특별자치시장·시장·군수 또는 구청장에게 신고하여야 한다. 동물병원은 수의사, 국가 또는 지방자치단체, 동물진료법인, 수의학 전공 대학, 비영리법인만이 개설할 수 있다. 시장·군수 등이 동물병원 개설 신고를 받은 경우에는 그 내용을 검토하여 「수의사법」에 적합하면 신고를 수리하여야 한다. 동물병원의 시설 기준은 대통령령으로 정한다(수의사법 제17조 제1~5항).

3. 행정관청의 허가를 받아야 하는 업종

1) 식품업

식품 위생 관련 영업으로서 ⅰ) 식품 또는 식품첨가물의 제조업, 가공업, 운반업, 판매업 및 보존업, ⅱ) 기구 또는 용기·포장의 제조업, ⅲ) 식품접객업[64] 등의 영업을 하려는 자는 총리령으로 정하는 시설기준에 맞는 시설을 갖추어(식품위생법 제36조 제1항) 영업 종류별 또는 영업소별로 식품의약품안전처장 또는 특별자치시장·특별자치도지사·시장·군수·구청장의 허가를 받아야 한다(식품위생법 제37조 제1항).

---

64) 식품접객업은 다음과 같다(식품위생법시행령 제21조 제8호).
① 휴게음식점영업: 주로 다류(茶類), 아이스크림류 등을 조리·판매하거나 패스트푸드점, 분식점 형태의 영업 등 음식류를 조리·판매하는 영업으로서 음주행위가 허용되지 아니하는 영업. 다만, 편의점, 슈퍼마켓, 휴게소, 그 밖에 음식류를 판매하는 장소(만화가게 및 「게임산업진흥에 관한 법률」 제2조제7호에 따른 인터넷컴퓨터게임시설제공업을 하는 영업소 등 음식류를 부수적으로 판매하는 장소를 포함한다)에서 컵라면, 일회용 다류 또는 그 밖의 음식류에 물을 부어 주는 경우는 제외한다.
② 일반음식점영업: 음식류를 조리·판매하는 영업으로서 식사와 함께 부수적으로 음주행위가 허용되는 영업.
③ 단란주점영업: 주로 주류를 조리·판매하는 영업으로서 손님이 노래를 부르는 행위가 허용되는 영업.
④ 유흥주점영업: 주로 주류를 조리·판매하는 영업으로서 유흥종사자를 두거나 유흥시설을 설치할 수 있고 손님이 노래를 부르거나 춤을 추는 행위가 허용되는 영업.
⑤ 위탁급식영업: 집단급식소를 설치·운영하는 자와의 계약에 따라 그 집단급식소에서 음식류를 조리하여 제공하는 영업.
⑥ 제과점영업: 빵·떡·과자 등을 제조·판매하고 음주행위가 금지되는 영업.

그러나 해당 영업시설이 시설기준에 맞지 않거나, 영업 허가가 취소되거나 폐쇄명령을 받고 「식품위생법」에서 정하는 기간이 지나기 전에 같은 장소에서 취소된 것과 같은 종류의 영업을 하거나 식품접객업 등을 하려는 경우, 식품접객업 중 국민의 보건위생을 위하여 허가를 제한할 필요가 뚜렷하다고 인정되어 시·도지사가 지정·고시하는 영업에 해당하는 경우, 영업허가를 받으려는 자가 피성년후견인이거나 파산선고를 받고 복권되지 아니한 경우 등에는 영업허가가 제한된다(식품위생법 제38조 제1,2항).

2) 건강기능식품제조업

건강기능식품제조업을 하려는 자는 영업소별로 식품의약품안전처장의 허가를 받아야 한다. 건강기능식품 제조업을 하려는 자가 허가 신청을 한 경우에 식품의약품안전처장은 ⅰ) 일정한 시설기준을 갖추지 못한 경우, ⅱ) 영업허가가 취소되거나, 영업소 폐쇄명령 또는 영업정지처분을 받은 후 일정한 기간이 경과하기 전에 동종의 영업을 하려는 경우, ⅲ) 품질관리인을 선임하지 아니한 경우, ⅳ) 건강기능식품의 안전성 확보 및 품질관리에 관한 교육을 받지 아니한 경우, ⅴ) 우수 건강기능식품 제조 기준에 맞지 아니하는 경우, ⅵ) 법령에 따른 제한에 위반되는 경우 등을 제외하고는 그 허가를 하여야 한다. 이 허가를 받은 자가 그 영업을 폐업하거나 허가받은 사항 중 총리령으로 정하는 사항을 변경하려는 경우에는 식품의약품안전처장에게 신고하여야 한다(건강기능식품에 관한 법률 제5조 제1,3항). 이 허가와 변경신고의 절차 등에 관한 사항은 총리령으로 정한다(동조 제4항).

건강기능식품제조업의 허가를 받은 자가 건강기능식품을 제조하려는 경우에는 그 품목의 제조방법 설명서 등 총리령으로 정하는 사항을 식품의약품안전처장에게 신고하여야 한다.[65] 신고한 사항 중 총리령으로 정하는 사항을 변경하려는 경우에도 같다. 이 품목제조신고 및 변경신고의 절차 등에 관하여 필요한 사항은 총리령으로 정한다(동법 제7조).

3) 먹는샘물 등 제조업

먹는샘물 또는 먹는염지하수 제조업을 하려는 자는 환경부령으로 정하는 바에 따라 시·도지사의 허가를 받아야 한다(먹는물관리법 제21조 제1항).

---

65) 건강기능식품 제조업의 허가를 받은 자가 그 영업을 폐업하거나 허가받은 사항 중 총리령으로 정하는 사항을 변경하려는 경우에도 식품의약품안전처장에게 신고하여야 한다(건강기능식품에 관한 법률 제5조 제2항).

먹는샘물 등의 제조업을 하려는 자는 샘물 등의 개발로 주변 환경에 미치는 영향과 주변 환경으로부터 발생하는 해로운 영향을 예측·분석하여 이를 줄일 수 있는 방안에 관한 환경영향조사를 실시하여 그 조사서를 작성하여야 하며, 허가를 신청할 때에 이를 시·도지사에게 제출하여야 하고, 시·도지사는 이 조사서를 환경부 장관에게 보내 기술적 심사를 받아야 한다(동법 제13조 제1항, 제18조 제1항). 시·도지사는 먹는샘물 등의 제조업 허가를 할 때에는 이 조사서의 심사결과에 따라 1일 취수량을 제한하는 등의 필요한 조건을 붙일 수 있다(동법 제21조 제10항). 먹는샘물 등의 제조업의 허가절차는 「먹는물관리법시행규칙」에서 정하고 있다.

4) 카지노업과 유원시설업

카지노업을 경영하려는 자는 전용영업장 등 문화체육관광부령으로 정하는 시설과 기구를 갖추어 문화체육관광부 장관의 허가를 받아야 한다(관광진흥법 제5조 제1항). 유원시설업 중 종합 및 일반 유원시설업을 경영하려는 자는 문화체육관광부령으로 정하는 시설과 설비를 갖추어 특별자치도지사·시장·군수·구청장의 허가를 받아야 한다(관광진흥법 제5조 제2항).[66] 이 허가를 받은 사항 중 문화체육관광부령으로 정하는 중요 사항을 변경하려면 변경허가를 받아야 한다. 다만, 경미한 사항을 변경하려면 변경신고를 하여야 한다(관광진흥법 제5조 제3항).

5) 경비업

경비업을 영위하고자 하는 법인은 도급받아 행하고자 하는 경비업무를 특정하여 그 법인의 주사무소 소재지를 관할하는 지방경찰청장의 허가를 받아야 한다(경비업법 제4조 제1항). 경비업은 법인이 아니면 이를 영위할 수 없다. 경비업의 허가를 받고자 하는 법인은 1억 원 이상의 자본금과 일정한 경비인력의 보유, 경비인력을 교육할 수 있는 교육장을 포함하는 일정한 시설과 장비의 보유 등의 요건을 갖추어야 한다(경비업법 제4조 제2항).

6) 폐기물처리업

폐기물의 수집·운반, 재활용 또는 처분 등 폐기물처리업을 영업으로 하려는 자(음식물류 폐기물을 제외한 생활폐기물을 재활용하려는 자와 폐기물 처리 신고자는 제외한다)는 환경부령으로 정하는 바에 따라 폐기물처리 사업계획서를 작성하여 지정폐기물을 대상으로 하는

---

66) 종합 및 일반 유원시설업 외의 유원시설업을 경영하려는 자는 문화체육관광부령으로 정하는 시설과 설비를 갖추어 특별자치도지사·시장·군수·구청장에게 신고하여야 한다(관광진흥법 제5조 제4항).

경우에는 환경부 장관에게 제출하고, 그 밖의 폐기물을 대상으로 하는 경우에는 시·도지사에게 제출하여야 한다(폐기물관리법 제25조 제1항).

폐기물처리 사업계획서를 제출받은 환경부 장관이나 시·도지사는 폐기물처리업 허가를 받으려는 자(법인의 경우에는 임원)의 결격사유 해당 여부, 폐기물처리시설 입지 등의 다른 법률 저촉 여부, 시설·장비와 기술능력의 허가기준 적합 여부, 사람의 건강이나 주변 환경에 영향을 미치는지 여부에 관하여 폐기물처리 사업계획서를 검토한 후 그 적합 여부를 그 계획서 제출자에게 통보하여야 한다(동법 제25조 제2항).

이 때 적합통보를 받은 자는 그 통보를 받은 날부터 2년(폐기물 수집·운반업의 경우에는 6개월, 폐기물 처리업 중 소각시설과 매립시설의 설치가 필요한 경우에는 3년) 이내에 기준에 맞는 시설·장비 및 기술능력을 갖추어 업종, 영업 대상 폐기물 및 처리 분야별로 지정폐기물을 대상으로 하는 경우에는 환경부 장관의, 그 밖의 폐기물을 대상으로 하는 경우에는 시·도지사의 허가를 받아야 한다. 이 때 적합 통보를 받은 자가 그 적합 통보를 받은 사업계획에 따라 시설·장비 및 기술인력 등의 요건을 갖추어 허가신청을 한 때에는 환경부 장관 또는 시·도지사는 지체 없이 허가하여야 한다(동법 제25조 제3항).

7) 담배제조업

담배제조업을 하려는 자는 대통령령으로 정하는 바에 따라 기획재정부 장관의 허가를 받아야 한다. 담배제조업의 허가를 받으려는 자가 대통령령으로 정하는 자본금, 시설, 기술인력, 담배 제조 기술의 연구·개발 및 국민건강 보호를 위한 품질관리 등에 관한 기준을 충족한 경우에는 기획재정부 장관은 허가를 하여야 한다(담배사업법 제11조). 미성년자 또는 피성년후견인·피한정후견인, 파산선고를 받고 복권되지 아니한 자, 동 법률을 위반하여 징역의 실형을 선고받고 그 집행이 끝나거나 집행이 면제된 날부터 1년이 지나지 아니한 사람, 동 법률을 위반하여 징역형의 집행유예를 선고받고 그 유예기간 중에 있는 사람, 담배제조업허가가 취소된 후 2년이 지나지 아니한 자는 담배제조업허가를 받을 수 없다(동법 제11조의2).

4. 행정관청에 등록을 해야 하는 업종

1) 옥외광고사업

옥외광고사업을 하려는 자는 대통령령으로 정하는 기술능력과 시설 등을 갖추고 광고물 또는 게시시설의 표시·설치에 관한 교육을 받은 후에 특별자치시장·특별자치도지사·시장·군수 또는 구청장에게 등록하여야 한다(옥외광고물법 제11조 제1항). 옥외광고사업을 등록한 자가 휴업 또는 폐업하거나, 휴업하였다가 업무를 다시 시작하였을 때에는 시장 등에게 신고하여야 한다(동법 제11조 제2항).

옥외광고사업을 등록하거나 신고하는 경우에 시장 등은 아름다운 경관과 미풍양속을 보존하고 공중에 대한 위해를 방지하며 건강하고 쾌적한 생활환경을 조성하기 위하여 필요하면 옥외광고사업자로 하여금 그 영업에 관한 서류 제출 또는 필요한 보고를 하게 하거나, 소속 직원으로 하여금 영업장소에 출입하여 장부, 서류, 시설 등을 검사하거나 관계자에게 필요한 질문을 하게 할 수 있다(옥외광고물법 제11조 제7항).

2) 학원

학원을 설립·운영하려는 자는 시설과 설비를 갖추어 설립자의 인적사항, 교습과정, 강사명단, 교습비, 시설·설비 등을 학원설립·운영등록신청서에 기재하여 교육감에게 등록하여야 한다(학원법 제6조 제1항). 여기서 학원은 학교교과교습학원과 평생직업교육학원을 포함한다(학원법 제2조의2 제1항). 학교교과교습학원은 학교의 교육과정을 교습하거나 유아, 장애인, 학생들을 대상으로 교습하는 학원이고, 평생직업교육학원은 학교교과교습학원 외에 평생교육이나 또는 직업교육을 목적으로 하는 학원을 말한다. 교육감은 학원을 등록한 자에게 등록증명서를 발급하여야 한다(학원법 제6조 제3항).

3) 다단계판매업

다단계판매업자는 공정거래위원회 또는 특별시장·광역시장·특별자치시장·도지사·특별자치도지사에게 등록하여야 한다. 이 등록을 할 때에는 ① 상호·주소, 전화번호 및 전자우편주소(법인인 경우에는 대표자의 성명, 주민등록번호 및 주소를 포함한다) 등을 적은 신청서, ② 자본금이 3억 원 이상으로서 대통령령으로 정하는 규모 이상임을 증명하는 서류, ③ 소비자피해보상보험계약 등의 체결 증명 서류, ④ 후원수당의 산정 및 지급 기준에 관한 서류, ⑤ 재고관리, 후원수당 지급 등 판매의 방법에 관한 사항을 적은 서류, ⑥ 그 밖에 다단계 판매자의 신원을 확인하기 위하여 필요한 사항으로서 총리령으로 정하는 서류를 갖추어야 한다. 다단계 판매업자가 등록한 ①부터 ④까지의 사항이 변경된 경우에는 대통령령으로 정하는 바에 따라 신고하여야 한다(방문판매등에관한법률 제13조 제1,2항).

공정거래위원회는 다단계판매업자에 대한 위의 등록사항과 그 밖에 공정거래위원회가 공정거래질서 확립 및 소비자보호를 위하여 필요하다고 인정하는 사항을 대통

령령으로 정하는 바에 따라 공개하여야 한다(동법 제13조 제6항 본문). 다단계판매업자의
경영상·영업상 비밀에 관한 사항으로서 공개될 경우 다단계판매업자의 정당한 이익
을 현저히 해칠 우려가 있다고 인정되는 정보 및 개인에 관한 사항으로서 공개될 경
우 사생활의 비밀 또는 자유를 침해할 우려가 있는 정보는 그러하지 아니하다(동법 제
13조6항).

4) 여행업 등

여행업, 관광숙박업, 관광객이용시설업 및 국제회의업을 경영하려는 자는 대통령
령으로 정하는 자본금·시설 및 설비 등을 갖추어 특별자치도지사·시장·군수·구청
장에게 등록하여야 한다(관광진흥법 제4조 제1,3항).이 등록을 하려는 자는 대통령령으로
정하는 자본금·시설 및 설비 등을 갖추어야 등록한 사항 중 대통령령으로 정하는
중요 사항을 변경하려면 변경등록을 하여야 한다(동법 제4조 제3,4항). 등록 또는 변경등
록의 절차 등에 필요한 사항은 문화체육관광부령으로 정한다(동법 제4조 제5항).

5) 장례 또는 혼례 상조업

장례 또는 혼례 상조업은 「할부거래에 관한 법률」에 의하여 '선불식 할부계약'으로
규정돼 있다. 선불식 할부계약은 계약의 명칭·형식이 어떠하든 소비자가 사업자로부
터 ⅰ) 장례 또는 혼례를 위한 용역 및 이에 부수한 재화 또는 ⅱ) 이에 준하는 소비
자 피해가 발생하는 재화나 용역으로서 소비자 피해를 방지하기 위하여 대통령령으
로 정하는 재화 등의 대금을 2개월 이상의 기간에 걸쳐 2회 이상 나누어 지급하고 그
공급은 대금의 전부 또는 일부를 지급한 후에 받는 계약이다(동법 제2조 제2호).

이러한 선불식 할부계약에 의한 거래를 영업으로 하고자 하는 자는 ⅰ) 상호·주소
·전화번호·전자우편주소(영업소 및 대리점 포함)·대표자의 이름·주민등록번호·주소 등
을 적은 신청서, ⅱ) 자본금이 15억 원 이상임을 증명하는 서류, ⅲ) 소비자피해보상
을 위한 보험계약이나 은행과의 채무지급보증계약, 소비자피해보상금 예치계약 등의
체결 증명 서류, ⅳ) 그 밖에 선불식할부거래업자의 신원을 확인하기 위하여 필요한
사항으로서 총리령으로 정하는 서류를 갖추어 특별시장·광역시장·특별자치시장·
도지사 또는 특별자치도지사에게 등록하여야 한다(동법 제18조 제1항). 선불식 할부거래
업의 등록을 한 경우 시·도지사는 지체 없이 선불식할부거래업 등록증을 교부하여
야 한다(동법 제18조 제2항). 선불식할부거래업자는 등록한 ⅰ), ⅱ), ⅲ)의 사항이 변경된
경우에는 시·도지사에게 신고하여야 한다(동법 제18조 제3항).

선불식할부거래업자가 등록한 사항과 신고한 사항은 공정거래위원회가 대통령령으로 정하는 바에 따라 공개하여야 한다. 다만, 선불식할부거래업자의 경영·영업상 비밀에 관한 사항으로서 공개될 경우 선불식 할부거래업자의 정당한 이익을 현저히 해칠 우려가 있다고 인정되는 사항과 개인에 관한 사항으로서 사생활의 비밀 또는 자유를 침해할 우려가 있다고 인정되는 사항에 대하여는 공개하지 아니한다(동법 제18조 제3항).

6) 국제결혼중개업

국제결혼중개업을 하고자 하는 자는 소정의 교육을 받고 자본금 요건 및 보증보험금, 중개사무소 등 대통령령으로 정하는 기준을 갖추어 중개사무소를 두고자 하는 지역을 관할하는 시장·군수·구청장에게 등록하여야 한다. 시장·군수·구청장은 국제결혼중개업을 등록한 자에게 등록증을 교부하여야 한다. 국제결혼중개업의 등록사항·등록절차, 등록증의 교부 등 등록에 관하여 필요한 사항은 여성가족부령으로 정한다(결혼중개업의관리에관한법률 제4조). 국제결혼중개업체가 등록된 경우에 시장·군수·구청장은 등록된 국제결혼중개업체의 현황 등을 홈페이지를 통하여 정기적으로 공시하여야 한다(동법 제4조의2).

7) 수처리제 제조업과 먹는샘물 등의 수입판매업

수처리제 제조업을 하려는 자나 먹는샘물 등의 수입판매업을 하려는 자는 환경부령으로 정하는 바에 따라 시·도지사에게 등록하여야 한다. 환경부령으로 정하는 중요한 사항을 변경하려는 때에도 같다(먹는물관리법 제21조 제2,3항). 이 중 먹는샘물 등의 수입판매업의 경우 시·도지사가 등록 또는 변경등록의 신청을 받은 날부터 7일 이내에 등록 또는 변경등록 여부를 신청인에게 통지하여야 하며, 이 기간 내에 등록 여부 또는 처리기간의 연장을 신청인에게 통지하지 아니하면 그 기간이 끝난 날의 다음 날에 등록 또는 변경등록을 한 것으로 본다(동법 제21조 제4,5항).

8) 등록체육시설업

등록체육시설업(골프장업, 스키장업, 자동차 경주장업)을 하려는 자는 시설 기준에 맞는 시설을 설치하기 전에 체육시설업의 종류별로 사업계획서를 작성하여 시·도지사의 승인을 받아야 한다(그 사업계획을 변경하려는 경우에도 같다)(체육시설의 설치·이용에 관한 법률 제10조). 등록체육시설업에 대한 사업계획의 승인을 받은 자는, 천재지변이나 소송의 진행 등 대통령령으로 정하는 사유가 없는 한, 그 사업계획의 승인을 받은 날부터 4년 이내에 그 사업시설 설치 공사를 착수하여야 하며, 그 사업계획의 승인을 받은 날부터 6년 이내에 그 사업시설 설치 공사를 준공하여야 한다(동법 제16조 제1항).[67] 이 사업계획의 승인을 받은 자가 문화체육관광부령으로 정하는 시설 기준에 따른 시설을 갖춘 때에는 영업을 시작하기 전에 대통령령으로 정하는 바에 따라 시·도지사에게 그 체육시설업의 등록을 하여야 한다(동법 제19조).

9) 석유정제업 등

석유정제업이나 석유수출입업(천연가스수출입업 및 액화석유가스수출입업은 제외), 석유대체연료 제조·수출입업을 하려는 자는 산업통상자원부 장관에게 등록하여야 한다. 석유정제업이나 석유수출입업 등의 시설기준을 비롯한 등록 요건과 신고 사항은 대통령령으로 정한다(석유및석유대체연료사업법 제5, 9, 32조). 다만, 석유제품 중 윤활유 등 대통령령으로 정하는 제품의 석유정제업을 하려는 자는 산업통상자원부 장관에게 신고하여야 한다. 석유수출입업의 경우도 윤활유 등 대통령령으로 정하는 석유제품의 수출입업을 하는 경우, 석유수출만을 업으로 하는 경우, 자기가 사용할 목적으로 해당 연도에 수입하는 석유의 양이 10만 킬로리터 이하인 경우 등에는 등록이 요구되지 않는다(동법 제9조 1항 각호). 석유대체연료 제조·수출입업을 하려는 자는 산업통상자원부 장관에게 등록하여야 하나, 석유대체연료의 수출만을 업으로 하거나 일정한 물량 이하의 석유대체연료를 자기가 사용할 목적으로 수입하는 경우에는 등록의 필요가 없다(동법 제32조).

10) 석유판매업 등

석유나 석유대체연료 판매업을 하려는 자는 특별시장·광역시장·특별자치시장·도지사·특별자치도지사 또는 시장·군수·구청장에게 등록하여야 하고, 부산물인 석유제품을 생산하여 석유판매업을 하려는 자는 산업통상자원부 장관에게 등록하여야 한다(석유및석유대체연료사업법 제10조 제1항). 석유판매업 중 일반판매소 등 대통령령으로 정하는 경우에는 시·도지사 또는 시장·군수·구청장에게 신고하여야 한다(동법 제10조 제2항). 이와 같이 등록하거나 신고하여야 하는 석유판매업과 석유대체연료판매업의 종류와 그 취급 석유제품이나 석유대체연료 및 석유 판매업의 시설기준 등 등록 및 신고 요건은 대통령령으로 정한다(동법 제33조).

---

67) 등록 체육시설업에 대한 사업계획의 승인을 받은 자가 사업시설의 설치공사에 착수할 때에는 그 공사에 착수하기 30일 전까지 착공계획서를 관할 시·도지사에게 제출하고, 그 공사를 준공하였을 때에는 준공보고서를 관할 시·도지사에게 제출하여야 한다(동법시행령 제16조 제1항).

11) 담배 판매업

담배수입판매업을 하려는 자는 그의 본점 또는 주된 사무소의 소재지를 관할하는 특별시장·광역시장·특별자치시장·도지사 또는 특별자치도지사에게 등록하고, 담배도매업을 하려는 자는 그의 본점 또는 주된 사무소의 소재지를 관할하는 특별자치시장·특별자치도지사·시장·군수 또는 구청장에게 등록하여야 한다(담배사업법 제13조 제1항). 담배수입판매업의 등록을 하려는 경우에는 먼저 외국의 담배제조업자와 담배의 공급계약을 체결하고, 담배도매업의 등록을 하려는 경우에는 담배의 보관시설을 갖추고 제조업자, 수입판매업자 또는 다른 담배도매업자와 담배의 공급계약을 체결하여야 한다(동법 시행령 제5조 제1항). 담배소매업을 하려는 자는 사업장 소재지 관할 시장·군수·구청장의 지정을 받아야 한다(동법 제16조).

12) 건설업

건설업을 하려는 자는 대통령령으로 정하는 업종별로 국토교통부 장관에게 등록을 하여야 한다(건설산업기본법 제9조 제1항). 건설업의 등록을 하려는 자는 대통령령으로 정하는 기술능력, 자본금(개인인 경우에는 자산평가액), 시설 및 장비, 그 밖에 필요한 사항을 갖추어 국토교통부령으로 정하는 바에 따라 국토교통부 장관에게 신청하여야 한다(동법 제9조 제2항, 동법시행령 제13조).

건설업의 종류는 종합공사를 시공하는 업종과 전문공사를 시공하는 업종으로 구분된다(동법 제8조 제1항). 전문공사를 시공하는 업종을 등록하려는 자는 건설업을 등록할 때 해당 업종의 업무분야 중 주력으로 시공할 수 있는 1개 이상의 주력분야를 정하여 국토교통부 장관에게 등록을 신청해야 한다(동법 시행령 제7조의2 제1항). 그러나 대통령령으로 정하는 경미한 건설공사를 업으로 하려는 경우에는 등록을 하지 아니하고 건설업을 할 수 있다(동법 제9조 제1항 단서, 동법시행령 제8조 제1항).

건설업을 하려는 자가 건설업 등록을 하면 국토교통부 장관은 국토교통부령으로 정하는 바에 따라 건설업 등록증 및 건설업 등록수첩을 발급하여야 한다(동법 제9조의2 제1항). 건설업 등록증이나 건설업 등록수첩을 발급받은 자는 그 건설업 등록증 또는 건설업 등록수첩의 기재 사항 중 대통령령으로 정하는 사항이 변경되면 국토교통부령으로 정하는 바에 따라 30일 이내에 국토교통부 장관에게 기재 사항의 변경을 신청하여야 한다(동법 제9조의2 제2항). 건설업 등록증이나 건설업 등록수첩을 잃어버리거나 못 쓰게 된 경우에는 국토교통부령으로 정하는 바에 따라 재발급 받을 수 있다(동법

제9조의2 제3항).

건설업을 등록한 자(건설사업자가 추가로 다른 업종을 등록하는 경우는 제외)는 건설업을 등록한 날부터 6개월 이내에 국토교통부 장관이 실시하는 건설업 윤리 및 실무 관련 교육을 받아야 한다. 이 경우 교육을 받아야 하는 자가 법인인 경우에는 등기부상 임원 1명 이상(대표이사 포함)이 교육을 받아야 한다(동법 제9조의3 제1항). 이 교육의 방법·기준·절차 및 교육기관과 그 밖에 필요한 사항은 대통령령으로 정한다(동법 제9조의3 제3항).

업종별로 건설업 등록을 하지 아니한 자는 사업장, 광고물 등에 해당 업종의 건설 사업자임을 표시·광고하거나 해당 업종의 건설사업자로 오인될 우려가 있는 표시· 광고를 하여서는 아니 된다(동법 제11조 제1항).

5. 세무서장의 면허를 받아야 하는 업종

1) 주류제조업

주류를 제조하려는 자는 주류의 종류별로 주류 제조장마다 대통령령으로 정하는 시설기준과 그 밖의 요건을 갖추어 관할 세무서장의 면허를 받아야 한다. 같은 주류 제조장에서 제조하는 주류를 추가하려는 경우에도 관할 세무서장의 면허를 받아야 한다(주류면허등에관한법률 제3조 제1항).[68]

주류제조면허를 받은 자는 해당 주류를 용기에 넣는 용기주입제조장을 따로 설치 하려는 때에는 관할 세무서장의 허가를 받아야 한다. 이 경우 그 주류를 용기에 넣는 행위는 주류 제조로 보고, 용기주입제조장은 주류제조장으로 본다(동법 제6조 제3항).

주류제조면허를 받은 자가 2명 이상인 경우에 관할 세무서장은 주류 제조면허를 받은 자들로 하여금 공동으로 주류를 제조하게 하는 것이 주세 보전을 위하여 필요 하다고 인정되면 그 면허를 취소하고 새로 공동면허를 할 수 있고, 주세 보전상 그 공동면허를 존속시킬 필요가 없다고 인정될 때에는 그 공동면허를 취소하고 공동면 허를 받았던 자의 신청을 받아 종전의 주류 제조면허를 할 수 있다(동법 제6조 제4,5항).

---

68) 주류 제조면허를 받은 자가 다음의 어느 하나에 해당하는 행위를 하는 경우에는 주류의 제조로 보지 아니한다. 즉, ⅰ) 제조면허를 받은 주류를 제조하기 위하여 주류 제조장에서 주류를 물로 희석하는 경우, ⅱ) 제조면허를 받은 주류를 제조하기 위하여 주류 제조장에서 제조면허를 받은 주류에 첨가할 수 있는 재료를 섞는 경우, ⅲ) 주류 제조장을 방문한 사람에게 판매 목적 없이 무상으로 제공하기 위 하여 주류 제조장에서 제조면허를 받아 제조한 주류에 다른 종류의 주류에 첨가할 수 있는 재료 또는 「식품위생법」에 따라 식용할 수 있는 식품을 첨가하는 경우이다(주류면허등에관한법률 제3조 제2항).

2) 주류판매업

주류판매업(판매중개업 또는 접객업 포함)을 하려는 자는 주류 판매업의 종류별로 판매장마다 대통령령으로 정하는 시설기준과 그 밖의 요건을 갖추어 관할 세무서장의 면허를 받아야 한다(주류면허등에관한법률 제8조 제1항).[69] 관할 세무서장은 주류제조면허를 할 때 주세 보전을 위하여 필요하다고 인정되면 면허 기한, 제조 범위 또는 판매 범위, 제조 또는 판매를 할 때의 준수사항 등을 조건으로 정할 수 있다(동법 제6조 제1항).

그러나 ⅰ) 「식품위생법」에 따른 영업허가를 받은 장소에서 주류판매업을 하는 자, ⅱ) 백화점, 슈퍼마켓, 편의점 또는 이와 유사한 상점에서 주류를 소매하는 자, ⅲ) 허가받은 카지노업의 사업장에서 무상으로 주류를 제공하는 카지노사업자, ⅳ) 외국을 왕래하는 항공기 또는 선박에서 무상으로 주류를 제공하는 항공사업자 또는 선박사업자가 관할 세무서장에게 주류 판매에 관한 신고를 한 경우에는 주류판매업 면허를 받은 것으로 의제된다(동법 제5조 제2항, 동법시행령 제9조 제5항).

6. 행정관청 등의 지정을 받아야 하는 업종

1) 담배소매업

담배를 직접 소비자에게 판매하는 영업을 하려는 자는 사업장의 소재지를 관할하는 시장·군수·구청장으로부터 소매인의 지정을 받아야 한다. 시장·군수·구청장은 담배소매인의 지정을 받으려는 자가 지정을 신청한 때에는 소매인 지정을 하여야 한다(담배사업법 제16조).

2) 항공우주산업

여객용·화물용 항공기 및 무인항공기의 개발에 관한 사업, 기동용·공격용 회전익 항공기의 개발에 관한 사업, 우주 비행체의 개발에 관한 사업, 기기류 및 소재류의 기술개발에 관한 사업, 항공기·우주비행체·기기류 및 소재류의 성능검사와 품질검사를 위한 장비개발 및 전문인력양성에 관한 사업, 항공기·우주비행체·기기류 및 소재류의 시험·평가 기술의 선진화를 위한 사업, 그 밖에 항공우주산업의 발전을 위하여 대통령령이 정하는 사업 등은 정부의 지정을 받은 자만이 실시할 수 있다.

이러한 정부의 지정을 받을 수 있는 사업자는 국·공립연구기관, 특정연구기관,

---

69) 주류 제조면허를 받은 자는 주류의 원거리 공급을 원활하게 하기 위하여 관할 세무서장의 허가를 받아 직매장(주류의 제조자가 자기의 사업과 관련하여 제조 또는 취득한 주류를 직접 판매하기 위하여 판매시설을 갖춘 장소)을 설치할 수 있다(동법 제16조 제1항).

정부출연연구기관, 국방과학연구소, 대학·산업대학·전문대학 또는 기술대학, 전문
생산기술연구소, 항공우주산업 및 관련기술과 관련된 기관·단체 또는 사업자로서
대통령령이 정하는 자(기업부설연구소, 중소기업협동조합, 벤처기업 등)이다(항공우주산업개발촉진법
제4조 2항).

7. 처벌

행정관청의 허가, 인가, 면허, 승인, 지정, 결정, 신고, 해제 또는 용도폐지 등의 행
정처분이 요구되는 경우에 이를 받지 아니하고 사업을 시행하는 때에는 근거법률에
따라 징역, 벌금, 과태료 등의 처벌을 받게 된다.

IV. 사업자등록

1. 의의

사업자등록은 사업자가 사업을 개시하는 경우에 그 개시 사실을 관할 세무서에 신
고하여 등록하는 절차이다. 사업자등록은 국세청이 납세자 및 세원을 파악하는 근거
로서 사업자의 의무에 속한다. 사업자가 사업자등록의 신청을 하는 경우에 관할 세무
서는 다른 하자가 없는 한 사업자등록번호를 부여하여 사업자등록을 한 후 사업자에
게 사업자등록증을 교부하여야 한다.

사업자등록번호는 해당 사업자를 표시하여 사업자의 동일성을 증명하는 고유번호
로 상거래시 영수증 등에 반드시 기재하여야 하며, 사업자등록증은 사업자등록을 증
명하는 증서로서 사업장에 비치하여야 한다. 사업자등록 사항이 변경되는 경우에는
그 변경 사실을 지체 없이 사업장 관할 세무서장에게 신고하여야 하며, 관할 세무서
장은 사업자등록증의 기재사항을 변경하여야 한다.

2. 사업자등록의 신청

1) 신청 요건

창업을 하는 개인 또는 법인 사업자는 사업장마다 사업 개시일 이전 또는 사업 개
시일 부터 20일 이내에 직접 또는 대리인을 통해 사업자등록을 신청하여야 한다(부가
제8조 제1항). 사업자등록신청은 신청서를 작성하여 관할 세무서장이나 그 밖에 신청인
의 편의에 따라 선택한 세무서장에게 제출하거나 국세정보통신망에 의하여 제출함으
로써 한다(동시행령 제11조 제1항). 사업장이 둘 이상인 경우에 창업자는 해당 사업자의 본

점 또는 주사무소 관할 세무서장에게 사업자등록을 신청할 수 있다(부가 제8조 제3항). 이 사업자등록을 한 사업자를 사업자 단위 과세 사업자라 한다.[70]

2) 신청 방법

사업자등록의 신청은 사업자등록 신청서를 관할 세무서장 또는 그 밖의 세무서장에게 서면 또는 국세정보통신망에 의하여 제출하여야 한다. 국세정보통신망에 의하여 사업자등록을 신청하는 때에는 인터넷의 국세청 홈택스에 가입한 후 로그인하여 사업자등록신청서 양식에 기재할 사항을 작성하여 입력하면 된다.

3) 신청서의 기재사항

사업자등록 신청서에는 ⅰ) 사업자의 인적 사항, ⅱ) 사업자등록 신청 사유, ⅲ) 사업 개시 연월일 또는 사업장 설치 착수 연월일, ⅳ) 그 밖의 참고 사항을 적어야 한다(동시행령 제11조 제1항). 사업자 단위 과세 사업자로 등록을 신청하려는 사업자는 본점 또는 주사무소(사업자 단위 과세 적용 사업장)에 대하여 사업자등록 신청서를 작성하여 사업자 단위 과세 적용 사업장을 관할하는 세무서장에게 제출하여야 한다(동시행령 제11조 제2항).

4) 첨부 서류

사업자등록 신청서에는 ⅰ) 법령에 따라 허가를 받거나 등록 또는 신고를 하여야 하는 사업의 경우는 사업허가증 사본, 사업등록증 사본, 또는 신고확인증 사본, ⅱ) 사업장을 임차한 경우에는 임대차 계약서 사본, ⅲ) 상가건물의 일부분만 임차한 경우에는 해당 부분의 도면, ⅳ) 금지금 도매 및 소매업을 경영하거나, 「개별소비세법」에 따른 과세유흥장소에서 영업을 경영하는 경우에는 사업자금 명세 또는 재무상황 등을 확인할 수 있는 서류로서 기획재정부령으로 정하는 서류, ⅴ) 사업자 단위로 사업자등록을 하려는 자는 이들 서류 외에 사업장 소재지, 업태, 종목 등이 적힌 서류 등을 첨부해야 한다(동시행령 제11조 제3항).

그러나 신규로 사업을 시작하려는 자가 해당 법인의 설립등기 전 또는 사업의 허

---

70) 사업장 단위로 등록한 창업자가 단위 과세 사업자로 변경하려면 사업자 단위 과세 사업자로 적용받으려는 과세기간 개시 20일 전까지 사업자의 본점 또는 주사무소 관할 세무서장에게 변경등록을 신청하여야 한다. 사업자 단위 과세 사업자가 사업장 단위로 등록을 하려는 경우에도 이와 같다(부가가치세법 제8조 제4항 전문). 그러나 사업장이 하나인 사업자가 추가로 사업장을 개설하면서 추가 사업장의 사업 개시일이 속하는 과세기간부터 사업자 단위 과세 사업자로 적용받으려는 경우에는 추가 사업장의 사업 개시일부터 20일 이내(추가 사업장의 사업 개시일이 속하는 과세기간 이내에 한정)에 사업자의 본점 또는 주사무소 관할 세무서장에게 변경등록을 신청하여야 한다(동조 5항).

가·등록·신고 전에 사업자등록을 할 때에는 법인 설립을 위한 사업허가신청서 사본, 사업등록신청서 사본, 사업신고서 사본 또는 사업계획서로 이들 서류를 대신할 수 있다(동시행령 제11조 제4항).

3. 사업자등록의 거부 및 직권 등록

사업자등록의 신청이 있는 경우에 그 신청자가 사업을 사실상 시작하지 아니할 것이라고 인정될 때에는 사업자등록의 신청을 받은 사업장 관할 세무서장은 사업자등록을 거부할 수 있다(동시행령 제11조 제7항). 그러나 다른 한편 미성년자인 사업자가 성년자로 된 경우와 같이 사업자가 스스로 사업자등록을 하지 아니하는 경우에는 사업장 관할 세무서장이 조사하여 직권으로 등록할 수 있다(동시행령 제11조 제6항).

4. 사업자등록증의 발급

사업장 관할 세무서장이 사업자등록 신청을 받은 경우에는 거부 사유가 없는 한 사업자등록을 하고, 등록된 사업자에게 등록번호가 부여된 사업자등록증을 발급하여야 한다(부가 제8조 제5항). 사업자등록증의 발급 기간은 신청일로부터 2일 이내이나, 사업장 시설이나 사업 현황을 확인하기 위하여 국세청장이 필요하다고 인정하는 경우에는 발급기한을 5일 이내에서 연장하고 조사한 사실에 따라 사업자등록증을 발급할 수 있다(동법 시행령 제11조 제5항). 사업장 관할 세무서장이 직권으로 사업자등록을 하는 경우에도 그 사업자에게 등록번호가 부여된 사업자등록증을 발급하여야 한다.

5. 사업자등록의 변경

사업자등록을 한 사업자는 사업자등록사항에 변경이 있는 경우에는 그 변경 사실을 지체 없이 사업장 관할 세무서장에게 신고하여야 한다(부가 제8조 제6항). 즉, 사업자가 ⅰ) 상호를 변경하거나, ⅱ) 법인 또는 단체가 대표자를 변경하는 경우, ⅲ) 사업의 종류에 변동이 있는 경우, ⅳ) 사업장(사업자 단위 과세 사업자의 경우는 사업자 단위 과세 적용 사업장)을 이전하는 경우, ⅴ) 상속으로 사업자의 명의가 변경되는 경우, ⅵ) 공동사업자의 구성원 또는 출자지분이 변경되는 경우, ⅶ) 임대인, 임대차 목적물 및 그 면적, 보증금, 임차료 또는 임대차 기간이 변경되거나 새로 상가건물을 임차한 경우, ⅷ) 사업자 단위 과세 사업자가 사업자 단위 과세 적용 사업장을 변경하는 경우, ⅸ) 사업자 단위 과세 사업자가 종된 사업장을 신설 또는 이전하거나, 그 종된 사업장의 사업을 휴업하거나 폐업하는 경우, x) 사이버몰의 통신판매업자가 사이버몰의 명칭 또는 인터넷 도메인이름을 변경하는 경우 등에는 지체 없이 사업자등록정정신고서를 작성하여 관할 세무서장이나 그 밖에 신고인의 편의에 따라 선택한 세무서장에게 제출하거나 국세정보통신망에 의하여 제출하여야 한다(동시행령 제14조 제1항).

사업자등록정정신고서에는 사업자의 인적사항, 사업자등록의 변경 사항 및 그 밖의 필요한 사항을 적어야 한다. 사업자등록정정신고서에는 사업자등록증을 첨부하여야 하며, 특히 사업 허가·등록·신고 내용이나 임대차계약 등이 변경되는 경우에는 해당 첨부 서류를 제출하여야 한다(동시행령 제14조 제2항).

법인이 합병할 때에는 합병 후 존속하는 법인(신설합병의 경우에는 합병으로 설립된 법인) 또는 합병 후 소멸하는 법인이 법인합병신고서에 사업자등록증을 첨부하여 소멸 법인의 폐업 사실을 소멸법인의 관할 세무서장에게 신고하여야 한다. 이 때 법인합병신고서에는 합병 후 존속하는 법인 또는 합병으로 설립된 법인의 인적 사항과 소멸법인의 인적사항, 합병 연월일 및 그 밖의 참고 사항을 기재하여야 한다(동시행령 제13조 제4항).

6. 휴업 또는 폐업의 신고

사업자등록을 신청한 자가 사실상 사업을 시작하지 아니하거나[71] 사업자등록을 한 사업자가 휴업 또는 폐업을 하게 되면 지체 없이 휴업·폐업신고서를 관할 세무서장이나 그 밖에 신고인의 편의에 따라 선택한 세무서장에게 직접 또는 국세정보통신망에 의하여 제출하여야 한다(부가 제8조 제6항, 동시행령 제13조 제1항).

그러나 법령에 따라 허가를 받거나 등록 또는 신고 등을 하여야 하는 사업의 휴업·폐업신고서는 당해 사업의 주무관청에 제출할 수 있으며, 이 경우 휴업·폐업신고서를 받은 주무관청은 지체 없이 관할 세무서장에게 그 서류를 서면 또는 정보통신망을 이용하여 송부하여야 한다. 허가, 등록, 신고 등이 필요한 사업의 주무관청에 제출하여야 하는 신고서를 관할 세무서장에게 제출한 경우에는 관할 세무서장은 지체 없이 그 서류를 관할 주무관청에 송부하여야 한다(동시행령 제13조 제5항).

---

[71] 여기서 사실상 사업을 시작하지 아니하는 경우는 i) 사업자가 사업자등록을 한 후 정당한 사유 없이 6개월 이상 사업을 시작하지 아니하는 경우, ii) 사업자가 부도발생, 고액체납 등으로 도산하여 소재 불명인 경우, iii) 사업자가 인가·허가의 취소 또는 그 밖의 사유로 사업을 수행할 수 없어 사실상 폐업상태에 있는 경우, iv) 사업자가 정당한 사유 없이 계속하여 둘 이상의 과세기간에 걸쳐 부가가치세를 신고하지 아니하고 사실상 폐업상태에 있는 경우, v) 그 밖에 사업자가 위 i)~iv)와 유사한 사유로 사실상 사업을 시작하지 아니하는 경우이다(부가가치세법시행령 제15조 제2항).

법령에 따라 허가를 받거나 등록 또는 신고를 하여야 하는 사업의 폐업신고서에는 사업자등록증과 폐업신고확인서(폐업신고를 한 사실을 확인할 수 있는 서류의 사본)를 첨부하여야 한다(동시행령 제13조 제2항). 다만, 폐업을 하는 사업자가 부가가치세 확정신고서에 폐업 연월일과 그 사유를 적고 사업자등록증과 폐업신고확인서를 첨부하여 제출하는 경우에는 폐업신고서를 제출한 것으로 본다(동시행령 제13조 제3항).

7. 사업자등록의 말소

창업자가 사업자등록을 신청하고 사실상 사업을 시작하지 아니하거나 사업자등록을 한 사업자가 폐업을 하는 경우에는 사업장 관할 세무서장은 지체 없이 그 사업자등록을 말소하여야 한다(부가 제8조 제7항). 관할 세무서장이 사업자등록을 말소하는 경우에는 지체 없이 사업자등록증을 회수하여야 하며, 사업자등록증을 회수할 수 없는 경우에는 사업자등록의 말소 사실을 공시하여야 한다(동시행령 제15조 제1항).

제2절 제조업 목적 중소기업의 창업

I. 개설

중소기업을 창업하고자 하는 경우에는 창업하고자 하는 사업의 업종에 따라 신고나 인허가를 받고 사업자등록을 하여야 하나, 특히 제조업을 영위할 목적으로 하는 중소기업을 창업하는 경우에는 「중소기업창업지원법」에 따라 공장설립절차를 거쳐야 한다.

「중소기업창업지원법」은 국민 누구나 창의적인 아이디어와 혁신적인 기술을 바탕으로 기업가정신을 발휘하여 창업에 도전하고 글로벌 선도기업으로 성장할 수 있는 창업 생태계를 조성하여 디지털경제 시대에 새로운 국가경제의 성장 동력과 일자리를 창출하는 것을 목적으로, 창업저변 확대 및 환경개선, 신산업 및 기술창업의 촉진, 창업기업의 성장 및 재창업 촉진, 창업지원기반 구축 등을 위한 특별규정을 다수 두고 있다.

특히 제조업을 목적으로 하는 중소기업의 설립에는 공장의 설립이 필요하므로, 당해 공장 설립 예정지에 대한 행정적인 검토가 선행되지 않으면 안 된다. 그리하여 동

법률은 제조업을 영위하려는 창업기업이 공장을 설립하는 경우에는 공장설립계획을 작성하여 공장 설립 예정지를 관할하는 시장·군수·구청장의 사전 승인을 얻도록 하고 있다.

나아가 동 법률은 시장·군수·구청장의 공장설립계획 승인이나 공장 건축허가, 공장 사용 승인이 있는 경우에 허가, 인가, 검사 등에 관하여 특별규정을 두고 있으며, 공장설립계획의 승인을 받은 창업기업에 대하여 사업을 개시한 날부터 일정한 기간 동안 각종 부담금을 면제한다. 제조업 목적 창업기업의 공장설립절차에 관하여 이하에서 살핀다.

II. 창업기업의 의의

창업기업이란 중소기업을 창업하여 사업을 개시한 날부터 7년이 지나지 아니한 기업을 말하며, 법인과 개인사업자를 포함한다(중창 제2조 3호). 여기서 "사업을 개시한 날"은 창업기업이 법인인 경우에는 법인 설립등기일이고, 창업기업이 개인인 경우에는 사업자등록신청서의 개업일(공장설립계획의 승인을 받아 사업을 개시하는 경우에는 사업자등록신청서의 사업자등록일)이다(중창 시행령 제3조 제1항).

중소기업은 「중소기업기본법」 제2조에 따른 중소기업으로서(중창 제2조 1호), ⅰ) 영리를 목적으로 사업을 하며, 업종별로 매출액 또는 자산총액 등이 대통령령으로 정하는 기준에 맞고, 지분 소유나 출자 관계 등 소유와 경영의 실질적인 독립성이 대통령령으로 정하는 기준에 맞는 기업, ⅱ) 「사회적기업 육성법」 제2조 제1호에 따른 사회적기업 중에서 대통령령으로 정하는 사회적기업, ⅲ) 「협동조합기본법」 제2조에 따른 협동조합, 협동조합연합회, 사회적협동조합, 사회적협동조합연합회 중 대통령령으로 정하는 자, ⅳ) 「소비자생활협동조합법」 제2조에 따른 조합, 연합회, 전국연합회 중 대통령령으로 정하는 자, ⅴ) 「중소기업협동조합법」 제3조에 따른 협동조합, 사업협동조합, 협동조합연합회 중 대통령령으로 정하는 자 중 어느 하나를 영위하는 자이다(중기 제2조 제1항 본문).[72]

이 중 ⅰ)의 '대통령령으로 정하는 기준'은 첫째, 적극적 요건으로서 해당 기업이 영위하는 주된 업종과 해당 기업의 평균 매출액 또는 연간매출액이 「중소기업기본법

---

72) 「독점규제 및 공정거래에 관한 법률」 제31조 제1항에 따른 공시대상 기업집단에 속하는 회사 또는 같은 법 제33조에 따라 공시대상 기업집단의 소속회사로 편입·통지된 것으로 보는 회사는 중소기업에서 제외한다(중소기업기본법 제2조 제1항 단서).

시행령」 별표 1에서 정하는 기준에 부합하고, 자산총액이 5천억 원 미만이어야 하며, 둘째 소극적 요건으로서 ⓐ 자산총액이 5천억 원 이상인 영리법인이 주식 등의 100분의 30 이상을 직접적 또는 간접적으로 소유하는 최다 출자자인 기업, ⓑ 관계기업에 속하는 기업의 경우에는 평균 매출액 등이 위 별표 1의 기준에 맞지 아니하는 기업 등이 아니어야 한다(중기 시행령 제3조 제1항).

위 ii)의 '대통령령으로 정하는 사회적기업'은 위 ⅰ) 중소기업의 첫째의 적극적 요건을 갖추고, 둘째의 소극적 요건 중 ⓐ에 해당되지 않아야 한다(중기 시행령 제3조 제2항). iii)의 협동조합, 협동조합연합회, 사회적협동조합, 사회적협동조합연합회와 iv)의 조합, 연합회, 전국연합회, ⅴ)의 중소기업협동조합 등의 중소기업 요건도 이와 같다(중기 시행령 제3조 제3,4항).

III. 제조업 목적 창업기업의 공장설립절차

1. 창업기업의 공장설립계획의 승인

1) 공장설립계획의 작성

한국표준산업분류상의 제조업을 영위하려는 창업기업은 대통령령으로 정하는 바에 따라 공장설립계획을 작성하고, 시장·군수 또는 구청장의 승인을 받아 사업을 할 수 있다(중창 제45조 제1항). 한국표준산업분류상의 제조업은 「통계법」 제22조 제1항에 따라 통계청이 국제표준분류를 기준으로 국내 산업구조와 기술변화를 반영하여 작성·고시한다.[73] 창업자가 한국표준산업분류상의 제조업을 영위하고자 하는 경우에는 종전에는 대통령령으로 정하는 바에 따라 사업계획을 작성하여 시장·군수 또는 구청장의 승인을 받도록 하였으나, 2021년 12월 28일의 개정 「중소기업창업지원법」은 이와 같이 공장설립계획을 작성하여 시장·군수 또는 구청장의 승인을 받도록 하였다.

2) 승인신청

공장설립계획의 승인은 창업기업의 신청에 의한다. 공장설립계획의 승인을 받으려는 자는 신청서에 소정의 서류를 첨부하여 공장 설립 예정지역의 시장·군수·구청장

---

73) 각 지자체의 공장설립계획의 승인업무에 관한 지원 및 협의를 위하여 중소벤처기업부 장관은 지방중소벤처기업청에 창업민원처리협의회를 둘 수 있다. 창업민원처리협의회의 구성 및 업무 등에 필요한 사항은 대통령령으로 정한다(중창 제45조 제6항).

에게 제출하여야 한다(중창시행령 제20조 제1항). 신청서의 양식은 중소벤처기업부령으로 정하고 있다. 신청인은 공장설립계획 승인을 신청하기 전에 시장·군수 또는 구청장에게 공장설립계획의 승인 가능성 등에 관하여 사전협의를 요청할 수 있다(중창 제46조 제1항). 사전협의 절차 등에 필요한 사항은 시행령에서 정하고 있다(중창 제46조 제2항).

공장설립계획의 승인 신청이 있는 경우에 시장·군수 또는 구청장은 그 신청을 받은 날부터 20일 이내에 승인 여부를 알려야 한다. 이 경우 20일 이내에 승인 여부를 알리지 아니한 때에는 20일이 지난 날의 다음 날에 승인한 것으로 본다(중창 제45조 제3항). 시장·군수 또는 구청장이 공장설립계획의 승인을 할 때에는 그 공장의 건축면적이 「산업집적활성화 및 공장설립에 관한 법률」 제8조 제2호에 따른 기준공장면적률(산업통상자원부 장관이 관계 중앙행정기관장과의 협의 아래 정하여 고시한 제조업종별 공장부지면적에 대한 공장건축물 등의 면적의 비율)에 적합하도록 하여야 한다(중창 제45조 제2항).

3) 완료신고

공장설립계획의 승인을 받은 자가 공장 건설이나 제조시설 등의 설치를 완료하였을 때에는 중소벤처기업부령으로 정하는 기간 내에 시장·군수 또는 구청장에게 완료신고를 하여야 한다(중창 제45조 제5항).

4) 변경승인

공장설립계획의 승인을 받은 사항 중 사업자 또는 공장용지의 면적 등 대통령령으로 정하는 중요 사항을 변경하려는 경우에는 변경승인을 받아야 하고, 중소벤처기업부령으로 정하는 경미한 사항을 변경하려는 경우에는 시장·군수 또는 구청장에게 신고하여야 한다(중창 제45조 제4항). 공장설립계획의 변경승인을 받으려는 자는 중소벤처기업부령으로 정하는 신청서에 동 부령으로 정하는 서류를 첨부하여 공장 설립 예정지역의 시장·군수·구청장에게 제출하여야 한다(중창 시행령 제20조 제1항).

5) 설립승인의 취소

공장설립계획의 승인을 받은 자가 다음 중 어느 하나에 해당하면 시장·군수 또는 구청장은 공장설립계획의 승인과 공장 건축허가를 취소하거나 해당 토지의 원상회복을 명령할 수 있다(중창 제49조 제1항). 즉, ⅰ) 공장 설립계획의 승인을 받은 날부터 대통령령으로 정하는 기간이 지난 날까지 착공신고서를 제출하지 아니하거나 공장 착공 후 대통령령으로 정하는 기간 이상 공사를 중단한 경우, ⅱ) 공장설립계획의 승인을 받은 공장부지 또는 해당 공장부지 내 건축물을 「산업집적활성화 및 공장설립에 관한 법률」 제15조에 따른 공장설립 등의 완료 신고를 하기 전에 창업기업 이외의 자에게 양도하거나 경락된 경우, iii) 공장설립계획의 승인을 받은 공장부지 또는 해당 공장부지 내 건축물을 다른 사람에게 임대하거나 공장이 아닌 용도로 활용하는 경우, iv) 공장설립계획의 승인을 받은 후 대통령령으로 정하는 기간이 지난 날까지 공장설립 등의 완료 신고를 하지 아니한 경우이다(중창 제49조 제1항 1~4호). 공장설립계획의 승인을 취소하려면 시장·군수 또는 구청장은 청문을 하여야 한다(중창 제49조 제4항). 공장설립계획의 승인을 받은 자가 원상회복명령을 위반하여 원상회복을 하지 아니하면 시장·군수 또는 구청장은 「행정대집행법」에 의한 대집행에 따라 원상회복을 할 수 있다(중창 제49조 제2,3항).

2. 중소기업 공장설립계획 등 승인 시 인·허가 등의 의제

1) 공장설립계획 승인 시 인·허가 등의 의제

제조업을 영위하려는 창업기업의 공장설립계획의 승인을 할 때 다음 각 호의 허가, 인가, 면허, 승인, 지정, 결정, 신고, 해제 또는 용도폐지에 관하여 그 사항이 다른 행정기관의 권한에 속하는 경우에는 관할 시장·군수 또는 구청장이 그 행정기관의 장과 협의하여야 하며, 그 협의를 한 사항에 대하여는 그 허가, 인가, 면허, 승인, 지정, 결정 등을 받은 것으로 본다(중창 제47조 제1,4항).[74]

이 때 협의를 요청받은 행정기관의 장은 대통령령으로 정하는 기간(10일) 내에 의견을 제출하여야 하며, 그 기간 내에 의견을 제출하지 아니하면 의견이 없는 것으로 본다(중창 제47조 제4항, 동법시행령 제24조).

① 「산업집적활성화 및 공장설립에 관한 법률」 제13조 제1항에 따른 공장설립 등의 승인.

② 「사방사업법」 제14조에 따른 벌채 등의 허가와 같은 법 제20조에 따른 사방지(砂防地) 지정의 해제.

③ 「공유수면 관리 및 매립에 관한 법률」 제8조에 따른 공유수면의 점용·사용허가, 같은 법 제17조에 따른 점용·사용 실시계획의 승인 또는 신고 및 같은 법 제28조에 따른 공유수면의 매립면허.

---

74) 인허가의제 조항은 창업자가 신속하게 공장을 설립하여 사업을 개시할 수 있도록 창구를 단일화하여 의제되는 인허가를 일괄 처리하는 데 입법 취지가 있으며, 사업계획승인권자가 관계 행정기관의 장과 미리 협의한 사항에 한하여 승인 시에 그 인허가가 의제된다.

④ 「하천법」 제30조에 따른 하천공사의 허가와 같은 법 제33조에 따른 하천의 점용허가.

⑤ 「산지관리법」 제14조에 따른 산지전용허가, 같은 법 제15조에 따른 산지전용신고, 같은 법 제15조의2에 따른 산지일시사용허가·신고 및 같은 법 제21조에 따라 용도변경 승인과 「산림자원의 조성 및 관리에 관한 법률」 제36조 제1항 및 제5항에 따른 입목벌채 등의 허가와 신고.

⑥ 「사도법」 제4조에 따른 사도(私道)의 개설허가.

⑦ 「국토의 계획 및 이용에 관한 법률」 제56조 제1항에 따른 개발행위의 허가, 같은 법 제86조에 따른 도시·군계획시설사업의 시행자 지정 및 같은 법 제88조에 따른 실시계획의 작성·인가.

⑧ 「농지법」 제34조 제1항에 따른 농지의 전용허가, 같은 법 제35조 제1항에 따른 농지의 전용신고 및 같은 법 제40조 제1항에 따른 용도변경의 승인.

⑨ 「초지법」 제23조에 따른 초지의 전용허가 또는 전용 신고.

⑩ 「국유재산법」 제30조에 따른 국유재산의 사용허가 및 같은 법 제40조에 따른 도로, 하천, 도랑 및 제방의 용도폐지.

⑪ 「도로법」 제61조 제1항에 따른 도로의 점용허가.

⑫ 「환경영향평가법」에 따른 소규모 환경영향평가 협의.

⑬ 「농어촌정비법」 제23조 제1항 본문에 따른 농업생산기반시설의 사용허가.

⑭ 「장사 등에 관한 법률」 제27조 제1항에 따른 타인의 토지 등에 설치된 분묘 개장의 허가.

⑮ 「공유재산 및 물품 관리법」 제20조 제1항에 따른 행정재산의 사용허가·수익허가 및 같은 법 제11조에 따른 행정재산의 용도폐지.

⑯ 「부동산 거래신고 등에 관한 법률」 제11조에 따른 토지거래계약에 관한 허가.

⑰ 「소하천정비법」 제14조에 따른 소하천 점용허가

⑱ 「자연재해대책법」 제4조에 따른 재해영향평가 등의 협의

2) 공장설립계획 승인 공장의 건축허가 시 인·허가 등의 의제

공장설립계획의 승인을 받은 공장에 대하여 「건축법」 제11조에 따른 건축허가를 할 때 다음 각 호의 허가, 인가, 승인, 동의, 심사 또는 신고에 관하여, 그 사항이 다른 행정기관의 권한에 속하는 경우에는 해당 시장·군수 또는 구청장이 그 행정기관

의 장과 협의하여야 하며, 그 협의를 한 경우에는 그 허가, 인가, 승인, 동의, 심사 또는 신고 등을 받은 것으로 본다(중창 제47조 제2,4항).

이 때 협의를 요청받은 행정기관의 장은 대통령령으로 정하는 기간(10일) 내에 의견을 제출하여야 하며, 그 기간 내에 의견을 제출하지 아니하면 의견이 없는 것으로 본다(중창 제47조 제4항, 동법시행령 제24조).

① 「도로법」 제61조 제1항에 따른 도로의 점용허가.

② 「하수도법」 제24조에 따른 점용허가와 같은 법 제27조 제3항 및 제4항에 따른 배수설비의 설치신고.

③ 「하수도법」 제34조 제2항에 따른 개인하수처리시설 설치의 신고.

④ 「소방시설 설치 및 관리에 관한 법률」 제6조 제1항에 따른 건축허가 등의 동의, 「소방시설공사업법」 제13조 제1항에 따른 소방시설공사의 신고 및 「위험물 안전관리법」 제6조 제1항에 따른 제조소 등의 설치허가.

⑤ 「대기환경보전법」 제23조, 「물환경보전법」 제33조, 「소음·진동관리법」 제8조 및 「가축분뇨의 관리 및 이용에 관한 법률」 제11조에 따른 배출시설의 설치 허가 또는 신고.

⑥ 「폐기물관리법」 제29조 제2항에 따른 폐기물처리시설의 설치승인 또는 설치 신고.

⑦ 「수도법」 제52조 및 제54조에 따른 전용수도설치의 인가.

⑧ 「전기안전관리법」 제8조에 따른 자가용전기설비의 공사계획 인가 또는 신고.

⑨ 「총포·도검·화약류 등의 안전관리에 관한 법률」 제25조 제1항에 따른 화약류 저장소 설치 허가.

⑩ 「건축법」 제11조 제1항에 따른 건축허가, 같은 법 제14조 제1항에 따른 건축신고, 같은 법 제20조 제1항과 제3항에 따른 가설건축물의 건축허가 또는 건축신고 및 같은 법 제83조 제1항에 따른 공작물 축조의 신고.

⑪ 「토양환경보전법」 제12조에 따른 특정토양오염관리대상시설 설치신고.

⑫ 「액화석유가스의 안전관리 및 사업법」 제5조에 따른 가스용품 제조사업의 허가 및 같은 법 제8조에 따른 액화석유가스 저장소 설치허가.

⑬ 「고압가스 안전관리법」 제4조에 따른 고압가스의 제조허가와 저장소의 설치허가, 같은 법 제5조 제1항에 따른 용기·냉동기 및 특정설비의 제조등록, 같은 법 제20조 제1항에 따른 특정고압가스 사용신고.

⑭ 「산업안전보건법」 제42조 제4항에 따른 유해·위험방지계획서의 심사 및 같은 법 제45조 제1항에 따른 공정안전보고서의 심사.

3) 공장설립계획 승인 공장의 사용 승인 시 검사 등의 의제

공장설립계획의 승인을 받은 공장에 대하여 「건축법」 제22조에 따라 건축물의 사용 승인을 할 때 다음 각 호의 검사, 신고, 동의 또는 신청에 관하여, 그 사항이 다른 행정기관의 권한에 속하는 경우에는 해당 시장·군수 또는 구청장이 그 행정기관의 장과 협의하여야 하며, 그 협의를 한 사항에 대하여는 그 검사, 신고, 동의 또는 신청 등을 받은 것으로 본다(중창 제47조 제3,4항). 이 때 협의를 요청받은 행정기관의 장은 대통령령으로 정하는 기간(10일) 내에 의견을 제출하여야 하며, 그 기간 내에 의견을 제출하지 아니하면 의견이 없는 것으로 간주된다(중창 제47조 제4항, 동법시행령 제24조).

① 「하수도법」 제37조에 따른 개인하수처리시설의 준공검사.

② 「소방시설 설치 및 관리에 관한 법률」 제6조 제1항에 따른 사용승인의 동의, 「소방시설공사업법」 제14조에 따른 소방시설공사의 완공검사 및 「위험물안전관리법」 제9조에 따른 제조소 등의 완공검사.

③ 「폐기물관리법」 제29조제4항에 따른 폐기물처리시설 사용개시의 신고.

④ 「대기환경보전법」 제30조 제1항 및 「물환경보전법」 제37조에 따른 배출시설 등의 가동개시 또는 가동시작 신고.

⑤ 「총포·도검·화약류 등의 안전관리에 관한 법률」 제43조에 따른 완성검사.

⑥ 「먹는 물 관리법」 제23조 제1항에 따른 먹는샘물 등의 제조업 조건부영업허가.

⑦ 「전기안전관리법」 제9조에 따른 자가용전기설비의 사용 전 검사.

⑧ 「액화석유가스의 안전관리 및 사업법」 제36조 제2항에 따른 저장시설 및 가스용품 제조시설의 완성검사.

⑨ 「고압가스 안전관리법」 제16조 제3항에 따른 고압가스의 제조, 저장소 설치, 용기 등의 제조시설 설치공사의 완성검사 및 같은 법 제20조 제4항에 따른 특정고압가스의 사용시설 완성검사.

⑩ 「국토의 계획 및 이용에 관한 법률」 제62조 제1항과 같은 법 제98조 제2항에 따른 준공검사.

⑪ 「공간정보의 구축 및 관리 등에 관한 법률」 제64조 제2항에 따른 토지 이동 등의 등록 신청

3. 부담금의 면제

1) 일반 중소기업 창업의 경우

시장·군수 또는 구청장으로부터 공장설립계획의 승인을 받은 창업기업에 대하여는 사업을 개시한 날부터 7년 동안 ⅰ) 「농지법」 제38조 제1항에 따른 농지보전부담금, ⅱ) 「초지법」 제23조 제8항에 따른 대체초지조성비, ⅲ) 「산지관리법」 제19조 제1항에 따른 대체산림자원조성비, ⅳ) 「개발이익 환수에 관한 법률」 제7조에 따른 개발부담금 등이 면제된다(중창 제23조 제1항).

2) 한국표준산업분류상의 제조업 영위 중소기업 창업의 경우

통계청장이 작성·고시하는 한국표준산업분류상의 제조업을 영위하기 위하여 중소기업을 창업하는 자에 대하여는 사업을 개시한 날부터 7년 동안 다음의 부담금이 면제된다. 다만, 아래 ⑧, ⑨, ⑩, ⑪의 4개 부담금은 최초로 부과된 날부터 3년 동안 면제한다(중창 제23조 제4항).

① 「지방자치법」 제155조에 따른 분담금.

② 「농지법」 제38조 제1항에 따른 농지보전부담금.

③ 「초지법」 제23조 제8항에 따른 대체초지조성비.

④ 「전기사업법」 제51조 제1항에 따른 부담금.

⑤ 「대기환경보전법」 제35조 제2항 제1호의 기본부과금(대기오염물질배출량의 합계가 연간 10톤 미만인 사업장만 해당한다).

⑥ 「물환경보전법」 제41조 제1항 제1호의 기본배출부과금(1일 폐수배출량이 200㎥ 미만인 사업장에 한정한다).

⑦ 「자원의 절약과 재활용 촉진에 관한 법률」 제12조 제1항에 따른 폐기물부담금(연간 매출액이 20억원 미만인 제조업자만 해당한다).

⑧ 「한강 수계 상수원수질개선 및 주민지원 등에 관한 법률」 제19조 제1항에 따른 물이용부담금.

⑨ 「금강 수계 물관리 및 주민지원 등에 관한 법률」 제30조 제1항에 따른 물이용부담금.

⑩ 「낙동강 수계 물관리 및 주민지원 등에 관한 법률」 제32조 제1항에 따른 물이용부담금.

⑪ 「영산강·섬진강 수계 물관리 및 주민지원 등에 관한 법률」 제30조 제1항에 따

른 물이용부담금.

⑫ 「산지관리법」 제19조 제1항에 따른 대체산림자원조성비.

⑬ 「도시교통정비촉진법」 제36조에 따른 교통유발부담금.

⑭ 「지하수법」 제30조의3에 따른 지하수이용부담금.

⑮ 「오존층 보호를 위한 특정물질의 관리에 관한 법률」 제24조의2에 따른 특정물질 제조·수입 부담금.

⑯ 「해양심층수의 개발 및 관리에 관한 법률」 제40조에 따른 해양심층수이용부담금.

3) 지식서비스업을 영위하는 창업기업의 경우

대통령령으로 정하는 지식서비스업을 영위하는 창업기업(정보통신, 금융 및 보험업, 연구개발업 등 전문·과학 및 기술서비스업을 영위하면서 기업부설연구소 또는 연구개발전담부서를 운영하는 창업기업)에 대하여는 사업을 개시한 날부터 7년 동안 ⅰ) 위 (2)의 부담금 중 ②, ⑦, ⑮, ⑯을 제외한 부담금과 ⅱ) 「농어촌 전기공급사업 촉진법」 제3조 제1항 제2호에 따른 전기사용자의 일시부담금을 면제한다(중창 제23조 제3항, 동법시행령 제10조 제1항).

4) 면제 절차와 방법

창업기업이 위 (1)과 (2) 및 (3)의 부담금을 면제받으려는 경우에는 부담금 면제 신청서를 작성하고 여기에 일정한 서류를 첨부하여 주된 사무소의 소재지를 관할하는 시장·군수·구청장에게 제출하여야 한다(중창 시행령 제10조 제1항). 이때 신청서에 첨부할 서류는 ⅰ) 개인사업자는 직전 3개 사업연도의 부가가치세 신고서, ⅱ) 법인 사업자는 직전 3개 사업연도의 조정후수입금액명세서, ⅲ) 창업기업 확인에 관한 증명서류, ⅳ) 그 밖에 부담금 면제 여부의 확인과 관련하여 시장·군수·구청장이 필요하다고 인정하는 서류이다(중창 시행령 제10조 제1항).

중소기업 창업자로부터 부담금 면제 신청서를 제출받은 시장·군수·구청장은 행정정보의 공동이용을 통하여 사업자등록증명과 법인의 경우 법인 등기사항증명서를 확인하여야 하며, 부담금의 면제 신청을 받은 날부터 14일 이내에 신청인의 성명 또는 기업명, 사업자등록번호, 대표자 성명, 사업 개시일 및 부담금 면제기간 등을 명시한 문서를 신청인과 부담금 부과기관에 통보해야 한다(중창 제39조의3 제3항, 동법 시행령 제10조 제3항).

제3절 벤처기업의 창업

I. 벤처기업의 의의

벤처기업은 창업의 위험성이 크고 성공 가능성은 낮지만 창업하여 성공할 경우 높은 수익이 기대되는 첨단 신기술이나 혁신적인 아이디어를 사업화하는 기술집약적 신생 중소기업을 말한다.[75] 벤처기업은 중소기업 중에서도 특히 고도의 첨단 기술력과 혁신적인 아이디어에 기초한 창조적인 기술집약적 사업을 경영하는 모험적 기업이라는 점에서 그 밖의 다른 일반 중소기업과 구별된다.

이러한 벤처기업에 대하여 「벤처기업 육성에 관한 특별조치법」은 각종 지원을 강구하고 있다. 벤처기업이 동 법률상의 제반 지원을 받기 위해서는 기술 및 경영혁신에 관한 능력이 우수한 중소기업 중 벤처 확인 요건을 갖추고 벤처기업확인기관의 장의 확인을 받아 등록하여야 한다.

벤처기업은 벤처 확인 유형별 요건에 따라 종래 벤처투자기업, 연구개발기업, 기술평가보증기업, 기술평가대출기업의 4개 유형으로 구분되었으나, 2020년 2월 11일 「벤처기업 육성에 관한 특별조치법」의 개정에 의하여 벤처투자기업, 연구개발기업, 혁신성장기업 및 예비벤처기업의 4개 유형으로 조정되었다(벤처 제2조의2).[76]

II. 벤처기업의 등록 요건

1. 벤처투자기업

벤처투자기업은 ⅰ) 「중소기업기본법」 제2조에 따른 중소기업으로서, ⅱ) ⓐ 「벤처투자 촉진에 관한 법률」 제2조 제10호에 따른 중소기업창업투자회사, ⓑ 「벤처투자 촉진에 관한 법률」 제2조 제11호에 따른 벤처투자조합, ⓒ 「여신전문금융업법」에

---

[75] 우리나라 벤처기업의 창업방식은 2020년 12월말 기준 조사 결과 '창업자가 독자적으로 창업'한 경우가 91.1%, '국가연구소, 대학교 등에서 창업보육(BI) 과정을 거쳐 창업'한 경우가 6.6%, '대기업 등 타 기업의 분사 또는 계열사 형식으로 창업'한 경우는 2.4%, 순이다. 창업의 형태는 법인인 벤처기업 중 창업자가 단독으로 창업하는 경우는 90.9%이고, 공동 및 팀 창업을 한 법인 벤처기업은 9.1%이며, 공동 및 창업 인원은 평균 2.9명이었다. 중소벤처기업부·(사)벤처기업협회, 「2021년 벤처기업정밀실태조사」, 2021.12, 88면.

[76] 2020년 12월말 기준 벤처확인기업 수는 39,101개 기업이다. 2020년 2월 「벤처기업 육성에 관한 특별조치법」의 개정 전에는 벤처기업이 벤처투자기업과 연구개발기업, 기술평가보증기업, 기술평가대출기업의 4개 유형으로 구분되었던 바, 벤처기업확인 유형은 별 확인 비율은 벤처투자기업 4.8%, 연구개발기업 7.9%, 기술평가보증기업 76.3%, 기술평가대출기업 11.0%이다. 중소벤처기업부·(사)벤처기업협회, 「2021년 벤처기업정밀실태조사」, 2021.12, 68면.

따른 신기술사업금융업자, ⓓ 「여신전문금융업법」에 따른 신기술사업투자조합, ⓔ 「벤처투자 촉진에 관한 법률」 제66조에 따른 한국벤처투자, ⓕ 중소기업에 대한 기술평가 및 투자를 하는 자로서 대통령령으로 정하는 자[77], ⓖ 벤처투자를 하는 개인으로서 중소벤처기업부 장관에게 등록을 한 전문개인투자자 중 어느 하나로부터 투자를 받아야 하며, iii) 그 투자금액의 합계 및 기업의 자본금 중 투자금액의 합계가 차지하는 비율이 각각 대통령령으로 정하는 기준[78] 이상이어야 한다(벤육 제2조의2 제1항 2호 가).

2. 연구개발기업

연구개발기업은 i) 「중소기업기본법」 제2조에 따른 중소기업으로서, ii) 「기초연구진흥 및 기술개발지원에 관한 법률」 제14조의2 제1항에 따라 인정받은 기업부설연구소나 연구개발전담부서 또는 「문화산업진흥기본법」 제17조의3 제1항에 따라 인정받은 기업부설창작연구소나 기업창작전담부서의 어느 하나를 보유하여야 하며, iii) 당해 기업의 연간 연구개발비와 연간 총매출액에 대한 연구개발비의 합계가 차지하는 비율이 각각 대통령령으로 정하는 기준[79] 이상이어야 하며(이 기준은 창업 후 3년이 지난 기업에 대하여만 적용한다), iv) 벤처기업확인기관으로부터 성장성이 우수한 것[80]으로 평가받은 기업이어야 한다(벤육 제2조의2 제1항 2호 나).

---

77) '대통령령으로 정하는 자'는 신기술창업전문회사, 개인투자조합, 창업기획자(액셀러레이터), 한국산업은행, 중소기업은행, 「은행법」에 따른 은행, 기관전용 사모집합투자기구, 온라인소액투자중개의 방법으로 모집하는 해당 기업의 지분증권에 투자하는 자, 농식품투자조합, 산학연협력기술지주회사, 공공연구기관첨단기술지주회사, 기술보증기금, 신용보증기금, 중소벤처기업부 장관이 정하여 고시하는 기준을 갖춘 외국투자회사 등이다(벤처기업육성특별조치법시행령 제2조의3 제2항).

78) '대통령령으로 정하는 기준'은 투자한 금액의 합계가 5천만 원 이상으로서, 기업의 자본금 중 투자금액의 합계가 차지하는 비율이 10%(해당 기업이 「문화산업진흥 기본법」 제2조 제12호에 따른 제작자 중 법인이면 자본금의 7%) 이상이어야 한다(벤처기업육성에관한특별조치법시행령 제2조의3 제1항).

79) '대통령령으로 정하는 기준'은 i) 연간 연구개발비가 5천만 원 이상이고, ii) 연간 총매출액에 대한 연구개발비의 합계가 차지하는 비율이 5% 이상으로서 중소벤처기업부 장관이 업종별로 정하여 고시하는 비율 이상이다(동시행령 제2조의3 제5항). 이 연간 연구개발비와 연간 총매출액은 i) 벤처기업에 해당하는지에 관하여 확인을 요청한 경우에는 그 요청한 날이 속하는 분기의 직전 4개 분기의 연구개발비와 총매출액, ii) 벤처기업 확인을 취소하는 경우에는 벤처기업확인기관의 장이 벤처기업으로 하여금 자료를 제출하게 한 날이 속하는 분기의 직전 4개 분기의 연구개발비와 총매출액을 기준으로 한다(벤처기업육성에관한특별조치법시행령 제2조의3 제6항).

80) 성장성 평가기준은 제품 및 서비스의 경쟁력, 시장의 크기 및 전망 등으로 하되, 구체적인 평가기준과 평가방법은 중소벤처기업부 장관이 정하여 고시한다(벤처기업육성에관한특별조치법시행령 제2조의3 제8항).

3. 혁신성장기업

혁신성장기업은 ⅰ)「중소기업기본법」제2조에 따른 중소기업으로서, ⅱ) 벤처기업확인기관으로부터 기술의 혁신성과 사업의 성장성이 우수한 것으로 평가받은 기업을 말한다. ⅱ)의 기술의 혁신성과 사업의 성장성은 기술의 우수성, 제품 및 서비스의 경쟁력, 시장의 크기 및 전망 등을 기준으로 평가하되, 그 구체적인 평가기준과 평가방법은 중소벤처기업부 장관이 정하여 고시한다(벤육 제2조의2 제2항, 동시행령 제2조의3 제11항).

4. 예비벤처기업

예비벤처기업은 ⅰ) 창업하기 위하여 법인설립 또는 사업자등록을 준비 중인 기업으로서, ⅱ) 벤처기업확인기관으로부터 기술의 혁신성과 사업의 성장성이 우수한 것으로 평가받은 기업을 말한다(벤육 제2조의2 제2항 다, 동법시행령 2조의3 제11항). 이 ⅱ)의 요건은 앞의 혁신성장기업의 경우와 같다.

Ⅲ. 벤처기업의 확인

1. 개설

벤처기업의 요건에 해당하는 기업이 벤처기업으로서「벤처기업 육성에 관한 특별조치법」등 법령에서 정하는 지원을 받고자 하는 때에는 벤처기업확인기관의 장으로부터 벤처기업 해당 여부에 관한 확인을 받아야 한다. 벤처기업의 요건에 해당하더라도 벤처기업 확인을 받지 않으면 벤처기업에 대한 지원을 받을 수 없다. 벤처기업확인기관의 장이 벤처기업의 확인을 한 경우에는 벤처기업 확인서를 발급하고, 그 벤처기업의 정보를 공개하여야 한다.

2. 벤처기업확인기관

1) 지정 신청

벤처기업에 대한 확인은 벤처기업확인기관의 장이 수행한다. 벤처기업확인기관은 중소벤처기업부 장관의 지정을 받아야 한다. 벤처기업확인기관으로 지정받으려는 자는 중소벤처기업부령으로 정하는 바에 따라 중소벤처기업부 장관에게 벤처기업확인기관 지정을 신청하여야 한다(벤육 제25조의3 제2항).

2) 지정요건

벤처기업확인기관으로 지정받기 위해서는 벤처기업 확인 업무를 효율적으로 수행하는데 필요한 일정한 요건을 갖추어야 한다. 즉, 벤처기업확인기관으로 지정받고자 하는 자는 ⅰ) 「민법」 제32조에 따른 비영리법인이어야 하며, ⅱ) 벤처기업 지원을 전담하는 조직을 갖추고 최근 3년 이상 계속하여 벤처기업 지원 관련 업무를 수행하고, ⅲ) 상시근로자를 20명 이상 보유하여야 한다. 이 상시근로자에는 중소기업창업투자회사, 신기술사업금융업자 등 일정한 곳[81]에 근무한 경력, 벤처기업이나 창업자의 발굴·육성·투자·보육 등을 주업무로 하는 기업·기관·단체에서 벤처기업이나 창업자 지원 업무에 종사한 경력, 중소벤처기업부 장관이 이러한 경력과 동등한 수준 이상이라고 인정하여 고시하는 경력 등을 합산한 경력이 10년 이상인 전문인력이 5명 이상 포함되어야 한다(벤육 제25조의3 제1항, 동시행령 제18조의7). 벤처기업확인기관의 지정에 관하여 필요한 사항은 중소벤처기업부령으로 정한다(벤육 제25조의3 제5항).

3) 벤처기업확인위원회

벤처기업확인기관은 그 산하에 민간 전문가 등으로 구성된 벤처기업확인위원회를 설치한다. 벤처기업확인위원회는 ⅰ) 벤처기업 해당 여부 확인, ⅱ) 벤처기업 확인 취소, ⅲ) 그 밖에 벤처기업 확인 및 확인 취소에 필요한 사항 등을 공정하고 객관적으로 심의한다(벤육 제25조의4 제1항).

벤처기업확인위원회는 위원장을 포함한 50명 이내의 위원으로 구성되며, 위원 10명 이내의 범위에서 7명 이상의 출석으로 개의하고 출석위원의 3분의 2 이상의 찬성으로 의결한다(벤육 제25조의4 제2항, 동시행령 제18조의8). 벤처기업확인위원회의 위원장은 벤처기업확인위원회를 대표하고 벤처기업확인위원회의 업무를 총괄한다. 벤처기업확인위원회의 위원은 벤처기업 관련 기술·사업 등의 분야에 관한 학식과 경험이 풍부한 자 중에서 벤처기업확인기관의 장이 위촉한다(벤육 제25조의4 제3,4항). 벤처기업확인위원회의 구성 및 운영에 필요한 사항은 시행령에서 정하고 있다.

---

81) 경력이 합산되는 기관은 중소기업창업투자회사와 신기술사업금융업자 외에 중소기업창업투자조합, 신기술사업투자조합, 전담회사, 신기술창업전문회사, 개인투자조합, 창업기획자(액셀러레이터), 한국산업은행, 중소기업은행, 「은행법」에 따른 은행, 기관전용 사모집합투자기구, 농식품투자조합, 산학연협력기술지주회사, 공공연구기관첨단기술지주회사, 기술보증기금, 신용보증기금, 전문성과 국제적 신인도 등에 관하여 중소벤처기업부 장관이 정하여 고시하는 기준을 갖춘 외국투자회사가 있다(벤처기업육성에관한특별조치법시행령 제18조의7 제3호 가).

4) 지정의 취소

중소벤처기업부 장관은 벤처기업확인기관이 ⅰ) 거짓이나 그 밖의 부정한 방법으로 지정을 받은 경우 그 지정을 반드시 취소하여야 하고, ⅱ) 지정요건을 갖추지 못하게 된 경우나 ⅲ) 지정받은 사항을 위반하여 업무를 수행한 경우에는 벤처기업확인기관의 지정을 취소하거나 3개월 이내의 범위에서 기간을 정하여 시정하도록 명령할 수 있으며, 이를 이행하지 않은 경우 6개월 이내의 범위에서 기간을 정하여 업무의 전부 또는 일부를 정지할 수 있다(벤육 제25조의3 제3항). 지정이 취소된 벤처기업확인기관은 그 취소일부터 3년간 벤처기업확인기관 지정을 신청할 수 없다(벤육 제25조의3 제4항). 벤처기업확인기관에 대한 시정명령, 업무정지 및 지정취소의 절차·방법에 관하여 필요한 사항은 시행령에서 정하고 있다.

3. 벤처기업 확인절차

1) 벤처기업 확인의 대상

벤처기업 확인을 요청할 수 있는 벤처기업은 벤처투자기업과 연구개발기업 및 혁신성장기업이며(벤육시행령 제8조 제2항), 예비벤처기업도 혁신성장기업의 요건을 갖추고 있는 때에는 벤처기업 해당 여부의 확인을 받을 수 있다(중소벤처기업부고시 벤처기업확인요령 제2조 8호).

2) 벤처기업 확인의 요청

벤처기업으로서 「벤처기업 육성에 관한 특별조치법」에 따른 지원을 받으려는 기업은 벤처기업 해당 여부에 관하여 벤처기업확인기관의 장에게 확인을 요청할 수 있다(벤육 제25조 제1항).

3) 벤처기업 확인 및 결과의 통지

벤처기업 확인의 요청을 받은 벤처기업확인기관의 장은 확인 요청을 받은 날부터 중소벤처기업부령으로 정하는 기간 내에 벤처기업확인위원회의 심의를 거쳐 벤처기업 해당 여부를 확인하고 그 결과를 요청인에게 알려야 한다(벤육 제25조 제2항). 벤처기업 확인 절차 등에 관하여 필요한 사항은 중소벤처기업부령으로 정한다(벤육 제25조 제5항). 벤처기업확인기관의 장은 확인에 소요되는 비용을 벤처기업 확인을 요청하려는 자에게 부담하게 할 수 있다. 비용의 산정 및 납부에 필요한 사항은 중소벤처기업부 장관이 정하여 고시한다(벤육 제25조 제4항).

4) 벤처기업확인서의 발급

벤처기업확인기관의 장은 벤처기업 확인 요청을 받은 기업이 벤처기업에 해당될 때에는 대통령령으로 정하는 바에 따라 유효기간을 정하여 벤처기업확인서를 발급하여야 한다(벤육 제25조 제2항 후문). 벤처기업확인서의 유효기간은 확인을 한 날로부터 3년이다(벤육 시행령 제18조의4).

4. 벤처기업 정보의 공개

벤처기업확인기관 장은 벤처기업임을 확인하면 그 벤처기업에 관한 일정한 정보를 벤처기업확인서를 발급한 날부터 15일 이내에 공개하여야 한다. 벤처기업 확인의 투명성을 확보하기 위한 것이다. 그러나 ⅰ)「부정경쟁방지 및 영업비밀보호에 관한 법률」제2조 제2호에 따른 영업비밀과 ⅱ) 대표자의 주민등록번호 등 개인에 관한 사항에 관한 정보는 공개하여서는 아니 된다(벤육 제25조 제3항).

벤처기업확인기관 장이 공개해야 하는 정보는 ⅰ) 일반정보(상호, 업종, 등기부상의 법인 등록번호, 주소, 전화번호, 주요 제품 및 그 변경사항), ⅱ) 재무정보(대차대조표와 손익계산서), ⅲ) 투자 관련 정보(벤처투자기업의 경우에는 ⓐ 중소기업창업투자회사, ⓑ 벤처투자조합, ⓒ 신기술사업금융업자, ⓓ 신기술사업투자조합, ⓔ 한국벤처투자, ⓕ 중소기업에 대한 기술평가 및 투자를 하는 자로서 대통령령으로 정하는 자, ⓖ 투자실적, 경력, 자격요건 등 대통령령으로 정하는 기준을 충족하는 개인 등으로부터 투자받은 금액, 투자시기 및 그 변경사항), ⅳ) 벤처기업확인서(발급일, 유효기간 및 그 변경사항) 등이다(동시행령 제18조의5 제1항). 공개의 구체적인 방법은 중소벤처기업부 장관이 정하여 고시한다(동시행령 제18조의5 제2항).

5. 벤처기업 확인에 대한 이의신청

벤처기업 확인 결과를 통지받은 자가 그 결과에 불복하는 경우에는 통지받은 날부터 30일 이내에 벤처기업확인기관의 장에게 문서로 이의신청을 할 수 있다(벤육 제25조의5 제1항). 벤처기업확인기관의 장은 이의신청을 받은 날부터 중소벤처기업부령으로 정하는 기간 이내에 이의신청에 대한 심의 결과를 신청인에게 통지하여야 한다. 다만, 부득이한 사유로 정해진 기간 이내에 통지하기 어려운 경우에는 중소벤처기업부령으로 정하는 기간 이내의 범위에서 한 번만 연장할 수 있다(벤육 제25조의5 제2항). 이의신청 절차와 방법에 관하여는 시행령에서 정하고 있다(벤육 제25조의5 제3항).

6. 벤처기업 확인의 취소

벤처기업확인기관의 장은 벤처기업이 ⅰ) 거짓이나 그 밖의 부정한 방법으로 벤처기업임을 확인받은 경우에는 확인을 취소하여야 하고, ⅱ) 벤처기업의 요건을 갖추지 아니하게 된 경우나 ⅲ) 휴업·폐업 또는 파산 등으로 6개월 동안 기업활동을 하지 아니하는 경우, ⅳ) 대표자·최대주주 또는 최대출자사원 등이 기업재산을 유용하거나 은닉하는 등 기업경영과 관련하여 주주·사원 또는 이해관계인에게 피해를 입힌 경우 등 대통령령으로 정하는 경우[82]에는 벤처기업확인위원회의 심의를 거쳐 벤처기업 확인을 취소할 수 있다(벤육 제25조의2 제1항, 동시행령 제18조의6 제1항). 벤처기업확인기관의 장은 벤처기업의 확인을 취소하려면 청문을 실시하여야 한다(벤육 제25조의2 제2항).

Ⅳ. 소셜벤처기업

1. 의의

소셜벤처기업은 사회적 문제 해결을 목표로 하는 벤처기업을 말한다. 즉, 소셜벤처기업은 사회적기업의 특성과 일반 벤처기업의 특성이 결합된 기업모델로서 영리를 추구함과 동시에 사회적 가치를 창출하는 벤처기업이다. 일반 벤처기업의 목적은 이익의 극대화에 있고, 사회적기업의 목적은 사회적 가치의 창출에 있는데 반하여, 소셜벤처기업은 이 둘을 결합하여 사회적 문제의 해결이라는 사회적 가치와 함께 기업의 영리 확보를 위한 투자수익의 극대화를 동시에 추구한다는 점에 그 특징이 있다.

2. 요건

소셜벤처기업으로 판정되기 위해서는 ⅰ) 기업이 추구하는 사회적 가치가 구체적이고 실현가능성이 있으며, ⅱ) 기업이 보유한 기술의 혁신성과 시장 전망 등에 따른 사업의 성장성이 충분하고, ⅲ) 그 밖에 중소벤처기업부 장관이 정하여 고시하는 요건을 갖추어야 한다(벤육 제16조의8 제1항, 동법시행령 제11조의4 제1항). 소셜벤처기업 해당 여부의 판별기준은 ① 사회적경제기업의 인가 및 인증 또는 B-corp 인증 취득 여부,

---

82) 여기서 '기업경영과 관련하여 주주·사원 또는 이해관계인에게 피해를 입힌 경우 등 대통령령으로 정하는 경우'란 기업의 대표자·최대주주 또는 최대출자사원 등이 기업재산을 유용하거나 은닉하는 등 기업경영과 관련하여 주주·사원 또는 이해관계인에게 피해를 발생하게 하여 「민법」 제32조에 따라 중소벤처기업부 장관의 허가를 받아 설립된, 벤처기업을 구성원으로 하는 법인이 벤처기업확인기관의 장에게 벤처기업의 확인취소를 요청하는 경우를 말한다(벤처기업육성에관한특별조치법시행령 제18조의6 제2항).

② 사회적 가치의 추구 정도, ③ 사회적 가치의 실현 능력, ④ 대표자의 사회적 가치 창출 수준 등이며, 소셜벤처기업 해당 여부의 판별은 기술보증기금 등 소셜벤처기업 판별기관이 기업의 신청을 받아 실시한다(소셜벤처기업지원제도운영요령 제7조, 별표2).

3. 소셜벤처기업에 대한 지원

중소벤처기업부 장관은 ⅰ) 소셜벤처기업에 대한 기술보증 및 투자, ⅱ) 소셜벤처기업 예비창업기업 또는 창업기업의 발굴·육성, ⅲ) 그 밖에 소셜벤처기업 활성화를 위하여 필요한 사항 등의 각종 지원을 할 수 있다(벤육 제16조의8 제2항).

4. 실태조사

중소벤처기업부 장관은 소셜벤처기업을 체계적으로 육성하고 지원하기 위하여 실태조사를 실시할 수 있다. 이 경우 실태조사를 위한 관계 중앙행정기관의 장, 지방자치단체의 장, 공공기관의 장, 벤처기업 대표자 또는 관련 단체 대표자 등에 대하여 자료의 제출이나 의견의 진술 등을 요청할 수 있으며, 요청을 받은 기관의 장 등은 특별한 사정이 없으면 그 요청에 따라야 한다(벤육 제16조의8 제3항, 제3조의3제2항).

제4절 인터넷 창업

I. 개설

인터넷의 대중화로 인터넷 창업이 활발하게 이루어지고 그 시장 규모도 날로 확대되고 있다. 인터넷 관련 사업은 크게 인터넷 구축사업과 인터넷 접속사업, 인터넷 활용사업으로 구분된다. 인터넷 활용 분야는 인터넷 쇼핑몰, 정보 및 서비스 판매, 인터넷 교육, 인터넷 금융, 인터넷 출판, 인터넷 방송, 인터넷 광고, 인터넷 무역 등 그 영역이 폭넓고 다양하다.

II. 창업 절차

1. 도메인이름 선정 및 등록

인터넷 쇼핑몰을 구축하기 위해서는 먼저 창업자는 자신의 도메인이름(domain name)

을 정하여야 한다. 도메인이름은 창업자가 자신이 원하는 것을 스스로 선택할 수 있으나, 타인의 도메인이름을 양수하여 사용하는 것도 가능하다. 도메인이름은 인터넷을 통해 거래하고자 하는 상품 또는 서비스와 관련성이 있고, 또 사업의 특징을 반영하는 것이어야 하며, 거래 당사자들이 기억하기 쉬운 것이어야 바람직하다.

도메인이름을 사용하기 위해서는 인터넷주소관리기관이나 인터넷주소관리대행자 또는 최상위 도메인등록업체에 등록을 하여야 한다. 도메인이름을 등록하려는 자는 한국인터넷진흥원이 정하는 도메인이름 등록신청서를 정보통신망을 이용하여 그 등록기관에 제출하여야 한다.

여기서 인터넷주소관리기관은 국내 인터넷 주소의 할당 및 등록 관련 업무를 수행하는 한국인터넷진흥원(KISA)과 한국인터넷진흥원으로부터 인터넷주소관리업무를 위탁받은 법인이나 단체를 말한다. 인터넷주소관리대행자는 인터넷 주소의 할당 또는 등록에 관한 업무를 대행하기 위하여 인터넷주소관리기관에 의하여 선정된 자를 말한다.

2. 웹사이트 구축

창업자는 인터넷에 웹사이트를 구축하여야 한다. 웹 사이트 구축에는 창업자가 스스로 또는 개발자를 고용하여 구축하는 방법, 웹 에이전시에 의뢰하는 방법, 웹 호스팅을 이용하는 방법 등이 있다. 웹 호스팅[83]을 이용하는 경우에는 호스팅 서비스 제공자가 자신의 인터넷 서버를 쇼핑몰의 창업자에게 할당하여 홈페이지 등을 구축하고 서버를 관리하며, 도메인 등록의 대행 및 전자우편 계정의 발급 등의 업무를 수행한다.

3. 사업자등록 신청

창업자는 관할 세무서에 사업자등록을 하여야 한다.

4. 공정거래위원회 또는 시장 등에 대한 신고

인터넷 쇼핑몰 등 통신판매업을 하려는 창업자는 자신의 상호(법인인 경우에는 대표자의

---

83) 웹 호스팅은 대형 통신업체나 전문 회사가 자신들의 웹 서버를 개인 또는 개별 업체에 임대해 주는 서비스를 말한다. 중소업체나 개인이 웹 사이트를 구축하는 때에는 전문 인력과 많은 비용이 소요되므로, 이 서비스를 이용하면 저렴한 비용으로 홈페이지를 관리하고 전자결제 등의 기능도 지원 받을 수 있다.

성명 및 주민등록번호), 주소, 전화번호, 전자우편주소, 인터넷 도메인이름, 호스트 서버의
소재지, 그 밖에 신원 확인에 필요한 사항을 공정거래위원회 또는 특별자치시장·특
별자치도지사·시장·군수·구청장에게 신고하여야 한다. 그러나 최근 6개월 동안의
거래 횟수가 20회 미만이거나 최근 6개월 동안의 거래 규모가 1,200만 원 미만인 경
우에는 이 신고를 하지 않아도 된다(전자상거래등에서의소비자보호에관한법률 제12조, 통신판매업
신고면제기준에대한고시 제2조).

5. 전자지급결제 대행 서비스계약의 체결

창업자가 인터넷에서 그 이용자에게 신용카드에 의한 지급 결제나 휴대전화에 의
한 결제 등의 전자지급결제서비스를 제공하기 위해서는 전자지급결제대행사와 전자
지급결제서비스 이용에 관한 계약을 체결하여야 한다.[84] 창업자가 전자적 수단에 의
한 거래대금의 지급 방법을 이용하는 경우에는 창업자와 전자결제수단 발행자, 전자
결제서비스 제공자 등 전자적 대금지급 관련자는 관련 정보의 보안 유지에 필요한
조치를 하고, 전자적 대금지급이 이루어지는 경우 재화나 용역의 내용 및 종류, 그
가격, 용역의 제공기간을 명확하게 소비자에게 고지하고, 소비자의 청약의사가 진정
한 의사표시에 의한 것인지를 확인하기 위한 확인절차를 마련하여야 한다(동법 제8조).

6. 물류 및 배송 체계 수배 및 계약의 체결

창업자는 인터넷 쇼핑몰 등과 같이 물건 판매에 종사하는 경우에 고객의 주문이
있으면 신속하게 상품을 배달하는 물류 및 배송 체계를 수배하여 위임 또는 도급 등
의 계약을 체결하여야 한다.

7. 블로그와 SNS 등을 통한 마케팅 활동 강화

인터넷 창업에서 전자상거래를 위한 하드웨어를 아무리 잘 구축해도 네티즌들에게
널리 알려지지 않으면 소용이 없다. 창업자의 블로그를 방문하는 자들이나 네트워크
를 통하여 소통하는 사람들에게 신뢰도를 높이고 이를 널리 확산시켜 나갈 수 있는
컨텐츠를 확보하고 나아가 이를 잘 활용하여 마케팅 활동을 강화하는 노력도 경주되
지 않으면 안된다.

---

84) 전자지급결제대행사(Payment Gateway)는 쇼핑몰의 운영자와 카드사의 중간에서 일정한 수수료를 받고
전자결제 서비스를 대행하는 업체이다.

[판례 산책]

사례 1 : 사업자등록 명의인이 당해 사업의 실제 사업주로 추정되는가?

【대법원 판결요지】 산업재해보상보험법의 적용을 받는 사업의 사업자등록 명의인이나 그 사업에 관하여 보험가입자가 되었음을 근로복지공단에 신고한 자는 달리 특별한 사정이 없는 한 당해 사업의 실제 사업주로 추정되는 것이고, 사업자등록 명의인이 당해 사업의 경영에 실질적으로 관여한 바 없다는 점은 그와 같은 사정을 주장하는 자가 입증하여야 하고, 또한 이 경우 사업자등록 명의인 등이 당해 사업의 경영에 실질적으로 관여하였는지 여부는 사업자금의 조달방법, 영업으로 인한 손익의 귀속, 투자나 납품 등 중요계약의 체결 여부의 결정 등 당해 사업의 운영 전반에 관계된 여러 사정들을 두루 살펴 종합적으로 판단하여야 할 것이고, 그가 사업장에 상주하거나 정기적으로 출근하면서 노무나 회계 등 일상적 업무에 일일이 개입하지 아니하였다 하여 당해 사업의 경영에 실질적으로 관여한 바 없다고 쉽사리 단정하여서는 아니 된다(대법원 2004. 2. 26. 선고 2003두13823 판결).

사례 2 : 부가가치세법상 과세관청의 사업자등록 직권말소행위가 항고소송의 대상이 되는가?

【대법원 판결 요지】 부가가치세법상의 사업자등록은 과세관청으로 하여금 부가가치세의 납세의무자를 파악하고 그 과세자료를 확보케 하려는 데 입법취지가 있는 것으로서, 이는 단순한 사업사실의 신고로서 사업자가 소관 세무서장에서 소정의 사업자등록신청서를 제출함으로써 성립되는 것이고, 사업자등록증의 교부는 이와 같은 등록사실을 증명하는 증서의 교부행위에 불과한 것이며, 부가가치세법 제5조 제5항에 의하면 사업자가 폐업하거나 또는 신규로 사업을 개시하고자 하여 사업개시일 전에 등록한 후 사실상 사업을 개시하지 아니하게 되는 때에는 과세관청이 직권으로 이를 말소하도록 하고 있는데, 사업자등록의 말소 또한 폐업사실의 기재일 뿐 그에 의하여 사업자로서의 지위에 변동을 가져오는 것이 아니라는 점에서 과세관청의 사업자등록 직권말소행위는 불복의 대상이 되는 행정처분으로 볼 수가 없다(대법원 2000. 12. 22. 선고 99두6903 판결).

사례 3 : 중소기업창업지원법에 따른 사업계획승인에 있어서 인허가 등이 의제되는 경우에 사업계획에 대한 승인의 효력은 유지하면서 해당 의제된 인허가의 효력만을 소멸시킬 수 있는가?

※ 참고 : 「중소기업창업지원법」은 제45조 제1항에서 국가표준산업분류상의 제조업을 영위하려는 창업기업에 대하여 공장설립계획을 작성하고, 이에 대한 시장·군수 또는 구청장의 승인을 받아 사업을 할 수 있도록 하고, 제47조에서 이 공장설립계획의 승인 시 및 공장 건축 허

가시, 나아가 사용승인 시 각각 일정한 행위에 대한 허가, 인가, 지정, 결정, 검사 등에 관하여 다른 행정기관의 장과 협의를 한 사항에 대하여는 그 허가, 인가, 면허 등을 받은 것으로 의제하고 있음은 본장에서 이미 기술하였다. 그런데 본법의 2021년 12월 28일 전부개정 전에는 제33조 제1항에서 한국표준산업분류상의 제조업을 영위하고자 하는 창업자는 대통령령으로 정하는 바에 따라 사업계획을 작성하고, 이에 대한 시장·군수 또는 구청장의 승인을 받아 사업을 할 수 있도록 하고, 제35조에서 사업계획의 승인 시, 건축허가 시, 또 건축물의 사용 승인 시 다른 행정기관의 장과 협의한 사항에 대하여는 그 허가, 인가, 면허 등을 받은 것으로 의제하고 있었다. 개정 전에는 승인의 대상이 '사업계획'이었으나, 개정 후에는 '공장설립계획'으로 바뀌었을 뿐이다. 개정 전의 법률에 기한 본 판결의 판시사항은 현행법에서도 동일하게 적용된다. 따라서 본 판례의 판결요지를 읽을 때 '사업계획승인'을 '공장설립계획승인'으로 고쳐 읽으면 이해가 빨라질 것이다.

【대법원 판결 요지】 중소기업창업법의 인허가의제 조항은 창업자가 신속하게 공장을 설립하여 사업을 개시할 수 있도록 창구를 단일화하여 의제되는 인허가를 일괄 처리하는 데 입법 취지가 있다. 위 규정에 의하면 사업계획승인권자가 관계 행정기관의 장과 미리 협의한 사항에 한하여 승인 시에 그 인허가가 의제될 뿐이고, 해당 사업과 관련된 모든 인허가 의제 사항에 관하여 일괄하여 사전 협의를 거쳐야 하는 것은 아니다. 업무처리지침 제15조 제1항은 협의가 이루어지지 않은 인허가사항을 제외하고 일부만을 승인할 수 있다고 규정함으로써 이러한 취지를 명확히 하고 있다. 사업계획승인으로 의제된 인허가는 통상적인 인허가와 동일한 효력을 가지므로, 그 효력을 제거하기 위한 법적 수단으로 의제된 인허가의 취소나 철회가 허용될 필요가 있다. 특히 업무처리지침 제18조에서는 사업계획승인으로 의제된 인허가 사항의 변경 절차를 두고 있는데, 사업계획승인 후 의제된 인허가 사항을 변경할 수 있다면 의제된 인허가 사항과 관련하여 취소 또는 철회 사유가 발생한 경우 해당 의제된 인허가의 효력만을 소멸시키는 취소 또는 철회도 할 수 있다고 보아야 한다. 이와 같이 사업계획승인으로 의제된 인허가 중 일부를 취소 또는 철회하면, 취소 또는 철회된 인허가를 제외한 나머지 인허가만 의제된 상태가 된다. 이 경우 당초 사업계획승인을 하면서 사업 관련 인허가 사항 중 일부에 대하여만 인허가가 의제되었다가 의제되지 않은 사항에 대한 인허가가 불가한 경우 사업계획승인을 취소할 수 있는 것처럼(업무처리지침 제15조 제2항), 취소 또는 철회된 인허가 사항에 대한 재인허가가 불가한 경우 사업계획승인 자체를 취소할 수 있다(대법원 2018. 7. 12. 선고 2017두48734 판결).

사례 4 : 중소기업창업지원법 제35조 제1항, 제4항에서 정한 인허가 의제 제도의 입법 취지 및 관련 인허가 사항에 관한 사전 협의가 이루어지지 않은 채 중소기업창업 지원법 제33조 제3항에서 정한 20일의 처리기간이 지난 날의 다음 날에 사업계획승인처분이 이루어진 것으로 의제된 경우, 창업자는 관련 인허가를 관계 행정청에 별도로 신청하는 절차를 거쳐야 하는가?

【대법원 판결 요지】중소기업창업 지원법 제35조 제1항, 제4항에 따르면 시장 등이 사업계획을 승인할 때 제1항 각호에서 정한 관련 인허가에 관하여 소관 행정기관의 장과 협의를 한 사항에 대해서는 관련 인허가를 받은 것으로 본다고 정하고 있다. 이러한 인허가 의제 제도는 목적사업의 원활한 수행을 위해 창구를 단일화하여 행정절차를 간소화하는 데 입법 취지가 있고 목적사업이 관계 법령상 인허가의 실체적 요건을 충족하였는지에 관한 심사를 배제하려는 취지는 아니다. 따라서 시장 등이 사업계획을 승인하기 전에 관계 행정청과 미리 협의한 사항에 한하여 사업계획승인처분을 할 때에 관련 인허가가 의제되는 효과가 발생할 뿐이다. 관련 인허가 사항에 관한 사전 협의가 이루어지지 않은 채 중소기업창업지원법 제33조 제3항에서 정한 20일의 처리기간이 지난 날의 다음 날에 사업계획승인처분이 이루어진 것으로 의제된다고 하더라도, 창업자는 중소기업창업법에 따른 사업계획승인처분을 받은 지위를 가지게 될 뿐이고 관련 인허가까지 받은 지위를 가지는 것은 아니다. 따라서 창업자는 공장을 설립하기 위해 필요한 관련 인허가를 관계 행정청에 별도로 신청하는 절차를 거쳐야 한다. 만일 창업자가 공장을 설립하기 위해 필요한 국토의 계획 및 이용에 관한 법률에 따른 개발행위허가를 신청하였다가 거부처분이 이루어지고 그에 대하여 제소기간이 도과하는 등의 사유로 더 이상 다툴 수 없는 효력이 발생한다면, 시장 등은 공장설립이 객관적으로 불가능함을 이유로 중소기업창업법에 따른 사업계획승인처분을 직권으로 철회하는 것도 가능하다(대법원 2021. 3. 11. 선고 2020두42569 판결).

제5장

인수창업

LECTURE ON STARTUP LAW

제5장 ┅ 인수창업

제1절 총설

창업자가 창업을 할 때에 자신의 아이템에 기하여 새로운 영업을 개시하는 경우도 있지만, 타인의 영업을 인수하여 창업을 하는 사례도 적지 않다. 이러한 인수창업에 있어서는 인수 전의 기존 영업에 관한 시설이나 권리, 노하우 등을 승계하므로 창업에 소요되는 노력과 위험 부담을 최소화할 수 있다는 이점이 있다. 그러나 창업자가 종전 영업자로부터 영업을 인수함에 있어서 여러 가지 법적 문제가 제기되며, 영업의 인수 후에 창업자가 기존 영업자의 채무에 대하여 변제책임을 지는 경우도 있으므로 주의하여야 한다.

제2절 영업의 인수

I. 영업 인수의 의의

인수창업은 타인의 영업을 인수(또는 양수)함으로써 한다. 인수창업의 창업자는 종래 영업을 하던 양도인으로부터 그 영업을 인수하여 창업을 하므로, 인수창업을 하기 위해서는 영업 양도인과 영업 양도·양수 계약을 체결하여야 한다. 영업의 인수는 영업의 인수인이 영업 양도인으로부터 영업의 동일성을 유지하면서 영업재산의 전부 또는 일부를 포괄적으로 이전받는 채권계약의 하나로서 매매, 증여, 교환 등이 혼합된 상법상의 특수한 계약이다.[85]

---

[85] 여기서 말하는 영업의 인수는 영업의 양수인의 입장에서 보는 것이고, 영업 양도인의 입장에서는 영업의 양도가 된다. 양도 또는 인수의 대상인 영업재산은 적극재산과 소극재산, 재산적 가치 있는 사실관계 등으로 구성된다. 적극재산은 동산이나 부동산에 관한 각종 물권, 거래와 관련되는 채권, 특허권

대법원은 영업 양도·양수에 관하여 영업의 물적·인적 조직을 일체로서 포괄적으로 이전하는 것으로서, 종래의 영업조직이 유지되어 그 조직이 전부 또는 중요한 일부로서 기능할 수 있는가에 의하여 판단하여야 한다고 함으로써 인적 조직의 승계를 중시하고 있다.[86] 따라서 인수인이 양도인으로부터 영업의 물적 설비를 모두 인수하더라도 기존 종업원들을 전부 해고하는 경우에는 인적 조직을 승계하지 아니하므로 영업의 인수로 되지 아니한다.

영업의 일부 인수는 동일한 영업자 또는 회사가 수행하던 수개의 영업부문 중 그 일부를 인수하는 것을 말하는데, 이 경우에도 인수되는 영업 부문의 동일성이 유지되어야 한다. 즉, 영업의 인수라 하기 위해서는 인수인이 인수하는 영업부분이 나머지 부분과 분리되어 독립적으로 영업활동을 수행할 수 있는 정도의 인적·물적 조직과 설비를 갖추어야 한다. 따라서 동일한 사업주로부터 특정 지점의 영업만을 이전받는 것은 영업의 일부 인수로 되나, 단순한 출장소나 공장 등의 인수는 영업재산의 인수이며 영업의 인수에 속하지 아니한다.

II. 영업의 인수 제한

모든 국민과 기업에게는 영업의 자유가 있으므로 타인 영업의 전부 또는 일부를 자유로이 인수할 수 있으나, 특히 대기업의 경우 영업의 인수가 독과점을 형성하거나 기업결합수단으로 악용될 위험이 있다.

그리하여 「독점규제 및 공정거래에 관한 법률」은 다른 회사의 영업의 전부 또는 주요부분을 수하거나 영업용 고정자산의 전부 또는 주요 부분의 양수로서 일정한 거래분야에서 경쟁을 실질적으로 제한하는 행위를 금지하고, 특히 대기업이 이러한 행위를 하는 경우에는 공정거래위원회에 신고하도록 하고 있다(독점규제및공정거래에관한법률 제7조, 제12조). 보험회사나 은행, 금융투자업의 영업을 인수하는 경우에는 금융위원회의 인가 또는 그 승인을 받아야 한다(자본시장및금융투자업에관한법률 제417조 제1항).

· 상표권 등의 각종 지적재산권 등을 포함한다. 소극재산은 영업상의 채무를 말하며, 재산적 가치 있는 사실관계는 영업상의 비결(秘訣)과 거래관계, 경영조직, 성가(聲價) 기타 영업활동을 통하여 축적된 무형적 자산을 포함한다. 이를 영업권이라 일컫기도 하나, 이는 편의상 사용하는 용어로서 하나의 독립된 권리는 아니다.

86) 대법원 2001. 7. 27. 선고 99두2680 판결, 대법원 2007.6.1. 선고 2005다5812,5829, 5836 판결 참조.

제3절 영업 인수의 절차

I. 상인 일반의 경우

영업의 인수는 채권계약이므로 그 절차는 인수인이 양도인과 영업 양도·양수 계약(이하 영업인수계약)의 체결에 의한다. 영업인수계약은 불요식의 낙성계약으로서 양도 당사자 간의 합의에 의하여 성립된다. 영업인수계약의 당사자는 영업인수계약에서 인수 대상인 영업재산의 범위와 이전 시기, 영업소와 상호의 이전에 관한 사항, 부채의 인수 여부, 인수의 대가와 그 지급시기, 경업피지 기간 등에 관한 사항을 정한다.

인수인이 양도인의 등기된 상호를 양수하여 그 상호를 계속 사용하려는 경우에는 그 영업소 소재지를 관할하는 지방법원이나 그 지원 또는 등기소에 상호 양수의 등기를 신청할 수 있다(상등 제33조).

II. 회사가 영업 인수 당사자인 경우

회사가 영업인수계약의 당사자인 경우에는 영업 인수 당사 회사의 대표기관이 영업인수계약을 체결하며, 개인이 회사의 영업을 인수하는 경우에는 인수인과 양도 회사의 대표기관이 영업인수계약을 체결하여야 하는데, 이 때 회사에서는 회사 내부의 의사결정절차를 밟아야 한다.

즉, 회사가 영업을 양도하는 경우에는 합명회사와 합자회사 및 유한책임회사에 있어서는 해산 전에는 총사원의 동의, 해산 후에는 총사원의 과반수 결의(상법 제204조, 제257, 제269조, 제287조의18)가 있어야 한다. 주식회사와 유한회사가 영업을 양도하는 경우에는 해산 전후에 관계없이 주주총회 또는 사원총회의 특별결의(상법 제374조 제1항, 제576조 제1항)가 있어야 한다. 주식회사에 있어서는 영업양도에 반대하는 주주가 주식매수청구권을 행사한 때(상법 제374의 2 제1항)에는 그 절차를 밟아야 한다.

회사가 개인이나 다른 회사의 영업을 인수하는 경우에는 합명회사나 합자회사, 유한책임회사에서는 영업의 인수로 정관을 변경하는 때에는 총사원의 동의를 얻어야 하나, 정관 변경의 필요가 없으면 통상적인 업무집행의 방법에 의한다(상법 제204조, 제269조, 제287조의18). 주식회사나 유한회사는 다른 회사의 영업 전부를 인수하는 경우에만 총회의 특별결의를 거쳐야 하며, 개인이나 다른 회사의 영업의 일부를 인수하는 때에는 통상적인 업무집행의 방법에 의한다(상법 제374조 제3호, 제576조 제1항).

제4절 **영업 인수의 효과**

I. 대내적 효과

1. 인수인의 영업재산이전청구권

영업인수계약이 체결되면 영업 인수인은 양도인에게 인수의 대상인 영업재산의 이전을 청구할 수 있고, 영업 양도인은 인수인에게 영업의 동일성을 유지하여 영업재산을 이전하여야 한다. 이전의 대상인 영업재산은 영업의 동일성이 인정되는 범위에 속하는 재산으로서 적극재산은 물론 재산적 가치 있는 사실관계를 포함한다.

영업재산의 이전방법으로는 재산의 종류에 따라 개별적으로 등기, 등록, 인도, 배서·교부 또는 단순한 교부 등 권리의 이전에 필요한 성립 및 효력발생요건 또는 대항요건을 갖추어야 한다. 영업상의 비결과 고용관계 등 재산적 가치 있는 사실관계에 대해서는 영업 인수인이 양도인과 동일한 지위에서 이를 이용할 수 있도록 양도인이 개별적으로 전수하거나 구체적으로 소개하여야 한다.

영업의 인수에 있어서 양도인과 근로자간의 기존 근로계약관계도 인수인에게 포괄적으로 이전되어 승계된다. 영업의 인수인과 양도인 사이에 합의에 의하여 근로계약을 승계하지 않는 때에는 실질적인 해고이므로 긴박한 경영상의 필요 등 정당한 이유가 있어야 하며, 그 불승계에 정당한 이유가 없으면 무효이고, 근로자에게 손해배상책임을 진다.

2. 양도인의 경업피지의무

영업 양도인은 다른 약정이 없으면 동일한 특별시, 광역시, 특별자치시, 시, 군과 인접한 특별시, 광역시, 특별자치시, 시, 군에서 10년간 동종의 영업을 하지 못한다(상법 제41조 제1항). 인수인과 양도인 간에 경업금지기간을 이보다 더 장기간으로 하는 특약이 있는 때에는 20년을 초과하지 않는 범위 내에서 그 효력이 있다(상법 제41조 제2항).

영업 양도인의 경업피지의무는 인수인을 보호하기 위한 법정 의무이다. 양도인이 영업을 양도한 후에도 인근 지역에서 동종의 영업을 계속한다면 그 인수인은 영업 인수의 목적을 달성할 수 없게 되므로, 영업의 인수인이 그 영업 인수의 목적을 달성할 수 있도록 하기 위한 것이다.

영업 양도인의 경업이 제한되는 지역은 동일한 특별시, 광역시, 특별자치시, 시, 군과 인접한 특별시, 광역시, 특별자치시, 시, 군이다. 그러나 경업금지는 양도인이 영업을 양도한 후 또다시 인근 지역에서 동종의 영업을 함으로써 인수인의 영업에 직·간접적인 영향을 주는 것을 막기 위한 것이므로, 양도인이 경업을 하더라도 인수인의 영업에 아무런 영향을 주지 않는 경우에는 경업이 허용될 수 있다.

양도인이 인수인에게 영업의 일부를 양도하는 경우에도 양도인이 동일한 지역 내의 다른 영업소에서 동종 영업을 하지 않았던 때에는 경업피지의무를 진다. 그러나 양도인이 동일한 지역 내에서 두 곳 이상의 영업소에서 동종의 영업을 해 오던 중 그 어느 하나의 영업을 양도하는 때에는 그 나머지 영업소의 영업에 대하여는 경업피지의무를 지지 아니한다.

II. 대외적 효과

1. 양도인의 영업상 채무에 대한 인수인의 변제책임

1) 개설

영업의 인수인이 양도인으로부터 영업을 인수한 경우에 양도인의 채무를 변제하여야 하는 경우가 있다. 양도인의 채무에 대한 인수인의 변제책임은 인수인이 인수한 영업이 양도인의 영업과 동일성이 유지되는 경우에 한하여 인수인이 양도인의 상호를 계속하여 사용하는가 또는 그렇지 않은가에 따라 다르다. 인수인이 양도인의 영업을 인수한 후에도 양도인의 상호를 계속 사용함으로써 대외적으로 양도인의 영업이 종전과 같이 계속되는 것과 같은 외관이 있는가 그렇지 않은가에 따라 그 책임의 유무가 정해지는 것이다.

2) 인수인이 양도인의 상호를 계속 사용하는 경우

인수인이 영업의 인수 후 양도인의 상호를 계속 사용하는 경우에는 양도인의 영업상의 채무에 대하여 인수인도 변제책임을 진다(상법 제42 제1항). 인수인이 영업을 인수할 때 양도인의 채무를 인수한다는 채무 인수의 합의를 하였다면 인수인은 그 합의에 따라 양도인의 채무에 대하여 변제책임을 질 것이나, 그러한 채무 인수의 합의가 없는 경우에도 영업의 인수 전과 후에 영업의 동일성이 유지되고 양도인의 상호를 인수인이 계속 사용하는 경우에는 인수인은 양도인의 영업상 채무를 변제해야 할 책임을 지는 것이다.[87]

---

87) 양도인이 수개의 영업소 중 어느 영업소의 영업을 양도한 경우에는 그 영업소의 영업이 인수 전후에

여기서 상호를 계속 사용한다고 하기 위해서는 인수인이 사용하는 상호가 인수 전의 상호와 거래통념상 동일하다고 인정되는 것이어야 하는데, 인수인의 상호가 양도인의 상호와 완전히 동일한 경우는 물론이고, 양도 전후의 상호에 자구의 일부 변경이 있더라도 전체적으로 상호가 동일하다고 거래 통념상 판단되는 때에는 상호의 계속 사용에 해당된다.

이처럼 인수인이 양도인의 상호와 동일한 상호를 사용하는 경우에 인수인은 양도인의 영업상 채무에 대하여 무한책임을 지며, 양도인과 부진정 연대채무(不眞正連帶債務)의 관계에 놓인다. 이 경우 인수인은 양도인이 채권자에 대하여 가지는 모든 항변으로 그 채권자에게 대항할 수 있다.[88]

그러나 인수인이 양도인의 상호를 계속하여 사용하는 경우에도 양도인과의 합의에 의하여 양도인의 채무를 인수하지 않기로 한 때는 영업의 인수 시 지체 없이 양도인의 채무에 대하여 변제책임이 없음을 등기하거나 채권자에게 그 뜻을 통지하여야 변제 책임을 지지 않는다(상법 제42조 제2항). 양도인의 채무에 대하여 인수인의 변제 책임이 없다는 면책의 등기는 인수인이 단독으로 신청할 수 있다(상등 제34조).

이 경우 인수인이 양도인의 채무에 대하여 변제책임이 없음을 등기한 때에는 양도인의 모든 채권자에게 그 변제책임을 지지 않는다. 그러나 인수인이 양도인의 채무에 대해 변제책임을 지지 않는다는 뜻을 양도인의 채권자들에게 우편이나 전자메일로 통지한 때에는 그 통지를 한 채권자에 대해서만 변제책임을 지지 않으며, 그 통지를 하지 아니한 다른 채권자들에게는 변제책임을 져야 한다.

3) 인수인이 양도인의 상호를 속용하지 않는 경우

인수인이 양도인의 영업을 인수하더라도 양도인의 상호를 계속하여 사용하지 않는 경우에는 영업의 계속에 관한 외관이 없으므로 인수인은 양도인의 영업상의 채무에 대하여 변제책임을 지지 않는다. 그러나 이 경우에도 인수인이 양도인의 채무를 인수하였음을 광고하거나 또는 그 채무를 인수하였다는 뜻을 양도인의 채권자에게 통지한 때에는 인수인도 양도인의 채무에 대하여 변제책임을 진다(상법 제44조).

동일성이 유지되고 인수인이 그 영업소에서 양도인이 사용하던 상호를 계속 사용하는 경우에는 면책의 등기나 통지를 하지 않는 한, 당해 영업소의 채무에 한하여 변제책임을 지게 된다.

88) 양도인의 채권자가 인수인의 재산에 대하여 강제집행을 하기 위해서는 인수인에 대한 채무명의를 얻어야 하며, 양도인에 대한 채무명의로 인수인의 재산에 대해 강제집행을 할 수는 없다.

4) 양도인의 면책

인수인이 양도인의 상호를 속용하는 경우에는 인수인은 양도인과 연대하여 양도인의 채무를 변제하여야 하는 부진정 연대책임을 지나, 영업 양도 후 2년이 경과되면 본래의 채무자인 양도인의 책임은 소멸되고 인수인만이 변제책임을 진다(상법 제45조).

인수인이 양도인의 상호를 속용하지 않는 경우라도 인수인이 양도인의 채무에 대해 변제책임을 진다는 뜻을 광고하거나 또는 통지한 때에도 인수인은 양도인과 함께 연대책임을 지나, 인수인이 채무 인수의 광고 또는 통지를 한 날로부터 2년이 경과되면 인수인만이 변제책임을 지고 본래의 채무자인 양도인의 책임은 소멸된다(상법 제45).

2. 국세 및 지방세 등에 대한 책임

사업이 양도·인수된 경우에 양도일 이전에 양도인의 납세의무가 확정된 사업에 관한 국세·가산금과 체납처분비 또는 지방자치단체의 징수금(지방세와 가산금 및 체납처분비)을 양도인의 재산으로 충당하여도 부족할 때에는 사업의 양수인은 상호의 속용 여부에 관계없이 그 부족한 금액에 대하여 양수한 재산의 가액을 한도로 제2차 납세의무를 진다(국세기본법 제41조 제1항, 지방세기본법 제48조 제1항).

여기서 '양수한 재산의 가액'이란 ⅰ) 사업의 양수인이 양도인에게 지급하였거나 지급하여야 할 금액이 있는 경우에는 그 금액, ⅱ) 이 금액이 없거나 불분명한 경우에는 양수한 자산 및 부채를 「상속세 및 증여세법」 제60조부터 제66조까지의 규정을 준용하여 평가한 후 그 자산총액에서 부채총액을 뺀 가액을 말한다. 그러나 ⅰ)에 따른 금액과 시가의 차액이 3억 원 이상이거나 시가의 100분의 30에 상당하는 금액 이상인 경우에는 같은 항 ⅰ)의 금액과 ⅱ)의 금액 중 큰 금액으로 한다(국기시행령 제23조 제2,3항, 지기시행령 제27조 제1,2항).

사업의 양도인에게 둘 이상의 사업장이 있는 경우에 하나의 사업장을 양수한 자의 제2차 납세의무는 양수한 사업장과 관계되는 국세 또는 지방세 및 강제징수비에 대해서만 진다. 이 경우 둘 이상의 사업장에 공통되는 국세 또는 지방세 및 강제징수비 등이 있는 때에는 양수한 사업장에 배분되는 금액을 포함시켜 그 세액 등을 산정한다(국기법시행령 제23조 제1항, 지기시행령 제26조).

[판례 산책]

사례 1 : 근로자가 영업양도일 이전에 정당한 이유 없이 해고된 후 영업양도가 이루어진 경우, 양수인은 해고된 근로자와의 근로관계를 승계하는가?

【대법원 판결 요지】 근로자가 영업양도일 이전에 정당한 이유 없이 해고된 경우 양도인과 근로자 사이의 근로관계는 여전히 유효하고, 해고 이후 영업 전부의 양도가 이루어진 경우라면 해고된 근로자로서는 양도인과의 사이에서 원직 복직도 사실상 불가능하게 되므로, 영업양도 계약에 따라 영업 전부를 동일성을 유지하면서 이전받는 양수인으로서는 양도인으로부터 정당한 이유 없이 해고된 근로자와의 근로관계를 원칙적으로 승계한다. 영업 전부의 양도가 이루어진 경우 영업양도 당사자 사이에 정당한 이유 없이 해고된 근로자를 승계의 대상에서 제외하기로 하는 특약이 있는 경우에는 그에 따라 근로관계의 승계가 이루어지지 않을 수 있으나, 그러한 특약은 실질적으로 또 다른 해고나 다름이 없으므로, 근로기준법 제23조 제1항에서 정한 정당한 이유가 있어야 유효하고, 영업양도 그 자체만으로 정당한 이유를 인정할 수 없다(대법원 2020.11.5. 선고 2018두54705 판결).

사례 2 : 영업양수인이 영업 양도인의 옥호나 영업표지를 속용하는 경우에도 영업양도인의 채무에 대하여 변제책임을 지는가?

【대법원 판결요지】 상호를 속용하는 영업양수인의 책임을 정하고 있는 상법 제42조 제1항은, 일반적으로 영업상의 채권자의 채무자에 대한 신용은 채무자의 영업재산에 의하여 실질적으로 담보되어 있는 것이 대부분인데도 실제 영업의 양도가 이루어지면서 채무의 승계가 제외된 경우에는 영업상의 채권자의 채권이 영업재산과 분리되게 되어 채권자를 해치게 되는 일이 일어나므로 영업상의 채권자에게 채권추구의 기회를 상실시키는 것과 같은 영업양도의 방법, 즉 채무를 승계하지 않았음에도 불구하고 상호를 속용함으로써 영업양도의 사실이 대외적으로 판명되기 어려운 방법 또는 영업양도에도 불구하고 채무의 승계가 이루어지지 않은 사실이 대외적으로 판명되기 어려운 방법 등이 채용된 경우에 양수인에게도 변제의 책임을 지우기 위하여 마련된 규정이라고 해석된다. 따라서 양수인에 의하여 속용되는 명칭이 상호 자체가 아닌 옥호 또는 영업표지인 때에도 그것이 영업주체를 나타내는 것으로 사용되는 경우에는 영업상의 채권자가 영업주체의 교체나 채무승계 여부 등을 용이하게 알 수 없다는 점에서 상호 속용의 경우와 다를 바 없으므로, 양수인은 특별한 사정이 없는 한 상법 제42조 제1항의 유추적용에 의하여 그 채무를 부담한다(대법원 2010. 9. 30. 선고 2010다35138 판결).

제**6**장

가맹사업 창업

LECTURE ON STARTUP LAW

제6장 가맹사업 창업

제1절 총설

누구나 용이하게 창업을 할 수 있는 분야가 프랜차이즈, 즉 가맹사업이다. 편의점, 커피, 김밥, 빵, 식당, 햄버그 등 가맹점 형태로 운영되는 곳을 주변에서 쉽게 볼 수 있다. 공정거래위원회의 가맹본부 정보공개서 등록현황 집계 결과 우리나라 가맹본부와 가맹점 수는 크게 늘어났다.[89]

이러한 가맹사업에 있어서는 가맹사업의 주체인 가맹본부는 가맹점사업자에게 가맹점 운영권을 부여하고, 가맹점의 영업에 대한 지원 및 관리를 하여 그 수익을 얻고, 가맹점사업자는 가맹본부의 지원과 관리 아래 영업활동을 수행할 수 있으므로 별다른 지식이나 기술이 없더라도 가맹점 영업을 용이하게 할 수 있으므로 가맹사업이 빠르게 늘어나고 있는 것이다.

그런데 종래 가맹본부는 가맹점사업자에게 막대한 가맹금을 부과하고 영업지역을 자의로 변경하는가 하면, 거래관행상 우월한 지위와 가맹점사업자들의 무경험을 이용하여 품질이 저급한 판촉 전단지를 제작하여 가맹점에 막대한 비용을 부담시키거나, 동일한 공장에서 생산되고 품질과 양이 동일한 식자재를 제공하면서 현저하게 높은 공급단가를 적용해 폭리를 취하는 사례도 적지 않았다. 가맹점사업자들이 가맹본부에 대해 부당이득 반환 청구 소송을 제기하거나 분쟁 조정을 신청하면 가맹본부가

---

89) 공정거래위원회의 가맹본부 정보공개서 등록현황 집계 결과 우리나라 가맹본부는 2012년 2,678개에서 2013년 2,973개, 2014년 3,482개, 2015년 3,910개, 2016년 4,268개, 2017년 4,631개, 2018년 4,882개, 2019년 5,175개로 증가되었으며, 이에 따라 가맹점 수도 2012년 176,788개에서 2013년 190,730개, 2014년 194,199개, 2015년 208,104개, 2016년에는 218,997개, 2017년 230,955개, 2018년 243,454개, 2019년 254,040개로 늘어났다. 가맹본부의 2019년 업종별 수와 비율은 외식업종 3,861개(74.6%), 서비스업종 1,029개(19.8%), 도소매업종 285개(5.5%)이고, 가맹점의 업종별 수와 비율은 외식업종 122,574개(48.2%), 서비스업종 75,046개(29.5%), 도소매업종 56,420(22.2%)이었다. 공정거래위원회 가맹사업정보제공시스템 https://franchise.ftc.go.kr/mnu/00009/html/00002/vie w.do

일방적으로 가맹점 계약을 해지하거나 계약 갱신을 거절하는 등의 보복 조치를 하여 가맹점사업자들이 막대한 손해를 입는 일이 많았다.

그리하여 「가맹사업 거래의 공정화에 관한 법률」은 일정한 규모 이상의 가맹사업을 대상으로 가맹사업의 공정한 거래질서를 확립하고 가맹점사업자를 보호하기 위하여 가맹본부와 가맹점사업자가 대등한 지위에서 상호보완적으로 균형있게 발전할 수 있도록 규정하고 있다.[90]

제2절 가맹사업의 특징과 진흥

가맹사업은 가맹본부가 가맹점사업자로 하여금 자기의 상표·서비스표·상호·간판 그 밖의 영업표지를 사용하여 일정한 품질기준이나 영업방식에 따라 상품 또는 용역을 판매하게 하고 이에 따른 경영 및 영업활동 등에 대한 지원·교육 및 통제를 하며, 가맹점사업자는 영업표지의 사용과 경영 및 영업활동 등에 대한 지원·교육의 대가로 가맹금을 지급하는 계속적인 거래관계를 말한다(가맹 제2조 1호).

즉, 가맹사업은 ⅰ) 가맹본부가 가맹점사업자로 하여금 자기의 상표·서비스표·상호·간판 그 밖의 영업표지를 사용하도록 할 것, ⅱ) 가맹본부가 가맹점사업자로 하여금 일정한 품질기준이나 영업방식에 따라 상품(원재료 및 부재료 등) 또는 용역을 판매하도록 할 것, ⅲ) 가맹본부가 가맹점사업자에게 경영 및 영업활동 등에 대한 지원·교육과 통제를 할 것, ⅳ) 가맹점사업자는 그 대가로 가맹본부에 가맹금을 지급할 것 등을 그 요건으로 한다.[91] 따라서 가맹점사업자가 가맹본부의 영업표지를 사용하지 아니 하거나 가맹점사업자가 스스로 품질기준이나 영업방식을 결정하여 판매하는

---

90) 「가맹사업거래의 공정화에 관한 법률」은 ⅰ) 가맹점사업자가 가맹금의 최초 지급일부터 6개월까지의 기간 동안 가맹본부에게 지급한 가맹금의 총액이 100만 원을 초과하지 아니하는 경우이거나 또는 ⅱ) 가맹본부의 연간 매출액이 5천만 원 미만인 소규모 가맹본부에는 원칙적으로 적용되지 아니한다. 다만, 가맹본부가 해당 가맹사업과 같은 품질기준이나 영업방식에 따라 상품이나 용역을 판매하는 직영점을 개설하여 운영하고 있는 경우에는 해당 직영점의 매출액을 포함하여 연간매출이 5천만원 미만이어야 소규모 가맹본부로서 이 법률의 적용을 받지 아니한다. 또 가맹본부가 가맹사업을 시작하기 전에 직영점을 개설하여 운영한 기간이 1년 이상인 경우에는 직영점의 매출액을 포함하여 2억 원 미만이어야 이 법률의 적용이 배제된다(가맹 제3조 제1항, 동법시행령 제5조). 그러나 이러한 소규모 가맹본부에도 정보공개서의 등록(동법 제6조의2~6조의4), 가맹금의 예치(동법 제6조의5), 정보공개서의 제공의무(동법 제7조), 허위·과장 정보 제공금지(동법 제9조), 가맹금 반환(동법 제10조), 가맹점사업자 피해보상(동법 제15조의2) 등의 규정은 적용된다(가맹 제2조 제1항).

91) 가맹점사업자는 가맹본부와의 가맹점계약에 의하여 가맹점사업을 하는 독립된 영업주이다.

경우, 가맹점사업자가 가맹금을 지급하지 않는 경우 등은 여기서 말하는 가맹사업에 속하지 않으므로 가맹사업에 관한 법률이 적용되지 아니한다.

이러한 가맹사업은 소자본으로 특별한 경험 없이 쉽게 창업할 수 있는 사업으로서 고용창출과 투자촉진에 큰 효과가 있으므로, 「가맹사업 진흥에 관한 법률」은 가맹사업을 진흥하고 그 경쟁력을 강화하기 위하여 산업통상자원부 장관에게 5년마다 관계 중앙행정기관의 장과의 협의를 거쳐 가맹사업진흥기본계획을 세우고, 이를 시행하기 위하여 해마다 관계 중앙행정기관의 장과의 협의를 거쳐 가맹사업진흥시행계획을 세워서 집행하도록 한다(동법 제4,5조).

동 법률은 정부에 대하여 가맹사업의 물류 효율화 및 정보화 촉진을 위하여 ⅰ) 원재료·부재료 및 상품의 보관·배송·포장 등을 위한 공동물류시설의 확충, ⅱ) 가맹사업 현황 및 물류시설에 관한 데이터베이스 및 정보제공시스템 구축, ⅲ) 판매시점 정보관리시스템과 점포관리의 효율화를 위한 정보관리시스템의 개발 및 보급 등을 추진할 수 있게 하고(동법 제9조), 가맹사업자의 전문성 제고를 위하여 가맹사업 종사자의 자질 향상을 위한 교육·연수, 가맹사업에 관한 전문인력의 양성 등 필요한 사업을 추진할 수 있도록 규정하고 있다(동법 제10조). 이 밖에 정부에 대하여 가맹사업 관련 상품의 제조 및 관리 기술과 영업표지의 디자인 개발, 가맹사업의 지식재산권의 보호 등을 위한 각종 사업도 추진할 수 있다고 규정하고 있다(동법 제11,12조).

이와 함께 가맹사업에 대한 국민의 인식을 높이고 창업을 촉진하기 위하여 동 법률은 산업통상자원부 장관에게 ⅰ) 독창적인 아이디어를 기반으로 한 창업 사례 및 우수 상품·서비스의 발굴 및 포상, ⅱ) 창업박람회 및 우수 상품·서비스 전시회의 개최, ⅲ) 그 밖에 가맹사업의 창업 및 진흥에 관한 행사의 개최 등을 추진할 수 있도록 하고 있다(동법 제15조).

가맹사업 창업을 활성화하기 위하여 동 법률은 정부에 대하여 대내적으로 가맹사업의 창업 또는 아이디어의 사업화를 위한 자금 지원 등 필요한 지원을 하도록 하고, 창업 및 가맹사업의 성장·발전에 필요한 자금·인력·기술·판로 및 입지 등에 관한 정보의 제공에 필요한 시책을 마련하도록 규정하고 있다(동법 제13조 제1,2항, 제17조 제1호). 이와 함께 대외적으로는 가맹사업의 국제화를 촉진하기 위한 각종 사업을 추진할 수 있도록 하고(동법 제16조), 특히 산업통상자원부 장관에게는 가맹사업의 해외진출을 전략적으로 지원하기 위하여 가맹사업의 해외진출 관련 각종 정보 및 자료를 관리할 수 있는 정보체계를 구축하여 운영할 수 있도록 규정하고 있다(동법 제16조).

제3절 가맹계약 체결 전의 절차

I. 개설

가맹본부가 가맹점사업을 희망하는 가맹희망자[92]와 가맹계약을 체결하기 위해서는 그 사전절차로서 가맹희망자에게 제공할 정보공개서를 작성하여 공정거래위원회 또는 특별시장·광역시장·특별자치시장·도지사·특별자치도지사(이하 '시·도지사')에게 등록하고, 등록한 정보공개서를 가맹희망자에게 제공하여야 한다. 가맹본부가 정보공개서의 내용을 변경한 때에는 공정거래위원회 또는 시·도지사에게 변경 등록을 하고, 그 변경등록한 정보공개서를 가맹희망자에게 제공하여야 한다.

또 가맹희망자가 가맹본부와 가맹계약을 체결하고자 하는 경우에 후일 가맹점사업자가 사업활동 중 부담할 비용 등의 지급을 담보하는 방안으로서, 가맹희망자가 가맹점사업자피해보상 책임보험계약이나 채무지급보증계약 또는 공제조합과의 공제계약을 체결한 경우를 제외하고는, 가맹본부는 가맹희망자에게 가맹금의 예치를 요청할 수 있으며, 가맹희망자는 가맹본부의 요청에 따라 가맹금을 일정한 예치기관에 예치하여야 한다. 이하에서 정보공개서의 등록 및 제공과 가맹금의 예치에 관하여 살핀다.

II. 정보공개서의 등록 및 제공

1. 정보공개서의 의의

정보공개서는 ⅰ) 가맹본부의 일반 현황, ⅱ) 가맹본부의 가맹사업 현황(가맹점사업자의 매출에 관한 사항 포함), ⅲ) 가맹본부와 그 임원에 관한 사항[93], ⅳ) 가맹점사업자의 부담, ⅴ) 영업활동에 관한 조건과 제한, ⅵ) 가맹사업의 영업 개시에 관한 상세한 절차와 소요기간, ⅶ) 가맹본부의 경영 및 영업활동 등에 대한 지원과 교육·훈련에 대한 설명, ⅷ) 가맹본부의 직영점 현황[94] 등을 수록한 문서를 말한다. 정보공개서는 표지

---

92) 가맹희망자는 가맹계약을 체결하기 위하여 가맹본부나 가맹지역본부와 상담하거나 협의를 하고 있는 자를 말한다.

93) 가맹본부와 그 임원이 1) 「가맹사업거래의 공정화에 관한 법률」, 「독점규제 및 공정거래에 관한 법률」 또는 「약관의 규제에 관한 법률」을 위반한 경우, 2) 사기·횡령·배임 등 타인의 재산을 영득하거나 편취하는 죄에 관련된 민사소송에서 패소의 확정판결을 받았거나 민사상 화해를 한 경우, 3) 사기·횡령·배임 등 타인의 재산을 영득하거나 편취하는 죄를 범하여 형을 선고받은 경우 중 어느 하나에 해당하는 경우에는 그 사실을 기재하여야 한다.

94) 직영점은 가맹본부의 책임과 계산 하에 직접 운영하는 점포를 말하며, 현황은 직영점의 운영기간과 매

· 목차 및 정보공개사항으로 구성하되 그 내용이 명확하고 구체적이며 가맹희망자가 이해하기 쉽도록 영업표지별로 별도의 문서로 작성되어야 한다. 그 구체적인 기재 사항은 「가맹사업 거래의 공정화에 관한 법률 시행령」에서 정하고 있다(가맹 제2조 10호, 동법 시행령 제4조 제1,2항, 별표 1.).[95]

2. 정보공개서의 등록 및 변경등록

1) 가맹본부의 등록 및 변경등록 신청

가맹본부가 가맹사업에 관하여 가맹희망자를 모집하고자 하는 경우에는 가맹희망자에게 제공할 정보공개서를 작성하여 공정거래위원회 또는 시·도지사에게 등록하여야 한다. 가맹본부가 정보공개서를 등록하였을 때에는 공정거래위원회와 시·도지사는 가맹본부에게 등록증을 발급하여야 한다(가맹 제6조의3 제1,2항).

가맹본부가 등록한 정보공개서의 기재사항 중 일정한 사항을 변경하려는 경우에는 「가맹사업 거래의 공정화에 관한 법률 시행령」 별표 1의2 '정보공개서의 변경사항 및 변경기한'에서 정하는 변경기한 내에 공정거래위원회 또는 시·도지사에게 그 변경등록을 하여야 한다. 다만, 변경하려는 사항이 동법 시행령에서 정하는 경미한 사항인 경우에는 공정거래위원회 또는 시·도지사에게 신고만 하면 된다(가맹 제6조의2 제2항).

가맹본부가 정보공개서를 등록하거나 변경등록 또는 신고한 경우에 공정거래위원회 또는 시·도지사는 영업비밀을 제외하고 등록·변경등록 또는 신고한 정보공개서를 공개하여야 한다. 이 경우 공정거래위원회 또는 시·도지사는 해당 가맹본부에 공개 내용과 방법을 미리 통지하고, 사실과 다른 내용을 정정할 수 있는 기회를 주어야 한다(가맹 제6조의2 제3,4항).

2) 정보공개서 등록의 거부

가맹본부가 정보공개서를 등록하거나 변경등록의 신청을 하는 경우에 정보공개서나 그 밖의 신청서류에 거짓이 있거나 필요한 내용을 적지 아니한 경우 또는 정보공개서에 기재된 가맹사업의 내용에 다른 법률에서 금지하고 있는 사항이 포함되어 있는 경우에는 공정거래위원회나 시·도지사는 정보공개서의 등록을 거부하거나 그 내용의 변경을 요구할 수 있다(가맹 제6조의3 제1항 1,2호).

출에 관한 사항을 포함한다.
95) 이 책 「부록」 '4. 정보공개서에 기재하여야 하는 사항' 참조.

가맹본부가 정보공개서를 신규로 등록하는 경우에는 등록 신청일 현재 정보공개서에 기재된 가맹사업과 영업표지가 동일하고 같은 품질기준이나 영업방식에 따라 상품이나 용역을 판매하는 직영점이 없거나, 그 운영기간(해당 직영점을 가맹본부가 운영하기 전에 가맹본부의 임원이 운영한 기간도 포함)이 1년 미만인 경우에는 공정거래위원회나 시·도지사가 정보공개서의 등록을 거부할 수 있다(가맹 제6조의3 제1항 3호 본문). 이 규정은 사업경험이 충분하지 않은 가맹본부들이 사업방식에 대한 검증 없이 유명 브랜드를 모방·난립하여 가맹점사업자들이 피해를 입는 사례가 많아 가맹본부의 직영점 운영경험 관련 정보를 정보공개서에 수록하게 함과 동시에 정보공개서 등록 신청일 현재 직영점이 없거나 그 영업 기간이 1년 미만인 가맹본부의 정보공개서 등록신청을 거부할 수 있게 하려는 취지이다.

따라서 가맹본부가 가맹사업의 영위를 위해 관련 법령에 따라 허가·면허 등을 받거나 신고·등록 등을 한 경우나, 가맹본부가 국내 또는 국외에서 정보공개서를 등록하려는 업종과 같은 업종의 사업을 1년 이상 영위한 경우, 그 밖에 이에 준하는 경우로서 가맹본부의 직영점 운영이 불필요하다고 공정거래위원회가 정하여 고시하는 경우에는 정보공개서의 등록을 거부할 수 없다(가맹 제6조의3 제1항 3호 단서, 동 시행령 제5조의5 제2항).

3) 정보공개서 등록의 취소

정보공개서가 ⅰ) 거짓이나 그 밖의 부정한 방법으로 등록된 경우, ⅱ) 정보공개서나 그 밖의 신청서류에 거짓이 있거나 필요한 내용을 적지 아니한 경우, ⅲ) 정보공개서에 기재된 가맹사업의 내용에 다른 법률에서 금지하고 있는 사항이 포함되어 있는 경우에는 공정거래위원회와 시·도지사는 그 등록을 취소하여야 하고, ⅳ) 정보공개서에 중요한 사항이 누락된 경우, ⅴ) 가맹본부가 폐업 신고를 한 경우, ⅵ) 가맹본부가 정보공개서 등록취소를 요청하는 경우에는 그 등록을 취소할 수 있다. 공정거래위원회와 시·도지사는 정보공개서 등록이 취소된 가맹본부의 명단을 공개할 수 있다(가맹 제6조의4 제1,2항).

3. 가맹희망자에 대한 정보공개서 및 정보의 제공

1) 정보공개서의 제공

가맹본부나 가맹지역본부[96] 또는 가맹중개인[97]이 가맹점사업자를 모집하는 경우

---

96) 가맹지역본부는 가맹본부와의 계약에 의하여 일정한 지역 안에서 가맹점사업자의 모집, 상품 또는 용역의 품질유지, 가맹점사업자에 대한 경영 및 영업활동의 지원·교육·통제 등 가맹본부의 업무의 전부

에는 가맹희망자에게 공정거래위원회 또는 시·도지사에게 등록 또는 변경등록한 정보공개서를 ⅰ) 직접 전달, ⅱ) 내용증명우편, ⅲ) 정보통신망을 이용하여 정보공개서의 내용을 게시한 후 게시사실을 가맹희망자에게 알리는 방법, ⅳ) 가맹희망자의 전자우편 주소로 정보공개서의 내용이 포함된 전자적 파일을 보내는 방법 중 하나의 방법으로 제공하여야 한다(가맹 제7조 제1항, 동법 시행령 제6조 제1항).

2) 인근 가맹점 현황 문서의 제공

가맹본부가 가맹희망자에게 정보공개서를 제공할 경우에는 가맹희망자의 장래 점포 예정지에서 가장 인접한 가맹점 10개의 상호, 소재지 및 전화번호가 적힌 인근 가맹점 현황 문서를 함께 제공하여야 한다. 정보공개서를 제공하는 시점에 가맹희망자의 장래 점포 예정지가 속한 광역지방자치단체에서 영업 중인 가맹점의 수가 10개 미만인 경우에는 해당 광역지방자치단체 내의 가맹점 전체의 상호, 소재지 및 전화번호가 적힌 인근 가맹점 현황 문서를 제공하여야 한다. 이 때 장래 점포 예정지도 확정되는 즉시 가맹희망자에게 제공하여야 한다(가맹 제7조 제2항).

3) 기타 정보의 제공

가맹본부가 가맹희망자나 가맹점사업자에게 ⅰ) 가맹희망자의 예상매출액·수익·매출총이익·순이익 등 장래의 예상수익상황에 관한 정보 또는 ⅱ) 가맹점사업자의 매출액·수익·매출총이익·순이익 등 과거의 수익상황이나 장래의 예상수익상황에 관한 정보를 제공하는 경우에는 서면으로 하여야 한다(가맹 제9조 제3항).

가맹본부가 이 정보를 제공하는 경우에는 그 정보의 산출근거가 되는 ⅰ) 현재 수익 또는 예상 수익의 산출에 사용된 사실적인 근거와 예측에 관한 자료, ⅱ) 현재 수익 또는 예상 수익의 산출근거가 되는 가맹사업의 점포(직영점과 가맹점 포함)의 수와 그 비율, ⅲ) 최근의 일정 기간 동안에 가맹본부나 가맹중개인이 표시 또는 설명하는 현재 수익 또는 예상 수익과 같은 수준의 수익을 올리는 가맹점사업자의 수와 그 비율에 관한 자료를 가맹본부의 사무소에 비치하여야 하며, 가맹희망자나 가맹점사업자의 요구가 있는 경우 영업시간 중에 언제든지 그 자료를 열람할 수 있도록 하여야 한다(가맹 제9조 제4항).

또는 일부를 대행하는 사업자를 말한다.

97) 가맹중개인은 가맹본부 또는 가맹지역본부로부터 가맹점사업자를 모집하거나 가맹계약을 준비 또는 체결하는 업무를 위탁받은 자를 말한다.

4) 허위·과장 정보 제공 등의 금지

가맹본부는 가맹희망자에게 정보를 제공함에 있어서 ⅰ) 사실과 다르게 정보를 제공하거나 사실을 부풀려 정보를 제공하는 행위, ⅱ) 계약의 체결·유지에 중대한 영향을 미치는 사실을 은폐하거나 축소하는 방법으로 정보를 제공하는 행위를 하여서는 아니 된다(가맹 제9조 제1항). 이에 위반하여 허위·과장의 정보제공행위나 기만적인 정보제공행위를 한 자는 5년 이하의 징역 또는 3억 원 이하의 벌금에 처한다(가맹 제41조 제1항).

5) 위반 시 계약 체결 등의 금지

가맹본부가 ⅰ) 등록된 정보공개서 및 인근 가맹점 현황 문서를 가맹희망자에게 제공하지 아니한 경우, 또는 ⅱ) 정보공개서와 이들 정보를 제공한 날부터 14일, 가맹희망자가 정보공개서에 대하여 변호사 또는 가맹거래사[98]의 자문을 받은 때는 7일이 지나지 않은 경우에 가맹금의 수령과 가맹계약의 체결이 금지된다. 이에 위반하여 예치 가맹금을 직접 수령하거나 가맹계약을 체결한 자에게는 2년 이하의 징역 또는 5천만 원 이하의 벌금에 처한다(가맹 제41조 제3항).

제4절 가맹계약의 체결

I. 의의

가맹계약은 가맹본부와 가맹희망자가 가맹사업의 구체적 내용과 조건 등에 있어 상호간의 권리와 의무에 관한 사항을 약정하는 합의를 말한다. 가맹본부는 이 가맹계약에 의하여 가맹점사업자에게 가맹점 운영권을 부여하고 가맹점사업자는 가맹점의 운영에 관하여 가맹본부의 지원과 관리 및 통제를 받게 된다.

가맹계약은 가맹계약서에 의하여야 한다. 공정거래위원회는 건전한 가맹사업 거래 질서를 확립하고 불공정한 내용의 가맹계약이 통용되는 것을 방지하기 위하여 일정한 가맹사업거래에서 표준이 되는 가맹계약서의 작성 및 사용을 권장할 수 있다(가맹

---

98) 가맹거래사는 가맹사업의 사업성에 관한 검토, 정보공개서와 가맹계약서의 작성·수정이나 이에 관한 자문, 가맹점사업자의 부담이나 가맹사업 영업활동의 조건 등에 관한 자문, 가맹사업 당사자에 대한 교육·훈련이나 이에 대한 자문, 가맹사업거래 분쟁조정 신청의 대행, 정보공개서 등록 신청의 대행 등의 업무를 수행하는 자이다. 가맹거래사의 자격은 가맹거래사 자격시험에 합격한 후 일정한 실무수습을 마친 자에게 부여된다(가맹 제27조-제31조).

제11조 제4항).

가맹계약이 체결된 경우에 가맹본부는 가맹계약서를 가맹사업의 거래가 종료된 날부터 3년간 보관하여야 한다(가맹 제11조 제3항).

II. 가맹계약서의 법정기재사항

가맹본부와 가맹희망자는 가맹계약을 체결할 때 가맹계약서에 일정한 사항을 기재하고 기명날인 또는 서명을 하여야 한다. 가맹계약서에 기재하여야 하는 사항은 ⅰ) 영업표지의 사용권 부여에 관한 사항, ⅱ) 가맹점사업자의 영업활동 조건에 관한 사항, ⅲ) 가맹점사업자에 대한 교육·훈련, 경영지도에 관한 사항, ⅳ) 가맹금 등의 지급에 관한 사항, ⅴ) 영업지역의 설정에 관한 사항, ⅵ) 계약기간에 관한 사항, ⅶ) 영업의 양도에 관한 사항, ⅷ) 계약 해지의 사유에 관한 사항, ⅸ) 가맹희망자 또는 가맹점사업자가 가맹계약을 체결한 날부터 2개월(가맹점사업자가 2개월 이전에 가맹사업을 개시하는 경우에는 가맹사업개시일)까지의 기간 동안 가맹금을 예치기관에 예치하여야 한다는 사항 또는 가맹본부가 가맹점사업자피해보상보험계약 또는 공제계약을 체결한 경우에는 그에 관한 사항, ⅹ) 가맹희망자가 정보공개서에 대하여 변호사 또는 가맹거래사의 자문을 받은 경우 이에 관한 사항, ⅺ) 가맹본부 또는 가맹본부 임원의 위법행위 또는 가맹사업의 명성이나 신용을 훼손하는 등 사회상규에 반하는 행위로 인하여 가맹점사업자에게 발생한 손해에 대한 배상의무에 관한 사항, ⅻ) 그 밖에 가맹사업 당사자의 권리·의무에 관한 사항으로서 대통령령이 정하는 사항이다(가맹 제11조 제2항).

여기서 대통령령이 정하는 사항은 ⅰ) 가맹금 등 금전의 반환조건에 관한 사항, ⅱ) 가맹점사업자의 영업설비·집기 등의 설치와 유지·보수 및 그 비용의 부담에 관한 사항, ⅲ) 가맹계약의 종료 및 해지에 따른 조치 사항, ⅳ) 가맹본부가 가맹계약의 갱신을 거절할 수 있는 정당한 사유에 관한 사항, ⅴ) 가맹본부의 영업비밀에 관한 사항, ⅵ) 가맹계약 위반으로 인한 손해배상에 관한 사항, ⅶ) 가맹본부와 가맹점사업자 사이의 분쟁 해결 절차에 관한 사항, ⅷ) 가맹본부가 다른 사업자에게 가맹사업을 양도하는 경우에는 종전 가맹점사업자와의 계약에 관한 사항, ⅸ) 가맹본부의 지식재산권 유효기간 만료 시 조치에 관한 사항 등을 말한다(동법시행령 제12조).

> **[판례]**
>
> 가맹계약에 관하여 가맹본부와 가맹점사업자 사이에 가맹점사업자에게 불리한 내용의 묵시적 합의가 성립된 사실을 인정하려면 가맹본부와 가맹점사업자의 사회·경제적 지위, 가맹계약 체결 경위와 전체적인 내용, 가맹점사업자에게 그와 같은 묵시적 합의 체결의 의사를 표시할 수 있을 정도로 충분한 정보가 제공되었는지 여부, 가맹본부가 법적 불확실성이나 과징금 부과 등의 불이익을 무릅쓰면서까지 합의 내용을 가맹계약서에 명시하지 않을 특별한 사정이 있는지 여부, 그와 같은 계약 내용으로 인하여 가맹점사업자가 입는 불이익의 정도, 거래 관행 등을 종합적으로 고려하여 신중하게 판단하여야 한다(대법원 2018. 6. 15. 선고 2017다248803, 248810 판결).

III. 가맹계약의 체결 제한

가맹본부는 가맹희망자가 가맹계약의 내용을 미리 이해할 수 있도록 가맹계약서에 기재하여야 하는 법정기재사항(가맹 제11조 제2항)이 적힌 문서를 가맹희망자에게 제공한 날부터 14일이 지나지 아니한 경우에는 가맹희망자와 가맹계약을 체결하여서는 아니 된다(가맹 제11조 제1항 제2호).

또 가맹본부가 등록된 정보공개서 및 인근 가맹점 현황 문서를 가맹희망자에게 제공하지 아니하였거나 정보공개서와 인근 가맹점 현황 문서를 가맹희망자에게 제공한 날부터 14일(가맹희망자가 정보공개서에 대해 변호사 또는 가맹거래사의 자문을 받은 경우에는 7일)이 지나지 않은 때에도 가맹계약의 체결이 금지된다(가맹 제7조 제3항).

그리하여 가맹본부가 가맹희망자와 가맹계약을 체결하기 위해서는 가맹희망자에게 가맹계약서의 법정기재사항이 적힌 문서를 제공한 날부터 14일이 경과되고, 등록된 정보공개서 및 인근 가맹점 현황 문서를 제공한 날로부터 14일(가맹희망자가 변호사 등의 자문을 받은 경우에는 7일)이 경과되어야 하며, 이에 위반하여 체결된 가맹계약은 무효이다.

IV. 가맹계약의 효력

가맹본부와 가맹점사업자 사이에 가맹계약이 체결되면 가맹계약에서 약정한대로 효력이 있다. 즉, 가맹본부는 가맹점사업자에게 가맹점 운영권과 영업표지의 사용권을 부여하고, 가맹점사업자에 대하여 교육·훈련, 경영지도 등의 각종 관리 및 통제를 하며, 가맹점사업자는 가맹계약에서 정한 영업지역 내에서 영업활동을 하고 가맹금 등을 지급할 의무를 부담한다.

V. 가맹금의 예치

1. 가맹금의 의의

가맹금은 가맹희망자가 가맹본부와 가맹계약을 체결하고자 하거나 또는 가맹점사업자가 가맹계약을 체결한 후에 가입비, 가맹비, 가맹본부로부터 공급받는 상품의 가격, 영업표지의 사용 대가, 영업활동 등에 관한 지원·교육 등의 대가 등 그 명칭이나 지급 형태에 관계없이 가맹본부에 대하여 지급하는 모든 대가를 말한다.

2. 가맹금의 유형

가맹희망자나 가맹점사업자가 가맹본부에 대하여 지급하는 가맹금은 그 지급의 명목에 따라 다음의 5가지 유형으로 구분된다(가맹 제2조 6호).

1) 가입비 등

가맹희망자가 가입비·입회비·가맹비·교육비 또는 계약금 등 가맹점사업자가 영업표지의 사용 허락 등 가맹점 운영권이나 영업활동에 대한 지원·교육 등을 받기 위하여 가맹본부에 지급하는 대가이다.

2) 이행보증금

가맹점사업자가 가맹본부로부터 공급받는 상품 대금 등에 관한 채무액이나 손해배상액의 지급을 담보하기 위하여 가맹본부에 지급한다.

3) 상품 가격 등

가맹점사업자가 가맹점 운영권을 부여받을 당시에 가맹사업을 착수하기 위하여 가맹본부로부터 공급받는 정착물·설비·상품의 가격 또는 부동산의 임차료 명목으로 가맹본부에 지급하는 대가이다.

4) 영업 표지 사용 등의 대가

가맹점사업자가 가맹본부와의 계약에 의하여 허락받은 영업표지의 사용과 영업활동 등에 관한 지원·교육, 그 밖의 사항에 대하여 가맹본부에 정기적으로 또는 비정기적으로 지급하는 대가이다.

5) 가맹점 운영비

가맹희망자나 가맹점사업자가 가맹점 운영권을 취득하거나 유지하기 위하여 가맹본부에 지급하는 모든 대가이다.

3. 가맹금의 예치

가맹희망자 또는 가맹점사업자가 가맹계약을 체결하기 위하여 가맹금의 5가지 유형 중 (1)의 가입비 등과 (2)의 이행보증금을 가맹본부에 금전으로 지급하고자 하는 경우에 가맹본부는 그 가맹금을 대통령령으로 정하는 예치기관[99]에 예치하도록 하여야 한다. 가맹희망자나 가맹점사업자가 가맹금을 예치한 경우에는 예치기관의 장은 그 예치일부터 7일 이내에 그 예치 사실을 가맹본부에 통지하여야 한다(가맹 제6조의5 제1,2항).

이 가맹금의 예치는 가맹본부가 가맹금의 수령 후 가맹계약을 이행하지 않는 경우에 가맹희망자 등이 입게 될 재산상의 손해를 예방하기 위한 안전장치이다. 따라서 가맹본부가 가맹점사업자의 피해를 보상하기 위한 보험계약이나 채무지급보증계약 또는 공제계약을 체결한 경우에는 이 가맹금을 예치하게 할 필요가 없다(가맹 제6조의5 제1항).

이러한 가맹금예치제도는 (1)의 가입비 등과 (2)의 이행보증금에 한하여 의무화되어 있으므로, 가맹사업자가 가맹금의 5가지 유형 중 (3)의 상품 가격 등과 (4)의 영업 표지 사용 등의 대가, (5)의 가맹점 운영비를 지급하는 경우에는 가맹본부는 이를 예치기관에 예치하게 할 필요가 없으며, 가맹사업자로부터 직접 금전으로 수령할 수 있다.

4. 가맹금의 예치 및 수령의 제한

가맹본부가 가맹희망자에게 가맹금을 예치하게 하거나 가맹금을 직접 수령하기 위해서는 등록된 정보공개서 및 인근 가맹점 현황 문서를 가맹희망자에게 제공시점을 객관적으로 확인할 수 있는 방법에 따라 제공한 날부터 14일, 가맹희망자가 정보공개서에 대하여 변호사 또는 가맹거래사의 자문을 받은 경우에는 7일이 지나야 한다.

가맹본부가 등록된 정보공개서 및 인근 가맹점 현황 문서를 가맹희망자에게 이러한 방법으로 제공한 날부터 이 기간이 지나지 아니한 때에는 가맹금을 예치하게 하거나 또는 직접 수령하여서는 안 된다. 이 경우 가맹희망자가 예치기관에 가맹금을 예치하는 때에는 최초로 예치한 날, 가맹본부가 가맹희망자와 최초로 가맹금을 예치하기로 합의한 때에는 그 날에 가맹본부가 가맹금을 수령한 것으로 본다(가맹 제7조 제3

---

[99] 여기서 대통령령으로 정하는 예치기관은 「은행법」에 따른 금융회사, 「우체국 예금·보험에 관한 법률」에 따른 체신관서, 「보험업법」에 따른 보험회사, 「자본시장과 금융투자업에 관한 법률」에 따른 신탁업자이다(가맹사업거래의 공정화에 관한 법률시행령 제5조의6)

항 제1호).

가맹본부가 가맹희망자와 가맹계약을 체결하는 경우에도 가맹희망자에게 가맹계약의 내용을 미리 이해할 수 있도록 가맹계약서의 법정기재사항이 적힌 문서를 제공한 날부터 14일이 지나지 아니한 때에는 가맹희망자로부터 가맹금을 예치하게 하거나 수령하여서는 안 된다(가맹 제11조 제1항). 이때도 가맹희망자가 가맹금을 예치기관에 예치하는 때에는 최초로 예치한 날에, 가맹희망자가 최초로 가맹금을 예치하기로 가맹본부와 합의한 날이 있는 경우에는 그 날에 가맹본부가 가맹금을 수령한 것으로 본다(가맹 제11조 제1항 제1호).

5. 예치가맹금의 지급

예치기관에 예치된 가맹금은 가맹희망자가 가맹계약을 체결하여 영업을 개시한 경우 또는 가맹계약 체결일부터 2개월이 경과한 경우에 가맹본부가 예치기관의 장에게 그 지급을 요청할 수 있다. 가맹본부가 예치가맹금의 지급을 요청하는 경우에 예치기관의 장은 10일 이내에 예치가맹금을 가맹본부에 지급하여야 한다(가맹 제6조의5 제3항). 이 때 가맹본부는 거짓이나 그 밖의 부정한 방법으로 예치가맹금의 지급을 요청하여서는 아니 되며(가맹 제6조의5 제4항), 거짓이나 그 밖의 부정한 방법으로 예치가맹금의 지급을 요청한 자는 예치가맹금의 2배에 상당하는 금액 이하의 벌금에 처한다(가맹 제41조 제4항).

6. 가맹금의 반환

1) 반환 사유 및 반환 요구 시기

가맹본부가 등록된 정보공개서 및 인근 가맹점 현황 문서를 가맹희망자에게 제공하지 아니하였거나 정보공개서와 인근 가맹점 현황 문서를 제공한 날부터 14일(가맹희망자가 정보공개서에 대하여 변호사 또는 가맹거래사의 자문을 받은 경우에는 7일)이 지나지 않았음에도 불구하고 가맹희망자로부터 가맹금을 수령하거나 예치기관에 예치하게 한 경우에는 가맹희망자 또는 가맹점사업자가 가맹계약 체결 전 또는 가맹계약의 체결일부터 4개월 이내에 가맹금의 반환을 요구할 수 있다(가맹 제10조 제1항 1호).

특히 가맹본부가 가맹희망자에게 ⅰ) 사실과 다르게 정보를 제공하거나 사실을 부풀려 정보를 제공하는 행위 또는 ⅱ) 계약의 체결·유지에 중대한 영향을 미치는 사실을 은폐하거나 축소하는 방법으로 기만적인 정보를 제공하는 행위를 한 경우에는 가맹희망자는 가맹계약의 체결 전에 가맹본부에 가맹금의 반환을 요구할 수 있다(가맹 제10조 제1항 2호).

　가맹본부가 가맹점사업자에게 ⅰ) 허위·과장의 정보 또는 ⅱ) 기만적인 정보 제공 행위를 한 경우에 허위 또는 과장된 정보나 중요사항의 누락된 내용이 계약의 체결에 중대한 영향을 준 것으로 인정되는 때에는 가맹점사업자는 가맹계약의 체결일부터 4개월 이내에 가맹본부에 가맹금의 반환을 요구할 수 있다(가맹 제10조 제1항 3호).

　그리고 가맹본부가 정당한 사유 없이 가맹사업을 일방적으로 중단한 경우에는 가맹점사업자는 그 중단일부터 4개월 이내에 가맹본부에 가맹금의 반환을 요구할 수 있다(가맹 제10조 제1항 4호).

2) 반환 요구의 방법

　가맹희망자나 가맹점사업자가 가맹본부에 가맹금의 반환을 요구하는 경우에는 대통령령으로 정한 사항이 적힌 서면으로 요구하여야 한다(가맹 제10조 제1항). 이 가맹금 반환 요구 서면에 적혀야 하는 사항은 ⅰ) 가맹금의 반환을 요구하는 가맹점사업자 또는 가맹희망자의 주소·성명, ⅱ) 가맹본부가 허위 또는 과장된 정보를 제공하거나 중요사항을 누락한 사실, ⅲ) 가맹본부가 허위 또는 과장된 정보를 제공하거나 중요사항을 누락하여 계약체결에 중대한 영향을 준 것으로 인정되는 사실, ⅳ) 가맹본부가 정당한 이유없이 가맹사업을 일방적으로 중단한 사실과 그 일자, ⅴ) 반환대상이 되는 가맹금의 금액, ⅵ) 가맹본부가 정보공개서를 제공하지 아니한 사실 또는 정보공개서를 제공한 날부터 14일(가맹희망자가 정보공개서에 대하여 변호사 또는 가맹거래사의 자문을 받은 경우에는 7일)이 지나지 아니한 상태에서 가맹희망자로부터 가맹금을 수령하거나 가맹희망자와 가맹계약을 체결한 사실과 그 날짜이다(동법시행령 제10조).

3) 반환시기 및 반환 금액

　가맹희망자나 가맹점사업자가 가맹본부에 가맹금의 반환을 요구하는 경우에 가맹본부는 서면으로 요구하는 날로부터 1개월 이내에 가맹금을 반환하여야 한다(가맹 제10조 제1항). 이 때 가맹본부가 반환하는 가맹금의 금액을 정함에 있어서는 가맹계약의 체결 경위, 금전이나 그 밖에 지급된 대가의 성격, 가맹계약기간, 계약 이행 기간, 가맹사업 당사자의 귀책 정도 등을 고려하여야 한다(가맹 제10조 제2항).

4) 예치기관에 예치된 가맹금의 반환

가맹금이 예치기관에 예치되어 있는 때에는 가맹점사업자는 가맹본부의 동의를 받아 예치기관에 예치가맹금의 반환을 요청할 수 있다. 이 경우에 가맹금 예치기관의 장은 그 요청일부터 10일 이내에 예치가맹금을 가맹점사업자에게 반환하여야 한다(가맹 제6조의5 제7항).

제5절 가맹점사업자의 보호

I. 불공정거래행위의 금지

가맹본부는 가맹사업의 공정한 거래를 저해하는 불공정거래행위를 하거나 다른 사업자로 하여금 이러한 불공정거래행위를 행하도록 해서는 안 된다. 가맹본부의 불공정거래행위는 ⅰ) 가맹점사업자에 대하여 상품이나 용역의 공급 또는 영업의 지원 등을 부당하게 중단 또는 거절하거나 그 내용을 현저히 제한하는 행위, ⅱ) 가맹점사업자가 취급하는 상품 또는 용역의 가격, 거래 상대방, 거래 지역이나 가맹점사업자의 사업활동을 부당하게 구속하거나 제한하는 행위, ⅲ) 거래상의 지위를 이용하여 부당하게 가맹점사업자에게 불이익을 주는 행위, ⅳ) 계약의 목적과 내용, 발생할 손해 등의 기준에 비하여 과중한 위약금을 부과하는 등 가맹점사업자에게 부당하게 손해배상의무를 부담시키는 행위, ⅴ) 이밖에 부당하게 경쟁 가맹본부의 가맹점사업자를 자기와 거래하도록 유인하는 행위 등이다(가맹 제12조 제1항).

가맹본부가 이에 위반하여 불공정거래행위를 한 경우에 공정거래위원회는 해당 가맹본부에 대하여 불공정거래행위의 중지 등 시정조치를 명할 수 있으며(가맹 제33조 제1항), 대통령령으로 정하는 매출액(위반행위의 개시일부터 종료일까지의 기간 동안 관련 가맹점사업자 또는 가맹희망자에게 판매한 상품이나 용역의 매출액 또는 이에 준하는 금액)에 100분의 2를 곱한 금액을 초과하지 아니하는 범위에서 과징금을 부과할 수 있다(가맹 제35조 제1항, 동법시행령 제34조제1항). 특히 가맹본부의 ⅰ)에 해당하는 불공정거래행위로 가맹점사업자가 손해를 입은 경우에는 가맹본부는 가맹점사업자에게 발생한 손해의 3배를 넘지 아니하는 범위에서 징벌적 손해배상책임을 진다(가맹 제37조의2 제2항).

II. 점포 환경 개선 강요 금지

가맹본부는 가맹점사업자에게 점포 환경 개선을 강요하여서는 아니 된다. 점포 환경 개선이란 가맹점 점포의 기존 시설, 장비, 인테리어 등을 새로운 디자인이나 품질의 것으로 교체하거나 신규로 설치하는 것으로서 점포의 확장 또는 이전을 수반하거나 수반하지 아니하는 경우를 모두 포함한다. 이러한 점포 환경 개선은 그 점포를 운영하는 주체인 가맹점사업자가 판단하여 선택할 일이다.

그러나 가맹점사업자의 점포에 ⅰ) 시설, 장비, 인테리어 등의 노후화가 객관적으로 인정되는 경우 또는 ⅱ) 위생 또는 안전의 결함이나 이에 준하는 사유로 인하여 가맹사업의 통일성을 유지하기 어렵거나 정상적인 영업에 현저한 지장을 주는 경우에는 가맹본부는 가맹점사업자에게 점포 환경 개선을 요청할 수 있다(가맹 제12조의2 제1항, 동법시행령 제13조의2 제1항).

가맹점사업자가 가맹본부의 요청에 따라 점포 환경을 개선하는 경우에, 가맹본부는 가맹점사업자의 점포 환경개선에 소요되는 간판 교체 비용과 인테리어 공사비용(장비·집기의 교체 비용을 제외한 실내건축공사에 소요되는 일체의 비용)의 일정한 비율, 즉 ⅰ) 점포의 확장 또는 이전을 수반하지 아니하는 점포 환경개선에는 100분의 20, ⅱ) 점포의 확장 또는 이전을 수반하는 점포 환경개선에는 100분의 40에 해당하는 금액을 부담하여야 한다(가맹 제12조의2 제2항, 동법 시행령 제13조의2 제2,3항).[100]

가맹점사업자가 가맹본부에 대해 이 부담액의 지급을 청구하려면 가맹본부에 공사계약서 등 공사비용을 증명할 수 있는 서류를 제출해야 한다(동법 시행령 제13조의2 제4항). 가맹본부는 이 지급 청구일로부터 90일 이내에 가맹본부 부담액을 가맹점사업자에게 지급하여야 하나, 가맹본부와 가맹점사업자 간에 별도 합의가 있는 경우에는 1년의 범위에서 가맹본부는 그 부담액을 분할하여 지급할 수 있다(동법 시행령 제13조의2 제5항).

그리고 가맹점사업자가 가맹본부 또는 가맹본부가 지정한 자를 통하여 점포 환경 개선을 한 경우에는 가맹본부는 점포 환경개선이 끝난 날부터 90일 이내에 가맹본부 부담액을 가맹점사업자에게 지급하여야 한다(동법 시행령 제13조의2 제6항).

가맹본부는 점포 환경 개선이 끝난 날부터 3년 이내에 가맹본부의 책임 없는 사유로 계약의 해지나 영업양도 등으로 계약이 종료되는 경우에는 가맹본부 부담액 중

---

100) 가맹점사업자가 ⅰ) 가맹본부의 권유 또는 요구가 없음에도 자신의 자발적 의사에 의하여 점포 환경 개선을 실시하는 경우, ⅱ) 자신의 귀책사유로 인하여 위생·안전 및 이와 유사한 문제가 발생하여 불가피하게 점포 환경 개선을 하는 경우에는 가맹본부가 그 비용을 분담하지 아니한다(가맹 제12조의2 제2항 단서).

나머지 기간에 비례하는 부담액은 지급하지 아니하거나 이미 지급한 경우에는 환수할 수 있다(동법 시행령 제13조의2 제7항).

가맹본부가 이에 위반하여 가맹점사업자에게 점포 환경 개선 및 그 비용 부담을 강요한 경우에 공정거래위원회는 해당 가맹본부에 점포 환경 개선비용의 지급 등 시정조치를 명하고(가맹 제33조 제1항), 대통령령으로 정하는 매출액에 100분의 2를 곱한 금액을 초과하지 아니하는 범위에서 과징금을 부과할 수 있다(가맹 제35조 제1항, 동법시행령 제34조제1항).

III. 영업시간 부당 구속 금지

가맹점의 영업시간은 가맹점사업자가 자율적으로 정하여야 하므로, 가맹본부는 정상적인 거래관행에 비추어 부당하게 가맹점사업자의 영업시간을 구속하는 행위를 하여서는 아니 된다(가맹 제12조의3 제1항).

특히 가맹점사업자가 일정한 사유로 인하여 가맹본부에 영업시간 단축을 요구하여도 가맹본부가 이를 허용하지 않는 행위는 부당한 영업시간 구속으로 본다. 즉, ⅰ) 가맹점사업자의 점포가 위치한 상권의 특성 등의 사유로 오전 1시부터 오전 6시까지 심야 영업시간대의 매출이 그 영업에 소요되는 비용에 비하여 저조하여 가맹점사업자가 영업시간 단축을 요구한 날이 속한 달의 직전 6개월 동안 영업 손실이 발생함에 따라 가맹점사업자가 영업시간 단축을 요구함에도 가맹본부가 이를 허용하지 아니하거나, ⅱ) 가맹점사업자가 질병의 발병과 치료 등 불가피한 사유로 인하여 필요 최소한의 범위에서 영업시간의 단축을 요구함에도 가맹본부가 이를 허용하지 아니하는 경우는 영업시간의 부당한 구속에 해당한다(가맹 제12조의3 제2항, 동법 시행령 제13조의3 제1,2항).

가맹본부가 이에 위반하여 가맹점의 영업시간을 부당하게 구속하는 경우에 공정거래위원회는 해당 가맹본부에 시정조치를 명하고(가맹 제33조 제1항), 매출액에 100분의 2를 곱한 금액을 초과하지 아니하는 범위에서 과징금을 부과할 수 있다(가맹 제35조 제1항, 동법 시행령 제34조제1항).

IV. 영업지역 부당 침해 금지

가맹본부는 가맹계약 체결 시 가맹점사업자의 영업지역을 가맹계약서에 기재하여야 하는데, 가맹계약기간 중 가맹본부는 정당한 사유 없이 가맹점사업자의 영업지역 안에서 가맹점사업자와 동일한 업종의 자기 또는 계열회사의 직영점이나 가맹점을 설치해서는 안 된다(가맹 제12조의4 제3항).

또 가맹본부가 가맹계약의 갱신 과정에서 대통령령으로 정하는 다음의 사유가 발생하여 기존 영업지역을 변경하기 위해서는 가맹점사업자와 사전에 합의하여야 한다(가맹 제12조의4 제2항). 즉, 가맹점의 영업지역에 ⅰ) 재건축, 재개발 또는 신도시 건설 등으로 인하여 상권의 급격한 변화가 발생하는 경우, ⅱ) 해당 상권의 거주인구 또는 유동 인구가 현저히 변동되는 경우, ⅲ) 소비자의 기호 변화 등으로 인하여 해당 상품·용역에 대한 수요가 현저히 변동되는 경우, ⅳ) 이들 경우에 준하여 기존 영업지역을 그대로 유지하는 것이 현저히 불합리하다고 인정되는 경우 등이다(가맹 시행령 제13조의4).

이러한 사유가 발생하더라도 가맹본부와 가맹점사업자 사이에 합의가 성립되지 않는 때에는 가맹본부는 가맹점사업자의 기존 영업지역을 일방적으로 변경하지 못한다. 가맹본부가 이에 위반하여 가맹점사업자의 영업지역을 부당하게 변경한 경우에 공정거래위원회는 위반행위의 중지 등 시정조치를 명하고(가맹 제33조 제1항), 매출액에 100분의 2를 곱한 금액을 초과하지 아니하는 범위에서 과징금을 부과할 수 있다(가맹 제35조 제1항, 동법 시행령 제34조제1항).

V. 광고·판촉행사 실시제한 및 집행 내역 통보

가맹본부가 가맹점사업자와 광고·판촉행사의 약정을 체결하지 않고 가맹점사업자가 비용의 전부 또는 일부를 부담하는 광고나 판촉행사를 실시하려는 경우에는 그 비용 부담에 관하여 전체 가맹점사업자 중 대통령령으로 정하는 비율 이상의 가맹점사업자의 동의를 받아야 한다(가맹 제12조의6 제1항 본문). 이 때 가맹점사업자의 동의는 문서, 내용증명우편, 전자우편, 인터넷 홈페이지, 어플리케이션 또는 판매시점관리시스템(POS) 등을 통해 동의시점을 객관적으로 확인할 수 있는 방법으로 받아야 하며, 가맹점사업자의 동의 비율은 광고의 경우 전체 가맹점사업자의 100분의 50 이상이고, 판촉행사의 경우는 100분의 70 이상이다(동법 시행령 제13조의5 제1,2항). 다만, 이 경우에 판촉행사는 해당 판촉행사의 비용 부담에 동의한 가맹점사업자만을 대상으로 하여 이를 실시할 수 있다(가맹 제12조의6 제1항 단서).

가맹본부는 가맹점사업자가 비용의 전부 또는 일부를 부담하는 광고나 판촉행사를 실시한 경우에는 그 집행 내역을 가맹점사업자에게 통보하고, 가맹점사업자의 요구가 있는 경우 이를 열람할 수 있도록 하여야 한다(가맹 제12조의6 제2항). 집행 내역의 통보는 가맹본부가 매 사업연도 종료 후 3개월 이내에 다음 사항을 가맹점사업자에게 통보함으로써 한다. 통보사항은 ⅰ) 해당 사업연도에 실시한 광고나 판촉행사별 명칭, 내용 및 실시기간, ⅱ 해당 사업연도에 광고나 판촉행사를 위하여 전체 가맹점사업자로부터 지급받은 금액, ⅲ) 해당 사업연도에 실시한 광고나 판촉행사별로 집행한 비용 및 가맹점사업자가 부담한 총액이다(동법 시행령 제13조의6 제1항). 가맹점사업자가 집행 내역의 열람을 요구하는 경우에 가맹본부는 열람의 일시 및 장소를 정하여 해당 자료를 열람할 수 있도록 하여야 한다(가맹 제12조의6 제3항, 동법 시행령 제13조의6 제3항).

그러나 이 광고·판촉행사 관련 집행 내역 통보 절차에 관한 규정은 가맹본부 및 가맹점사업자가 대통령령으로 정하는 바에 따라 체결한 광고·판촉행사의 약정에 따라 실시하는 경우에는 적용되지 아니한다(가맹 제12조의6 제1항). 가맹본부 및 가맹점사업자가 이 광고·판촉행사의 약정을 체결하려는 경우에는 가맹계약과 별도로 체결해야 하며, 이 약정에는 광고나 판촉행사의 명칭 및 실시기간과 광고나 판촉행사의 소요 비용에 대한 가맹점사업자의 분담 비율 및 분담 한도가 모두 포함돼야 한다(동 시행령 제13조의5 제3,4항).

Ⅵ. 보복 조치의 금지

가맹본부는 가맹점사업자가 가맹사업거래분쟁조정협의회에 대한 분쟁조정의 신청, 공정거래위원회의 서면실태조사(가맹 제32조의2)에 대한 협조, 「가맹사업거래의 공정화에 관한 법률」 위반행위의 신고 및 이에 따른 공정거래위원회의 조사에 대한 협조를 이유로 그 가맹점사업자에 대하여 상품·용역의 공급이나 경영·영업활동 지원의 중단·거절 또는 제한, 가맹계약의 해지, 그 밖에 불이익을 주는 행위를 하거나 계열회사 또는 다른 사업자로 하여금 이를 행하도록 하여서는 아니 된다(가맹 제12조의5).

가맹본부가 이에 위반하여 보복조치를 한 경우에 공정거래위원회는 해당 가맹본부에 대하여 보복조치의 중지 등 시정조치를 명할 수 있으며(가맹 제33조 제1항), 이와 동시에 대통령령으로 정하는 매출액에 100분의 2를 곱한 금액을 초과하지 아니하는 범위에서 과징금을 부과할 수 있다(가맹 제35조 제1항, 동법시행령 제34조제1항).

특히 가맹본부의 보복조치로 가맹점사업자가 손해를 입은 경우에는 가맹본부는 가맹점사업자에게 발생한 손해의 3배를 넘지 아니하는 범위에서 징벌적 손해배상책임을 진다(가맹 제37조의2 제2항).

VII. 가맹계약의 해지 제한

가맹본부가 가맹계약을 해지하려는 경우에는 가맹점사업자에게 2개월 이상의 유예기간을 두고 계약의 위반 사실을 구체적으로 밝히고 이를 시정하지 아니하면 그 계약을 해지한다는 사실을 서면으로 2회 이상 통지하여야 한다(가맹 제14조 제1,2항). 이러한 절차를 거치지 아니하고 단순한 해지의 의사표시를 한 때에는 해지의 효력이 발생되지 아니한다.

그러나 다음의 경우는 이러한 해지절차를 거치지 않고 바로 가맹계약을 해지할 수 있다. 즉, ⅰ) 가맹점사업자에게 파산 신청이 있거나 강제집행절차 또는 회생절차가 개시된 경우, ⅱ) 가맹점사업자가 발행한 어음·수표가 부도 등으로 지급정지된 경우, ⅲ) 천재지변, 중대한 일신상의 사유 등으로 가맹점사업자가 더 이상 가맹사업을 경영할 수 없게 된 경우, ⅳ) 가맹점사업자가 가맹점 운영 관련 법령을 위반하여 위법사실을 시정하라는 내용의 행정처분, 위법사실을 처분사유로 하는 과징금·과태료 등 부과처분, 위법사실을 처분사유로 하는 영업정지 명령을 받거나 법원 판결을 받음으로써 가맹본부의 명성이나 신용을 뚜렷이 훼손하여 가맹사업에 중대한 장애를 초래한 경우, ⅴ) 가맹점사업자가 가맹점 운영과 관련되는 법령을 위반하여 자격·면허·허가 취소 또는 영업정지 명령(15일 이내의 영업정지 명령을 받은 경우는 제외) 등 그 시정이 불가능한 성격의 행정처분을 받은 경우(법령에 근거하여 행정처분을 갈음하는 과징금 등의 부과 처분을 받은 경우는 제외) 등이다(가맹 시행령 제15조).[101]

---

101) 이 밖에 가맹본부가 가맹계약해지절차를 거치지 않고 바로 가맹계약을 해지할 수 있는 사유는 다음과 같다. 즉 ⅵ) 가맹점사업자가 법 제14조제1항 본문에 따른 가맹본부의 시정요구에 따라 위반사항을 시정한 날부터 1년(계약갱신이나 재계약된 경우에는 종전 계약기간에 속한 기간을 합산) 이내에 다시 같은 사항을 위반하는 경우(그러나 가맹본부가 시정을 요구하는 서면에 다시 같은 사항을 1년 이내에 위반하는 경우에는 해지절차를 거치지 아니하고 가맹계약이 해지될 수 있다는 사실을 누락한 경우는 제외), ⅶ) 가맹점사업자가 가맹점 운영과 관련된 행위로 형사처벌을 받은 경우, ⅷ) 가맹점사업자가 뚜렷이 공중의 건강이나 안전에 급박한 위해를 일으킬 염려가 있는 방법이나 형태로 가맹점을 운영하고 있으나, 행정청의 시정조치를 기다리기 어려운 경우, ⅸ) 가맹점사업자가 정당한 사유 없이 연속하여 7일 이상 영업을 중단한 경우 등이다(가맹사업거래의 공정화에 관한 법률 시행령 제15조).

VIII. 가맹계약의 갱신

1. 가맹본부가 갱신을 원하지 않는 경우

가맹계약의 계약기간이 만료되는 경우에 가맹본부가 가맹계약의 갱신을 원하지 않는 때에는 계약기간 만료 전 180일부터 90일까지 사이에 가맹점사업자에게 가맹계약을 갱신하지 아니한다는 사실을 서면으로 통지하여야 한다(가맹 제13조 제4항 본문).

2. 가맹점사업자의 갱신 요구가 있는 경우

가맹점사업자가 가맹계약 기간 만료 전 180일부터 90일까지 사이에 가맹계약의 갱신을 요구하는 경우에 가맹본부는 정당한 사유 없이 이를 거절하지 못한다. 가맹점사업자가 계약의 갱신을 요구하는 경우에는 최초 가맹계약기간을 포함한 전체 가맹계약기간이 10년을 초과하지 아니하는 범위 내에서만 계약의 갱신을 요구할 수 있다(가맹 제13조 제1항 본문, 제2항).

그러나 가맹점사업자가 가맹계약의 갱신을 요구하더라도 다음의 경우에는 가맹본부가 가맹계약의 갱신을 거절할 수 있다. 즉, ⅰ) 가맹점사업자가 가맹계약상의 가맹금 등의 지급의무를 지키지 아니한 경우, ⅱ) 다른 가맹점사업자에게 통상적으로 적용되는 계약조건이나 영업방침을 가맹점사업자가 수락하지 아니한 경우, ⅲ) 가맹점사업자가 가맹점의 운영에 필요한 점포·설비의 확보나 법령상 필요한 자격·면허·허가의 취득에 관한 사항, 판매하는 상품이나 용역의 품질을 유지하기 위하여 필요한 제조공법 또는 서비스 기법의 준수에 관한 사항, 그 밖에 가맹점사업자가 가맹사업을 정상적으로 유지하기 위하여 필요하다고 인정되는 사항 등에 해당하는 가맹본부의 중요한 영업방침을 지키지 아니한 경우이다(가맹 제13조 제1항).

가맹본부가 가맹점사업자의 계약 갱신 요구를 거절하는 경우에는 계약 갱신의 요구를 받은 날부터 15일 이내에 계약 갱신의 거절 사유를 적어 가맹점사업자에게 서면으로 통지하여야 한다(가맹 제13조 제3항).

3. 가맹본부가 가맹계약 조건을 변경하고자 하는 경우

가맹계약기간이 만료되는 경우에 가맹본부가 계약 조건을 변경하고자 하는 때에는 계약기간 만료 전 180일부터 90일까지 사이에 가맹점사업자에게 가맹계약 조건의 변경에 대한 통지를 서면으로 하여야 한다(가맹 제13조 제4항 본문).

그러나 가맹본부가 가맹계약 갱신 과정에서 상권의 급격한 변화 등 대통령령으로 정하는 사유가 발생하여 기존 영업지역을 변경하고자 하는 경우에는 그 변경 전에 가맹점사업자와 합의하여야 한다(가맹 제12조의4 제2항). 여기서 대통령령으로 정하는 사유는 앞서 본 바와 같이 재건축이나 재개발 또는 신도시 건설 등으로 인하여 상권의 급격한 변화가 발생하는 경우, 해당 상권의 거주인구 또는 유동 인구가 현저히 변동되는 경우, 소비자의 기호 변화 등으로 인하여 해당 상품·용역에 대한 수요가 현저히 변동되는 경우 및 이들 각 경우에 준하여 기존 영업지역을 그대로 유지하는 것이 현저히 불합리하다고 인정되는 경우이다(동법 시행령 제13조의4).

4. 가맹계약 체결의 의제

가맹본부가 가맹점사업자로부터 계약 갱신의 요구를 받은 날부터 15일 이내에 계약 갱신 거절 통지를 하지 아니하거나 가맹계약기간 만료 전 180일부터 90일까지 사이에 가맹점사업자에게 조건의 변경에 대한 통지나 가맹계약을 갱신하지 아니한다는 사실의 통지를 서면으로 하지 아니하는 경우에는 계약 만료 전의 가맹계약과 같은 조건으로 다시 가맹계약을 체결한 것으로 본다. 그러나 다음의 경우에는 종전과 동일한 계약조건으로 가맹계약이 체결된 것으로 의제되지 아니한다. 즉, ⅰ) 가맹점사업자가 계약이 만료되는 날부터 60일 전까지 이의를 제기하거나, ⅱ) 가맹본부나 가맹점사업자에게 천재지변이 있는 경우, ⅲ) 가맹본부나 가맹점사업자에게 파산 신청이 있거나 강제집행절차 또는 회생절차가 개시된 경우, ⅳ) 가맹본부나 가맹점사업자가 발행한 어음·수표가 부도 등으로 지급 거절된 경우, ⅴ) 가맹점사업자에게 중대한 일신상의 사유 등이 발생하여 더 이상 가맹사업을 경영할 수 없게 된 경우에는 가맹계약이 기간의 만료로 소멸된다(가맹 제13조 제4항, 동법시행령 제14조 제2항).

IX. 가맹본부의 손해배상책임

1. 입증책임의 전환

가맹본부가 「가맹사업 거래의 공정화에 관한 법률」의 규정을 위반함으로써 가맹점사업자에게 손해를 입힌 경우에는, 가맹본부가 고의 또는 과실이 없음을 입증한 경우를 제외하고는, 가맹본부는 가맹점사업자에게 그 실제 발생한 손해에 대한 배상책임을 진다(가맹 제37의2 제1항).

2. 징벌적 손해배상책임

가맹본부가 가맹점사업자에게 사실과 다르게 정보를 제공하거나 사실을 부풀려 정보를 제공하는 허위·과장의 정보제공행위 또는 계약의 체결·유지에 중대한 영향을 미치는 사실을 은폐하거나 축소하는 방법 등 기만적인 정보제공행위(가맹 제9조 제1항)를 하거나, 가맹점사업자에 대하여 상품이나 용역의 공급 또는 영업의 지원 등을 부당하게 중단 또는 거절하거나 그 내용을 현저히 제한하는 행위(가맹 제12조 제1항1호) 또는 가맹점사업자에 대하여 보복조치(가맹 제12조의5)를 하여 가맹점사업자가 손해를 입은 경우에는, ⅰ) 가맹본부가 고의 또는 과실이 없음을 입증한 경우를 제외하고는 가맹점사업자에게 손해배상책임을 지며, ⅱ) 그 손해배상액은 가맹점사업자에게 발생한 손해의 3배를 넘지 아니하는 범위에서 배상책임을 진다(가맹 제37의2 제2항).

이 경우 법원은 손해배상액을 정할 때에 ⅰ) 가맹본부에서 고의 또는 손해 발생의 우려를 인식한 정도, ⅱ) 가맹본부의 법률 위반행위로 인하여 가맹점사업자가 입은 피해 규모, ⅲ) 가맹본부가 위법행위로 인하여 취득한 경제적 이익, ⅳ) 위반행위에 따른 벌금 및 과징금, ⅴ) 위반행위의 기간·횟수, ⅵ) 가맹본부의 재산상태, ⅶ) 가맹본부의 피해구제 노력의 정도를 고려하여야 한다(가맹 제37의2 제3항).

3. 손해배상청구소송의 특칙

가맹본부에 대하여 손해배상 청구의 소가 제기된 경우 법원은 공정거래위원회에 대하여 당해 사건에 관한 기록의 송부를 요구할 수 있다(가맹 제37의2 제4항, 독점규제및공정거래에관한법률 제110조). 또 손해액의 인정에 있어서도 법규 위반 행위로 인하여 손해가 발생된 것은 인정되나 그 손해액을 입증하기 위하여 필요한 사실을 입증하는 것이 해당 사실의 성질상 극히 곤란한 경우에는 법원은 변론 전체의 취지와 증거조사의 결과에 기초하여 상당한 손해액을 인정할 수 있다(가맹 제37의2 제4항, 독점규제및공정거래에관한법률 제115조).

4. 가맹점사업자에 대한 피해보상 대책

가맹본부는 가맹점사업자의 피해를 보상하기 위하여 ⅰ) 책임보험계약, ⅱ) 가맹점사업자 피해보상금의 지급을 확보하기 위한 은행·보험회사·상호저축은행 등의 채무지급보증계약, ⅲ) 공제조합[102]과의 공제계약 중 어느 하나의 계약을 체결할 수

---

102) 가맹본부는 공제사업을 영위하기 위하여 공정거래위원회의 인가를 받아 공제조합을 설립할 수 있다.

있다(가맹 제15조의2 제1항). 가맹본부는 이러한 계약을 체결함에 있어서 가맹점사업자의 피해보상에 적절한 수준이 되도록 하여야 한다(가맹 동조 제3항).

이러한 계약에 의하여 가맹점사업자에게 피해보상금을 지급하여야 할 의무가 있는 자는 피해보상금의 지급사유가 발생한 경우에는 지체 없이 지급하여야 하고, 그 지급을 지연한 때에는 지연배상금을 지급하여야 한다(가맹 동조 제2항).

X. 신고 포상금의 지급

공정거래위원회는 「가맹사업 거래의 공정화에 관한 법률」에 위반하는 행위를 신고하거나 제보하고 그 신고나 제보를 입증할 수 있는 증거자료를 제출하는 자에게 예산의 범위에서 포상금을 지급할 수 있다. 이 포상금 지급 대상자의 범위, 포상금 지급의 기준절차 등에 필요한 사항은 대통령령으로 정한다(가맹 제15조의5 제1,2항).

XI. 가맹점사업자단체의 조직 및 활동

가맹점사업자는 권익 보호 및 경제적 지위 향상을 도모하기 위하여 가맹점사업자 단체를 구성할 수 있다(가맹 제14조의2 제1항). 가맹본부는 가맹점사업자단체의 구성·가입·활동 등을 이유로 가맹점사업자에게 불이익을 주는 행위를 하거나 가맹점사업자 단체에 가입 또는 가입하지 아니할 것을 조건으로 가맹계약을 체결하여서는 아니 된다(가맹 제14조의2 제5항).

특정 가맹본부와 가맹계약을 체결·유지하고 있는 가맹점사업자로만 구성된 가맹점사업자단체는 그 가맹본부에 대하여 가맹계약의 변경 등 거래조건에 대한 협의를 요청할 수 있다(가맹 제14조의2 제2항). 가맹점사업자단체로부터 거래조건에 관한 협의를 요청받은 경우 가맹본부는 성실하게 협의에 응하여야 한다. 이 때 복수의 가맹점사업자단체가 협의를 요청할 경우 가맹본부는 다수의 가맹점사업자로 구성된 가맹점사업자단체와 우선적으로 협의하여야 한다(가맹 제14조의2 제3항). 이 협의와 관련하여 가맹점사업자단체는 가맹사업의 통일성이나 본질적 사항에 반하는 거래조건을 요구하는 행위, 가맹본부의 경영 등에 부당하게 간섭하는 행위 또는 부당하게 경쟁을 제한하는 행위를 하여서는 아니 된다(가맹 제14조의2 제4항).

공제조합은 법인으로 하며, 주된 사무소의 소재지에 설립등기를 함으로써 성립한다. 공제조합에 가입한 가맹본부는 공제사업의 수행에 필요한 출자금 등을 조합에 납부하여야 한다. 공제조합의 기본재산은 조합원의 출자금 등으로 조성된다.

> 제6절
가맹사업에 관한 분쟁의 조정

I. 분쟁조정기관

가맹사업에 관한 분쟁을 조정하는 기관으로서 한국공정거래조정원에 가맹사업거래분쟁조정협의회가 설치돼 있다. 특별시·광역시·특별자치시·도·특별자치도의 시·도지사는 관할 시·도에 가맹사업거래분쟁조정협의회를 둘 수 있다(가맹 제16조 제1,2항). 이 조정협의회는 위원장 1인을 포함한 9인의 위원으로 공익을 대표하는 위원과 가맹본부의 이익을 대표하는 위원 및 가맹점사업자의 이익을 대표하는 위원으로 구분하여 동수로 구성되며(가맹 17조 제1,2항), 분쟁 당사자 또는 공정거래위원회가 요청하는 가맹사업 거래의 분쟁에 관한 사항을 조정한다(가맹 제21조).

II. 분쟁조정의 신청 또는 의뢰

가맹사업 거래의 분쟁이 있는 경우에 분쟁 당사자는 가맹사업거래분쟁조정협의회에 서면으로 조정을 신청할 수 있다(가맹 제22조 제1항). 조정협의회는 조정을 신청받은 때에는 즉시 그 조정사항을 분쟁당사자에게 통지하여야 하며, 공정거래조정원의 협의회는 공정거래위원회에, 시·도 협의회는 공정거래위원회와 시·도에 이를 알려야 한다(가맹 제22조 제4항).

이 조정의 신청은 시효중단의 효력이 있다. 신청이 취하되거나 각하된 때에는 시효 중단의 효력이 없으나, 6개월 내에 재판상의 청구, 파산절차 참가, 압류 또는 가압류, 가처분을 한 때에는 시효는 최초의 분쟁 조정 신청으로 중단된 것으로 본다. 조정 신청으로 중단된 시효는 분쟁조정이 이루어져 조정조서를 작성한 때 또는 분쟁조정이 이루어지지 아니하고 조정절차가 종료된 때에는 그 때부터 새로이 진행한다(가맹 제22조 제4~6항).

공정거래위원회도 가맹사업 거래의 분쟁에 관한 사건에 대하여 이 조정협의회에 조정을 의뢰할 수 있다(가맹 제22조 제3항).[103]

---

103) 가맹사업거래분쟁조정협의회의 연도별 분쟁조정신청 접수현황을 보면 2013년 554건, 2014년 572건, 2015년 522건, 2016년 593건, 2017년 779건, 2018년 805건, 2019년 638건이다. 분쟁조정 신청 유형 (2008년~2019년)을 보면 가맹금 예치의무 73건, 정보공개서 사전 제공 의무 1,213건, 허위·과장 정보제공 금지의무 1,362건, 불공정 거래행위 1,219건(거래거절 230건, 구속조건부 거래 354건, 거래상 지위남용 300건, 부당한 손해배상의무 부담 335건), 영업지역 침해 332건, 부당한 계약 종료 211건, 부당한 계약해지 365건, 상표 및 의장권 침해 3건, 기타 2,087건이다. 공정거래위원회 가맹사업정보제공시스템

III. 조정절차의 개시

가맹사업거래분쟁조정협의회가 당사자로부터 조정의 신청을 받거나 공정거래위원 회로부터 조정의 의뢰를 받는 경우에는 지체 없이 분쟁 조정 절차를 개시하여야 한 다. 조정협의회는 분쟁 조정 절차 중에 분쟁 당사자에게 조정사항에 대하여 스스로 조정하도록 권고하거나 조정안을 작성하여 이를 제시할 수 있다(가맹 제23조 제1,2항).

그러나 조정협의회는 i) 조정신청의 내용과 직접적인 이해관계가 없는 자가 조정 신청을 한 경우, ii) 「가맹사업거래의 공정화에 관한 법률」의 적용 대상이 아닌 사안 에 대하여 조정신청을 한 경우, 또는 iii) 조정신청 전에 공정거래위원회가 조사를 개 시한 사건에 대하여 조정신청을 한 경우에는 그 조정신청을 각하하여야 한다(가맹 제23 조 제3항). 이와는 달리 i) 분쟁 당사자가 조정협의회의 권고 또는 조정안을 수락하거 나 스스로 조정하는 등 조정이 성립된 경우나, ii) 조정을 신청 또는 의뢰 받은 날부 터 60일(분쟁 당사자 쌍방이 기간 연장에 동의한 경우에는 90일)이 경과하여도 조정이 성립하지 아 니한 경우, 또는 iii) 분쟁 당사자의 일방이 조정을 거부하거나 해당 조정사항에 대하 여 법원에 소를 제기하는 등 조정절차를 진행할 실익이 없는 경우에는 조정협의회는 조정절차를 종료하여야 한다(가맹 제23조 제4항).

조정협의회가 조정신청을 각하하거나 조정절차를 종료한 경우에는 조정원 협의회 는 공정거래위원회에, 시·도 협의회는 공정거래위원회 및 시·도에 조정의 경위, 조 정신청 각하 또는 조정절차 종료의 사유 등과 관계서류를 서면으로 지체없이 보고하 고 분쟁당사자에게 그 사실을 통보하여야 한다(가맹 제23조 제5항).

IV. 조정조서의 작성과 효력

가맹사업거래분쟁조정협의회의 조정 결과 조정사항에 대하여 조정이 성립된 경우 에는 조정조서를 작성하고, 조정에 참가한 위원과 분쟁 당사자가 기명날인한다(가맹 제 24조 제1항). 조정협의회가 조정절차를 개시하기 전에 분쟁 당사자가 스스로 조정하고 조정조서의 작성을 요구하는 경우에도 조정협의회는 그 조정조서를 작성하여야 한다 (가맹 제24조 제2항). 조정협의회가 작성한 조정조서는 재판상 화해와 동일한 효력을 갖는 다(가맹 제24조 제5항). 분쟁 당사자는 조정에서 합의된 사항을 이행하여야 하고, 이행 결 과를 공정거래위원회에 제출하여야 한다(가맹 제24조 제3항).

---

http://franchise.ftc.go.kr/main/ subIndex/22.do.

[판례 산책]

사례 1: 가맹본부의 행위가 가맹사업거래의 공정화에 관한 법률 제14조의2 제5항의 불이익제공행위 해당 여부를 판단하는 기준은?

【대법원 판결요지】 가맹사업거래의 공정화에 관한 법률 제14조의2 제5항 전단의 '불이익을 주는 행위'의 내용이 가맹계약의 갱신을 부당하게 거절하는 것인 경우에는 가맹본부가 계약갱신의 거절 사유로 들고 있는 계약조건이나 영업방침 등의 위반 사실이 확인된 경위, 위반행위의 내용, 횟수와 정도, 다른 가맹점사업자에 대한 계약갱신의 실태, 동종 또는 유사한 위반행위에 대하여 종전에 또는 다른 가맹점사업자에게 한 조치 내용과의 비교 등 제반 사정을 종합하여 그 갱신거절이 가맹점사업자단체의 구성·가입·활동 등을 이유로 한 것인지 판단하여야 한다. 가맹점사업자의 계약갱신요구권 행사기간이 경과하여 가맹점사업자의 계약갱신요구권이 인정되지 않는 경우라고 하더라도 가맹본부의 갱신거절이 당해 가맹점계약의 체결 경위·목적이나 내용, 그 계약관계의 전개 양상, 당사자의 이익 상황 및 가맹점계약 일반의 고유한 특성 등에 비추어 신의칙에 반하여 허용되지 아니하는 특별한 사정이 있을 수 있으므로, 가맹점사업자에게 계약갱신요구권이 인정되지 않는다는 이유만으로 가맹본부의 갱신거절이 가맹사업법 제14조의2 제5항 전단의 '불이익을 주는 행위'에 해당한다고 볼 수 있다(대법원 2021.9.30.선고 2020두48857 판결).

사례 2: 가맹본부는 가맹계약을 계약조항에 따라 일방적으로 해지할 수 있는가?

【대법원 판결요지】 갑이 을 주식회사와 지점설치계약을 체결한 후 을 회사의 택배사업을 수탁하여 운영하였는데, 을 회사가 갑에게 '거래처 이탈, 물량감소 등으로 지점운영이 불가능하여 지점존속이 불가능하다고 판단될 경우 을 회사가 일방적으로 계약을 해지하여도 갑은 하등의 이의를 제기하지 못한다.'고 정한 계약 조항에 근거하여 경영상의 이유를 들어 계약을 해지한다고 통지한 사안에서, 위 계약은 본사인 을 회사가 지점사업자인 갑으로 하여금 을 회사의 영업권, 상표 등 영업표지를 사용하여 택배사업을 수탁·운영하도록 하면서 갑에게 영업활동에 대한 지원과 통제를 하고, 갑은 을 회사의 영업표지를 사용하여 택배영업을 하면서 택배전산시스템을 이용하여 을 회사에 일 단위로 매출수입금 전액을 보고하고 월 단위로 정산하는 것을 주된 내용으로 하고 있으므로,… 위 계약은 가맹사업거래의 공정화에 관한 법률 제2조 제1호에서 정한 '가맹사업'에 해당하는데, 위 계약이 민법상 위임의 성격을 가지고 있다고 하더라도 가맹사업법이 특별법으로서 우선 적용되므로 계약해지절차에 관해서는 가맹사업법 제14조가 적용되고, 위 계약 조항은 강행규정인 가맹사업법 제14조에 반하는 것으로 그 자체로 무효이며, 위 계약 조항에 따른 을 회사의 해지 통지도 가맹사업법 제14조에서 정하고 있는 적법한 절차를 거치지 않은 이상 효력이 없다(대법원 2021. 8. 19. 선고 2021다225708 판결).

사례 3 : 돼지고기 음식점 가맹사업을 운영하는 을 주식회사와 가맹계약을 체결하여 그 가맹사업의 상호로 가맹점을 운영하던 갑이 그 가맹계약을 해지한 다음, 다른 상호로 돼지고기 음식점 및 가맹사업을 운영하면서 을 회사로부터 제공받은 인테리어, 메뉴 또는 세팅의 일부 등 영업방법을 그대로 사용하는 것은 부정경쟁행위에 해당하는가?

【대법원 판결요지】 갑이 돼지고기 음식점 가맹사업을 운영하는 을 주식회사와 가맹계약을 체결하여 그 가맹사업의 상호로 가맹점을 운영하다가 가맹계약을 해지한 다음, 다른 상호로 돼지고기 음식점 및 가맹사업을 운영하면서 기존 음식점들의 외부 간판은 다른 상호로 변경하였으나 을 회사로부터 제공받은 인테리어, 메뉴 또는 세팅의 일부 등 영업방법은 그대로 사용하자, 을 회사가 갑을 상대로 갑이 위 영업방법을 계속 사용하는 것은 부정경쟁방지 및 영업비밀보호에 관한 법률(2021. 12. 7. 법률 제18548호로 개정되기 전의 것) 제2조 제1호 (카)목의 부정경쟁행위에 해당한다며 사용금지를 구하는 가처분신청을 한 사안에서, 을 회사 가맹사업이 구축한 독창적인 이미지가 (카)목의 '상당한 투자나 노력으로 만들어진 성과 등'에 해당한다고 볼 여지가 있으나, 위 이미지는 상호, 간판 등 외관, 인테리어 및 구체적인 메뉴의 구성과 서빙방법 등을 종합하여 형성된 것인 반면, 갑은 그중 일부인 위 영업방법만을 계속 사용하였는데, 이는 이미 다수의 식당에서 사용되고 있는 것과 유사한 형태이거나 메뉴 또는 세팅의 극히 일부에 해당하여 위 영업방법만으로는 을 회사 가맹사업의 종합적 이미지가 형성된다고 보기 어렵고, 위 영업방법만을 별도로 '상당한 투자나 노력으로 만들어진 성과 등'에 해당한다고 보기도 어려우며, 나아가 갑이 상호, 간판, 그리고 내부 인테리어의 일부를 변경하고 최상급 돼지고기의 사용을 표방함으로써 을 회사 가맹사업의 종합적인 이미지와는 다른 이미지를 구축하고 있는 것으로 보이는 점 등에 비추어 보면, 갑이 위 영업방법을 계속 사용하는 것이 '공정한 상거래 관행이나 경쟁질서에 반하는 방법으로 자신의 영업을 위하여 타인의 성과를 무단으로 사용한 경우'에 해당한다고 볼 수 없는데도, 이와 달리 보아 갑이 위 영업방법을 계속 사용하는 것이 (카)목의 부정경쟁행위에 해당한다고 한 원심판단에는 법리오해의 잘못이 있다(대법원 2022. 6. 16.자 2019마6625 결정).

LECTURE
on
STARTUP
LAW

제**7**장

물적 자원 관리

LECTURE ON STARTUP LAW

| 제7장 | 물적 자원 관리 |

제1절 총설

창업을 하는 경우에는 창업하고자 하는 기업의 형태가 어떠하든 그 영업을 표시하는 상호나 명칭을 선정하여 사용하여야 하며, 사무실이 필요하지 않는 무점포형 창업의 경우를 제외하고는 창업 시에 제반 업무를 처리하고 창업 후에는 영업의 본거지로 삼을 사무실이나 점포를 확보하여야 한다.

먼저 상인이 자신의 영업을 대외적으로 표시하기 위하여 사용하는 명칭을 일반적으로 '상호'라 하고, 상인이 아닌 사업 주체가 그 사업에 관하여 대외적으로 사용하는 명칭을 단순히 '명칭'이라고 한다.[104] 상호의 선정과 사용에 관한 법률관계에 대해서는 「상법」에서 자세하게 규정하고 있으며, 영리 목적의 협동조합과 사회적협동조합의 명칭의 선정과 사용에 관하여는 「협동조합기본법」에서 규정하고 있다.

창업을 위한 사무실이나 점포를 마련하는 일도 중요하다. 사무실이나 점포의 입지조건이 창업자의 의향에 부합하는 경우에는 단독으로 사무실이나 점포를 개설하여 이용할 수 있다. 이 경우에 자기 소유의 건물이나 주택이 없는 창업자는 대부분 타인의 상가건물을 임차하여 사용하게 된다. 또 단독으로 사무실을 운용하기 어려운 창업자는 다른 사람들과 함께 사무실 공유 서비스를 이용하는 경우도 있다.

창업자가 창업을 할 때 개설한 점포는 창업 후에도 대개 사업 활동을 본격적으로 수행하는 근거지가 되므로, 창업 후도 대비하여 사무실 또는 점포를 선정하는 경우에는 상권정보시스템을 통하여 입지조건을 따져보고 보증금 및 차임, 제반 비용 등을 다각적으로 분석하여 결정하여야 할 것임은 두말할 나위가 없다.

---

104) 개인 상인이나 합자조합, 회사가 사용하는 영업상의 명칭을 「상법」은 '상호'라 하고, 민법상 조합과 비영리법인, 협동조합이나 사회적협동조합이 그 영업을 표시하기 위하여 대외적으로 사용하는 명칭을 「민법」과 「협동조합기본법」, 「사회적기업육성법」은 단순히 '명칭'이라고 표기하고 있다.

상표 등의 지식재산권을 확보하는 일도 간과되어서는 안 된다. 상표나 특허, 실용신안, 디자인 등의 지식재산도 등록을 하여야 그 배타적 권리를 확보하여 영업에 활용할 수 있으며, 타인이 이미 등록을 한 경우에는 그 실시권을 얻어야 영업에 이용할 수 있으므로, 타인의 등록 유무를 확인하여 기민하게 대처하여 나갈 필요가 있다.

이하에서는 상호와 명칭의 법률관계, 상표권 등 지식재산권의 법률관계, 상권정보시스템, 상가건물 임대차, 사무실 공유 서비스제도 등에 관하여 살펴본다.

제2절 상호

I. 상호의 의의

상호(商號)란 상인이 영업활동에 있어서 자기의 영업을 표시하기 위하여 사용하는 명칭을 말한다. 자연인인 상인은 자신의 성명 이외에 자신의 영업활동을 표시하기 위하여 상호를 사용하며, 회사 기업의 경우에는 회사의 명칭이 상호로 된다. 상호는 영업의 동일성과 독립성을 표시하며, 영업에 관한 명성과 신용을 나타내는 것이다.

상호는 상인이 자신의 영업을 표시하기 위하여 사용하는 명칭이므로, 의사·변호사·공인회계사 등 상인이 아닌 자의 명칭이나, 상인의 명칭이라도 영업과는 직접 관계없는 것은 상호가 아니다. 상호는 영업상의 명칭으로서 문자로 표시하고 호칭할 수 있어야 하므로 상표(商標)와 구분된다.

상표는 상품을 생산·제조·가공·판매하거나 서비스를 제공하는 자가 자기의 상품이나 서비스 또는 서비스의 제공에 관련된 물건을 타인의 상품이나 서비스 등과 식별하기 위하여 사용하는 표장(標章)으로서, 기호, 문자, 도형, 소리, 냄새, 입체적 형상, 홀로그램·동작 또는 색채 등 그 상품 등의 출처를 나타내기 위하여 사용하는 표시를 말한다(상표 제2조 1,2호).

II. 상호의 선정

1. 상호 선정의 자유

상인이 상호를 선정하는 경우에 그 성명 기타 명칭으로 상호를 자유로이 정할 수 있는 것이 원칙이다. 이를 상호자유주의라 한다. 따라서 상인은 타인의 성명이나 자기의 영업과 일치하지 않는 명칭도 상호로 선정할 수 있으며, 회사가 아니면 상호를 선정하지 않을 수도 있다. 다만, 상인이 상호를 자의로 선정하여 사용할 경우 영업의 주체에 대하여 대중의 오해를 초래할 수 있으므로, 「상법」과 「부정경쟁 방지 및 영업비밀 보호에 관한 법률」은 상호의 선정에 대하여 일정한 제한을 두고 있다.

2. 상호 선정의 자유에 대한 제한

1) 회사의 상호에 대한 제한

회사의 상호에는 그 종류에 따라 합명회사, 합자회사, 유한책임회사, 주식회사 또는 유한회사의 문자를 사용하여야 한다(상법 제19조). 은행, 신탁, 보험, 증권 등의 특수한 영업을 목적으로 하는 회사는 그 상호 중에 은행, 신탁, 보험, 증권 등의 문자를 사용하여야 하고, 특히 보험업을 주된 영업으로 영위하는 회사는 상호 중에 주로 영위하는 보험업의 종류를 표시하여야 한다(은행법 제14조, 신탁업법 제7조, 보험업법 제8조).

2) 회사 상호의 사용금지

회사 아닌 상인은 상호 중에 회사임을 표시하는 문자를 사용하지 못하며, 개인이 회사의 영업을 양수한 경우에도 같다(상법 제20조). 이 경우에 반드시 회사라는 명칭이 아니더라도 회사로 오인할 수 있는 문자를 사용하는 것도 금지된다. 또 은행, 신탁, 보험, 증권 등의 영업을 주된 목적으로 하는 회사가 아니 경우에는 그 상호 중에 은행, 신탁, 보험, 증권 등의 문자를 사용하지 못한다(은행법 제14조, 신탁업법 제7조, 보험업법 제8조).

3) 부정 목적에 의한 사용 제한

누구든지 부정한 목적으로 타인의 영업으로 오인할 수 있는 상호를 사용하지 못한다(상법 제23조 제1항). 부정한 목적이란 일반인에게 자기의 영업을 타인의 영업과 혼동·오인시키려는 의도를 말한다. 부정한 목적이 있는 한 상호의 등기 여부는 문제되지 않는다. 등기하지 아니한 타인의 상호를 부정한 목적으로 등기하여 사용하는 것도 금지된다.

4) 명의대여자의 책임

자기의 성명 또는 상호를 사용하여 영업할 것을 타인(명의차용자)에게 허락한 자(명의대여자)는 자기를 영업주로 오인하여 거래한 선의의 제3자에 대하여 그 거래로 생긴 채무에 관하여 명의차용자와 연대하여 변제할 책임을 진다(상법 제24조).

명의대여자에게 이 책임이 인정되기 위해서는 명의대여자가 명의차용자에게 자기의 성명이나 상호를 사용하여 영업할 것을 허락하여야 한다. 이 때 명의대여자의 허락은 반드시 명시적이어야 하는 것은 아니며, 묵시적인 허락도 포함한다.

묵시적 허락에 의한 명의대여자의 책임이 인정되기 위하여는 영업주가 자기의 성명 또는 상호를 타인이 사용하는 것을 알고 이를 저지하지 아니하거나 자기의 성명 또는 상호를 타인이 사용함을 묵인한 사실 및 제3자가 타인의 성명 또는 상호를 사용하는 자를 영업주로 오인하여 거래를 한 사실이 있어야 한다.

따라서 영업주가 자기의 상점, 전화, 창고 등을 타인에게 사용하게 한 사실은 있으나 그 타인과 원고 간의 거래를 위하여 그 타인이 영업주의 상호를 사용한 사실이 없는 경우에는 영업주에게 명의대여자의 책임이 인정되지 아니한다(대법원 1982.12.28. 선고 82다카887 판결 참조).

5) 부정경쟁방지 및 영업비밀보호에 관한 법률에 의한 제한

「부정경쟁 방지 및 영업비밀 보호에 관한 법률」은 그 목적 여하를 불문하고 국내에 널리 인식된 타인의 성명·상호와 동일하거나 이와 유사한 것을 사용하여 타인의 영업상의 시설 또는 활동과 혼동을 하게 하는 행위를 부정경쟁행위의 하나로 규정하고 있다(동법 제2조 제1항).

이러한 부정경쟁행위로 인하여 자신의 영업상의 이익이 침해되거나 침해될 우려가 있는 경우에는 부정한 목적이 없더라도 법원에 그 행위의 금지 또는 예방과 함께 손해배상을 청구할 수 있고(동법 제4조 제1,2항), 법원은 영업상의 신용을 회복하는데 필요한 조치를 명할 수 있다(동법 제6조).

3. 상호의 수

개인 상인이 수개의 영업을 하는 경우에는 각 영업에 관하여 서로 다른 상호를 사용할 수 있으나, 동일한 영업에 관하여는 하나의 상호를 사용하여야 한다(상법 제21조 제1항). 상호는 기업의 동일성을 표시하는 것이므로 동일한 영업에 관하여 수개의 상호를 사용할 경우 일반 공중이 영업과 그 영업주체의 동일성에 관하여 오인할 우려가 있기 때문이다. 따라서 동일한 영업에 관하여 수개의 영업소가 있는 경우에는 상호 중에 영업소 소재지의 명칭 기타 지점임을 표시하는 문자를 부가하여 본점과의 종속관계를 표시하여야 한다(상법 제21조 제2항).

다만, 회사의 상호는 그 영업이 수 개라도 반드시 단일하여야 한다. 회사의 상호는 회사의 법인격을 표시하는 유일한 명칭이므로, 수개의 영업을 하더라도 동일한 회사의 명칭을 다르게 할 수 없기 때문이다. 동일한 회사의 영업소가 수개인 경우에는 그 상호 중에 본점과의 종속관계를 표시하는 지점이나 지사 등의 문자를 부기하여 사용하여야 한다.

III. 상호의 등기

1. 상호 등기의 대상

개인상인의 상호는 그 등기 여부가 상인의 자유이며 상대적 등기사항이다. 개인상인의 상호는 영업소 소재지 관할 지방법원 또는 그 지원 또는 등기소에 등기하며, 그 등기에 있어서는 상호등기부에 상호, 영업의 종류, 영업소, 상호사용자의 성명·주소 및 주민등록번호를 등기하여야 한다(상등 제31조).

회사의 상호는 회사의 설립등기사항(상법 제180조 제1호, 제217조 제1항, 제317조 제2항 1호, 제549조 제2항 1호)으로서 반드시 등기를 하여야 하는 절대적 등기사항이다. 회사의 상호는 상호등기부에 등기하지 아니하고, 회사등기부에 등기한다.

상호의 등기에 있어서 외국문자로 된 상호는 그 발음을 한글 또는 한자로 표기하여 등기하여야 하며, 외국문자 그대로 등기하는 것은 허용되지 않는다. 상호의 등기 절차는 상업등기법과 대법원규칙에서 정한다(상등 제131조).

2. 상호 등기의 절차

1) 등기의 신청

상호의 등기는 등기 당사자의 영업소 소재지를 관할하는 지방법원이나 지원 또는 등기소에서 상호등기신청서를 작성하여 신청하여야 한다. 등기원인이 발생한 후에 상호를 등기한 사람이 사망한 경우에는 상속인이 상호의 등기를 신청할 수 있다(상등 제35조).

상호의 등기를 할 때에는 ⅰ) 상호, ⅱ) 영업소의 소재지, ⅲ) 영업의 종류, ⅳ) 상호사용자의 성명·주민등록번호 및 주소를 상호등기부에 등기하여야 한다(상등 제30조). 상호를 등기한 사람이 영업소를 다른 등기소의 관할구역 내로 이전하였을 때에는 구 영업소 소재지에서는 신영업소의 소재지와 이전 연월일을 등기하고, 신영업소 소재지에서는 이들 각 사항을 등기하여야 한다(상등 제31조).

회사의 상호는 회사의 정관에서 정하고, 그 등기는 이사 또는 사원이 회사의 설립등기를 할 때에 회사등기부에 등기한다(상등 제37조).

2) 변경등기

상호를 등기한 사람은 등기사항인 ⅰ) 상호, ⅱ) 영업소의 소재지, ⅲ) 영업의 종류, ⅳ) 상호사용자의 성명·주민등록번호 및 주소 중 어느 하나가 변경된 경우에는 변경등기를 신청하여야 한다(상등 제32조). 등기된 상호를 상속하거나 양수한 사람은 그 상호를 계속 사용하려는 때에는 상호의 상속 또는 양도의 등기를 신청할 수 있다(상등 제33조).

3. 상호 등기의 효력

1) 동일 상호의 등기 금지

동일한 특별시·광역시·특별자치시·시 또는 군 내에서는 동일한 종류의 영업을 위하여 다른 사람이 등기한 것과 동일한 상호를 등기할 수 없다(상법 제22조, 상등 제30조). 과거 「상업등기법」의 시행 전에는 타인이 등기한 상호와 유사한 상호의 등기도 금지되었으나, 「상업등기법」은 동일한 특별시·광역시·특별자치시·시·군내에서 동일한 상호의 등기만 금지하고 유사한 상호는 등기할 수 있도록 하였다.

이와 같이 타인이 등기한 상호와 동일한 상호를 등기할 수 없으나, 종래 다른 행정구역에서 각각 동종 영업에 관하여 동일한 상호가 등기된 후 행정구역의 변경에 의하여 동일한 상호가 경합하는 경우와, 지점의 설치로 인하여 지점소재지에 동일한 상호가 중복하여 존재하게 되는 경우에는 동일한 상호의 등기가 가능하다.

2) 부정한 목적의 존재 추정

동일한 특별시·광역시·특별자치시·시 또는 군에서 동종의 영업에 관하여 타인이 등기한 상호를 사용하는 자는 부정한 목적으로 사용하는 것으로 추정된다(상법 제23조 제4항). 따라서 타인이 등기한 상호와 동일한 상호를 사용하는 자는 자신에게 부정한 목적이 없음을 입증한 때에는 그 상호를 계속 사용할 수 있으나, 반대로 자신에게 부정한 목적이 없음을 입증하지 못하는 때에는 그 상호를 부정한 목적으로 사용하는 것으로 취급된다. 그리하여 이때는 그 상호를 등기한 자가 상호 사용자에게 상호 사용의 폐지와 손해배상의 청구 등의 권리를 행사할 수 있다.

이처럼 타인이 등기한 상호를 사용하는 자에게 부정한 목적이 있는 것으로 추정되는 것은 그 상호가 등기한 상호와 동일한 경우뿐만 아니라 유사한 경우도 포함한다. 즉, 타인이 등기한 상호와 확연히 구별할 수 없는 상호를 사용하는 자도 부정한 목적으로 사용하는 것으로 추정된다.

4. 상호 등기의 말소

상인이 상호를 폐지한 경우에는 상호 폐지의 등기를 신청하여야 한다(상등 제32조). 상호가 폐지되었음에도 불구하고 폐지의 등기를 하지 아니하는 경우에는 상호등기의 말소에 이해관계가 있는 자는 그 등기의 말소를 신청할 수 있다(상법 제27조, 상등 제36조 제1항). 이 신청이 있는 경우에 등기관은 등기를 한 자에게 1개월 이내의 기간을 정하여 그 기간 내에 이의를 진술하지 아니하면 등기를 말소한다는 뜻을 통지하여야 한다(상등 제78조 제1항). 등기관은 그 말소에 관하여 이의를 진술한 자가 있으면 그 이의에 대한 결정을 하여야 한다(상등 제79조). 이 기간 이내에 이의를 진술한 자가 없거나 이의를 각하한 경우에는 등기관은 당해 상호의 등기를 직권으로 말소하여야 한다(상등 제80조).

IV. 상호의 가등기

1. 상호 가등기의 의의

상호의 가등기(假登記)는 상호의 본등기를 하기 전에 장래의 상호등기를 보전하기 위하여 미리 하는 임시의 등기를 말한다. 상호의 가등기는 회사에 한하여 가능하며, 개인 상인에게는 허용되지 아니한다. 회사를 설립하고자 하거나 또는 회사의 상호나 목적을 변경하고자 하는 경우에 타인이 동일하거나 유사한 상호를 미리 등기함으로써 당해 회사의 상호를 등기하지 못하는 문제점을 보완하기 위한 제도이다(상법 제22조 의2).

2. 상호 가등기의 요건

1) 총 설

현행 상법상 상호의 가등기는 회사의 설립등기의 전후에 따라 그 대상을 달리하고 있다. 먼저 회사의 설립등기를 하기 전에는 유한책임회사와 주식회사, 유한회사에 한하여 그 상호의 가등기가 가능하다. 그러나 회사의 설립등기 후에는 유한책임회사와 주식회사, 유한회사는 물론 합명회사와 합자회사도 상호 또는 목적을 변경하거나 본점을 이전하는 경우에 상호의 가등기를 할 수 있다.

2) 회사 설립등기 전의 가등기

유한책임회사나 주식회사 또는 유한회사를 설립하는 경우에는 설립등기를 하기 전에 상호의 가등기를 할 수 있다. 설립등기를 하기 전에 상호의 가등기를 할 수 있는 회사는 유한책임회사와 주식회사 및 유한회사에 한하며, 합명회사와 합자회사는 설립등기를 하기 전에는 상호의 가등기를 할 수 없다. 상호의 가등기는 본점소재지를 관할하는 등기소에 신청하여야 한다(상법 제22조의2 제1항).

3) 회사 설립등기 후의 가등기

회사가 설립등기를 한 후에 상호 또는 목적을 변경하거나, 이 양자를 모두 변경하고자 할 때에는 본점소재지 관할 등기소에 상호의 가등기를 신청할 수 있다(상법 제22조의2 제2항).

이 가등기는 유한책임회사나 주식회사, 유한회사는 물론 합명회사와 합자회사도 신청할 수 있다. 회사가 설립등기를 하여 존속하는 중에 그 상호나 목적을 변경하고자 하는 경우에 동일한 지역에 있는 다른 회사가 그 변경 상호와 동일한 상호를 먼저 등기하면 그 상호의 변경 등기가 불가능하기 때문이다.

회사가 설립등기 후 본점을 이전하고자 하는 경우에도 이전 예정지의 관할 등기소에 상호의 가등기를 신청할 수 있다(상법 제22조의2 제3항). 본점의 이전 예정지에 있는 다른 회사가 미리 동일한 상호를 등기한 경우에는 본점의 이전이 곤란하므로 미리 가등기를 할 수 있도록 한 것이다.

3. 상호 가등기의 절차

1) 상호의 가등기 신청

주식회사 또는 유한회사의 설립등기 전에 그 상호를 가등기하고자 하는 경우에는 유한책임회사의 업무집행자, 주식회사의 발기인 또는 유한회사의 사원이 본점 소재지를 관할하는 등기소에 상호의 가등기를 신청한다(상등 제38조 제1항). 상호의 가등기를 할 때에는 상호, 본점이 소재할 특별시·광역시·특별자치시·시 또는 군, 회사의 목적, 발기인 또는 사원 전원의 성명·주민등록번호 및 주소, 본등기를 할 때까지의 기간을 등기하여야 한다(상등 제38조 제2항). 가등기를 한 후 본등기를 할 때까지의 기간은

2년을 초과할 수 없다(상등 제38조 제3항).

2) 상호·목적의 변경에 따른 상호의 가등기 신청

회사가 설립등기 후 상호나 목적 또는 상호와 목적을 변경하고자 할 때에는 본점의 소재지를 관할하는 등기소에 상호의 가등기를 신청할 수 있다(상법 제22조의2 제2항). 회사가 본점을 이전하고자 할 때에는 이전할 곳을 관할하는 등기소에 상호의 가등기를 신청할 수 있다(상법 제22조의2 제3항).

상호의 가등기를 할 때에는 ⅰ) 상호, ⅱ) 본점의 소재지, ⅲ) 목적, ⅳ) 본점 이전에 관계된 상호의 가등기의 경우에는 본점을 이전할 특별시·광역시·특별자치시·시 또는 군, ⅴ) 상호 변경에 관계된 상호의 가등기의 경우에는 변경 후 새로 정하여질 상호, ⅵ) 목적 변경에 관계된 상호의 가등기의 경우에는 변경 후 새로 정하여질 목적, ⅶ) 상호와 목적 변경에 관계된 상호의 가등기의 경우에는 변경 후 새로 정하여질 상호와 목적, ⅷ) 본등기를 할 때까지의 기간 등을 등기하여야 한다(상등 제39조 제1항).

위 ⅷ)의 '본등기를 할 때까지의 기간'은 본점 이전에 관계된 상호의 가등기의 경우에는 2년을 초과할 수 없고, 상호나 목적 또는 상호와 목적의 변경에 관계된 상호의 가등기의 경우에는 1년을 초과할 수 없다(상등 제39조 제2항).

3) 상호의 가등기를 위한 공탁

상호의 가등기 또는 '본등기를 할 때까지의 기간(예정기간)'을 연장하는 등기를 신청할 때에는 대법원규칙으로 정하는 금액을 공탁하여야 한다(상등 제41조).

이 공탁금은 상호의 가등기를 할 때 등기한 '본등기를 할 때까지의 기간(예정기간)' 내에 본등기를 하였을 때에는 회사 또는 발기인·사원이 회수할 수 있다. 그러나 회사 또는 발기인·사원이 ⅰ) 주식회사 또는 유한회사의 설립, 본점 이전, 목적 변경에 관계된 상호의 가등기의 경우에 상호를 변경하였거나, ⅱ) 상호나 목적 또는 상호와 목적 변경에 관계된 상호의 가등기의 경우에 본점을 다른 특별시·광역시·특별자치시·시 또는 군으로 이전하여 상호의 가등기의 말소를 신청하였을 때에는 이 공탁금을 회수할 수 없다(상등 제44조 제1항). 이 경우 상호의 가등기가 말소되면 공탁금은 국고에 귀속된다(상등 제44조 제2항).

4) 상호 가등기의 변경등기

상호의 가등기를 한 발기인·사원 또는 회사는 상호의 가등기를 할 때 등기한 '본등기를 할 때까지의 기간(예정기간)'을 연장하는 등기를 신청할 수 있다(상등 제40조 제1항). [105] 발기인이나 사원은 가등기의 등기사항 중 목적 또는 발기인·사원 전원의 성명· 주민등록번호 및 주소가 변경된 경우에는 그 변경등기를 신청하여야 한다(상등 제40조 제2항).

회사는 상호의 가등기를 할 때 등기한 사항 중 상호나 본점의 소재지 또는 목적이 변경된 경우에는 상호 가등기의 말소신청사유에 해당하는 경우를 제외하고는 그 변 경등기를 신청하여야 한다(상등 제40조 제3항).

5) 상호 가등기의 말소 신청과 직권 말소

회사 또는 발기인·사원은 ⅰ) 주식회사 또는 유한회사의 설립, 본점 이전, 목적 변 경에 관계된 상호의 가등기의 경우에 상호를 변경하였을 때, ⅱ) 상호나 목적 또는 상호와 목적 변경에 관계된 상호의 가등기의 경우에 본점을 다른 특별시·광역시·특 별자치시·시 또는 군으로 이전하였을 때, ⅲ) 그 밖에 상호의 가등기가 필요 없게 되 었을 때에는 상호의 가등기의 말소를 신청하여야 한다(상등 제42조 제1항). 이 때 회사 또 는 발기인·사원이 상호 가등기의 말소 신청을 하지 아니하는 경우에는 그 가등기의 말소에 이해관계가 있는 자가 그 가등기의 말소를 신청할 수 있다(상법 제27조, 상등 제42 조 제2항).

회사 또는 발기인·사원의 가등기의 말소 신청이 없더라도 상호 본등기의 예정기 간 내에 본등기를 하였을 때나 본등기를 하지 아니하고 예정기간을 지났을 때에 등 기관은 상호의 가등기를 직권으로 말소하여야 한다(상등 제43조).

4. 상호 가등기의 효력

상호의 가등기를 한 경우에는 동일한 특별시·광역시·특별자치시·시·군에서 가등 기한 상호와 동일한 상호를 동종 영업의 상호로 등기하지 못한다(상법 제22조의2 제4항, 제 22조, 상등 제46조, 제30조). 가등기를 한 상호와 동일한 상호가 동종 영업의 상호로 등기된 경우에는 가등기를 한 회사는 그 등기의 말소를 청구할 수 있다. 그러나 상호를 가등 기한 경우에는 다른 회사가 동종의 영업에 관하여 가등기한 상호를 사용하더라도 부 정한 목적으로 사용하는 것으로 추정되는 효력(상법 제23조 제4항)은 인정되지 아니한다.

---

105) 이 기간의 연장은 상업등기법 제38조 제3항과 제39조 제2항의 제한 기간을 초과할 수 없다(상등 제40조 제1항 단서).

V. 상호권

1. 상호권의 의의

상호권은 상호를 적법하게 선정한 상인이 그 상호의 사용에 관하여 가지는 권리를 말한다. 상호권은 상호사용권과 상호전용권으로 구분된다. 상호사용권은 상호권자가 타인의 간섭을 받지 않고 자신의 상호를 자유로이 사용할 수 있는 권리이고, 상호전용권은 자신의 영업으로 오인할 수 있는 상호를 타인이 부정한 목적으로 사용하는 경우에 그 사용을 배척할 수 있는 권리이다.

2. 상호사용권

상호사용권은 상호를 적법하게 선정한 자가 타인의 방해를 받지 않고 그 상호를 계약 등의 법률행위에 있어서나 간판·광고·명함 등에 사실상 자유로이 사용할 수 있는 적극적 상호권이다. 상호사용권은 상호의 등기 여부에 관계없이 인정된다.

3. 상호전용권

1) 상호전용권의 의의

상호전용권은 누구든지 부정한 목적으로 자기의 영업으로 오인할 수 있는 상호를 사용하는 경우에 그 사용의 폐지와 등기의 말소 등을 청구할 수 있는 소극적 상호권이다.

상호전용권은 상호의 등기 여부에 관계없이 생기는 권리로서 등기하지 아니한 상호에 대해서도 인정된다. 그러나 상호를 등기한 경우에는 「상법」 제23조 4항에 의하여 그 등기한 상호를 사용하는 자에게 부정한 목적이 있는 것으로 추정돼 상호권자는 그 사용자에게 부정한 목적이 있음을 입증할 필요가 없으므로, 상호전용권을 용이하게 행사할 수 있다.

2) 상호전용권의 행사 요건

가. 상호의 유사성

상호권자가 상호전용권을 행사하기 위해서는 상호사용자가 상호권자의 영업으로 오인할 수 있는 상호를 사용하여야 한다. 상호권자의 영업으로 오인할 수 있는 상호라 함은 상호사용자의 상호가 상호권자의 상호와 동일하거나 또는 유사한 경우를 말한다.

상호의 유사성은 일반 거래계의 사회통념에 따라 영업의 성질이나 내용·규모·수요자층 등을 감안하여 상호에 대한 전체적 인상을 기초로 일반인이 혼동·오인할 염려가 있는가의 여부를 기준으로 판단하여야 한다.[106] 상호의 유사성은 영업의 종류가 다르더라도 업종이 서로 밀접하게 관련되어 일반인들이 영업의 주체를 혼동·오인할 우려가 있으면 인정된다.[107]

나. 동일 또는 유사 상호의 사용

상호사용자가 상호권자의 상호와 동일하거나 유사한 상호를 영업활동에 사용하여야 한다. 이 때 상호의 사용은 직접적인 영업활동에 사용하는 경우뿐만 아니라 영업을 위한 보조적 상행위에 사용하는 경우도 포함하며, 영업에 관한 계약 등 법률행위에 사용하는 경우는 물론이고, 간판이나 광고 또는 포장지 등에 사실상 사용하는 것도 포함한다.

이때 상호사용자가 그 상호를 사용하게 된 원인도 상호권자의 상호와 동일하거나 유사한 상호를 새로 선정하여 사용하는 경우이든, 또는 그러한 상호를 양도·상속 등의 승계에 의하여 사용하는 경우이든 가리지 아니한다.

상호사용자와 상호권자의 업종이 다르더라도 무방하다. 상호사용자가 상호권자와 동일하거나 유사한 상호를 다른 종류의 영업에 사용하는 경우에도, 일반인들이 영업의 주체를 오인함으로써 상호권자가 손해를 입을 수 있으므로, 상호권자는 상호전용권을 행사할 수 있다.

상호사용자가 상호를 사용하는 지역에 관한 제한도 없다. 상호의 등기에 있어서는 동일한 특별시·광역시·특별자치시·시·군에서 동종 영업의 상호로 등기하지 못하나, 상호 사용에 관하여는 이러한 제한이 없으므로 부정한 목적이 있는 한 상호전용권은 지역에 관계없이 인정된다.

---

106) 대법원은 "'뉴서울 사장'이라는 상호 옆에 혹은 아래에 작은 글자로'전 허바허바 개칭'이라고 기재한다 할 것 같으면 이것은 채권자가 등기한'허바허바 사장'이라는 상호를 사용한 것으로 볼 것이며… 채무자의 상호 간판 '뉴서울사장'의 위 또는 아래와 옆에 작은 글씨로 '전 허바허바 개칭' 또는 '허바허바 사장 개칭'이라고 덧붙여 사용한 것은 비록 작은 글씨라 할지라도 같은 서울특별시 내에서 사진 영업을 하면서 다른 사람의 등기한 상호를 부정한 목적으로 다른 사람의 영업으로 오인할 수 있는 상호를 사용한 것이라고 할 것이다"고 판시하였다(대법원 1964. 4. 28. 선고 63다811 판결).

107) 대법원이 유사 상호로 판결한 예는 '고려당'과 '서울 고려당'(대법원 1993. 7. 13. 선고 92다49492 판결)이 있으며, 상호 '합자회사 현풍할매집'과 '주식회사 현풍할매집곰탕'은 등록상표인 "원 현풍할매곰탕집"과 전체적으로 동일 또는 유사하다고 판시하였다(대법원 1999. 12. 7. 선고 99도3997판결). 다만, '주식회사천일약방'과 '천일한약주식회사'에 대해서는 "천일"이라는 중요 부분에서 유사상호로 볼 수 있느냐 하는 점은 별문제로 하되 위 두개의 상호를 가리켜 상법상 동일 상호라고는 볼 수 없다고 판시하였다(대법원 1970. 9. 17. 선고 70다1225,1226 판결).

다. 부정한 목적의 존재

부정한 목적은 상호사용자가 상호권자와 동일하거나 유사한 상호를 사용함으로써, 일반인에게 자신의 영업을 상호권자의 영업과 혼동·오인시켜 상호권자의 상호가 가지는 영업상의 명성이나 사회적 신용을 자신의 영업에 이용하려는 의도를 말한다. 이때 상호사용자에게 상호권자의 성명이나 상호권을 침해하려는 의사가 있어야 할 필요는 없으며, '부정한 경쟁'을 목적으로 하지 않더라도 무방하다.

라. 손해 발생의 염려

미등기 상호의 경우 상호전용권을 행사하기 위해서는 상호사용자가 부정한 목적으로 상호권자와 동일하거나 유사한 상호를 사용하여 상호권자의 영업에 손해가 발생할 염려가 있어야 한다. 다만, 상호권자의 상호가 등기되어 있는 경우에는 이러한 염려는 요건이 아니다.

마. 입증책임

상호전용권을 행사하는 자는 이상의 요건을 증명하여야 한다. 다만 상호가 등기되어 있는 경우에는 그 등기상호를 사용하는 자에게 부정한 목적에 관한 입증책임이 있으므로, 상호권자는 상호사용자의 부정한 목적에 관한 입증책임을 지지 아니한다. 이때에는 동일하거나 또는 유사한 상호의 사용자가 자기에게 부정한 목적이 없음을 입증하지 못하면 상호권자는 그 밖의 다른 요건을 증명하여 상호전용권을 행사할 수 있다.[108]

3) 상호전용권의 효력

가. 상호사용폐지청구권

상호사용자가 부정한 목적으로 자기의 상호와 동일하거나 유사한 상호를 사용하는 경우에 상호권자는 그 부정 사용자에 대하여 상호 사용의 폐지를 청구할 수 있다(상법 제23조 제1,2항). 상호 사용의 폐지는 앞으로 그 상호를 사용하지 못하게 하는 것을 의미하며, 상호가 표기되어 있는 영수증이나 명함 등의 인쇄물의 폐기와 간판의 철거 등을 포함한다.

---

108) 상업등기법은 유사한 상호의 등기도 허용하고 있으나, 이는 상호의 등기를 용이하게 하기 위한 것이지, 부정 목적에 의한 사용까지 허용하는 취지는 아니다. 따라서 상호사용자가 상호권자의 등기 상호와 유사한 상호를 등기하더라도 상호를 이미 등기한 상호권자는 상호사용자에게 부정한 목적이 있음을 증명할 필요 없이 상호전용권을 행사할 수 있으며, 상호사용자가 자신에게 부정한 목적이 없음을 스스로 입증하지 못하는 한 상호권자는 바로 상호 사용 폐지와 상호 등기의 말소, 손해배상 등의 청구를 할 수 있다.

나. 상호등기말소청구권

상호의 부정 사용자가 상호권자의 영업으로 오인할 수 있는 상호를 등기하거나 가등기한 경우에는 상호권자는 그 등기 또는 가등기의 말소를 청구할 수 있다(상법 제23조 제2항, 제22조의2 제4항).

다. 손해배상청구권

상호의 부정사용으로 상호권자가 영업상의 손해를 입은 경우에는 상호건자는 상호 부정 사용자에 대하여 그 손해의 배상을 청구할 수 있다(상법 제23조 제3항).

4. 「부정경쟁 방지 및 영업비밀 보호에 관한 법률」의 규정

「부정경쟁 방지 및 영업비밀 보호에 관한 법률」은 상호의 등기 여부에 관계없이 국내에 널리 인식된 타인의 상호와 동일하거나 유사한 것을 사용하는 행위를 부정경쟁행위에 포함시키고 있다.[109] 이러한 부정경쟁행위로 자신의 영업상의 이익이 침해되거나 침해될 우려가 있는 자는 부정경쟁행위를 하거나 하려는 자에 대하여 부정한 목적의 존부에 관계없이 법원에 그 행위의 금지 또는 예방의 청구(동법 제4조 제1항)와 함께 부정경쟁행위를 조성한 물건의 폐기, 부정경쟁행위에 제공된 설비의 제거, 부정경쟁행위의 대상이 된 도메인이름의 등록말소, 그 밖에 부정경쟁행위의 금지 또는 예방을 위하여 필요한 조치를 함께 청구할 수 있도록 규정하고 있다(동법 제4조 제2항).

이와 동시에 고의 또는 과실에 의한 부정경쟁행위로 자신의 영업상 이익을 침해하여 손해를 입힌 자에 대하여 그 손해의 배상을 청구할 수 있고(동법 제5조), 고의 또는 과실에 의한 부정경쟁행위로 자신의 영업상의 신용을 실추시킨 자에게는 손해배상을 갈음하거나 손해배상과 함께 영업상의 신용을 회복하는 데에 필요한 조치[110]를 청구할 수 있도록 하였다(동법 제6조).[111]

---

109) 「부정경쟁 방지 및 영업비밀보호에 관한 법률」에서 규정하는 상호 관련 부정경쟁행위는 ① 국내에 널리 인식된 타인의 성명, 상호와 동일하거나 유사한 것을 사용하거나 이러한 것을 사용한 상품을 판매 · 반포(頒布) 또는 수입 · 수출하여 타인의 상품과 혼동하게 하는 행위, ② 국내에 널리 인식된 타인의 성명, 상호와 동일하거나 유사한 것을 사용하여 타인의 영업상의 시설 또는 활동과 혼동하게 하는 행위, ③ 정당한 권원이 없는 자가 ⅰ) 상표 등 표지에 대하여 정당한 권원이 있는 자 또는 제3자에게 판매하거나 대여할 목적, ⅱ) 정당한 권원이 있는 자의 도메인이름의 등록 및 사용을 방해할 목적, ⅲ) 그 밖에 상업적 이익을 얻을 목적 등으로 국내에 널리 인식된 타인의 상호 등과 동일하거나 유사한 도메인이름을 등록 · 보유 · 이전 또는 사용하는 행위 등이다(동법 제2조 1호 가, 나, 아).

110) 서울고등법원 1971. 10. 27. 선고 70나2817 제12민사부판결 : 상고 [손해배상등청구사건]에서는 주문에서 "동아일보, 조선일보, 한국일보 및 경향신문 지상에 3일간 계속하여 제목 2호, 내용 3호의 활자로서 별지기재와 같은 사과광고를 게재하라."고 선고하였다.

111) 이 밖에 동 법률은 특허청장, 시 · 도지사 또는 시장 · 군수 · 자치구 구청장에 대하여 부정경쟁행위를

제3절 협동조합 등의 명칭

I. 비영리법인 및 조합의 명칭

「민법」상의 비영리법인과 조합도 명칭을 가져야 하나, 그 명칭의 선정과 사용에 대해서는 「민법」에 아무런 규정이 없다. 다만, 비영리법인이나 조합의 명칭과 동일하거나 유사한 명칭을 고의 또는 과실로 사용하여 영업상 손실을 준 때에는 불법행위로 되어 그 사용자는 손해배상책임을 지게 되는 것은 일반 불법행위 책임으로서 당연하다.

II. 협동조합과 사회적협동조합의 명칭

1. 정관의 기재 및 등기

영리법인인 협동조합과 비영리법인인 사회적협동조합은 정관에 그 명칭을 기재하여야 하며, 설립등기 시에 이를 등기하여야 한다(협동 제16조 제1항, 제86조 제1항, 제19조 제1항, 제88조). 협동조합과 사회적협동조합이 그 명칭을 변경하는 경우에는 정관의 기재를 변경하고 설립신고를 한 시·도지사에게 신고를 하여야 그 효력이 발생한다(협동 제16조 제3항, 제86조 제3항).

2. 협동조합·사회적협동조합의 문자 사용

협동조합은 그 명칭에 협동조합이라는 문자를, 사회적협동조합은 그 명칭 중에 사회적협동조합이라는 문자를, 사회적협동조합연합회는 사회적협동조합연합회라는 문자를, 이종협동조합연합회는 이종협동조합연합회라는 문자를 각각 사용하여야 한다(협동 제3조 제1항). 「협동조합기본법」에 따라 설립된 협동조합이나 사회적협동조합, 사회적협동조합연합회, 이종협동조합연합회가 아니면 그 명칭에 협동조합이나 사회적협동조합, 사회적협동조합연합회, 이종협동조합연합회라는 문자 또는 이와 유사한 문자를 사용할 수 없다(협동 제3조 제3항).

조사하여 그 위반행위를 한 자에게 30일 이내의 기간을 정하여 위반행위의 중지, 표지 등의 제거나 수정, 향후 재발 방지, 그 밖에 시정에 필요한 권고를 하고(동법 제7조, 제8조 제1항), 위반행위를 한 자가 시정권고를 이행하지 아니한 때에는 위반행위의 내용 및 시정권고 사실 등을 공표할 수 있도록 하고 있다(동법 제8조 제2항).

3. 유사·중복 명칭 사용 금지

협동조합과 사회적협동조합은 ⅰ) 사업의 분야와 내용, ⅱ) 사업 구역, ⅲ) 조합원의 구성 등을 고려하여 다른 협동조합 및 사회적협동조합, 그 연합회 등과 구별되는 명칭을 사용하여야 한다(협동 시행령 제2조 제1항). 따라서 협동조합과 사회적협동조합은 다른 협동조합 및 사회적협동조합, 협동조합연합회나 사회적협동조합연합회의 명칭과 중복되거나 혼동되는 명칭을 사용하여서는 아니 된다(협동 제3조 제2항).[112] 이 때 명칭의 사용에 관하여 부정한 목적이 있어야 하는가는 문제되지 않는다. 부정한 목적이 없더라도 다른 협동조합 등과 중복되거나 혼동되는 명칭의 사용은 허용되지 아니한다.

4. 유사·중복 명칭 사용자에 대한 사용 폐지 청구 등

다른 협동조합이나 사회적협동조합이 자기 협동조합이나 사회적협동조합과 중복되거나 혼동되는 명칭 또는 자기 협동조합 등이 등기한 명칭을 사용하는 경우에는 「협동조합기본법」의 규정은 없으나, 법의 일반 원칙상 그 사용의 폐지를 요구할 수 있다. 이 경우 그 명칭이 이미 등기되어 있는 경우에는 등기의 말소를 청구할 수 있고, 그 사용으로 인하여 손해가 발생한 경우에는 그 손해의 원인과 손해액을 입증하여 손해의 배상을 청구할 수 있다. 이 경우에 등기된 명칭의 사용에 관하여 부정한 목적이 있는 것으로 추정하는 법률의 규정이 없으므로, 이러한 권리를 행사하기 위해서는 그 사용의 폐지 등을 주장하는 자가 그 권리 행사에 필요한 요건을 모두 입증하여야 한다.

협동조합이나 사회적협동조합이 다른 협동조합이나 사회적협동조합, 협동조합연합회, 사회적협동조합연합회와 중복되거나 혼동되는 명칭을 사용하거나, 협동조합이나 사회적협동조합이 아니면서 협동조합, 사회적협동조합 등의 문자 또는 이와 유사한 문자를 명칭에 사용한 자에게는 200만 원 이하의 과태료가 부과된다(협동 제119조 제1

---

112) 협동조합의 명칭 사용의 제한은 협동조합연합회나 사회적협동조합연합회에도 동일하게 적용된다. 협동조합연합회 또는 사회적협동조합연합회는 그 명칭에 국가나 특별시·광역시·특별자치시·도 또는 특별자치도의 명칭을 사용하여 국가나 시·도의 대표성이 있는 것으로 일반인의 오해나 혼동을 일으켜서는 아니 된다(협동 제3조 제4항 본문). 다만, 출자금, 회원 등 대통령령으로 정하는 요건을 충족하는 경우에는 기획재정부 장관의 인가를 받아 국가나 시·도의 명칭을 사용할 수 있다(협동 제3조 제4항 단서). 기획재정부 장관은 협동조합연합회 또는 사회적협동조합연합회가 그 명칭에 이에 따른 국가나 시·도의 명칭을 사용함으로써 국가나 지역에 대한 대표성 등에 일반인의 오해나 혼동을 일으킬 우려가 있는 경우에는 협동조합연합회 또는 사회적협동조합연합회에 그 명칭의 사용을 금지하거나 수정을 명할 수 있다(협동 제3조 제5항).

항 제1,2,3호).

III. 사회적기업의 명칭

사회적기업이 아닌 자는 그 명칭 중에 사회적기업 또는 이와 유사한 명칭을 사용하여서는 아니 된다(사회 제19조). 사회적기업이 합자조합이나 회사인 경우에는 그 명칭은 「상법」상의 상호이므로, 그 명칭에 관한 타인의 사용 제한이나 그 명칭의 부정 사용자에 대한 권리는 상호에 관한 「상법」의 규정에 의한다.

그러나 사회적기업의 조직 형태가 「민법」상의 법인이나 조합인 경우에는 그 명칭에는 「상법」이 적용되지 아니하나, 타인이 그 명칭을 부정한 목적으로 사용하는 경우에는 민법상 불법행위가 성립될 수 있으며, 그 타인에게 불법행위로 인한 손해의 배상을 청구할 수 있다. 뿐만 아니라 그 명칭이 특히 국내에 널리 알려져 있는 경우에는 「부정경쟁 방지 및 영업비밀 보호에 관한 법률」에 의하여 그 사용이 제한되므로 그 명칭사용자에게 그 명칭의 사용 금지 또는 예방과 함께 필요한 조치를 청구할 수 있다.

사회적기업이 아닌 자가 그 명칭 중에 사회적기업 또는 이와 유사한 명칭을 사용하면 1천만 원 이하의 과태료가 부과된다(사회 제23조 제1항 제2호).

IV. 「부정경쟁방지 및 영업비밀보호에 관한 법률」에 의한 사용 제한

「부정 경쟁 방지 및 영업비밀 보호에 관한 법률」은 국내에 널리 인식된 타인의 성명·상호와 동일하거나 이와 유사한 성명이나 상호의 사용을 제한하고 있다. 즉, 국내에 널리 인식된 타인의 성명·상호와 동일하거나 이와 유사한 것을 사용하여 타인의 영업상의 시설 또는 활동과 혼동을 하게 하는 행위를 한 자는 이로 인하여 그 영업상 이익이 침해되어 손해를 입은 자에 대하여 그 손해를 배상할 책임을 진다(동법 제5조).

이러한 부정경쟁행위로 인하여 자신의 영업상의 이익을 침해하거나 침해할 우려가 있는 자에 대해서는 법원에 그 행위의 금지 또는 예방과 함께 그 금지 또는 예방을 위하여 필요한 조치를 청구할 수 있다(동법 제4조 제1,2항). 나아가 고의 또는 과실에 의한 부정경쟁행위로 타인의 영업상의 신용을 실추하게 한 자에 대하여는 법원은 그 영업상의 이익이 침해된 자의 청구에 의하여 손해배상에 갈음하거나 손해배상과 함께 영업상의 신용을 회복하는데 필요한 조치를 명할 수 있다(동법 제6조).

그리하여 부정한 목적이 없더라도 국내에 널리 알려진 협동조합이나 사회적협동조합 또는 사회적기업의 명칭과 동일하거나 유사한 것을 사용하여 자신의 활동과 혼동을 하게 하는 자에 대해서는 이 법률에 의하여 손해배상 및 신용회복 청구 등의 권리를 행사할 수 있고, 등기가 되어 있는 경우에는 그 등기의 말소도 청구할 수 있다.

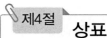

제4절 상표

I. 의의

상표는 자기의 상품을 타인의 상품과 식별하기 위하여 사용하는 표장(標章)을 말한다. 여기서 상품이라 함은 지리적 표시[113]가 사용되는 상품의 경우를 제외하고는 서비스 또는 서비스의 제공에 관련된 물건을 포함한다(상표 제2조 1호). 표장이란 기호, 문자, 도형, 소리, 냄새, 입체적 형상, 홀로그램·동작 또는 색채 등으로서 그 구성이나 표현방식에 상관없이 상품의 출처를 나타내기 위하여 사용하는 모든 표시를 말한다(상표 제2조 2호).[114]

상표는 상품을 생산·제조·가공·판매하거나 서비스를 제공하는 자가 자기의 상품이나 서비스 등이 타인의 상품이나 서비스 등과 식별되도록 하기 위하여 사용하는 표시라는 점에서 기업의 명칭인 상호와 구분된다. 상표는 상품이나 서비스의 동일성과 그 출처, 품질과 성능, 상품 등의 우수성과 명성 등을 나타내는 징표가 된다.

상표의 등록과 상표권, 상표권자의 보호 등에 관하여는 「상표법」과 「부정경쟁 방지 및 영업비밀 보호에 관한 법률」 등에서 규정하고 있다.

---

113) "지리적 표시"란 상품의 특정 품질·명성 또는 그 밖의 특성이 본질적으로 특정지역에서 비롯된 경우에 그 지역에서 생산·제조 또는 가공된 상품임을 나타내는 표시를 말한다(상표법 제2조 4호).

114) 상표는 '단체표장' 및 '지리적 표시 단체표장'과 구별된다. '단체표장'은 상품을 생산·제조·가공·판매하거나 서비스를 제공하는 자가 공동으로 설립한 법인이 직접 사용하거나 그 소속 단체원에게 사용하게 하기 위한 표장이며(상표법 제2조 3호). '지리적 표시 단체표장'이란 지리적 표시를 사용할 수 있는 상품을 생산·제조 또는 가공하는 자가 공동으로 설립한 법인이 직접 사용하거나 그 소속 단체원에게 사용하게 하기 위한 표장이다(상표법 제2조 4호). 단체표장이나 지리적 표시 단체표장도 상표와 같은 표장이나, 그 등록사용을 위해서는 당해 상품을 생산·제조 또는 가공하는 자가 공동으로 법인을 설립하여야 하며, 그 법인만이 자기의 단체표장을 등록받을 수 있고, 그 법인과 소속 단체원만이 사용할 수 있다. 또 이 단체표장과 지리적 표시 단체표장은 그 이전 및 전용사용권 설정 등이 제한되며, 침해에 대한 구제도 법인이 청구할 수 있고, 소속 단체원은 스스로 구제를 청구할 수 없다.

II. 상표의 등록

1. 상표등록출원

1) 상표등록출원서의 제출

국내에서 상표를 사용하는 자 또는 사용하려는 자는 자기의 상표를 등록받을 수 있다(상표 제3조 제1항 본문).[115] 미성년자·피한정후견인 또는 피성년후견인은 독립하여 법률행위를 할 수 있는 경우를 제외하고는 법정대리인에 의해서만 상표등록에 관한 출원을 할 수 있다(상표 제4조 제1,2항). 상표등록을 받으려는 자는 상표등록출원서를 특허청장에게 제출하여야 한다(상표 제36조 제1항). 상표등록출원서에는 ⅰ) 출원인의 성명 및 주소(법인인 경우에는 그 명칭 및 영업소의 소재지), ⅱ) 출원인의 대리인이 있는 경우에는 그 대리인의 성명 및 주소나 영업소의 소재지, ⅲ) 상표, ⅳ) 지정상품 및 산업통상자원부령으로 정하는 상품류, ⅴ) 표장에 관한 설명 등을 적어야 한다(상표 제36조 제2항).

2) 상표등록출원의 제한

상표를 등록받기 위해서는 자기의 상품을 타인의 상품과 구별할 수 있는 식별력이 있어야 한다. 따라서 ⅰ) 그 상품의 보통명칭을 보통으로 사용하는 방법으로 표시한 표장만으로 된 상표, ⅱ) 그 상품에 대하여 관용(慣用)하는 상표, ⅲ) 그 상품의 산지(産地)·품질·원재료·효능·용도·수량·형상·가격·생산방법·가공방법·사용방법 또는 시기를 보통으로 사용하는 방법으로 표시한 표장만으로 된 상표, ⅳ) 현저한 지리적 명칭이나 그 약어(略語) 또는 지도만으로 된 상표, ⅴ) 흔히 있는 성(姓) 또는 명칭을 보통으로 사용하는 방법으로 표시한 표장만으로 된 상표, ⅵ) 간단하고 흔히 있는 표장만으로 된 상표, ⅶ) 이들 상표 외에 수요자가 누구의 업무에 관련된 상품을 표시하는 것인가를 식별할 수 없는 상표 등은 등록을 받을 수 없다(상표 제33조 제1항).[116]

또 ⅰ) 대한민국의 국기, 국장(國章), 군기(軍旗), 훈장, 포장(褒章), 기장 등과 동맹국 또는 세계무역기구 회원국 또는 「상표법조약」 체약국의 국기와 동일·유사한 상표, ⅱ) 국가·인종·민족·공공단체·종교 또는 저명한 고인(故人)과의 관계를 거짓으로 표시하거나 이들을 비방 또는 모욕하거나 이들에 대한 평판을 나쁘게 할 우려가 있는

---

115) 특허청 직원과 특허심판원 직원은 상속 또는 유증(遺贈)의 경우를 제외하고는 재직 중에 상표를 등록받을 수 없다(상표 제3조 제1항 단서).

116) 상표등록출원이 제한되는 ⅰ)부터 ⅵ)까지에 해당하는 상표라도 상표등록출원 전부터 그 상표를 사용한 결과 수요자 간에 특정인의 상품에 관한 출처를 표시하는 것으로 식별할 수 있게 된 경우에는 그 상표를 사용한 상품에 한정하여 상표등록을 받을 수 있다(상표 제33조 제2항).

상표, iii) 국가·공공단체 또는 이들의 기관과 공익법인의 비영리 업무나 공익사업을 표시하는 표장으로서 저명한 것과 동일·유사한 상표, iv) 일반인의 통상적인 도덕관념인 선량한 풍속에 어긋나는 등 공공의 질서를 해칠 우려가 있는 상표, v) 정부가 개최하거나 정부의 승인을 받아 개최하는 박람회 또는 외국정부가 개최하거나 외국정부의 승인을 받아 개최하는 박람회의 상패·상장 또는 포장과 동일·유사한 표장이 있는 상표, vi) 저명한 타인의 성명·명칭 또는 상호·초상·서명·인장·아호(雅號)·예명(藝名)·필명(筆名) 또는 이들의 약칭을 포함하는 상표(그 타인의 승낙을 받은 경우에는 상표등록을 받을 수 있다), vii) 선출원에 의한 타인의 등록상표와 동일·유사한 상표로서 그 지정상품과 동일·유사한 상품에 사용하는 상표, viii) 선출원에 의한 타인의 등록된 지리적 표시 단체표장과 동일·유사한 상표로서 그 지정상품과 동일하다고 인식되어 있는 상품에 사용하는 상표 등에 대해서도 상표등록을 받을 수 없다(상표 제34조 제1항).

3) 선출원주의

상표의 등록에 있어서는 현행 「상표법」은 선출원(先出願)주의를 취하고 있다. 따라서 동일·유사한 상품에 사용할 동일·유사한 상표에 대하여 다른 날에 둘 이상의 상표등록출원이 있는 경우에는 먼저 출원한 자만이 그 상표를 등록받을 수 있다(상표 제35조 제1항).

그러나 동일·유사한 상품에 사용할 동일·유사한 상표에 대하여 같은 날에 둘 이상의 상표등록출원이 있는 경우에는 출원인의 협의에 의하여 정하여진 하나의 출원인만이 그 상표에 관하여 상표등록을 받을 수 있다. 협의가 성립하지 아니하거나 협의를 할 수 없는 때에는 특허청장이 행하는 추첨에 의하여 결정된 하나의 출원인만이 상표등록을 받을 수 있다(상표 제35조 제2항). 이 경우에 특허청장은 출원인에게 기간을 정하여 협의의 결과를 신고할 것을 명하고, 그 기간 내에 신고가 없는 경우에는 이 협의가 성립되지 아니한 것으로 본다(상표 제35조 제4항).

4) 1상표 1출원과 분할출원

상표등록출원을 하려는 자는 상품류의 구분에 따라 1류 이상의 상품을 지정하여 1상표마다 하나의 출원을 하여야 한다(상표 제38조 제1항). 상품류에 속하는 구체적인 상품은 특허청장이 정하여 고시한다(상표 제38조 제2항).

출원인이 둘 이상의 상품을 지정상품으로 하여 상표등록출원을 한 경우에는 일정한 기간(상표 제40조 제1항 및 제41조 제1항 각 호에서 정한 기간) 내에 둘 이상의 상표등록출원으로 분할할 수 있다(상표 제45조 제1항). 이러한 분할출원이 있는 경우 그 분할출원은 원칙적으로 최초에 상표등록출원을 한 때에 출원한 것으로 본다(상표 제45조 제2항).

5) 출원의 승계 및 분할이전

상표등록출원을 승계하는 경우에는 상속이나 그 밖의 일반승계의 경우를 제외하고는 출원인 변경신고를 하여야 하며, 이 변경신고를 하지 아니하면 그 효력이 발생하지 아니한다(상표 제48조 제1항). 상표등록출원의 상속이나 그 밖의 일반승계가 있는 경우에는 승계인은 지체 없이 그 취지를 특허청장에게 신고하여야 한다(상표 제48조 제3항).

상표등록출원은 그 지정상품마다 분할하여 이전할 수 있다. 이 경우 유사한 지정상품은 함께 이전하여야 한다(상표 제48조 제2항). 상표등록출원이 공유인 경우에는 각 공유자는 다른 공유자 전원의 동의를 받지 아니하면 그 지분을 양도할 수 없다(상표 제48조 제4항). 분할 이전된 상표등록출원은 최초의 상표등록출원을 한 때에 출원한 것으로 본다(상표 제48조 제5항).

2. 상표등록출원에 대한 심사

1) 심사관의 심사

상표등록출원이 있는 경우에 특허청장은 심사관에게 상표등록출원을 심사하게 한다(상표 제50조 제1항). 심사관의 자격에 관하여 필요한 사항은 대통령령으로 정한다(상표 제50조 제2항).

2) 심사의 순위

상표등록출원에 대한 심사에 있어서 그 심사의 순위는 출원의 순위에 따른다(상표 제53조 제1항). 다만, ⅰ) 상표등록출원 후 출원인이 아닌 자가 상표등록출원된 상표와 동일·유사한 상표를 동일·유사한 지정상품에 정당한 사유 없이 업으로서 사용하고 있다고 인정되는 경우, 또는 ⅱ) 출원인이 상표등록출원한 상표를 지정상품의 전부에 사용하고 있는 등 대통령령으로 정하는 상표등록출원으로서 긴급한 처리가 필요하다고 인정되는 경우에는 특허청장은 심사관으로 하여금 다른 상표등록출원보다 우선하여 심사하게 할 수 있다(상표 제53조 제2항).

3) 상표등록거절결정

심사 결과 상표가 그 정의에 맞지 아니하거나, 조약에 위반된 경우, 또는 「상표법」의 규정에 의하여 상표등록을 할 수 없는 경우에 해당하는 때에는 상표등록거절 결정을 하여야 한다. 이 경우 상표등록출원의 지정상품 일부가 이에 해당하는 때에는 그 지정상품에 대하여만 상표등록거절결정을 하여야 한다(상표 제54조). 상표등록거절 결정을 받은 자는 그 결정 등본을 송달받은 날부터 3개월(그 기간이 연장된 경우에는 그 연장 된 기간) 이내에 지정상품 또는 상표를 보정하여 해당 상표등록출원에 관한 재심사를 청구할 수 있다(상표 제55조의2 제1항).

4) 출원공고결정

심사관은 상표등록출원에 대하여 거절이유를 발견할 수 없는 경우(일부 지정상품에 거 절이유가 있는 경우에는 그 지정상품에 대한 거절결정이 확정된 경우)에는 원칙적으로 출원공고결정 을 하여야 한다(상표 제57조 제1항).

3. 출원공고

심사관의 출원공고결정이 있는 경우에 특허청장은 그 결정의 등본을 출원인에게 송달하고 그 상표등록출원에 관하여 상표공보에 게재하여 출원공고를 하여야 한다(상 표 제57조 제2항). 특허청은 출원공고를 한 날부터 2개월간 상표등록출원 서류 및 그 부 속서류를 특허청에서 일반인이 열람할 수 있게 하여야 한다(상표 제57조 제3항).

특허청장의 출원공고가 있는 경우에 출원인은 출원공고가 있은 후 해당 상표등록 출원에 관한 지정상품과 동일·유사한 상품에 대하여 해당 상표등록출원에 관한 상 표와 동일·유사한 상표를 사용하는 자에게 서면으로 경고할 수 있다. 출원인이 해당 상표등록출원의 사본을 제시하는 경우에는 출원공고 전이라도 서면으로 경고할 수 있다. 이 경고를 한 출원인은 경고 후 상표권을 설정등록할 때까지의 기간에 발생한 해당 상표의 사용에 관한 업무상 손실에 상당하는 보상금의 지급을 청구할 수 있다. 이 청구권의 행사는 상표권의 행사에 영향을 미치지 아니한다(상표 제58조 제1,2,4항).

이 출원공고 후에도 상표등록거절이유가 발견된 경우에는 심사관은 직권으로 상표 등록거절결정을 할 수 있다(상표 제67조 제1항). 이 상표등록거절결정을 할 경우에는 이의 신청이 있더라도 그 이의신청에 대해서는 결정을 하지 아니한다(상표 제67조 제2항).

4. 상표등록결정 및 직권재심사

심사관은 상표등록출원에 대하여 거절이유를 발견할 수 없는 경우에는 상표등록결정을 하여야 한다(상표 제68조). 상표등록 여부 결정은 서면으로 하여야 하며, 그 이유를 붙여야 한다(상표 제69조 제1항). 상표등록여부결정이 있는 경우에 특허청장은 그 결정의 등본을 출원인에게 송달하여야 한다(상표 제69조 제2항). 그러나 상표등록결정을 한 출원에 대하여 명백한 거절이유를 발견한 경우에는 심사관은 직권으로 상표등록결정을 취소하고 그 상표등록출원을 다시 심사할 수 있다(상표 제68조의2 제1항).

5. 상표권의 설정등록

1) 상표등록료의 납부

상표등록결정이 있는 경우에 심사관이 직권재심사를 하지 않는 한 출원인은 상표권의 설정등록을 받을 수 있다. 출원인이 상표권의 설정등록을 받기 위해서는 상표등록료를 내야 한다. 이 경우 출원인은 상표등록료를 2회로 분할하여 낼 수 있다(상표 제72조 제1항). 이해관계인도 상표등록료를 내야 할 자의 의사와 관계없이 상표등록료를 낼 수 있다(상표 제72조 제2항). 특허청장은 청구에 의하여 상표등록료의 납부기간을 30일을 넘지 아니하는 범위에서 연장할 수 있다(상표 제74조). 납부기간에 해당 상표등록료 또는 분할납부 시 1회차 상표등록료를 내지 아니한 경우에는 상표등록출원을 포기한 것으로 본다(상표 제75조).

2) 상표원부의 기재

출원인 등이 상표등록료를 내거나 보전한 경우에 특허청장은 상표원부에 상표권을 설정하기 위한 등록을 하여야 한다(상표 제82조 제2항).

상표원부는 상표에 관한 권리관계를 기재하는 장부이다. 상표원부에는 ⅰ) 상표권의 설정·이전·변경·소멸·회복, 존속기간의 갱신, 상품분류전환, 지정상품의 추가 또는 처분의 제한, ⅱ) 전용사용권 또는 통상사용권의 설정·보존·이전·변경·소멸 또는 처분의 제한, ⅲ) 상표권·전용사용권 또는 통상사용권을 목적으로 하는 질권의 설정·이전·변경·소멸 또는 처분의 제한 등에 관한 사항을 기재한다. 상표원부는 그 전부 또는 일부를 컴퓨터와 같은 전자적 기록매체 등으로 작성할 수 있다(상표 제80조 제1,2항).

특허청장이 상표원부에 상표권을 설정하기 위한 등록을 한 경우에는 상표권자의 성명·주소 및 상표등록번호 등 대통령령으로 정하는 사항을 상표공보에 게재하여 등록공고를 하여야 한다(상표 제82조 제2항).

3) 상표등록증의 발급

특허청장은 상표권의 설정등록을 하였을 경우에는 산업통상자원부령으로 정하는
바에 따라 상표권자에게 상표등록증을 발급하여야 한다(상표 제81조 제1항). 상표등록증
이 상표원부나 그 밖의 서류와 맞지 아니할 경우에는 특허청장은 신청에 의하여 또
는 직권으로 상표등록증을 회수하여 정정발급하거나 새로운 상표등록증을 발급하여
야 한다(상표 제81조 제2항).

III. 상표권

1. 의의

상표권은 상표의 설정등록에 의하여 발생하며(상표 제82조 제1항), 상표원부에 등록
된 상표를 그 지정상품에 관하여 배타적으로 사용할 수 있는 독점적 권리이다(상표
제89조).

여기서 상표의 사용에는 ⅰ) 상품 또는 상품의 포장에 상표를 표시하는 행위, ⅱ)
상품 또는 상품의 포장에 상표를 표시한 것을 양도·인도하거나 전기통신회선을 통
하여 제공하는 행위 또는 이를 목적으로 전시하거나 수출·수입하는 행위, ⅲ) 상품
에 관한 광고·정가표(定價表)·거래서류, 그 밖의 수단에 상표를 표시하고 전시하거나
널리 알리는 행위 등을 말한다(상표 제2조 11호).

상표를 표시하는 행위에는 ⅰ) 표장의 형상이나 소리 또는 냄새로 상표를 표시하
는 행위나 ⅱ) 전기통신회선을 통하여 제공되는 정보에 전자적 방법으로 표시하는
행위가 포함된다(상표 제2조 제2항).

2. 상표권의 존속기간

상표권의 존속기간은 상표의 설정등록이 있는 날부터 10년으로 하며, 존속기간갱
신등록신청에 의하여 10년씩 갱신할 수 있다(상표 제83조 제1,2항). 상표권의 존속기간갱
신등록신청을 하고자 하는 자는 존속기간갱신등록신청서를 특허청장에게 제출하여
야 한다(상표 제84조 제1항).

그러나 상표등록료 분할납부시 2회차 상표등록료를 내지 아니하거나 상표등록료
의 보전기간 내에 보전하지 아니하는 등 일정한 경우에는 상표권의 설정등록일 또는
존속기간갱신등록일부터 5년이 지나면 상표권이 소멸한다(상표 제83조 제3항).

상표권자 또는 출원인은 등록상표 또는 상표등록출원의 지정상품을 추가하여 상표등록을 받을 수 있다. 지정상품의 추가등록을 받으려는 자는 지정상품의 추가등록 출원서를 특허청장에게 제출하여야 한다. 이 경우 추가등록된 지정상품에 대한 상표권의 존속기간 만료일은 그 등록상표권의 존속기간 만료일로 한다(상표 제86조 제1,2항).

3. 상표권의 이전과 분할

상표권은 그 지정상품마다 분할하여 타인에게 이전할 수 있다. 이 경우 유사한 지정상품은 함께 이전하여야 한다(상표 제93조 제1항). 상표권을 이전하는 경우에는 그 이전을 상표원부에 등록하여야 하며, 이전을 등록하지 아니하면 그 효력이 발생하지 아니한다(상표 제96조 제1항).

상표권이 공유인 경우에 각 공유자는 그 공유지분을 양도할 수 있다. 공유자의 공유지분 양도에는 다른 공유자 모두의 동의를 받아야 한다(상표 제93조 제2항). 공유지분의 양도도 상표원부에 등록하여야 그 효력이 생긴다. 상표권의 상속은 등록을 하지 아니하여도 그 효력에 영향이 없다.

상표권의 지정상품이 둘 이상인 경우에는 상표권자는 그 상표권을 지정상품별로 분할할 수 있다(상표 제94조 제1항). 상표권의 분할은 상표등록의 무효심판이 청구된 경우에는 심결이 확정되기까지는 상표권이 소멸된 후에도 할 수 있다(상표 제94조 제2항).

4. 상표권에 관한 사용권의 설정과 효력

1) 의의

상표권자는 자기의 상표권에 관하여 타인에게 그 사용권을 설정할 수 있다. 즉 상표권자가 타인에게 자기의 등록상표를 지정상품과 동일한 상품에 독점적 또는 비독점적으로 사용할 수 있는 사용권을 설정하는 것이다. 상표권이 공유인 경우에는 각 공유자는 다른 공유자 모두의 동의를 받아야 상표권에 대하여 사용권을 설정할 수 있다(상표 제93조 제3항). 이 상표권 사용권은 사용권의 독점 여부에 따라 전용사용권과 통상사용권으로 구분된다.

2) 전용사용권

상표권자는 그 상표권에 관하여 타인에게 전용사용권을 설정할 수 있다. 상표권자가 타인에게 전용사용권을 설정한 때에는 그 전용사용권자가 등록상표를 사용할 권리를 독점한다(상표 제89조). 전용사용권의 사용 기간과 지역 및 지정상품 등에 대해서는 전용사용권 설정계약에서 정한다. 그리하여 전용사용권의 설정을 받은 전용사용권자는 그 설정행위로 정한 범위에서 지정상품에 관하여 등록상표를 독점적으로 사용할 권리를 갖는다(상표 제95조 제1,3항).

전용사용권자는 그 상품에 자기의 성명 또는 명칭을 표시하여야 한다(상표 제95조 제4항). 전용사용권자는 상표권자의 동의를 받아 그 전용사용권을 목적으로 하는 질권을 설정하거나 통상사용권을 설정할 수 있으며, 상속이나 그 밖의 일반승계의 경우를 제외하고는 상표권자의 동의를 받아야 그 전용사용권을 이전할 수 있다(상표 제95조 제5,6항).

3) 통상사용권

상표권자는 그 상표권에 관하여 타인에게 통상사용권을 설정할 수 있다(상표 제97조 제1항). 통상사용권은 등록상표를 비독점적으로 사용할 수 있는 권리이다. 전용사용권자도 상호권자의 동의를 얻어 그 전용사용권에 통상사용권을 설정할 수 있다(상표 제95조 제6항). 통상사용권의 사용범위와 기간 및 조건은 통상사용권의 설정행위에서 정한다. 통상사용권자는 그 설정행위로 정한 범위에서 지정상품에 관하여 등록상표를 사용할 권리를 가진다(상표 제97조 제2항). 통상사용권자는 그 상품에 자기의 성명 또는 명칭을 표시하여야 한다(상표 제97조 제5항, 제95조 제4항).

상호권자 또는 전용사용권자는 통상사용권을 설정한 후에도 스스로 상표권을 사용할 수 있다. 통상사용권은 상표권자(전용사용권에 관한 통상사용권의 경우는 상표권자 및 전용사용권자)의 동의를 받지 않으면 그 통상사용권을 목적으로 하는 질권을 설정할 수 없고, 또 상속이나 그 밖의 일반승계의 경우를 제외하고는 통상사용권을 이전할 수도 없다(상표 제97조 제3,4항).

4) 전용사용권·통상사용권 등의 등록

전용사용권 또는 통상사용권의 설정과 이전 등은 상표원부에 등록을 하여야 하며, 등록이 제3자에 대한 대항요건이다. 즉, ⅰ) 전용사용권 또는 통상사용권의 설정·이전(상속이나 그 밖의 일반승계에 의한 경우는 제외)·변경·포기에 의한 소멸 또는 처분의 제한과 ⅱ) 전용사용권 또는 통상사용권을 목적으로 하는 질권의 설정·이전(상속이나 그 밖의 일반승계에 의한 경우는 제외)·변경·포기에 의한 소멸 또는 처분의 제한 등은 상표원부에 등록하지 아니하면 제3자에게 대항할 수 없다(상표 제100조 제1항). 전용사용권 또는 통상사용권을 등록한 경우에는 그 등록 후에 상표권 또는 전용사용권을 취득한 자에 대해서도 효력이 발생한다(상표 제100조 제2항).

5. 상표권 등에 관한 질권의 설정과 효력

상표권·전용사용권 또는 통상사용권을 목적으로 하는 질권을 설정할 수 있다. 이 경우에는 질권자는 해당 등록상표를 사용할 수 없다(상표 제104조). 상표권이 공유인 경우에는 각 공유자는 다른 공유자 모두의 동의를 받아야 그 지분을 목적으로 하는 질권을 설정할 수 있다(상표 제93조 제2항). 상표권을 목적으로 하는 질권의 설정·이전·변경·소멸 등은 상표원부에 등록하여야 그 효력이 발생한다(상표 제96조 제1항).

상표권에 설정된 질권의 효력은 민법의 규정에 의하나, 「상표법」은 특별규정을 두고 있다. 즉, 상표권자(공유인 상표권을 분할청구한 경우에는 분할청구를 한 공유자를 제외한 나머지 공유자)는 상표권을 목적으로 하는 질권설정 전에 지정상품에 관하여 그 등록상표를 사용하고 있는 경우에는 그 상표권이 경매 등에 의하여 이전되더라도 그 상표권에 대하여 지정상품 중 사용하고 있는 상품에 한정하여 통상사용권을 가진다. 이 경우 상표권자는 경매 등에 의하여 상표권을 이전받은 자에게 상당한 대가를 지급하여야 한다(상표 제104조의2).

질권은 상표권의 사용에 대하여 받을 대가나 물건에 대해서도 행사할 수 있다. 이 경우 그 대가나 물건에 대하여 질권을 행사하기 위해서는 그 지급 또는 인도 전에 그 대가나 물건을 압류하여야 한다(상표 제105조).

6. 상표권의 포기와 소멸

1) 상표권의 포기

상표권자는 상표권에 관하여 지정상품마다 포기할 수 있다(상표 제101조). 상표권은 포기에 의하여 소멸되므로, 상표권에 전용사용권이나 통상사용권 또는 질권이 설정되어 있는 경우에는 상표권자가 그 권리의 목적인 상표권을 임의로 포기할 수 없다. 이 경우에는 상표권자는 전용사용권자나 통상사용권자 또는 질권자의 동의를 받아야 상표권을 포기할 수 있다.

또 전용사용권자는 질권자 또는 통상사용권자의 동의를 받지 아니하면 전용사용권을 포기할 수 없고, 통상사용권자는 질권자의 동의를 받지 아니하면 통상사용권을 포기할 수 없다(상표 제102조). 이들 역시 그 동의를 받아야 포기할 수 있다.

상표권이나 전용사용권, 통상사용권 또는 질권을 포기하였을 경우에는 상표권이나 전용사용권, 통상사용권 또는 질권은 그때부터 소멸된다(상표 제103조).

2) 상표권의 소멸

상표권자가 사망한 날부터 3년 이내에 상속인이 그 상표권의 이전등록을 하지 아니한 경우에는 상표권자가 사망한 날부터 3년이 되는 날의 다음 날에 상표권이 소멸된다(상표 제106조 제1항). 청산절차가 진행 중인 법인의 상표권은 법인의 청산종결등기일(청산종결등기가 되었더라도 청산사무가 사실상 끝나지 아니한 경우에는 청산사무가 사실상 끝난 날과 청산종결등기일부터 6개월이 지난 날 중 빠른 날)까지 그 상표권의 이전등록을 하지 아니한 경우에는 청산종결등기일의 다음 날에 소멸된다(상표 제106조 제2항).

IV. 상표권자의 보호

1. 개설

「상표법」은 상표권 또는 전용사용권 침해행위에 대하여 침해 금지·예방 청구와 손해 배상 청구 및 신용회복 청구에 관하여 규정하고, 특히 손해배상 청구에 있어서 일정한 경우에 고의를 추정하고, 손해액의 산정에 관하여 수개의 특칙을 정함과 동시에 고의에 의한 침해행위에 대해서는 징벌적 손해배상을 정하는 한편, 일정한 행위에 대하여 상표권 또는 전용사용권을 침해한 것으로 의제하고 있다.

상표권 등 침해로 의제되는 행위는 ⅰ) 타인의 등록상표와 동일한 상표를 그 지정상품과 유사한 상품에 사용하거나 타인의 등록상표와 유사한 상표를 그 지정상품과 동일·유사한 상품에 사용하는 행위, ⅱ) 타인의 등록상표와 동일·유사한 상표를 그 지정상품과 동일·유사한 상품에 사용하거나 사용하게 할 목적으로 교부·판매·위조·모조 또는 소지하는 행위, ⅲ) 타인의 등록상표를 위조 또는 모조하거나 하게 할 목적으로 그 용구를 제작·교부·판매 또는 소지하는 행위, ⅳ) 타인의 등록상표 또는 이와 유사한 상표가 표시된 지정상품과 동일·유사한 상품을 양도 또는 인도하기 위하여 소지하는 행위 등이다(상표법 제108조 제1항).

또 「부정경쟁 방지 및 영업비밀보호에 관한 법률」은 국내에 널리 인식된 타인의 상표와 동일하거나 유사한 것을 사용하는 행위 등을 부정경쟁행위에 포함시키고,[117]

---

117) 「부정경쟁 방지 및 영업비밀보호에 관한 법률」에서 규정하는 상표 관련 부정경쟁행위는 ① 국내에 널리 인식된 타인의 상표, 그 밖에 타인의 상품임을 표시한 표지(標識)와 동일하거나 유사한 것을 사용하거나 이러한 것을 사용한 상품을 판매·반포(頒布) 또는 수입·수출하여 타인의 상품과 혼동하게

이러한 부정경쟁행위를 하거나 하려는 자에 대하여 그 침해행위의 금지 또는 예방 청구(동법 제4조 제1항), 고의 또는 과실에 의한 부정경쟁행위로 자기의 영업상 이익을 침 해하여 손해를 입힌 자에 대한 손해배상의 청구(동법 제5조), 영업상의 신용을 실추시킨 자에 대한 신용회복 청구(동법 제6조)에 관하여 정하고 있다.[118]

이 밖에 동 법률은 특허청장, 시·도지사 또는 시장·군수·자치구 구청장에 대하여 부정경쟁행위를 조사하여 그 위반행위를 한 자에게 30일 이내의 기간을 정하여 위반 행위의 중지, 표지 등의 제거나 수정, 향후 재발 방지, 그 밖에 시정에 필요한 권고를 하고(동법 제7조, 제8조 제1항), 위반행위를 한 자가 시정권고를 이행하지 아니한 때에는 위 반행위의 내용 및 시정권고 사실 등을 공표할 수 있도록 하고 있다(동법 제8조 제2항).

2. 권리침해에 대한 금지·예방청구권

1) 의의

상표권자 또는 전용사용권자는 자기의 상표권 또는 전용사용권을 침해한 자 또는 침해할 우려가 있는 자에 대하여 그 침해의 금지 또는 예방을 청구할 수 있다(상표 제 107조 제1항). 상표권자 또는 전용사용권자가 이 청구를 할 경우에는 침해행위를 조성한 물건의 폐기, 침해행위에 제공된 설비의 제거나 그 밖에 필요한 조치를 청구할 수 있 다(상표 제107조 제2항).

상표권자 또는 전용사용권자가 상표권 또는 전용사용권 침해의 금지 또는 예방을 청구하는 소를 제기한 경우에 법원은 원고 또는 고소인의 신청에 의하여 임시로 침 해행위의 금지, 침해행위에 사용된 물건 등의 압류나 그 밖에 필요한 조치를 명할 수 있다. 이 경우 법원은 원고 또는 고소인에게 담보를 제공하게 할 수 있다(상표 제107조 제3항).

하는 행위, ② 「공업소유권의 보호를 위한 파리협약」 당사국, 세계무역기구 회원국, 「상표법 조약」 의 체약국에 등록된 상표 또는 이와 유사한 상표에 관한 권리를 가진 자의 대리인이나 대표자 또는 그 행위일 전 1년 이내에 대리인이나 대표자이었던 자가 정당한 사유 없이 해당 상표를 그 상표의 지정상품과 동일하거나 유사한 상품에 사용하거나 그 상표를 사용한 상품을 판매·반포 또는 수입 ·수출하는 행위, ③ 정당한 권원이 없는 자가 i) 상표 등 표지에 대하여 정당한 권원이 있는 자 또 는 제3자에게 판매하거나 대여할 목적, ii) 정당한 권원이 있는 자의 도메인이름의 등록 및 사용을 방해할 목적, iii) 그 밖에 상업적 이익을 얻을 목적 등으로 국내에 널리 인식된 타인의 상표와 동일 하거나 유사한 도메인이름을 등록·보유·이전 또는 사용하는 행위 등이다(동법 제2조 1호 가, 사, 아).
118) 「부정경쟁 방지 및 영업비밀보호에 관한 법률」 제15조 제1항은 상표권 침해행위금지·예방과 손해배 상 및 신용회복에 관하여 「상표법」의 규정에 의하도록 하고 있다.

3. 손해배상청구권

1) 의의

상표권자 또는 전용사용권자는 자기의 상표권 또는 전용사용권을 고의 또는 과실로 침해한 자에 대하여 그 침해에 의하여 자기가 실제 받은 손해의 배상을 청구할 수 있다(상표 제109조).

2) 고의의 추정

침해행위의 고의 또는 과실은 원칙적으로 손해배상을 청구하는 자가 입증하여야 하나, 「상표법」은 등록상표임을 표시한 타인의 상표권 또는 전용사용권을 침해한 자에 대해서는 그 침해행위에 대하여 그 상표가 이미 등록된 사실을 알았던 것으로 추정하고 있다(상표 제112조).

3) 손해액의 산정에 관한 특칙

상표권자 또는 전용사용권자가 손해배상을 청구하는 경우 그 손해액은 실제 발생한 손해액으로서 청구자가 입증하여야 하나, 실제 발생한 손해액의 입증이 곤란하므로 「상표법」은 손해액의 산정에 관하여 다음과 같은 특칙을 정하고 있다.

첫째, 상표권자 또는 전용사용권자가 손해배상을 청구하는 경우 그 권리를 침해한 자가 침해행위를 하게 한 상품을 양도하였을 때에는 ⅰ) 그 상품의 양도수량(상표권자 또는 전용사용권자가 그 침해행위 외의 사유로 판매할 수 없었던 사정이 있는 경우에는 그 침해행위 외의 사유로 판매할 수 없었던 수량을 뺀 수량) 중 상표권자 또는 전용사용권자가 생산할 수 있었던 상품의 수량에서 실제 판매한 상품의 수량을 뺀 수량을 넘지 아니하는 수량에 상표권자 또는 전용사용권자가 그 침해행위가 없었다면 판매할 수 있었던 상품의 단위수량당 이익액을 곱한 금액과 ⅱ) 그 상품의 양도수량 중 상표권자 또는 전용사용권자가 생산할 수 있었던 상품의 수량에서 실제 판매한 상품의 수량을 뺀 수량을 넘는 수량 또는 그 침해행위 외의 사유로 판매할 수 없었던 수량이 있는 경우 이들 수량(상표권자 또는 전용사용권자가 그 상표권자의 상표권에 대한 전용사용권의 설정, 통상사용권의 허락 또는 그 전용사용권자의 전용사용권에 대한 통상사용권의 허락을 할 수 있었다고 인정되지 아니하는 경우에는 해당 수량을 뺀 수량)에 대해서는 상표등록을 받은 상표의 사용에 대하여 합리적으로 받을 수 있는 금액의 합계액을 상표권자 또는 전용사용권자가 입은 손해액으로 할 수 있다(상표 제110조 제1항).

둘째, 상표권자 또는 전용사용권자가 손해배상을 청구하는 경우 권리를 침해한 자가 그 침해행위에 의하여 이익을 받은 경우에는 그 이익액을 상표권자 또는 전용사용권자가 받은 손해액으로 추정한다(상표 제110조 제3항).

셋째, 상표권자 또는 전용사용권자가 손해배상을 청구하는 경우 그 등록상표의 사용에 대하여 합리적으로 받을 수 있는 금액에 상당하는 금액을 상표권자 또는 전용사용권자가 받은 손해액으로 하여 그 손해배상을 청구할 수 있다(상표 제110조 제4항). 그러나 실제 손해액이 이 금액을 초과하는 경우에는 그 초과액에 대해서도 이와 함께 손해배상을 청구할 수 있다. 이 경우 상표권 또는 전용사용권을 침해한 자에게 고의 또는 중대한 과실이 없을 때에는 법원은 손해배상액을 산정할 때 그 사실을 고려할 수 있다(상표 제110조 제5항).

넷째, 상표권 또는 전용사용권의 침해행위에 관한 소송에서 손해가 발생한 것은 인정되나 그 손해액을 증명하기 위하여 필요한 사실을 밝히는 것이 사실의 성질상 극히 곤란한 경우에는 법원은 위의 세 가지 손해액 산정기준에 관계없이 변론전체의 취지와 증거조사의 결과에 기초하여 상당한 손해액을 인정할 수 있다(상표 제110조 제6항).

다섯째, 고의적으로 상표권자 또는 전용사용권자의 등록상표와 동일·유사한 상표를 그 지정상품과 동일·유사한 상품에 사용하여 상표권 또는 전용사용권을 침해한 자에 대하여 법원은 실제 받은 손해에 관계없이 위의 네 가지 손해액 산정기준에 따라 손해로 인정된 금액의 3배를 넘지 아니하는 범위에서 배상액을 정할 수 있다. 이 배상액을 판단할 때에는 ⅰ) 침해행위로 인하여 해당 상표의 식별력 또는 명성이 손상된 정도, ⅱ) 고의 또는 손해 발생의 우려를 인식한 정도, ⅲ) 침해행위로 인하여 상표권자 또는 전용사용권자가 입은 피해 규모, ⅳ) 침해행위로 인하여 침해한 자가 얻은 경제적 이익, ⅴ) 침해행위의 기간·횟수 등, ⅵ) 침해행위에 따른 벌금, ⅶ) 침해행위를 한 자의 재산상태, ⅷ) 침해행위를 한 자의 피해구제 노력의 정도 등을 고려하여야 한다(상표 제110조 제7,8항).

4) 법정손해배상의 청구

상표권자 또는 전용사용권자는 자기가 사용하고 있는 등록상표와 같거나 동일성이 있는 상표를 그 지정상품과 같거나 동일성이 있는 상품에 사용하여 자기의 상표권 또는 전용사용권을 고의나 과실로 침해한 자에 대하여 실제 받은 손해의 배상을 청구하는 대신 1억원(고의적으로 침해한 경우에는 3억원) 이하의 범위에서 상당한 금액을 손해액으로 하는 법정손해의 배상을 청구할 수 있다(상표 제111조 제1항 본문).

상표권자 또는 전용사용권자가 상표권 또는 전용사용권 침해행위에 대하여 실제 받은 손해의 배상을 청구한 경우에도 법원이 변론을 종결할 때까지는 그 청구를 이같은 법정손해배상의 청구로 변경할 수 있다(상표 제111조 제2항). 이 경우 법원은 변론전체의 취지와 증거조사의 결과를 고려하여 상당한 손해액을 인정할 수 있다(상표 제111조 제1항 후문).

4. 신용회복청구권

상표권 또는 전용사용권을 고의나 과실로 침해함으로써 상표권자 또는 전용사용권자의 업무상 신용을 떨어뜨린 자에 대해서는 법원은 상표권자 또는 전용사용권자의 청구에 의하여 손해배상을 갈음하거나 손해배상과 함께 상표권자 또는 전용사용권자의 업무상 신용회복을 위하여 필요한 사죄광고 등의 조치를 명할 수 있다(상표 제113조).

[참고]

특허권·실용신안권·디자인권의 권리관계

1) 의의

지식재산권에는 상표권 외에도 특허권, 실용신안권, 디자인권이 있다.

특허권은 특허발명에 관하여 갖는 독점적·배타적 지배권이다. 특허발명은 특허를 받은 발명이며, '발명'이란 자연법칙을 이용한 기술적 사상의 창작으로서 고도(高度)한 것을 말한다. 발명이 특허를 받기 위해서는 산업상 이용할 수 있는 것으로서 신규성과 진보성이 있어야 한다. 즉, 특허출원 전에 국내외에서 공지되거나 공연히 실시된 발명 또는 국내외에서 발간된 간행물에 게재되었거나 전기통신회선을 통하여 공중이 이용할 수 있는 발명이 아니어야 하며, 그 발명이 속하는 기술분야에서 통상의 지식을 가진 사람이 쉽게 발명할 수 있는 것이 아니어야 한다(특허법 제29조 제1,2항). 특허권에 관하여는 「특허법」에서 규정하고 있다.

실용신안권은 산업상 이용할 수 있는 물품의 형상·구조 또는 조합에 관한 고안에 관한 독점적·배타적인 지배권이다. '고안'이란 자연법칙을 이용한 기술적 사상의 창작으로서 발명에서와 같은 신규성과 진보성이 있어야 한다. 발명과 고안은 모두 자연법칙을 이용한 기술적 사상의 창작이라는 점에서 같으나, 발명은 새로운 물품을 만들어내는 고도한 것임에 비하여 고안은 현재 이미 존재하는 물품을 응용한 것으로서 고도한 것이 아니라는 점에서 차이가 있다. 실용신안권에 관하여는 「실용신안법」에서 규정하고 있다.

디자인권은 디자인에 관한 독점적·배타적인 지배권을 말한다. '디자인'이란 물품(물품의 부분, 글자체 및 화상 포함)의 형상·모양·색채 또는 이들을 결합한 것으로서 시각을 통하여 미감(美感)을 일으키게 하는 것을 말한다. '글자체'는 기록이나 표시 또는 인쇄 등에 사용하기 위하여 공통적인 특징을 가진 형태로 만들어진 한 벌의 글자꼴(숫자, 문장부호 및 기호 등의 형태 포함)을 말한다. 디자인권에 관하여는 「디자인보호법」에서 규정하고 있다.

2) 권리의 등록출원과 설정등록

특허권과 실용신안권 및 디자인권은 상표의 경우와 같이 특허청장에게 등록출원을 하고, 이에 대한 심사관의 심사를 거쳐 특허권과 실용신안권은 특허원부에, 디자인권은 디자인등록원부에 설정등록을 함으로써 발생한다. 등록출원의 방식과 선출원주의, 심사·결정, 등록거절결정과 이유의 통지, 출원공개 등의 절차는 상표권의 경우와 대체로 유사하다.

특허권·실용신안권·디자인권의 설정등록 시에는 특허권의 경우는 특허료, 실용신안권과 디자인권은 등록료를 내야 하는데, 이들 권리의 설정등록을 받으려는 자는 모두 수수료 외에 설정등록을 받으려는 날부터 3년분의 특허료 또는 등록료를 내야 하고, 그 다음 해부터의 요금을 해당 권리의 설정등록일에 해당하는 날을 기준으로 매년 1년분씩 내야 하는데, 수년 분 또는 모든 연도 분을 함께 낼 수 있다(특허 제79조 제1항, 제16조, 제17조, 디자인 제79조).

3) 권리의 발생과 존속기간

특허권·실용신안권·디자인권은 설정등록한 날부터 발생하는데, 권리의 존속기간은 특허권은 설정등록한 날부터 특허출원일 후 20년이 되는 날까지이며(특허 제88조 제1항), 실용신안권은 설정등록한 날부터 실용신안등록출원일 후 10년이 되는 날까지(실용 제22조 제1항), 디자인권은 등록출원일 후 20년이 되는 날까지 존속된다(디자인 제91조). 특허권과 실용신안권은 존속기간의 연장등록출원이 있으면 그 존속기간은 연장된다(특허 제89조~제93조, 실용 제22조의2~제22조의5).

4) 권리의 효력과 전용실시권 및 통상실시권

특허권·실용신안권·디자인권의 권리자는 업으로서 그 특허발명 또는 실용신안, 등록디자인 또는 이와 유사한 디자인을 실시할 권리를 독점하며(특허 제94조, 실용 제23조, 디자인 제92조), 권리의 이전과 공유인 경우의 법률관계, 전용실시권의 설정과 통상실시권의 허락 등은 모두 같다. 다만, 상표권의 경우와 달리 전용실시권은 등록을 하여야 효력이 발생하나, 통상실시권은 등록사항이 아니다(특허 제99조~제102조, 실용 제28조, 디자인 제96조, 제98조).

또 출원 시에 그 출원된 발명·고안·디자인의 내용을 알지 못하고 그 발명·고안·디자인창작을 하거나 그 발명·고안·디자인창작을 한 사람으로부터 알게 되어 국내에서 그 발명·고안·디자인의 실시사업을 하거나 이를 준비하고 있는 자는 그 실시하거나 준비하고 있는 발명·고안·디자인 및 사업목적의 범위에서 그 출원된 특허권·실용신안권·디자인권에 대하여 통상실시권을 가진다(특허 제103조, 실용 제28조, 디자인 제100조). 디자인의 경우는 이 밖에 일정한 요건이 모두 갖춰진 경우에는 선출원에 의한 통상실시권도 인정된다(디자인 제101조).

5) 권리자의 보호

특허권·실용신안권·디자인권 또는 그 전용실시권을 침해하였거나 또는 침해할 우려가 있는 경우 침해의 금지 또는 예방 청구에 관한 규정과 고의 또는 과실로 자기의 권리를 침해한 자에 대한 손해 배상의 청구에 관한 규정도 상표권의 경우와 대체로 같다(특허 제126조~제128조, 131조, 실용 제30조, 디자 제113조~제118조). 다만, 고의 또는 과실의 추정에 있어서는 권리에 따라 차이가 있다. 등록상표권 또는 그 전용사용권의 침해에 있어서는 고의가 추정되나, 특허권·실용신안권· 디자인권(비밀디자인으로 설정등록된 경우는 제외) 또는 그 전용실시권을 침해한 자에게는 그 침해 행위에 대하여 과실이 있는 것으로 추정된다(특허 제130조, 실용 제30조, 디자 제116조 제1항).

제5절 도메인이름

I. 의의

도메인(domain)이름은 인터넷에서 인터넷 프로토콜 주소를 사람이 기억하기 쉽도록 하기 위하여 만들어진 것을 말한다. 인터넷 프로토콜(protocol) 주소는 인터넷에서 국제 표준방식 또는 국가표준방식에 의하여 일정한 통신규약에 따라 특정 정보시스템을 식별하여 접근할 수 있도록 하는 숫자·문자·부호 또는 이들의 조합으로 구성되는 정보체계인데, 도메인이름은 이 정보체계를 사람들이 쉽게 인식할 수 있도록 한 것 이다.

도메인이름은 인터넷의 보급·확산으로 가상공간에서 국경을 넘어 활발하게 이루어지고 있는 기업의 각종 거래와 광고 및 홍보활동에 있어서 기업을 비롯한 거래당사자의 동일성을 나타내고, 나아가 기업의 명성과 신용의 표적이 되고 있다. 도메인이름의 사용에 관하여는 「인터넷주소자원에 관한 법률」에서 정하고 있다.

II. 도메인이름의 사용·관리

도메인이름을 사용하려는 자는 인터넷주소관리기관이나 인터넷주소관리대행자 또는 최상위도메인등록업체에 이를 등록하여야 한다(동법 제11조 제1항). 도메인이름을 등록하고자 할 때에는 한국인터넷진흥원장이 정하는 신청서를 정보통신망을 이용하여 제출하여야 한다(시행령 제13조 제1항). 신청서를 제출받은 기관은 도메인이름 등록인이 본인임을 확인하기 위하여 필요하면 등록인에게 사업자등록증 사본 또는 법인 등기 사항증명서 사본 등을 제출하여 줄 것을 요구할 수 있다(시행령 제13조 제2항). 도메인이름을 등록한 자의 본인확인정보가 거짓인 것으로 확인될 경우 인터넷주소관리기관 등은 도메인이름을 말소하여야 한다(동법 제11조 제2항).

III. 부정한 목적의 도메인이름 등록 등의 금지

누구든지 정당한 권원이 있는 자의 도메인이름의 등록을 방해하거나 정당한 권원이 있는 자로부터 부당한 이득을 얻는 등 부정한 목적으로 도메인이름을 등록·보유 또는 사용하여서는 아니 된다(동법 제12조 제1항). 이에 위반하여 도메인이름을 등록·보유 또는 사용한 자가 있으면 정당한 권원이 있는 자는 법원에 그 도메인이름의 등록말소 또는 등록이전을 청구할 수 있다(동법 제12조 제2항).

여기서 '정당한 권원'이 있다고 하기 위해서는 도메인이름과 동일하거나 또는 유사한 성명, 상호, 상표, 서비스표 그 밖의 당해 표지를 타인의 도메인이름 등록 전에 국내외에서 이미 등록하였거나 상당 기간 사용하는 등 밀접한 연관관계를 형성하여 왔으며, 도메인이름을 대가의 지급 없이 말소하게 하거나 이전을 받는 것이 정의 관념에 비추어 합당하다고 인정할 수 있을 만큼 직접적 관련성이 있고 그에 대한 보호 필요성도 충분하다는 사정이 있어야 한다(대법원 2021. 7. 15. 선고 2016다25393 판결).

또 '부정한 목적'에는 정당한 권원이 있는 자로부터 부당한 이득을 얻으려는 의도뿐만 아니라 도메인이름의 등록을 방해하는 의도 등도 포함된다. 이러한 부정한 목적이 있는지는 정당한 권원이 있는 자의 당해 표지에 관한 인식도 또는 창작성의 정도, 도메인이름과 당해 표지의 동일·유사성의 정도, 도메인이름을 등록·보유 또는 사용한 사람이 당해 표지를 알고 있었는지 여부, 도메인이름을 판매·대여하여 경제적 이익을 얻고자 한 전력이 있는지 여부, 도메인이름에 의한 웹사이트의 개설과 웹사이트의 실질적인 운영 여부, 웹사이트상의 상품 또는 서비스업 등과 당해 표지가 사용된 상품 또는 서비스업 등의 동일·유사성 또는 경제적 견련관계의 유무, 당해 표지에 화체되어 있는 신용과 고객흡인력으로 인터넷 사용자들이 웹사이트로 유인되고 있는지 여부, 그 밖에 도메인이름의 등록·보유 또는 사용을 둘러싼 여러 사정 등을 종합적으로 고려하여 판단하여야 한다(대법원 2021. 7. 15. 선고 2016다25393 판결).

제6절 상권정보시스템

I. 의의

창업을 위한 사무실이나 점포를 구하는 경우에는 많은 고객을 확보할 수 있는 입지의 선정이 중요하다. 특히 규모가 작은 소상공인들에게는 창업의 성공을 위해서는 유동 인구가 많고 고객을 용이하게 접촉할 수 있는 입지를 선정해야 할 필요가 있다.

그리하여 「소상공인 보호 및 지원에 관한 법률」은 소상공인의 창업 시 소상공인의 입지 및 업종 선정을 지원하기 위하여 중소벤처기업부 장관에 대하여 상권(商圈) 관련 정보를 소상공인에게 종합적으로 제공하는 상권정보시스템을 구축·운영하도록 하고 있다(동법 제13조 제1항).

이에 따라 중소벤처기업부와 소상공인시장진흥공단에서 상권정보시스템[119]을 운영하고 있는데, 창업 시 입지 선정을 고려해야 하는 때에는 이 시스템을 활용하는 것이 바람직하다. 상권정보시스템은 공동주택, 주거인구, 기업정보 등 다양한 데이터와 지능형 정보기술을 기반으로 예비창업자 및 소상공인들에게 창업 예정지의 상권·경쟁·수익정보 등 상권 분석에 필요한 각종 지역 및 업종별 상권정보를 제공하고 있다.

II. 상권정보시스템의 상권정보 제공 서비스

1. 개설

상권정보시스템은 전국 도로망 데이터를 바탕으로 도보거리 및 업종 현황 등을 분석하여 비정형적 지역 및 업종별 상권 영역을 자동으로 구현하고 있다. 대상 업종은 대분류 8종(숙박·음식, 수리·개인서비스, 도·소매, 예술·스포츠·여가, 교육, 시설·관리임대, 부동산, 과학·기술)과 이를 기준으로 한 중분류 17종 및 소분류 477개이다. 이들 업종에 대한 분석에는 간단분석과 상세분석이 있다. 간단분석은 업종과 동단위 위치를 선택하면 당해 지역의 월평균 추정 매출액 등 주요사항에 대하여 개괄적인 정보를 제공하고, 상세분석은 해당 위치의 구체적인 상권분석 정보와 입지분석 정보를 제공한다.

---

119) 상권정보시스템(http:https://sg.sbiz.or.kr/godo/index.sg)은 상가업소, 주거 및 유동인구, 임대시세, 주요상권 영역, 소득소비 수준 등에 관한 약 8,300만건 이상의 데이터로 상권, 경쟁, 입지, 수익 등을 분석하여 창업 및 경영에 필요한 정보를 무료로 제공하는 서비스이다.

2. 간단분석

간단분석을 선택할 경우 선택업종에 관하여 당해 지역의 월평균 추정 매출액과 전년 및 전월 대비 증감률, 월평균 배달주문 건수(배달주문이 가장 많은 시간대와 배달주문이 가장 높은 연령대 및 성별), 선택업종의 업소 수와 전년 및 전월 대비 증감률, 당해 지역이 속하는 광역지역의 주요 매출정보, 당해 지역의 일일평균 유동인구 수(유동인구가 가장 많은 요일과 시간대) 등이다.

3. 상세분석

상세분석은 선택업종에 대한 당해 지역의 상권분석과 경쟁분석, 수익분석 및 입지 업종분석에 관한 구체적인 정보를 제공한다.

1) 상권분석

상권분석은 시·군·구 및 광역시도의 상권영역을 주요상권, 전통시장·상점가, 르네상스상권, 지하철, KTX로 구분하여 당해 상권영역의 특정 선택업종에 대하여 분석일자를 기준으로 업종·매출·인구·소득·지역 등의 분석정보를 제공한다.

업종분석은 선택영역의 업종별 추이, 최근 수년간 인근 지역 및 전국 업소 수 증가·감소 추이, 선택 업종의 업력 현황 등을 보여준다. 매출분석은 업소당 월평균 매출액 및 매출건수 추이, 상권별 매출비교, 시기별 (주중/주말/요일별 월평균 매출 비율, 시간대별 월평균 매출 비율) 및 고객별 매출 특성(성별/연령대별 매출 비율) 정보를 보여준다. 인구분석은 유동인구(월별 일평균 유동인구 추이, 성별/연령대별 일평균 유동인구, 주중/주말/요일별 일평균 유동인구, 시간대별 일평균 유동인구), 주거인구와 직장인구의 성별·연령대별 수와 비율 및 소득소비, 금액구간별 소득소비 분포 등의 정보를 보여준다. 지역현황은 주택현황(당해지역의 세대 수 추이), 주변시설 현황(공공기관, 금융기관, 의료/복지, 학교, 대형유통, 문화시설, 숙박시설, 지하철이용 현황, 교통시설 현황) 등의 정보를 보여준다.

2) 경쟁분석

경쟁분석은 분석 대상 업종에 관하여 분석 대상 지역의 경쟁여건을 분석하여 경쟁점 현황, 평가종합, 지역특성, 업종특성, 거래추이 등의 정보를 제공한다.

경쟁점 현황은 분석 대상 업종에 관하여 분석일자를 기준으로 1년간의 분석 대상 소분류 업종과 그 중분류 업종의 인근 경쟁업소 및 유사업종 업소 숫자와 증감률을 월단위로 분석하여 제시하고, 종합평가에서는 소비자 이동거리와 지역, 업종별 특성을 반영하여 서로 영향을 미치는 경쟁 업소를 분석하여 그 성장성에 관하여 안전, 주의, 위험, 고위험의 4 등급으로 구분, 업종 창업 시 진입 가능한 등급을 보여주고 있다.

지역특성은 분석 대상 지역과 그 상위 시·군·구와 광역시도 및 전국 단위 업소당 월평균 거래건수를 비교하여, 당해 업종에 관하여 분석 대상 지역과 시·군·구와 광역시도 및 전국의 경기현황을 파악할 수 있게 한다. 업종특성은 분석 대상 업종과 그 중분류 및 대분류 업종과 전업종의 업소당 월평균 거래건수를 비교하여 당해 업종의 성장성 여부를 가늠할 수 있게 한다. 거래추이는 업소당 월평균 거래건수를 성별, 연령별, 요일별, 시간별로 분석하여 해당업종의 경쟁요인을 판단할 수 있도록 한다.

3) 수익분석

수익분석은 수익분석과 경영진단으로 이루어져 있다. 수익분석은 초기투자비 등을 입력하면 월평균 및 일평균 목표매출과 일평균 목표고객 수, 월 고정비용, 유사상권 매출현황, 투자비 회수 시점별 목표매출 등을 제시하여 초기투자비 회수를 위해서는 이를 어느 정도 고객과 매출을 유치하여야 하는가를 나타낸다. 경영진단은 해당 업소의 매출과 수익성 현황, 투자비 대비 손익분기점, 상권유형 등의 현황진단에 기하여 수익성 악화 및 폐업위험도 등의 리스크 분석과 배출분석, 주변 상권 등의 환경분석, 성/연령별 및 요일/시간별 목표 고객 분석을 통하여 마케팅 전략을 수립하고 매출을 증대시키는 방안을 모색할 수 있도록 한다.

4) 입지업종분석

분석 대상 업종에 관하여 분석 대상 지역을 도로를 따라 구분하여 그 업소수와 매출건수의 증감 현황을 사분면에 표시하여 상권의 활성화 여부 및 일평균 유동인구 현황을 분석하고, 업종구성과 배후지 토지용도, 주요 고객 구성 등을 입지 내 인구 구성 등을 분석하여 종합입지등급 정보를 제공하고, 이를 기초로 상권유형과 적합도 높은 업종, 성장성 및 안전성 우수 업종, 소분류별 고객밀집도 우수업종을 추천한다.

III. 상권 관련 자료·정보의 수집

중소벤처기업부 장관은 상권정보시스템의 구축·운영을 위하여 필요한 경우 일정한 자료 또는 정보의 제공을 일정한 자에게 요청할 수 있다. 즉, ⅰ) 사업자의 상호, 등록번호 및 매출액, 사업장의 소재지 및 업종, 개업일·휴업일 및 폐업일 등을 국세청장에게 요청할 수 있고, ii) 그 밖에 지역별 인가·허가 사업장에 관한 정보, 사업장의 종사자 수, 지역별 인구정보 등 중소벤처기업부 장관이 상권정보시스템의 구축·운영에 필요하다고 인정하는 대통령령으로 정하는 상권 관련 자료 또는 정보는 해당 자료 또는 정보의 관계 중앙행정기관의 장, 공공기관의 장, 관계 기관·법인·단체의 장, 그 밖에 관계 민간기업체의 장에게 그 제공을 요청할 수 있다. 이 경우 요청을 받은 자는 특별한 사유가 없으면 그 요청에 따라야 한다(소상 제13조 제2항). 상권정보시스템의 구축·운영 업무를 담당하였거나 담당하는 공무원 또는 공무원이었던 자는 그 제공받은 자료 또는 정보를 제공받은 목적 외의 다른 용도로 사용하거나 다른 사람 또는 기관에 제공하거나 누설하여서는 아니 된다(소상 제13조 제3항).

제7절 상가건물 임대차와 임차인 보호

I. 개설

상가건물을 임차하는 경우에 임차인은 「상가건물임대차보호법」에 의하여 일정한 보호를 받는다. 이 법률에서 규정하는 상가건물은 그 건물 전부가 영업용으로 사용되는 경우 뿐만 아니라 그 임대차 목적물의 주된 부분이 영업용으로 사용되는 경우도 포함된다. 다만, 이 법률은 상가건물의 임차 보증금액(보증금 외에 차임이 있는 경우에는 그 차임액을 환산한 금액과 보증금을 합한 금액)[120]이 i) 서울특별시는 9억 원, ii) 「수도권정비계획법」에 따른 과밀억제권역 및 부산광역시는 6억 9천만 원, iii) 광역시(과밀억제권역에 포함된 지역과 군지역, 부산광역시는 제외), 세종특별자치시, 파주시, 화성시, 안산시, 용인시, 김포시 및 광주시는 5억 4천만 원, iv) 그 밖의 지역은 3억 7천만 원 이내인 경우에만 적용되며, 이 한도를 초과하는 상가건물 임대차에는 적용되지 않는다(상임 제2조).

II. 대항력

상가건물 임대차는 그 등기가 없는 경우에도 임차인이 건물의 인도를 받고 사업자등록을 신청한 때에는 그 다음 날부터 대항력이 생긴다(상임 제3조 제1항). 그리하여

---

120) 이 보증금액을 정할 때 보증금 외에 차임이 있는 경우에는 그 차임액에 「은행법」에 따른 은행의 대출금리 등을 고려하여 '대통령령으로 정하는 비율'을 곱하여 환산한 금액을 포함하여야 하는데, 이 '대통령령으로 정하는 비율'은 현재 1분의 100이다(상임 제2조 제2항, 동법시행령 제2조 제3항).

임차인이 임대차 계약을 체결한 후 건물의 인도를 받고 사업자등록을 신청하였다면, 임대차 기간 중 상가건물의 소유자가 변경되더라도 임차인은 계약 기간 동안(보증금을 준 경우에는 그 보증금을 반환받을 때까지) 그 상가건물을 사용할 수 있는 권리가 있다(상임 제3조 제2항).

그러나 임차인이 건물의 인도를 받고 사업자등록을 신청하기 전에 그 상가건물에 이미 저당권 등기나 가압류, 압류 등기, 가등기 등이 되어 있다면, 임차인은 경매 등으로 변경된 새로운 소유자에게 그 임차권을 대항할 수 없으며, 그 보증금의 반환을 청구할 수 없다(상임 제3조 제3,4항). 따라서 상가건물을 임차하고자 할 때에는 등기부를 열람하여 그 상가건물에 저당권 등의 등기나 가등기가 설정되어 있는지 먼저 확인해야 한다.

III. 확정일자를 받은 보증금의 우선변제권

상가건물 임차인이 제3자에 대한 대항력을 갖추고 관할 세무서에서 임대차 계약서에 확정일자를 받은 경우에는 상가건물에 대한 경매나 공매 시 임차한 대지를 포함한 상가건물의 환가 대금에서 후순위 권리자와 그 밖의 채권자보다 우선하여 보증금을 변제 받을 수 있다(상임 제5조 제1,2항).

우선변제권에 기하여 임차인이 보증금의 우선변제를 받기 위해서는 임차건물을 양수인에게 인도하여야 한다. 임차인이 임차건물을 양수인에게 인도하지 아니하면 보증금의 우선변제를 받을 수 없다(상임 제5조 제3항).

이 보증금의 우선변제권은 임차인이 대항력과 확정일자를 모두 갖추어야 인정된다. 임차인의 대항력은 건물의 인도를 받고 사업자등록을 신청한 그 다음 날부터 생기므로, 건물의 인도를 받고 사업자등록을 신청한 그 다음 날에 확정일자를 받은 경우에는 그 확정일자를 받은 때부터 우선변제권이 생긴다.

상가건물 임대차 계약서의 확정일자는 상가건물의 소재지 관할 세무서장이 부여한다(상임 제4조 제1항). 이 확정일자를 부여받으려는 자는 관할 세무서장에게 확정일자 신청서를 작성하여 제출하여야 한다. 임대차의 목적이 상가건물의 일부분인 경우에는 그 부분의 도면도 제출하여야 한다. 관할 세무서장은 계약서 원본의 여백(여백이 없는 경우에는 뒷면)에 확정일자인을 찍고, 확정일자인의 인영(印影) 안에 날짜와 확정일자번호를 아라비아숫자로 적은 후 확정일자용 관인(官印)을 날인하는 방법으로 확정일자를 부여한다. 관할 세무서장은 해당 상가건물의 소재지, 확정일자 부여일, 차임 및 보증금 등을 기재한 확정일자부를 서면 또는 전산정보처리조직을 이용하여 작성하여야 한다(상임 제4조 제2항). 상가건물의 임대차에 이해관계가 있는 자는 관할 세무서장에게 해당 상가건물의 확정일자 부여일, 차임 및 보증금 등 정보의 제공을 요청할 수 있으며, 이 요청을 받은 관할 세무서장은 정당한 사유 없이 이를 거부할 수 없다(상임 제4조 제3항).

IV. 임차권의 등기

1. 임대차 등기

1) 등기의 절차

상가건물의 임대차 계약을 체결하는 경우에 임차인은 당사자 간에 반대 약정이 없으면 임대인에게 그 임대차 등기 절차에 협력할 것을 청구할 수 있다(민법 제621조). 상가건물의 임차인이 임대인의 협력을 얻어 임대차 등기를 신청하는 경우에는 신청서에 임차인과, 차임(借賃), 차임지급시기, 존속기간(처분능력 또는 처분권한 없는 임대인에 의한 단기임대차인 경우에는 그 뜻), 임차보증금, 임차권의 양도 또는 임차물의 전대(轉貸)에 대한 임대인의 동의 등에 관한 사항을 기재하면 된다(민법 제621조 제1항, 부동산등기법 제74조).

그러나 임차인이 대항력 또는 우선변제권을 갖추고 임대인의 협력을 얻어 임대차 등기를 신청하는 경우에는 신청서에 이들 사항 외에 사업자등록을 신청한 날과 임차 건물을 점유한 날 및 확정일자를 받은 날을 기재하고, 이를 증명할 수 있는 서면과 임대차의 목적이 건물의 일부분인 경우에는 그 부분의 도면을 첨부하여야 한다(상임 제7조 제2항).

2) 등기의 효력

임차인이 임대인의 협력 아래 임대차의 등기를 하는 경우에는 임차인은 임차 건물에 대한 대항력과 우선변제권을 가진다(상임 제7조 제1항).

2. 임차권등기명령

1) 의의

상가건물 임대차가 종료된 후 보증금이 반환되지 아니한 경우에 임차인은 임차 건물의 소재지를 관할하는 지방법원이나 지방법원 지원 또는 시·군법원에 임차권

등기명령을 신청할 수 있다. 임차권등기명령은 임대차 계약 체결 당시 또는 그 존속 중에 임대차의 등기를 하지 아니한 임차인이 임대차 계약의 종료 후 다른 곳으로 이사를 가는 경우에 법원의 명령에 의하여 임차권의 등기를 할 수 있도록 하는 제도를 말한다.

이 임차권등기명령은 임대차 계약이 종료된 후 다른 곳으로 이사를 해야 하나 임차 보증금을 반환받지 못하는 임차인을 보호하기 위한 제도이다. 임대차 계약이 종료 되었으나 임차인이 임차보증금을 받지 못한 경우에는 임차 보증금을 지급받을 때까 지 임차 건물에 유치권을 행사할 수 있지만, 이사를 가는 경우에는 유치권의 행사도 불가능하다. 이러한 경우에 임차인이 임차권등기명령을 신청하여 임차권 등기를 하 면 다른 곳으로 이사를 가더라도 임차권의 대항력과 우선변제권을 유지함으로써 임 차 보증금을 반환받을 수 있게 되는 것이다(상임 제6조).

2) 임차권등기명령의 신청

임차권등기명령은 임차인이 임차 건물의 소재지를 관할하는 지방법원·지방법원 지원 또는 시·군법원에 신청할 수 있다. 임차권등기명령의 신청서에는 ⅰ) 신청의 취지 및 이유, ⅱ) 임대차의 목적인 건물, ⅲ) 임차권 등기의 원인이 된 사실(임차인이 대항력을 취득하였거나 우선변제권을 취득한 경우에는 그 사실), ⅳ) 그 밖에 대법원규칙으로 정하 는 사항 등을 적어야 하며, 신청의 이유와 임차권 등기의 원인이 된 사실을 소명하여 야 한다. 임대차의 목적이 상가건물의 일부분인 경우에는 해당 부분의 도면을 첨부해 야 한다(상임 제6조 제2항).

3) 법원의 임차권등기명령

법원은 임차권등기명령의 신청 사항을 심리하여 그 신청이 이유 있다고 인정하는 때에는 임차권등기명령을 하고, 관할 등기소 등기관에게 임차권의 등기를 하도록 촉 탁한다. 임차권 등기의 촉탁을 받은 등기관은 건물 등기부에 임차권의 등기를 기입하 여야 한다. 임차권등기명령의 신청을 기각하는 법원의 결정에 대해서는 임차인은 항 고할 수 있다.

4) 임차권등기명령에 따른 임차권 등기의 효력

임차권등기명령에 따른 임차권 등기가 완료되면 임차인은 종전의 임차 건물에 대 하여 임차권의 대항력과 우선변제권을 취득한다. 임차인이 임차권의 등기 이전에 이 미 대항력이나 우선변제권을 취득한 때에는 그 대항력이나 우선변제권이 그대로 유지되며, 임차권 등기 이후에는 임차권의 대항요건을 상실하더라도 이미 취득한 임차권의 대항력이나 우선변제권을 상실하지 아니한다(상임 제6조 제5항).

이러한 임차권 등기의 효력은 임차권등기명령을 받은 임차인에 한하여 생기며, 임차권등기명령의 집행에 따른 임차권 등기가 끝난 건물(임대차의 목적이 주택의 일부분인 경우에는 해당 부분에 한정)을 그 이후에 임차한 임차인은 우선변제를 받을 권리가 없다(상임 제6조 제6항).

임차인은 임차권등기명령의 신청과 그에 따른 임차권 등기와 관련하여 든 비용에 대해서는 임대인에게 그 상환을 청구할 수 있다(상임 제6조 제8항).

V. 소액보증금의 우선변제권

상가건물에 입주를 하고 사업자등록을 한 소액 임차인은 보증금 중 일정액에 대하여 다른 담보물권자보다 우선하여 변제받을 권리를 가진다. 소액 임차인이 가지는 우선변제권은 확정일자를 요하지 아니하며, 임차 목적물에 대한 경매 신청의 등기 전에 대항력을 갖추기만 하면 성립한다(상임 제14조 제1항).

소액보증금의 우선변제를 받을 수 있는 임차인은 그 보증금과 차임을 환산한 금액의 합계[121]가 ⅰ) 서울특별시에서는 6천 500만 원, ⅱ) 수도권정비계획법에 따른 과밀억제권역에서는 5천 500만 원, ⅲ) 광역시, 안산시, 용인시, 김포시 및 광주시에서는 3천 800만 원, ⅳ) 그 밖의 지역에서는 3천만 원 이하이어야 한다(상임 제14조 제3항, 동법시행령 제6조).

이 경우 우선변제가 인정되는 금액은 ⅰ) 서울특별시에서는 2천 200만 원, ⅱ) 수도권정비계획법에 따른 과밀억제권역에서는 1천 900만 원, ⅲ) 광역시, 안산시, 용인시, 김포시 및 광주시에서는 1천 300만 원, ⅳ) 그 밖의 지역에서는 1천만 원까지이다(상임 제14조 제3항, 동법시행령 제7조 제1항).

그러나 임차인의 보증금 중 우선변제 대상 금액이 상가건물의 가액의 2분의 1을 초과하는 경우에는 상가건물의 가액의 2분의 1에 해당하는 금액에 한하여 우선변제권이 있다(상임 제14조 제3항, 동법시행령 제7조 제2항).

---

121) 이 경우 차임의 환산은 차임액에 '대통령령으로 정하는 비율'을 곱한 금액을 보증금과 합산하는 방법에 의하는데, 이 '대통령령으로 정하는 비율'은 현재 1분의 100이다(상임 제2조 제2항, 동법시행령 제2조 제3항).

VI. 임대차기간

1. 임대차기간의 의제

상가건물 임대차 계약에서 당사자가 기간을 정하지 아니하거나 기간을 1년 미만으로 정한 임대차는 그 기간을 1년으로 본다. 그러나 이 기간의 의제는 임대인에 한하여 적용된다. 임대차 기간을 1년 미만으로 정한 경우에 임대인에 대해서는 그 기간을 1년으로 보나, 임차인은 1년 미만으로 정한 기간이 유효함을 주장할 수 있다(상임 제9조 제1항).

2. 임차인의 계약 갱신 요구권

상가건물 임대인은 임차인이 임대차 기간이 만료되기 6개월 전부터 1개월 전까지 사이에 상가건물 임대차 계약의 갱신을 요구할 경우에 정당한 사유 없이 거절하지 못한다(상임 제10조 제1항 본문).

그러나 다음의 사유가 있는 경우에는 임대인은 임차인에 대하여 임대차 계약의 갱신을 거절할 수 있다(상임 제10조 제1항 단서). 즉, ⅰ) 임차인이 3기의 차임액에 해당하는 금액에 이르도록 차임을 연체한 사실이 있는 경우, ⅱ) 임차인이 거짓이나 그 밖의 부정한 방법으로 임차한 경우, ⅲ) 서로 합의하여 임대인이 임차인에게 상당한 보상을 제공한 경우, ⅳ) 임차인이 임대인의 동의 없이 목적 건물의 전부 또는 일부를 전대(轉貸)한 경우, ⅴ) 임차인이 임차한 건물의 전부 또는 일부를 고의나 중대한 과실로 파손한 경우, ⅵ) 임차한 건물의 전부 또는 일부가 멸실되어 임대차의 목적을 달성하지 못할 경우, ⅶ) 임대인이 임차인에게 철거 또는 재건축 계획을 임차인에게 사전에 고지하였거나 안전사고의 우려가 있어 목적 건물의 전부 또는 대부분을 철거하거나 재건축하기 위하여 목적 건물의 점유를 회복할 필요가 있는 경우, ⅷ) 그 밖에 임차인이 임차인으로서의 의무를 현저히 위반하거나 임대차를 계속하기 어려운 중대한 사유가 있는 경우 등이다(상임 제10조 제1항).

임차인의 계약 갱신 요구권은 최초의 임대차 기간을 포함한 전체 임대차 기간이 10년을 초과하지 아니하는 범위에서만 행사할 수 있다(상임 제10조 제2항).

3. 임대차 계약의 묵시적 갱신

상가건물 임대인이 임대차 기간이 만료되기 1개월 전까지 임차인에게 계약 갱신

거절의 통지 또는 조건 변경의 통지를 하지 아니한 경우에는 그 기간이 만료된 때에 전 임대차와 동일한 조건으로 다시 임대차한 것으로 본다. 이 경우에 임대차의 존속 기간은 1년으로 본다(상임 제10조 제4항).

그러나 상가건물 임대차 계약이 이처럼 묵시적 갱신으로 의제되는 경우에도 임차 인은 임대인에게 언제든지 계약 해지의 통고를 할 수 있다. 임차인이 계약 해지 통고 를 한 경우에는 임대인이 그 통고를 받은 날부터 3개월이 지나면 계약 해지의 효력 이 발생한다(상임 제10조 제5항).

4. 차임 등 증감청구권

차임 또는 보증금이 임차건물에 관한 조세, 공과금, 그 밖의 부담의 증감이나 「감 염병의 예방 및 관리에 관한 법률」 제2조 제2호에 따른 제1급 감염병 등에 의한 경 제사정의 변동으로 인하여 상당하지 아니하게 된 경우에는 당사자는 장래의 차임 또 는 보증금에 대하여 증감을 청구할 수 있다(상임 제11조 제1항 본문). 그러나 이 경우 증액 청구는 임대차계약 또는 약정한 차임 또는 보증금의 증액이 있은 후 1년 이내에는 하지 못한다(상임 제11조 제2항).

임대인이 차임 또는 보증금의 증액을 청구하는 경우에 그 증액의 비율은 청구 당 시의 차임 또는 보증금의 100분의 5의 금액을 초과하지 못하나(상임 제11조 제1항 단서), 「감염병의 예방 및 관리에 관한 법률」 제2조 제2호에 따른 제1급 감염병에 의한 경 제사정의 변동으로 차임이나 보증금이 감액된 후 임대인이 그 증액을 청구하는 경우 에는 증액된 차임 등이 감액 전 차임 등의 금액에 달할 때까지는 이 증액 제한 비율 이 적용되지 아니한다(상임 제11조 제3항).

5. 전차인의 계약갱신요구권 대위행사

임대인의 동의를 받고 전대차계약을 체결한 전차인(轉借人)은 임차인의 계약갱신요 구권 행사기간 이내에 임차인을 대위(代位)하여 임대인에게 계약갱신요구권을 행사할 수 있다(동법 제13조 제2항). 전차인의 계약갱신요구는 임차인의 권리를 대위하여 행사하 는 것이므로 임대인은 정당한 사유 없이 거절하지 못하며, 그 임대차기간과 차임 또 는 보증금의 증감은 임차인이 계약갱신을 요구하는 경우와 같다.

6. 임대인의 계약해지권

임차인의 차임 연체액이 3기의 차임액에 달하는 때에는 임대인은 계약을 해지할 수 있다(상임 제10조의8). 임대인의 계약해지권은 임차인이 차임을 연체하는 경우에 임대인을 보호하기 위한 것이다.

그러나 임대인이 이 규정을 악용하는 경우도 있다. 즉, 임대인이 임대차계약을 해지하여 임차인을 내쫓으려는 의도 아래 임차인이 차임 월세를 납입하던 계좌를 사전 예고 없이 폐쇄하고, 새 계좌번호를 알려주지 않고 또 전화 연락도 받지 않는 등의 방법으로 월세를 연체하게 한 후 임차인에게 상가건물 명도 청구 소송을 제기하는 것이 그 하나의 예이다. 이 경우에 임차인이 임대차계약 해지의 불이익을 피하기 위해서는 차임을 법원에 공탁하면 임대인에게 직접 차임을 지급한 것과 동일한 효력이 있다. 차임을 공탁하려는 자는 공탁서를 작성하여 법원의 공탁관에게 제출한 후 공탁금을 지정된 은행에 납입하여야 한다(공탁법 제4조).

7. 폐업으로 인한 임차인의 해지권

임차인은 「감염병의 예방 및 관리에 관한 법률」 제49조 제1항 제2호에 따른 집합 제한 또는 금지 조치(운영시간 제한 조치 포함)를 총 3개월 이상 받음으로써 발생한 경제사정의 중대한 변동으로 폐업한 경우에는 임대차계약을 해지할 수 있다. 이 해지는 임대인이 계약해지의 통고를 받은 날부터 3개월이 지나면 효력이 발생한다(상임 제11조의2 제1,2항).

VII. 보증금의 월차임 전환 비율 제한

임대인이 보증금의 전부 또는 일부를 월 단위의 차임으로 전환하는 경우에는 그 전환되는 금액에 ⅰ) 「은행법」에 따른 은행의 대출금리 및 해당 지역의 경제 여건 등을 고려하여 대통령령으로 정하는 비율과 ⅱ) 한국은행에서 공시한 기준금리에 대통령령으로 정하는 배수를 곱한 비율 중 낮은 비율을 곱한 월차임의 범위를 초과할 수 없다(상임 제12조). 현재 ⅰ)의 대통령령으로 정하는 비율은 1할 2푼이고, ⅱ)의 대통령령으로 정하는 배수는 4.5배이다(상임 시행령 제5조).

VIII. 권리금

1. 의의

상가건물의 신규 임차인이 되려는 자는 권리금 계약에 의하여 종래의 임차인에게 권리금을 지급하는 경우가 일반적이다. 권리금은 임대차의 목적인 상가건물에서 영업을 하는 자 또는 영업을 하려는 자가 영업시설·비품, 거래처, 신용, 영업상의 노하우, 상가건물의 위치에 따른 영업상의 이점 등 유형·무형의 재산적 가치의 양도 또는 이용 대가로서 임대인 또는 임차인에게 보증금과 차임 이외에 지급하는 금전 등의 대가를 말한다(상임 제10조의3).

2. 권리금 보호의 방향

상가건물의 권리금에 관하여 「상가건물임대차보호법」은 상가건물의 임차인이 종래 운영하던 가게를 내놓으면서 신규 임차인이 되려는 자로부터 권리금을 받으려고 할 때에 임차인이 이를 받지 못하도록 임대인이 방해하는 것을 제한하고 있을 뿐이다.

이 법률의 권리금에 관한 규정은 상가건물이 「유통산업 발전법」 제2조에 따른 대규모 점포 또는 준대규모 점포의 일부인 경우(점포가 전통시장에 있는 경우는 제외)이거나 상가건물이 국유재산 또는 공유재산인 경우에는 적용되지 않는다(상임 제10조의5).

3. 임대인의 권리금 지급 방해 행위의 제한

임대인은 임대차 기간이 끝나기 6개월 전부터 임대차 종료 시까지 임차인이 권리금 계약에 따라 신규 임차인이 되려는 자로부터 권리금을 지급받는 것을 방해해서는 안 된다. 즉, 임대인은 ⅰ) 임차인이 주선한 신규 임차인이 되려는 자에게 권리금을 요구하거나 임차인이 주선한 신규 임차인이 되려는 자로부터 권리금을 수수하는 행위, ⅱ) 임차인이 주선한 신규 임차인이 되려는 자로 하여금 임차인에게 권리금을 지급하지 못하게 하는 행위, ⅲ) 임차인이 주선한 신규 임차인이 되려는 자에게 상가건물에 관한 조세, 공과금, 주변 상가건물의 차임 및 보증금, 그 밖의 부담에 따른 금액에 비추어 현저히 고액의 차임과 보증금을 요구하는 행위, ⅳ) 그 밖에 정당한 사유[122] 없이 임대인이 임차인이 주선한 신규 임차인이 되려는 자와 임대차 계약의 체

---

122) 그러나 다음은 사유는 임차인이 주선한 신규 임차인이 되려는 자와의 임대차 계약의 체결을 임대인이 거절할 수 있는 정당한 사유로 된다. 즉, ⅰ) 임차인이 주선한 신규 임차인이 되려는 자가 보증금 또는 차임을 지급할 자력이 없는 경우, ⅱ) 임차인이 주선한 신규 임차인이 되려는 자가 임차인으로서의 의무를 위반할 우려가 있거나 그 밖에 임대차를 유지하기 어려운 상당한 사유가 있는 경우, ⅲ) 임대차

결을 거절하는 행위 등을 해서는 안 되며, 임차인이 권리금을 지급받을 수 있도록 그 기회를 보호하여야 한다(상임 제10조의4 제1항).

그러나 다음의 경우에는 임대인에게 이러한 권리금 수수 기회 보호의무가 인정되지 아니한다. 즉, ⅰ) 임차인이 3기의 차임액에 해당하는 금액에 이르도록 차임을 연체한 사실이 있는 경우, ⅱ) 임차인이 거짓이나 그 밖의 부정한 방법으로 임차한 경우, ⅲ) 서로 합의하여 임대인이 임차인에게 상당한 보상을 제공한 경우, ⅳ) 임차인이 임대인의 동의 없이 목적 건물의 전부 또는 일부를 전대(轉貸)한 경우, ⅴ) 임차인이 임차한 건물의 전부 또는 일부를 고의나 중대한 과실로 파손한 경우, ⅵ) 임차한 건물의 전부 또는 일부가 멸실되어 임대차의 목적을 달성하지 못할 경우, ⅶ) 임대인이 안전사고 우려 등의 사유로 목적 건물의 전부 또는 대부분을 철거하거나 재건축하기 위하여 목적 건물의 점유를 회복할 필요가 있는 경우, ⅷ) 그 밖에 임차인이 임차인으로서의 의무를 현저히 위반하거나 임대차를 계속하기 어려운 중대한 사유가 있는 경우 등이다(상임 제10조의4 제1항 단서, 제10조 제1항).

임차인은 신규 임차인이 되려는 자에게 보증금 및 차임을 지급할 자력 또는 그 밖에 임차인으로서의 의무를 이행할 의사 및 능력에 관하여 자신이 알고 있는 정보를 임대인에게 제공하여야 한다(상임 제10조의4 제5항).

4. 임대인의 손해배상책임

임대인이 권리금 지급 방해 금지 의무를 위반하여 임차인에게 손해를 발생하게 한 때에는 그 손해를 배상할 책임이 있다. 이 경우 그 손해 배상액은 신규 임차인이 임차인에게 지급하기로 한 권리금과 임대차 종료 당시의 권리금 중 낮은 금액을 넘지 못한다. 임차인의 손해배상청구권은 임대차가 종료한 날부터 3년 이내에 행사하여야 한다. 임대인에게 손해배상을 청구할 권리는 임대차가 종료한 날부터 3년 이내에 행사하지 아니하면 시효의 완성으로 소멸한다(상임 제10조의4 제3,4항).

Ⅸ. 상가건물 임대차분쟁의 조정

1. 상가건물임대차분쟁조정위원회

「상가건물임대차보호법」의 적용을 받는 상가건물 임대차와 관련된 분쟁을 심의·

목적물인 상가건물을 1년 6개월 이상 영리 목적으로 사용하지 아니한 경우, ⅳ) 임대인이 선택한 신규 임차인이 임차인과 권리금 계약을 체결하고 그 권리금을 지급한 경우 등이다(상임 제10조의4 제2항).

조정하기 위하여 대한법률구조공단의 지부, 한국토지주택공사 및 한국부동산원의 지부, 지사 또는 사무소에 상가건물임대차분쟁조정위원회가 설치되어 운영되고 있다(상임 제20조 제1항). 특별시·광역시·특별자치시·도 및 특별자치도는 그 지방자치단체의 실정을 고려하여 상가건물임대차분쟁조정위원회를 둘 수 있다(상임 제20조 제1항). 상가건물임대차분쟁조정위원회의 조정절차는 「주택임대차보호법」의 주택임대차분쟁조정위원회의 조정에 관한 규정에 의한다(상임 제21조).

2. 조정 대상

상가건물임대차분쟁조정위원회는 ⅰ) 차임 또는 보증금의 증감에 관한 분쟁, ⅱ) 임대차 기간에 관한 분쟁, ⅲ) 보증금 또는 임차상가건물의 반환에 관한 분쟁, ⅳ) 임차상가건물의 유지·수선 의무에 관한 분쟁, ⅴ) 권리금에 관한 분쟁, ⅵ) 그 밖에 대통령령으로 정하는 상가건물 임대차에 관한 분쟁을 심의·조정한다(상임 제20조 제2항).

3. 조정절차

상가건물 임대차와 관련된 분쟁이 발생한 경우에는 분쟁 당사자는 해당 상가건물이 소재하는 지역을 관할하는 상가건물임대차분쟁조정위원회에 조정을 신청할 수 있다(상임 제21조, 주임 제21조 제1항). 조정위원회의 위원장은 조정신청을 접수하면 피신청인에게 조정신청서를 송달하여야 한다. 조정신청서를 송달받은 피신청인이 조정에 응하고자 하는 의사를 조정위원회에 통지하면 조정절차가 개시된다(상임 제21조, 주임 제22조 제1,2항).

상가건물임대차분쟁조정위원회는 조정을 위하여 필요하다고 인정하는 경우 신청인, 피신청인, 분쟁 관련 이해관계인 또는 참고인에게 출석하여 진술하게 하거나 조정에 필요한 자료나 물건 등을 제출하도록 요구하고(상임 제21조, 주임 제24조 제1항), 조정위원 또는 사무국 직원으로 하여금 조정 대상물 및 관련 자료에 대하여 조사하게 하거나 자료를 수집하게 할 수 있다(상임 제21조, 주임 제24조 제2항). 상가건물임대차분쟁조정위원회는 분쟁의 조정신청을 받은 날부터 60일 이내에 그 분쟁조정을 마쳐야 하나, 부득이한 사정이 있는 경우에는 조정위원회의 의결을 거쳐 30일의 범위에서 그 기간을 연장할 수 있다(상임 제21조, 주임 제23조 제1항).

4. 조정을 하지 아니하는 결정

상가건물임대차분쟁조정위원회는 해당 분쟁이 그 성질상 조정을 하기에 적당하지 아니하다고 인정하거나 당사자가 부당한 목적으로 조정을 신청한 것으로 인정할 때에는 조정을 하지 아니할 수 있다(상임 제21조, 주임 제25조 제1항). 조정위원회가 조정을 하지 아니하기로 결정한 때에는 그 사실을 당사자에게 통지하여야 한다(상임 제21조, 주임 제25조 제2항).

5. 조정의 성립

상가건물임대차분쟁조정위원회가 조정안을 작성한 경우에는 그 조정안을 지체 없이 각 당사자에게 통지하여야 한다(상임 제21조, 주임 제26조 제1항). 조정안을 통지받은 당사자가 통지받은 날부터 14일 이내에 수락의 의사를 서면으로 표시하지 아니한 경우에는 조정을 거부한 것으로 본다(상임 제21조, 주임 제26조 제2항).

상가건물임대차분쟁조정위원회의 조정안을 통지받은 각 당사자가 조정안을 수락한 경우에는 조정안과 동일한 내용의 합의가 성립된 것으로 본다(상임 제21조, 주임 제26조 제3항). 이 경우 조정위원회 위원장은 조정안의 내용을 조정서로 작성하여야 한다. 이 때 각 당사자 간에 금전, 그 밖의 대체물의 지급 또는 부동산의 인도에 관하여 강제집행을 승낙하는 취지의 합의가 있는 경우에는 그 내용을 조정서에 기재하여야 한다(상임 제21조, 주임 제26조 제4항).

6. 조정서 정본에 의한 강제집행

분쟁 당사자 간에 조정이 성립되어 강제집행을 승낙하는 취지의 내용이 기재된 조정서의 정본은 「민사집행법」의 집행력 있는 집행권원과 같은 효력을 가진다(상임 제21조, 주임 제27조 제2항). 따라서 당사자는 이 조정서 정본을 집행관에게 제출하여 강제집행을 할 수 있다. 다만, 당사자가 조정안에 관하여 이의를 하려면 법원에 청구에 관한 이의의 소를 제기하여야 한다. 이 경우에 이의의 이유가 여러 가지인 때에는 이를 동시에 주장하여야 한다((상임 제21조, 주임 제27조, 민사집행법 제44조 제1,3항).

사무실 공유의 법률관계

I. 필요성

창업자가 사무실을 임차하여 단독으로 사용하는 경우에는 그 차임과 집기 구입, 인터넷 이용 등에 따른 비용 부담이 적지 않다. 따라서 업무에 특별한 비밀이 요구되지 않는 한 수인이 하나의 사무실을 사용하더라도 무방한 경우에는 반드시 단독 사무실을 고집할 필요가 없다. 창업 시 사무실이 필요한 경우에는 다른 사람과 사무실을 공동으로 사용할 수 있다면 사무실 운영비 부담을 최소화할 수 있기 때문이다.

II. 사무실 공동 사용의 방법

사무실을 공동으로 사용하는 방법은, ⅰ) 다른 사람과의 사무실 공동 임차, ⅱ) 타인이 이미 사용하고 있는 사무실에 더부살이하는 방법, ⅲ) 사무실 공유 서비스의 이용 등이 있다.

첫째의 경우는 임차인이 2인 이상인 단순한 임대차에 지나지 않는다. 이 경우에는 복수의 임차인 사이에 차임의 분담 등 사무실 운영에 관한 사항을 정하고 이를 문서화하여 보관하면 후일의 분쟁을 예방할 수 있다.

두 번째의 경우는 사무실의 소유 또는 임차 등의 법률관계는 기존의 사용자를 기준으로 하여야 한다. 더부살이하는 사용자의 사무실 사용에 관한 법률관계는 기존 사용자와의 합의에 의하여 결정되며, 사무실에 대한 기존 사용자의 법률관계에 영향을 미치지 못한다.

세 번째의 경우는 사무실 공유 서비스 업체가 건물의 한 층 또는 그 전부를 임차하여 내부에 책상과 의자, 인터넷과 전화, 프린터와 복사기 등의 각종 사무시설을 갖춘 후 이를 사무실 칸 단위로 또는 책상과 의자 단위로 복수의 기업이나 개인에게 전전세의 형태로 재임대하는 방식이다. 이러한 사무실 공유 서비스가 최근 우리나라에서도 점차 확산되고 있다.

III. 사무실 공유 서비스의 법률관계

사무실 공유 서비스는 단독 사무실의 운영이 부담스러운 창업자도 이를 통해 각종 시설을 공동 사용하여 비용 부담을 최소화함으로써 자금 운영의 효율성을 도모할 수 있다. 뿐만 아니라 사무실을 공동으로 이용하는 사용자들 사이에 네트워크를 구축하여 창업의 각종 경험과 정보를 공유하고 세무 및 법률 상담 등도 공동으로 할 수 있는 장점이 있다.

이러한 사무실 공유 서비스의 법률관계는 사무실 공유 서비스 이용자가 다른 이용자들과 함께 사무실의 일정한 부분을 사용하고 그 사용의 대가를 지급하므로 임대차에 유사하다. 즉, 사무실의 소유자가 사무실 공유 서비스를 제공하는 경우에는 공유 서비스 이용자들에 대하여 임대인과 같은 지위에 있고, 사무실 공유 서비스 제공자가 사무실을 임차하여 공유 서비스를 제공하는 경우에는 전대차(轉貸借)에 해당한다고 보아야 한다.

이 전대차에서는 임대인과 임차인의 임대차 계약관계에 기초하여 임차인인 전대인(轉貸人)과 입주자인 전차인(轉借人) 사이의 전대차 계약관계가 병존하여 있는데, 원래의 임대인과 전차인 사이에는 직접적인 법률관계가 없으므로, 전차인의 법적 지위가 어떻게 되느냐가 문제이다.

이에 관하여 「상가건물임대차보호법」은 상가건물 임대차에 관한 동 법률의 일부 규정을 전대차 계약관계에도 적용하고 있다(동법 제13조 제1항). 그리하여 임대인의 동의를 받아 전대차 계약을 체결한 전차인은 임차인의 계약 갱신 요구권 행사기간 내에 임차인을 대위하여 임대인에게 계약 갱신 요구권을 행사할 수 있으며, 임대인은 전차인의 계약 갱신 요구를 정당한 사유 없이 거절하지 못한다(동법 제10조 제1항, 제13조 제2항).

그러나 임차인이 임대인의 동의 없이 사무실 공유 서비스를 통하여 제3의 이용자들로 하여금 사무실을 이용하게 한 경우에는 임대인의 동의를 얻지 아니한 임차물의 전대(轉貸)에 해당하므로 임대인은 전대를 한 임차인과의 임대차계약을 해지할 수 있다(민법 제629조 제1,2항).

그 외에 「상가건물임대차보호법」의 계약 갱신의 특례 규정, 차임 등의 증감 청구권에 관한 규정, 보증금의 월차임 전환 시 산정률의 제한에 관한 규정은 전대차 계약관계에도 그대로 적용된다(동법 제13조 제1항).

[판례 산책]

사례 1: 자기의 상호를 상표로 사용하고 있는데, 타인이 상표권 설정등록을 한 경우에도 그 상표를 계속하여 사용할 수 있는가?

【대법원 판결요지】 자기의 상호를 보통으로 사용하는 방법으로 표시하는 상표에 대하여는 그것이 상표권설정 등록이 있은 후에 부정경쟁의 목적으로 사용하는 경우가 아닌 한 등록상표권의 효력이 미치지 않는다. 여기에서 '상호를 보통으로 사용하는 방법으로 표시한다'는 것은 상호를 독특한 글씨체나 색채, 도안화된 문자 등 특수한 태양으로 표시하는 등으로 특별한 식별력을 갖도록 함이 없이 표시하는 것을 의미할 뿐만 아니라, 일반 수요자가 표장을 보고 상호임을 인식할 수 있도록 표시하는 것을 전제로 하므로, 표장 자체가 특별한 식별력을 갖도록 표시되었는지 이외에도 사용된 표장의 위치, 배열, 크기, 다른 문구와의 연결관계, 도형과 결합되어 사용되었는지 등 실제 사용 태양을 종합하여 거래통념상 자기의 상호를 보통으로 사용하는 방법으로 표시한 경우에 해당하는지를 판단해야 하며, 이러한 법리는 서비스표의 경우에도 동일하게 적용된다. … 여기서 '부정경쟁의 목적'이란 등록된 상표권자 또는 서비스표권자의 신용을 이용하여 부당한 이익을 얻을 목적을 말하고, 단지 등록된 상표 또는 서비스표라는 것을 알고 있었다는 사정만으로 그와 같은 목적이 있다고 보기에는 부족하며, 상표권 등 침해자 측의 상표 등 선정의 동기, 피침해상표 등을 알고 있었는지 아닌지 등 주관적 사정과 상표의 유사성, 피침해상표의 신용상태, 영업목적의 유사성 및 영업활동의 지역적 인접성, 상표권 침해자 측의 현실 사용상태 등 객관적 사정을 고려하여 판단해야 한다(대법원 2012. 5. 10. 선고 2010후 3387 판결).

사례 2: 건물의 공유자가 공동으로 건물을 임대하고 보증금을 수령한 경우에 그 보증금반환채무의 성질은?

【대법원 판결요지】 건물의 공유자가 공동으로 건물을 임대하고 보증금을 수령한 경우, 특별한 사정이 없는 한 그 임대는 각자 공유지분을 임대한 것이 아니고 임대목적물을 다수의 당사자로서 공동으로 임대한 것이고 그 보증금 반환채무는 성질상 불가분채무에 해당된다고 보아야 할 것이다(대법원 1998. 12. 8. 선고 98다43137 판결).

불가분채무는 변제를 할 때 그 급부를 분할할 수 없는 채무를 말한다. 각 채무자가 그 급부를 나눌 수 없으며, 위 사례에서 각 공유자들이 연대채무의 경우와 같이 채권자에게 급부의 전부를 한꺼번에 이행해야 하는 것이다. 공유자가 그 급부를 모두 이행한 후에는 그 이행을 하지 아니한 자에게 구상권을 행사할 수 있을 뿐이다. 따라서 임차 건물을 수인이 공동으로 소유하는 경우에 공유자 각자는 임차인에게 보증금 전액을 한꺼번에 반환하여야 할 의무를 부담하며, 임차인은 공유자 중 누구에게든지 보증금 전액을 한꺼번에 지급해줄 것을 청구할 수 있다.

사례 3 : 임차인이 임대인에게 권리금 회수 방해로 인한 손해배상을 구하기 위한 요건은?

【대법원 판결요지】 상가건물 임대차보호법의 규정 내용과 입법 취지에 비추어 보면, 임차인이 임대인에게 권리금 회수 방해로 인한 손해배상을 구하기 위해서는 원칙적으로 임차인이 신규임차인이 되려는 자를 주선하였어야 한다. 그러나 임대인이 정당한 사유 없이 임차인이 신규임차인이 되려는 자를 주선하더라도 그와 임대차계약을 체결하지 않겠다는 의사를 확정적으로 표시하였다면 이러한 경우에까지 임차인에게 신규임차인을 주선하도록 요구하는 것은 불필요한 행위를 강요하는 결과가 되어 부당하다. 이와 같은 특별한 사정이 있다면 임차인이 실제로 신규임차인을 주선하지 않더라도 임대인의 위와 같은 거절행위는 상가건물 임대차보호법 제10조의4 제1항 제4호에서 정한 거절행위에 해당한다고 보아야 한다. 따라서 임차인은 같은 조 제3항에 따라 임대인에게 권리금 회수 방해로 인한 손해배상을 청구할 수 있다. 임대인이 위와 같이 정당한 사유 없이 임차인이 주선할 신규임차인이 되려는 자와 임대차계약을 체결할 의사가 없음을 확정적으로 표시하였는지 여부는 임대차계약이 종료될 무렵 신규임차인의 주선과 관련해서 임대인과 임차인이 보인 언행과 태도, 이를 둘러싼 구체적인 사정 등을 종합적으로 살펴서 판단하여야 한다. … 상가 임차인인 갑이 임대차기간 만료 전 임대인인 을에게 갑이 주선하는 신규임차인과 임대차계약을 체결하여 줄 것을 요청하였으나, 을이 상가를 인도받은 후 직접 사용할 계획이라고 답변하였고, 이에 갑이 신규임차인 물색을 중단하고 임대차기간 만료일에 을에게 상가를 인도한 후 을을 상대로 권리금 회수 방해로 인한 손해배상을 구한 사안에서, 을이 갑에게 임대차 종료 후에는 신규임차인과 임대차계약을 체결하지 않고 자신이 상가를 직접 이용할 계획이라고 밝힘으로써 갑의 신규임차인 주선을 거절하는 의사를 명백히 표시하였고, 이러한 경우 갑에게 신규임차인을 주선하도록 요구하는 것은 부당하다고 보이므로 특별한 사정이 없는 한 갑은 실제로 신규임차인을 주선하지 않더라도 임대인의 권리금 회수기회 보호의무 위반을 이유로 을에게 손해배상을 청구할 수 있다고 보아야 한다(대법원 2019. 7. 4. 선고 2018다284226 판결).

LECTURE
ON
STARTUP
LAW

제8장

인적 자원 관리

LECTURE ON STARTUP LAW

제8장 **인적 자원 관리**

제1절 **총설**

　창업에 있어서 창업 관련 업무에 관한 전문 지식과 기술이 있는 인력이 필요한 때에는 우수한 인재를 유치하여 고용하여야 하고, 또 인력을 고용한 때에는 그 생산성을 극대화하도록 인적 자원을 효율적으로 관리하지 않으면 안 된다.[123]

　창업 시 근로자를 고용하고자 하는 경우에는 근로자가 시간제이든 그렇지 않든 근로계약을 체결하여야 한다. 근로계약은 근로자가 사용자에게 근로를 제공하고 사용자는 이에 대하여 임금[124]을 지급하는 것을 목적으로 하는 고용계약을 말한다. 사용자와 근로자는 근로계약에 의하여 근로관계를 맺게 되고, 서로 상대방에 대하여 근로의 제공과 임금의 지급에 관한 각종 권리를 가지고 의무를 부담한다.

　근로자가 상시 5명 이상인 모든 사업 또는 사업장에는 「근로기준법」이 적용된다. 동거하는 친족만을 사용하는 사업 또는 사업장과 가사(家事) 사용인을 제외하고 상시 4명 이하의 근로자를 사용하는 사업 또는 사업장에도 「근로기준법」의 다수 규정이 적용되는데, 그 적용되는 규정은 근로기준법 시행령 '별표1'에서 정하고 있다(근기 제11

---

123) 중소벤처기업부와 창업진흥원의 「2021년 1인창조기업실태조사」에서 2020년 12월 말 기준 1인 창조기업 458,322개 업체의 고용자 수는 모두 696,135명으로 평균 고용종사자 수는 1.5명으로 남자는 평균 1.0명, 여자는 평균은 0.6명이었다(중소벤처기업부·창업진흥원, 「2021년 1인창조기업실태조사」, 2022.02, 138면). 다른 한편 「2019년 창업기업실태조사」에서 2019년 기준 창업기업의 전체 고용인원은 총 2,983,995명으로, 기업형태별 고용인원은 개인기업 1,228,513명(41.2%), 법인기업 1,755,482명(58.8%)이었으며, 업종별 고용인원은 제조업이 전체 창업기업의 22.7%로 가장 많았고, 도소매업 17.9%, 숙박·음식점업 15.4%, 건설업이 8.2%, 사업·임대서비스업 7.8%, 보건·사회복지 7.6%, 전문·과학·기술서비스업 5.9%, 정보통신업 3.2% 등이었다(중소벤처기업부·창업진흥원, 「2019년 창업기업실태조사보고서」, 2022.02, 51~53면).

124) 임금은 사용자가 근로의 대가로 임금, 봉급, 월급, 연봉 그 밖에 어떠한 명칭으로든지 근로자에게 지급하는 일체의 금품을 말한다. 임금은 월급제 또는 연봉제를 선택하여 정하여야 하고, 연봉제의 경우에는 단일 연봉제인지, 기본 연봉액에 성과급을 합치는 혼합형 연봉제인지, 아니면 연간 수입 관리 방식인지 이를 특정하여 명시하여야 한다.

조 제2항, 동법시행령 제7조). 이하에서는 근로계약의 체결과 근로관계 등에 관하여 살핀다.

제2절 근로계약의 체결

Ⅰ. 근로계약 체결의 상대방

1. 일반적인 경우

창업자가 근로자를 직접 고용하는 경우에는 당해 근로자 또는 그 대리인과 근로계약을 체결하여야 한다.

2. 파견 근로자의 경우

창업자가 근로자 파견 업체로부터 근로자의 파견을 받는 경우에는 그 파견 근로자는 파견 사업주와 체결한 근로계약에 기하여 파견되는 것이므로, 창업자와 파견 근로자 사이에는 근로계약을 체결할 필요가 없다. 만약 이 때 창업자가 파견 근로자와 근로계약을 체결하게 되면 직접 사용자로서 계약상의 의무를 지게 되어 곤란한 처지에 놓인다.[125]

3. 미성년 근로자의 경우

근로계약을 체결하는 근로자가 미성년자인 때에는 그 근로계약은 미성년자 본인과 직접 체결하여야 한다. 다만, 고용하고자 하는 자가 15세 미만이거나 중학교에 재학 중인 18세 미만인 경우에는 고용노동부 장관이 발급한 취직인허증을 지닌 경우에 한하여 근로자로 사용할 수 있다. 취직인허증은 본인의 신청에 따라 의무교육에 지장이 없는 경우에는 직종(職種)을 지정하여서만 발행된다(근기 제64조 제1,2항).

창업자가 15세 이상 또는 중학교에 재학 중인 18세 이상인 미성년자와 근로계약을 체결하는 경우에는 그 법정대리인의 동의를 얻어야 한다. 이때 근로계약은 미성년자

---

125) 파견근로자에 대해서는 「파견 근로자 보호 등에 관한 법률」이 적용된다. 동 법률은 파견 근로자의 근로 조건 등에 관한 기준을 확립함으로써 파견 근로자의 고용 안정과 복지 증진에 이바지하고 인력 수급을 원활하게 함을 목적으로 한다. 동 법률은 근로자 파견 기간을 원칙적으로 1년으로 제한하고 있다. 다만, 파견 사업주와 사용 사업주 및 파견 근로자간의 합의가 있는 때에는 파견 기간을 연장할 수 있으나, 1회를 연장할 때에는 그 연장 기간은 1년을 초과하지 못하며, 연장된 기간을 포함한 총파견 기간은 2년을 초과하지 못하도록 한다. 사용 사업주가 이에 위반하여 2년을 초과하여 계속적으로 파견 근로자를 사용하는 경우에는 사용 사업주는 해당 파견 근로자를 직접 고용하여야 한다.

본인이 직접 체결하여야 하며, 친권자나 후견인은 미성년자의 근로계약을 대리할 수 없다. 다만, 미성년자가 체결한 근로계약이 미성년자에게 불리하다고 인정하는 때에는 친권자나 후견인 또는 고용노동부 장관은 이를 해지할 수 있을 뿐이다(근기 제67조 제1,2항).

II. 근로조건의 명시

1. 근로자가 성년자인 경우

창업자가 근로자와 근로계약을 체결할 때에는 근로자에게 ⅰ) 임금, ⅱ) 소정근로시간,[126] ⅲ) 휴일, ⅳ) 연차 유급 휴가, ⅴ) 취업의 장소와 종사하여야 할 업무에 관한 사항, ⅵ) 취업규칙에서 정하여야 할 사항, ⅶ) 사업장의 부속 기숙사에 근로자를 기숙하게 하는 경우에는 기숙사 규칙에서 정한 사항 등의 근로조건을 명시하여야 하고(근기 제17조 제1항), 특히 임금의 구성항목·계산방법·지급방법과 소정근로시간, 휴일 및 연차 유급 휴가에 관한 사항은 이를 명시한 서면을 근로자에게 교부하여야 한다(근기 제17조 제2항 본문).

창업자가 근로계약을 체결한 후 이들 사항을 변경하는 경우에는 그 변경사항을 근로자에게 이와 같은 방법으로 명시하여야 한다(근기 제17조 제1항). 다만, 단체협약, 취업규칙의 변경, 근로자 대표와의 서면 합의 또는 법령으로 인하여 임금의 구성항목 등과 소정근로시간, 휴일 및 연차 유급 휴가에 관한 사항이 변경되는 경우에는 근로자의 요구가 있으면 그 변경되는 사항을 명시한 서면을 교부하여야 한다(근기 제17조 제2항 단서). 이들 규정에 위반하면 500만 원 이하의 벌금에 처한다(근기 제114조).

2. 근로자가 미성년자인 경우

근로계약의 상대방이 18세 미만인 경우에는 위의 모든 근로조건을 서면으로 명시하여 교부하여야 한다(근기 제67조 제3항). 근로자가 18세 이상인 경우에도 임금의 구성항목과 계산 방법 및 지급 방법, 소정근로시간, 유급 휴일, 연차 유급 휴가에 관하여는 이에 관한 사항이 명시된 서면을 근로자에게 교부하여야 한다. 이러한 사항이 단체협약 또는 취업규칙의 변경 등의 사유로 변경되는 경우에는 근로자의 요구가 있을

---

126) 소정근로시간은 법정근로시간(휴계시간을 제외하고 1주 간 40시간, 하루에는 휴게시간을 제외하고 8시간. 다만 15세 이상 18세 미만인 자의 근로시간은 1일 7시간, 1주 35시간이나, 당사자간 합의로 1일에 1시간 1주에 5시간 한도로 연장 가능) 범위에서 근로자와 사용자 사이에 합의로 정한 근로시간을 말한다(근로기준법 제2조 제1항 8호).

때 창업자는 그 서면을 근로자에게 교부하여야 한다(근기 제17조 제2항). 이들 규정에 위반하면 500만 원 이하의 벌금에 처한다(근기 제114조).

3. 여성근로자의 경우

창업자가 여성근로자와 근로계약을 체결할 때에도 그 여성근로자가 미성년자인 경우에는 위의 모든 근로조건을 명시하고 이를 명시한 서면을 교부하여야 한다. 특히 임신 중이거나 산후 1년이 지나지 아니한 여성과 18세 미만자에 대해서는 도덕상 또는 보건상 유해·위험한 사업에 사용하지 못하고, 임산부가 아닌 18세 이상의 여성에 대해서도 보건상 유해·위험한 사업 중 특히 임신 또는 출산에 관한 기능에 유해·위험한 사업에 종사하게 해서는 안 된다(근기 제65조 제1,2항). 이를 위반하면 3년 이하의 징역 또는 3천만 원 이하의 벌금에 처한다(근기 제109조 제1항).

4. 단시간 근로자의 경우

창업자가 단시간 근로자와 근로계약을 체결하는 때에는 ⅰ) 근로계약기간, ⅱ) 근로시간·휴게, ⅲ) 임금의 구성항목·계산방법 및 지불방법, ⅳ) 휴일·휴가, ⅴ) 취업의 장소와 종사하여야 할 업무, ⅵ) 근로일 및 근로일별 근로시간, 근로시간의 시작과 종료시간 등에 관한 사항을 서면으로 명시하여야 한다(기간제및단시간근로자보호법 제17조, 근로기준법시행령 제9조 제1항 및 별표2).

단시간 근로자의 근로조건은 그 사업장의 같은 종류의 업무에 종사하는 통상 근로자의 근로시간을 기준으로 산정한 비율에 따라 결정되어야 한다(근기 제18조 제1항). 단시간 근로자의 임금 산정 단위는 시간급을 원칙으로 하며, 시간급 임금을 통상임금으로 산정할 경우에는 1일 소정근로시간 수에 시간급 임금을 곱하여 산정한다. 단시간 근로자의 1일 소정근로시간 수는 4주 동안의 소정근로시간을 그 기간의 통상 근로자의 총 소정근로일 수로 나눈 시간 수로 한다(근기시행령 제9조 별표2).

창업자가 단시간 근로자를 소정 근로일이 아닌 날에 근로시키거나 소정근로시간을 초과하여 근로시키고자 할 때에는 근로계약서나 취업규칙 등에 그 내용 및 정도를 명시하여야 하고, 초과근로에 대하여 가산임금을 지급하기로 한 때에는 그 지급률을 명시하여야 한다(근기 제18조 제1,2항, 동법 시행령 제9조 제1항, 별표2).

5. 근로조건의 위반

창업자가 근로계약을 체결할 때 근로자에게 명시한 근로조건이 사실과 다를 경우에는 근로자는 근로조건 위반을 이유로 손해의 배상을 청구할 수 있으며, 즉시 근로계약을 해제할 수 있다(근기 제19조 제1항). 근로자가 근로조건 위반을 이유로 손해배상을 청구할 경우에는 노동위원회에 신청할 수 있으며, 근로조건의 위반으로 근로계약이 해제되었을 때에는 취업을 목적으로 거주를 변경하는 근로자에게 귀향 여비를 지급하여야 한다(근기 제19조 제2항).

제3절 취업규칙의 작성 및 신고

I. 취업규칙 신고의무

창업자가 상시 10명 이상의 근로자를 사용하는 경우에는 취업규칙을 작성하여 고용노동부 장관에게 신고하여야 한다. 근로자가 상시 10명 이상인 경우에 창업자가 기존 취업규칙의 기재사항을 변경하는 때에도 고용노동부 장관에게 신고하여야 한다(근기 제93조). 이 신고의무에 위반하면 500만 원 이하의 과태료가 부과된다(근기 제116조 제1항).

II. 취업규칙의 기재사항

취업규칙에 기재하여야 하는 사항은 i) 업무의 시작과 종료 시각, 휴게시간, 휴일, 휴가 및 교대 근로에 관한 사항, ii) 임금의 결정·계산·지급 방법, 임금의 산정기간·지급시기 및 승급에 관한 사항, iii) 가족수당의 계산·지급 방법에 관한 사항, iv) 퇴직에 관한 사항, v)「근로자 퇴직급여 보장법」제4조에 따라 설정된 퇴직급여, 상여 및 최저임금에 관한 사항, vi) 근로자의 식비, 작업 용품 등의 부담에 관한 사항, vii) 근로자를 위한 교육시설에 관한 사항, viii) 출산 전후 휴가·육아 휴직 등 근로자의 모성 보호 및 일·가정 양립 지원에 관한 사항, ix) 안전과 보건에 관한 사항, x) 근로자의 성별·연령 또는 신체적 조건 등의 특성에 따른 사업장 환경의 개선에 관한 사항, xi) 업무상과 업무 외의 재해 부조에 관한 사항, xii) 표창과 제재에 관한 사항, 그 밖에 해당 사업 또는 사업장의 근로자 전체에 적용될 사항이다(근기 제93조).

취업규칙은 그 내용이 법령에 부합하여야 하지만 해당 사업 또는 사업장에 적용되는 단체협약과 어긋나서도 아니 된다(근기 제96조 제1항). 취업규칙의 내용이 법령이나 단체협약에 어긋나는 경우에는 고용노동부 장관은 그 취업규칙의 변경을 명할 수 있다(근기 제96조 제2항).

III. 취업규칙의 작성 및 변경 절차

창업자가 취업규칙을 작성 또는 변경하는 경우에 해당 사업 또는 사업장에 근로자의 과반수로 조직된 노동조합이 있는 경우에는 그 노동조합의 의견을, 근로자의 과반수로 조직된 노동조합이 없는 경우에는 근로자의 과반수의 의견을 들어야 한다. 그러나 사용자가 취업규칙을 근로자에게 불리하게 변경하는 경우에는 해당 사업 또는 사업장에 근로자의 과반수로 조직된 노동조합이 있는 경우에는 그 노동조합의 동의를 받아야 하고, 이러한 노동조합이 없는 경우에는 근로자의 과반수의 동의를 받아야 한다(근기 제94조 제1항). 이에 위반하면 500만 원 이하의 벌금에 처한다(근기 제114조)

이 때 노동조합의 의견이나 동의는 노동조합 소속 근로자들의 과반수 동의가 없더라도 노조위원장의 대표권이 제한되어 있지 않는 한 노조위원장이 노동조합을 대표하여 하면 된다. 노동조합이 없는 경우 근로자 과반수의 의견이나 동의는 근로자들이 일정한 장소에 모여 회의를 개최하지 않더라도 기구별 또는 단위 부서별로 근로자 상호간의 의견 교환 후 찬반 의견을 집약하여 전체적으로 취합하는 방식도 허용된다.[127]

창업자가 노동조합 또는 근로자 과반수의 의견을 듣지 아니하고 취업규칙을 변경하더라도 무효가 되는 것은 아니나, 노동조합 또는 근로자 과반수의 동의없이 근로자에게 불이익하게 변경된 취업규칙은 그 후 새로 근로관계를 갖게 된 근로자들에게는 적용되지만, 기존 근로자들에게는 무효이며 이들에게는 종전의 취업규칙이 적용된다.

창업자가 취업규칙을 고용노동부 장관에게 신고할 때에는 노동조합 또는 근로자의 의견을 적은 서면을 첨부해야 한다(근기 제94조 제2항).

---

127) 사용자가 취업규칙의 변경에 의하여 기존의 근로조건을 근로자에게 불리하게 변경하려면 종전 근로조건 또는 취업규칙의 적용을 받고 있던 근로자의 집단적 의사결정방법에 의한 동의를 받아야 한다. … 취업규칙의 변경에 근로자의 동의가 필요한 경우에 노동조합이 없으면, 사용자 측의 개입이나 간섭이 배제된 상태에서 사업장 전체 또는 기구별·단위 부서별로 근로자 간에 의견을 교환하여 찬반의 의사를 모으는 회의방식 기타 집단적 의사결정 방식에 의하여 근로자 과반수의 동의를 받아야 한다(대법원 2012. 6. 28. 선고 2010다17468 판결, 2010. 1. 28. 선고 2009다32362 판결).

Ⅳ. 취업규칙의 효력

근로계약에서 정한 근로조건이 취업규칙에서 정한 기준에 미달하는 경우에는 근로계약의 미달 부분은 무효로 한다. 이 경우 무효로 된 근로계약 부분은 취업규칙에서 정한 기준에 따른다(근기 제97조).

제4절 임금과 근로시간 등

Ⅰ. 임금

1. 임금의 지급

임금은 통화(通貨)로 직접 근로자에게 전액을 지급하여야 한다. 다만, 법령 또는 단체협약에 특별한 규정이 있는 경우에는 임금의 일부를 공제하거나 통화 이외의 것으로 지급할 수 있다(근기 제43조 제1항).

임금은 매월 1회 이상 일정한 날짜를 정하여 지급하여야 한다. 그러나 임시로 지급하는 임금, 수당, 1개월을 초과하는 기간의 출근 성적에 따라 지급하는 정근수당, 1개월을 초과하는 일정 기간을 계속하여 근무한 경우에 지급되는 근속수당, 1개월을 초과하는 기간에 걸친 사유에 따라 산정되는 장려금이나 능률수당 또는 상여금, 그 밖에 부정기적으로 지급되는 모든 수당은 그 지급 날짜를 달리 할 수 있다(근기 제43조 제1항).

임금은 근로자에게 직접 지급하여야 한다. 근로자가 미성년자나 피한정후견인인 경우에도 그 임금은 제한능력자가 독자적으로 청구할 수 있으므로, 미성년자나 피한정후견인 본인에게 직접 지급하여야 하며, 그 법정대리인에게 지급할 것이 아니다(근기 제68조).

사업주가 근로자에게 임금, 보상금, 수당, 그 밖에 일체의 금품을 지급하지 아니하여 그 명단 공개 기준일 이전 3년 이내 이들 임금 등을 체불하여 2회 이상 유죄가 확정되고, 그 명단 공개 기준일 이전 1년 이내 임금 등의 체불총액이 3천만 원 이상인 경우에는 고용노동부 장관은 그 사업주의 인적사항 등을 공개할 수 있다(근기 제43조의2 제1항).

2. 포괄임금제

1) 의의

임금은 사용자와 근로자가 기본임금을 미리 정하고 여기에 각종 수당을 가산하여 합산 지급하는 것이 원칙이다. 그러나 사용자와 근로자가 기본임금을 미리 정하지 아니하고 법정수당까지 포함된 금액을 월급여액이나 일당임금으로 정하거나, 또는 기본임금을 미리 정하면서 법정 제 수당을 구분하지 아니하고 일정액을 법정 제 수당으로 정하여 이를 근로시간 수에 관계없이 지급하기로 약정하는 경우가 있다. 이러한 방식에 의하여 임금을 지급하는 방식을 포괄임금제라고 한다.

2) 포괄임금 약정의 효력

임금은 현행 근로기준법상 근로시간에 따라 지급하는 것이 원칙이므로, 근로시간 수에 상관없이 일정액을 법정수당으로 지급하는 내용의 포괄임금제에 의한 임금의 지급은 근로기준법이 정한 근로시간에 관한 규제를 위반하는 것이므로 허용되지 아니한다. 따라서 근로시간의 산정이 어려운 등의 사정이 없음에도 임금이 포괄임금제 방식으로 약정된 경우 그 포괄임금에 포함된 정액의 법정수당이 근로기준법이 정한 기준에 따라 산정된 법정수당에 미달하는 때에는 그에 해당하는 포괄임금제에 의한 임금 지급계약 부분은 근로자에게 불이익하여 무효이다. 이 경우에 사용자는 근로자에게 그 미달되는 법정수당을 지급할 의무가 있다

그러나 감시·단속적 근로 등과 같이 근로시간, 근로형태와 업무의 성질을 고려할 때 근로시간의 산정이 어려운 것으로 인정되는 경우가 있다. 이러한 경우에는 근로시간에 따른 임금의 산정이 곤란하므로, 임금 지급계약 또는 단체협약에 있어서 사용자와 근로자 사이에 기본임금을 미리 산정하지 아니하고 법정수당까지 포함된 금액을 월급여액이나 일당임금으로 정하거나 기본임금을 미리 산정하면서도 법정 제 수당을 구분하지 아니하고 일정액을 법정 제 수당으로 정하여 이를 근로시간 수에 상관없이 지급하기로 약정할 수 있다. 이러한 포괄임금제의 약정은 근로자에게 불이익이 없고 여러 사정에 비추어 정당하다고 인정될 때에 한하여 유효하다고 할 것이다.[128]

3) 포괄임금 약정 여부의 판단 기준

포괄임금제에 관한 약정의 성립 여부는 근로시간, 근로형태와 업무의 성질, 임금 산정의 단위, 단체협약과 취업규칙의 내용, 동종 사업장의 실태 등 여러 사정을 전체

---

128) 대법원 2010. 5. 13. 선고 2008다6052 판결.

적·종합적으로 고려하여 구체적으로 판단하여야 한다. 단체협약이나 취업규칙 및 근로계약서에 포괄임금이라는 취지를 명시하지 않았음에도 묵시적 합의에 의한 포괄임금 약정이 성립하였다고 인정하기 위해서는, 근로형태의 특수성으로 인하여 실제 근로시간을 정확하게 산정하는 것이 곤란하거나 일정한 연장·야간·휴일 근로가 예상되는 경우 등 실질적인 필요성이 인정될 뿐 아니라, 근로시간, 정하여진 임금의 형태나 수준 등 제반 사정에 비추어 사용자와 근로자 사이에 정액의 월급여액이나 일당임금 외에 추가로 어떠한 수당도 지급하지 않기로 하거나 특정한 수당을 지급하지 않기로 하는 합의가 있었다고 객관적으로 판단되는 경우이어야 한다.[129]

3. 최저임금

　모든 사업 또는 사업장의 근로자에게는 최저임금액 이상의 임금을 지급하여야 한다(최저임금법 제3조, 제6조 제1항).[130] 최저임금은 고용노동부에 설치되어 있는 최저임금위원회가 심의하여 의결한 최저임금안에 따라 고용노동부 장관이 매년 8월 5일까지 결정한다(최임 제8조). 고용노동부 장관은 최저임금을 결정한 때에는 지체 없이 그 내용을 고시하여야 한다(동법 제10조 제1항). 고시된 최저임금은 다음 연도 1월 1일부터 효력이 발생한다. 다만, 고용노동부 장관은 사업의 종류별로 임금교섭시기 등을 고려하여 필요하다고 인정하면 효력발생 시기를 따로 정할 수 있다(동법 제10조 제2항).

　최저임금의 적용을 받는 근로자와 창업자 사이의 근로계약 중 최저임금액에 미치지 못하는 금액을 임금으로 정한 부분은 무효이다. 이때 무효로 된 부분은 최저임금액과 동일한 임금을 지급하기로 한 것으로 본다(최임 제6조 제3항).[131] 1년 이상의 기간을

---

129) 대법원 2016. 10. 13. 선고 2016도1060 판결. 따라서 근로형태나 업무의 성격상 연장·야간·휴일근로가 당연히 예상된다고 하더라도 기본급과는 별도로 연장·야간·휴일근로수당 등을 세부항목으로 나누어 지급하도록 단체협약이나 취업규칙, 급여규정 등에 정하고 있는 경우에는 포괄임금제에 해당하지 아니한다. 그리고 단체협약 등에 일정 근로시간을 초과한 연장근로시간에 대한 합의가 있다거나 기본급에 수당을 포함한 금액을 기준으로 임금인상률을 정하였다는 사정 등을 들어 바로 포괄임금제에 관한 합의가 있다고 섣불리 단정할 수는 없다(대법원 2020. 2. 6. 선고 2015다233579, 233586 판결).
130) 동거하는 친족만을 사용하는 사업과 가사사용인, 선원법이 적용되는 선원 등에게는 최저임금이 적용되지 않는다.
131) 근로자의 임금을 정하는 단위가 된 기간이 그 근로자에게 적용되는 최저임금액을 정할 때의 단위가 된 기간과 다른 경우에는 그 근로자에 대한 임금을 다음의 구분에 따라 시간에 대한 임금으로 환산한다. 즉, ⅰ) 일(日) 단위로 정해진 임금은 그 금액을 1일의 소정근로시간 수로 나눈 금액, ⅱ) 주(週) 단위로 정해진 임금의 경우는 그 금액을 1주의 최저임금 적용기준 시간 수(1주 동안의 소정근로시간 수와 근로기준법 제55조 제1항에 따라 유급으로 처리되는 시간 수를 합산한 시간 수)로 나눈 금액, ⅲ) 월(月) 단위로 정해진 임금은 그 금액을 1개월의 최저임금 적용기준 시간 수(앞의 ⅱ)에 따른 1주의 최저임금 적용기준 시간 수에 1년 동안의 평균의 주의 수를 곱한 시간을 12로 나눈 시간 수)로 나눈 금액, ⅳ)

정하여 근로계약을 체결하고 수습 중에 있는 근로자로서 수습을 시작한 날부터 3개월 이내인 사람에 대해서는 시간급 최저임금액에서 100분의 10을 뺀 금액을 그 근로자의 시간급 최저임금액으로 한다(최임 제5조 제2항, 동시행령 제3조).

창업자가 근로자에게 최저임금액보다 적은 임금을 지급하거나 최저임금을 이유로 종전의 임금을 낮춘 자는 3년 이하의 징역 또는 2천만 원 이하의 벌금에 처한다. 이 경우에 징역과 벌금은 병과할 수 있다(최저임금법 제28조 제1항).

II. 근로시간

1. 근로시간의 제한

1일의 근로시간은 휴게시간을 제외하고 8시간을 초과할 수 없다. 1주간의 근로시간은 휴게시간을 제외하고 40시간을 초과할 수 없다(근기 제50조 제1,2항).[132] 다만, 당사자 간에 합의하면 1주간에 12시간을 한도로 이 근로시간을 연장할 수 있다(근기 제53조 제1항).

15세 이상 18세 미만인 자의 근로시간은 1일에 7시간, 1주일에 35시간을 초과하지 못한다. 다만, 창업자와 근로자 사이의 합의에 따라 1일에 1시간, 1주일에 5시간을 한도로 연장할 수 있다(근기 제69조).

창업자가 근로시간의 제한에 위반하면 2년 이하의 징역 또는 2천만 원 이하의 벌금에 처한다(근기 제110조).

2. 탄력적 근로시간

창업자가 근로시간을 탄력적으로 운용하기 위해서는 이에 관한 취업규칙의 규정 또는 근로자 대표와의 서면 합의가 있어야 한다.

탄력적 근로시간에 관하여 취업규칙(취업규칙에 준하는 것을 포함)의 정함이 있는 경우에는 창업자는 2주 이내의 일정한 단위기간을 평균하여 1주간의 근로시간이 40시간을 초과하지 아니하는 범위에서 특정한 주에 40시간을 초과하거나 특정한 날에 8시간을 초과하여 근로하게 할 수 있다. 이 경우 특정한 주의 근로시간은 48시간을 초과할 수 없다(근기 제51조 제1항).

시간·일·주 또는 월 외의 일정 기간을 단위로 정해진 임금의 경우는 ⅰ)부터 ⅲ)까지의 규정에 준하여 산정(算定)한 금액을 기준으로 한다(최저임금법시행령 제5조 제1항).

132) 근로시간을 산정함에 있어 작업을 위하여 근로자가 사용자의 지휘·감독 아래에 있는 대기시간 등은 근로시간으로 본다(근기 제50조 제3항).

근로시간의 탄력적 운용에 관하여 취업규칙의 규정이 없는 경우에 근로시간을 탄력적으로 운용하기 위해서는 창업자와 근로자 대표 사이에 ⅰ) 대상 근로자의 범위, ⅱ) 3개월 이내의 단위기간, ⅲ) 단위기간의 근로일과 그 근로일별 근로시간, ⅳ) 표준근로시간[133] 등에 대한 서면 합의가 있어야 한다. 이러한 서면 합의가 있으면 창업자는 3개월 이내의 단위기간을 평균하여 1주간의 근로시간이 40시간을 초과하지 아니하는 범위에서 특정한 주에 40시간을, 특정한 날에 8시간을 초과하여 근로하게 할 수 있다(근기 제51조 제2항 본문). 이 경우 특정한 주의 근로시간은 52시간을, 특정한 날의 근로시간은 12시간을 초과할 수 없다(근기 제51조 제1항 단서).

이 탄력적 근로시간은 15세 이상 18세 미만의 근로자와 임신 중인 여성근로자에 대하여는 적용하지 아니한다(근기 제51조 제3항).

창업자가 근로자를 탄력적 근로시간으로 근로시킬 경우에는 기존의 임금 수준이 낮아지지 아니하도록 임금보전방안(賃金補塡方案)을 강구하여야 한다(근기 제51조 제4항).

3. 선택적 근로시간

창업자는 취업규칙(취업규칙에 준하는 것을 포함)에 따라 업무의 시작 및 종료 시각을 근로자의 결정에 맡기기로 한 근로자에 대하여 1개월 이내의 정산기간을 평균하여 1주간의 근로시간이 40시간을 초과하지 아니하는 범위에서 1주간에 40시간을, 1일에 8시간을 초과하여 근로하게 할 수 있다. 이를 위해서는 근로자 대표와의 서면 합의에 따라 ⅰ) 대상 근로자의 범위, ⅱ) 1개월 이내의 정산기간, ⅲ) 정산기간의 총 근로시간, ⅳ) 반드시 근로 하여야 할 시간대를 정하는 경우에는 그 시작 및 종료 시각, ⅴ) 근로자가 그의 결정에 따라 근로할 수 있는 시간대를 정하는 경우에는 그 시작 및 종료 시각, ⅵ) 표준근로시간 등을 정하여야 한다(근기 제52조 제1항). 이같은 선택적 근로시간은 15세 이상 18세 미만의 근로자에 대해서는 적용되지 아니하나, 임신 중의 여성근로자에게는 예외적으로 허용된다(근기 제52조 1호).

4. 연장근로의 제한

창업자가 근로자에게 연장근로를 하게 하기 위해서는 근로자와 합의를 하여야 한다. 창업자는 근로자와의 합의에 의하여 1주간에 12시간을 한도로 근로시간을 연장

---

133) 표준근로시간은 유급휴가 등의 계산 기준으로 사용자와 근로자 대표가 합의하여 정한 1일의 근로시간을 말한다.

할 수 있다(근기 제53조 제1항). 탄력적 근로시간도 사용자와 근로자 간에 합의하면 1주간에 12시간을 한도로 연장할 수 있고, 선택적 근로시간도 1개월(신상품 또는 신기술의 연구개발 업무의 경우에는 3개월) 이내의 정산기간을 평균하여 1주간에 12시간을 초과하지 아니하는 범위에서 연장할 수 있다(근기 제53조 제2항).[134]

창업자는 특별한 사정이 있으면 고용노동부 장관의 인가와 근로자의 동의를 받아 이들 근로시간을 연장할 수 있다. 다만, 사태가 급박하여 고용노동부 장관의 인가를 받을 시간이 없는 경우에는 사후에 지체 없이 승인을 받아야 한다(근기 제53조 제4항). 고용노동부 장관은 그 근로시간의 연장이 부적당하다고 인정하면 그 후 연장시간에 상당하는 휴게시간이나 휴일을 줄 것을 명할 수 있다(근기 제53조 제5항).

창업자가 상시 30명 미만의 근로자를 사용하는 경우에는 근로자 대표와의 합의로 근로시간을 연장할 수 있다. 근로시간을 연장하기 위한 합의에서는 i) 연장된 근로시간을 초과할 필요가 있는 사유 및 그 기간과 ii) 대상 근로자의 범위에 대하여 서면에 의한 합의가 있어야 한다. 이 때 연장할 수 있는 근로시간은 1주간에 12시간을 한도로 연장된 근로시간에 더하여 1주간에 8시간을 초과하지 아니하는 범위에서 근로시간을 더 연장할 수 있다(근기 제53조 제3항). 근로자 대표와의 합의에 의한 근로시간의 연장은 18세 이상의 근로자에 한하여 가능하며, 15세 이상 18세 미만의 근로자에게는 허용되지 아니한다(근기 제53조 제6항).

연장근로에 대하여는 근로자에게 통상임금의 100분의 50 이상을 가산하여 지급하여야 하나(근기 제56조 제1항), 근로자 대표와의 서면 합의가 있으면 임금의 지급에 갈음하여 휴가를 줄 수 있다(근기 제57조).

5. 임신 중의 여성근로자 시간외 근로 제한

임신 중의 여성근로자에게 시간외 근로를 하게 하여서는 아니 되며, 그 근로자의 요구가 있는 경우에는 쉬운 종류의 근로로 전환하여야 한다(근기 제70조 제5항). 임신 후 12주 이내 또는 36주 이후에 있는 여성근로자가 근로시간을 1일에 2시간씩 단축해 줄 것을 신청하는 경우에 사용자는 이를 허용하여야 한다. 1일 근로시간이 8시간 미

---

134) 육상운송 및 파이프라인 운송업(노선(路線)여객자동차운송업은 제외), 수상운송업, 항공운송업, 기타 운송관련 서비스업, 보건업 등의 사용자는 근로자 대표와 서면으로 합의한 경우에는 주(週) 12시간을 초과하여 연장근로를 하게 하거나 휴게시간을 변경할 수 있다. 이 경우 사용자는 근로일 종료 후 다음 근로일 개시 전까지 근로자에게 연속하여 11시간 이상의 휴식 시간을 주어야 한다(근로기준법 제59조 제1,2항).

만인 근로자에 대하여는 1일 근로시간이 6시간이 되도록 근로시간 단축을 허용할 수 있다(근기 제74조 제7항). 근로자의 신청에 의하여 근로시간이 단축되는 경우에 사용자는 근로시간 단축을 이유로 근로자의 임금을 삭감하여서는 아니 된다(근기 제74조 제8항).

6. 휴게

근로시간이 4시간인 경우에는 30분 이상, 8시간인 경우에는 1시간 이상의 휴게시간을 근로시간 도중에 주어야 한다(근기 제54조). 이에 위반하면 2년 이하의 징역 또는 2천만 원 이하의 벌금에 처한다(근기 제110조).

III. 야간근로와 휴일근로

18세 이상의 여성은 야간(오후 10시부터 다음날 오전 6시까지의 시간)이나 휴일에 근로시킬 수 있으나, 이때는 그 근로자의 동의를 받아야 한다(근기 제70조 제1항). 임산부와 18세 미만자는 야간근로와 휴일근로가 금지되나, 18세 미만자 또는 산후 1년이 지나지 아니한 여성의 동의가 있거나 임신 중의 여성이 명시적으로 청구하는 경우에는 고용노동부 장관의 인가를 받은 때에 한하여 야간 또는 휴일 근로를 시킬 수 있다(근기 제70조 제2항). 이 때 사용자는 고용노동부 장관의 인가를 받기 전에 근로자의 건강 및 모성 보호를 위하여 그 시행 여부와 방법 등에 관하여 그 사업 또는 사업장의 근로자 대표와 성실하게 협의하여야 한다(근기 제70조 제3항).

야간근로에 대하여는 통상임금의 100분의 50 이상을 가산하여 근로자에게 지급하여야 한다(근기 제56조 제3항). 휴일근로에 대해서는 휴일 근로시간이 8시간 이내인 경우에는 통상임금의 100분의 50 이상, 휴일 근로시간이 8시간을 초과하는 경우에는 통상임금의 100분의 100 이상의 금액을 가산하여 근로자에게 지급하여야 한다(근기 제56조 제2항).

그러나 야간근로 및 휴일근로에 대하여 근로자 대표와의 서면 합의가 있으면 임금의 지급에 갈음하여 휴가를 줄 수 있다(근기 제57조).

IV. 휴일과 휴가

1. 휴일

창업자는 근로자에게 「관공서의 공휴일에 관한 규정」에서 정하는 휴일[135]을 유급으로 보장하여야 한다.[136] 이 공휴일은 근로자 대표와 서면으로 합의한 경우에는 특정한 근로일로 대체할 수 있다(근기 제55조 제2항). 또한 창업자는 1주 동안의 소정근로일을 개근한 근로자에게는 1주일에 평균 1회 이상의 유급휴일을 주어야 한다(근기 제55조 제1항, 동시행령 제30조 제1항). 이에 위반하면 2년 이하의 징역 또는는 2천만 원 이하의 벌금에 처한다(근기 제110조).

2. 연차 유급휴가

근로자가 1년간 80% 이상 출근한 경우에는 사용자는 15일의 유급휴가를 주어야 한다. 계속하여 근로한 기간이 1년 미만인 근로자 또는 1년간 80% 미만 출근한 근로자에게는 1개월 개근 시 1일의 유급 휴가를 주어야 한다(근기 제60조 제1,2항).

근로자가 3년 이상 계속하여 근로한 경우에는 15일의 유급 휴가에 최초 1년을 초과하는 계속 근로 연수 매 2년에 대하여 1일을 가산한 유급 휴가를 주어야 한다. 이 경우 가산휴가를 포함한 총 휴가 일수는 25일을 한도로 한다(근기 제60조 제4항).

휴가는 원칙적으로 근로자가 청구한 시기에 주어야 하고, 그 기간에 대하여는 통상임금 또는 평균임금을 지급하여야 한다. 다만 근로자가 청구한 시기에 휴가를 주는 것이 사업 운영에 막대한 지장을 초래하는 때에는 그 시기를 변경할 수 있다(근기 제60조 제5항).

단시간 근로자에게도 「근로기준법」에서 정하는 유급휴일과 연차 유급휴가를 주어야 한다. 그러나 단시간 근로자가 4주 동안을 평균하여, 4주 미만으로 근로하는 경우에는 그 기간을 평균하여 1주 동안의 소정근로시간이 15시간 미만인 때에는 휴일과 연차 유급휴가를 주지 않아도 무방하다(근기 제18조 제3항).

---

135) 「관공서의 공휴일에 관한 규정」에서 정하는 휴일은 ⅰ) 일요일, ⅱ) 국경일 중 3·1절, 광복절, 개천절 및 한글날, ⅲ) 1월 1일, ⅳ) 설날 전날, 설날, 설날 다음날(음력 12월 말일, 1월 1일, 2일), ⅴ) 부처님오신날(음력 4월 8일), ⅵ) 5월 5일(어린이날), ⅶ) 6월 6일(현충일), ⅷ) 추석 전날, 추석, 추석 다음날(음력 8월 14일, 15일, 16일), ⅸ) 12월 25일(기독탄신일), ⅹ) 「공직선거법」 제34조에 따른 임기만료에 의한 선거의 선거일, ⅺ) 기타 정부에서 수시 지정하는 날이다.

136) 이 공휴일 유급 보장의 시행시기는 기업의 규모에 따라 다르다. 공휴일 유급 보장은 먼저 ⅰ) 상시 300명 이상의 근로자를 사용하는 사업 또는 사업장, 「공공기관의 운영에 관한 법률」에 따른 공공기관, 「지방공기업법」에 따른 지방공사 및 지방공단, 국가·지방자치단체 또는 정부투자기관이 자본금의 2분의 1 이상을 출자하거나 기본재산의 2분의 1 이상을 출연한 기관·단체와 그 기관·단체가 자본금의 2분의 1 이상을 출자하거나 기본재산의 2분의 1 이상을 출연한 기관·단체, 국가 및 지방자치단체의 기관은 2020년 1월 1일부터, ⅱ) 상시 30명 이상 300명 미만의 근로자를 사용하는 사업 또는 사업장은 2021년 1월 1일부터, ⅲ) 상시 5인 이상 30명 미만의 근로자를 사용하는 사업 또는 사업장은 2022년 1월 1일부터 적용된다.

3. 임신 중인 여성근로자의 휴가

임신 중의 여성근로자에게는 출산 전과 출산 후를 통하여 90일(한 번에 둘 이상 자녀를 임신한 때에는 120일)의 출산전후휴가를 주어야 한다. 이 경우 휴가 기간의 배정은 출산 후에 45일(한 번에 둘 이상 자녀를 임신한 때에는 60일) 이상이 되어야 한다(근기 제74조 제1항).

임신 중인 여성근로자가 유산·사산의 경험이 있거나 출산전후휴가 청구 당시 만 40세 이상인 경우, 유산·사산의 위험이 있다는 의료기관의 진단서를 제출하여 휴가를 청구하는 경우에는 출산 전 어느 때 라도 휴가를 나누어 사용할 수 있도록 하여야 한다. 이 경우 출산 후의 휴가 기간은 연속하여 45일(한 번에 둘 이상 자녀를 임신한 경우에는 60일) 이상이 되어야 한다(근기 제74조 제1항). 임신 중인 여성근로자가 유산 또는 사산(인공임신중절 수술의 경우는 제외)한 후 청구하면 임신기간에 따라 최소 5일간 최장 90일간 유산·사산 휴가를 주어야 한다(근기 제74조 제3항, 동시행령 제43조 제3항).

출산전후휴가나 유산·사산 휴가 중 최초 60일(한 번에 둘 이상 자녀를 임신한 경우에는 75일)은 유급으로 한다. 다만, 「남녀고용평등과 일·가정 양립 지원에 관한 법률」에 따라 출산전후휴가급여 등이 지급된 때는 그 금액의 한도에서 그 지급 책임을 면한다(근기 제74조 제4항).

제5절 해고 등의 제한

I. 해고 등의 원칙적 금지

사용자는 근로자에게 정당한 이유 없이 해고, 휴직, 정직, 전직, 감봉, 그 밖의 징벌을 하지 못한다(근기 제23조 제1항). 또 사용자는 근로자가 업무상 부상 또는 질병의 요양을 위하여 휴업한 기간과 그 후 30일 동안 또는 산전(産前)·산후(産後)의 여성이 「근로기준법」에 따라 휴업한 기간과 그 후 30일 동안은 원칙적으로 해고하지 못한다(근기 제23조 제2항 본문). 다만, 근로자가 업무상 부상 또는 질병에 걸려 사용자가 그 비용으로 필요한 요양을 행하거나 필요한 요양비를 부담한 경우 또는 사용자가 사업을 계속할 수 없게 된 경우에는 해고를 할 수 있다(근기 제23조 제2항 단서).

사용자가 이러한 해고의 제한에 위반하면 5년 이하의 징역 또는 5천만 원 이하의 벌금에 처한다(근기 제107조).

II. 경영상 이유에 의한 해고의 제한

사용자가 경영상 이유에 의하여 근로자를 해고하려면 긴박한 경영상의 필요가 있어야 한다. 이 경우 경영 악화를 방지하기 위한 사업의 양도・인수・합병은 긴박한 경영상의 필요가 있는 것으로 본다(근기 제24조 제1항). 긴박한 경영상의 필요가 있는 경우에 사용자는 해고를 피하기 위한 노력을 다하여야 하고, 합리적이고 공정한 해고의 기준을 정하고 이에 따라 그 대상자를 선정하여야 하며, 남녀의 성을 이유로 차별하여서는 아니 된다(근기 제24조 제2항).

또 사용자는 이 해고를 피하기 위한 방법과 해고의 기준 등에 관하여 그 사업 또는 사업장에 근로자의 과반수로 조직된 노동조합이 있는 경우에는 그 노동조합에, 근로자의 과반수로 조직된 노동조합이 없는 경우에는 근로자의 과반수를 대표하는 근로자 대표에게 해고를 하려는 날의 50일 전까지 통보하고 성실하게 협의하여야 한다(근기 제24조 제3항).[137]

사용자가 이러한 요건을 갖추어 근로자를 해고한 경우에는 정당한 이유가 있는 해고를 한 것으로 본다(근기 제24조 제5항).

III. 해고의 예고와 통지

사용자가 경영상 이유 등에 의하여 근로자를 해고하려면 적어도 30일 전에 예고를 하여야 하고, 30일 전에 예고를 하지 아니하였을 때에는 30일분 이상의 통상임금을 지급하여야 한다(근기 제26조 본문). 다만, 천재・사변, 그 밖의 부득이한 사유로 사업을 계속하는 것이 불가능한 경우 또는 근로자가 고의로 사업에 막대한 지장을 초래하거나 재산상 손해를 끼친 경우 등에는 30일 전에 예고를 하지 않더라도 30일분 이상의 통상임금을 지급할 필요가 없다(근기 제26조 단서).

사용자가 근로자를 해고하는 때에는 해고의 사유와 시기를 서면으로 통지하여야 한다. 근로자에 대한 해고는 이 서면에 의한 통지로 그 효력이 있다(근기 제27조 제1,2항). 사용자가 해고 사유와 해고 시기를 명시하여 서면으로 해고의 예고를 한 경우에는

---

137) 사용자가 1개월 동안에 ⅰ) 상시 근로자 수가 99명 이하인 사업 또는 사업장에서는 10명 이상, ⅱ) 상시 근로자수가 100명 이상 999명 이하인 사업 또는 사업장에서는 상시 근로자수의 10퍼센트 이상, ⅲ) 상시 근로자수가 1,000명 이상 사업 또는 사업장에서는 100명 이상의 인원을 해고하려면 최초로 해고하려는 날의 30일 전까지 고용노동부 장관에게 신고하여야 하며, 이 신고를 할 때에는 해고 사유, 해고 예정 인원, 근로자 대표와 협의한 내용, 해고 일정 등의 사항을 포함하여야 한다(근기 시행령 제10조).

서면에 의한 해고 통지를 한 것으로 본다(근기 제27조 제3항).

IV. 부당해고 등의 구제신청

사용자가 근로자에게 부당하게 해고, 휴직, 정직, 전직, 감봉, 그 밖의 징벌을 하면 근로자는 지방노동위원회에 구제를 신청할 수 있다. 이 구제신청은 그 부당 해고·휴직 등의 징벌이 있었던 날부터 3개월 이내에 하여야 한다(근기 제28조 제1,2항).

지방노동위원회는 구제신청을 받으면 지체 없이 필요한 조사를 하고 관계 당사자에 대한 심문, 증인에 대한 출석 요구 및 질문 등의 절차를 거쳐 부당해고 등이 성립된다고 판정하면 사용자에게 구제명령을 하여야 하며, 부당해고 등이 성립되지 아니한다고 판정하면 구제신청을 기각하는 결정을 한다(근기 제30조 제1항).

지방노동위원회의 구제명령이나 기각결정에 불복하는 사용자나 근로자는 구제명령서나 기각결정서를 통지받은 날부터 10일 이내에 중앙노동위원회에 재심을 신청할 수 있다. 중앙노동위원회의 재심판정에 대하여 사용자나 근로자는 재심판정서를 송달받은 날부터 15일 이내에 「행정소송법」의 규정에 따라 소(訴)를 제기할 수 있다(근기 제31조 제1,2항). 이 기간 이내에 재심을 신청하지 아니하거나 행정소송을 제기하지 아니하면 그 구제명령, 기각결정 또는 재심판정은 확정된다(근기 제31조 제3항).

V. 부당해고에 따른 손해배상청구

근로자에게 어떠한 해고사유도 존재하지 아니함에도 사용자가 노동조합 활동을 혐오한 나머지, 경영상 어려움 등 명목상 이유를 내세워 사업 자체를 폐지하고 근로자들을 해고함으로써 일거에 노동조합을 와해시키고 조합원 전원을 사업장에서 몰아내고는 다시 기업을 재개하여 개인기업으로 이행하거나, 신설 회사를 설립하는 등 다양한 방법으로 종전 회사와 다를 바 없는 회사를 통하여 여전히 예전의 기업 활동을 계속하는 것은 우리의 건전한 사회통념이나 사회상규상 용인될 수 없는 위장폐업이다. 이러한 위장폐업에 의한 부당해고는 근로자에 대한 관계에서 불법행위를 구성한다. 따라서 근로자는 위장폐업에 의한 부당해고가 무효임을 이유로 민법 제538조 제1항에 따라 구(舊)회사 내지는 그와 실질적으로 동일성을 유지하고 있는 신설 회사에 대하여 계속 근로하였을 경우 그 반대급부로 받을 수 있는 임금의 지급을 청구할 수 있다. 이와 동시에 위장폐업에 의한 부당해고는 민법상 불법행위에 해당하므로 손해배

상을 청구하는 것도 가능하다. 근로자는 이 임금지급청구권과 손해배상청구권 중 어
느 쪽이라도 선택하여 사용자에게 행사할 수 있다.[138]

VI. 해고 근로자의 우선 재고용

사용자가 경영상의 이유로 근로자를 해고한 후 3년 이내에 해고된 근로자가 해고
당시 담당하였던 업무와 같은 업무를 할 근로자를 채용하려고 할 경우에 해고된 근로
자가 원하면 그 근로자를 우선적으로 고용하여야 한다(근기 제25조 제1항). 그러나 이 규정
은 권고적 의미에 그치며, 이 규정에 위반하더라도 아무런 제재를 받지 아니한다.

제6절 4대 보험 가입

I. 4대 보험 가입 의무

창업자가 근로자를 고용하는 때에는 근로자를 위한 건강보험과 국민연금, 고용보
험, 산업재해보상보험의 4대 보험에 의무적으로 가입하여야 한다. 근로자를 1명 이상
사용하는 모든 사업장의 근로자는 이 4대 보험에 원칙적으로 당연히 가입되며, 사용
자는 그 보험관계를 관할 공단에 신고하여야 하고, 신고하지 않을 때에는 일정한 과
태료가 부과된다. 이 4대 보험은 근로자의 질병, 장애, 노령, 실업, 사망 등 각종 사회
적 위험으로 발생될 수 있는 근로자 본인 및 그 부양가족의 경제적 불안을 보험방식
에 의하여 대처함으로써 근로자의 건강과 소득을 보장하는 제도이다.

II. 건강보험

1. 직장가입자

창업자가 근로자를 고용하는 경우에는 「국민건강보험법」에 따라 국민건강보험관
리공단에 신고하여야 한다. 모든 사업장의 근로자와 사용자는 ⅰ) 고용 기간이 1개월
미만인 일용 근로자, ⅱ) 비상근 근로자 또는 1개월 동안의 소정근로시간이 60시간
미만인 단시간 근로자, ⅲ) 소재지가 일정하지 아니한 사업장의 근로자 및 사용자 등
을 제외하고는 국민건강보험의 직장 가입자가 된다(국건 제6조 제2항, 동법시행령 제9조).

---

138) 대법원 2011. 3. 10. 선고 2010다13282 판결

2. 신고의무

창업자가 사업장에 직장 가입자가 되는 근로자를 고용한 경우에는 그 때로부터 14일 이내에 국민건강보험관리공단에 고용 사실을 신고하여야 하며, 신고 후 신고한 내용이 변경된 경우에도 같다(국건 제7조 제1호).[139]

3. 신고의무 위반의 제재

창업자가 근로자를 고용한 경우에 이 신고의무를 위반하여 그 고용 사실을 신고하지 아니하거나 거짓으로 신고한 경우에는 500만 원 이하의 과태료에 처한다(국건 제119조 제3항 1호).

III. 국민연금

1. 사업장 가입자

1명 이상의 근로자를 사용하는 사업장은 「국민연금법」의 당연 적용 사업장으로서 그 사업장에서 근무하는 18세 이상 60세 미만인 근로자는 그 사용자와 함께 당연히 사업장 가입자가 된다.[140] 국민연금에 가입된 사업장에 종사하는 18세 미만 근로자는 본인이 원하지 않는 경우를 제외하고는 사업장 가입자가 되는 것으로 본다(국연 제8조 제1,2항). 이러한 사업장 가입자는 당해 사업장에 고용된 때 또는 당해 사업장이 당연 적용 사업장으로 된 날에 국민연금 가입자로서의 자격을 취득한다(국연 제11조 제1항).

2. 가입자 자격 및 소득 등에 관한 신고

사업장 가입자의 사용자는 보건복지부령으로 정하는 바에 따라 당연 적용 사업장에 해당된 사실, 사업장의 내용 변경 및 휴업·폐업 등에 관한 사항과 가입자 자격의 취득·상실, 가입자의 소득월액 등에 관한 사항을 국민연금공단에 신고하여야 한다(국연 제21조 제1항). 이 신고를 받은 국민연금공단은 그 내용을 확인하고, 신고 내용이 사실과 다르다고 인정되면 그 뜻을 신고인에게 통지하여야 한다(국연 제22조).

---

139) 사업장이 휴업·폐업되거나 폐쇄되는 경우, 사업장이 합병되는 경우 또는 사업장에 근로자가 없게 되는 경우에는 사업장 탈퇴신고서에 사업장 탈퇴 사실을 증명할 수 있는 서류를 첨부하여 공단에 제출하여야 한다(국건 제7조 제2호).
140) 「공무원연금법」, 「군인연금법」, 「사립학교교직원 연금법」 및 「별정우체국법」을 적용받는 공무원, 군인, 교직원 및 별정우체국 직원과 그 밖에 노령연금의 수급권을 취득한 60세 미만의 특수 직종 근로자와 조기노령연금의 수급권을 취득한 자에게는 국민연금 가입자격이 인정되지 아니한다.

국민연금공단이 사업장 가입자의 자격 취득·상실에 관한 확인을 한 때와 기준 소득월액이 결정되거나 변경된 때에는 이를 그 사업장의 사용자에게 통지하여야 하며, 그 통지를 받은 사용자는 이를 해당 사업장 가입자 또는 그 자격을 상실한 자에게 통지하여야 한다(국연 제23조).

3. 신고의무 위반의 제재

근로자가 1명 이상인 경우에 이 신고를 하지 아니하거나 거짓으로 신고한 경우에는 50만 원 이하의 과태료에 처한다(국연 제131조).

IV. 고용보험

1. 의의

고용보험은 실업의 예방, 고용의 촉진 및 근로자의 직업능력의 개발과 향상을 도모하기 위하여 실업급여와 육아휴직급여 및 출산전후휴가 급여와 함께 고용안정과 직업능력 개발 사업을 실시하는 사회보장보험이다. 고용보험은 적극적인 노동시장 정책에 기하여 실업급여와 함께 고용을 촉진하고 여성의 취업 활동을 보장하며, 실업을 예방하는 것을 목적으로 고용안정사업과 직업능력사업을 통합·연계하여 실시한다.

2. 적용 대상

고용보험은 1인 이상의 근로자를 고용하는 모든 사업 및 사업장에 적용된다. 1월 미만의 기간 동안 고용되는 일용 근로자도 고용보험 가입이 의무화되어 있다. 따라서 1인 이상의 근로자를 고용하는 사업 및 창업자는 고용보험에 의무적으로 가입하여야 한다. 다만 일정한 사업과 근로자에게는 고용보험이 적용되지 아니하므로 그 가입 의무가 없다.[141] [142]

---

141) 고용보험 적용제외 사업 또는 사업장은 농업·임업·어업·수렵업 중 법인 아닌 자가 상시 근로자 4인 이하를 고용하는 사업, 총공사 금액이 고용노동부 장관 고시 금액 2천만원 미만인 건설공사, 연면적 100㎡ 이하인 건축물의 건축 또는 연면적 200㎡ 이하인 건축물의 대수선에 관한 공사, 가구 내 고용활동 및 달리 분류되지 아니한 자가소비 생산활동 등이다(고용보험법 제8조 제1항 단서). 그러나 이들 사업의 사업주가 근로자의 과반수의 동의를 받아 공단의 승인을 받으면 그 사업의 사업주와 근로자는 고용보험에 가입할 수 있다(고용보험 및 산업재해보상보험의 보험료징수 등에 관한 법률 제5조 제2항).
142) 고용보험이 적용되지 아니하는 사람은 ⅰ) 1개월간 소정근로시간이 60시간 미만인 사람 또는 1주간의 소정근로시간이 15시간 미만인 사람, ⅱ)「국가공무원법」과「지방공무원법」에 따른 공무원, ⅲ)「사립학교교직원 연금법」의 적용을 받는 사람, ⅳ) 별정우체국 직원 등이다. 다만, 1개월간 소정근로시간이 60시간 미만이라도 3개월 이상 계속하여 근로를 제공하는 사람과 1개월 미만 동안 고용되는 일용근로

근로자는 고용보험 적용 사업장에 고용된 날로부터 피보험자의 자격을 취득하며, 사업주가 고용센터에 근로자의 피보험 자격 취득을 신고함으로써 고용보험에 가입된다. 사업주가 이 신고를 하지 아니하는 경우에는 해당 근로자가 고용센터에 직접 신고할 수 있다.[143]

3. 보험관계의 신고

사업주는 고용보험의 당연 가입자가 된 경우에는 그 보험관계가 성립한 날부터 14일 이내에, 사업의 폐업·종료 등으로 인하여 보험관계가 소멸한 경우에는 그 보험관계가 소멸한 날부터 14일 이내에 근로복지공단에 보험관계의 성립 또는 소멸의 신고를 하여야 한다(고용보험 및 산업재해보상보험의 보험료징수 등에 관한 법률 제11조).

보험가입 후 사업주는 그 이름, 사업의 소재지 등 대통령령으로 정하는 사항이 변경된 경우에도 그 날부터 14일 이내에 그 변경사항을 근로복지공단에 신고하여야 한다(동법 제12조).

창업자가 이러한 신고의무를 지는 경우에 보험관계의 신고 또는 그 변경신고를 하지 아니하거나 거짓 신고를 한 때에는 300만 원 이하의 과태료가 부과된다(동법 제50조).

4. 고용보험에 의한 급여

고용보험에 의한 급여에는 실업급여, 육아휴직급여, 출산전후휴가급여가 있다. 실업급여는 구직급여와 취업촉진수당으로 구분된다. 구직급여는 근로자가 해고 등의 사유로 실직한 경우에 근로자의 생활안정을 도모하면서 구직활동에 전념토록 하기 위하여 지급하는 급여이다. 취업촉진수당은 실직자의 조기 취업을 촉진시키기 위한 수당으로, 조기재취업수당, 직업능력개발수당, 광역구직활동비 및 이주비가 있다(고용 제37조). 실업급여를 받을 권리는 양도 또는 압류하거나 담보로 제공할 수 없으며, 실업급여로서 지급된 금품에 대하여는 국가나 지방자치단체의 공과금을 부과하지 아니한다(고용 제38조 제1항, 제38조의2).

자에게는 고용보험이 적용되며, 별정직공무원과 임기제공무원은 본인의 의사에 따라 고용보험의 실업급여에 한하여 가입할 수 있다(고용보험법 제10조 제1항, 동법시행령 제3조).

143) 사업주인 창업자가 근로자의 피보험 자격 취득의 신고를 하지 아니하거나 거짓으로 신고한 경우에는 300만 원 이하의 과태료가 부과된다(고용보험 및 산업재해보상보험의 보험료징수 등에 관한 법률 제50조 제1항 제1호).

육아휴직급여는 만 8세 이하 또는 초등학교 2학년 이하의 자녀를 양육하기 위하여 육아 휴직을 30일 이상 부여받은 피보험자 중 육아휴직을 시작한 날 이전에 피보험 단위기간이 합산하여 180일 이상인 피보험자에게 지급하는 급여이다. 육아휴직급여를 지급받으려는 사람은 육아휴직을 시작한 날 이후 1개월부터 육아휴직이 끝난 날 이후 12개월 이내에 신청하여야 한다(고용 제70조 제1,2항).

출산전후휴가급여는 피보험자가 출산전후휴가 또는 유산·사산휴가를 받은 경우와 배우자 출산휴가를 받은 경우로서 휴가가 끝난 날 이전에 피보험 단위기간이 합산하여 180일 이상이고, 원칙으로 휴가를 시작한 날 이후 1개월부터 휴가가 끝난 날 이후 12개월 이내에 신청한 경우에 지급한다(고용 제75조).

V. 산업재해보상보험

1. 의의

산업재해보상보험은 근로자가 업무 중에 업무상의 사유로 부상·질병 또는 장해가 발생하거나 사망한 경우에 해당 근로자 또는 유족을 보호하기 위하여 보상을 하는 제도이다. 이 보험에 의한 보상을 받기 위해서는 업무상 사고 또는 업무상 질병으로 인하여 근로자에게 부상·질병 또는 장해가 발생하거나 근로자가 사망하고, 업무와 재해 사이에 상당인과관계가 인정되어야 한다. 산업재해보상보험에 의한 보험 급여로는 요양급여, 휴업급여, 장해급여, 간병급여, 유족급여, 상병(傷病)보상연금, 장의비, 직업재활급여 등이 있다(산업재해보상보험법 제36조 제1항).[144]

2. 적용대상

산업재해보상보험제도는 근로자를 사용하는 모든 사업 또는 사업장에 적용되므로 각 사업의 사업주는 당연히 「산업재해보상보험법」에 따른 산업재해보상보험의 보험가입자가 된다(고용보험 및 산업재해보상보험의 보험료 징수에 관한 법률 제5조). 다만, 이 보험제도

---

144) 진폐에 따른 보험급여의 종류는 요양급여, 간병급여, 장례비, 직업재활급여, 진폐보상연금 및 진폐유족연금으로 한다. 임신 중인 근로자가 업무수행 과정에서 업무상 사고나 출퇴근 재해 또는 대통령령으로 정하는 유해인자의 취급이나 노출로 인하여, 출산한 자녀에게 부상, 질병 또는 장해가 발생하거나 그 자녀가 사망한 경우 업무상의 재해로 본다. 이 경우 그 근로자에 대한 보험급여의 종류는 요양급여, 장해급여, 간병급여, 장례비, 직업재활급여로 하며(산업재해보상보험법 제36조 제1항 단서), 그 출산한 건강손상자녀는 「산업재해보상보험법」을 적용할 때 해당 업무상 재해의 사유가 발생한 당시 임신한 근로자가 속한 사업의 근로자로 본다. 건강손상자녀에 대한 장해등급 판정은 18세 이후에 하며, 최저보상 기준 금액의 장해급여와 장례비 최저금액을 지급한다(동법 제91조의12, 13, 14).

는 위험률·규모 및 장소 등을 고려하여 특히 대통령령으로 정하는 사업[145])에 대하여는 적용되지 아니하나, 이 경우에 당해 사업의 사업주는 근로복지공단의 승인을 받아 산업재해보상보험에 가입할 수 있다(산재 제6조, 고용보험 등 보험료징수법 제5조).

3. 보험관계의 신고

창업자가 산업재해보상보험의 당연 가입자인 경우에는 그 보험관계가 성립한 날부터 14일 이내에, 사업의 폐업·종료 등으로 인하여 보험관계가 소멸한 경우에는 그 보험관계가 소멸한 날부터 14일 이내에 근로복지공단에 보험관계의 성립 또는 소멸의 신고를 하여야 한다(고용보험 등 보험료징수법 제11조). 보험 가입 후 사업주는 사업주(법인인 경우에는 대표자)의 이름 및 주민등록번호, 사업의 명칭 및 소재지, 사업의 종류, 사업자등록번호(법인인 경우에는 법인등록번호) 등이 변경된 경우에는 그 날부터 14일 이내에 그 변경사항을 근로복지공단에 신고하여야 한다(동법 제12조).

사업주가 이 보험관계의 신고 또는 그 변경신고를 하지 아니하거나 거짓 신고를 한 때는 300만 원 이하의 과태료에 처해진다(동법 제50조).

4. 재해보상의 청구

근로자가 업무상 재해를 입은 경우에 재해를 입은 근로자는 사업주에 대하여 「근로기준법」에 의한 재해보상의 청구를 할 수 있다.

사업주가 산업재해보상보험의 보험 가입자인 경우에는 업무상 재해를 입은 근로자 또는 그 유족은 근로복지공단에 보험 급여의 지급을 청구할 수 있다. 이 때 근로자 또는 유족이 보험 급여의 지급 결정을 받기 위해서는 근로복지공단이 요구하는 보고 또는 관계 서류를 제출하고, 보험 급여 지급에 필요한 사항을 근로복지공단에 신고하여야 한다.

보험 급여를 받을 자가 사고로 보험 급여의 청구 등의 절차를 행하기 곤란하면 사업주는 이를 도와야 한다. 사업주는 보험 급여를 받을 자가 보험 급여를 받는 데에 필요한 증명을 요구하면 그 증명을 하여야 한다.

이 보험급여를 받을 권리는 3년간 행사하지 아니하면 시효로 소멸하나, 보험급여

---

145) 대통령령으로 정하는 사업은 i)「공무원 재해보상법」또는「군인연금법」에 따라 재해보상이 되는 사업, ii)「선원법」,「어선원 및 어선 재해보상보험법」또는「사립학교교직원연금법」에 따라 재해보상이 되는 사업, iii) 가구내 고용활동, iv) 법인이 아닌 자의 사업으로서 상시근로자 수가 5명 미만인 농업·임업(벌목업은 제외)·어업·수렵업 등이다(산업재해보험법시행령 제2조 제1항).

중 장해급여, 유족급여, 장례비, 진폐보상연금 및 진폐유족연금을 받을 권리의 소멸 시효기간은 5년이다(동법 제112조 제1항).

제7절 상업사용인

I. 개설

근로자는 대내적으로는 영업주의 지휘 아래 영업에 관한 각종 업무를 처리하나, 동시에 영업주(개인상인 또는 회사 등)의 대외적인 업무를 보조하는 경우에는 상업사용인 의 지위도 갖는다. 상업사용인은 영업주의 수권행위에 기하여 그 보조하는 대외적인 업무에 따라 일정한 범위의 대리권을 가지며, 일정한 경우에는 제한된 범위에서 지배 인 등의 대리권이 있는 것으로 법률상 의제된다.

II. 상업사용인

1. 의의

상업사용인은 특정한 상인의 지휘·감독 아래 그 영업상의 대외적 업무를 보조하 는 자를 말한다. 상업사용인은 그 영업활동에 관하여 일정한 범위에서 대리권을 가지 며, 그 대리권의 범위에 따라 지배인(支配人), 부분적 포괄대리권을 가진 사용인, 물건 판매점포의 사용인으로 구분된다. 이들이 그 대리권의 범위 내에서 영업에 관한 거래 행위를 한 경우에 그 거래에서 발생하는 권리와 의무는 모두 영업주에게 귀속한다.

2. 지배인

지배인은 본점 또는 지점에서 영업에 관한 재판상 및 재판외의 모든 행위에 대한 포괄적인 대리권을 가지는 사용인을 말한다. 지배인의 대리권은 영업에 관한 모든 행 위에 미치므로 영업주로서는 지배인의 권한의 남용을 막기 위하여 그 대리권을 제한 할 필요가 있으나, 그 제한으로써 선의의 제3자에게는 대항할 수 없다(상법 제11조 제3 항).

지배인은 개인기업에 있어서는 영업주 또는 그 대리인에 의하여 선임되나, 회사에 서는 주식회사의 경우는 이사회의 의결, 합명회사에서는 사원 전원의 동의 등 회사

내부의 일정한 의사결정절차를 거쳐 대표기관이 임명한다. 지배인의 선임과 종임은 등기사항이다.

영업주는 지배인을 2인 이상 선임할 수 있다. 지배인이 2인 이상인 경우에 그 대리권은 각자가 단독으로 행사하는 것이 원칙이나, 영업주가 지배인의 대리권 행사에 대하여 공동대리의 정함을 한 경우에는 반드시 공동으로 행사하여야 한다(상법 제12조).

다른 한편, 영업주에 의하여 지배인으로 정식 선임되지는 않았으나, 본점 또는 지점의 본부장, 지점장, 그 밖에 지배인으로 인정될 만한 명칭을 사용하는 자는 선의의 제3자에 대하여는 영업에 관한 재판외의 행위에 관하여 본점 또는 지점의 지배인과 동일한 권한이 있는 것으로 간주된다(상법 제14조). 이와 같이 지배인은 아니나 선의의 제3자에 대하여 지배인의 대리권이 인정되는 자를 표현지배인이라 하며, 그 행위로 인하여 생기는 권리와 의무는 영업주에게 귀속된다.

3. 부분적 포괄대리권을 가진 사용인

부분적 포괄대리권을 가진 사용인이라 함은 영업의 특정한 종류 또는 특정한 사항에 대한 위임을 받은 사용인을 말한다. 부장, 차장, 과장, 대리 등이 이에 해당한다. 이러한 사용인은 자신이 위임받은 영업의 특정한 종류 또는 특정한 사항에 관한 재판외의 모든 행위를 할 수 있으며, 영업주가 그 대리권을 내부에서 제한하더라도 선의의 제3자에게는 그 제한으로써 대항할 수 없다(상법 제15조 제1,2항). 이러한 사용인이 그 직무의 범위 내에서 한 거래행위로 발생한 권리와 의무도 모두 영업주에게 귀속된다.

4. 물건판매점포의 사용인

물건을 판매하는 점포의 사용인은 선의의 제3자에 대하여 그 판매에 관한 모든 권한이 있는 것으로 본다(상법 제16조 제1,2항). 영업주는 일반적으로 점원에게 물건 판매에 관한 대리권을 수여하지 않는데, 그러한 사정을 모르는 선의의 고객에 대해서는 물건 판매에 관한 대리권이 있는 것으로 법률상 의제하는 것이다. 이 경우에 물건 판매에 관한 대리권이 의제되는 영역은 현금 판매, 외상 판매, 가격 할인, 외상대금의 추심 등이며, 상품의 주문이나 구매계약의 체결, 자금차입 등에는 대리권이 인정되지 않는다.

제8절 피용자의 불법행위에 대한 사용자의 책임

타인을 사용하여 어느 사무에 종사하게 한 자는 피용자가 그 사무집행에 관하여 제삼자에게 가한 손해를 배상할 책임이 있다. 이 경우 사용자에 갈음하여 그 사무를 감독하는 상급자가 있는 때에는 피용자의 상급자도 피용자의 행위에 의한 손해에 대하여 배상책임을 진다(민법 제756조 제1항 본문, 제2항). 근로자가 그 업무 집행에 관하여 제3자에게 가해행위를 하여 손해를 입힌 경우에는 그 영업주와 그 업무상의 감독을 하는 상급자가 피용자의 가해행위로 인하여 피해자가 입은 손해를 배상할 책임을 지는 것이다.

여기서 사용자와 피용자의 관계는 반드시 유효한 고용관계이어야 하는 것은 아니고, 사실상 어떤 사람이 다른 사람을 위하여 그 실질적인 지휘·감독 아래 그 의사에 따라 사무를 집행하는 관계에 있으면 그 두 사람 사이에 사용자와 피용자의 관계가 인정된다.

사용자 책임의 요건인 '사무집행에 관하여'는 피용자의 불법행위가 외형상 객관적으로 사용자의 사업활동 내지 사무집행행위 또는 그와 관련된 것이라고 보일 때에는 행위자의 주관적 사정을 고려함이 없이 이를 사무집행에 관하여 한 행위로 본다는 것이다. 외형상 객관적으로 사용자의 사무집행에 관련된 것인지 여부는 피용자의 본래 직무와 불법행위와의 관련 정도 및 사용자에게 손해발생에 대한 위험 창출과 방지조치 결여의 책임이 어느 정도 있는지를 고려하여 판단하여야 한다.

다만, 영업주나 그 상급자가 피용자의 선임 및 그 사무 감독에 상당한 주의를 한 때 또는 상당한 주의를 하여도 손해가 있을 때에는 그 책임을 지지 아니한다(민법 제756조 제1항 단서). 또 피용자의 불법행위가 외관상 사무집행의 범위 내에 속하는 것으로 보이는 경우에도 피용자의 행위가 사용자나 그 감독자의 사무집행 행위에 해당하지 않음을 피해자 자신이 알았거나 중대한 과실로 인하여 알지 못한 때에는 그 사용자나 감독자에게 사용자의 책임을 물을 수 없다.

사용자 또는 감독자가 피용자의 불법행위로 인하여 피해자에게 손해배상책임을 이행한 때에는 그 피용자에게 구상권을 행사할 수 있다(민법 제756조 제3항).

[판례 산책]

사례 1 : 보수교육시간도 근로시간에 포함되는가?

【대법원 판결요지】 휴일근로에는 주휴일 근로뿐만 아니라 단체협약이나 취업규칙 등에 의하여 휴일로 정하여진 날의 근로도 포함된다. 그리고 휴일로 정하였는지는 단체협약이나 취업규칙 등에 있는 휴일 관련 규정의 문언과 그러한 규정을 두게 된 경위, 해당 사업장의 근로시간에 관한 규율 체계와 관행, 근로 제공이 이루어진 경우 실제로 지급된 임금의 명목과 지급금액, 지급액의 산정 방식 등을 종합적으로 고려하여 판단하여야 한다. 근로자가 직무와 관련된 법령 또는 단체협약·취업규칙 등의 규정이나 사용자의 지시에 따라 소정근로시간 외에 교육을 받는 경우, 그러한 교육시간이 근로시간에 해당하는지는 관련 법령 또는 단체협약·취업규칙 등의 내용과 취지, 해당 교육의 목적 및 근로 제공과의 관련성, 교육의 주체가 누구인지, 사용자에게 이를 용인하여야 할 법령상 의무가 있는지, 근로자의 귀책사유로 말미암아 교육을 하게 되었는지, 근로자가 교육을 이수하지 않을 때에 받을 불이익의 존부와 그 정도 등 여러 사정을 종합적으로 고려하여 판단하여야 한다. 따라서 보수교육이 법령상 의무로서, 근로자 채용·결정에 관한 필수적인 전제조건이기도 하여 근로 제공과의 밀접한 관련성이 인정되며, 사업자가 종사자의 교육에 필요한 조치를 하지 아니한 경우에는 면허·허가·인가·등록의 취소 또는 일정한 기간을 정하여 사업의 전부 또는 일부에 대한 정지·노선폐지·감차 등의 불이익이 규정되어 있는 때에는 보수교육시간은 근로시간에 포함된다(대법원 2022. 5. 12. 선고 2022다 203798 판결).

사례 2 : 기간제 근로자의 기간 만료 후 근로계약의 갱신은?

【대법원 판결요지】 기간을 정하여 근로계약을 체결한 근로자의 경우 기간이 지나면 근로자로서의 신분관계는 당연히 종료되고 근로계약을 갱신하지 못하면 갱신거절의 의사표시가 없어도 근로자는 당연히 퇴직하는 것이 원칙이다. 그러나 근로계약, 취업규칙, 단체협약 등에서 기간 만료에도 불구하고 일정한 요건을 갖추면 근로계약이 갱신된다는 규정을 두고 있거나, 그러한 규정이 없더라도 근로계약의 내용과 근로계약이 이루어지게 된 동기와 경위, 계약 갱신의 기준 등 갱신 요건이나 절차의 설정 여부와 그 실태, 근로자가 수행하는 업무의 내용 등 근로관계를 둘러싼 여러 사정을 종합해 볼 때 근로계약 당사자 사이에 일정한 요건을 충족하면 근로계약이 갱신된다는 신뢰관계가 형성되어 있어 근로자에게 그에 따라 근로계약이 갱신될 수 있으리라는 정당한 기대권이 인정되는 경우에는 사용자가 이를 위반하여 부당하게 근로계약의 갱신을 거절하는 것은 부당해고와 마찬가지로 아무런 효력이 없다. 이 경우 기간만료 후의 근로관계는 종전의 근로계약이 갱신된 것과 동일하다(대법원 2019. 10. 31. 선고 2019두45647 판결).

사례 3 : 갑 주식회사의 근로자인 을 등이 동료 여성근로자인 병을 성적 대상으로 한 발언을 옮겨 전하는 한편 병에게 위와 같이 전해들은 말이 사실인지 묻기도 하였고, 을 등의 이러한 발언으로 갑 회사의 근로자들 사이에 병에 대한 허위 소문이 유포되었는데, 갑 회사는 병에게 직장 내 성희롱에 해당하는 을 등의 발언으로 인한 사용자책임을 지는가?

【대법원 판결요지】 갑 주식회사의 근로자인 을 등이 동료 여성근로자인 병을 성적 대상으로 한 발언을 옮겨 전하는 한편 병에게 위와 같이 전해 들은 말이 사실인지 묻기도 하였고, 이러한 을 등의 발언으로 갑 회사의 근로자들 사이에 병에 대한 허위 소문이 유포되었는데, 이에 병이 갑 회사를 상대로 사용자책임에 기한 손해배상을 구한 사안에서, 을 등의 발언은 '성적인 사실관계를 묻거나 성적인 정보를 의도적으로 퍼뜨리는 행위'로서 남녀고용평등과 일·가정 양립 지원에 관한 법률 시행규칙 제2조 [별표 1]에서 말하는 성적인 언동에 해당하고, 병에게 성적 굴욕감이나 혐오감을 불러일으킴과 동시에 적대적이고 위협적인 근로환경을 조성하는 행위로서, 위 발언이 대부분 병 앞에서 직접 행해진 것이 아니라 근로자 사이에 병을 대상으로 한 성적인 내용의 정보를 유포하는 간접적인 형태로 이루어졌지만, 유포된 성적인 정보의 구체적 내용, 유포 대상과 범위, 그 효과 등에 비추어 업무관련성을 인정할 수 있으므로, 남녀고용평등과 일·가정 양립 지원에 관한 법률 제12조에서 금지되는 직장 내 성희롱에 해당하고, 나아가 을 등의 발언은 사용자의 사업과 시간적·장소적으로 근접하고 업무와 관련하여 이루어진 불법행위이고, 갑 회사에 직장 내 성희롱 등 가해행위가 발생할 위험을 방지할 책임이 있다는 사정을 아울러 고려하면, 을 등의 발언으로 병이 입은 손해는 을 등이 갑 회사의 사무집행에 관하여 병에게 가한 손해에 해당하므로, 갑 회사는 병에 대하여 직장 내 성희롱에 해당하는 을 등의 발언으로 인한 사용자책임을 부담한다(대법원 2021. 9. 16. 선고 2021다219529 판결).

사례 4 : 기준근로시간을 초과하는 약정 근로시간에 대한 임금으로서 월급 또는 일급 형태로 지급되는 고정수당을 시간급 통상임금으로 환산하는 경우 그 산정 방법은?

【대법원 판결요지】 근로기준법이 정한 기준근로시간을 초과하는 약정 근로시간에 대한 임금으로서 월급 형태로 지급되는 고정수당을 시간급 통상임금으로 환산하는 경우, 시간급 통상임금 산정의 기준이 되는 총근로시간 수에 포함되는 약정 근로시간 수를 산정할 때는 특별한 정함이 없는 한 근로자가 실제로 근로를 제공하기로 약정한 시간 수 자체를 합산하여야 하는 것이지, 가산수당 산정을 위한 '가산율'을 고려한 연장근로시간 수와 야간근로시간 수를 합산할 것은 아니다. 이와 달리 기준근로시간을 초과하는 약정 근로시간에 대한 임금으로 지급된 월급 또는 일급 형태 고정수당의 시간급 환산 시 연장근로시간 수와 야간근로시간 수에 '가산율'을 고려하여 총근로시간 수를 산정하여야 한다는 취지로 판단한 종전 판결의 해당 부분 판단은 부당하므로 더 이상 유지하기 어렵다(대법원 2020. 1. 22. 선고 2015다73067 전원합의체 판결).

제**9**장

회계 및 세무 관리

LECTURE ON STARTUP LAW

제9장 : 회계 및 세무 관리

제1절 총 설

창업은 소득을 창출하기 위한 기업활동이므로 수익성의 확보가 중요한 과제이며, 이를 위해서는 자원의 효율적인 배분과 비용의 최소화를 위한 전략적 접근이 요구된다. 이러한 접근의 일환으로서 특히 기업의 재무구조와 자금의 흐름을 체계적으로 정확하게 기록하고, 이를 토대로 재무상태를 효과적으로 분석하여 경영성과를 적정하게 파악할 수 있어야 한다. 그리하여 영업의 주체가 개인이든 법인이든 그 재산 상태와 거래관계를 정확하게 기재하는 것이 선결과제이다. 나아가 기업의 활동과 소득에는 부가가치세와 소득세 또는 법인세, 원천징수 등의 각종 세법상의 세무 문제가 발생되므로 그 원활한 처리를 위한 세법의 규정과 제도의 이해도 요구된다.

제2절 회 계

I. 회계 관련 장부의 작성

창업자가 영업 등 목적 활동을 하는 경우에는 그 재산 및 손익의 상황을 명백히 할 필요가 있으므로 이에 관한 상업장부 등 회계 관련 장부를 작성하여야 한다. 상업장부는 영업상의 재산 및 손익에 관하여 작성하는 장부이다.

회계 관련 장부는 그 작성 주체에 따라 형식에 차이가 있다. 개인사업자가 작성해야 할 회계 관련 장부는 회계장부와 대차대조표이다. 법인사업자도 그 재산 및 거래관계를 명확하게 하기 위해서는 이러한 장부를 작성해야 하나, 법인 사업자 중 특히 주식회사나 유한회사에서는 반드시 재무제표를 작성하여 비치해야 한다. 협동조합과 사회

적협동조합 및 사회적기업은 회계장부와 결산보고서 또는 사업보고서 등을 작성하여
야 한다.

II. 작성 주체 및 장부의 형식

1. 개인사업자

1) 회계장부

회계장부는 영업상의 재산과 손익의 상황을 명백히 하기 위하여 거래 기타 영업상
의 재산에 영향이 있는 사항을 기재하는 장부이다(상법 제30조 제1항). 회계장부는 일기
장, 전표, 분개장, 원장(元帳) 등과 같이 그 명칭이나 형식에 관계없이 일상의 거래와
영업재산에 영향을 미치는 모든 사항을 기재하는 장부이다.

회계장부에는 일상적인 영업상의 거래 및 영업재산에 영향을 미치는 모든 사항을
기재한다. 영업상의 재산에 영향을 미치는 한 법률행위는 물론 불법행위, 화재, 도난
등의 사실도 기재하여야 한다. 다만, 회계장부에는 영업과 재산관계에 현실적인 변동
이 있는 때에만 기재하므로, 단순한 법률관계의 발생만으로는 회계장부에 기재하지
않는다.

회계장부의 기재방법에 대한 특별한 제한은 없으나, 일반적으로 공정·타당한 회
계 관행에 따라 작성하여야 한다(상법 제29조 제2항). 기재 장부에 관하여는 법인기업은
「법인세법」상 납세의무가 있는 때에는 복식부기(複式簿記)에 기장해야 하나(법세 제62
조), 개인기업에는 이러한 제한이 없다.

회계장부를 작성하여야 할 시기에 관하여는 특별한 제한이 없으나, 일반적으로 영
업과 재산의 변동에 영향을 미치는 사실이 발생한 때에는 그 사실이 발생한 당일에
기재하는 것이 일반적인 원칙이다.

2) 대차대조표

대차대조표는 일정한 시기에 있어서 상인의 영업의 총재산을 자산(차변)과 부채(대
변), 자본의 세 과목으로 나누어 그 재산 상태와 손익계산을 명백히 하는 개괄표이다.
회계장부가 상인의 영업과 재산의 변동 상태를 명백히 하는 반면, 대차대조표는 일정
한 시점에 있어서 영업의 정적 상태를 명백히 하는 것으로서 회계장부에 기초하여
작성한다.

대차대조표는 통상대차대조표와 비상대차대조표로 구분된다. 전자는 회사의 성립

시 또는 상인의 개업 시에 작성하는 개업대차대조표와, 매년 1회 이상 일정한 시기 또는 회사의 결산기에 작성하는 연도(기말)대차대조표로 구분된다. 비상대차대조표는 회사의 합병, 청산, 자본감소, 파산 등과 같은 비상적인 경우에 작성한다.

대차대조표는 회계장부에 의거하여 공정·타당한 회계 관행에 따라 작성하여야 한다. 기업회계실무에서는 기업회계기준의 대차대조표 작성기준에 따르고 있다. 대차대조표를 작성한 경우에는 그 작성의무자가 기명날인 또는 서명을 하여야 한다(상법 제30조 제2항).

2. 회사

1) 합명회사와 합자회사의 경우

합명회사와 합자회사는 회사의 재산과 영업에 대하여 일반 개인사업자의 경우와 같이 회계장부와 대차대조표를 작성하여야 한다.

2) 유한책임회사의 경우

유한책임회사의 업무집행자는 결산기마다 대차대조표, 손익계산서, 그 밖에 유한책임회사의 재무상태와 경영성과를 표시하는 것으로서 대통령령으로 정하는 서류를 작성하여야 한다(상법 제287조의33). 여기서 '대통령령으로 정하는 서류'란 ⅰ) 자본변동표와 ⅱ) 이익잉여금 처분계산서 또는 결손금 처리계산서 중 어느 하나에 해당하는 서류를 말한다(상법시행령 제5조).

3) 주식회사의 경우

주식회사는 주주와 회사 채권자 등의 이익을 보호하기 위하여 재무제표를 작성하여야 한다.

가. 재무제표의 작성

주식회사가 일반적으로 작성하여야 하는 재무제표는 ⅰ) 대차대조표와 ⅱ) 손익계산서, ⅲ) 자본변동표 또는 ⅳ) 이익잉여금처분계산서 또는 결손금처리계산서이다(상법 제447조 제1항, 상법시행령 제16조 제1항 본문). 그러나「주식회사의 외부감사에 관한 법률」에 의한 외부감사 대상 회사는 재무제표로서 ⅰ) 대차대조표, ⅱ) 손익계산서, ⅲ) 자본변동표, ⅳ) 이익잉여금 처분계산서 또는 결손금 처리계산서, ⅴ) 현금흐름표, ⅵ) 주석을 모두 작성하여야 한다(상법시행령 제16조 제1항 단서).

대차대조표는 일정한 시기에 있어서의 회사의 재산상태를 자본과 부채 및 자산으로 분류하여 총괄적으로 기재한 일람표이다. 손익계산서는 한 사업연도에 발생한 수익과 그 비용을 기재하고 그 기간의 순이익을 표시하는 결산표이며, 자본변동표는 자본금과 자본잉여금, 이익잉여금 또는 결손금 변동에 관한 상황을 나타낸다.

이익잉여금처분계산서는 미처분이익잉여금의 처분내용을 표시하며, 결손금처리계산서는 미처리 결손금의 처리 내용을 표시한 서식이다. 당기미처리결손금이 있는 경우에는 이익잉여금처분계산서 대신에 결손금처리계산서를 작성한다. 현금흐름표는 한 사업연도의 현금과 예금 및 현금등가물의 유입과 유출 상황을 표시하는 서류이다. 주석은 대차대조표, 손익계산서, 현금흐름표, 자본변동표에 표시되는 각 항목에 대한 설명이나 그 세부내역 등의 추가적 정보를 기재한 것을 말한다.

나. 재무제표 등의 작성·제출 및 감사

이사는 매 결산기에 재무제표와 그 부속명세서 및 영업보고서를 작성하여 이사회의 승인을 얻어야 한다(상법 제447조, 제447조의2 제1항). 이사는 이사회의 승인을 얻은 재무제표와 그 부속명세서 및 영업보고서를 정기총회 회일의 6주간 전에 감사 또는 감사위원회에 제출하여 그 감사를 받아야 한다(상법 제447조의3, 제415조의2 제7항).

감사 또는 감사위원회는 이 서류를 받은 날로부터 4주간 내에 감사보고서를 작성하여 이사에게 제출하여야 한다(상법 제447조의4 제1항). 감사보고서를 제출받은 이사는 정기총회 회일의 1주간 전부터 재무제표와 부속명세서 및 영업보고서와 감사보고서를 본점에 5년간, 그 등본을 지점에 3년간 비치하여야 한다. 주주와 회사 채권자는 영업시간 내에 언제든지 이들 비치서류를 열람할 수 있고, 회사가 정한 비용을 지급하여 그 서류의 등본이나 초본의 교부를 청구할 수 있다(상법 제448조 제1,2항).

이사는 재무제표를 정기총회에 제출하여 그 승인을 요구하여야 하며(상법 제449조 제1항), 재무제표에 대한 총회의 승인 결의가 있으면 이사는 지체 없이 대차대조표를 공고하여야 한다(상법 제449조 제3항).

이 밖에 일정한 규모 이상의 회사가 특히 지배·종속관계에 있거나 복수의 기업이 기업집단을 이루고 있는 경우에는 「주식회사의 외부감사에 관한 법률」에 의하여 연결재무제표 또는 기업집단결합재무제표를 작성하여 이사회의 승인을 얻어 비치하고 총회에 제출하여 승인을 받아야 한다.

4) 유한회사의 경우

유한회사의 이사는 매 결산기에 ⅰ) 대차대조표와 ⅱ) 손익계산서 외에 ⅲ) 자본변동표 또는 이익잉여금 처분계산서(또는 결손금 처리계산서)와 이들 서류의 부속명세서 및 iv) 영업보고서를 작성하여야 한다(상법 제579조 제1항, 제579조의2 제1항). 당해 회사에 감사가 없는 경우에는 이사는 이들 서류를 정기총회 회일의 1주간 전부터 5년간 본점에 비치하여야 한다(상법 제579조의3 제1항). 그러나 감사가 있는 때에는 이사는 정기총회 회일로부터 4주간 전에 이들 서류를 감사에게 제출하고, 감사는 이들 서류를 받은 날로부터 3주간 내에 감사보고서를 이사에게 제출하여야 하며(상법 제579조 제2,3항, 579조의2 제2항), 이사는 이들 서류와 감사보고서를 정기총회 회일의 1주간 전부터 5년간 본점에 비치하여야 한다(상법 제579조의3 제1항). 사원과 회사채권자는 영업시간 내에 언제든지 이들 비치서류를 열람할 수 있으며 회사가 정한 비용을 지급하고 그 서류의 등본이나 초본의 교부를 청구할 수 있다(상법 제579조의3 제2항).

3. 협동조합과 사회적 협동조합

협동조합은 회계장부를 작성하여 공개하여야 하며(협동 제49조 제1항), 결산기에는 정기총회일 7일 전까지 결산보고서로서 사업보고서 외에 대차대조표, 손익계산서, 잉여금 처분안 또는 손실금 처리안 등을 작성하여 감사에게 제출하여야 하며, 이 결산보고서에 대한 감사의 의견서를 받아 결산보고서와 함께 정기총회에 제출하여 그 승인을 받아야 한다(협동 제52조 제1항). 사회적협동조합이 작성하는 장부도 이와 같다(협동 제100조).

4. 사회적기업

사회적기업은 그 조직 형태에 따라 법령이 요구하는 장부를 작성하여야 하나, 그 밖에 매 회계연도 4월 말 및 10월 말까지 사업 실적과 이해관계자의 의사결정 참여 내용, 수입 · 지출 등 회계에 관한 사항 등을 적은 사업보고서를 작성하고, 여기에 사회적기업 인증서 사본과 유급근로자 명부, 전년도 및 전전년도의 재무제표 사본 등을 첨부하여 고용노동부 장관에게 제출하여야 한다(사회 제17조 제1항, 동법 시행규칙 제16조). 고용노동부 장관은 이 사업보고서를 기초로 사회적기업의 운영에 대한 평가를 하고 필요하면 시정을 명령할 수 있다(사회 제17조 제3,4항).

III. 장부의 작성·제출·보존 의무

1. 의무의 내용

자산총액이 1천만 원 미만인 자영업자를 제외한 창업자는 영업에 관하여 회계 관련 장부를 작성하여야 하며, 창업자가 소송 당사자인 경우 법원의 제출 명령이 있는 때에는 법원의 명령에 따라 그 전부 또는 일부분을 제출하여야 한다. 또 창업자는 상업장부와 영업에 관한 중요서류는 10년간, 전표 또는 이와 유사한 서류는 5년간 보존하여야 한다. 이 보존기간은 상업장부를 폐쇄한 날로부터 기산한다. 이들 장부와 서류는 마이크로필름 기타의 전산정보처리조직에 의하여 이를 보존할 수 있다(상법 제33조 제1~3항).

2. 의무 위반에 대한 제재

창업자가 이같은 회계 관련 장부의 작성·제출·보존 의무를 위반한 경우에 그 제재는 위반자가 회사인가 회사 이외의 상인인가에 따라 다르다. 즉, 회사 이외의 창업자가 이러한 장부의 작성·보관·제출 의무에 위반한 때에는 별다른 제재를 받지 아니한다. 그러나 주식회사나 유한회사, 사회적기업에서는 이러한 의무를 위반한 회사의 발기인, 설립위원, 업무집행사원, 이사, 감사, 감사위원회 위원 등에 대해서는 500만 원 이하의 과태료에 처한다(상법 제650조 제1항, 사회 제23조 제2항 2,3호).

3. 과태파산죄 또는 사기파산죄 등의 처벌

회사의 경우는 물론 회사 아닌 창업자라도 파산선고의 전후를 불문하고 상업장부의 부작성, 부실기재, 부정 기재, 은닉 또는 손괴 등의 행위를 하고, 그 파산선고가 확정된 경우에는 과태파산죄의 처벌을 받으며(파산 제651조), 창업자가 파산선고의 전후를 불문하고 자기 또는 타인의 이익을 도모하거나 채권자를 해할 목적으로 이러한 행위를 하고, 그 파산선고가 확정된 때에는 사기파산죄의 처벌을 받는다(파산 제650조). 창업자의 법정대리인이나 창업 법인의 이사 또는 지배인이 이러한 행위를 하고, 창업자나 창업 법인에 대한 파산선고가 확정된 때에도 사기파산죄 또는 과태파산죄의 처벌을 받는다(파산 제652조).

특히 창업자가 자기 또는 타인의 이익을 도모하거나 채권자를 해할 목적으로 상업장부의 부작성, 부실기재, 부정 기재, 상업장부의 손괴 또는 은닉의 행위를 하고 채무자에 대하여 회생절차개시의 결정이 확정된 경우에 그 창업자는 사기회생죄의 처벌을 받는다(파산 제643조 제1항).

제3절 세 무

I. 개설

창업자는 창업 후 상품을 판매하거나 서비스를 제공할 때 거래금액에 일정한 금액의 부가가치세를 징수하여 납부해야 하며, 1년 동안의 사업소득에 대하여는 소득세를 납부해야 한다. 즉 개인 창업자는 사업소득에 대하여 종합소득세와 지방세를 납부하여야 하고, 창업 법인은 법인소득에 대하여 법인세와 지방세를 납부하여야 한다. 또 근로자가 있는 경우에 창업자가 임금 등을 지급할 때에는 원천징수제도에 의하여 관련 세금을 미리 징수하여 세무서에 납부하여야 한다.

II. 부가가치세

1. 부가가치세의 의의

부가가치세는 생산 및 유통의 각 단계에서 창출되는 부가가치에 대하여 부과되는 국세로, ⅰ) 사업자가 행하는 재화 또는 용역의 공급과 ⅱ) 재화의 수입에 대하여 과세한다. 부가가치세는 상품의 대금의 10%로 상품의 가격에 포함되어 최종 소비자가 부담하는데, 사업자가 상품을 판매하거나 서비스를 제공할 때 이를 징수하여 세무서에 신고 납부해야 하는 것이다.

2. 부가가치세의 납세의무자

사업 목적이 영리이든 비영리이든 관계없이 사업상 독립적으로 재화 또는 용역을 공급하거나 재화를 수입하는 사업자는 그 형태가 개인이든, 법인(국가·지방자치단체·지방자치단체조합 포함)이든, 법인격 없는 사단·재단 또는 그 밖의 단체이든 부가가치세를 납부할 의무가 있다.

3. 간이과세자와 일반과세자

창업자는 직전 연도의 공급 대가를 기준으로 간이과세자와 일반과세자로 구분된다. 간이과세자는 직전 연도의 재화와 용역의 공급에 대한 대가 합계액이 8천만 원에 미달하는 사업자(간이과세가 적용되지 아니하는 다른 사업장을 보유하고 있는 사업자, 광업·제조업·도매업·상품중개업·부동산매매업 등 대통령령으로 정하는 사업자, 부동산임대업 또는 과세유흥장소를 경영하는 사업자로서 해당 업종의 직전 연도의 공급대가의 합계액이 4천800만 원 이상인 사업자 등은 제외)로서 간편한 절차로 부가가치세를 신고·납부하는 개인사업자를 말한다(부가 제61조 제1항). 일반과세자는 간이과세자가 아닌 사업자를 말한다.

직전 과세기간에 신규로 사업을 시작한 창업자가 간이과세자인가 또는 일반과세자인가에 대해서는 그 사업 개시일로부터 그 과세기간 종료일까지의 공급대가를 합한 금액을 12개월로 환산한 금액을 기준으로 하여 해당 여부를 정한다. 신규로 사업을 시작하는 창업자가 사업을 시작한 날이 속하는 연도의 공급대가의 합계액이 위 금액에 미달될 것으로 예상되면 사업자등록을 신청할 때 납세지 관할 세무서장에게 간이과세의 적용 여부를 함께 신고하여야 한다(부가 제61조 제2,3항).

4. 부가가치세의 과세기간

부가가치세의 과세기간은 간이과세자의 경우는 1월 1일부터 12월 31일까지이다. 일반과세자의 경우 과세기간은 제1기와 제2기로 구분한다. 제1기는 1월 1일부터 6월 30일까지, 제2기는 7월 1일부터 12월 31일까지이다(부가 제5조 제1항).

그러나 신규로 사업을 시작하는 창업자에 대한 최초의 과세기간은 사업 개시일부터 그 날이 속하는 과세기간의 종료일까지인데, 사업개시일 이전에 사업자등록을 신청한 때에는 그 신청일로부터 그 신청일이 속하는 과세기간의 종료일까지로 한다. 폐업하는 경우 과세기간은 폐업일이 속하는 과세기간의 개시일부터 폐업일까지이다(부가 제5조 제2,3항).

5. 부가가치세의 세액

1) 일반과세자의 경우

재화 또는 용역의 공급에 대한 부가가치세의 과세표준은 해당 과세기간에 공급한 재화 또는 용역의 공급가액을 합한 금액으로 한다. 재화의 수입에 대한 부가가치세의 과세표준은 그 재화에 대한 관세의 과세가격과 관세, 개별소비세, 주세, 교육세, 농어촌특별세 및 교통·에너지·환경세를 합한 금액으로 한다(부가 제29조 제1,2항).

납부세액은 매출세액에서 매입세액과 그 밖에 공제되는 매입세액을 빼고 가산세를 합친 금액으로 하며, 매출세액을 초과하는 부분의 매입세액은 환급세액으로 한다(부가 제37조 제2항).

매출세액은 이 과세표준에 부가가치 세율(10%)을 적용하여 계산한다(부가 제37조 제1항). 매출세액에서 공제하는 매입세액은 ⅰ) 사업자가 자기의 사업을 위하여 사용하였거나 사용할 목적으로 공급받은 재화 또는 용역에 대한 부가가치 세액, ⅱ) 사업자가 자기의 사업을 위하여 사용하였거나 사용할 목적으로 수입하는 재화의 수입에 대한 부가가치 세액이다(부가 제38조 제1항). 이 중 ⅰ)의 매입세액은 재화 또는 용역을 공급받는 시기가 속하는 과세기간의 매출세액에서 공제하고, ⅱ)의 매입세액은 재화의 수입시기가 속하는 과세기간의 매출세액에서 공제한다(부가 제38조 제2,3항).

2) 간이과세자의 경우

간이과세자의 부가가치 세액은 해당 과세기간의 공급대가의 합계액에 해당 업종의 부가가치율과 부가가치 세율(10%)을 적용하여 계산한 금액으로 한다. 해당 업종의 부가가치율은 직전 3년간 신고된 업종별 평균 부가가치율 등을 고려하여 5%에서 50%의 범위에서 대통령령으로 정한다. 간이과세자가 둘 이상의 업종을 겸영하는 경우에는 각 업종별로 계산한 세액을 합친 합계액을 납부세액으로 한다(부가 제63조 제1,2항).

6. 세금계산서의 발급

창업자가 재화 또는 용역을 공급하는 경우에는, 부가가치세가 면제되는 경우를 제외하고는, 그 공급을 받는 자에게 세금계산서를 발급하여야 한다. 세금계산서에는 공급 사업자의 등록번호와 성명 또는 명칭, 공급받는 자의 등록번호, 공급가액과 부가가치 세액, 작성 연월일 등을 기재하여야 한다(부가 제32조 제1항).

세금계산서의 발급에 있어서 법인사업자와 직전 연도의 사업장별 재화 및 용역의 공급가액의 합계액이 3억 원 이상인 개인사업자가 세금계산서를 발급하는 때에는 전자적 방법으로 전자세금계산서를 발급하여야 하며, 전자세금계산서를 발급하였을 때에는 그 발급일의 다음날까지 전자세금계산서 발급명세를 국세청장에게 전송하여야 한다(부가 제32조 제2,3항). 전자세금계산서를 발급하여야 하는 사업자가 아닌 창업자도 세금계산서를 발급할 때 전자세금계산서를 발급하고 국세청장에게 그 발급명세를 전송할 수 있다(부가 제32조 제5항).

7. 부가가치세의 신고와 납부

1) 일반 과세자의 경우

가. 예정신고와 납부

사업자는 각 과세기간 중 예정신고기간(제1기는 1월 1일부터 3월 31일까지, 제2기는 7월 1일부터 9월 30일까지)이 끝난 후 25일 이내에 각 예정신고기간에 대한 과세표준과 납부세액 또는 환급세액을 납세지 관할 세무서장에게 예정신고를 하여야 한다. 신규로 사업을 시작하거나 시작하려는 자에 대한 최초의 예정신고기간은 사업 개시일(사업 개시일 이전에 사업자등록을 신청한 경우에는 그 신청일)부터 그 날이 속하는 예정신고기간의 종료일까지로 한다(부가 제48조 제1항 본문).

사업자가 부가가치세의 예정신고를 할 때에는 부가가치세 예정신고서를 각 납세지 관할 세무서장에게 서면 또는 국세정보통신망에 의하여 제출하고, 그 예정신고기간의 납부세액을 각 납세지 관할 세무서장에게 납부하거나 납부서를 작성하여 은행이나 우체국에 납부하여야 한다(부가 제48조 제2항). 부가가치세 예정신고서에는 사업자의 인적사항, 납부세액 및 그 계산 근거, 공제세액 및 그 계산 근거, 매출·매입처별 세금계산서합계표의 제출 내용, 그 밖의 참고 사항을 기재하고, 신용카드 매출전표 등 발행금액 집계표와 현금매출명세서 등의 제출서류를 함께 제출하여야 한다(부가 시행령 제90조 제2,3항).

그러나 이에 불구하고 개인사업자와 대통령령으로 정하는 법인사업자에 대하여는 납세지 관할 세무서장은 각 예정신고기간마다 직전(直前) 과세기간에 대한 납부세액의 50퍼센트(1천원 미만인 단수금액은 버린다)로 결정하여 해당 예정신고기간이 끝난 후 25일까지 징수한다. 다만, ⅰ) 징수하여야 할 금액이 50만원 미만인 경우, ⅱ) 간이과세자에서 해당 과세기간 개시일 현재 일반과세자로 변경된 경우, ⅲ) 「국세징수법」 제13조 제1항 각 호의 어느 하나에 해당하는 사유로 관할 세무서장이 징수하여야 할 금액을 사업자가 납부할 수 없다고 인정되는 경우에는 징수하지 아니한다(부가 제48조 제3항).

나. 확정신고와 납부

사업자는 각 과세기간이 끝난 후 25일(폐업하는 경우에는 폐업일이 속한 달의 다음 달 25일) 이내에 당해 과세기간에 대한 과세표준과 납부세액 또는 환급세액을 납세지 관할 세무서장에게 확정 신고를 하여야 한다. 이 확정신고를 할 때에는 확정신고 시의 납부세액에서 따로 징수되는 금액과 환급세액 중 환급되지 아니한 세액을 빼고 세무서에 납부하거나 납부서를 작성하여 은행 등에 납부하여야 한다(부가 제49조 제1,2항).

2) 간이과세자의 경우

가. 예정부과

사업장 관할 세무서장은 간이과세자에 대하여 직전 과세기간에 대한 납부세액의 50퍼센트(일반과세자가 간이과세자로 변경되어 직전 과세기간이 7월 1일부터 12월 31일까지인 경우에는 직전 과세기간에 대한 납부세액의 전액)를 1월 1일부터 6월 30일(예정부과기간)까지의 납부세액으로 결정하여 예정부과기간이 끝난 후 25일 이내(예정부과기한)까지 징수한다(부가 제66조 제1항).[146] 이 경우 간이과세자는 예정부과기간의 과세표준과 납부세액을 예정부과기한 까지 사업장 관할 세무서장에게 신고할 수 있고, 간이과세자가 이 신고를 한 경우에는 사업장 관할 세무서장의 그 결정은 없었던 것으로 본다(부가 제66조 제2,4항).

나. 확정신고와 납부

간이과세자는 과세기간이 끝난 후 25일(폐업하는 경우에는 폐업일이 속한 달의 다음 달 25일) 이내에 그 과세기간의 과세표준과 납부세액에 대해 그 납세지 관할 세무서장에게 확정신고를 하고 그 납부세액을 한국은행 등에 납부하여야 한다. 이 때 예정부과로 납부한 세액은 공제하고 납부한다. 관할 세무서장에게 확정신고를 할 때에는 매출· 매입처별 세금계산서 합계표를 함께 제출하여야 한다(부가 제67조 제1,3항).

간이과세자가 과세기간이 끝난 후 확정신고를 할 때 해당 과세기간에 대한 공급대가의 합계액이 4,800만 원 미만이면 부가가치세 납부의무가 면제된다(부가 제69조 제1항). 이 경우 해당 과세기간에 신규로 사업을 시작한 간이과세자는 그 사업 개시일부터 그 과세기간 종료일까지의 공급대가의 합계액을 12개월로 환산한 금액이 4,800만 원 미만이면 납부의무가 면제된다(부가 제69조 제3항 1호).[147]

이처럼 납부의무가 면제되더라도 창업자가 사업 개시일로부터 20일 내에 사업자등록을 신청하지 아니한 경우에는 사업 개시일로부터 등록을 신청한 날의 직전일까지의 공급가액 합계액의 0.5퍼센트와 5만원 중 큰 금액을 납부하여야 한다. 그러나 개인 간이과세자에게 고정된 물적 시설을 갖추지 아니하고 공부(公簿)에 등록된 사업장 소재지가 없는 경우에는 이 금액의 납부의무도 없다(부가 제69조 제2항).

---

146) 그러나 ⅰ) 징수하여야 할 금액이 30만원 미만이거나 ⅱ) 간이과세자가 일반과세자로 변경되어 과세기간이 1월 1일부터 6월 30일까지인 경우에는 이를 징수하지 아니한다(부가 제66조 제1항 단서).

147) 이 경우 1개월 미만의 끝수가 있으면 1개월로 한다.

8. 부가가치세의 면제

일부 재화 또는 용역의 공급에 대하여는 부가가치세가 원칙적으로 면제된다. 부가가치세가 면제되는 재화 또는 용역은 ⅰ) 가공되지 아니한 식료품, ⅱ) 수돗물, ⅲ) 연탄과 무연탄, ⅳ) 여성용 생리 처리 위생용품, ⅴ) 의료보건 용역, ⅵ) 교육 용역(주무관청의 허가 또는 인가를 받거나 주무관청에 등록되거나 신고된 학교·학원·강습소·훈련원·교습소, 청소년수련시설, 산학협력단, 인증받은 사회적기업, 과학관, 등록 박물관 및 미술관 등), ⅶ) 여객운송 용역, ⅷ) 도서(도서대여), ⅸ) 신문이나 잡지, ⅹ) 우표, 인지(印紙), 증지, 복권 등이다(부가 제26조 제1항).

이 밖에 일정한 재화의 수입에 대하여도 부가가치세가 면제된다. 즉, ⅰ) 가공되지 아니한 식료품(식용으로 제공되는 농산물, 축산물, 수산물 및 임산물 등)으로서 대통령령으로 정하는 것, ⅱ) 도서, 신문 및 잡지로서 대통령령으로 정하는 것, ⅲ) 학술연구단체, 교육기관, 「한국교육방송공사법」에 따른 한국교육방송공사 또는 문화단체가 과학용·교육용·문화용으로 수입하는 재화로서 대통령령으로 정하는 것, ⅳ) 종교의식, 자선, 구호, 그 밖의 공익을 목적으로 외국으로부터 종교단체·자선단체 또는 구호단체에 기증되는 재화로서 대통령령으로 정하는 것 등이 그 예이다(부가 제27조).

III. 소득세

1. 소득세의 의의

소득세는 개인의 소득을 과세 대상으로 하여 부과하는 조세이다. 창업자는 1년 동안 얻은 소득에 대하여 소득세를 신고하여 납부하여야 하는데, 이 때 개인사업자는 종합소득세를 납부하여야 하고, 법인사업자는 법인의 소득에 대하여 법인세를 납부하여야 한다.

2. 소득세의 납세의무자

국내 거주자와 비거주자로서 국내 원천소득이 있는 개인은 각자의 소득에 대한 소득세를 납부할 의무를 진다(소세 제2조). 거주자의 소득세 납세지는 그 주소지로 하고, 주소지가 없는 경우에는 그 거소지로 한다(소세 제5조).

3. 소득세의 과세기간

소득세의 과세기간은 1월 1일부터 12월 31일까지 1년으로 한다. 거주자가 사망한 경우의 과세기간은 1월 1일부터 사망한 날까지이다. 거주자가 주소 또는 거소를 국외로 출국하여 비거주자가 되는 경우의 과세기간은 1월 1일부터 출국한 날까지로 한다(소세 제5조).

4. 사업자의 장부 기록·관리

개인 창업자는 소득금액을 계산할 수 있도록 증명서류 등을 갖춰 놓고 그 사업에 관한 모든 거래 사실이 객관적으로 파악될 수 있도록 복식부기에 따라 장부에 기록·관리하여야 한다(소세 제160조 제1항).

해당 과세기간에 신규로 사업을 개시한 창업자는 간편장부[148]를 갖춰 놓고 그 사업에 관한 거래 사실을 기록·관리할 수 있다. 이 경우 간편장부를 성실히 기재한 경우에는 복식부기에 따른 장부를 비치·기록한 것으로 본다(소세 제160조 제2항).

둘 이상의 사업장을 가진 창업자가 「소득세법」 또는 「조세특례제한법」에 따라 사업장별로 감면을 달리 적용받는 경우에는 사업장별 거래 내용이 구분될 수 있도록 장부에 기록하여야 한다(소세 제160조 제5항).

5. 소득세의 과세표준

거주자의 소득은 종합소득과 퇴직소득, 금융투자소득 및 양도소득으로 구분된다. 종합소득은 「소득세법」에 따라 과세되는 모든 소득에서 퇴직소득과 금융투자소득 및 양도소득을 제외한 소득으로서, 이자소득과 배당소득, 사업소득, 근로소득, 연금소득, 기타소득을 합산한 것을 말한다(소세 제4조 제1항).

소득세의 산출에 있어서 개인사업자의 사업소득금액은 그 이자소득 금액과 배당소득 금액, 근로소득 금액, 연금소득 금액 및 기타소득금액과 합산하게 되는데, 그 합계액에서 종합소득공제를 적용한 금액이 종합소득 과세표준이 된다(소세 제14조 제2항). 다만, 「조세특례제한법」과 「소득세법」에 의한 비과세소득과 「조세특례제한법」에 따라 분리과세 되는 소득, 분리과세 주택임대소득 등은 종합소득 과세표준을 계산할 때에 합산되지 아니한다(소세 제14조 제3항). 종합소득공제에는 기본 공제, 추가 공제, 연금 보험료 공제, 주택담보 노후연금 이자 비용공제, 특별소득 공제, 생계를 같이하는 부양가족 공제, 공동사업에 대한 소득공제 등이 있다(소세 제50조~제54조의2).

---

148) 간편장부는 ⅰ) 매출액 등 수입에 관한 사항, ⅱ) 경비지출에 관한 사항, ⅲ) 사업용 유형자산 및 무형자산의 증감에 관한 사항, ⅳ) 기타 참고사항을 기재할 수 있는 장부로서 국세청장이 정하는데(소세 시행령 제208조 제9항), 그 양식은 국세청의 간편장부 고시에서 정하고 있다(국세청 고시 제2018-24호).

6. 소득세의 세액

거주자의 종합소득에 대한 소득세는 해당 연도의 종합소득과세표준에 다음의 세율을 적용하여 계산한 금액을 그 세액으로 한다(소세 제55조 제1항).

종합소득 과세표준	소득세의 세율
1,400만원 이하	과세표준의 6%
1,400만원 초과 5,000만원 이하	84만원+(1,400만원을 초과하는 금액의 15%)
5,000만원 초과 8,800만원 이하	624만원+(5,600만원을 초과하는 금액의 24%)
8,800만원 초과 1억5천만원이하	1,536만원+(8,800만원을 초과하는 금액의 35%)
1억5천만원 초과 3억원 이하	3,706만원+(1억5천만원을 초과하는 금액의 38%)
3억원 초과 5억원 이하	9,406만원+(3억원을 초과하는 금액의 40%)
5억원 초과 10억원 이하	1억7,406만원+(5억원을 초과하는 금액의 42%)
10억원 초과	3억8,406만원+(10억원을 초과하는 금액의 45%)

7. 종합소득 과세표준 확정신고

해당 과세기간의 종합소득금액이 있는 거주자(종합소득과세표준이 없거나 결손금이 있는 거주자도 포함)는 그 종합소득 과세표준을 그 과세기간의 다음 연도 5월 1일부터 5월 31일까지 납세지 관할 세무서장에게 신고하여야 한다(소세 제70조 제1항).

이 종합소득 과세표준 확정신고를 할 때에는 그 신고서에 인적공제, 연금보험료공제, 주택담보노후연금 이자비용공제, 특별소득공제, 자녀세액공제, 연금계좌세액공제 및 특별세액공제 등의 대상임을 증명하는 서류, 종합소득금액 계산의 기초가 된 총수입금액과 필요경비의 계산에 필요한 서류 등을 첨부하여 납세지 관할 세무서장에게 제출하여야 한다.

이 경우 복식부기 의무자는 기업회계기준을 준용하여 작성한 재무상태표·손익계산서와 그 부속서류, 합계잔액시산표 등의 서류를 작성하여 제출하여야 하며, 이를 제출하지 아니한 경우에는 종합소득 과세표준 확정신고를 하지 아니한 것으로 본다(소세 제70조 제4항).

8. 소득세의 확정신고 납부

거주자는 해당 과세기간의 과세표준에 대한 종합소득 산출세액에서 감면세액과 세액공제액을 공제한 금액을 과세표준 확정신고 기한까지 납세지 관할 세무서, 한국은행 또는 체신관서에 납부하여야 한다(소세 제76조 제1항).

Ⅳ. 법인세

1. 법인세의 의의

법인세는 법인이 일정한 기간 취득한 소득에 부과하는 국세이다. 영리 내국법인에 대하여는 각 사업연도의 소득과 청산소득, 토지·건물의 양도소득, 투자·임금 또는 배당 등으로 환류하지 아니한 미환류소득 등에 대하여, 비영리 내국법인과 외국법인에 대하여는 각 사업연도의 소득과 토지·건물의 양도소득에 대하여만 법인세가 부과된다(법세 제3조 제1,3항).

2. 법인세의 납세의무자

법인세를 납부할 의무를 지는 법인은 내국법인과 국내에 원천소득이 있는 외국법인이다(법세 제3조 제1항). 내국법인이란 본점, 주사무소 또는 사업의 실질적 관리장소가 국내에 있는 법인을 말한다(법세 제2조 1호). 내국법인 중 국가와 지방자치단체에 대하여는 법인세를 부과하지 아니한다(법세 제3조 제2항). 외국법인은 본점 또는 주사무소가 외국에 있고, 사업의 실질적 관리장소가 국내에 있지 않은 법인을 말한다(법세 제2조 3호).

3. 법인세의 과세표준

내국법인의 각 사업연도[149]의 소득[150]에 대한 법인세의 과세표준은 각 사업연도의 소득의 범위에서 ⅰ) 이월결손금[151] 중 각 사업연도의 개시일 전 15년 이내에 개시한 사업연도에서 발생하고, 법인세 과세표준과 세액 신고 시 신고하거나, 그 미신고 시 납세지 관할 세무서장 또는 관할 지방국세청장에 의하여 법인세의 과세표준과 세액이 결정·경정되거나 또는 「국세기본법」 제45조에 따라 수정신고한 과세표준에 포함

---

149) 법인세법상 법인의 사업연도는 법령이나 법인의 정관 등에서 정하는 1회계기간으로 한다. 법령이나 정관 등에 사업연도에 관한 규정이 없는 내국법인은 따로 사업연도를 정하여 법인 설립신고 또는 사업자등록과 함께 납세지 관할 세무서장에게 사업연도를 신고하여야 한다(법세 제6조 제1,2항).

150) 내국법인의 각 사업연도의 소득은 그 사업연도에 속하는 익금(益金)의 총액에서 그 사업연도에 속하는 손금(損金)의 총액을 뺀 금액으로 한다(법세 제14조 제1항). 여기서 익금은 자본 또는 출자의 납입 등을 제외하고 해당 법인의 순자산을 증가시키는 거래로 인하여 발생하는 수익의 금액이고(법세 제15조 제1항), 손금은 자본 또는 출자의 환급, 잉여금의 처분 등을 제외하고 해당 법인의 순자산을 감소시키는 거래로 인하여 발생하는 손해나 비용이다(법세 제19조 제1항). 내국법인의 각 사업연도에 속하는 손금의 총액이 그 사업연도에 속하는 익금의 총액을 초과하는 경우에 그 초과하는 금액을 결손금으로 한다(법세 제14조 제2항).

151) 내국법인의 이월결손금은 각 사업연도의 개시일 전 발생한 각 사업연도의 결손금으로서 그 후의 각 사업연도의 과세표준을 계산할 때 공제되지 아니한 금액으로 한다(법세 제14조 제3항).

된 결손금, ii) 법률에 따른 비과세소득, iii) 법률에 따른 소득공제액을 차례로 공제한 금액으로 한다(법세 제13조 제1항).

4. 법인세의 세액

내국법인의 각 사업연도의 소득에 대한 법인세는 과세표준에 다음의 세율을 적용하여 계산하고, 토지ㆍ건물 양도소득에 대한 법인세액과 미환류소득에 대한 법인세액이 있으면 이를 합하여 그 세액으로 한다.

법인세 과세표준	법인세의 세율
2억원 이하	과세표준의 100분의 9
2억원 초과 2백억원 이하	1천800만원+(2억원을 초과하는 금액의 100분의 19)
2백억원 초과 3천억원이하	37억8천만원+(200억원을 초과하는 금액의 100분의 21)
3천억원 초과	625억8천만원+(3천억원을 초과하는 금액의 100분의 24)

사업연도가 1년 미만인 내국법인의 각 사업연도의 소득에 대한 법인세는 그 사업연도의 소득에서 이월결손금과 비과세소득, 소득공제액 등을 공제한 금액을 그 사업연도의 월수로 나눈 금액에 12를 곱하여 산출한 금액을 그 사업연도의 과세표준으로 하여 위 법인세의 세율을 적용한 세액에 그 사업연도의 월수를 12로 나눈 수를 곱하여 산출한 수액을 그 세액으로 한다(법세 제55조 제2항).

V. 소득세 및 법인세의 감면[152]

1. 창업중소기업의 경우

일정한 업종(조세특례 제6조 제3항)의 창업중소기업에 대해서는 ⅰ) 해당 사업에서 최초로 소득이 발생한 과세연도(사업 개시일부터 5년이 되는 날이 속하는 과세연도까지 해당 사업에서 소득이 발생하지 아니하는 경우에는 5년이 되는 날이 속하는 과세연도)와 ⅱ) 그 다음 과세연도의 개시일부터 4년 이내에 끝나는 과세연도까지 해당 사업에서 발생한 소득에 대한 소득세 또는 법인세에 ⅰ) 수도권과밀억제권역 외의 지역에서 창업한 대통령령으로 정하는 청

---

152) 「조세특례제한법」에 의한 창업기업에 대한 세액감면규정의 적용에 있어서 다음 어느 하나에 해당하는 경우는 창업으로 보지 아니한다. 즉, ⅰ) 합병ㆍ분할ㆍ현물출자 또는 사업의 양수를 통하여 종전의 사업을 승계하거나 종전의 사업에 사용되던 자산을 인수 또는 매입하여 같은 종류의 사업을 하는 경우, ⅱ) 거주자가 하던 사업을 법인으로 전환하여 새로운 법인을 설립하는 경우, ⅲ) 폐업 후 사업을 다시 개시하여 폐업 전의 사업과 같은 종류의 사업을 하는 경우, ⅳ) 사업을 확장하거나 다른 업종을 추가하는 경우 등 새로운 사업을 최초로 개시하는 것으로 보기 곤란한 경우이다(동법 제6조 제10항).

년창업중소기업의 경우에는 100분의 100, ⅱ) 수도권과밀억제권역에서 창업한 청년 창업중소기업 및 수도권과밀억제권역 외의 지역에서 창업한 창업중소기업에 대해서 는 100분의 50을 곱한 금액에 상당하는 세액을 감면한다(동법 제6조 제1항).

2. 창업보육센터사업자의 경우

창업보육센터사업자에 대해서는 ⅰ) 해당 사업에서 최초로 소득이 발생한 과세연 도(사업 개시일부터 5년이 되는 날이 속하는 과세연도까지 해당 사업에서 소득이 발생하지 아니하는 경우에는 5 년이 되는 날이 속하는 과세연도)와 ⅱ) 그 다음 과세연도의 개시일부터 4년 이내에 끝나는 과세연도까지 해당 사업에서 발생한 소득에 대한 소득세 또는 법인세에 100분의 50 을 곱한 금액에 상당하는 세액을 감면한다(조세특례 제6조 제1항).

3. 벤처기업의 경우

벤처기업 중 창업 후 3년 이내에 벤처기업으로 확인받은 창업벤처중소기업은 그 확인받은 날 이후 최초로 소득이 발생한 과세연도(벤처기업으로 확인받은 날부터 5년이 되는 날 이 속하는 과세연도까지 해당 사업에서 소득이 발생하지 아니하는 경우에는 5년이 되는 날이 속하는 과세연도) 와 그 다음 과세연도의 개시일부터 4년 이내에 끝나는 과세연도까지 해당 사업에서 발생한 소득에 대한 소득세 또는 법인세의 100분의 50에 상당하는 세액이 감면된다 (조세특례 제6조 제2항 본문).

다만, 벤처기업이 위 (1)의 창업중소기업으로서 감면을 받는 경우에는 이 벤처기업의 소득세 또는 법인세 감면이 적용되지 아니하며, 또 감면기간 중 벤처기업의 확인이 취소되거나 벤처기업확인서의 유효기간이 만료된 경우에는 그 취소일 또는 만료일이 속하는 과세연도부터 이 소득세 감면이 적용되지 아니한다(조세특례 제6조 제2항 단서).

4. 에너지신기술중소기업의 경우

창업일이 속하는 과세연도와 그 다음 3개 과세연도가 지나지 아니한 중소기업으로 서 에너지신기술중소기업에 해당하는 경우에는 그 해당하는 날 이후 최초로 해당 사 업에서 소득이 발생한 과세연도(에너지신기술중소기업에 해당하는 날부터 5년이 되는 날이 속하는 과 세연도까지 해당 사업에서 소득이 발생하지 아니하는 경우에는 5년이 되는 날이 속하는 과세연도)와 그 다음 과세연도의 개시일부터 4년 이내에 끝나는 과세연도까지 해당 사업에서 발생한 소득 에 대한 소득세 또는 법인세의 100분의 50에 상당하는 세액이 감면된다(조세특례 제6조

제4항 본문).

다만, (1)의 창업중소기업 또는 (2)의 벤처기업으로서 감면을 받는 경우에는 이 소득세 또는 법인세 감면이 적용되지 아니하며, 감면기간 중 에너지신기술중소기업에 해당하지 않게 되는 경우에는 그 날이 속하는 과세연도부터 감면되지 아니한다(조세특례제한법 제6조 제4항 단서).

5. 신성장 서비스업을 영위하는 기업의 경우

수도권과밀억제권역 외의 지역에서 창업한 창업중소기업(청년창업중소기업은 제외), 벤처기업으로 확인받은 창업벤처중소기업 및 에너지신기술중소기업에 해당하는 경우로서 대통령령으로 정하는 신성장 서비스업을 영위하는 기업에 대해서는 최초로 세액을 감면받는 과세연도와 그 다음 과세연도의 개시일부터 2년 이내에 끝나는 과세연도에는 소득세 또는 법인세의 100분의 75에 상당하는 세액이 감면되고, 그 다음 2년 이내에 끝나는 과세연도에는 소득세 또는 법인세의 100분의 50에 상당하는 세액이 감면된다(조세특례제한법 제6조 제5항).

6. 과세연도 수입금액이 8천만 원 이하인 경우

창업중소기업(청년창업중소기업은 제외)으로서 최초로 소득이 발생한 과세연도와 그 다음 과세연도의 개시일부터 4년 이내에 끝나는 과세연도까지의 기간에 속하는 과세연도의 수입금액(과세기간이 1년 미만인 과세연도의 수입금액은 1년으로 환산한 총수입금액)이 8천만 원 이하인 경우 그 과세연도에 대한 소득세 또는 법인세에 ⅰ) 수도권과밀억제권역 외의 지역에서 창업한 창업중소기업의 경우는 100분의 100, ⅱ) 수도권과밀억제권역에서 창업한 창업중소기업의 경우는 100분의 50의 비율을 곱한 금액에 상당하는 세액이 감면된다(조세특례제한법 제6조 제6항).

7. 상시근로자 수에 의한 세액 감면

위 (1)(2)(3)(4)(5)의 세액 감면을 적용받는 업종별로 업종별최소고용인원(광업·제조업·건설업 및 물류산업에서는 10명, 그 밖의 업종에서는 5명) 이상을 고용하는 수도권과밀억제권역 외의 지역에서 창업한 창업중소기업(청년창업중소기업은 제외), 창업보육센터사업자, 창업벤처중소기업 및 에너지신기술중소기업의 소득세 또는 법인세 감면기간 중에 해당 과세연도의 상시근로자 수가 직전 과세연도의 상시근로자 수(직전 과세연도의 상시근로자

수가 업종별 최소고용인원에 미달하는 경우에는 업종별 최소고용인원)보다 큰 경우에는 ⅰ) 해당 사업에서 발생한 소득에 대한 소득세 또는 법인세 세액에 ⅱ) 해당 과세연도의 상시근로자 수에서 직전과제연도의 상시근로자 수를 뺀 값을 직전 과세연도의 상시근로자 수로 나누고 여기에 100분의 50을 곱하여 산출한 금액을 위 (1)(2)(3)(4)(5)의 감면세액에 더하여 감면한다(조세특례제한법 제6조 제7항 본문). 다만, 이 감면은 위 (5)의 100분의 100에 상당하는 세액이 감면되는 과세연도에는 적용되지 아니한다(동법 제6조 제7항 단서).

Ⅵ. 근로자의 소득에 대한 원천징수

1. 원천징수의 의의

사업자가 근로자를 고용하여 근로소득을 지급하는 때에는 그 근로자가 내국인이든 외국인이든 원천징수의무자로서 근로자에 대한 소득세를 원천징수하여야 한다(소세 제127조 제1항). 사업자가 매월분의 근로소득을 지급할 때에는 근로소득 간이세액표에 따라 소득세를 원천징수하고(소세 제134조 제1항), 일용근로자의 근로소득을 지급할 때에는 그 근로소득에 근로소득공제를 적용한 금액에 원천징수세율을 적용하여 계산한 산출세액에서 근로소득 세액 공제를 적용한 소득세를 원천징수한다(소세 제134조 제3항). 근로소득자의 근무지가 변경됨에 따라 월급여액이 같은 고용주에 의하여 분할지급되는 경우의 소득세는 변경된 근무지에서 그 월급여액 전액에 대하여 원천징수하여야 한다(소세 제134조 제5항).

2. 근로소득의 원천징수세율

근로소득에 대한 원천징수세율은 기본세율로 하나, 일용근로자의 근로소득에 대해서는 근로소득의 100분의 6으로 한다(소세 제129조 제1항 4호).

3. 근로소득 원천징수의 시기

원천징수의무자가 근로소득에 대하여 원천징수를 해야 하는 시기는 원칙적으로 매월분의 근로소득을 지급할 때이다(소세 제134조 제1항).

그러나 원천징수의무자가 1월부터 11월까지의 근로소득을 해당 과세기간의 12월 31일까지 지급하지 아니한 경우에는 그 근로소득을 12월 31일에 지급한 것으로 보아 소득세를 원천징수한다(소세 제135조 제1항). 원천징수의무자가 12월분의 근로소득을 다음 연도 2월 말일까지 지급하지 아니한 경우에는 그 근로소득을 다음 연도 2월 말일에 지급한 것으로 보아 소득세를 원천징수한다(소세 제135조 제2항).

4. 원천징수 세액의 납부

원천징수의무자는 원천징수한 소득세를 그 징수일이 속하는 달의 다음 달 10일까지 원천징수 관할세무서, 한국은행 또는 체신관서에 납부하여야 한다(소세 제128조 제1항).

5. 근로소득세액의 연말정산

원천징수의무자는 해당 과세기간의 다음 연도 2월분의 근로소득 또는 퇴직자의 퇴직하는 달의 근로소득을 지급할 때에는 근로소득자의 해당 과세기간의 근로소득금액에 그 근로소득자가 신고한 내용에 따라 종합소득공제를 적용하여 종합소득과세표준을 계산하고 여기에 기본세율을 적용하여 종합소득산출세액을 계산한 후 이 종합소득산출세액에서 해당 과세기간에 이미 원천징수한 세액, 외국납부세액공제, 근로소득세액공제, 자녀세액공제, 연금계좌세액공제 및 특별세액공제에 따른 공제세액을 공제하여 소득세를 계산한 소득세(추가 납부세액)를 원천징수하고, 그 공제세액의 합계액이 종합소득산출세액을 초과하는 경우에는 그 초과액을 그 근로소득자에게 환급하여야 한다(소세 제137조 제1,2항).

6. 원천징수영수증의 발급

근로소득을 지급하는 원천징수의무자는 해당 과세기간의 다음 연도 2월 말일까지 그 근로소득의 금액과 그 밖에 필요한 사항을 적은 원천징수영수증을 근로소득자에게 발급하여야 한다. 과세기간 중도에 퇴직한 사람에게는 퇴직한 날이 속하는 달의 근로소득의 지급일이 속하는 달의 다음 달 말일까지 원천징수영수증을 발급해야 하며, 일용근로자에게는 근로소득의 지급일이 속하는 분기의 마지막 달의 다음 달 말일(4분기에 지급한 근로소득의 경우에는 다음 연도 2월 말일)까지 발급하여야 한다(소세 제143조 제1항).

VII. 지방세

1. 의의

지방세는 지역사회의 복지를 증진시키기 위하여 지방자치단체(특별시·광역시·특별자치시·도·특별자치도·시·군·자치구)가 징수하는 조세이다. 지방세는 모두 15개의 세목으로 구성되며, 세금을 부과 징수하는 주체에 따라 특별시세, 광역시세, 특별자치시세,

도세, 특별자치도세 또는 시·군세, 구세(자치구의 구세)로 구분된다.

지방세는 보통세와 목적세로 나누어진다. 지방세의 구체적인 세목은 지방자치단체의 종류에 따라 다소 차이가 있으나, 대개 보통세에는 취득세, 등록면허세, 레저세, 담배소비세, 지방소비세, 주민세, 지방소득세, 재산세, 자동차세가 속하고, 목적세는 지역자원시설세와 지방교육세이다.

2. 납세의무의 성립시기

지방세의 납세의무의 성립시기는 세목에 따라 다르다. 취득세는 과세물건을 취득하는 때에 납세의무가 성립되고, 레저세는 승자투표권이나 승마투표권 등을 발매하는 때, 지방소비세는 부가가치세의 납세의무가 성립하는 때 성립된다. 주민세는 개인분 및 사업소분은 과세기준일에, 종업원분은 종업원에게 급여를 지급하는 때 성립된다. 지방소득세는 과세표준이 되는 소득에 대하여 소득세나 법인세의 납세의무가 성립하는 때, 재산세는 과세기준일에 성립된다. 지방교육세는 과세표준이 되는 세목의 납세의무가 성립하는 때 성립된다(지기 제34조 제1항).

3. 납세의무의 확정

지방세는 납세의무자가 과세표준과 세액을 지방자치단체에 신고납부하는 경우에는 그 신고하는 때에 확정되고, 납세의무자가 과세표준과 세액의 신고를 하지 아니하거나 신고한 과세표준과 세액이 지방세관계법에 어긋나는 경우에는 지방자치단체가 과세표준과 세액을 결정하거나 경정하는 때로 한다. 지방자치단체가 특별징수하는 지방소득세와 납부지연가산세는 납세의무가 성립하는 때에 특별한 절차 없이 세액이 확정된다(지기 제35조 제1,2항).

4. 지방세의 감면

1) 창업중소기업에 대한 지방세 감면

수도권과밀억제권역 외의 지역에서 창업한 중소기업과 창업보육센터사업자로 지정받은 내국인에 대하여는 원칙적으로 해당 사업에서 최초로 소득이 발생한 과세연도(사업 개시일부터 5년이 되는 날이 속하는 과세연도까지 해당 사업에서 소득이 발생하지 아니하는 경우에는 5년이 되는 날이 속하는 과세연도)와 그 다음 과세연도의 개시일부터 4년 이내에 끝나는 과세연도까지 해당 사업에서 발생한 소득에 대한 개인지방소득세의 100분의 50에 상당하는 세액을 경감한다(지방세특례제한법 제100조 제1항).

2) 벤처기업에 대한 지방소득세 등 감면

벤처기업 중 대통령령으로 정하는 기업으로서 창업 후 3년 이내에 벤처기업으로 확인받은 기업에 대해서는 원칙적으로 그 확인받은 날 이후 최초로 소득이 발생한 과세연도(벤처기업으로 확인받은 날부터 5년이 되는 날이 속하는 과세연도까지 해당 사업에서 소득이 발생하지 아니하는 경우에는 5년이 되는 날이 속하는 과세연도)와 그 다음 과세연도의 개시일부터 4년 이내에 끝나는 과세연도까지 해당 사업에서 발생한 소득에 대한 개인지방소득세의 100분의 50에 상당하는 세액을 경감한다(지방특례 100조 제2항).

이 외에 「벤처기업육성에 관한 특별조치법」에 따라 지정된 벤처기업집적시설 또는 신기술창업집적지역을 개발·조성하여 분양 또는 임대할 목적으로 취득하는 부동산에 대해서는 취득세 및 재산세의 100분의 50을 각각 경감하며, 벤처기업집적시설 또는 산업기술단지에 입주하는 벤처기업에 대하여 취득세, 등록면허세 및 재산세를 과세할 때에는 「지방세법」상의 세율 적용이 제한된다(지방특례 제58조 제2항).

3) 창업중소기업 등의 취득세 등 감면

① 과밀억제권역 외의 지역에서 창업하는 중소기업이 창업일부터 4년(청년창업기업의 경우에는 5년) 이내에 취득하는 부동산과 ② 창업 벤처기업 중 대통령령으로 정하는 기업으로서 창업일부터 3년 이내에 벤처기업으로 확인받은 중소기업이 최초로 확인받은 날부터 4년(청년창업벤처기업의 경우에는 5년) 이내에 취득하는 부동산에 대해서는 ⅰ) 창업일 당시 업종의 사업을 계속 영위하기 위하여 취득하는 부동산에 대해서는 취득세의 100분의 75를 경감하고, ⅱ) 창업일 당시 업종의 사업에 과세기준일 현재 직접 사용하는 부동산에 대해서는 창업일 또는 확인일부터 3년간 재산세를 면제하고, 그 다음 2년간은 재산세의 100분의 50을 경감한다(지방특례 제58조의3 제1,2항).

4) 농업법인과 어업법인에 대한 취득세 등 감면

영농조합법인과 농업회사법인이 영농에 사용하기 위하여 법인 설립등기일부터 2년(청년농업법인의 경우에는 4년) 이내에 취득하는 농지, 임야, 양잠 또는 버섯재배용 건축물, 고정식 온실, 축산시설 등에 대해서는 취득세의 100분의 75를 면제하고(지방특례 제11조 제1항), 이들 농업법인이 영농·유통·가공에 직접 사용하기 위하여 취득하는 부동산에 대해서는 취득세의 100분의 50을, 과세기준일 현재 해당 용도에 직접 사용하는 부동산에 대해서는 재산세의 100분의 50을 각각 경감하고(지방특례 제11조 제2항), 이들 농업법인의 설립등기에서는 등록면허세를 면제한다(지방특례 제11조 제4항).

영어조합법인과 어업회사법인이 영어·유통·가공에 직접 사용하기 위하여 취득하는 부동산에 대해서는 취득세의 100분의 50을, 과세기준일 현재 해당 용도에 직접 사용하는 부동산에 대해서는 재산세의 100분의 50을 각각 경감하고, 이들 법인의 설립등기에서는 등록면허세를 면제한다(지방특례 제12조 제1,2항).

5) 창업기업에 대한 지방세 감면규정 적용 배제

창업기업에 대한 지방세 감면규정의 적용에 있어서 다음의 어느 하나에 해당하는 경우는 창업으로 보지 아니한다. 즉, ⅰ) 합병·분할·현물출자 또는 사업의 양수를 통하여 종전의 사업을 승계하거나 종전의 사업에 사용되던 자산을 인수 또는 매입하여 같은 종류의 사업을 하는 경우(다만, 종전의 사업에 사용되던 자산을 인수하거나 매입하여 같은 종류의 사업을 하는 경우 그 자산가액의 합계가 사업 개시 당시 토지·건물 및 기계장치 등 대통령령으로 정하는 사업용자산의 총가액에서 차지하는 비율이 100분의 50 미만으로서 대통령령으로 정하는 비율 이하인 경우는 제외한다.), ⅱ) 거주자가 하던 사업을 법인으로 전환하여 새로운 법인을 설립하는 경우, ⅲ) 폐업 후 사업을 다시 개시하여 폐업 전의 사업과 같은 종류의 사업을 하는 경우, ⅳ) 사업을 확장하거나 다른 업종을 추가하는 경우 등 새로운 사업을 최초로 개시하는 것으로 보기 곤란한 경우이다(지방특례 제58조의3 제6항, 제100조 제6항).

6) 조례에 의한 지방세 감면

지방자치단체는 ⅰ) 서민생활 지원, 농어촌 생활환경 개선, 대중교통 확충 지원 등 공익을 위하여, 또는 ⅱ) 특정지역의 개발, 특정산업·특정시설의 지원을 위하여, 또는 ⅲ) 감염병의 발생으로 인하여, 지방세의 감면이 필요하다고 인정될 때에는 3년의 기간 이내에서 지방세의 세율경감, 세액감면 및 세액공제를 할 수 있다(지방특례 제4조 제1항).[153] 지방자치단체가 이같은 지방세 감면을 하려면 지방세심의위원회의 심의를 거쳐 조례로 정하여야 한다(지방특례 제4조 제3항). 따라서 당해 지방자치단체에 이러한 조례의 정함이 있고, 창업하는 사업이 이에 해당하는 때에는 지방자치단체 조례의 규정에 따라 지방세의 감면을 받을 수 있다.

---

153) 그러나 ⅰ) 「지방세특례제한법」에서 정하고 있는 지방세 감면을 확대하는 지방세 감면, ⅱ) 「지방세법」에 따른 중과세의 배제를 통한 지방세 감면, ⅲ) 「지방세법」에 따른 토지에 대한 재산세 과세대상의 구분 전환을 통한 지방세 감면, ⅳ) 지방세 감면 제외대상에 대한 지방세 감면(「감염병의 예방 및 관리에 관한 법률」에 따른 집합 제한 또는 금지로 인하여 영업이 금지되는 경우는 제외), ⅴ) 과세의 형평을 현저하게 침해하거나 국가의 경제시책에 비추어 합당하지 아니한 지방세 감면은 허용되지 아니한다(지방특례제한법 제4조 제2항).

[판례 산책]

사례 1 : 법인세법상 부당행위계산에 해당하는 거래임을 은폐하여 부당행위계산의 대상이 되지 않는 자의 명의로 거래하고 서류를 조작하면 어떻게 되는가?

【대법원 판결요지】 법인세법상 부당행위계산 부인으로 인한 세무조정금액 등 세무회계와 기업회계의 차이로 생긴 금액은 특별한 사정이 없는 한 '사기 기타 부정한 행위'로 얻은 소득금액으로 볼 수 없으나, 법인세법상 부당행위계산에 해당하는 거래임을 은폐하여 세무조정금액이 발생하지 않게 하기 위하여 부당행위계산의 대상이 되지 않는 자의 명의로 거래를 하고 나아가 그 사실이 발각되지 않도록 허위 매매계약서의 작성과 대금의 허위지급 등과 같이 적극적으로 서류를 조작하고 장부상 허위기재를 하는 경우에는 그것이 세무회계와 기업회계의 차이로 생긴 금액이라 하더라도 이는 사기 기타 부정한 행위로써 국세를 포탈한 경우에 해당하여 그에 관한 법인세의 부과제척기간은 10년이 된다(대법원 2013. 12. 12. 선고 2013두7667 판결).

사례 2 : 예비벤처기업확인을 받고 사업용 재산을 취득하여 등기를 마친 다음 실제로 벤처기업확인을 받은 경우, 조세특례제한법에 따른 취득세 및 등록세 면제대상이 되는가?

【대법원 판결요지】 벤처기업육성에 관한 특별조치법(이하 '벤처기업법')은 벤처기업의 요건과 확인절차를 규정하면서 예비벤처기업과 벤처기업을 구분하지 않고 있으며, 벤처기업 확인요령(중소기업청고시 제2003-12호)에서도 예비벤처기업 확인은 벤처기업확인과 동일하게 벤처기업법 제25조에 의한 것임을 밝히고 있는 점, 벤처기업 확인요령에 의하면 창업 후 예비벤처기업확인서를 발급받은 경우 그로부터 6개월이 경과하기만 하면 벤처기업확인서를 발급받을 수 있고 유효기간도 예비벤처기업확인서의 유효기간과 동일하여 예비벤처기업확인을 받은 기업은 폐업을 하지 않는 한 벤처기업확인을 받은 기업으로 당연히 전환된다고 할 수 있는 점 등을 고려하면 벤처기업의 창업을 지원하기 위한 조세특례제한법의 규정을 적용할 때 창업 후 예비벤처기업확인을 받은 기업이 창업 초창기에 사업용 재산을 취득하였음에도 예정된 벤처기업확인을 받기 전이라는 이유로 달리 취급할 필요가 없으므로, 벤처기업으로 확인받은 다음에 사업용 재산을 취득하고 등기한 경우뿐만 아니라 벤처기업확인으로 당연히 전환될 수 있는 예비벤처기업확인 이후 사업용 재산을 취득하고 그에 관한 등기를 마친 다음 실제로 벤처기업확인을 받은 경우에도 위 규정에 따른 취득세 및 등록세의 면제대상이 된다고 보는 것이 타당하다(대법원 2011. 12. 22. 선고 2009두14040 판결).

제**10**장

창업지원제도

LECTURE on STARTUP LAW

제10장 창업지원제도

제1절 총설

창업을 하고자 하는 경우에는 충분한 창업자금을 확보할 수 있어야 하고 또 창업에 대한 지식이나 능력이 있어야 한다. 아무리 좋은 아이디어나 기술이 있어도 창업자금을 확보할 수 없거나 창업을 위한 지식이나 능력 또는 경험이 없다면 창업이 곤란하다.[154] 그리하여 정부와 지방자치단체는 창업의 촉진과 활성화를 위하여 법령으로 창업에 필요한 각종 지원방안을 정하고 있다.

창업의 지원에 관한 국가의 법령으로는 「1인창조기업 육성에 관한 법률」과 「소상공인 보호 및 지원에 관한 법률」, 「중소기업창업지원법」, 「벤처기업 육성에 관한 특별조치법」 등의 각종 법률과 그 시행령이 있다. 「1인창조기업 육성에 관한 법률」은 창의성과 전문성을 갖춘 국민의 1인창조기업 설립과 교육훈련, 기술개발 등을 지원하고 촉진하기 위한 규정을 다수 두고 있다. 소상공인에 관하여는 「소상공인기본법」과 「소상공인 보호 및 지원에 관한 법률」은 소상공인의 창업과 경영 안정 및 성장, 구조고도화 등을 위한 각종 지원에 관하여 규정하고 있다.[155]

이중 특히 「중소기업창업지원법」은 국민 누구나 창의적인 아이디어와 혁신적인

---

154) 중소벤처기업부와 창업진흥원이 전국 17개 시·도 중소기업 중 全산업을 영위하는 기업체로서 사업을 개시한 날로부터 7년이 지나지 않은 기업 8천개를 대상으로 조사한 결과에 의하면 창업 당시 애로사항으로 창업자금 조달의 어려움이 70.9%로 가장 높고, 창업실패 및 재기에 대한 두려움 40.1%, 창업에 대한 지식, 능력 경험의 부족 30.7%, 창업준비부터 성공하기까지의 생계유지 문제 23.1%, 아이디어·아이템의 부족 8.2%, 일과 가정 양립 어려움 5.4% 등의 순이었다. 중소벤처기업부·창업진흥원, 「2019년 창업기업 실태조사」, 2022.2, 93면.

155) 중소벤처기업부와 창업진흥원이 한국표준산업분류체계상 중분류 45개 업종에 해당하는 1인 창조기업 4,500개 사업체를 대상으로 방문면접 조사한 결과 1인 창조기업 지원사업에 대해 인지하고 있지 못한 응답자는 66.2%에 이르며, 1인 창조기업 지원내용의 인지도는 사업화(1인 창조기업 마케팅 지원사업 등) 14.9%, 사무공간(1인창조기업 지원센터) 13.0%, 전문가 자문(세무, 회계, 법률, 창업 등) 6.8%, 교육·멘토링 5.4%, 네트워킹(지역별, 업종별 창조기업 네트워킹 등) 4.9% 등의 순으로 나타났다. 중소벤처기업부·창업진흥원, 「2021년 1인창조기업 실태조사」, 2022.2, 170면.

기술을 바탕으로 기업가정신을 발휘하여 창업에 도전하고 글로벌 선도기업으로 성장할 수 있는 창업생태계를 조성하여, 디지털경제 시대에 새로운 국가경제의 성장동력과 일자리를 창출하는 것을 목적으로 일정한 업종을 제외한 중소기업의 창업과 재창업을 촉진하고 창업자와 재창업자의 창업 성공률을 높이기 위한 각종 지원제도를 규정하고 있다. 또 「벤처기업 육성에 관한 특별조치법」은 벤처기업의 창업과 기존 기업의 벤처기업으로의 전환을 촉진하기 위하여 각종 지원제도를 정하고 있다. 각 지방자치단체에서도 자치입법으로서 지역 경제의 활성화를 위하여 창업을 촉진하고 지원하는 조례 등이 있다.

이들 각 법률과 조례에서 규정하고 있는 각종 지원제도에 대하여 살핀다.

 제2절 1인창조기업 육성지원제도

I. 1인창조기업 육성 계획의 수립

1인창조기업에 관하여 「1인창조기업 육성에 관한 법률」은 창의성과 전문성을 갖춘 국민의 1인창조기업 설립을 촉진하고 그 성장기반을 조성하기 위하여 먼저 중소벤처기업부 장관에게 매년 1인창조기업의 활동현황 및 실태 등에 대한 조사를 하여 그 결과를 공표하게 하고(창조 제6조), 문화체육관광부 장관 등 관계 중앙행정기관의 장과 협의를 거쳐 3년마다 1인창조기업 육성계획을 수립·시행하도록 한다(창조 제5조).

II. 1인창조기업 종합관리시스템 구축·운영

1인창조기업 관련 정보를 종합적으로 관리하고 1인창조기업 간의 협력기반 구축 및 1인창조기업 활동에 유용한 정보를 제공하기 위하여 중소벤처기업부 장관은 종합관리시스템을 구축·운영하고(창조 제7조), 1인창조기업 및 1인창조기업을 하고자 하는 자를 지원하기 위하여 필요한 전문 인력과 시설을 갖춘 기관 또는 단체를 1인창조기업지원센터로 지정할 수 있다. 1인창조기업지원센터는 i) 1인창조기업에 대한 작업 공간 및 회의장 제공, ii) 1인창조기업에 대한 경영·법률·세무 등의 상담, iii) 그 밖에 중소벤처기업부 장관이 위탁하는 사업 등을 수행한다(창조 제8조).

III. 각종 지원제도의 내용

1. 1인창조기업지원센터에 대한 지원

정부는 1인창조기업지원센터에 대하여 예산의 범위에서 그 사업을 수행하는 데 필요한 경비의 전부 또는 일부를 지원할 수 있다.

2. 지식서비스 거래 지원

1인창조기업의 지식서비스 거래를 활성화하기 위하여 중소벤처기업부 장관은 지식서비스를 제공하는 1인창조기업 및 1인창조기업으로부터 지식서비스를 제공받는 자 등에 대한 각종 지원 사업을 할 수 있다(창조 제9조).

3. 교육훈련 지원

1인창조기업의 전문성과 역량을 강화하기 위하여 정부는 1인창조기업 및 1인창조기업을 하고자 하는 자의 교육훈련을 지원할 수 있다(창조 제10조 제1항). 이 교육훈련에 관한 업무는 대통령령으로 정하는 인력 및 시설 등을 갖춘 정부 지정 기관 또는 단체에 위탁할 수 있다(창조 제10조 제2항).

4. 기술개발 및 아이디어의 사업화 지원

1인창조기업의 기술개발을 촉진하기 위하여 중소벤처기업부 장관은 우수한 아이디어와 기술을 보유한 1인창조기업의 단독 또는 공동 기술개발, 1인창조기업과 중소기업 간의 공동 기술개발, 그 밖에 필요한 사항 등의 지원을 할 수 있다(창조 제11조 제1항). 나아가 정부는 사업 성공 가능성이 높은 아이디어를 가진 1인창조기업을 선정하여 아이디어의 사업화를 위한 지원을 할 수 있다(창조 제12조 제1항).

5. 해외진출 및 홍보사업 등 지원

1인창조기업의 해외시장 진출을 촉진하기 위하여 정부는 1인창조기업에 대하여 관련 기술 및 인력의 국제교류와 국제행사 참가 등의 사업을 지원할 수 있다(창조 제13조). 또 1인창조기업에 대한 국민의 인식을 높이고 1인창조기업을 육성하기 위하여 정부는 1인창조기업의 성공사례 발굴·포상 및 홍보, 1인창조기업 활성화를 위한 포럼 및 세미나 개최, 그 밖에 중소벤처기업부 장관이 필요하다고 인정하여 공고하는 사업 등을 추진할 수 있다(창조 제14조).

6. 금융 지원

정부는 1인창조기업에 대하여 필요한 자금을 융자·투자하거나 그 밖에 필요한 지원을 할 수 있다(창조 제15조 제1항). 1인창조기업의 설립 및 활동에 필요한 자금을 원활하게 조달하기 위하여 신용보증기금, 기술보증기금 및 신용보증재단으로 하여금 1인창조기업을 대상으로 하는 보증제도를 수립·운용하도록 할 수 있다(창조 제15조 제2항).

7. 청년1인창조기업에 대한 우대

1인창조기업에 대한 지식서비스 거래 지원, 교육훈련 지원 기술개발 지원, 아이디어의 사업화 지원, 해외진출 지원, 홍보사업 등 지원, 금융 지원에 있어서 정부는 청년1인창조기업을 우대할 수 있다(창조 제15조의2).

8. 조세에 대한 특례

1인창조기업을 육성하기 위하여 국가와 지방자치단체는 1인창조기업에 대하여 「조세특례제한법」, 「지방세특례제한법」 그 밖의 조세 관계 법률에서 정하는 바에 따라 소득세·법인세·취득세·재산세 및 등록면허세 등의 조세를 감면할 수 있다(창조 제17조).

9. 전통식품의 품질인증 기준 완화

전통식품 및 수산전통식품을 제조하는 1인창조기업에 대하여는 대통령령으로 정하는 바에 따라 전통식품 및 수산전통식품의 품질인증 기준을 완화하여 따로 정할 수 있도록 규정하고 있다(창조 제18조).

제3절 소상공인 지원제도

I. 소상공인지원기본계획 및 시행계획의 수립·시행

소상공인의 보호·육성을 지원하기 위하여 「소상공인기본법」은 정부에 대하여 3년마다 소상공인지원기본계획을 수립·시행하도록 규정하고 있다(동법 제7조 제1항). 이 기본계획에는 소상공인 지원정책의 기본방향, 소상공인 보호를 위한 시책에 관한 사항 등과 함께 소상공인 창업과 혁신 및 육성을 위한 시책에 관한 사항이 포함되어야 한다(동법 제7조 제2항). 정부는 이 기본계획에 따라 매년 정부와 지방자치단체가 소상공인을 보호·육성하기 위하여 추진할 소상공인지원시행계획을 수립하여 관련 예산과 함께 3월까지 국회에 제출하여야 하며(동법 제8조 제1항), 특별시장·광역시장·특별자치시장·도지사 및 특별자치도지사는 기본계획에 따라 매년 관할 지역의 특성을 고려한 지역별 소상공인지원시행계획을 수립·시행하여야 하고, 대통령령으로 정하는 바에 따라 지역별 시행계획의 추진실적을 중소벤처기업부 장관에게 제출하여야 한다(동법 제8조 제2,3항).

II. 소상공인 창업지원

소상공인 창업을 지원하기 위하여 「소상공인 보호 및 지원에 관한 법률」은 중소벤처기업부 장관에게 ⅰ) 우수한 아이디어 등을 보유한 소상공인 창업 희망자의 발굴, ⅱ) 소상공인 창업을 위한 절차 등에 대한 상담·자문 및 교육, ⅲ) 자금조달, 인력, 판로 및 사업장 입지 등 창업에 필요한 정보의 제공, ⅳ) 그 밖에 소상공인 창업을 지원하기 위하여 필요한 사항 등에 관한 사업을 할 수 있도록 하고 있다(소상공인보호및지원에관한법률 제8조).

III. 소상공인의 경영 안정과 성장 지원

소상공인의 경영 안정과 성장을 지원하기 위하여 중소벤처기업부 장관은 ⅰ) 소상공인에 대한 경영상담·자문 및 교육, ⅱ) 소상공인에 대한 자금·인력·판매·수출 등의 지원, ⅲ) 소상공인에 대한 전자상거래, 스마트 기기를 이용한 결제시스템의 도입 등 상거래 현대화 지원, ⅳ) 소상공인 온라인 공동 판매 플랫폼 구축 지원, ⅴ) 소상공인 전용 모바일 상품권의 발행 및 유통 활성화 지원 사업, ⅵ) 그 밖에 소상공인의 경영안정과 성장을 지원하기 위하여 필요한 사항에 관한 사업을 할 수 있다(동법 제9조).

IV. 소상공인의 디지털 전환 촉진

소상공인 디지털 격차 해소 및 디지털 경쟁력 제고를 위하여 중소벤처기업부 장관은 ⅰ) 소상공인 생업현장 디지털 혁신모델 확산, ⅱ) 소상공인 디지털 생태계 조성, ⅲ) 디지털 전환 지원 인프라 구축, ⅳ) 그 밖에 소상공인 디지털화를 지원하기 위하여 필요한 사항 등에 관한 사업을 할 수 있다(동법 제15조의2). 중소벤처기업부 장관은 소상공인 디지털화를 효율적으로 지원하기 위하여 소상공인 디지털 전환 업무를 전담하는 조직을 지정할 수 있으며(동법 제15조의3), 소상공인의 경영혁신에 필요한 정보통신 인프라 및 서비스 등을 지원하기 위하여 소상공인 개방형 빅데이터 플랫폼의 구축 및 운영, 플랫폼 관련 기술·서비스 개발 촉진, 플랫폼 활성화 기반 조성 및 제도 개선 등에 관하여 필요한 시책을 마련할 수 있다(동법 제15조의5). 이 밖에 소상공인 디지털 전환 정책수립 및 평가 과정에서 중소벤처기업부 장관의 자문에 응하기 위하여 소상공인정책심의회의 분과별 전문위원회로서 디지털전환자문위원회를 둘 수 있다(동법 제15조의4).

V. 소상공인의 구조 고도화 등 지원

소상공인의 구조개선 및 경영합리화 등의 구조 고도화를 지원하기 위하여 정부는 ⅰ) 새로운 사업 발굴, ⅱ) 사업전환 지원, ⅲ) 사업장 이전을 위한 입지 정보의 제공, ⅳ) 소상공인 온라인 공동 판매 플랫폼 이용 활성화를 위한 관련 정보의 제공, ⅴ) 소상공인 해외 창업의 지원, ⅵ) 그 밖에 소상공인의 구조 고도화를 지원 등에 관한 사업을 할 수 있다(동법 제10조).

소상공인의 조직화 및 협업화를 위하여 중소벤처기업부 장관은 ⅰ)「협동조합기본법」제2조 제1호에 따른 협동조합의 설립, ⅱ) 제품 생산 및 서비스 제공 등에 필요한 시설 및 장비의 공동 이용, ⅲ) 상표 및 디자인의 공동 개발, ⅳ) 제품 홍보 및 판매장 설치 등 공동 판로 확보, ⅴ) 그 밖에 소상공인의 조직화 및 협업화를 지원하기 위하여 필요한 사항 등에 관한 지원 사업을 할 수 있다(동법 제11조 제1항).

중소벤처기업부 장관은 도매업자는 10명 이상, 소매업자는 50명 이상의 소상공인이 공동으로 소상공인공동물류센터를 건립하여 운영하는 경우 이에 필요한 행정적·재정적 지원을 할 수 있다(동법 제11조 제2항).

VI. 불공정거래 피해상담센터의 설치·운영

중소벤처기업부 장관과 지방자치단체의 장은 불공정거래로 인하여 피해를 입은 소상공인의 보호 및 지원을 위하여 소상공인 불공정거래 피해상담센터를 설치·운영할 수 있다(동법 제15조 제1항). 이 불공정거래 피해상담센터의 업무는 ⅰ) 소상공인 불공정거래 피해상담, ii) 소상공인 불공정거래에 관한 실태조사, iii) 소상공인 불공정거래 피해예방 교육, iv) 소상공인 불공정거래 피해상담에 대한 사후관리, v) 그 밖에 불공정거래로 인하여 피해를 입은 소상공인의 보호 및 지원을 위하여 필요한 사항이다(소상 제15조 제2항). 중소벤처기업부 장관과 지방자치단체의 장은 이 불공정거래 피해상담센터의 업무 수행 및 운영에 필요한 경비를 예산의 범위에서 지원할 수 있다(동법 제15조 제3항).

VII. 그 밖의 소상공인 지원제도

1. 감염병 예방 등 조치로 인한 손실보상

「감염병의 예방 및 관리에 관한 법률」에 따른 영업장소 사용 및 운영시간 제한 등 대통령령으로 정하는 조치로 인하여 소상공인에게 경영상 심각한 손실이 발생한 경우에 중소벤처기업부 장관은 해당 소상공인에게 그 부담을 완화하기 위한 손실보상을 하여야 한다(소상 제12조의2 제1항).

2. 소상공인에 대한 고용보험료의 지원

근로자를 사용하지 아니하거나 50명 미만의 근로자를 사용하는 사업주로서 일정한 요건을 갖춘 소상공인이 근로복지공단의 승인을 받아 고용보험에 가입한 경우에 정부는 고용보험료의 일부를 예산의 범위에서 지원할 수 있다(동법 제12조의7 제1항).

3. 조세의 감면

국가나 지방자치단체는 소상공인의 경영안정과 성장을 지원하기 위하여 필요한 경우에는 소상공인에 대하여 「조세특례제한법」, 「지방세특례제한법」, 그 밖의 관계 법률에서 정하는 바에 따라 소득세, 법인세, 취득세, 재산세 및 등록면허세 등을 감면할 수 있다(동법 제14조).

4. 폐업 소상공인에 대한 지원

소상공인이 폐업하였거나 폐업하려는 경우에 정부는 그 폐업 소상공인을 지원하기 위하여 i) 재창업 지원, ii) 취업훈련의 실시 및 취업 알선, iii) 그 밖에 폐업 소상공인을 지원하기 위하여 필요한 사항에 관한 사업을 할 수 있다(동법 제12조).

제4절 중소기업 창업지원제도

I. 중소기업 창업정책의 기본방향

1. 창업지원종합계획의 수립·추진

정부는 창업국가 건설을 위하여 신산업창업 및 기술창업을 활성화하고 창업기업의 사업화 촉진 및 국제화 역량 강화에 필요한 시책을 세우고 추진하여야 한다(중창 제3조 제1항). 중소벤처기업부 장관은 창업의 촉진 및 예비창업자·창업기업·예비재창업자· 재창업기업 등의 성장과 발전을 위하여 창업지원종합계획을 3년마다 수립·시행하여야 한다(중창 제7조 제1항).

창업지원종합계획에는 ⅰ) 종합계획의 기본방향, ⅱ) 창업 촉진 및 창업기업 등의 성장·발전 지원에 관한 사항, ⅲ) 청년창업기업, 중장년창업기업, 예비창업자, 재창업기업 등 대상별 창업지원 기반 조성에 관한 사항, ⅳ) 신산업·기술 창업 등 분야별 지원에 관한 사항, ⅴ) 창업기업등의 기술혁신역량 강화를 위한 사항, ⅵ) 창업기업 등의 판로, 해외시장 진출 등에 관한 사항, ⅶ) 창업기업 등과 창업지원기관 간 교류·협력에 관한 사항, ⅷ) 해외의 우수한 창업기업 및 관련 인력의 국내 유치 등에 관한 사항 등의 사항이 포함되어야 한다(중창 제7조 제2항).

중소벤처기업부 장관은 창업지원종합계획을 시행하기 위하여 매년 관계 중앙행정기관의 장과의 협의를 거쳐 창업지원시행계획을 수립하여 공고하여야 한다(중창 제8조 제1항).

중소벤처기업부 장관은 중소기업의 창업을 촉진하고 종합계획 및 시행계획을 효율적으로 수립·추진하기 위하여 매년 중소기업의 창업 및 창업기업등의 현황 및 실태 등에 대한 조사를 실시하여야 하며, 이 실태조사 등을 참고하여 중소기업의 창업 및 창업기업 등에 관한 통계를 작성·관리하고 공표하여야 한다(중창 제13조 제2항).

2. 창업 활성화 지원사업 추진

중소기업의 창업을 활성화하고 창업기업 등의 성장·발전을 지원하기 위하여 중소벤처기업부 장관은 ⅰ) 창업기업 등의 발굴·육성 및 그에 대한 지원, ⅱ) 창업기업 등의 우수한 아이디어 사업화에 대한 지원, ⅲ) 창업기업 등의 발굴·육성, ⅳ) 창업기업 등의 판로개척 및 해외진출 지원, ⅴ) 창업기업 등에 대한 창업교육 및 창업기반시설 확충, ⅵ) 해외인재 또는 해외기업 유치 활성화, ⅶ) 인터넷 등 정보통신망을 통한 창업정책 및 창업기업등과 관련한 지식·정보 등 데이터의 축적, 가공, 공유 및 활용 등의 촉진, ⅷ) 그 밖에 대통령령으로 정하는 사업을 추진하거나 필요한 시책을 수립·시행할 수 있다(중창 제10조 제1항).

이러한 사업을 추진함에 있어서 중소벤처기업부 장관은 ⅰ) 예비청년창업자 또는 청년창업기업, ⅱ) 여성 예비창업자 또는 여성창업기업, ⅲ) 장애인 예비창업자 또는 장애인창업기업을 우대할 수 있다(중창 제10조 제2항). 중소벤처기업부 장관은 이들 사업을 추진하기 위하여 필요하다고 인정하는 경우에는 예산의 범위에서 대학, 연구기관, 창업 관련 단체, 창업기업등에 해당 사업을 수행하는 데에 드는 비용의 전부 또는 일부를 출연하거나 보조할 수 있다(중창 제10조 제3항).

3. 연령별 창업지원시책의 수립·시행

중소벤처기업부 장관은 청년창업기업 및 중장년창업기업 등 창업기업의 연령별 특수성을 종합적으로 고려하여 창업지원시책을 수립·시행할 수 있다(중창 제11조 제1항). 연령별 창업지원시책에는 ⅰ) 연령별 특성에 맞는 창업 활성화 기반 조성, ⅱ) 창업기업의 연령별 특수성을 고려한 성장·발전 지원, ⅲ) 청장년 융합창업 및 연령별 창업기업 간 교류·협력 촉진, ⅳ) 그 밖에 연령별 창업기업의 경쟁력 강화를 위하여 중소벤처기업부 장관이 필요하다고 인정하는 사항이 포함되어야 한다(중창 제11 제2항). 관계 중앙행정기관의 장 또는 지방자치단체의 장은 이 연령별 창업지원시책에 필요한 행정적·재정적 지원을 할 수 있다(중창 제11 제3항).

4. 창업종합관리시스템의 구축 및 운영

정부는 창업기업 등에 대하여 창업 및 창업기업의 성장과 발전에 필요한 자금, 인력, 기술, 판로, 입지 등에 관한 정보를 수집 및 제공하기 위하여 필요한 시책을 강구하여야 한다(중창 제14조). 중소벤처기업부 장관은 창업 관련 정보를 종합적으로 관리하고 효과적으로 제공하기 위하여 창업종합관리시스템을 구축 및 운영할 수 있다(중창 제15조 제1항). 창업종합관리시스템의 구축, 운영 및 그 밖에 필요한 사항은 대통령령으로 정한다(중창 제15조 제2항).

II. 창업저변 확대 및 환경 개선

1. 기업가정신의 함양 및 확산

중소벤처기업부 장관은 창업기업 등을 포함한 전체 국민이 경제환경 변화에 능동적으로 대응하면서 새로운 기회와 가치를 창출하기 위하여 창의적으로 도전하는 의지와 자세 및 사회적 책임 등 기업가정신을 함양하고, 사회 전반에 기업가정신을 확산시키기 위하여 i) 기업가정신 함양을 위한 교육과정의 개발 및 운영, ii) 창업기업 등에 대한 기업가정신 관련 컨설팅·멘토링, iii) 기업가정신 관련 협력·네트워크의 구축 및 운영, iv) 해외 기업가정신 관련 교류·협력 및 국제연대 강화, v) 그 밖에 기업가정신의 함양 및 확산을 위하여 중소벤처기업부 장관이 필요하다고 인정하는 사항 등을 추진할 수 있다(중창 제16조 제1항).

2. 청년기업가정신재단에 대한 출연·보조

청년기업가정신재단은 국민과 창업기업 등을 대상으로 기업가정신을 함양 및 확산하기 위하여 「민법」 제32조에 따라 중소벤처기업부 장관의 설립허가를 받은 비영리법인이다. 이 재단법인은 i) 기업가정신 활성화 사업의 기획, 개발 및 연구, ii) 기업가정신 실태조사 및 통계의 작성 및 관리, iii) 기업가정신 교육과정 및 교재의 개발·보급, 교육사업의 관리·운영 지원, iv) 기업가정신 모범사례의 발굴 및 전파 등 기업가정신 함양 및 확산을 위한 사회·경제적인 분위기 조성, v) 기업가정신 여건 확충 및 저해요인의 발굴 및 해소, vi) 그 밖에 기업가정신의 함양 및 확산을 위하여 중소벤처기업부 장관이 지정·위탁하는 사항의 집행 등을 주요 목적으로 한다. 중소벤처기업부 장관은 이 재단법인에 대하여 예산의 범위에서 출연 또는 보조할 수 있다(중창 제17조).

3. 창업교육의 활성화

창업저변의 확충 및 예비창업자의 준비된 창업을 위하여 중소벤처기업부 장관은 아동·청소년, 대학생 및 청년 등 국민과 창업기업 등에 창업교육을 할 수 있다(중창 제18조 제1항). 이 창업교육을 효율적으로 추진하기 위하여 중소벤처기업부 장관은 i) 창업교육의 내용·방법 등에 관한 연구, ii) 창업교육 콘텐츠의 기획 및 개발, iii) 지역별 창업교육의 활성화, iv) 창업교육을 통한 창업인식 개선, v) 창업교육에 관한 국제협력, vi) 창업교육 강사 등의 양성 및 활동 지원, vii) 「초·중등교육법」 및 「고등교육법」 등에 따른 학교의 교육, 「직업교육훈련 촉진법」에 따른 직업교육훈련, 「진로교육법」에 따른 진로교육 및 「평생교육법」에 따른 평생교육 등과 창업교육 간 연계, viii) 그 밖에 창업교육의 활성화를 위하여 중소벤처기업부 장관이 필요하다고 인정하는 사항 등을 추진할 수 있다(중창 제18조 제2항).

4. 창업대학원의 지정 등

중소벤처기업부 장관은 대학원 중 창업분야 전문인력 양성을 목적으로 하는 창업대학원을 지정하여 예산의 범위에서 그 운영 등에 필요한 경비를 출연하거나 그 밖에 필요한 지원을 할 수 있다(중창 제19조 제1항).[156] 중소벤처기업부 장관은 창업대학원이 연합하여 물적·인적 자원 공유 등 교육과정을 효율화하는 경우 이에 필요한 경비를 지원할 수 있다(중창 제19조 제2항). 창업대학원의 지정·지원 등에 관하여 필요한 사항은 중소벤처기업부 장관이 고시하여야 한다(중창 제19조 제3항).

5. 창업문화 및 분위기 확산

창업에 대한 국민의 인식을 제고하고 사회 전반에 창업을 활성화하기 위하여 중소벤처기업부 장관은 진취적이고 도전적인 문화 및 분위기 확산에 필요한 i) 일자리 창출 및 투자 유치 등의 성과가 우수한 창업기업의 발굴, 포상 및 홍보, ii) 창업 활성화 등에 대한 지원 공로가 큰 공공기관과 소속 임직원 등에 대한 지원 사례의 발굴 및 포상, iii) 창업 활성화를 위한 학술대회 및 세미나 등의 개최, iv) 창업기업 및 창업지원기관 간 교류·협력을 위한 국내외 행사 및 축제 등의 기획 및 추진, v) 그 밖에 창업문화 및 분위기 확산을 위하여 중소벤처기업부 장관이 필요하다고 인정하는 사항을 추진할 수 있다(중창 제20조 제1항). 중소벤처기업부 장관은 이러한 사항의 추진이 국제화·대형화·전문화를 통하여 국제 경쟁력을 갖춘 사업으로 발전할 수 있도록 지원할 수 있다(중창 제20조 제2항).

---

156) 중소벤처기업부 장관은 창업대학원이 i) 거짓이나 그 밖에 부정한 방법으로 지정을 받은 경우에는 그 지정을 반드시 취소하여야 하며, ii) 지원받은 자금을 다른 목적으로 사용한 경우나 iii) 정당한 사유 없이 1년 이상 운영하지 아니한 경우 또는 iv) 스스로 지정의 취소를 원하는 경우에는 지정을 취소하거나 5년의 범위에서 대통령령으로 정하는 바에 따라 이 법에 따른 지원을 중단할 수 있다(중창 제56조 제1항).

6. 창업저해 규제의 발굴 및 개선

정부는 창업을 저해하거나 창업기업 등의 성장을 가로막는 불필요한 규제를 완화·제거하기 위하여 각종 규제를 발굴하여 개선하도록 노력하여야 한다(중창 제21조 제1항). 중소벤처기업부 장관은 이들 규제의 개선방안을 정책협의회에 상정하여 협의할 수 있으며, 중소기업정책심의회의 심의를 거쳐 의결할 수 있다(중창 제21조 제2항). 규제의 개선방안을 수립·시행하는 데 필요하다고 인정하는 경우에는 중소벤처기업부 장관은 관계 중앙행정기관의 장과 지방자치단체의 장에게 협조를 요청할 수 있으며, 협조를 요청받은 자는 특별한 사정이 없으면 그 요청에 따라야 한다(중창 제21조 제3항).

7. 창업절차 및 비용 부담 완화

정부는 창업을 촉진하고 창업기업이 원활하게 성장할 수 있는 환경을 조성하기 위하여 창업기업 등의 행정절차 간소화 및 비용부담 완화 등에 관한 제도적·절차적 조치를 마련할 수 있다(중창 제22조 제1항). 이 조치에는 ⅰ) 창업 소요시간 단축을 위한 절차 간소화, ⅱ) 창업 관련 비용부담 완화를 위한 금융 지원 등, ⅲ) 그 밖에 창업기업 등의 부담 완화를 위하여 필요한 사항 등을 포함할 수 있다(중창 제22조 제2항). 중소벤처기업부 장관은 이들 조치를 시행하는 데 필요하다고 인정하는 경우에는 관계 중앙행정기관의 장과 지방자치단체의 장에게 협조를 요청할 수 있으며, 그 요청을 받은 자는 특별한 사정이 없으면 그 요청에 따라야 한다(중창 제22조 제3항).

8. 창업기업의 공장 설립 특례

한국표준산업분류상의 제조업을 영위하려는 창업기업은 공장설립계획을 작성하고, 이에 대한 시장·군수 또는 구청장의 승인을 받아 사업을 할 수 있는데, 시장·군수 또는 구청장이 공장 설립계획의 승인, 건축허가 또는 건축물의 사용승인을 할 때 각종 허가, 인가, 면허, 승인, 신고, 해제 또는 용도폐지 등에 관하여 다른 행정기관의 장과 협의를 한 사항에 대하여는 그 허가, 승인, 검사 등을 받은 것으로 본다(중창 제45조 제1항, 제47조 제1~4항). 이에 관하여는 본서 '제4장 창업절차 제2장 제조업 목적 중소기업 창업'에서 기술하였다.

그리고 내국법인이 하는 사업의 일부를 분리하여 그 사업을 개시하는 중소기업이 ⅰ) 내국법인의 임직원이었던 자가 대표자, 최대주주 또는 최대출자자이고, ⅱ) 내국법인과 사업의 분리에 관한 계약 및 그 내국법인의 공장 전부 또는 일부의 공동사용에 관한 계약을 서면으로 체결한 경우에는 사업자등록증을 해당 사업 개시일자로부터 2년 동안은 「산업집적활성화 및 공장설립에 관한 법률」 제16조에 따른 공장등록의 증명 서류로 본다(중창 제50조).

9. 온라인창업지원시스템의 구축 및 운영

중소벤처기업부 장관은 「전자정부법」 제2조 제10호에 따른 정보통신망을 통하여 회사를 설립할 수 있는 온라인창업지원시스템을 구축 및 운영할 수 있다(중창 제24조 제1항). 관계 중앙행정기관 및 관련 기관은 해당 기관의 소관 업무를 신속하게 처리하고 관련 시스템을 효율적으로 연계하는 등 온라인창업지원시스템을 통한 창업 절차가 원활하게 진행될 수 있도록 협조하여야 한다(중창 제24조 제2항). 중소벤처기업부 장관은 예산의 범위에서 관계 중앙행정기관 및 관련 기관이 온라인창업지원시스템에 연계되는 개별 시스템을 운영하는 데에 드는 비용의 전부 또는 일부를 지원할 수 있다(중창 제24조 제3항).

III. 신산업·기술 창업의 촉진

1. 유망 신산업·기술 창업기업의 집중 육성

혁신 창업 생태계 조성과 일자리 창출 등 국민경제 발전에 기여가 큰 유망 창업기업을 발굴·육성하기 위하여 정부는 신산업·기술 창업을 한 기업을 우선적으로 지원하는 등 신산업·기술 창업기업의 집중 육성에 필요한 시책을 수립할 수 있다(중창 제25조 제1항). 신산업·기술 창업기업의 육성을 위하여 정부는 ⅰ) 신산업·기술 창업 촉진 및 사업화 지원, ⅱ) 혁신적 유망 신산업·기술 창업기업의 발굴·육성, ⅲ) 신산업·기술 창업기업 육성에 필요한 기반 조성, ⅳ) 그 밖에 신산업·기술 창업기업의 발굴·육성 등을 위하여 중앙행정기관의 장이 필요하다고 인정하는 사항 등의 조치를 할 수 있다(중창 제25조 제2항).

정부가 창업지원사업을 추진하는 경우 신산업·기술 창업기업을 우선하여 지원할 수 있고, 중소벤처기업부 장관이 정하여 고시하는 신산업 창업 분야의 중소기업에 대하여는 사업을 개시한 날부터 10년 이내의 범위에서 지원할 수 있다(중창 제25조 제3,4항).

2. 신산업·기술 창업촉진사업의 추진

신산업·기술 창업을 촉진하고 신산업·기술 창업기업의 혁신역량을 강화하기 위하여 정부는 ⅰ) 신산업·기술 창업 분야 창업기업 등의 발굴·육성, ⅱ) 신산업·기술 창업기업의 기술개발 및 기술혁신 성과의 사업화 지원, ⅲ) 신산업·기술 창업기업의 기술 및 사업모델 혁신을 위한 기술·경영 지도, ⅳ) 대학, 연구기관, 기업 등과 신산업·기술 창업기업 간 공동기술개발, 기술이전 및 이전받는 기술의 사업화 지원, ⅴ) 국내외 기업과 신산업·기술 창업기업 간 기술, 정보, 인력 등의 교류·협력 및 인프라 등의 공동활용 촉진, ⅵ) 신산업·기술 창업기업의 국내외 판로개척 지원, ⅶ) 신산업·기술 창업기업의 지식재산권 출원, 등록, 이전 및 활용 지원, ⅷ) 신산업·기술 창업 활성화에 필요한 전문인력의 양성, ⅸ) 그 밖에 신산업·기술 창업 촉진 및 창업기업의 혁신역량 제고 등을 위하여 중앙행정기관의 장이 필요하다고 인정하는 사항 등을 추진할 수 있다(중창 제26조).

신산업·기술 창업촉진정책의 효율적인 수립 및 시행을 위하여 중소벤처기업부 장관은 정부, 공공기관 및 창업 관련 전문가 등으로 구성되는 신산업·기술 창업지원협의체를 운영할 수 있다. 이 경우 중소벤처기업부 장관은 지원협의체의 구성 및 운영에 필요한 경비를 지원할 수 있다(중창 제27조 제1항). 협의체의 구성 및 운영에 필요한 사항은 시행령에서 정한다(중창 제27조 제2항).

3. 지역특화형 신산업·기술 창업의 활성화

정부와 지방자치단체는 지역에 특화된 자원과 특성을 기반으로 한 신산업·기술 창업의 촉진 및 관련 창업기업의 발굴·육성을 위한 지원사업 등을 추진할 수 있다(중창 제28조 제1항).

정부와 지방자치단체는 지역경제 활성화를 위하여 지역의 자연환경과 문화적 자산 등을 기반으로 가치를 창출하는 창업기업 등을 지원할 수 있다(중창 제28조 제3항). 이 사업의 수행에 필요하다고 인정되는 경우에는 정부와 지방자치단체는 관계 중앙행정기관의 장과 지방자치단체의 장에게 협조를 요청할 수 있다(중창 제28조 제4항).

4. 민관협력형 신산업·기술 창업기업의 발굴·육성

정부는 신산업·기술 창업기업과 대기업, 중견기업 및 중소기업 등 기업 간 상생협력 및 동반성장을 촉진하기 위하여 국내외 창업생태계를 구성하는 공공기관, 민간, 기관 및 단체 등과 긴밀한 민관협력체계를 구축하도록 노력하여야 한다(중창 제29조 제1항).

정부는 이러한 민관협력형 창업을 촉진하기 위하여 ⅰ) 신산업·기술 창업분야 유망 창업기업등의 공동 발굴·육성, ⅱ) 신산업·기술 창업기업과 대·중견·중소기업 등 기업 간 기술·정보·인력 등의 교류·협력 및 인프라 등의 공동활용 촉진, ⅲ) 사업의 공모·제안, 공동마케팅 등 창업기업제품의 판로 확대를 위한 협력, ⅳ) 연구개발 및 성능인증 등에 필요한 시설·장비의 공동 활용 및 공동 기술개발, ⅴ) 해외의 창업기업, 기관, 단체 등과 공동 기술개발 및 교류·협력, ⅵ) 신산업·기술 창업기업과 대·중견·중소기업 등 기업 간 상생협력 및 동반성장에 관한 문화 조성 및 분위기 확산, ⅶ) 그 밖에 민관협력형 창업기업의 발굴·육성 체계의 구축 및 활성화를 위하여 중앙행정기관의 장이 필요하다고 인정하는 사항 등을 추진할 수 있다(중창 제29조 제2항).

이와 함께 정부는 민간과 협력하여 유망 창업기업, 투자자 및 보육기관 등이 교류·협력할 수 있는 보육공간을 설치 및 운영할 수 있으며, 이 경우 필요한 비용의 전부 또는 일부를 정부가 지원할 수 있다(중창 제29조 제3항). 이러한 사업을 통하여 발굴·육성된 예비창업자 및 창업기업 중 유망한 자에 대하여 정부는 연구개발비 또는 창업자금 등을 우선하여 지원할 수 있다(중창 제29조 제4항).

5. 기업 간 개방형 혁신창업 활성화

정부는 기업으로 하여금 내부의 역량과 자원을 활용하여 신산업·기술 창업을 촉진할 수 있도록 하고, 신사업 발굴과 신시장 창출을 위하여 기업 간 협업하는 개방형 혁신창업 생태계를 조성하도록 노력하여야 한다(중창 제30조 제1항). 이러한 개방형 혁신창업 활성화에 필요하다고 인정하는 경우에는 정부는 예산의 범위에서 사업을 수행하는 데에 드는 비용의 전부 또는 일부를 출연하거나 보조할 수 있다(중창 제30조 제2항). 중소벤처기업부 장관은 개방형 혁신창업 활성화에 노력하는 기업에 대해서는 대·중소기업 상생협력지수 산정 시 우대할 수 있다(중창 제30조 제3항).

6. 대학·연구기관 기반 신산업·기술 창업의 촉진

정부는 신산업·기술 창업의 바탕이 되는 대학·연구기관 기반 연구개발 성과물의 사업화와 대학·연구기관 내에서 교원, 학생 또는 연구원이 창업하는 창업기업의 성장·발전을 촉진하기 위하여 노력하여야 한다(중창 제31조).

특히 대학은 대학 내 창업지원사업을 수행하기 위하여 학교규칙으로 정하는 바에 따라 창업지원업무를 전담하는 창업지원 전담조직을 둘 수 있다(중창 제32조 제1항). 창업지원 전담조직은 창업선도대학 육성 사업의 운영, 대학 기업가센터 운영 등의 사업을 할 수 있다(중창 제32조 제2항).

중소벤처기업부 장관은 창업지원 전담조직의 운영 및 사업 수행에 필요한 경비를 출연하거나 그 밖에 필요한 지원을 할 수 있으나, 이 지원을 받으려면 그 회계를 수입과 지출 내역이 명백하도록 대학 내 다른 회계와 구분하여 처리하여야 한다(중창 제32조 제3,4항).

7. 창업기업 육성 시설·지역의 지원 등

정부와 지방자치단체는 창업기업의 입주공간을 마련하고 사업화를 지원하는 등 창업기업을 집중적으로 육성할 수 있는 시설을 설치·지원할 수 있으며, 대학·연구소 등 창업기업 육성 관련 기관 및 시설 등이 밀집한 지역을 지원하고, 이에 따라 설치·운영하고 있는 시설이나 지역 등에 입주한 창업기업 등에 대하여는 우선 지원할 수 있다(중창 제33조 제1,2항).

IV. 창업기업의 성장 및 재창업 촉진

1. 창업기업의 성장촉진 지원 강화

정부는 창업기업이 국제 경쟁력을 갖춘 기업으로 신속하게 성장할 수 있도록 자금 및 인력 등의 원활한 공급, 기술혁신 촉진, 판로확대 및 해외진출 지원 등 성장촉진을 위한 제도를 마련하여야 한다(중창 제34조 제1항). 이러한 창업기업 성장촉진에 관한 제도를 효과적으로 추진하기 위하여 정부, 지방자치단체, 공공기관 및 창업지원기관 등은 매출과 일자리 창출 등의 성과가 탁월한 성장 유망 창업기업을 다른 창업기업 등에 우선하여 집중 지원할 수 있다(중창 제34조 제2항). 성장유망 창업기업의 기준, 지원 절차·방법 등에 관한 사항은 대통령령으로 정한다(중창 제34조 제3항).

2. 창업기업에 대한 금융지원

정부는 중소기업의 창업 및 창업기업 등의 활동에 필요한 자금의 원활한 공급을 위하여 창업기업 등과 창업지원사업을 하는 자에게 필요한 자금을 출연·보조·융자하거나 그 밖에 필요한 지원을 할 수 있다. 이러한 금융지원이 효과적으로 시행될 수 있도록 정부는 창업기업 등에 대한 민간의 투자 촉진, 창업기업 연대보증채무의 감경·면제 등 금융지원 활성화를 위한 제도적 기반을 마련하도록 노력하여야 한다(중창 제35조).

3. 창업기업의 기술혁신 역량 강화

정부는 창업기업 등이 디지털경제 시대에 부응하는 신사업을 창출하고 중장기 경쟁력을 확보할 수 있도록 기술혁신 역량 강화와 기술혁신 결과물의 사업화 촉진에 필요한 지원을 할 수 있으며, 그 지원을 효율적으로 추진하기 위하여 정부는 창업기업에 특화된 맞춤형 연구개발 지원방안을 강구하고, 대학·연구기관 등의 기술혁신 인프라에 대한 창업기업의 접근성·활용성을 높이기 위하여 노력하여야 한다(중창 제36조 제1,2항).

4. 창업기업의 인력 양성 및 전문인력 활용

정부는 창업기업 등이 필요한 인력을 원활히 확보하고 유치할 수 있도록 창업 관련 인력의 양성 및 활용에 관하여 ⅰ) 분야별·지역별 창업기업의 인력수요에 적합한 인력 양성, ⅱ) 창업·취업 예정자 및 희망자를 대상으로 시행하는 창업기업 현장연수, ⅲ) 창업기업 재직자의 역량강화를 위한 교육 및 훈련, ⅳ) 창업 관련 전문인력 활용에 관한 협력, ⅴ) 그 밖에 창업기업 등에 필요한 인력의 양성 및 활용을 위하여 중소벤처기업부 장관이 필요하다고 인정하는 사항 등을 추진할 수 있다(중창 제37조 제1항). 정부는 이러한 사업 추진에 필요한 비용의 전부 또는 일부를 출연 또는 보조할 수 있다(중창 제37조 제2항).

5. 창업기업제품의 공공기관 우선구매

1) 공공기관의 창업기업제품 구매계획

공공기관[157]의 장은 창업기업이 직접 생산하는 물품, 제공하는 용역 및 수행하는 공사(이를 합쳐 창업기업제품이라 한다)의 구매를 촉진하여야 한다(중창 제38조 제1항). 공공기관

---

157) 「중소기업제품 구매촉진 및 판로지원에 관한 법률」 제2조제2호에 따른 공공기관이다.

의 장은 예산과 사업계획을 고려하여 중소기업제품의 구매계획과 전년도 구매실적을 중소벤처기업부 장관에게 통보하여야 하며, 이 구매계획에는 대통령령으로 정하는 중소기업제품 구매목표비율을 제시하여야 하는데, 이와 함께 창업기업제품의 구매계획을 구분하여 포함시켜야 한다(중창 제38조 제2항).

이 창업기업제품의 구매계획에는 대통령령으로 정하는 비율 이상의 구매목표를 포함시켜야 하며, 공공기관의 장은 해당 구매계획을 이행하여야 한다(중창 제38조 제3항). 이 구매계획을 확인한 결과 개선이 필요하다고 인정되는 사항에 대하여는 중소벤처기업부 장관은 해당 공공기관의 장에게 그 개선을 권고할 수 있다. 이 경우 해당 공공기관의 장은 특별한 사정이 없으면 구매계획에 이를 반영하여야 한다(중창 제38조 제4항).

2) 창업기업의 확인

공공기관의 우선구매에 참여하려는 자는 중소벤처기업부 장관에게 기업이 창업기업에 해당하는지 여부를 확인하여 줄 것을 신청할 수 있다(중창 제39조 제1항). 이 신청을 받으면 중소벤처기업부 장관은 조사한 후 해당 기업이 창업기업에 해당하면 이를 창업기업임을 확인하여 주어야 하는데, 3년 이내의 범위에서 대통령령으로 정하는 유효기간을 명시한 증명서류를 함께 발급할 수 있다(중창 제39조 제2항).

창업기업의 확인과 증명서류의 발급 등 대통령령으로 정하는 업무를 수행하기 위하여 중소벤처기업부 장관은 창업기업확인시스템을 구축·운영할 수 있다(중창 제39조 제4항). 그 밖에 창업기업의 확인 절차, 증명서류의 발급 등 창업기업의 확인에 필요한 사항은 대통령령으로 정한다(중창 제39조 제5항).

3) 창업기업 확인의 취소

중소벤처기업부 장관은 창업기업의 확인을 받은 자가 ⅰ) 거짓이나 그 밖의 부정한 방법으로 창업기업의 확인을 받은 경우에는 창업기업 확인을 반드시 취소하여야 하며, ⅱ) 제2조제3호에 따른 창업기업의 기준에 맞지 아니하게 된 경우나 ⅲ) 폐업 등의 사유로 기업활동을 하지 아니하게 된 경우 또는 ⅳ) 창업기업 확인의 취소사유 해당 여부를 점검하기 위한 보고와 검사를 정당한 사유 없이 거부한 경우에는 창업기업 확인을 취소할 수 있다(중창 제40조). 창업기업의 확인이 취소된 자는 1년 이내의 범위에서 대통령령으로 정하는 기간 내에는 창업기업의 확인을 신청할 수 없다(중창 제39조 제3항).

V. 창업기업 및 생태계의 국제화 촉진

1. 국내 창업기업 등의 국제화

예비청년창업자 및 청년창업기업을 포함한 국내 창업기업 등의 국제 경쟁력을 강화하고 창업생태계를 국제화하기 위하여 정부는 ⅰ) 예비창업자 또는 창업기업의 해외진출에 대한 교육, 컨설팅 및 사업화 지원, ⅱ) 예비창업자 또는 창업기업의 국제교류 촉진, ⅲ) 예비창업자 또는 창업기업의 해외 홍보·마케팅 지원 및 해외투자 유치, ⅳ) 해외 창업 관련 기관과의 협력관계 구축, ⅴ) 창업지원을 위한 해외 시설·공간 구축, 운영 및 서비스 제공, ⅵ) 창업기업의 해외 전시회 참가 지원 및 전시회 기획·운영, ⅶ) 그 밖에 예비창업자 또는 창업기업의 국제화를 촉진하기 위하여 중앙행정기관의 장이 필요하다고 인정하는 사항 등에 관한 지원을 할 수 있다(중창 제41조 제1,2항).

창업기업 등의 이러한 국제화 지원을 위하여 정부는 해외의 창업전문회사 또는 창업전문기관을 해외창업지원기관으로 지정하여 운영할 수 있으며, 중소벤처기업부 장관은 그 업무 수행을 위하여 필요한 비용의 전부 또는 일부를 지급할 수 있다(중창 제41조 제4항).[158] 해외창업지원기관의 지정, 운영 및 업무에 관한 구체적인 사항은 대통령령으로 정한다(중창 제41조 제5항).

2. 해외 창업기업의 국내 유치

우수한 혁신역량과 성장 가능성을 보유한 해외 우수인력 및 창업기업의 국내 유치를 촉진시키기 위하여 정부는 ⅰ) 해외 우수인력 및 창업기업의 국내 유치 활성화 전략 수립, ⅱ) 창업비자 발급요건의 완화 등 해외 우수인력 및 창업기업의 국내 유치를 위한 여건 개선, ⅲ) 기술, 인력, 금융, 경영 등 분야별 해외 전문가의 국내 파견·알선, ⅳ) 외국투자자본의 유입 촉진, ⅴ) 창업 관련 연구, 정보, 기술, 교육, 인력, 홍보 등 분야별 국제협력 촉진, ⅵ) 창업 관련 국제기구 및 국제행사의 국내 유치, ⅶ) 그 밖에 국내 창업생태계의 국제화를 촉진하기 위하여 중앙행정기관의 장이 필요하다고 인정하는 사항 등을 추진할 수 있다(중창 제41조 제3항).

---

158) 중소벤처기업부 장관은 해외창업지원기관이 ⅰ) 거짓이나 그 밖의 부정한 방법으로 지정을 받은 경우에는 그 지정을 취소하여야 하며, ⅱ) 지정 요건에 맞지 아니하게 되었거나 업무를 수행할 능력을 상실한 경우, ⅲ) 정당한 사유 없이 1년 이상 업무를 수행하지 않은 경우, ⅳ) 스스로 지정 취소를 원하는 경우에는 지정을 취소하거나 5년의 범위에서 대통령령으로 정하는 바에 따라 그 지원을 중단할 수 있다(중창 제56조 제2항).

VI. 재창업 지원

1. 재창업 지원계획의 수립·시행

중소벤처기업부 장관은 재창업을 활성화하고 재창업기업의 사업 성공률을 높이기 위하여 재창업기업의 특성을 고려한 중소기업 재창업지원계획을 수립하여야 한다(중창 제42조 제1항).

중소벤처기업부 장관은 중소기업 재창업 지원계획에 따라 ⅰ) 우수한 기술과 경험을 보유한 예비재창업자의 발굴 및 재창업 교육, ⅱ) 재창업에 장애가 되는 각종 부담 및 규제 등의 제도 개선, ⅲ) 조세·법률 상담 등 재창업을 위한 상담 지원, ⅳ) 교육센터의 지정·운영 등 재창업지원 시설의 확충, ⅴ) 재창업에 필요한 자금 지원 및 관련 정보 제공, ⅵ) 재창업 교육 및 상담을 위한 전문가 양성, ⅶ) 재창업 지원사업에 대한 정기 점검 및 평가, ⅷ) 재창업에 관한 종합 데이터베이스의 구축·관리, ⅸ) 그 밖에 재창업 지원과 관련하여 중소벤처기업부 장관이 필요하다고 인정하는 사항 등을 추진할 수 있다(중창 제42조 제2항).

중소벤처기업부 장관은 이러한 사업의 추진에 필요하다고 인정하는 경우에는 예산의 범위에서 대학, 연구기관, 공공기관, 재창업 관련 단체, 창업기업 및 예비재창업자에게 해당 사업을 수행하는 데에 드는 비용의 전부 또는 일부를 출연하거나 보조할 수 있다(중창 제42조 제3항).

2. 재창업기업 성실경영평가

중소벤처기업부 장관은 예비재창업자 또는 재창업기업의 대표자가 재창업 전의 기업을 경영하면서 분식회계, 고의부도, 부당해고 등을 하지 아니하고 성실하게 경영하였는지 여부 등을 평가하여 출연, 보조, 융자 등 재정지원을 제한하거나 지원 대상자 선별에 활용할 수 있다(중창 제43조 제1항).

관계 중앙행정기관의 장 또는 지방자치단체의 장은 성실경영 평가가 필요하다고 판단할 경우 중소벤처기업부 장관과 협의를 거쳐 중소벤처기업부 장관에게 그 평가를 요청할 수 있다(중창 제43조 제2항). 중소벤처기업부 장관은 성실경영 평가에 필요한 경우 본인의 동의를 받아 대통령령으로 정하는 바에 따라 경찰청장, 관할 시·도 경찰청장 또는 경찰서장에게 ⅰ) 기업경영 관련 죄에 관한 범죄경력자료와 ⅱ) 노동관계법률 위반의 죄에 관한 범죄경력자료의 제공을 요청할 수 있다(중창 제43조 제3항).

성실경영 평가를 한 결과 성실한 경영을 하였으나 실패한 사업자(성실경영실패자)로 판정된 경우에는 성실경영 실패자의 재창업을 지원할 때 중소벤처기업부 장관은 장애가 되는 각종 부담 및 규제를 개선할 수 있다. 중소벤처기업부 장관은 각종 부담 및 규제 개선의 내용 및 기준과 성실경영 평가에 필요한 기준 등을 정하여 고시할 수 있다(중창 제43조 제5항).

3. 재창업기업 성실경영 평가 전담기관의 지정

중소벤처기업부 장관은 성실경영 평가를 효과적으로 수행하기 위하여 이를 전담하는 성실경영 평가 전담기관을 지정할 수 있다(중창 제44조 제1항). 중소벤처기업부 장관은 성실경영 평가 전담기관으로 하여금 성실경영 평가를 효과적으로 수행하고 관리할 수 있도록 통합관리체계를 구축·운영하게 할 수 있다(중창 제44조 제2항). 성실경영 평가 전담기관의 운영에 필요한 경비는 예산의 범위에서 정부와 지방자치단체가 그 전부 또는 일부를 출연하거나 보조할 수 있다(중창 제44조 제3항). 성실경영 평가 전담기관의 장은 중소벤처기업부 장관에게 성실경영 평가와 관련하여 ⅰ) 기업경영 관련 죄에 관한 범죄경력자료와 ⅱ) 노동관계법률 위반의 죄에 관한 범죄경력자료의 조회를 요청할 수 있다(중창 제44조 제4항).

VII. 창업지원기관

1. 창업진흥원

1) 의의

창업진흥원은 창업을 촉진하고 창업기업의 성장을 효율적으로 지원하기 위하여 설립된 기관이다(중창 제51조 제1항). 창업진흥원은 법인으로 하며, 주된 사무소의 소재지에서 설립등기를 함으로써 성립한다(중창 제51조 제2항). 창업진흥원의 주된 사무소 소재지는 정관으로 정하며, 정관으로 정하는 바에 따라 필요한 곳에 지원 또는 지부, 그 밖의 사무소를 둘 수 있다(중창 제51조 제3항). 창업진흥원의 설립 및 운영에 필요한 경비는 정부가 예산의 범위에서 출연하거나 보조할 수 있다(중창 제51조 제5항). 창업진흥원에 관하여 이 법에서 정한 것을 제외하고는 「민법」 중 재단법인에 관한 규정을 준용한다(중창 제51조 제10항).

2) 업무

창업진흥원은 ⅰ) 창업활성화를 위한 정책의 조사연구, ⅱ) 창업기업에 대한 자금, 인력, 판로 및 입지 등에 관한 정보제공 및 지원, ⅲ) 창업촉진을 위한 교육모델 개발 및 운영·보급, ⅳ) 창업실태조사 및 분석, ⅴ) 창업기업 및 창업생태계와 관련한 데이터의 수집, 가공, 분석, 활용 및 제공 등에 관한 사항, ⅵ) 국제기구 및 외국과의 창업 관련 교류 및 협력, ⅶ) 창업기업의 해외진출 지원 및 외국인의 국내창업 지원, ⅷ) 우수 예비창업자의 발굴 및 지원, ⅸ) 재창업기업의 교육 및 지원, ⅹ) 청년창업기업 및 중장년창업기업 교육 및 사업화 지원, ⅺ) 청소년 및 예비창업자 등에 대한 창업교육 등 기업가정신 제고, ⅻ) 창업분야 전문인력 육성 및 지원 등의 사업과 업무를 수행한다(중창 제51조 제4항).

중앙행정기관의 장과 지방자치단체의 장은 이들 각종 사업 및 업무를 창업진흥원으로 하여금 수행하게 할 수 있고, 이에 필요한 비용의 전부 또는 일부를 출연 또는 보조할 수 있다(중창 제51조 제6항).

2. 지역창업전담기관

지역의 혁신창업 생태계 활성화를 위하여 중소벤처기업부 장관은 각 지역별로 지역창업전담기관을 지정할 수 있다(중창 제52조 제1항). 정부 또는 지방자치단체는 예산의 범위에서 지역창업전담기관의 운영 및 사업 수행에 필요한 비용의 전부 또는 일부를 출연하거나 보조할 수 있다(중창 제52조 제3항).

지역창업전담기관은 ⅰ) 지역에 기반한 신산업·기술 창업 활성화와 기업가정신 고취를 위한 정책과제의 발굴 및 운영, ⅱ) 지역 창업기업의 기술혁신 역량 강화를 위한 지원과 이를 위한 관련 기관·프로그램과의 연계 및 총괄, ⅲ) 지역 창업기업의 투자 생태계 활성화를 위한 지원과 이를 위한 관련 기관·프로그램과의 연계 및 총괄, ⅳ) 지역의 예비창업자, 창업기업 또는 중소기업과 관련된 법률, 금융, 고용 및 특허 등 상담과 관련 사무의 지원, ⅴ) 창의적인 아이디어, 신기술 등을 활용한 지역의 청년고용 창출 지원 및 교육 프로그램 운영, ⅵ) 중소벤처기업부 장관, 관계 중앙행정기관 또는 지방자치단체의 장으로부터 위탁받은 사업과 업무, ⅶ) 그 밖에 대통령령으로 정하는 사업과 업무 등을 수행한다(중창 제52조 제2항).

지역창업전담기관이 ⅰ) 거짓이나 그 밖의 부정한 방법으로 지정을 받은 경우에는 중소벤처기업부 장관은 그 지정을 반드시 취소하여야 하며, ⅱ) 지정 요건에 맞지 아니하게 되었거나 사업을 수행할 능력을 상실한 경우, iii) 지정받은 사항을 위반하여 업무를 행한 경우, iv) 스스로 지정의 취소를 원하는 경우에 지정을 취소하거나 5년의 범위에서 대통령령으로 정하는 바에 따라 그 지원을 중단할 수 있다(중창 제56조 제3항).

3. 창업보육센터사업자

1) 의의

창업보육센터는 창업의 성공 가능성을 높이기 위하여 창업기업에 시설·장소를 제공하고 경영·기술분야에 대하여 지원하는 것을 주된 목적으로 하는 사업장을 말한다. 창업보육센터를 설립·운영하거나 설립·운영하려는 자로서 이 법에 따른 지원을 받으려는 자는 중소벤처기업부 장관의 지정을 받아야 한다(중창 제53조 제1항). 중소벤처기업부 장관은 창업보육센터사업자를 지정하는 경우 청년을 위한 창업보육센터사업자를 우선 지정할 수 있다(중창 제53조 제2항). 창업보육센터사업자는 창업기획자로 전환할 수 있는데, 이 경우 중소벤처기업부 장관은 필요한 비용의 전부 또는 일부를 지원할 수 있다(중창 제53조 제7항).

2) 지정요건

창업보육센터사업자로 지정되기 위해서는 i) 창업기업이 이용할 수 있는 시험기기나 계측기기 등의 장비와 10개 이상의 창업기업이 사용할 수 있는 500제곱미터 이상의 장소를 갖출 것, ii) 경영학 분야의 박사학위 소지자, 변호사, 그 밖에 대통령령으로 정하는 전문인력 중 2명 이상을 확보할 것, iii) 창업보육센터사업을 수행하기 위한 사업계획 등이 중소벤처기업부령으로 정하는 기준에 맞을 것 등 세 가지 요건을 갖추어야 한다.

3) 입주자에 대한 혜택

창업보육센터에 입주한 입주자에 대하여 국가는 창업의 성공가능성을 높이기 위하여 필요한 경우 국유재산의 사용료를 감면할 수 있다(중창 제53조 제3항). 이 경우 입주자에 대한 국유재산의 연간 사용료는 해당 재산가액에 100분의 1 이상을 곱한 금액의 범위에서 대통령령으로 정하는 금액으로 한다(중창 제53조 제4항). 지방자치단체는 입주자에게 공유재산의 사용료를 대통령령으로 정하는 바에 따라 감면할 수 있다(중창 제53조 제6항).

4) 지정의 취소

창업보육센터사업자가 ⅰ) 거짓이나 그 밖에 부정한 방법으로 지정을 받은 경우에는 중소벤처기업부 장관은 그 지정을 반드시 취소하여야 하며, 창업보육센터사업자가 ⅱ) 지원받은 자금을 다른 목적으로 사용한 경우, ⅲ) 창업보육센터를 중소기업 창업지원 외의 목적으로 사용한 경우, ⅳ) 창업보육센터의 운영 실적이 부령으로 정하는 기준에 미치지 못한 경우, ⅴ) 스스로 지정의 취소를 원하는 경우, ⅵ) 지정 요건에 맞지 아니하게 되었을 경우 사업자의 지정을 취소하거나 5년의 범위에서 대통령령으로 정하는 바에 따라 그 지원을 중단할 수 있다(중창 제56조 제4항).

4. 중소기업상담회사

1) 의의

중소기업상담회사는 ⅰ) 중소기업의 사업성 평가, ⅱ) 중소기업의 경영 및 기술 향상을 위한 용역, ⅲ) 중소기업에 대한 사업 알선, ⅳ) 중소기업의 자금 조달·운용에 관한 자문 및 대행, ⅴ) 창업 절차 대행, ⅵ) 창업보육센터의 설립·운영에 관한 자문, ⅶ) 이들 각 사업에 딸린 사업으로서 중소벤처기업부 장관이 정하는 사업 등을 영위하는 회사이다.

2) 등록

중소기업상담회사로서 「중소기업창업지원법」에 따른 지원을 받으려는 자는 중소벤처기업부령으로 정하는 바에 따라 중소벤처기업부 장관에게 중소기업상담회사로 등록하여야 한다. 중소기업상담회사가 등록한 사항 중 회사명과 소재지 등 중소벤처기업부령으로 정하는 중요 사항을 변경하려는 경우에는 변경등록을 하여야 한다(중창 제54조 제1항).

3) 요건

중소기업상담회사로 등록하기 위해서는 첫째, ⅰ) 「상법」에 따른 회사로서 납입자본금이 대통령령으로 정하는 금액 이상이거나 ⅱ) 「협동조합 기본법」에 따른 협동조합 등 또는 「중소기업협동조합법」에 따른 중소기업협동조합으로서 조합원이 납입한 출자금 총액이 대통령령으로 정하는 금액 이상이어야 한다. 둘째, 대통령령으로 정하는 기준에 따른 전문인력 및 시설을 보유하여야 한다. 세째, 임원이 미성년자 또는 피성년후견인, 파산선고를 받고 복권되지 아니한 자, 금고 이상의 실형을 선고받고 그 집행이 끝나거나 집행이 면제된 날부터 3년이 지나지 아니한 자, 금고 이상의 형의 집행유예를 선고받고 그 유예기간 중에 있는 자, 금융거래 등 상거래에서 약정한 날짜 이내에 채무를 갚지 아니한 자로서 대통령령으로 정하는 자 등이 아니어야 한다.

4) 지원

중소기업상담회사가 창업기업에 용역을 제공하면 중소벤처기업부 장관은 대통령령으로 정하는 바에 따라 그 용역 대금의 일부를 지원할 수 있다(중창 제54조 제3항).

5) 등록의 취소

중소기업상담회사가 ⅰ) 거짓이나 그 밖에 부정한 방법으로 등록을 한 경우에는 중소벤처기업부 장관은 그 등록을 반드시 취소하여야 하며, ⅱ) 등록요건에 맞지 아니하게 된 경우(임원 중 결격사유에 해당하는 자가 있는 경우 6개월 이내에 그 임원을 바꾸어 임명한 경우에는 제외), ⅲ) 회사의 책임 있는 사유로 제54조제1항에 따른 사업수행이 어렵게 된 경우, ⅳ) 정당한 사유 없이 1년 이상 계속하여 사업을 하지 아니한 경우 그 등록을 취소하거나 5년의 범위에서 대통령령으로 정하는 바에 따라 그 지원을 중단할 수 있다(중창 제56조 제5항).

5. 창업민원처리기구의 설치

정부는 민원인의 편의를 위하여 특별시·광역시·특별자치시·도·특별자치도 또는 시·군·구의 창업에 관련된 민원을 종합적으로 접수하여 처리할 수 있는 중소기업창업민원실을 설치할 수 있다(중창 제55조 제1항). 중소기업창업민원실의 설치 및 운영에 필요한 사항은 대통령령으로 정한다(중창 제55조 제2항).

벤처기업지원제도

I. 개설

「벤처기업 육성에 관한 특별조치법」은 벤처기업의 체계적 육성을 위하여 중소벤처기업부 장관에게 벤처기업육성계획을 수립·시행하도록 하고, 이와 아울러 벤처기업을 위한 자금 공급과 기업활동 및 인력 공급의 원활화, 입지 공급의 원활화 등을 위한 각종 지원 제도를 규정하고 있다.[159] 동 법률은 기업활동에 관하여 증권시장에 상장된 법인을 제외한 주식회사인 벤처기업에 대하여 주식교환과 합병, 영업양도 등에 관한 다수의 특례규정을 두고 있다.

II. 벤처기업육성계획의 수립·시행

중소벤처기업부 장관은 벤처기업의 체계적 육성을 위하여 매년 벤처기업의 활동현황 및 실태 등에 대한 조사를 하고 그 결과를 공표하여야 하며(벤육 제3조의3 제1항), 3년마다 벤처기업육성계획을 관계 중앙행정기관의 장과 협의를 거쳐 수립·시행하여야 한다. 이 육성계획에는 벤처기업의 육성을 위한 정책의 기본방향, 벤처기업의 창업지원에 관한 사항, 벤처기업 육성 기반조성에 관한 사항 등이 포함되어야 한다(벤육 제3조의2 제1,2항).

III. 벤처기업종합관리시스템 구축·운영

벤처기업 관련 정보를 종합적으로 관리하고 벤처기업 간의 협력기반을 구축하여 벤처기업 활동에 유용한 정보를 제공하기 위하여 중소벤처기업부 장관은 벤처기업종합관리시스템을 구축·운영할 수 있다(벤육 제3조의4 제1항).

종합관리시스템의 구축·운영을 위하여 필요한 경우 중소벤처기업부 장관은 일정한 자료 또는 정보의 제공을 일정한 자에게 요청할 수 있으며, 요청을 받은 자는 특별한 사유가 없으면 그 요청에 따라야 한다(벤육 제3조의4 제1항).

이 때 중소벤처기업부 장관이 요구할 수 있는 자료 또는 정보는 ⅰ)「국세기본법」에 따른 과세정보로서 당사자의 동의를 받은 정보(ⓐ 개업일, 휴업일 및 폐업일, ⓑ 벤처투자기업의 경우는 자본금, 연구개발기업은 연간 총매출액, 해당 연도에 발생한 신성장·원천기술 연구개발비 및 일

반연구·인력개발비), ii)「고용보험법」에 따른 피보험자 수, iii) 그 밖에 종합관리시스템의 구축·운영을 위하여 필요한 자료 또는 정보로서 대통령령으로 정하는 자료 또는 정보이며, 그 요청의 대상은 i)은 국세청장, ii)는 고용노동부 장관, iii)은 해당 자료 또는 정보를 보유한 관계 중앙행정기관의 장, 지방자치단체의 장, 공공기관의 장, 그 밖의 관계 기관·법인 또는 단체의 장이다.

　　종합관리시스템의 운영기관 지정 등 벤처기업종합관리시스템의 구축·운영에 필요한 사항은 대통령령으로 정한다(벤육 제3조의4 제3항).

Ⅳ. 벤처기업에 대한 자금 공급의 원활화

1. 지식재산권 등의 출자 특례

　　벤처기업에는 특허권·실용신안권·디자인권, 그 밖에 이에 준하는 기술과 그 사용에 관한 권리를 현물출자 할 수 있다(벤육 제6조 제1항). 이 경우 그 가격을 대통령령으로 정하는 기술평가기관이 평가한 경우 그 평가 내용은「상법」에 따라 공인된 감정인이 감정한 것으로 본다(벤육 제6조 제2항).

2. 기술보증기금의 우선적 신용보증 실시

　　벤처기업과 신기술창업전문회사에 대해서는「기술보증기금법」에 따른 기술보증기금이 우선적으로 신용보증을 하여야 한다(벤육 제5조).

3. 외국인의 주식취득 제한에 대한 특례

　　외국인 또는 외국법인등에 의한 벤처기업의 주식 취득에 관하여는「자본시장과 금융투자업에 관한 법률」제168조제1항부터 제3항까지의 규정을 적용하지 아니한다(벤육 제9조 제1항). 여기서 말하는 외국인은 대한민국에 6개월 이상 주소나 거소를 두지 아니한 개인을 말한다. 외국인 또는 외국법인등에 의한 벤처기업의 주식 취득에 관하여는 그 벤처기업의 정관으로 정하는 바에 따라 제한할 수 있다(벤육 제9조 제2항).

4. 조세에 대한 특례

　　국가나 지방자치단체는 벤처기업을 육성하기 위하여「조세특례제한법」,「지방세특례제한법」, 그 밖의 관계 법률로 정하는 바에 따라 소득세·법인세·취득세·재산세 및 등록면허세 등을 감면할 수 있다(벤육 제14조 제1항). 특히 주식회사인 벤처기업과 다른 주식회사의 주주 또는 주식회사인 다른 벤처기업이 주식교환을 하는 경우나 주식회사인 벤처기업과 다른 주식회사가 합병을 하는 경우에는 조세에 관한 법률로 정하는 바에 따라 세제 지원을 할 수 있다. 이 경우 세제 지원 대상의 확인 등에 필요한 사항은 대통령령으로 정한다(벤육 제14조 제3항).

V. 벤처기업의 구조 개편에 관한 특례

1. 개설

주식회사의 주식교환과 합병, 영업양도는 회사의 구조 조정을 위한 중요한 제도이므로 「상법」은 원칙적으로 주주총회의 특별결의를 얻도록 하고 그 밖에 간이 주식교환과 소규모 합병, 간이합병 등에 관한 규정을 두고 있다. 그러나 「벤처기업 육성에 관한 특별조치법」은 증권시장에 상장된 법인을 제외한 비상장 벤처기업의 구조 조정을 용이하게 하기 위하여 주식교환과 합병, 영업양도에 관하여 특별규정을 두고 있다.

2. 벤처기업의 주식교환

1) 주식교환의 특례

주식회사인 벤처기업(증권시장에 상장된 법인은 제외. 이하 같다)은 전략적 제휴를 위하여 정관으로 정하는 바에 따라 자기주식을 다른 주식회사의 주요주주(해당 법인의 의결권 있는 발행주식 총수의 100분의 10 이상을 보유한 주주) 또는 다른 벤처기업의 주식과 교환할 수 있다. 이러한 주식교환을 하려는 벤처기업은 주식교환에 필요한 주식에 대하여는 이익배당이 가능한 한도 이내에서 자기의 계산으로 자기주식을 취득하여야 한다(벤육 제15조 제1,2항).

벤처기업이 주식교환에 따라 다른 주식회사의 주요주주의 주식이나 다른 벤처기업의 주식을 취득한 경우에는 그 주식을 취득일부터 1년 이상 보유하여야 한다. 주식교환에 따라 다른 주식회사의 주요주주가 벤처기업의 주식을 취득한 경우에도 같다(벤육 제15조 제5항).

또 주식회사인 벤처기업은 전략적 제휴를 위하여 정관으로 정하는 바에 따라 신주를 발행하여 다른 주식회사의 주요주주의 주식이나 주식회사인 다른 벤처기업의 주식과 교환할 수 있다. 이 경우 다른 주식회사의 주요주주나 주식회사인 다른 벤처기업은 벤처기업이 주식교환을 위하여 발행하는 신주를 배정받음으로써 그 벤처기업의 주주가 된다(벤육 제15조의4 제1항).

이처럼 자기주식 또는 신주발행에 의하여 주식교환을 하려는 벤처기업은 주식교환계약서를 작성하여 주주총회의 승인을 받아야 한다. 이 경우 주주총회 승인 결의 전에 그 벤처기업에 서면으로 주식교환을 반대하는 의사를 알린 주주는 주주총회 승인 결의일부터 10일 이내에 자기가 보유한 주식의 매수를 서면으로 청구할 수 있다. 이 청구를 받은 벤처기업은 청구를 받은 날부터 2개월 이내에 그 주식을 매수하여 6개월 이내에 처분하여야 한다(벤육 제15조의2 제1,2항, 제15조의4 제2항, 제15조의5).

2) 간이주식교환의 특례

주식교환을 위해서는 원칙적으로 주주총회의 결의가 있어야 하나, 일반 주식회사에서도 완전자회사가 되는 회사의 총주주의 동의가 있거나 그 회사의 발행주식총수의 100분의 90 이상을 완전모회사가 되는 회사가 소유하고 있는 때에는 완전자회사가 되는 회사의 주주총회의 승인은 이를 이사회의 승인으로 갈음할 수 있다(상법 제360조의9 제1항).

그러나 벤처기업이 전략적 제휴를 위하여 정관으로 정하는 바에 따라 신주를 발행하여 다른 주식회사의 주요주주의 주식이나 주식회사인 다른 벤처기업의 주식과 교환을 하는 경우 그 교환하는 주식의 수가 발행주식 총수의 100분의 50을 초과하지 아니하면 주주총회의 승인은 정관으로 정하는 바에 따라 이사회의 승인으로 갈음할 수 있다(벤육 제15조의6 제1항).

이러한 간이주식교환이 가능하기 위해서는 ⅰ) 미리 정관에 교환하는 주식의 수가 발행주식 총수의 100분의 50 이하인 경우에는 이사회의 승인으로 갈음한다는 규정이 있어야 하며, ⅱ) 주식교환을 하려는 벤처기업은 주식교환계약서에 주주총회의 승인을 받지 아니하고 주식교환을 할 수 있다는 뜻을 적어야 하며(벤육 제15조의6 제2항), ⅲ) 주식교환계약서를 작성한 날부터 2주 이내에 주식교환계약서의 주요 내용과 주주총회의 승인을 받지 아니하고 주식교환을 한다는 뜻을 공고하거나 주주에게 알려야 한다(벤육 제15조의6 제3항).

그러나 벤처기업의 발행주식 총수의 100분의 20 이상에 해당하는 주식을 소유한 주주가 이 공고나 통지가 있었던 날부터 2주 이내에 서면으로 주식교환에 반대하는 의사를 알린 경우에는 주주총회의 승인을 받지 아니하고는 주식교환을 할 수 없다(벤육 제15조의6 제4항).

3. 벤처기업의 합병

1) 벤처기업 합병의 특례

주식회사가 합병을 위한 승인결의를 얻기 위하여 주주총회를 소집할 때에는 원칙적으로 주주총회일의 2주 전에 각 주주에게 서면으로 통지를 발송하거나 각 주주의 동의를 받아 전자문서로 통지를 발송하여야 한다(상법 제363조 제1항).

그러나 주식회사인 벤처기업이 합병 결의를 위한 주주총회 소집을 알릴 때는 그 소집 통지일을 주주총회일의 7일 전으로 할 수 있으며, 벤처기업이 다른 주식회사와 합병하기 위하여 합병계약서 등을 공시할 때는 그 공시 기간을 합병승인을 위한 주주총회일 7일 전부터 합병한 날 이후 1개월이 지나는 날까지로 할 수 있다(벤육 제15조의3 제2,3항).

주식회사가 합병을 하는 경우에 그 합병에 관하여 주주총회(또는 이사회)의 승인결의가 있으면 회사는 그 승인결의가 있은 날부터 2주내에 채권자에 대하여 합병에 이의가 있으면 1월 이상의 기간 내에 이를 제출할 것을 공고하고 알고 있는 채권자에 대하여는 따로따로 이를 최고하여야 한다(상법 제527의5 제1,2항).

그러나 주식회사인 벤처기업이 다른 주식회사와 합병 결의를 한 경우에는 채권자에게 그 합병결의를 한 날부터 1주 내에 합병에 이의가 있으면 10일 이상의 기간 내에 이를 제출할 것을 공고하고, 알고 있는 채권자에게는 공고사항을 최고하여야 한다(벤육 제15조의3 제1항).

주식회사인 벤처기업의 합병에 관하여 이사회의 결의가 있는 때에 그 결의에 반대하는 주주는 주주총회 전에 벤처기업에 대하여 서면으로 합병에 반대하는 의사를 알리고 자기가 소유하고 있는 주식의 종류와 수를 적어 주식의 매수를 청구하여야 한다(벤육 제15조의3 제4항). 이 청구를 받은 벤처기업은 합병에 관한 주주총회의 결의일부터 2개월 이내에 그 주식을 매수하여야 한다.

이 경우 주식의 매수가액은 주주와 회사간의 협의에 의하여 결정한다. 주주와 회사간의 협의가 매수청구기간이 종료하는 날부터 30일 이내에 이루어지지 아니한 경우에는 회사 또는 주식의 매수를 청구한 주주는 법원에 대하여 매수가액의 결정을 청구할 수 있다. 법원이 주식의 매수가액을 결정하는 경우에는 회사의 재산상태 그 밖의 사정을 참작하여 공정한 가액으로 이를 산정하여야 한다(벤육 제15조의3 제5,6항, 상법 제374조의2 제3,4,5항).

2) 벤처기업 소규모합병의 특례

일반 주식회사에서는 합병 후 존속하는 회사가 합병으로 인하여 발행하는 신주 및 이전하는 자기주식의 총수가 그 회사의 발행주식총수의 100분의 10을 초과하지 아니하는 경우에는 그 존속회사의 주주총회의 승인은 이사회의 승인으로 갈음할 수 있다(상법 제527조의3 제1항).

그러나 주식회사인 벤처기업이 다른 주식회사와 합병을 하는 경우에는 합병 후 존속하는 회사가 합병으로 인하여 발행하는 신주의 총수가 그 주식회사의 발행주식총수의 100분의 20 이하인 때에는 그 존속하는 회사의 주주총회의 승인은 이사회의 승인으로 갈음할 수 있다(벤육 제15조의9 제1항 본문).

이러한 소규모 합병은 합병으로 인하여 소멸하는 회사의 주주에게 지급하기로 정한 금액이 존속하는 회사의 최종 대차대조표상으로 현존하는 순자산액의 100분의 5를 초과하는 때에는 적용되지 아니한다(벤육 제15조의9 제1항 단서, 상법 제527조의3 제1항 단서). 소규모 합병에서는 합병에 반대하는 주주의 주식매수청구권이 인정되지 아니한다(벤육 제15조의9 제2항, 상법 제527조의3 제5항).

3) 벤처기업 간이합병의 특례

일반 주식회사에서는 합병할 회사의 일방이 합병 후 존속하는 경우에 합병으로 인하여 소멸하는 회사의 총주주의 동의가 있거나 그 회사의 발행주식총수의 100분의 90이상을 합병 후 존속하는 회사가 소유하고 있는 때에는 합병으로 인하여 소멸하는 회사의 주주총회의 승인은 이를 이사회의 승인으로 갈음할 수 있다(상법 제527조의2 제1항).

그러나 주식회사인 벤처기업이 다른 주식회사와 합병을 하는 경우에 합병 후 존속하는 회사가 소멸회사의 발행주식총수 중 의결권 있는 주식의 100분의 80 이상을 보유하는 경우에는 그 소멸하는 회사의 주주총회의 승인은 이사회의 승인으로 갈음할 수 있다(벤육 제15조의10 제1항).

이 경우 주주총회의 결의에 의하지 않고 합병한다는 뜻을 주주에게 공고하거나 통지한 날부터 2주내에 회사에 대하여 서면으로 합병에 반대하는 의사를 통지한 주주는 그 기간이 경과한 날부터 20일 이내에 주식의 종류와 수를 기재한 서면으로 회사에 대하여 자기가 소유하고 있는 주식의 매수를 청구할 수 있다(벤육 제15조의10 제2항). 이 때 주식의 매수가액을 결정하는 방법은 앞에서 기술한 바와 같다.

4. 벤처기업의 영업양도

주식회사가 다른 회사에 영업의 전부 또는 일부를 양도하는 경우에는 주주총회의 특별결의를 얻어야 한다(상법 제374조 제1항).

그러나 주식회사인 벤처기업이 영업의 전부 또는 일부를 다른 주식회사에 양도하는 경우에는 그 양도가액이 다른 주식회사의 최종 대차대조표상으로 현존하는 순자산액의 100분의 10을 초과하지 아니하면, 정관으로 정하는 바에 따라, 다른 주식회사의 주주총회의 승인을 이사회의 승인으로 갈음할 수 있다(벤육 제15조의8 제1항). 이 경우에 영업양도·양수계약서에 다른 주식회사에 관하여는 주주총회의 승인을 받지 아니하고 벤처기업의 영업의 전부 또는 일부를 양수할 수 있다는 뜻을 적어야 한다(벤육 제15조의8 제1항).

이 밖에 「벤처기업 육성에 관한 특별조치법」은 간이영업양도로서 주식회사인 벤처기업이 영업의 전부 또는 일부를 다른 주식회사에 양도하는 경우 영업을 양도하는 회사의 총주주의 동의가 있거나 영업을 양도하는 회사의 발행주식총수 중 의결권 있는 주식의 100분의 90 이상을 다른 주식회사가 보유하는 경우에는 영업을 양도하는 회사의 주주총회의 승인은 이사회의 승인으로 갈음할 수 있도록 하고 그 절차와 반대주주의 주식매수청구권의 행사방법에 대하여 규정하고 있으나(벤육 제15조의11 제1~5항), 이 규정의 내용은 일반 주식회사의 간이영업양도에 관한 「상법」의 규정 내용과 동일하다(상법 제374조의3 제1,2,3항).

VI. 벤처기업 인력공급의 원활화

1. 대학 교원 등의 휴직 허용

대학의 교원, 국공립연구기관의 연구원, 전문생산기술연구소의 연구원 등은 비상장 벤처기업 또는 창업자의 대표자나 임원으로 근무하기 위하여 휴직할 수 있다(벤육 제16조 제1항). 공공기관의 연구원은 그 소속 기관의 장의 허가를 받아 비상장 벤처기업 또는 창업자의 대표자나 임원으로 근무하기 위하여 휴직할 수 있다(벤육 제16조 제2항).

2. 교육공무원 등의 겸임 · 겸직에 관한 특례

교육공무원 등 또는 정부출연연구기관의 연구원은 전공이나 보유기술 및 직무경험 등과 무관한 분야에 겸임 · 겸직하고자 하거나 공무원으로서 직무상의 능률을 저해할 우려가 있는 경우를 제외하고는 그 소속 기관의 장의 허가를 받아 비상장 벤처기업 또는 중소기업 창업자의 대표자나 임직원을 겸임하거나 겸직할 수 있다(벤육 제16조의2 제1항).

3. 벤처기업의 주식매수선택권 부여에 관한 특례

주식회사인 비상장 벤처기업은 정관으로 정하는 바에 따라 주주총회의 결의로 ⅰ) 벤처기업의 임직원, ⅱ) 벤처기업이 인수한 기업의 임직원, ⅲ) 해당 기업이 필요로 하는 전문성을 보유한 자로서 대통령령으로 정하는 자에게는 미리 정한 행사가격 또는 그 밖에 대통령령으로 정하는 바에 따라 해당 기업의 주식을 매수할 수 있는 주식매수선택권을 부여할 수 있다(벤육 제16조의3 제1,2항). 이중 특히 벤처기업이 인수한 기업의 임직원에게 주식매수선택권을 부여하기 위해서는 벤처기업이 해당 기업 발행주식 총수의 100분의 30을 초과하는 주식을 가지고 있었어야 하며, 이 경우라도 특히 대통령령으로 정하는 자는 그 부여 대상에서 제외된다.

회사가 주식매수선택권을 부여하는 경우에 그 부여할 주식의 수량은 발행주식 총수의 100분의 50을 초과할 수 없으며, 그 부여 받을 자가 특히 전문성을 보유한 자인 경우에는 발행주식 총수의 100분의 10을 초과할 수 없다(벤육 제16조의3 제2항).

주식매수선택권을 부여하기 위해서는 주식매수선택권의 부여에 관한 정관의 규정과 주주총회의 특별결의가 있어야 한다. 주식매수선택권의 부여에 관한 정관의 규정에는 ⅰ) 일정한 경우 주식매수선택권을 부여할 수 있다는 뜻, ⅱ) 주식매수선택권의 행사로 내줄 주식의 종류와 수, ⅲ) 주식매수선택권을 부여받을 자의 자격 요건, ⅳ) 주식매수선택권의 행사 기간, ⅴ) 일정한 경우 주식매수선택권의 부여를 이사회의 결의에 의하여 취소할 수 있다는 뜻 등을 포함하여야 한다(벤육 제16조의4 제1항).

주식매수선택권의 부여에 관한 주주총회의 특별결의에서는 ⅰ) 주식매수선택권을 부여받을 자의 성명이나 명칭, ⅱ) 주식매수선택권의 부여 방법, ⅲ) 주식매수선택권의 행사 가격과 행사 기간, ⅳ) 주식매수선택권을 부여받을 자 각각에 대하여 주식매수선택권의 행사로 내줄 주식의 종류와 수 등을 정하여야 한다(벤육 제16조의4 제2항). 다만, 주식매수선택권의 행사로 내줄 주식 총수의 100분의 20 이내에 해당하는 주식을 해당 기업이 필요로 하는 전문성을 보유한 자에게 부여하는 경우에는 주주총회의 특별결의로 이들 사항을 그 벤처기업의 이사회에서 정하게 할 수 있다. 이들 사항을 벤처기업의 이사회에서 정한 경우에는 주식매수선택권을 부여한 후 처음으로 소집되는 주주총회의 승인을 받아야 한다(벤육 제16조의4 제3항).

주식매수선택권은 타인에게 양도할 수 없다. 주식매수선택권을 부여받은 자가 사망한 때에는 그 상속인이 이를 부여받은 것으로 본다(벤육 제16조의5 제2항).

주식매수선택권을 부여받은 자가 주식매수선택권을 행사하기 위해서는 대통령령으로 정하는 경우를 제외하고는 주식매수선택권의 부여에 관한 주주총회의 특별결의가 있는 날 또는 이사회에서 정한 날부터 2년 이상 재임하거나 재직하여야 이를 행사할 수 있다(벤육 제16조의5 제1항 본문). 다만, 해당 기업이 필요로 하는 전문성을 보유한 자에게 부여된 주식매수선택권은 그 결의가 있는 날 또는 이사회에서 정한 날부터 2년이 경과하고 대통령령으로 정한 요건을 충족한 경우에만 이를 행사할 수 있다(벤육 제16조의5 제1항 단서).

주식매수선택권을 부여하거나 취소 또는 철회하려는 벤처기업은 주식매수선택권의 부여에 관한 주주총회의 특별결의 또는 이사회의 결의가 있는 경우에는 그 내용을 중소벤처기업부 장관에게 신고하여야 한다(벤육 제16조의6 제1항).

주식매수선택권을 행사하는 경우에 그 행사가격은 신주를 발행하는 때에는 주식매수선택권의 부여일을 기준으로 한 주식의 시가와 주식의 권면액 중 높은 금액 이상이어야 하고, 현금이나 자기주식을 양도하는 경우에는 부여일을 기준으로 한 주식의 시가 이상이어야 한다(벤육 제16조의3 제3항). 다만, 벤처기업의 임직원이나 벤처기업이 인수한 기업의 임직원에게 신주를 발행하는 경우로서 대통령으로 정하는 요건을 갖춘 경우에는 권면액 이상이면 시가보다 낮은 가격으로 정할 수 있다(벤육 제16조의3 제4항). 주식매수선택권의 행사로 인한 신주의 발행은 상법의 규정에 의한다(벤육 제16조의6 제2항). 이밖에 주식회사인 벤처기업의 주식매수선택권 부여·취소·행사, 그 밖에 필요한 사항은 대통령령으로 정한다(벤육 제16조의6 제4항).

4. 지식재산권 사용에 관한 특례

대학이나 연구기관은 휴직하거나 겸직을 승인받은 교육공무원 또는 연구원에게 직무발명에 따른 지식재산권 등의 이용을 허락할 때 전용실시권을 부여할 수 있다. 다만, 휴직·겸직 이후 완성한 직무발명에 대하여는 해당 교육공무원 또는 연구원이 희망할 경우 정당한 대가에 대한 상호 합의를 거쳐 전용실시권을 부여하여야 한다(벤육 제16조의9 제1항).

VII. 입지 공급의 원활화

중소벤처기업부 장관은 대학이나 연구기관의 장으로부터 해당 기관이 소유한 교지나 부지의 일정 지역에 대하여 신기술창업집적지역의 지정을 요청 받은 경우에 그 지정 요건에 맞는지를 검토하여 신기술창업집적지역으로 지정할 수 있다(벤육 제17조의2 제1,3항). 신기술창업집적지역은 창업자나 벤처기업 등의 생산시설 및 그 지원시설을 집단적으로 설치하는 일정한 지역을 말한다. 신기술창업집적지역 중 지정 면적이 대통령령으로 정한 면적 이상이고 도시지역에 지정된 경우에는 도시첨단산업단지로 보며, 신기술창업집적지역에서 창업자나 벤처기업은 해당 대학이나 연구기관의 장의 승인을 받아 구조안전에 지장이 없는 범위에서 도시형 공장과 이와 관련된 업무시설을 설치할 수 있다(벤육 제17조의4 제2,3항).

시·도지사도 벤처기업을 육성하기 위하여 필요하면 중소벤처기업부 장관에게 관할 구역의 일정지역에 대하여 벤처기업육성촉진지구의 지정을 요청할 수 있다(벤육 제18조의4 제1항). 중소벤처기업부 장관이 이 촉진지구를 지정한 경우에는 그 내용을 고시하여야 한다(벤육 제18조의4 제2항).

국가나 지방자치단체는 이 촉진지구에 있거나 촉진지구로 이전하는 벤처기업에 대하여 자금이나 그 밖에 필요한 사항을 우선하여 지원할 수 있다(벤육 제18조의5 제2항).

제6절 벤처투자제도

I. 개설

일반적으로 집합투자[160]를 영업으로 하는 집합투자업은 금융투자업의 하나로서 「자본시장과 금융투자업에 관한 법률」이 적용되나, 사모(私募)의 방법으로 금전 기타 재산적 가치가 있는 것을 모아 운용·배분하는 벤처투자에는 이 법률이 적용되지 않

---

160) 집합투자는 2인 이상의 투자자로부터 모은 금전 등을 투자자로부터 일상적인 운용지시를 받지 아니하면서 재산적 가치가 있는 투자대상자산을 취득·처분, 그 밖의 방법으로 운용하고 그 결과를 투자자에게 배분하여 귀속시키는 것을 말한다(자본시장과금융투자업에관한법률 제6조 제5항).

고, 「벤처투자 촉진에 관한 법률」이 적용된다(자본시장과금융투자업에관한법률 제6조 제5항 제1호, 동법시행령 제6조 제1항).

벤처투자는 창업기업,[161] 중소기업, 벤처기업 또는 그 밖에 중소벤처기업부 장관이 정하여 고시하는 자에게 투자하는 것을 말한다(벤촉 제2조 제2호). 여기서 투자는 ⓐ 주식회사의 주식, 무담보전환사채, 무담보교환사채 또는 무담보신주인수권부사채의 인수, ⓑ 유한회사 또는 유한책임회사의 출자 인수, ⓒ 중소기업이 개발하거나 제작하며 다른 사업과 회계의 독립성을 유지하는 방식으로 운영되는 사업의 지분 인수로서 중소벤처기업부령으로 정하는 바에 따른 지분 인수, ⓓ 투자금액의 상환만기일이 없고 이자가 발생하지 아니하는 계약으로서 중소벤처기업부령으로 정하는 요건을 충족하는 조건부지분인수계약을 통한 지분 인수 등을 일컫는다(벤촉 제2조 제1호).

벤처투자제도는 과거 투자 주체별로 「벤처기업 육성에 관한 특별조치법」과 「중소기업창업지원법」에 각각 분산 규정되어 있었고, 투자대상도 제한적인데다 투자에 대한 규제도 적지 않아 시장의 환경 변화에 탄력적으로 대응하기 어려웠다. 그리하여 벤처투자를 활성화하고 벤처투자산업을 종합적·체계적으로 육성하기 위하여 2020년 2월 11일 제정된 「벤처투자 촉진에 관한 법률」은 이 두 법률에서 이원화되어 있던 벤처투자의 주체를 일원화하고, 전문개인투자자 등록제를 도입하고, 창업기획자의 벤처투자조합 결성을 허용하고, 개인투자조합과 벤처투자조합 등의 의무투자비율 산정기준을 조정하는 등 벤처투자제도를 대폭 개선하였다.

동 법률은 벤처투자 주체의 원활한 사업 운영을 도모하고 벤처투자를 촉진하기 위하여 중소벤처기업부 장관에게 ⅰ) 벤처투자 산업 육성 및 벤처투자 촉진을 위한 기반 조성, ⅱ) 국내외 벤처투자 동향 및 여건 분석, ⅲ) 벤처투자 성과창출 강화를 위한 지원, ⅳ) 전문개인투자자 등 벤처투자 전문인력의 양성, ⅹ) 외국인투자 유치 및 국제교류 확대 등의 사업을 추진하거나 필요한 시책을 수립·시행할 수 있도록 한다(벤촉 제5조).

그런데 「벤처기업 육성에 관한 특별조치법」은 대학이나 연구기관이 보유하고 있는 기술의 사업화와 이를 통한 창업의 촉진을 주된 업무로 하는 신기술창업전문회사에 대하여 규정하고 있다(동법 제11조의2~제11조의7). 이 신기술창업전문회사 역시 벤처투

---

161) 창업기업이란 중소기업을 창업하여 사업을 개시한 날부터 7년이 지나지 아니한 기업으로서 법인과 개인사업자를 포함한다. 창업기업의 사업 개시에 관한 사항 등 그 구체적인 범위에 관한 세부사항은 대통령령으로 정한다(중소기업창업 지원법 제2조 제3호).

자조합이나 신기술사업투자조합 또는 개인투자조합에 대한 출자 및 개인투자조합 재산의 운용 등을 그 주요 업무로 하므로, 그 내용도 이 절에서 살핀다.

II. 전문개인투자자

1. 의의

개인의 벤처투자 활성화를 위하여 「벤처투자 촉진에 관한 법률」은 중소벤처기업부 장관에 대하여 ⅰ) 우수한 투자역량을 갖춘 개인투자자의 발굴 및 육성, ⅱ) 개인투자자 간의 정보 교류 지원, ⅲ) 개인투자자와 중소기업, 창업기업 및 벤처기업 등의 교류 지원, ⅳ) 그 밖에 개인의 벤처투자 활성화를 위하여 중소벤처기업부 장관이 필요하다고 인정하는 사업을 추진할 수 있도록 하고 있다(벤촉 제8조).

전문개인투자자는 이같은 벤처투자를 하는 개인으로서 전문개인투자자로 등록한 자를 말한다(벤촉 제2조 제7호). 「벤처투자 촉진에 관한 법률」은 투자역량을 갖춘 전문적인 개인투자자를 발굴하고 건전한 개인투자 문화를 확산하기 위하여 전문개인투자자 등록제를 도입하고, 전문개인투자자에 대하여 창업기업과 벤처기업 등에 대한 투자의무를 정하고 있다.

2. 등록

벤처투자를 하는 개인으로서 「벤처투자 촉진에 관한 법률」의 적용을 받으려는 사람은 중소벤처기업부 장관에게 전문개인투자자로 등록하여야 한다. 전문개인투자자로 등록을 하려는 사람은 투자실적, 경력 및 자격요건 등 대통령령으로 정하는 요건을 갖추어야 한다(벤촉 제9조 제1,2항). 등록한 사항 중 중요한 사항을 변경하는 경우에는 변경등록을 하여야 한다(벤촉 제9조 제1,3항).

3. 투자의무

전문개인투자자는 등록일을 기준으로 3년마다 중소벤처기업부 장관이 정하여 고시하는 금액 이상을 ⅰ) 창업기업, ⅱ) 벤처기업, ⅲ) 기술혁신형 중소기업, ⅳ) 그 밖에 ⅰ), ⅱ), ⅲ)에 준하는 자로서 중소벤처기업부 장관이 정하여 고시하는 자에게 투자하여야 한다(벤촉 제10조 제1항). 전문개인투자자의 투자금액 산정에 관한 구체적인 기준 및 방법 등에 관하여 필요한 사항은 대통령령으로 정한다(벤촉 제10조 제2항).

4. 전문개인투자자의 등록취소

중소벤처기업부 장관은 전문개인투자자가 ⅰ) 거짓이나 그 밖의 부정한 방법으로 전문개인투자자로 등록 또는 변경등록을 한 경우에는 그 등록을 반드시 취소하여야 하고, ⅱ) 등록요건을 갖추지 못하게 된 경우, ⅲ) 전문개인투자자의 투자의무를 준수하지 아니한 경우, ⅳ) 투자금을 납입한 것으로 가장(假裝)하는 등 거짓이나 그 밖의 부정한 방법으로 투자한 경우에는 그 등록을 취소할 수 있다(벤촉 제11조).

Ⅲ. 개인투자조합

1. 의의

개인투자조합은 개인이나 투자 목적과 출자 규모 등에서 일정한 기준에 해당하는 창업기획자나 신기술창업전문회사 등이 벤처투자와 그 성과의 배분을 주된 목적으로 중소벤처기업부령으로 정하는 자와 상호출자하여 결성, 개인투자조합으로 등록한 조합을 말한다(벤촉 제2조 제8호).

개인투자조합을 결성할 수 있는 주체는 ⅰ) 개인이거나, 그렇지 않으면 ⅱ) 창업기획자, 신기술창업전문회사, 그 밖에 중소기업 창업지원 또는 벤처투자를 하는 자로서 중소벤처기업부 장관이 정하여 고시하는 자 중 어느 하나에 해당하여야 하며, 이러한 자가 중소벤처기업부령으로 정하는 자와 상호출자하여 결성할 때에는 「자본시장과 금융투자업에 관한 법률」에 따른 사모의 방법으로 조합에의 가입을 권유하여야 한다(벤촉 제12조 제4항).

개인투자조합의 법적 성질은 「상법」상의 합자조합이다. 「벤처투자 촉진에 관한 법률」은 개인투자조합에 관하여 동 법률에서 규정하고 있는 것 외에는 설립등기와 업무집행조합원 등의 등기해태 시 과태료를 부과하는 규정을 제외하고는 「상법」의 합자조합에 관한 규정을 준용하고 있다(벤촉 제23조).

2. 등록

개인투자조합이 「벤처투자 촉진에 관한 법률」의 적용을 받기 위해서는 중소벤처기업부 장관에게 개인투자조합으로 등록하여야 한다(벤촉 제12조 제1항). 개인투자조합으로 등록을 하려는 조합은 출자금 총액, 조합원의 수 및 존속기간 등 대통령령으로 정하는 요건을 갖추어야 하며, 그 변경 시에는 변경등록을 하여야 한다(벤촉 제12조 제2항).

이밖에 개인투자조합의 등록 절차와 방법에 필요한 사항은 중소벤처기업부령으로 정한다(벤촉 제12조 제6항).

3. 구성

개인투자조합은 조합의 업무집행자로서 조합의 채무에 대하여 무한책임을 지는 1인 이상의 업무집행조합원과 출자가액을 한도로 하여 유한책임을 지는 유한책임조합원으로 구성된다. 업무집행조합원은 조합을 결성한 개인, 창업기획자, 신기술창업전문회사, 중소기업 창업지원 또는 벤처투자를 하는 자로서 중소벤처기업부 장관이 정하여 고시하는 자이어야 하며, 대통령령으로 정하는 요건을 갖추어야 한다(벤촉 제12조 제3항).

업무집행조합원은 조합의 업무를 집행하고, 개인투자조합의 해산 당시에 출자금액을 초과하는 채무가 있으면 연대하여 그 채무를 변제하여야 한다(벤촉 제18조 제4항). 유한책임조합원은 업무집행조합원의 업무집행에 대하여 감시권을 갖는다. 조합원은 조합 규약에서 정하는 바에 따라 출자금액의 전액을 한꺼번에 출자하거나 나누어 출자할 수 있다(벤촉 제12조 제5항).

4. 업무의 집행

1) 업무집행조합원

개인투자조합의 업무집행은 업무집행조합원이 한다. 업무집행조합원은 선량한 관리자의 주의로 개인투자조합의 업무를 집행하여야 한다(벤촉 제14조 제1항).

업무집행조합원은 업무를 집행할 때 ⅰ) 자기나 제3자의 이익을 위하여 개인투자조합의 재산을 사용하는 행위, ⅱ) 자금차입, 지급보증 또는 담보를 제공하는 행위, ⅲ) 상호출자제한기업집단에 속하는 회사에 투자하는 행위, ⅳ) 창업보육센터 등 대통령령으로 정하는 범위의 업무용 부동산을 제외한 비업무용 부동산을 취득하거나 소유하는 행위, ⅴ) 그 밖에 설립목적을 해치는 것으로서 대통령령으로 정하는 행위 등을 하여서는 아니 된다. 다만, 개인투자조합의 자산 운용의 건전성을 해칠 우려가 없는 경우로서 대통령령으로 정하는 경우에는 그러하지 아니하다(벤촉 제14조 제2항). 또 개인투자조합이 담보권의 실행으로 비업무용 부동산을 취득하는 것은 허용되나, 이 경우에는 1년의 범위에서 중소벤처기업부령으로 정하는 기간 내에 그 비업무용 부동산을 처분하여야 한다(벤촉 제14조 제3항). 업무집행조합원은 개인투자조합과의 계약에 따라 그 업무의 일부를 유한책임조합원에게 위탁할 수 있다(벤촉 제14조 제4항).

개인투자조합은 업무집행조합원에게 조합 규약에서 정하는 바에 따라 투자수익에 따른 성과보수를 지급할 수 있으며, 성과보수 지급을 위한 투자수익의 산정 방식 등에 관하여 필요한 사항은 대통령령으로 정한다(벤촉 제21조).[162]

2) 투자의무

개인투자조합은 등록 후 3년이 지난 날까지 출자금액의 50퍼센트 이내에서 대통령령으로 정하는 비율 이상을 창업기업과 벤처기업에 대한 투자에 사용하여야 한다(벤촉 제13조 제1항). 그러나 창업기획자가 업무집행조합원인 개인투자조합은 출자금액의 50퍼센트 이상을 초기창업기업에 대한 투자에 사용하여야 한다(벤촉 제13조 제2항).[163] 그 반면 개인투자조합이 상장법인에 투자하는 경우에는 대통령령으로 정하는 투자비율을 초과하여 투자할 수 없다(벤촉 제13조 제3항).[164] 이 밖에 개인투자조합의 투자비율 산정의 구체적인 기준 및 방법 등에 관하여 필요한 사항은 중소벤처기업부령으로 정한다(벤촉 제13조 제4항).

3) 재산의 관리와 운용

개인투자조합의 재산은 업무집행조합원이 보관·관리할 것이나, 조합의 재산이 중소벤처기업부 장관이 정하여 고시하는 규모 이상인 경우에는 업무집행조합원은 ⅰ) 개인투자조합 재산의 보관·관리를 신탁업자에게 위탁하고, ⅱ) 신탁업자를 변경하는 경우에는 조합원 총회의 승인을 받을 것을 전제로 그 재산을 보관·관리하여야 한다(벤촉 제15조 제1항). 이때 업무집행조합원은 개인투자조합 재산의 운용과정에서 필요한 경우 신탁업자에 대하여 개인투자조합 재산의 취득·처분 등에 관하여 지시를 하여야 하며, 신탁업자는 업무집행조합원의 지시에 따라 그 재산의 취득·처분 등을 하여

---

162) 업무집행조합원은 개인투자조합에서 탈퇴할 수 있으나, 탈퇴하기 위해서는 다음 중 어느 하나에 해당하여야 한다. 즉 ⅰ) 업무집행조합원이 등록취소 등의 사유로 그 업무를 지속할 수 없게 된 경우, ⅱ) 업무집행조합원이 파산한 경우, ⅲ) 조합원 전원의 동의가 있는 경우, ⅳ) 개인인 업무집행조합원이 사망한 경우, ⅴ) 그 밖에 중소벤처기업부 장관이 정하여 고시하는 경우 등이다(벤촉 제17조).

163) 종전에는 개인투자조합의 자금을 모두 창업자와 벤처기업에 대한 투자에 사용하여야 했으나, 「벤처투자 촉진에 관한 법률」은 출자금액의 50퍼센트 이내에서 일정 비율 이상을 창업기업과 벤처기업에 대한 투자에 사용하도록 하고, 그 외의 자금에 대해서는 자유로운 투자를 허용하고 있다(동법 제13조 제1항).

164) 종전에는 중소벤처기업부 장관이 정하여 고시하는 증권시장에 상장된 법인에 대해서는 투자를 할 수 없었으나, 「벤처투자 촉진에 관한 법률」은 일정한 비율의 범위에서 상장법인에 대한 투자를 허용하고 있다(동법 제13조제3항).

야 한다(벤촉 제15조 제2항).

「민법」상 조합의 재산은 합유이며, 조합원의 채권자는 채무자인 조합원의 지분 전체에 대해 권리를 행사할 수 있으나, 개인투자조합에서는 조합원의 채권자가 조합 원에게 채권을 행사할 때에는 그 조합원이 개인투자조합에 출자한 금액의 범위에서 만 행사할 수 있다(벤촉 제20조).

4) 결산보고

업무집행조합원은 대통령령으로 정하는 바에 따라 매 사업연도 종료 후 3개월 이 내에 결산서를 중소벤처기업부 장관에게 제출하여야 한다. 다만, 전년도 투자실적의 변동이 없거나 개인투자조합의 재산이 중소벤처기업부령으로 정하는 규모 이하인 개 인투자조합의 경우에는 일정한 자료로 결산서를 대신할 수 있다(벤촉 제16조).

5. 해산과 청산

개인투자조합은 ⅰ) 존속기간의 만료, ⅱ) 유한책임조합원 전원의 탈퇴, ⅲ) 업무 집행조합원 전원의 탈퇴, ⅳ) 업무집행조합원 전원이 등록취소 등의 사유로 그 업무 를 지속할 수 없게 된 경우와 ⅴ) 그 밖에 대통령령으로 정하는 사유가 발생한 경우 에는 해산한다(벤촉 제18조 제1항).

그러나 개인투자조합에 업무집행조합원 전원의 탈퇴 또는 업무집행조합원 전원의 등록취소 등으로 그 업무를 지속할 수 없게 된 경우에는 유한책임조합원 전원의 동 의로 대통령령으로 정하는 바에 따라 그 사유가 발생한 날부터 3개월 이내에 유한책 임조합원 중 1인을 업무집행조합원으로 선임하거나 또는 조합을 결성한 개인, 창업 기획자, 신기술창업전문회사, 중소기업 창업지원 또는 벤처투자를 하는 자 중 어느 하나에 해당하는 자를 업무집행조합원으로 가입하게 하여 개인투자조합을 계속할 수 있다(벤촉 제18조 제2항).

개인투자조합이 해산하는 경우에는 그 업무집행조합원이 청산인이 되나, 조합 규 약에서 정하는 바에 따라 업무집행조합원 외의 자를 청산인으로 선임할 수 있다. 해 산 당시에 출자금액을 초과하는 채무가 있으면 업무집행조합원이 연대하여 그 채무 를 변제하여야 한다(벤촉 제18조 제3,4항).

청산인은 청산사무를 끝마친 경우에는 지체 없이 그 결과를 중소벤처기업부 장관 에게 보고하여야 한다(벤촉 제19조 제1항). 중소벤처기업부 장관은 이 보고를 받으면 지체 없이 그 개인투자조합의 등록을 말소하여야 한다(벤촉 제19조 제2항).

6. 등록의 취소 등

중소벤처기업부 장관은 개인투자조합 또는 그 업무집행조합원이 ⅰ) 거짓이나 그 밖의 부정한 방법으로 개인투자조합의 등록 또는 변경등록을 한 경우에는 그 등록을 취소하여야 하고, ⅱ) 개인투자조합이 등록요건을 갖추지 못하게 된 경우, ⅲ) 업무집행조합원이 갖추어야 할 요건을 갖추지 못하게 된 경우, ⅳ) 사모 이외의 방법으로 조합가입을 권유한 경우, ⅴ) 개인투자조합의 투자의무를 준수하지 아니한 경우, ⅵ) 업무집행에 관한 규정을 위반하여 업무를 집행한 경우, ⅶ) 재산관리규정을 위반하여 재산을 관리·운용한 경우, ⅵ) 사업연도 종료 후 3개월 이내에 결산서를 제출하지 아니한 경우, ⅸ) 중소벤처기업부의 확인 및 검사를 거부·방해하거나 기피한 경우 또는 보고를 하지 아니하거나 거짓으로 보고한 경우, ⅹ) 업무집행조합원 전원의 등록이 취소되거나 말소된 경우, ⅺ)「유사수신행위의 규제에 관한 법률」을 위반하여 조합원을 모집한 경우에는 개인투자조합에 대하여 등록취소, 시정명령, 경고 또는 주의조치를 하거나 3년의 범위에서 그 지원을 중단할 수 있다(벤촉 제22조 제1항).

중소벤처기업부 장관은 개인투자조합의 업무집행조합원이 위의 ⅰ)을 제외한 어느 하나에 해당하여 개인투자조합의 건전한 운영을 해치거나 해칠 우려가 있다고 인정되는 경우에는 그 업무집행조합원의 해당 직무와 관련된 임직원에 대하여 ⅰ) 면직 또는 해임, ⅱ) 6개월 이내의 직무정지, ⅲ) 경고 중 어느 하나에 해당하는 조치를 할 것을 해당 업무집행조합원에게 요구할 수 있다(벤촉 제22조 제3항).

IV. 창업기획자

1. 의의

창업기획자는 초기창업기업에 대한 전문보육 및 투자를 주된 업무로 하는 자로서 창업기획자로 등록한 법인 또는 비영리법인을 말한다(벤촉 제2조 제9호). 액셀러레이터라고도 부른다. 창업기획자로서「벤처투자 촉진에 관한 법률」의 적용을 받으려는 자는 중소벤처기업부 장관에게 창업기획자로 등록하여야 한다. 창업기획자는 ⅰ) 초기창업기업의 선발 및 전문보육, ⅱ) 초기창업기업에 대한 투자, ⅲ) 개인투자조합 또는 벤처투자조합의 결성과 업무의 집행, ⅳ) 이들 사업에 딸린 사업으로서 중소벤처기업부 장관이 정하는 사업 등을 수행한다(벤촉 제24조 제1항).

2. 창업기획자의 등록 요건

창업기획자로 등록을 하려는 자는 자본금과 임원, 사업계획 등에 있어서 다음과 같은 일정한 요건을 모두 갖추어야 한다(벤촉 제24조 제2항).

첫째, 자본금에 관하여 창업기획자가 i)「상법」에 따른 회사인 경우에는 자본금이 1억 원 이상이어야 하고, ii)「민법」등에 따른 비영리법인과「협동조합기본법」에 따른 협동조합 및 사회적협동조합 등이거나,「중소기업협동조합법」에 따른 중소기업협동조합인 경우 초기창업기업에 대한 전문보육(벤촉 제25조) 및 창업기획자의 의무투자(벤촉 제26조)에 해당하는 사업에 출자한 재산이 대통령령으로 정하는 금액 이상이어야 한다. 특히 이 경우 비영리법인과 협동조합, 사회적협동조합, 중소기업협동조합은 해당 사업의 수입과 지출이 명백하도록 비영리법인 내 다른 사업과 각각 다른 회계로 구분하여 기록하여야 한다,

둘째, 임원이 미성년자·피성년후견인 또는 피한정후견인, 파산선고를 받고 복권되지 아니한 사람, 금고 이상의 실형을 선고받고 그 집행이 끝나거나 집행이 면제된 날부터 5년이 지나지 아니한 사람, 금고 이상의 형의 집행유예를 선고받고 그 유예기간 중에 있는 사람,「유사수신행위의 규제에 관한 법률」이나 그 밖에 대통령령으로 정하는 금융 관련 법령을 위반하여 벌금 이상의 형을 선고받고 그 집행이 끝나거나 집행이 면제된 날부터 5년이 지나지 아니한 사람,「유사수신행위의 규제에 관한 법률」이나 그 밖에 대통령령으로 정하는 금융 관련 법령을 위반하여 벌금 이상의 형의 집행유예를 선고받고 그 유예기간 중에 있는 사람 등에 해당하지 않아야 한다.[165]

셋째, 초기창업기업에 대한 전문보육(벤촉 제25조) 및 창업기획자의 의무투자(벤촉 제26조)에 해당하는 사업을 수행하기 위한 사업계획 등이 중소벤처기업부령으로 정하는 기준에 맞아야 하고, 대통령령으로 정하는 기준에 따른 상근 전문인력과 시설을 보유하여야 하며, 창업기획자와 투자자 간, 특정 투자자와 다른 투자자 간의 이해상충을 방지하기 위한 체계를 갖추어야 한다.

---

165) 창업기획자의 임원은 이외에 창업기획자의 신청에 따라 그 등록을 말소하기 전에 등록취소 사유가 있었던 경우에는 말소 당시의 임원이었던 사람(등록취소 사유에 직접 책임이 있거나 이에 상응하는 책임이 있는 사람으로서 대통령령으로 정하는 사람만 해당)으로서 창업기획자 등록취소 사유를 통보받은 날부터 5년이 지나지 아니하거나 등록 말소일부터 7년이 지나지 아니한 사람, 등록이 취소된 창업기획자의 임원이었던 사람으로서 창업기획자 등록이 취소된 날부터 5년이 지나지 아니한 사람, 면직되거나 해임된 날부터 5년이 지나지 아니한 사람에도 해당하지 않아야 한다(벤촉 제24조 제2항).

창업기획자의 이러한 등록 요건에 관하여 특히 벤처투자조합을 결성하려는 창업기획자에 대해서는 대통령령으로 정하는 바에 따라 자본금 및 상근 전문인력 등의 요건을 달리 정할 수 있다(벤촉 제24조 제3항).

3. 등록과 공시

창업기획자의 등록의 절차와 방법 및 운영 등에 필요한 사항은 중소벤처기업부령으로 정한다(벤촉 제24조 제4항). 창업기획자가 등록을 한 경우에는 지체 없이 중소벤처기업부 장관은 그 내용을 관보에 공고하고 인터넷 홈페이지에 게재하여야 한다(벤촉 제34조). 창업기획자는 등록한 사항 중 법인명과 소재지 등 중소벤처기업부령으로 정하는 중요한 사항을 변경하려는 경우에는 그 변경등록을 하여야 한다(벤촉 제24조 제1항).

창업기획자는 ⅰ) 조직과 인력, ⅱ) 재무와 손익, ⅲ) 개인투자조합 또는 벤처투자조합의 결성 및 운영 성과, ⅳ) 경영 개선 조치를 요구받은 경우와 업무정지명령, 시정명령 또는 경고조치를 받은 경우 그 내용, ⅴ) 초기창업기업에 대한 평균투자금액, ⅵ) 대통령령으로 정하는 초기창업기업에 대한 전문보육 현황을 공시하여야 한다(벤촉 제32조 제1항). 이 공시의 시기 및 방법 등에 관하여 필요한 사항은 중소벤처기업부 장관이 정하여 고시한다(벤촉 제32조 제2항).

4. 업무집행

1) 초기창업기업에 대한 전문보육

창업기획자는 선발의 기준과 절차를 마련하여 초기창업기업 중에서 지원대상자를 선발하여 ⅰ) 사업 모델 개발, ⅱ) 기술 및 제품 개발, ⅲ) 시설 및 장소의 확보, ⅳ) 그 밖에 중소벤처기업부령으로 정하는 지원 등의 전문보육을 하여야 한다(벤촉 제25조).

2) 창업기획자의 투자의무

창업기획자는 등록 후 3년이 지난 날까지 전체 투자금액의 50퍼센트의 이내에서 대통령령으로 정하는 비율 이상을 초기창업기업에 대한 투자에 사용하여야 한다. 창업기획자가 투자회수·경영정상화 등 중소벤처기업부 장관이 인정하는 사유로 제1항에 따른 투자비율을 유지하지 못하는 경우에는 중소벤처기업부 장관은 1년 이내의 범위에서 투자의무 이행 유예기간을 줄 수 있다. 창업기획자의 투자비율 산정의 구체적인 기준 및 방법 등에 관하여 필요한 사항은 대통령령으로 정한다(벤촉 제26조).

3) 행위제한

창업기획자는 자산 운용의 건전성을 해칠 우려가 없는 경우로서 대통령령으로 정하는 경우를 제외하고는, ⅰ)「독점규제 및 공정거래에 관한 법률」에 따른 상호출자제한기업집단에 속하는 회사에 투자하는 행위, ⅱ) 비업무용 부동산을 취득하거나 소유하는 행위, ⅲ) 그 밖에 창업기획자의 설립목적을 해치는 행위를 해서는 아니 된다. 다만, 창업기획자는 담보권 실행으로 비업무용 부동산을 취득할 수 있는데, 창업기획자가 담보권 실행으로 비업무용 부동산을 취득한 경우에는 1년의 범위에서 중소벤처기업부령으로 정하는 기간 내에 처분하여야 한다(벤촉 제27조 제1,2항).[166]

4) 창업기획자의 경영건전성 기준

창업기획자는 대통령령으로 정하는 경영건전성 기준을 갖추어야 한다(벤촉 제29조 제1항). 중소벤처기업부 장관은 창업기획자의 경영건전성을 확보하기 위하여 경영실태를 조사할 수 있다(벤촉 제29조 제2항). 창업기획자가 경영건전성 기준을 갖추지 못하였거나 경영실태 조사 결과 경영건전성을 유지하기가 어렵다고 인정되면 중소벤처기업부 장관은 그 창업기획자에 대하여 자본금 등의 증액, 이익 배당의 제한 등 경영 개선을 위하여 필요한 조치를 요구할 수 있다(벤촉 제29조 제3항).

5) 결산보고

창업기획자는 대통령령으로 정하는 바에 따라 매 사업연도 종료 후 3개월 이내에 결산서를 중소벤처기업부 장관에게 제출하여야 한다(벤촉 제31조).

5. 직무 관련 정보의 이용 금지

창업기획자를 비롯한 일정한 범위의 자에게는 창업기획자의 직무 관련 정보의 이

---

166) 창업기획자의 대주주(대통령령으로 정하는 출자자를 말한다) 및 대통령령으로 정하는 그의 특수관계인은 창업기획자의 이익에 반하여 자신의 이익을 얻을 목적으로 ⅰ) 창업기획자에게 부당한 영향력을 행사하기 위하여 외부에 공개되지 아니한 자료 또는 정보의 제공을 요구하는 행위(「상법」 제466조에 따른 권리의 행사에 해당하는 경우는 제외), ⅱ) 경제적 이익 등 반대급부의 제공을 조건으로 다른 주주와 담합하여 창업기획자의 투자활동 등 경영에 부당한 영향력을 행사하는 행위, ⅲ) 창업기획자로 하여금 위법행위를 하도록 요구하는 행위, ⅳ) 금리, 수수료 또는 담보 등에서 통상적인 거래조건과 비교하여 해당 창업기획자에게 현저하게 불리한 조건으로 대주주 등 자신이나 제3자와의 거래를 요구하는 행위, ⅴ) 그 밖에 이에 준하는 행위로서 대통령령으로 정하는 행위 등을 하여서는 아니 된다(벤촉 제28조 제1항). 창업기획자의 대주주 등이 이러한 제한행위를 하였다고 인정되는 경우에는 중소벤처기업부 장관은 창업기획자 또는 대주주 등에게 필요한 자료의 제출을 요구할 수 있으며, 자료의 제출 요구를 받은 자는 특별한 사유가 없으면 이 요구에 따라야 한다(벤촉 제28조 제2항).

용이 금지된다. 즉, i) 창업기획자 및 그 계열회사의 임직원·대리인으로서 직무 관련 정보를 알게 된 자, ii) 대통령령으로 정하는 창업기획자의 주요주주로서 그 권리를 행사하는 과정에서 직무 관련 정보를 알게 된 자, iii) 창업기획자에 대하여 법령에 따른 허가·인가·지도·감독, 그 밖의 권한을 가지는 자로서 그 권한을 행사하는 과정에서 직무 관련 정보를 알게 된 자, iv) 창업기획자와 계약을 체결하고 있거나 체결을 교섭하고 있는 자로서 그 계약을 체결·교섭 또는 이행하는 과정에서 직무 관련 정보를 알게 된 자, v) 이 중 어느 하나에 해당하는 자의 대리인(법인인 경우에는 그 임직원 및 대리인)·사용인, 그 밖의 종업원으로서 직무 관련 정보를 알게 된 자, vi) 이 중 어느 하나에 해당하는 자(이 중 어느 하나에 해당하지 아니하게 된 날부터 1년이 지나지 아니한 자를 포함)로부터 직무 관련 정보를 받은 자[167] 등은 투자자의 투자판단에 중대한 영향을 미칠 수 있는 정보로서 창업기획자의 공시 및 벤처투자조합의 공시에 의하여 공개되지 아니한 정보를 정당한 사유 없이 자기 또는 제3자의 이익을 위하여 이용해서는 아니 된다(벤촉 제30조).

6. 영업양도 등에 따른 창업기획자 권리·의무의 승계

창업기획자가 그 영업을 양도하거나 분할·합병한 경우 그 양수인 또는 분할·합병으로 설립되거나 분할·합병 후 존속하는 법인이 종전의 창업기획자의 지위를 승계하려는 경우에는 그 양도일 또는 분할·합병일부터 30일 이내에 중소벤처기업부령으로 정하는 바에 따라 그 사실을 중소벤처기업부 장관에게 신고하여야 한다(벤촉 제33조 제1항). 중소벤처기업부 장관은 이 신고를 받은 경우 그 내용을 검토하여 이 법에 적합하면 신고를 수리하여야 한다(벤촉 제33조 제2항). 신고가 수리된 경우에는 양수인 또는 분할·합병으로 설립되거나 분할·합병 후 존속하는 법인은 그 양수일 또는 분할·합병일부터 종전의 창업기획자의 지위를 승계한다(벤촉 제33조 제3항).

7. 등록의 말소와 취소

1) 창업기획자 등록의 말소

창업기획자는 초기창업기업의 선발 및 전문보육, 초기창업기업에 대한 투자 등의 사업을 하기가 불가능하거나 어려운 경우에는 중소벤처기업부령으로 정하는 바에 따라 그 등록의 말소를 신청할 수 있다(벤촉 제35조 제1항). 이 등록 말소 신청이 있으면 중

---

167) 「자본시장과 금융투자업에 관한 법률」에 따른 금융투자업자는 제외된다.

소벤처기업부 장관은 지체 없이 등록을 말소하여야 한다(벤촉 제35조 제2항).

2) 창업기획자 등록의 취소 등

창업기획자가 ⅰ) 거짓이나 그 밖의 부정한 방법으로 등록 또는 변경등록을 한 경우에 중소벤처기업부 장관은 등록을 반드시 취소하여야 하며, 창업기획자가 ⅱ) 등록요건을 갖추지 못하게 된 경우(다만, 임원이 부적격 사유에 해당하게 된 창업기획자가 그 사유가 발생한 날부터 3개월 이내에 그 사유를 해소한 경우는 제외), ⅲ) 법령에서 정하는 방법에 위반하여 따라 지원대상자를 선발하거나 선발된 지원대상자에 대한 전문보육을 하지 아니한 경우, ⅳ) 투자의무를 준수하지 아니한 경우, ⅴ) 행위제한의무를 준수하지 아니한 경우, ⅵ) 창업기획자의 대주주가 자신의 이익을 얻을 목적으로 금지행위를 한 경우, ⅶ) 개인투자조합 또는 벤처투자조합의 업무집행조합원으로서 법령에 위반하여 업무를 집행한 경우, ⅷ) 창업기획자의 임직원에게 요구한 조치를 이행하지 아니한 경우 등에는 중소벤처기업부 장관은 창업기획자에 대하여 등록취소, 6개월 이내의 업무정지명령, 시정명령 또는 경고조치를 하거나 3년의 범위에서 지원을 중단할 수 있다(벤촉 제36조 제1항).

창업기획자가 이 중 어느 하나에 해당하여 창업기획자의 건전한 운영을 해치거나 해칠 우려가 있다고 인정하는 경우에는 중소벤처기업부 장관은 창업기획자의 해당 직무와 관련된 임직원에 대하여 ⅰ) 면직 또는 해임, ⅱ) 6개월 이내의 직무정지, ⅲ) 경고 등의 조치를 할 것을 해당 창업기획자에게 요구할 수 있다(벤촉 제36조 제2항).

3) 등록 말소 등의 공고

창업기획자가 등록을 말소하거나 그 등록이 취소된 경우에는 중소벤처기업부 장관은 지체 없이 그 내용을 관보에 공고하고 인터넷 홈페이지에 게재하여야 한다(벤촉 제34조).

V. 중소기업창업투자회사

1. 의의

중소기업창업투자회사는 벤처투자를 주된 업무로 하는 주식회사로서 중소기업창업투자회사로 등록한 회사를 말한다(벤촉 제2조 제10호). 중소기업창업투자회사는 구체적으로 ⅰ) 창업기업에 대한 투자, ⅱ) 기술혁신형·경영혁신형 중소기업에 대한 투자, ⅲ) 벤처기업에 대한 투자, ⅳ) 벤처투자조합의 결성과 업무의 집행, ⅴ) 중소벤처기업부 장관이 정하여 고시하는 방법에 따른 해외투자[168] 등을 목적으로 하며, 설립과 운영에 일정한 요건을 갖추어야 한다. 중소기업창업투자회사는 주식회사이므로 그 설립과 조직 및 운영에 관하여는 「벤처투자 촉진에 관한 법률」에서 규정하지 아니한 사항에는 「상법」의 주식회사에 관한 규정이 적용된다.

2. 등록 및 공고

중소기업창업투자회사는 중소벤처기업부 장관에게 중소기업창업투자회사로 등록하여야 한다(벤촉 제37조 제1항).

중소기업창업투자회사로 등록을 하려는 자는 다음의 요건을 모두 갖추어야 한다(벤촉 제37조 제2항). 첫째, 중소기업창업투자회사는 「상법」에 따른 주식회사로서 납입 자본금이 20억 원 이상이고, 차입금이 납입 자본금의 20퍼센트 미만이어야 한다(벤촉 시행령 제23조 제1항).

둘째, 임원이 미성년자·피성년후견인 또는 피한정후견인, 파산 선고를 받고 복권되지 아니한 사람, 금고 이상의 실형을 선고받고 그 집행이 끝나거나 집행이 면제된 날부터 5년이 지나지 아니한 사람, 금고 이상의 형의 집행유예를 선고받고 그 유예기간 중에 있는 사람 등이 아니어야 한다. 특히 대표이사 또는 대표집행임원은 금융거래 등 상거래에서 약정한 날짜 이내에 채무를 갚지 아니한 사람으로서 대통령령으로 정하는 사람이 아니어야 하며, 다른 중소기업창업투자회사의 대주주(대통령령으로 정하는 출자자) 또는 임직원이 아니어야 한다.[169]

셋째, 대통령령으로 정하는 기준에 따른 상근 전문인력과 시설을 보유하고, 중소기업창업투자회사와 투자자 간, 특정 투자자와 다른 투자자 간의 이해상충을 방지하기

---

168) 중소기업창업투자회사는 이들 투자사업 외에 vi) 중소기업이 개발하거나 제작하며 다른 사업과 회계의 독립성을 유지하는 방식으로 운영되는 사업에 대한 투자, vii) 이들 투자에 준하는 것으로서 중소벤처기업부 장관이 정하여 고시하는 자에 대한 투자, vi) 이들 사업에 딸린 사업으로서 중소벤처기업부 장관이 정하는 사업 등을 목적으로 한다(벤촉 제37조 제1항).

169) 이외에도 「유사수신행위의 규제에 관한 법률」 등 금융 관련 법령을 위반하여 벌금 이상의 형을 선고받고 그 집행이 끝나거나 집행이 면제된 날부터 5년이 지나지 아니한 사람, 「유사수신행위의 규제에 관한 법률」이나 그 밖에 대통령령으로 정하는 금융 관련 법령을 위반하여 벌금 이상의 형의 집행유예를 선고받고 그 유예기간 중에 있는 사람, 등록 말소 전에 등록취소 사유가 있었던 경우에는 말소 당시의 임원이었던 사람으로서 중소기업창업투자회사 등록취소 사유를 통보받은 날부터 5년이 지나지 아니하거나 등록말소일부터 7년이 지나지 아니한 사람, 등록이 취소된 중소기업창업투자회사의 임원이었던 사람으로서 중소기업창업투자회사 등록이 취소된 날부터 5년이 지나지 아니한 사람, 면직되거나 해임된 날부터 5년이 지나지 아니한 사람 등도 중소기업창업투자회사의 임원으로 될 수 없다(벤촉 제37조 제2항).

위한 체계를 갖추어야 하며, 대주주가 「벤처투자 촉진에 관한 법률」 또는 금융 관련 법령 등을 위반하여 형사처벌을 받은 사실이 없는 등 대통령령으로 정하는 사회적 신용을 갖추어야 한다.

중소기업창업투자회사의 등록의 절차·방법 및 운영 등에 필요한 사항은 중소벤처 기업부령으로 정한다(벤촉 제37조 제5항). 중소기업창업투자회사가 등록을 한 경우에는 중소벤처기업부 장관은 지체 없이 그 내용을 관보에 공고하고 인터넷 홈페이지에 게 재하여야 한다(벤촉 제47조).

3. 공시

중소기업창업투자회사는 ⅰ) 조직과 인력, ⅱ) 재무와 손익, ⅲ) 벤처투자조합의 결성 및 운영 성과, ⅳ) 중소벤처기업부 장관으로부터 경영 개선 조치를 요구받은 경 우와 업무정지명령, 시정명령 또는 경고조치를 받은 경우 그 내용 등을 공시하여야 한다(벤촉 제45조 제1항). 공시의 시기 및 방법 등에 관하여 필요한 사항은 중소벤처기업 부 장관이 정하여 고시한다(벤촉 제45조 제2항).

4. 업무집행

1) 투자의무

중소기업창업투자회사는 등록 후 3년이 지난 날까지 중소기업창업투자회사가 운 용 중인 총자산(자본금과 운용 중인 모든 벤처투자조합의 출자금액의 합)의 50퍼센트[170]의 이내에 서 대통령령으로 정하는 비율 이상을 ⅰ) 창업기업에 대한 투자와 ⅱ) 기술혁신형· 경영혁신형 중소기업에 대한 투자, ⅲ) 벤처기업에 대한 투자, ⅳ) 벤처투자조합의 결성과 업무의 집행, ⅴ) 중소기업이 개발하거나 제작하며 다른 사업과 회계의 독립 성을 유지하는 방식으로 운영되는 사업에 대한 투자 및 ⅵ) 이들 투자에 준하는 것으 로서 중소벤처기업부 장관이 정하여 고시하는 자에 대한 투자에 사용하여야 한다(벤 촉 제38조 제1항).

중소기업창업투자회사는 등록 후 3년이 지난 날 이후에도 이 투자의무비율을 유지 하여야 한다. 중소기업창업투자회사가 투자회수·경영정상화 등 중소벤처기업부 장

---

170) 종전에는 중소기업창업투자회사의 자본금과 운용 중인 중소기업창업투자조합의 출자금을 기준으로 각각 50퍼센트의 범위에서 일정 비율 이상을 창업기업 및 벤처기업 등에 대한 투자에 사용하도록 하 였으나, 「벤처투자 촉진에 관한 법률」은 중소기업창업투자회사의 자본금과 운용 중인 모든 벤처투자 조합의 출자금액의 합을 기준으로 하도록 변경하였다(동법 제38조).

관이 인정하는 사유로 이 투자비율을 유지하지 못하는 경우에는 중소벤처기업부 장관은 1년 이내의 범위에서 투자의무 이행 유예기간을 줄 수 있다(벤촉 제38조 제2항). 중소기업창업투자회사 투자비율 산정의 구체적인 기준 및 방법 등에 관하여 필요한 사항은 대통령령으로 정한다(벤촉 제38조 제3항).

2) 경영건전성 기준

중소기업창업투자회사는 대통령령으로 정하는 경영건전성 기준을 갖추어야 한다(벤촉 제41조 제1항). 중소벤처기업부 장관은 중소기업창업투자회사의 경영건전성을 확보하기 위하여 경영실태를 조사할 수 있다(벤촉 제41조 제2항). 그리하여 중소기업창업투자회사가 경영건전성 기준을 갖추지 못하였거나 경영실태 조사 결과 경영건전성을 유지하기 어렵다고 인정되면 중소벤처기업부 장관은 그 중소기업창업투자회사에 대하여 자본금의 증액, 이익 배당의 제한 등 경영 개선을 위하여 필요한 조치를 요구할 수 있다(벤촉 제41조 제3항).

3) 사채 발행

중소기업창업투자회사는 그 사업수행에 필요한 재원을 충당하기 위하여 자본금과 적립금 총액의 20배 이내의 범위에서 「상법」에 따른 사채를 발행할 수 있다(벤촉 제43조).

4) 행위 제한

중소기업창업투자회사는 자산 운용의 건전성을 해칠 우려가 없는 경우로서 대통령령으로 정하는 경우를 제외하고는, ⅰ) 상호출자제한기업집단에 속하는 회사에 투자하는 행위, ⅱ) 비업무용 부동산을 취득하거나 소유하는 행위, ⅲ) 그 밖에 중소기업창업투자회사의 설립목적을 해치는 것으로서 대통령령으로 정하는 행위를 하여서는 아니 된다(벤촉 제39조 제1항). 중소기업창업투자회사는 담보권 실행으로 비업무용 부동산을 취득할 수는 있으나, 이 경우에는 1년의 범위에서 중소벤처기업부령으로 정하는 기간 내에 그 부동산을 처분하여야 한다(벤촉 제39조 제2항).

5) 영업양도 등에 따른 권리 · 의무의 승계

중소기업창업투자회사가 그 영업을 양도하거나 분할 · 합병한 경우 그 양수인 또는 분할 · 합병으로 설립되거나 분할 · 합병 후 존속하는 법인이 종전의 중소기업창업투자회사의 지위를 승계하려는 경우에는 그 양도일 또는 분할 · 합병일부터 30일 이내에 중소벤처기업부령으로 정하는 바에 따라 그 사실을 중소벤처기업부 장관에게 신고하여야 한다(벤촉 제46조 제1항). 중소벤처기업부 장관은 이 신고를 받은 경우 그 내용을 검토하여 이 법에 적합하면 신고를 수리하여야 한다(벤촉 제46조 제2항). 신고가 수리된 경우에는 양수인 또는 분할·합병으로 설립되거나 분할·합병 후 존속하는 법인은 그 양수일 또는 분할·합병일부터 종전의 중소기업창업투자회사의 지위를 승계한다(벤촉 제46조 제3항).

6) 결산보고

중소기업창업투자회사는 대통령령으로 정하는 바에 따라 매 사업연도 종료 후 3개월 이내에 결산서를 중소벤처기업부 장관에게 제출하여야 한다(벤촉 제44조).

5. 대주주 등의 행위제한

1) 의결권의 제한

중소기업창업투자회사는 주식회사이므로 주주의 지위와 기관의 구성 등은 모두 상법의 규정에 의한다. 다만, 주주의 의결권 행사에 있어서 대주주가 아닌 자로서 금융관련 법령 등을 위반하여 형사처벌을 받은 사실이 없는 등 대통령령으로 정하는 사회적 신용을 갖추지 못한 자가 새로 주식을 취득하여 대주주가 된 경우에는 그 취득주식에 대하여 의결권을 행사할 수 없다(벤촉 제37조 제3항). 이 경우 중소벤처기업부 장관은 의결권을 행사할 수 없는 주식을 취득한 대주주에게 6개월 이내의 기간을 정하여 그 취득 주식의 처분을 명할 수 있다(벤촉 제37조 제4항).

2) 대주주와 특수관계인의 행위제한

중소기업창업투자회사의 대주주 및 대통령령으로 정하는 그의 특수관계인은 중소기업창업투자회사의 이익에 반하여 대주주 등 자신의 이익을 얻을 목적으로 i) 중소기업창업투자회사에 부당한 영향력을 행사하기 위하여 외부에 공개되지 아니한 자료 또는 정보의 제공을 요구하는 행위, ii) 경제적 이익 등 반대급부의 제공을 조건으로 다른 주주와 담합하여 중소기업창업투자회사의 투자활동 등 경영에 부당한 영향력을 행사하는 행위, iii) 중소기업창업투자회사로 하여금 위법행위를 하도록 요구하는 행위, iv) 금리, 수수료 또는 담보 등에서 통상적인 거래조건과 비교하여 해당 중소기업창업투자회사에 현저하게 불리한 조건으로 대주주 등 자신이나 제3자와의 거래를 요구하는 행위, v) 그 밖에 이들 각 행위에 준하는 행위로서 대통령령으로 정하는 행위 등을 하여서는 아니 된다. 중소기업창업투자회사의 대주주 등이 이에 위반한 행위를 하였다고 인정되는 경우에는 중소벤처기업부 장관은 중소기업창업투자회사 또는 대주주 등에게 필요한 자료의 제출을 요구할 수 있다. 이 경우 자료의 제출 요구를 받은 자는 특별한 사유가 없으면 요구에 따라야 한다(벤촉 제40조 제1,2항).

3) 임직원 등의 직무 관련 정보 이용 금지

중소기업창업투자회사의 임직원을 비롯한 일정한 범위의 자는 투자자의 투자판단에 중대한 영향을 미칠 수 있는 정보로서 중소기업창업투자회사의 공시 및 벤처투자조합의 공시에 의하여 공개되지 아니한 정보를 정당한 사유 없이 자기 또는 제3자의 이익을 위하여 이용해서는 아니 된다(벤촉 제42조).

이러한 정보의 이용이 금지되는 자는 ⅰ) 중소기업창업투자회사(또는 그 계열회사)의 임직원·대리인으로서 직무 관련 정보를 알게 된 자, ⅱ) 대통령령으로 정하는 중소기업창업투자회사의 주요주주로서 그 권리를 행사하는 과정에서 직무 관련 정보를 알게 된 자, ⅲ) 중소기업창업투자회사에 대하여 법령에 따른 허가·인가·지도·감독, 그 밖의 권한을 가지는 자로서 그 권한을 행사하는 과정에서 직무 관련 정보를 알게 된 자, ⅳ) 중소기업창업투자회사와 계약을 체결하고 있거나 체결을 교섭하고 있는 자로서 그 계약을 체결·교섭 또는 이행하는 과정에서 직무 관련 정보를 알게 된 자, ⅴ) 위 ⅱ) ⅲ) ⅳ)의 어느 하나에 해당하는 자의 대리인(법인인 경우에는 그 임직원 및 대리인)·사용인, 그 밖의 종업원(ⅱ) ⅲ) ⅳ)의 어느 하나에 해당하는 자가 법인인 경우에는 그 임직원)으로서 직무 관련 정보를 알게 된 자, ⅵ) 위 어느 하나에 해당하는 자(어느 하나에 해당하지 아니하게 된 날부터 1년이 지나지 아니한 자 포함)로부터 직무 관련 정보를 받은 자 등이나, 「자본시장과 금융투자업에 관한 법률」에 따른 금융투자업자는 제외된다.

6. 등록의 말소와 취소

1) 등록의 말소

중소기업창업투자회사는 법정의 사업을 하기가 불가능하거나 어려운 경우에는 중소벤처기업부령으로 정하는 바에 따라 그 등록의 말소를 신청할 수 있다(벤촉 제48조 제1항). 중소기업창업투자회사가 등록 말소 신청을 하면 중소벤처기업부 장관은 지체 없이 등록을 말소하여야 한다(벤촉 제48조 제2항). 중소기업창업투자회사가 등록을 말소한 경우 중소벤처기업부 장관은 지체 없이 그 내용을 관보에 공고하고 인터넷 홈페이지에 게재하여야 한다(벤촉 제47조).

2) 등록의 취소와 조치

중소벤처기업부 장관은 중소기업창업투자회사가 ⅰ) 거짓이나 그 밖의 부정한 방법으로 등록 또는 변경등록을 한 경우에는 그 등록을 반드시 취소하여야 하고, ⅱ) 중소기업창업투자회사의 책임 있는 사유로 창업기업 등에 대한 투자사업의 수행이 어렵게 된 경우나 ⅲ) 법정의 등록요건을 갖추지 못하게 된 경우(다만, 임원이 법정 자격흠결의 어느 하나에 해당하게 된 경우 그 사유가 발생한 날부터 3개월 이내에 그 사유를 해소한 경우는 제외됨), ⅳ) 등록 후 3년이 지나기 전까지 정당한 사유 없이 1년 이상 계속하여 투자를 하지 아니한 경우(대통령령으로 정하는 사항을 모두 이행한 경우에는 제외됨), ⅴ) 중소기업창업투자회사의 투자의무를 준수하지 아니한 경우에는 중소기업창업투자회사에 대하여 등록취소, 6개월 이내의 업무정지명령, 시정명령 또는 경고조치를 하거나 3년의 범위에서 「벤처투자 촉진에 관한 법률」에 따른 지원을 중단할 수 있다(벤촉 제49조 제1항).[171]

중소벤처기업부 장관은 중소기업창업투자회사가 위 ⅰ)을 제외한 어느 하나에 해당하여 중소기업창업투자회사의 건전한 운영을 해치거나 해칠 우려가 있다고 인정되는 경우에는 중소기업창업투자회사의 해당 직무 관련 임직원에 대하여 ⓐ 면직 또는 해임, ⓑ 6개월 이내의 직무정지 또는 ⓒ 경고에 해당하는 조치를 할 것을 해당 중소기업창업투자회사에 요구할 수 있다(벤촉 제49조 제2항).

중소기업창업투자회사의 등록이 취소된 경우 중소벤처기업부 장관은 지체 없이 그 내용을 관보에 공고하고 인터넷 홈페이지에 게재하여야 한다(벤촉 제47조).

Ⅵ. 벤처투자조합

1. 의의

벤처투자조합은 창업기획자 등이 벤처투자와 그 성과의 배분을 주된 목적으로 결성하는 조합으로서 벤처투자조합으로 등록한 조합을 말한다(벤촉 제2조 제11호). 즉, 벤처투자조합은 ⅰ) 창업기획자, ⅱ) 중소기업창업투자회사, ⅲ) 한국벤처투자, ⅳ) 신기

---

171) 이 밖에 ⅵ) 중소기업창업투자회사의 행위제한의무(벤촉 제39조)를 준수하지 아니한 경우, ⅶ) 중소기업창업투자회사의 대주주가 자신의 이익을 얻을 목적으로 같은 행위제한 규정에 위반한 행위를 한 경우, ⅵ) 벤처투자조합의 업무집행조합원으로서 제52조를 위반하여 업무를 집행한 경우, ⅸ) 공모벤처투자조합의 업무집행조합원으로서 「자본시장과 금융투자업에 관한 법률」 또는 같은 법에 따른 명령이나 처분을 위반한 경우, ⅹ) 「유사수신행위의 규제에 관한 법률」 제3조를 위반한 경우, ⅺ) 중소벤처기업부 장관이 요구한 조치를 이행하지 아니한 경우에도 중소벤처기업부 장관은 중소기업창업투자회사에 대하여 등록취소, 6개월 이내의 업무정지명령, 시정명령 또는 경고조치를 하거나 3년의 범위에서 「벤처투자 촉진에 관한 법률」에 따른 지원을 중단할 수 있다(벤촉 제49조 제1항).

술사업금융업자 또는 신기술사업금융전문회사[172], ⅴ) 「상법」에 따른 유한회사 또는 유한책임회사로서 출자금 총액, 전문인력 등 대통령령으로 정하는 요건을 모두 갖춘 회사, ⅵ) 국내지점과 전문인력 등 중소기업창업투자회사에 준하는 물적·인적 요건을 갖추고, 국제적 신인도가 높고 사업계획이 타당하다고 중소벤처기업부 장관이 인정하는 외국투자회사, ⅶ) 그 밖에 중소벤처기업부 장관이 정하여 고시하는 자 등이 벤처투자와 그 성과의 배분을 주된 목적으로 하여 그 외의 자와 상호출자하여 결성하는 투자조합이다.

벤처투자조합은 과거 「벤처기업 육성에 관한 특별조치법」에 따른 한국벤처투자조합과 「중소기업창업지원법」에 따른 중소기업창업투자조합이 「벤처투자 촉진에 관한 법률」에 의하여 통합돼 일원화된 것이며, 그 결성 주체에 있어서도 과거 한국벤처투자조합 또는 중소기업창업투자조합을 결성할 수 없었던 창업기획자도 일정 요건을 갖추면 벤처투자조합을 결성할 수 있게 되었다.

벤처투자조합은 그 실체가 「상법」에서 규정하고 있는 합자조합이다. 벤처투자조합의 법률관계에 관하여는 「벤처투자 촉진에 관한 법률」에 규정한 것 외에는 「상법」의 합자조합에 관한 규정이 준용된다(벤촉 제65조).

2. 등록

벤처투자조합이 「벤처투자 촉진에 관한 법률」의 적용을 받기 위해서는 중소벤처기업부 장관에게 벤처투자조합으로 등록하여야 하며(벤촉 제50조 제1항), 이 등록을 하기 위해서는 출자금 총액, 조합원의 수 및 존속기간 등 대통령령으로 정하는 요건을 갖

---

172) 신기술사업금융업자는 신기술사업금융업에 대하여 금융위원회에 등록한 자를 말한다. 신기술사업금융업은 ⅰ) 신기술사업자에 대한 투자, ⅱ) 신기술사업자에 대한 융자, ⅲ) 신기술사업자에 대한 경영 및 기술의 지도, ⅳ) 신기술사업투자조합의 설립, ⅴ) 신기술사업투자조합 자금의 관리·운용 등의 업무를 종합적으로 업으로서 하는 것을 말한다(여신전문금융업법 제2조 14호, 14호의3, 제41조). 신기술사업금융전문회사는 이러한 신기술사업금융업자로서 신용카드업·시설대여업·할부금융업, 그 밖에 대통령령으로 정하는 금융업을 함께 하지 아니하는 자를 말한다(여신전문금융업법 제2조 14호의4).
여기서 신기술사업자란 「기술보증기금법」 제2조 제1호에 따른 신기술사업자와 신기술사업(기술 및 저작권·지적재산권 등과 관련된 연구·개발·개량·제품화 또는 이를 응용하여 사업화하는 사업)을 영위하는 「중소기업기본법」상의 중소기업, 「중견기업 성장촉진 및 경쟁력 강화에 관한 특별법」상의 중견기업 및 「외국환거래법」 제3조 제15호에 따른 비거주자를 말한다. 다만, 통계청장이 고시하는 한국표준산업분류에 따른 금융 및 보험업과 부동산업 및 그 밖에 신기술사업과 관련이 적은 업종으로서 대통령령으로 정하는 업종은 제외한다(여신전문금융업법 제2조 14호의2).
신기술사업투자조합은 신기술사업자에게 투자하기 위하여 설립된 조합으로서 신기술사업금융업자가 신기술사업금융업자 외의 자와 공동으로 출자하여 설립한 조합 또는 신기술사업금융업자가 조합자금을 관리·운용하는 조합을 말한다(동법 제2조 14호의5).

추어야 한다(벤촉 제50조 제2항). 벤처투자조합의 등록 절차·방법은 중소벤처기업부령으로 정한다(벤촉 제50조 제7항).

3. 구성

벤처투자조합은 조합의 업무집행자로서 조합의 채무에 대하여 무한책임을 지는 업무집행조합원과 출자가액을 한도로 하여 유한책임을 지는 유한책임조합원으로 구성한다.

업무집행조합원은 ⅰ) 창업기획자, ⅱ) 중소기업창업투자회사, ⅲ) 한국벤처투자, ⅳ) 신기술사업금융업자 또는 신기술사업금융전문회사, ⅴ) 「상법」에 따른 유한회사 또는 유한책임회사로서 출자금 총액, 전문인력 등 대통령령으로 정하는 요건을 모두 갖춘 회사, ⅵ) 국내지점과 전문인력 등 중소기업창업투자회사에 준하는 물적·인적 요건을 갖추고, 국제적 신인도가 높고 사업계획이 타당하다고 중소벤처기업부 장관이 인정하는 외국투자회사, ⅶ) 그 밖에 중소벤처기업부 장관이 정하여 고시하는 자 중 어느 하나에 해당하는 자로 하되, ⅶ)의 중소벤처기업부령으로 정하는 자는 위 ⅰ) ~ ⅵ)에 해당하는 자와 공동으로 업무집행조합원이 될 수 있다(벤촉 제50조 제3항).

업무집행조합원은 1인 이상으로 그 수에 대한 제한은 없으나, 벤처투자조합이 공모벤처투자조합을 결성하는 경우 업무집행조합원은 1인으로 한다(벤촉 제50조 제4항).

벤처투자조합의 업무집행조합원은 벤처투자조합 운영 중에 다른 자로 변경할 수 없다(벤촉 제50조 제5항). 업무집행조합원은 ⅰ) 업무집행조합원이 등록취소 등의 사유로 그 업무를 지속할 수 없게 된 경우, ⅱ) 업무집행조합원이 파산한 경우, ⅲ) 조합원 전원의 동의가 있는 경우, ⅳ) 그 밖에 중소벤처기업부 장관이 정하여 고시하는 경우에만 벤처투자조합에서 탈퇴할 수 있다(벤촉 제55조).

벤처투자조합의 조합원은 조합 규약에서 정하는 바에 따라 출자금액의 전액을 한꺼번에 출자하거나 나누어 출자할 수 있다(벤촉 제50조 제6항). 외국인도 벤처투자조합에 출자할 수 있다. 외국인의 벤처투자조합에 대한 출자는 외국인투자로 본다(벤촉 제64조).

4. 업무의 집행

1) 업무집행기관

벤처투자조합의 업무는 업무집행조합원이 집행한다. 업무집행조합원은 선량한 관리자의 주의로 벤처투자조합의 업무를 집행하여야 한다(벤촉 제52조 제1항).

업무집행조합원은 벤처투자조합의 업무를 집행할 때 ⅰ) 자기나 제3자의 이익을 위하여 벤처투자조합의 재산을 사용하는 행위, ⅱ) 자금차입, 지급보증 또는 담보를 제공하는 행위, ⅲ) 상호출자제한기업집단에 속하는 회사에 투자하는 행위, ⅳ) 비업무용 부동산을 취득하거나 소유하는 행위, ⅴ) 그 밖에 설립목적을 해치는 것으로서 대통령령으로 정하는 행위 등을 하여서는 아니 된다(벤촉 제52조 제2항). 그러나 담보권 실행으로 비업무용 부동산을 취득하는 경우와 벤처투자조합의 자산 운용의 건전성을 해칠 우려가 없는 경우로서 대통령령으로 정하는 경우에는 그러하지 아니하다(벤촉 제52조 제2항 후문). 담보권 실행으로 비업무용 부동산을 취득한 경우에는 1년의 범위에서 중소벤처기업부령으로 정하는 기간 내에 처분하여야 한다(벤촉 제52조 제3항).

벤처투자조합은 업무집행조합원에게 조합 규약에서 정하는 바에 따라 투자수익에 따른 성과보수를 지급할 수 있으며, 성과보수 지급을 위한 투자수익의 산정 방식 등에 관하여 필요한 사항은 대통령령으로 정한다(벤촉 제59조). 업무집행조합원은 벤처투자조합 해산 당시에 출자금액을 초과하는 채무가 있으면 연대하여 변제하여야 한다(벤촉 제56조 제4항).

업무집행조합원은 벤처투자조합과의 계약에 따라 그 업무의 일부를 그 벤처투자조합의 유한책임조합원에게 위탁할 수 있다(벤촉 제52조 제4항).

2) 투자의무

가. 원칙

벤처투자조합(한국벤처투자가 업무집행조합원인 벤처투자조합은 제외)은 등록 후 3년이 지난 날까지 ⓐ 동일한 업무집행조합원이 운용하는 모든 벤처투자조합의 출자금액의 합의 50% 이내에서 대통령령으로 정하는 비율과 ⓑ 각 벤처투자조합의 출자금액의 40% 이내에서 대통령령으로 정하는 비율 이상을 ⅰ) 창업기업에 대한 투자와 ⅱ) 기술혁신형·경영혁신형 중소기업에 대한 투자, ⅲ) 벤처기업에 대한 투자, ⅳ) 벤처투자조합의 결성과 업무의 집행, ⅴ) 중소기업이 개발하거나 제작하며 다른 사업과 회계의 독립성을 유지하는 방식으로 운영되는 사업에 대한 투자 및 ⅵ) 이들 투자에 준하는 것으로서 중소벤처기업부 장관이 정하여 고시하는 자에 대한 투자에 사용하여야 한다(벤촉 제51조 제1항). 그러나 창업기획자가 업무집행조합원인 벤처투자조합은 이 투자비율 이상을 초기창업기업에 대한 투자에 사용하여야 한다(벤촉 제51조 제2항).[173]

---

173) 벤처투자조합의 투자비율 산정의 구체적인 기준 및 방법 등에 관하여 필요한 사항은 대통령령으로 정한다(벤촉 제51조 제6항).

나. 예외

중소기업창업투자회사가 업무집행조합원인 벤처투자조합의 투자비율은 운용 중인 총자산(자본금과 운용 중인 모든 벤처투자조합의 출자금액의 합)의 50퍼센트의 이내에서 대통령령으로 정하는 비율 이상으로 한다(벤촉 제51조 제3항, 제38조 제1항). 벤처투자조합이 중소벤처기업부 장관이 정하여 고시하는 상장법인에 투자하는 경우에는 ⅰ) 동일한 업무집행조합원이 운용하는 모든 벤처투자조합 출자금액의 합에서 대통령령으로 정하는 비율과 ⅱ) 각 벤처투자조합의 출자금액에서 대통령령으로 정하는 비율을 초과하여 투자할 수 없다(벤촉 제51조 제4항).

다. 투자의무 이행 유예

중소벤처기업부 장관은 벤처투자조합이 투자회수·경영정상화 등 중소벤처기업부 장관이 인정하는 사유로 이들 투자비율을 유지하지 못하는 경우에는 1년 이내의 범위에서 투자의무 이행 유예기간을 줄 수 있다(벤촉 제51조 제5항).

3) 재산 관리와 운용

업무집행조합원은 ⅰ) 벤처투자조합 재산의 보관·관리를 신탁업자에게 위탁하여 벤처투자조합의 재산을 보관·관리하고, ⅱ) 신탁업자를 변경하는 경우에는 조합원 총회의 승인을 받아야 한다(벤촉 제53조 제1항). 업무집행조합원은 벤처투자조합 재산의 운용과정에서 필요한 경우 신탁업자에 대하여 벤처투자조합 재산의 취득·처분 등에 관하여 지시를 하여야 하며, 신탁업자는 업무집행조합원의 지시에 따르지 않으면 안된다(벤촉 제53조 제2항).

나아가 벤처투자조합은 건전한 벤처투자의 질서를 해칠 우려가 없고 정당한 사유가 있는 경우를 제외하고는, 벤처투자조합의 투자와 관련하여 출자자에게 ⅰ) 출자자가 입은 손실의 전부 또는 일부를 보전해 주는 행위나 ⅱ) 출자자에게 벤처투자조합의 투자손실 여부와 관계없이 일정한 이익을 보장하고 제공하는 행위를 하여서는 아니 된다(벤촉 제60조 제1항). 벤처투자조합의 업무집행조합원이 자기의 계산으로 하는 경우에도 이러한 행위는 금지되며(벤촉 제60조 제1항), 벤처투자조합의 출자자도 이러한 행위를 벤처투자조합 또는 벤처투자조합의 업무집행조합원에게 요청해서는 아니 된다(벤촉 제60조 제2항). 벤처투자조합에 손실이 발생한 경우 우세한 협상력을 가진 연기금이나 은행 등 주요 기관투자자들이 그 손실을 업무집행조합원의 출자지분에 반영하게 하거나 또는 업무집행조합원이 출자자의 손실을 보전하는 것을 금지하고 있는 것이다.

벤처투자조합의 재산은 조합원의 합유이고, 조합원의 채권자는 조합원의 지분에 대하여 권리를 행사할 수 있으나, 벤처투자조합 조합원의 채권자가 조합원에 대하여 채권을 행사할 때에는 그 조합원이 가지는 지분에 관계없이 그 조합원이 벤처투자조합에 출자한 금액의 범위에서 행사할 수 있다(벤촉 제58조).

4) 공시

업무집행조합원은 대통령령으로 정하는 바에 따라 매 사업연도 종료 후 3개월 이내에 결산서를 중소벤처기업부 장관에게 제출하여야 한다(벤촉 제54조). 업무집행조합원은 ⅰ) 매 회계연도의 결산서와 ⅱ) 그 밖에 벤처투자조합의 운영에 관한 서류로서 중소벤처기업부 장관이 정하여 고시하는 사항을 공시하여야 한다. 이 공시의 시기 및 방법 등에 관하여 필요한 사항은 중소벤처기업부 장관이 정하여 고시한다(벤촉 제61조 제1,2항).

5. 등록의 취소 및 조치

1) 등록취소 등의 사유

벤처투자조합 또는 그 업무집행조합원이 ⅰ) 거짓이나 그 밖의 부정한 방법으로 등록 또는 변경등록을 한 경우, ⅱ) 등록요건을 갖추지 못하게 된 경우, ⅲ) 벤처투자조합의 투자의무를 준수하지 아니한 경우, ⅳ) 법정의무에 위반하여 업무를 집행한 경우, ⅴ) 재산의 관리·운용 규정에 위반하여 재산을 보관·관리한 경우, ⅵ) 법정기간 내에 결산서를 제출하지 아니한 경우, ⅶ) 공모벤처투자조합의 업무집행조합원이 「자본시장과 금융투자업에 관한 법률」 또는 같은 법에 따른 명령이나 처분을 위반한 경우, ⅵ) 중소벤처기업부 장관의 확인 및 검사를 거부·방해하거나 기피한 경우 또는 보고를 하지 아니하거나 거짓으로 보고한 경우, ⅸ) 업무집행조합원 전원의 등록이 이 법 또는 다른 법률에 따라 취소되거나 말소된 경우, ⅹ)「유사수신행위의 규제에 관한 법률」 제3조를 위반하여 조합원을 모집한 경우, 중소벤처기업부 장관은 벤처투자기업의 등록취소, 업무집행조합원에 대한 업무정지 등의 조치를 할 수 있다.

2) 벤처투자조합에 대한 조치

벤처투자조합 또는 그 업무집행조합원이 위 ⅰ) 거짓이나 그 밖의 부정한 방법으로 등록 또는 변경등록을 한 경우에는 중소벤처기업부 장관은 그 등록을 반드시 취소하여야 하고, 그 나머지의 경우 중소벤처기업부 장관은 벤처투자조합에 대하여 등록취소, 6개월 이내의 업무정지명령, 시정명령 또는 경고조치를 하거나 3년의 범위에서 「벤처투자 촉진에 관한 법률」에 따른 지원을 중단할 수 있다(벤촉 제62조 제1항).

3) 업무집행조합원에 대한 조치

벤처투자조합의 업무집행조합원이 위 ii) ~ x)의 사유 중 어느 하나에 해당하는 경우에 중소벤처기업부 장관은 그 업무집행조합원에 대하여 ⓐ 6개월 이내의 업무의 전부 또는 일부의 정지, ⓑ 시정명령, ⓒ 경고 중 어느 하나에 해당하는 조치를 할 수 있다(벤촉 제62조 제2항).

벤처투자조합의 업무집행조합원이 위 ii)~ x)의 사유 중 어느 하나에 해당하여 벤처투자조합의 건전한 운영을 해치거나 해칠 우려가 있다고 인정되는 경우에는 중소벤처기업부 장관은 그 업무집행조합원의 해당 직무와 관련된 임직원에 대하여 ⓐ 면직 또는 해임, ⓑ 6개월 이내의 직무정지, ⓒ 경고 중 어느 하나에 해당하는 조치를 할 것을 해당 업무집행조합원에게 요구할 수 있다(벤촉 제62조 제3항).

중소벤처기업부 장관은 벤처투자조합이 위 각 사유의 어느 하나에 해당하는 경우로서 해당 벤처투자조합의 업무집행조합원이 신기술사업금융업자 등인 경우에는 금융위원회에 그 신기술사업금융업자 등 또는 해당 직무와 관련된 임직원에 대하여 상기 각 조치를 요구할 수 있다(벤촉 제62조 제4항). 이들 행정처분 또는 조치 요구 등의 세부기준과 절차에 관하여 필요한 사항은 중소벤처기업부 장관이 정하여 고시한다(벤촉 제62조 제5항).

6. 해산과 청산

벤처투자조합은 ⅰ) 존속기간의 만료, ⅱ) 유한책임조합원 전원의 탈퇴, ⅲ) 업무집행조합원 전원의 탈퇴, ⅳ) 업무집행조합원 전원이 「벤처투자 촉진에 관한 법률」 또는 다른 법률에 따른 등록취소 등의 사유로 그 업무를 지속할 수 없게 된 경우, ⅴ) 그 밖에 대통령령으로 정하는 사유가 발생한 경우에는 해산한다(벤촉 제56조 제1항).

벤처투자조합에 위 ⅲ) 또는 ⅳ)에 해당하는 사유가 발생한 경우에는 유한책임조합원 전원의 동의로 대통령령으로 정하는 바에 따라 그 사유가 발생한 날부터 3개월 이내에 벤처투자조합을 결성할 수 있는 자(벤촉 제50조 제1항) 중 어느 하나에 해당하는 자를 업무집행조합원으로 가입하게 하여 벤처투자조합을 계속할 수 있다(벤촉 제56조 제

2항).

벤처투자조합이 해산하는 경우에는 그 업무집행조합원이 청산인이 되나, 조합규약
에서 정하는 바에 따라 업무집행조합원 외의 자를 청산인으로 선임할 수 있다. 업무
집행조합원은 벤처투자조합 해산 당시에 출자금액을 초과하는 채무가 있으면 연대하
여 변제하여야 한다(벤촉 제56조 제3,4항). 청산인이 청산사무를 끝마친 경우에는 중소벤
처기업부령으로 정하는 바에 따라 지체 없이 그 결과를 중소벤처기업부 장관에게 보
고하여야 한다. 이 보고를 받으면 중소벤처기업부 장관은 지체 없이 그 벤처투자조합
의 등록을 말소하여야 한다(벤촉 제57조 제1,2항).

VII. 공모벤처투자조합

1. 의의

공모벤처투자조합은 사모집합투자기구에 해당하지 아니하는 벤처투자조합을 말한
다. 공모벤처투자조합은 공모의 방법으로 벤처투자조합을 결성하여 집합투자를 하는
것이므로 그 운영에 관하여는 원칙적으로는 「자본시장과 금융투자업에 관한 법률」
이 적용되어야 하나, 「벤처투자 촉진에 관한 법률」은 이 법률의 일부 규정의 적용을
배제함으로써 그 등록과 투자활동, 재산상황 등에 대하여 동 법률상의 벤처투자조합
에 관한 규정을 적용하도록 하고 있다(벤촉 제63조 제1항).

2. 등록

공모벤처투자조합은 중소벤처기업부 장관에게 등록하여야 한다. 중소벤처기업부
장관은 공모벤처투자조합을 등록하는 경우에는 미리 금융위원회와 협의하여야 한다.
공모벤처투자조합으로 등록하려는 조합은 ⅰ) 출자금 총액이 200억 원 이상일 것,
ⅱ) 출자 1좌의 금액이 100만 원 이상일 것, ⅲ) 업무집행조합원의 출자지분이 납입
된 출자금 총액의 5퍼센트 이상일 것, ⅳ) 존속기간이 5년 이상일 것 등의 요건을 모
두 갖추어야 한다(벤촉 제63조 제2항, 동법시행령 제41조 제1항).

3. 업무집행

공모벤처투자조합의 업무는 업무집행조합원이 집행한다. 공모벤처투자조합의 업
무집행조합원은 1인이어야 한다(벤촉 제50조 제4항). 공모벤처투자조합의 업무집행조합원

이 될 수 있는 자는 중소기업창업투자회사로서, ⅰ) 납입자본금이 40억 원 이상이고, ⅱ) 법정 요건에 해당하는 전문인력이 5명 이상이어야 하며, ⅲ) 전산설비 및 통신수단, 업무공간 및 사무장비, 업무 연속성을 유지할 수 있는 보완설비 등에 관하여 중소벤처기업부 장관이 고시하는 기준을 모두 충족하여야 한다(벤촉 제63조 제2항, 동법시행령 제41조 제2항).

4. 감독

금융위원회는 공익 또는 공모벤처투자조합의 조합원을 보호하기 위하여 필요한 경우에는 공모벤처투자조합 및 그 업무집행조합원인 중소기업창업투자회사에 대하여 업무에 관한 자료의 제출이나 보고를 명할 수 있으며, 금융감독원의 원장으로 하여금 그 업무에 관하여 검사하게 할 수 있다(벤촉 제63조 제3항).

금융위원회는 공모벤처투자조합 및 그 업무집행조합원인 중소기업창업투자회사가 「벤처투자 촉진에 관한 법률」이나 「자본시장과 금융투자업에 관한 법률」 또는 그 밖의 법에 따른 명령이나 처분을 위반한 경우에는 등록취소, 6개월 이내 업무정지명령, 시정명령 또는 경고조치를 하거나 3년 이내의 지원 중단, 중소기업창업투자회사의 해당 직무 관련 임직원에 대한 면직 또는 해임, 6개월 이내의 직무정지, 경고 등의 조치를 할 것을 중소벤처기업부 장관에게 요구할 수 있고, 중소벤처기업부 장관은 특별한 사유가 없으면 그 요구에 따라야 한다. 이 경우 중소벤처기업부 장관은 그 조치 결과를 금융위원회에 통보하여야 한다(벤촉 제63조 제4항).

5. 공모벤처투자조합에 대한 특례 등

공모벤처투자조합은 공모의 방법으로 결성되는 벤처투자조합이므로 원칙적으로는 「자본시장과 금융투자업에 관한 법률」에 의하여야 하나, 「벤처투자 촉진에 관한 법률」은 벤처투자를 촉진하기 위하여 「자본시장과 금융투자업에 관한 법률」의 일부 규정과 「금융회사의 지배구조에 관한 법률」의 적용을 배제하고 있다(벤촉 제63조 제1항).

공모벤처투자조합에 적용되지 않는 「자본시장과 금융투자업에 관한 법률」의 규정은 금융투자업의 인가 및 무인가 영업 금지(동법 제11조부터 제16조까지), 경영건전성 감독 및 대주주와의 거래제한(동법 제30조~제36조까지), 금융투자업의 상호(동법 제38조), 다른 금융업 및 부수업무 영위 및 금융위원회 신고(동법 제40조~제41조), 금융투자업자의 제3자 업무위탁과 금융위원회 보고 및 금융감독원장의 검사 및 처분(동법 제42조~제43조까지),

금융투자대행인에 대한 투자권유의 위탁 및 투자권유의 대행 관련 업무, 재산상황에 관한 금융감독원장의 검사 및 조치(동법 제51조~제53조), 금융투자업 관련 약관의 제정 또는 변경(동법 제56조), 금융투자 관련 수수료 부과기준 및 절차(동법 제58조), 금융투자업 영위와 관련한 자료 기록·유지(동법 제60조), 금융투자업 폐지 공고 등(동법 제62조), 임직원의 금융투자상품 매매(동법 제63조), 외국 금융투자업자의 특례(동법 제65조), 투자신탁업자에 대한 자산운용의 지시 및 실행(동법 제80조), 자기집합투자증권의 취득과 금전차입 및 이해관계인과의 거래 제한(동법 제82조부터 제84조까지), 집합투자업자의 영업행위(동법 제85조제2호·제3호, 제6호~제8호, 제86조~제95조), 집합투자기구에 대한 「상법」 및 「민법」의 적용(동법 제181조), 집합투자기구의 등록(동법 제182조), 교차판매 집합투자기구의 등록(동법 제182조의2), 집합투자기구의 명칭(동법 제183조), 집합투자기구의 업무수행 등(동법 제184조), 투자합자조합의 설립 등(동법 제218조), 투자합자조합의 구성(동법 제219조), 투자합자조합의 해산 및 청산(동법 제221조), 투자합자조합에 대한 준용규정(동법 제222조), 투자합자조합에 대한 「상법」 및 「민법」의 적용(동법 제223조), 집합투자기구의 종류와 특수한 형태(동법 제229조부터 제234조의2), 집합투자재산의 평가 및 회계(동법 제238조~제241조), 집합투자재산의 보관·관리(동법 제244조~제248조), 사모집합투자기구(동법 제249조~제249조의22), 은행 및 보험회사에 대한 특칙(동법 제250조~제251조), 집합투자기구 등록취소(동법 제253조), 금융투자업자에 대한 금융위원회의 감독(동법 제415조~제425조) 등이다(벤촉 제63조 제1항).

VIII. 한국벤처투자

1. 의의

한국벤처투자는 창업기업, 중소기업 및 벤처기업 등의 성장·발전을 위한 투자의 촉진 등을 효율적으로 추진하기 위하여 설립된 법인조직이다(벤촉 제66조 제1,2항). 한국벤처투자의 법적 형태는 주식회사이며, 그 법률관계에 관하여는 「벤처투자 촉진에 관한 법률」에서 규정하고 있는 것 외에는 「상법」의 주식회사에 관한 규정이 준용된다(벤촉 제66조 제6항).

2. 설립

한국벤처투자의 설립에는 먼저 정관을 작성하여야 한다. 한국벤처투자의 정관에는 ⅰ) 목적, ⅱ) 명칭, ⅲ) 주된 사무소 및 분사무소의 소재지, ⅳ) 업무 및 집행에 관한 사항, ⅴ) 재산 및 회계에 관한 사항, ⅵ) 임직원에 관한 사항, ⅶ) 이사회에 관한 사항, vi) 정관의 변경에 관한 사항, ix) 공고의 방법에 관한 사항, x) 그 밖에 한국벤처투자의 조직·운영에 필요한 사항이 포함되어야 한다. 한국벤처투자가 정관을 작성한 후에는 중소벤처기업부 장관의 인가를 받아야 하며, 그 정관을 후일 변경하는 경우에도 중소벤처기업부 장관의 인가를 받아야 한다(벤촉 제66조 제5항). 한국벤처투자의 이 밖의 설립절차는 주식회사의 설립절차와 대체로 같다. 한국벤처투자는 주된 사무소의 소재지에서 설립등기를 함으로써 성립한다(벤촉 제66조 제3항).

3. 투자사업

한국벤처투자는 설립 목적을 달성하기 위하여 ⅰ) 벤처투자모태조합의 결성과 업무의 집행, ⅱ) 벤처투자조합 결성과 업무의 집행, ⅲ) 벤처투자, ⅳ) 해외벤처투자자금의 유치 지원, ⅴ) 창업기업, 중소기업 및 벤처기업 등의 해외진출 지원, ⅵ) 중소기업창업투자회사의 육성, ⅶ) 벤처투자 성과의 관리, ⅷ) 그 밖에 대통령령으로 정하는 사업 등의 사업을 한다(벤촉 제67조 제1항). 이들 사업을 위하여 필요하면 한국벤처투자는 중소벤처기업부 장관의 승인을 받아 국내외 금융기관 등으로부터 자금을 차입할 수 있다(벤촉 제67조 제2항).

국가와 지방자치단체 또는 「공공기관의 운영에 관한 법률」에 따라 지정·고시된 공공기관은 위 ⅰ)～ⅷ)의 각 사업을 수행하기 위하여 한국벤처투자가 필요한 경우 한국벤처투자에 출자할 수 있다(벤촉 제67조 제3항).

4. 업무 지도·감독

중소벤처기업부 장관은 한국벤처투자의 업무를 지도·감독하며, 필요한 경우 그 사업에 관한 지시나 명령을 할 수 있다(벤촉 제69조 제1항). 한국벤처투자에 대한 중소벤처기업부 장관의 지도·감독에 필요한 사항은 대통령령으로 정한다(벤촉 제69조 제2항).

5. 벤처투자모태조합의 결성

한국벤처투자는 대통령령으로 정하는 자와 상호출자하여 벤처투자모태조합을 결성할 수 있다(벤촉 제70조 제1항). 중소벤처기업 창업 및 진흥기금을 관리하는 자는 벤처투자모태조합에 출자할 수 있다(벤촉 제70조 제2항).[174] 벤처투자모태조합의 존속기간은

---

174) 벤처투자모태조합은 2005년 7월 15일 결성되었는데, 모태조합 출자자는 2020년 1월 현재 중소벤처기업부, 중소기업진흥공단, 문화체육관광부, 특허청, 영화진흥위원회, 과학기술정보통신부, 고용노동부, 보건복지부, 국민체육진흥공단, 교육부(2017년 신규가입), 환경부(2017년 신규가입), 해양수산부('19년 신

30년 이내로 한다(벤촉 제70조 제4항, 동시행령 제44조 제2항).

벤처투자모태조합의 자산은 한국벤처투자가 관리·운용한다. 한국벤처투자는 벤처투자 활성화 등 정책 목적에 따라 벤처투자모태조합의 자산을 관리·운용하여야 한다(벤촉 제70조 제3항). 벤처투자모태조합의 관리·운용 등에 필요한 사항은 대통령령으로 정한다(벤촉 제70조 제4항).

벤처투자모태조합이 출자할 수 있는 곳은 ⅰ) 개인투자조합, ⅱ) 벤처투자조합, ⅲ)「여신전문금융업법」에 따른 신기술사업투자조합, ⅳ)「산업발전법」에 따른 기업구조개선 기관전용 사모집합투자기구, ⅴ)「자본시장과 금융투자업에 관한 법률」에 따른 기관전용 사모집합투자기구, ⅵ)「농림수산식품투자조합 결성 및 운용에 관한 법률」에 따른 농식품투자조합, ⅶ) 그 밖에 중소벤처기업부 장관이 정하여 고시하는 자 등이다(벤촉 제70조 제1항). 벤처투자모태조합이 출자한 개인투자조합 또는 벤처투자조합에 대한 투자비율은 중소벤처기업부 장관이 달리 정할 수 있다(벤촉 제70조 제5항).

IX. 신기술창업전문회사

1. 의의

신기술창업전문회사는 대학이나 연구기관이 보유하고 있는 기술의 사업화와 이를 통한 창업의 촉진을 주된 업무로 하는 회사로서 중소벤처기업부 장관에게 등록된 회사를 말한다(벤육 제2조제8항). 대학이나 국공립연구기관, 정부출연 연구기관, 그 밖에 대통령령으로 정하는 과학이나 산업기술 분야의 연구 기관은 신기술창업전문회사를 설립할 수 있다(벤육 제11조의2 제1항).

신기술창업전문회사의 형태는「상법」상의 주식회사이며, 회사의 법률관계에 관하여는「벤처기업 육성에 관한 특별조치법」에 의하고 이 법률에 규정이 없는 사항은「상법」의 주식회사에 관한 규정에 의한다.

2. 출자

신기술창업전문회사를 설립하는 대학이나 연구기관은 그 설립한 회사의 발행주식 총수의 100분의 10 이상을 보유하여야 한다(벤육 제11조의3 제1항). 대학이나 연구기관은 신기술창업전문회사를 설립할 때나 그 전문회사가 신주를 발행할 때에 지식재산권 등의 현물이나 현금을 출자할 수 있다(벤육 제11조의3 제2항). 다만, 대학이 현금만을 출자

규), 국토교통부이며, 펀드 규모는 2020년 1월 1일 기준 5조 6,282억 원이다.

하여 신기술창업전문회사를 설립할 경우에는 그 전문회사에 보유기술을 이전하여야
한다(벤육 제11조의3 제2항 단서). 대학이나 연구기관이 현물을 신기술창업전문회사에 출자
할 경우 지식재산권 등에 대한 가격의 평가와 감정에 있어서 대통령령으로 정하는
기술평가기관이 그 가격을 평가한 경우 그 평가 내용은 「상법」상 공인된 감정인이
감정한 것으로 본다(벤육 제11조의5 제2항).

　대학이나 연구기관이 신기술창업전문회사에 대하여 지식재산권 등의 이용을 허락
할 때에는 「기술의 이전 및 사업화 촉진에 관한 법률」의 규정에 불구하고 전용실시
권을 부여할 수 있다(벤육 제11조의5 제4항).

3. 등록

　신기술창업전문회사를 설립하는 경우에는 중소벤처기업부 장관에게 등록하여야
한다(벤육 제11조의2 제2항). 이 등록 신청이 있을 때에는 중소벤처기업부 장관은 그 신청
내용에 있어서 회사 형태가 「상법」에 따른 주식회사가 아니거나, 임원에게 법정의
결격사유가 있는 경우[175] 또는 보유인력과 보유시설이 대통령령으로 정하는 기준에
미치지 못하는 경우를 제외하고는 등록을 해 주어야 한다(벤육 제11조의2 제3항).

　공익법인인 연구기관이 신기술창업전문회사를 등록한 경우에는 30일 이내에 주무
관청에 신고하여야 한다. 신고를 한 경우에는 주무관청의 승인을 받은 것으로 본다
(벤육 제11조의5 제3항).

4. 업무

　신기술창업전문회사는 다음의 업무를 영위할 수 있다. 즉 ⅰ) 대학·연구기관 또는
전문회사가 보유한 기술의 사업화, ⅱ) 기술의 사업화를 위한 자회사의 설립, ⅲ) 창
업보육센터의 설립·운영, ⅳ) 벤처투자조합·신기술사업투자조합 또는 개인투자조합
에 대한 출자, ⅴ) 개인투자조합 재산의 운용, ⅵ) 신기술창업전문회사가 보유한 기
술의 산업체 등으로의 이전, ⅶ) 대학·연구기관이 보유한 기술의 산업체 등으로의
이전 알선, ⅷ) 대학·연구기관의 교원·연구원 등이 설립한 회사에 대한 경영·기술

---

175) 임원의 법정 결격사유는 임원이 피성년후견인 또는 피한정후견인인 경우, 파산선고를 받고 복권되지
　　아니한 경우, 금고 이상의 실형을 선고받고 그 집행이 끝나거나 집행을 받지 아니하기로 확정된 후
　　5년이 지나지 아니한 경우, 금고 이상의 형의 집행유예를 선고받고 그 유예기간이 끝난 날부터 2년이
　　지나지 아니한 경우, 금고 이상의 형의 선고유예를 받고 그 유예기간 중에 있는 경우, 법원의 판결 또
　　는 다른 법률에 따라 자격이 상실되거나 정지된 경우 등이다(벤육 제11조의2 제3항 2호).

지원, ix) 이들 업무에 부수되는 사업으로 중소벤처기업부 장관이 정하는 사업 등이다(벤육 제11조의2 제4항). 신기술창업전문회사는 그 사업을 수행하기 위하여 필요하면 정부, 정부가 설치하는 기금, 국내외 금융기관, 외국정부 또는 국제기구로부터 자금을 차입할 수 있다(벤육 제11조의3 제3항).

5. 특례

1) 기금의 우선지원

중소벤처기업의 창업 및 진흥기금을 관리하는 자는 신기술창업전문회사에 우선적으로 지원할 수 있다(벤육 제11조의4).

2) 휴직 등의 특례

대학이나 연구기관의 교원·연구원 또는 직원이 신기술창업전문회사의 대표나 임직원으로 근무하기 위하여 휴직 을 하거나 또는 그 소속 기관의 장의 허가를 받아 대표자나 임직원을 겸임하거나 겸직할 수 있다(벤육 제11조의5 제1항, 제16조, 제16조의2).

3) 자회사의 설립

신기술창업전문회사가 자회사를 설립하는 경우에는 주주총회의 특별결의에 의하여야 한다(벤육 제11조의6 제2항).

4) 배당금 등의 용도

대학이나 연구기관은 신기술창업전문회사에 대한 투자나 출자로 발생한 배당금·수익금과 잉여금을 대학이나 연구기관의 고유목적사업이나 연구개발 및 산학협력 활동 등 대통령령으로 정하는 용도로 사용하여야 한다(벤육 제11조의6 제3항).

6. 행위제한

신기술창업전문회사는 ⅰ) 유사수신행위에 의하여 출자자나 투자자를 모집하는 행위, ⅱ) 해당 신기술창업전문회사가 설립한 자회사와의 채무보증 등 대통령령으로 정하는 거래행위, ⅲ) 그 밖에 설립목적을 해치는 것으로서 대통령령으로 정하는 행위 등을 하여서는 아니 된다(벤육 제11조의6 제1항).

7. 등록의 취소

중소벤처기업부 장관은 신기술창업전문회사가 ⅰ) 거짓이나 그 밖의 부정한 방법으로 등록한 경우에는 반드시 그 등록을 취소하여야 하고, ⅱ) 유사수신행위에 의하여 출자자나 투자자를 모집하거나, 해당 신기술창업전문회사가 설립한 자회사와의 채무보증 등 대통령령으로 정하는 거래행위 또는 그 밖에 설립목적을 해치는 것으로서 대통령령으로 정하는 행위를 하는 경우, ⅲ) 등록요건을 갖추지 못한 경우 중 어느 하나에 해당하면 그 등록을 취소할 수 있다(벤육 제11조의7).[176]

X. 기타

1. 기금관리주체

「국가재정법」에 따른 기금으로서 대통령령으로 정하는 기금을 관리하는 기금관리주체는 대통령령으로 정하는 비율 이내의 자금을 그 기금운용계획에 따라 벤처투자를 하거나 벤처투자조합 또는 신기술사업투자조합에 출자할 수 있다(벤촉 제71조 제1항). 기금관리주체가 기금운용계획의 범위에서 벤처투자를 하거나 벤처투자조합 또는 신기술사업투자조합에 출자하는 경우에는 관계 법령에 따른 인가·허가·승인 등을 받은 것으로 본다(벤촉 제71조 제2항).

2. 보험회사

보험회사는 「보험업법」의 규정[177]에도 불구하고 금융위원회가 정하는 범위에서 벤처투자를 하거나 벤처투자조합 또는 신기술사업투자조합에 출자할 수 있다(벤촉 제71조 제3항).

3. 지방중소기업 육성 관련 기금관리자

지방자치단체의 장이 「지역중소기업 육성 및 혁신촉진 등에 관한 법률」에 따라 설치한 지방중소기업 육성 관련 기금을 관리하는 자는 지방중소기업 및 벤처기업을 육

---

176) 임원에게 결격사유가 있는 때에는 그 사유가 발생한 날부터 3개월 이내에 그 사유를 해소한 경우는 제외한다(벤처 제11조의7).
177) 보험회사는 그 자산 운용에 있어서 보험업법에 의하여 일반계정에 속하는 자산과 특별계정에 속하는 자산의 운용 비율이 제한되며(동법 제106조), 특별계정의 설정 및 운용이 연금저축계좌설정계약과 퇴직보험계약 등의 일정한 계약에 제한되며(동법 제108조), 다른 회사 의결권 있는 발행주식(출자지분) 총수의 100분의 15 초과 보유가 금지된다(동법 제109조).

성하기 위하여 ⅰ) 벤처투자조합, ⅱ) 벤처투자모태조합, ⅲ) 신기술사업투자조합에 출자할 수 있다(벤촉 제71조 제4항).

제7절 각종 기관의 창업지원제도

I. 개설

창업자 및 예비창업자의 창업을 위한 각종 법령상의 지원 제도는 중앙정부 각 부처와 중소벤처기업진흥공단과 창업진흥원, 신용보증기금, 기술보증기금 등의 각 기관에 의하여 다양하게 시행되고 있다. 이하에서는 이들 각 창업지원 관련기관의 창업지원제도에 대하여 살핀다.

II. 중소벤처기업진흥공단의 창업지원제도

1. 개설

중소벤처기업진흥공단은 중소기업의 진흥을 위한 특수법인으로서 중소기업의 경영 안정과 성장 지원을 위하여 중소기업을 위한 정책자금 융자, 수출 마케팅, 해외산업협력지원, 수출 인큐베이터, 중소기업 인력 양성, 중소기업진단사업, 사업전환 지원사업, 무역조정 지원사업 등의 다양한 사업을 수행하고 있다. 이 지원제도 중 창업과 관련하여 주목되는 것은 정책자금 융자의 일환인 혁신창업 사업화자금 지원과 창업기반 지원 자금지원 및 인력양성사업의 일환인 청년창업사관학교의 운영이다.

2. 창업자금지원

혁신창업사업화 자금지원은 기술력과 사업성은 우수하나 자금이 부족한 중소·벤처기업의 창업을 활성화하고 고용창출을 도모하기 위한 것이다. 창업기반지원자금지원은 업력 7년 미만인 중소기업 또는 중소기업을 창업하는 자를 대상으로 하는 자금지원이다. 지원 대상인 중소기업은 「중소기업창업지원법」 제2조에 따른 창업자에 한하며, 업력은 사업개시일로부터 정책자금 융자신청서 제출일까지의 기간으로 산정된다. 또 이 자금지원에서는 특히 대표자가 만 39세 이하로서, 업력 3년 미만인 중소기업 또는 중소기업을 창업하는 자에 대해서는 청년전용창업자금이 별도로 운영되고 있다.

3. 청년창업사관학교

청년창업사관학교는 우수 창업아이템 및 혁신기술을 보유한 초기창업자를 발굴하여, 성공창업 기업 육성을 목표로 창업 각 단계를 패키지 방식으로 일괄 지원한다. 지원대상은 만 39세(신청과제와 관련된 기술경력 보유자는 만 49세) 이하인 자로 창업 3년 이내 기업의 대표자이며, 사업화 지원으로서 정부지원금(1년간 최대 1억원, 총 사업비의 70%이내 지원), 창업인프라(사업화에 필요한 창업 공간, 제품개발 장비 등 지원), 코칭·교육(사업화 진도 관리 및 단계별 집중 교육 실시), 기술지원(3차원 측정 및 제품설계, 시제품 제작 등), 판로개척 지원(화물운송비, 부스임차 및 장치비 등 국내외 전시회 참가지원), 해외진출 지원(글로벌 연수 및 멘토링, 해외 IR 및 펀딩 등 지원) 등의 지원을 한다.

III. 창업진흥원의 창업지원제도

1. 개설

창업진흥원은 중소벤처기업부 산하의 창업진흥 전담기구로서 청소년과 예비창업자 등에 대한 창업교육부터 우수 아이디어 사업화 지원, 창업기업의 해외진출 지원 등 사업 전반에 대한 창업지원을 하고 있다. 창업진흥원의 창업 활성화를 위한 지원사업으로 창업교육 지원, 사업화 지원, 해외진출 지원, 시설·공간 지원, 행사 네트워크 지원 등이 있다.

2. 창업교육 지원

1) 청소년 비즈쿨

청소년을 대상으로 모의 창업교육을 통하여 기업가정신을 갖춘 '융합형 창의 인재' 양성을 지원하는 사업이다. 초·중·고등학교, 영재학교, 학교 밖 청소년지원센터 등을 대상으로 창업교육, 창업 동아리 지원, 전문가 특강 지원, 기업가적 마인드 함양을 위한 캠프, 페스티벌, 모의 창업활동 등의 체험활동 지원, 기업가정신 교육지원 등의 사업을 한다.

2) 창업에듀

창업교육 수요가 있는 예비창업자 및 창업자 또는 창업교육이 필요한 기관(대학·공공기관·민간기업) 등을 대상으로 온라인 창업교육 플랫폼 창업에듀(http://www.k-startup.go.kr/edu/)를 통해 기업가정신, 창업기본, 창업준비 등 창업의 전 과정을 온라인으로 제공한다. 예비창업자 또는 창업자가 쉽고 체계적으로 창업활동을 수행할 수 있도록, 창업 단계별로 이론 및 실무에 대한 온라인 강좌를 운영하고, 패키지 과정으로서 창업교육이 필요한 기관에는 기관별 교육 목적에 맞는 교육 과정을 개설해주고 있다.

3) 혁신창업스쿨

혁신적인 기술 아이디어를 보유한 예비창업자를 대상으로 준비된 창업을 위한 3단계의 체계적인 교육을 지원한다. 1단계는 온라인 기본교육으로서 기업가정신, 마인드셋, 창업기초 및 준비과정, 분야별 비즈니스 모델 수립, 아이디어 보완 및 구체화 등의 교육을 지원하고, 2단계는 오프라인실습교육으로 최소요건 제품제작, 시장 및 고객 검증, 비즈니스 모델 검증, 멘토링 등의 교육을 지원한다. 3단계는 후속지원으로 IR 피칭대회, 멘토링, 창업지원사업 연계 등의 교육을 지원한다.

3. 사업화 지원

1) 예비창업패키지 지원사업

창업을 준비 중인 예비창업자의 원활한 창업 사업화를 위한 교육과 창업 사업화 소요자금을 지원하는 사업이다. 대상은 예비창업자이며, 지원 내용은 사업화자금 지원, 창업교육 프로그램 운영, 전담멘토를 1:1 매칭하여 사업계획 검토·보완, 경영·자문 서비스 제공 등을 지원한다.

2) 초기창업패키지 지원사업

창업 3년 이내의 유망 초기창업기업을 대상으로 사업화 자금 지원 및 창업프로그램을 지원한다. 사업화 자금 지원은 초기 창업기업의 시제품 제작, 지식재산권 취득, 마케팅 등에 소요되는 사업화 자금을 지원하는 것이며, 창업 프로그램은 주관기관별 특화 ac 전문성을 고려하여 시장진입, 초기투자, 실증검증 등을 지원한다.

3) 창업도약패키지 지원사업

도약기(3년 이상 7년 이내) 창업기업을 대상으로 어려운 시기(Death Valley)를 극복하여 자생적으로 성장할 수 있도록 사업모델 및 제품·서비스 고도화에 필요한 사업화 자금 및 주관기관·대기업 창업 프로그램을 지원한다. 지원내용은 ⅰ) 창업기업의 사업화를 위한 사업모델 개선, 사업아이템 검증 및 보강 등을 위해 소요되는 사업화 자금 등을 지원하는 사업화 지원과 ⅱ) 창업도약기 창업기업의 성과 창출 및 성장 지원을 위해 제품 개선, 디자인 개선, 수출지원, 유통연계 및 자금 지원 등의 성장촉진 프로그램이 있다.

4) 민관공동창업자발굴육성(TIPS) 지원사업

엔젤투자 및 보육역량을 갖춘 창업기획자를 TIPS운영사로 선정하고, 운영사의 투자를 통해 발굴된 유망 창업팀에게 정부의 R&D, 사업화자금 등을 지원하는 사업이다. 지원대상은 Pre-TIPS[178], TIPS[179], Post-TIPS[180]으로 구분하여, Pre-TIPS에 대해서는 사업 아이템의 구체화를 위한 사업화 자금을 1년간 최대 1억 원을 지원한다. TIPS에 대해서는 운영사의 엔젤투자금에 정부의 기술개발(R&D)자금을 매칭하여 지원하고, 창업사업화 자금과 해외마케팅 자금의 연계지원 및 엔젤투자매칭펀드의 추가 지원도 가능하다. Post-TIPS에 대해서는 제품·서비스의 상용화(사업화), 국내외 판로 확대 등 사업 고도화를 위한 자금을 지원한다.

5) 공공기술 창업 사업화 지원사업

공공연구기관이 개발한 기술 활용을 통해 창업을 희망하는 39세 이하 예비창업자(팀)을 대상으로 공공기술을 활용한 창업 사업화에 소요되는 기술이전료, 시제품제작비 등 사업화 자금, 교육·멘토링, 네트워킹 프로그램 및 후속 지원 사업을 지원한다.

6) 생애 최초 청년창업 지원사업

생애 처음으로 기술창업분야에 도전하는 만 29세 이하 예비창업자들을 대상으로

---

178) 중소기업으로서 사업개시일로부터 3년 내이고, 2인 이상으로 구성되어 투자자(팁스 운영사, 액셀러레이터, 개인투자조합)로부터 총 1천만 원 이상 엔젤투자를 유치한 초기 창업기업을 말한다.

179) 팁스 운영사 부터 투자 및 추천을 받은 업력 7년 미만이며, 2인 이상으로 이루어진 예비창업팀 또는 창업팀을 말한다.

180) TIPS 최종평가 결과 '성공' 판정을 받은 기업 중 업력 7년 미만의 창업기업을 말한다. 팁스 프로그램 성공판정 기준은 ① M&A(50억원), ② IPO(코넥스 포함), ③ 연매출 60억원, ④ 후속투자 50억원, ⑤ 연수출 100만불, ⑥ 신규 고용 20명 이상인 경우, ⑦ 상기 ③~⑥요건 2분의 1 기준을 복수 달성한 경우 등이다.

생애 최초로 창업에 도전하는 청년 창업자가 지닌 아이디어를 기반으로 창업 사업화에 성공할 수 있도록 사업화자금, 교육, 멘토링 등을 체계적으로 지원한다.

7) 사내벤처 육성프로그램

대기업 등의 혁신역량을 활용하여 사내벤처팀(예비창업자)을 대상으로 창업아이템의 사업화를 위한 자금 최대 1억 원과 주관기관에서 운영하는 성장지원 프로그램을 지원하여 개방형 혁신 창업 생태계를 조성하는 사업이다.

8) 혁신분야 창업패키지 지원사업(소재·부품·장비 스타트업 100)

소재·부품·장비 산업의 기술자립도 제고와 대·중견기업의 수요 소재·부품에 대응할 수 있는 혁신적인 스타트업을 발굴·육성하기 위한 지원 사업이다. 복합소재, 산업용IoT, 스마트엔지니어링, 융합바이오, 친환경, 반도체의 6개 기술분야의 7년 이내 (신산업 분야는 10년 이내) 소재·부품·장비 창업기업을 대상으로 사업화 자금(시제품 제작 고도화, 마케팅 등에 소요되는 자금), 대·중견기업 상시 매칭 지원(창업기업이 제출한 기술소개서를 바탕으로, 대·중견 기업과 상시 매칭 및 멘토링 제공), 성장촉진 프로그램(교육, IR, 네트워킹 등), 기타 연계지원(중소벤처기업진흥공단 정책자금, 기술보증기금 보증지원 등) 등의 지원을 한다.

9) 혁신분야 창업패키지(신산업 스타트업 육성) 지원사업

신산업 5개 분야(시스템반도체, 바이오헬스, 미래 모빌리티, 친환경·에너지, 로봇) 업력 10년 이내 기업을 대상으로 사업화 자금 지원, 창업기업과 국내 출연연·전문생산기술연구소·대학 등 기술 전문기관의 매칭을 통한 기술개발·고도화 지원, 창업기업과 글로벌 대·중견기업간의 협업 매칭 지원, 투자유치, 기타 연계 지원 등의 지원을 한다.

10) 지역기반 로컬크리에이터 활성화 지원사업

지역의 자연환경·문화적 자산을 소재로 창의성과 혁신을 통해 사업적 가치를 창출하는 로컬 크리에이터를 발굴·육성하여 지역경제의 활성화를 유도하기 위한 사업이다. 소상공인을 대상으로 로컬크리에이터의 비즈니스 모델의 구체화, 멘토링, 브랜딩, 마케팅 등 성장단계별 맞춤형 프로그램을 제공한다.

4. 해외 진출 지원

1) 글로벌 액셀러레이팅 활성화

해외 진출을 희망하는 업력 7년 이내 창업기업을 대상으로 해외 진출 단계에 따라 일반형과 투자형으로 구분하여 특화 프로그램 및 엑셀러레이팅 프로그램을 지원하고, 창업기업의 기술 및 비즈니스 모델을 글로벌 대기업의 인프라 및 사업에 적용하여 비즈니스 모델의 현지화를 지원한다.

2) K-스타트업센터(K-Startup Center) 지원사업

투자실적 및 진출지역 매출실적을 보유한 업력 7년 이내 창업기업을 대상으로 해외 현지시장 안착을 위하여 수요층 확대를 위한 홍보·마케팅, 현지 파트너사와의 협업을 통한 시장 확대 등 현지시장 안착을 위한 기업 맞춤형 프로그램을 지원한다.

3) 글로벌창업사관학교

예비창업팀 또는 3년 이내 D.N.A.와 연관된 기술기반 분야 창업기업을 대상으로 맞춤형 글로벌기업교육과 글로벌 엑셀러레이터의 국내 상주 밀착 보육을 통하여 D.N.A기술을 활용한 창업기업의 역량 및 글로벌 경쟁력을 강화하기 위한 지원 사업이다.

5. 창업인프라 지원

1) 창조경제혁신센터

전국 17개 창조경제혁신센터를 통하여 예비창업자 또는 창업 7년 이내 기업을 대상으로 지역인재의 창의적 아이디어를 사업화하고 창업기업의 성장단계별로 창업교육, 멘토링, 컨설팅, 투자유치, 창업경진대회, 지역창업자와 기업간 네트워킹, 마케팅·판로개척, 글로벌 진출 등의 지원을 함과 동시에 창업 관련 법률·특허·금융·경영 등 원스톱 서비스 지원을 한다.

2) 중장년기술창업센터

경력과 전문성 등을 보유한 만40세 이상의 중장년 예비창업자의 기술 창업 활성화를 위해 전국 27개 중장년기술창업센터에서 역량 있는 중장년을 기술창업 생태계로 유인, 맞춤형 실전 창업 커리큘럼을 운영하여 중장년의 창업역량을 강화하고, 입주 및 코워킹, 네트워킹 공간 제공 등의 다양한 교류와 네트워킹 행사, 멘토링, 경영·기술·마케팅, 사업화 연계 등을 통해 중장년 창업기업의 성장을 지원한다.

3) 1인창조기업 활성화

1인창조기업이 안정적으로 사업화할 수 있도록 전국 50개 1인창조기업지원센터에서 1인창조기업 또는 예비 1인창조기업을 대상으로 교육, 사무공간 제공, 경영 지원 및 사업화 지원, 판로개척 등을 지원하여 창업을 활성화하는 사업이다.

4) 창업존 운영

예비창업자 또는 창업 7년 이내 기업을 대상으로 미래 신산업 분야 유망 창업기업을 발굴하여 ① 창업기업 입주 공간 및 회의실 등 공용공간 지원, ② 교육, 멘토링, 투자유치, 네트워킹, 글로벌 진출 등의 사업화 지원, ③ 통번역, 3D제작보육실, 글로벌테스트베드 등 인프라 활용 지원 등의 프로그램을 운영한다.

5) 스타트업파크

광역시·도 지방자치단체가 민간기업, 대학 산학협력단, 연구기관 등과 컨소시엄을 구성하여 열린 공간에서 자유롭게 소통·교류하며 성장할 수 있는 창업 집적지역을 조성하기 위하여 스타트업파크 앵커시설 설계비 및 건축비를 지원한다.

6. 행사네트워크 지원

1) 글로벌스타트업 페스티벌(COMEUP)

국내·외 스타트업, VC, 미디어, 엑슬러레이터, 대기업 등을 대상으로 창업 생태계 구성원 간의 활발한 교류와 네트워크의 장을 마련하여 신산업 분야의 창업저변 확대를 통하여 창업 생태계의 경쟁력을 강화하기 위한 사업이다. 지원내용은 컨퍼런스, 컴업스타즈, 부대행사 등으로 구성돼 있다. 컨퍼런스는 글로벌 리더들의 세션별 강연·패널토크·스타트업 피칭 등이며, 컴업스타즈는 국내·외 혁신 스타트업의 발굴, 글로벌 네트워킹, 1:1 비즈매칭 지원 등으로 이루어진다. 부대행사로 글로벌 기업, 유관기관 등과의 협업을 통한 스타트업 프로그램이 운영된다.

2) 도전! K-스타트업

국·내외 예비창업자(팀) 및 창업 3년 이내 기업들을 대상으로 중소벤처기업부, 교육부, 과기부, 국방부, 문체부, 여성가족부, 특허청 등의 합동 창업경진대회를 개최하여 유망 창업아이템을 보유한 예비창업자 또는 창업자를 발굴하여 포상하고, 통합본선·왕중왕전 진출팀을 대상으로 창업지원사업 연계 등 후속지원 사업을 실시한다.

3) 청소년 비즈쿨 페스티벌

기업가정신을 갖춘 '융합형 창의인재' 양성을 위한 청소년 비즈쿨 사업의 활동 성과를 공유하는 축제의 장이다. 페스티벌은 전시관, 경진대회, 부대행사 등으로 이루어진다. 전시관은 비즈쿨 주제관, 학교관, 유관기관 및 기업관 등으로 짜여지고, 경진대회는 대기업 협업 아이디어 경진대회, 새싹캠프 IR 경진대회, 활동수기 대회 등으로 진행된다. 부대행사로는 기업가정신 컨퍼런스, 토크콘서트, 신기술 체험 등이 있다.

IV. 소상공인시장진흥공단의 창업지원제도

1. 개설

소상공인시장진흥공단은 소상공인 육성과 전통시장·상점가 지원 및 상권의 활성화를 위하여 「소상공인 보호 및 지원에 관한 법률」에 의하여 설립된 기구로서 소상공인의 창업을 지원하기 위한 각종 사업을 수행한다(동법 제17조~제18조). 소상공인시장진흥공단의 창업지원제도로는 생활혁신형 창업지원, 신사업창업사관학교, 소상공인 사이버평생교육원 등이 있다.

2. 생활혁신형 창업지원

소상공인 분야의 생활 속 혁신적 창업 아이디어로 현재 국내 사업화가 미비하나 향후 성장가능성이 높은 국내외 창업 아이디어를 대상으로 한다. 지원 대상자는 신청일 기준 사업자 등록이 되어 있지 않은 예비 창업자로 즉시 창업이 가능한 자이다. 생활혁신형 창업가로 선정되면 맞춤형 멘토링과 성공불융자[181]가 지원된다. 그러나 소상공인 정책자금 지원 제외 업종으로 창업하려는 자, 신사업창업사관학교에 선발되어 교육 및 점포경영체험을 수행 중인 자, 금융기관 등으로부터 채무불이행자로 규제 중이거나, 국세 또는 지방세를 체납 중인 자 등은 지원 대상에서 제외된다.

3. 신사업창업사관학교

국내외 다양한 신사업 아이디어를 발굴·보급하고 성장 가능성이 높은 유망 아이템 중심으로 예비창업자를 선발하여 이론교육, 경영체험교육, 멘토링, 창업자금 등을 패키지로 지원한다. 지원 대상은 신청일 기준 사업자 등록이 되어있지 않은 예비 창업자로 생활·서비스의 혁신 아이디어나 자신이 보유한 고유의 기술·노하우를 기

---

181) 성공불융자는 대출실행 후에는 휴·폐업 등 특정이슈 발생 또는 거치만료일 전월에 성공·실패 판정에 따라 원금상환비율 결정하는 융자를 말한다.

반으로 창업하려는 자이다. 한국표준산업분류상 음식점업이나 주점업 또는 소상공인 정책자금 지원 제외 대상 업종으로 창업하려는 자, 채무불이행자 등은 지원 대상에서 제외된다.

V. 여성기업종합지원센터의 창업지원제도

1. 개설

여성기업종합지원센터는 「여성기업 지원에 관한 법률」에 의하여 한국여성경제인협회 산하에 여성의 창업과 여성기업의 활동을 적극적으로 촉진하기 위하여 각종 정보 및 교육·훈련·연수·상담 등의 서비스를 제공하기 위하여 설치된 기구이다(동법 제15조). 여성기업종합지원센터의 여성창업지원제도에는 여성창업보육센터 지원사업, 여성창업 엑셀러레이팅 등이 있다.

2. 여성창업보육센터 지원

여성의 창업과 여성기업의 경영활동 촉진을 위하여 창업보육, 여성경제인에 대한 정보 및 자료 제공, 입주기업 지원역량 강화를 통한 입주기업 보육성과 및 창업 성공률 제고 등을 도모하는 지원이다. 예비 여성 창업자 및 창업 3년 이내의 여성 기업인들을 대상으로 여성창업보육실 입주 및 공동회의실·사무기기 제공, 경영·세무 등 컨설팅, 지식재산권 등 전문가 컨설팅 제공, 산업디자인 개발비 지원, 산업지적재산권 및 각종 인증획득 지원, 국내외 판로지원 등의 지원을 한다.

3. 여성창업 엑셀러레이팅

예비 여성창업자 및 창업 후 3년 미만인 여성창업자(투자유치 30억 미만)를 대상으로 기술창업(IT/ICT, 바이오/헬스, 기계, 전자 등의 혁신적인 기술 기반 아이템)과 일반창업(교육, 상담 등 지식서비스, 뷰티, 푸드, 생활재의 제조, 유통 등 기술 외 사업화 가능 아이템), 예비창업(기술/지식/일반 등의 아이템으로 사업화 아이디어를 가진 사업자등록 이전 또는 사업개시일 6개월 미만인 자), 지역창업(서울, 경기, 인천을 제외한 지역에 소재지를 둔 창업자)의 4개 부문으로 나누어, 사업계획서 작성법 등 비즈니스모델 고도화 지원을 위한 사전교육 후 심사를 거쳐 우수 여성창업자를 선정·시상을 하고, 역량강화 교육, 초기 사업화지원, 투자유치 등의 지원을 한다.

VI. 장애인기업종합지원센터에 의한 창업지원

1. 개설

장애인기업종합지원센터는 「장애인기업활동촉진법」 제13조에 의하여 장애인의 창업 촉진과 장애인 기업의 활동을 증진하기 위하여 설치된 기구로서 장애인을 위한 맞춤형 창업교육사업, 장애인 창업아이템 경진대회, 장애인 창업 점포 지원, 장애인 기업창업보육실 운영 등의 사업을 시행한다.

2. 장애인 맞춤형 창업교육

장애인 맞춤형 창업교육 사업은 장애인 예비창업자 및 다른 업종으로의 전환을 준비하는 장애인 기업을 대상으로 필수과정, 선택과정, 특화과정이 운영되고 있다. i) 필수과정은 장애인교육지원시스템(창업넷, start.debc.or.kr)을 통해 창업기초교육, 역량강화교육, 재기교육, 협동조합 교육 등을 진행하고, ii) 선택과정에는 교육 수료자 중 신청자에 한해 창업기초, 사업계획서 작성 기초 교육 등의 전문가 코칭, 전문가의 심층 상담을 통해 창업에 필요한 분야들을 설정한 다음 각분야의 전문가들과 멘토링 및 미션수행을 하며 창업을 준비하는 창업컨설팅프로그램 등이 있다. iii) 특화과정은 장애인 특화업종 및 분야를 선정한 다음 전문적기술 및 창업교육을 지원하는 교육프로그램이다.

3. 장애인 창업사업화 지원

창업교육을 이수한 장애인 예비창업자 및 타 업종으로의 전환을 준비하는 장애인에게 수혜자 선정을 통한 창업 초기 사업화 자금을 지원한다.

4. 장애인 창업 점포 지원

창업의지가 있는 장애인 예비창업자 또는 업종전환 희망자에게 창업공간을 지원하여 경제적 자립 기틀을 마련해주는 사업이다. 지원업종은 서비스업, 도·소매업 및 유통업, 음식업 등 입지중심형 업종이며, 창업점포에 대해 장애인기업종합지원센터의 명의로 임차하여 일정한 기간 창업보육서비스를 제공한다.

5. 장애인기업 경영환경개선 지원

창업교육을 이수한 장애인기업에게 수혜자 선정을 통한 경영환경개선 자금을 지원한다. 지원 대상은 업종추가 예정인 경영환경개선을 희망하는 장애인기업이며, 지원 내용은 경영환경 개선에 필요한 개선비용 지원으로, 내·외부 인테리어, 간판교체, 아이템변경에 따른 설비, 사무집기 구입비 등을 지원하는 것이다.

6. 장애인 창업아이템 경진대회

창의적인 아이디어 및 아이템을 보유한 장애인 창업자 및 기업을 발굴하고 포상·시상을 통해 창업분위기 조성과 혁신적 창업기업을 육성하기 위한 프로그램이다.

VII. 중앙정부 및 지방자치단체의 창업지원제도

1. 중앙정부

위에서 설명한 각종 창업지원사업 외에 정보통신산업진흥원은 창업 7년 이하의 데이터 창업기업을 대상으로 한 '데이터활용 사업화 지원사업'과 창업 3년 미만의 창업자 및 예비창업자를 대상으로 하는 '클라우드기반 SW개발환경 지원사업', ICT 기반 아이디어 및 기술을 보유한 예비창업자 및 업력 3년 이내의 창업기업 대상 'K-Global 스타트업공모전사업', 글로벌 진출을 목표로 하는 창업7년 이내 AI분야 기업 대상 'K-Global 엑셀러레이트육성사업' 등을 실시하고 있다.

한국관광공사는 관광분야 예비창업자와 창업초기기업 등을 대상으로 '관광벤처사업공모전'과 '관광엑셀러레이팅지원사업'을 시행하고 있으며, 국민체육진흥공단은 권역별 창업지원센터를 통한 '스포츠산업 예비초기 및 창업도약지원'과 '스포츠산업재창업지원' 사업을 실시하고 있다.

농업기술실용화재단은 농식품분야 지식재산권 및 노하우 보유 벤처·창업기업 대상 '농식품기술평가지원'과 농식품분야 예비창업자 및 창업기업 대상 '농식품벤처육성지원', '농식품판로지원' 등의 사업을 실시하고, 한국환경산업기술원은 녹색산업분야 유망창업 아이템이 있는 예비창업자 및 초기창업기업 대상 '에스코스타트업지원사업'을 실시하는 등 중앙 각 부처 산하 전담기관에서 다양한 창업지원사업이 실시되고 있다.

2. 지방자치단체

광역자치단체들은 당해 관할지역의 지역경제발전과 고용증대, 주민들의 소득증대를 위하여 많은 창업지원제도를 마련하여 시행하고 있다. 당해 지역의 창업 촉진 및 활성화를 위하여 지역 소재 대학 창업보육센터 지원, 대학 창업 동아리 지원, 당해 지역 거주 예비창업자 및 초기창업자들을 대상으로 한 창업 보육 프로그램을 운영하고, 창업 기업의 판매 및 홍보 지원, 스타 기업 육성 지원, 창업 강좌 및 여성 창업 강좌 개설, 창업 박람회 개최, 창업 아카데미 운영, 수출 및 해외 마케팅 지원, 장기실업자 창업지원, 여성창업보육센터 운영, 여성 가장 및 실직 여성 가장 창업지원, 스타 기업 육성 지원 등의 각종 지원 사업이 시행되고 있다.

기초자치단체들 중에도 산하 청년창업지원센터에서 1인창조기업 인정범위 업종을 대상으로 입주기업을 모집하거나, 당해 지역 거주 만 19세~39세 이하 내국인으로서 당해 지역에 사업자등록 후 3개월 이상 3년 미만 사업체를 두고 있는 청년창업가에게 청년창업수당을 지급하는 등 각종 창업지원사업을 수행하는 곳도 일부 있으나, 대부분 일자리 확보 차원에서 기존기업의 유치 및 투자기업 지원 등에 비중을 두고 있는 경향이다.

[판례 산책]

사례 1 : 청구인은 창업진흥원이 운영하는 '도전! K-스타트업 2018' 중 '혁신창업리그'의 평가위원 자격과 관련하여, 중소벤처기업부와 서울특별시에 실제적인 전문가를 쉽게 찾아 내는 방법을 계속 제안하였음에도, 담당공무원이 그 제안을 받아들이지 않아 청구인이 헌법 소원심판 청구를 하였다. 이 청구는 정당한가?

【헌법재판소 판단】 헌법소원심판의 청구인은 자신의 기본권에 대한 공권력 주체의 침해행위가 위헌적인 것임을 구체적이고 명확하게 주장하여야 하고, 그와 같이 기본권 침해의 가능성을 확 인할 수 있을 정도로 구체적인 주장을 하지 아니하고 막연하고 모호한 주장만을 하는 경우 그 심판청구는 부적법하다. 그런데 청구인은 자신의 기본권 침해의 원인이 무엇인지 또 그로 인하 여 청구인의 기본권이 어떻게 침해되었는지에 대하여 구체적이고 명확한 주장을 하고 있지 않 다. 설령 청구인의 주장을 평가위원의 자격과 평가위원회 구성에 관한 청구인의 제안을 받아들 이지 아니한 중소벤처기업부와 서울특별시 담당 공무원의 부작위가 헌법에 위반된다는 주장으 로 선해하여 보더라도, 행정권력의 부작위에 대한 헌법소원은 공권력의 주체에게 헌법에서 유 래하는 작위의무가 특별히 구체적으로 규정되어 이에 의거하여 기본권의 주체가 공권력의 행 사를 청구할 수 있음에도 공권력의 주체가 그 의무를 해태하는 경우에만 허용되는 것인데, 헌 법과 관계법령으로부터 청구인이 주장하는 바와 같은 구체적인 작위의무가 도출되지도 아니한 다. 그렇다면 이 사건 심판청구는 부적법하므로 각하하기로 한다(헌재 2018. 10. 23. 2018헌마 1022).

사례 2 : 대학의 산업협력단장이 지방자치단체로부터 지원받은 기업지원비를 중소기업청 주관 실험실창업지원사업 등의 신청자에게 창업자 부담금으로 임의 사용할 수 있는가?

【지방법원 판결 요지】 ○○대학교 산학협력단이 사업의 주관기관으로서 강원도에 제출한 이 사건 사업계획서에 '기업지원'에 관한 사업목표가 '신성장동력산업 기반구축에 필요한 기업지 원', 사업내용이 '창업 및 업종전환 지원-개발 제품 생산 회사 창업 유도', 실적목표가 '창업 및 보육센터 입주 4건 이상'으로 정하여져 있고, 실제로 피고인이 창업자 부담금을 지원한 피고 인, 공소외 2, 3의 창업은 모두 이 사건 사업이 육성하려는 △△ 관련 창업이며, 강원도 신성 장 동력사업 발굴육성 지원사업 운영요령의 사업비 편성 기준에서도 기업지원비를 '주관기관 및 참여기관을 제외한 지역 내 기업지원을 위하여 직접적으로 소요되는 비용으로, 경영, 회계, 마케팅, 기술이전 및 사업화지원비용, 국내외 전시회 참가 지원 등으로 계상한다'고 규정할 뿐 위와 같은 창업자 부담금 지원을 배제하는 취지는 아니므로, 이 대학교 산학협력단장이 위와 같이 기업지원비로 창업자 부담금을 지원한 것이 기업지원비의 사용목적을 벗어났다고 단정하 기 어렵다(춘천지방법원강릉지원 2012. 11. 1. 선고 2012고정133 판결).

LECTURE
ON
STARTUP
LAW

부 록

LECTURE ON STARTUP LAW

1. 비영리 공익 사단법인 정관(예시)

제1장 총 칙

제1조(목적) 이 법인은 「민법」 제32조 및 「공익법인의 설립운영에 관한 법률」에 따라 …에 관한 사업을 수행함으로써 …에 이바지함을 목적으로 한다.

제2조(명칭) 이 법인은 "사단법인 ○○○○(이하 "법인")이라 한다.

제3조(사무소의 소재지) 법인의 사무소는 ○○시(도) ○○구(군) ○○로 100에 둔다.

제4조(사업) ① 법인은 제1조의 목적을 달성하기 위하여 다음의 목적사업을 행한다.

　　1. …

　　2. …

　　3. …

② 제1항의 목적사업을 추진하기 위하여 한국국제협력단 사업 관련 수익사업을 행할 수 있다.

③ 제2항의 수익사업을 경영하고자 하는 경우에는 미리 주무관청의 승인을 받아야

제2장 회 원

제5조(회원자격) ① 법인의 회원은 제1조의 목적과 설립취지에 찬동하여 소정의 회원가입 신청서를 법인에 제출하고 이사회의 승인을 얻은 자(개인, 단체)로 한다. 다만, 창립총회시의 회원은 창립총회에서 결정한다.

② 회원의 가입회비 등에 관한 세부사항은 총회에서 별도의 규정으로 정한다.

제6조(회원의 권리와 의무) ① 회원은 법인 임원 선거권 및 피선거권을 가지며 총회에 참석하여 법인의 활동에 관한 의견을 제안하고 의결에 참여할 권리를 가진다.

② 회원은 법인의 자료 및 출판물을 제공받으며 법인운영에 관한 자료를 열람할 수 있다.

③ 회원은 다음 각 호의 의무를 진다.

　　1. 법인의 정관 및 제규정의 준수

　　2. 총회 및 이사회의 결의사항 이행

　　3. 회비 납부

제7조(회원의 탈퇴 및 제명) ① 회원은 본인의 의사에 따라 회원탈퇴서를 제출함으로써 자유롭게 탈퇴할 수 있다.

② 회원이 법인의 명예를 손상시키거나 목적 수행에 지장을 초래한 경우 또는 2년 이상 회원의 의무를 준수하지 않은 경우에는 총회의 의결을 거쳐 제명할 수 있다

③ 탈퇴 및 제명으로 인하여 회원의 자격을 상실한 경우에는 납부한 회비 등에 대한 권리를 요구할 수 없다.

제3장 임 원

제8조(임원의 종류와 정수) 법인에 다음의 임원을 둔다
    1. 이사 5명
    2. 감사 2명

제9조(임원의 임기) ① 이사의 임기는 4년, 감사의 임기는 2년으로 한다. 다만, 최초의 임원 반수의 임기는 그 반에 해당하는 기간으로 정한다.

② 임원의 임기 중 결원이 생긴 때에는 총회에서 보선하고, 보선에 의하여 취임한 임원의 임기는 전임자의 잔여기간으로 한다.

③ 이사와 감사는 연임할 수 있다.

제10조(임원의 선임방법 및 해임) ① 임원은 총회에서 선임하여 선출한다.

② 제4조의 사업을 전담하게 하기 위한 상임이사는 이사장이 이사 중에서 지명하여 이사회의 동의를 얻어 임명할 수 있고 업무분장은 이사장이 정한다.

③ 이사 또는 감사 중에 결원 발생 시 2월 이내에 이를 충원하여야 한다.

④ 임기 종료 전에 다음 각 호의 어느 하나에 해당하는 행위를 한 때에는 총회의 의결을 거쳐 해임할 수 있다.

    1. 법인의 목적에 위배되는 행위
    2. 임원간의 분쟁·회계부정 또는 현저한 부당행위
    3. 법인의 업무를 방해하는 행위

제11조(임원 선임의 제한) ① 이사회 구성에 있어서 이사 상호간에 「공익법인의 설립·운영에 관한 법률 시행령」 제12조에 따른 특수관계에 해당하는 이사의 수는 이사 현원의 5분의 1을 초과하지 못한다.

② 감사는 감사 상호간 또는 이사와 제1항의 특수관계에 해당하지 않아야 한다.

제12조(이사장의 선출방법과 그 임기) ① 이사장은 이사회에서 선출한다. 다만, 이사장이 궐위되었을 때에는 지체없이 후임 이사장을 선출하여야 한다.

② 이사장의 임기는 이사로 재임하는 기간으로 한다.

③ 상임이사는 상근하며 이사장의 지시를 받아 법인의 사무를 총괄한다.

제13조(이사장 및 이사의 직무) ① 이사장은 법인을 대표하고 법인의 업무를 통할하며 이사회의 의장이 된다.

② 이사는 이사회에 출석하여 법인의 업무에 관한 사항을 심의·의결하며, 이사회 또는 이사장으로부터 위임받은 사항(상임이사에게 위임한 사항은 제외한다)을 처리한다.

③ 상임이사는 상근하며 이사장의 지시를 받아 법인의 사무를 총괄한다.

제14조(이사장 직무대행) 이사장이 사고나 궐위가 있을 때에는 이사장이 지명하는 이사나 지명이 안 된 경우 이사 중 최연장자인 이사가 이사장의 직무를 대행한다.

제15조(감사의 직무) 감사는 다음의 직무를 행한다.

1. 법인의 재산상황을 감사하는 일
2. 이사회의 업무집행의 상황을 감사하는 일
3. …
4. …
5. …

제4장 총 회

제16조(총회의 구성 및 기능) ① 총회는 법인의 최고 의결기관이며 회원으로 구성한다.

② 법인은 회원 중에서 본회 및 각 지부를 대표할 수 있는 대의원을 둘 수 있으며, 본회 및 지부별 대의원 정수는 이사회에서 정한다.

③ 총회는 다음 사항을 의결한다.

1. 임원의 선출 및 해임에 관한 사항
   ⋮
7. 기타 법인운영의 중요한 사항

제17조(총회의 구분과 소집) ① 총회는 정기총회와 임시총회로 나누되 정기총회는 연 1회, 1월 중에, 임시총회는 수시 이사장이 소집하고 그 의장이 된다.

② 이사장은 회의내용 등을 명기하여 7일 전에 각 회원에게 통지하여야 한다.

③ 총회는 제2항의 통지사항에 한하여만 의결할 수 있다.

제18조(총회의 의결정족수) ① 총회는 재적회원 과반수의 출석으로 개회한다.

② 총회의 의사는 출석한 회원 과반수의 찬성으로 의결한다. 다만, 가부동수인 경우에는 의장이 결정한다.

제19조(총회소집의 특례) ① 이사장은 다음 각 호의 어느 하나에 해당하는 소집요구가 있을 때에는 그 소집 요구일로부터 2주 이내에 총회를 소집하여야 한다.

1. 재적이사 과반수가 회의의 목적사항을 제시하여 소집을 요구한 때
2. 제15조 제4호의 규정에 의하여 감사가 소집을 요구한 때
3. 회원 3분의 1이상이 회의의 목적사항을 제시하여 소집을 요구한 때

② 총회 소집권자가 궐위되거나 또는 이를 기피함으로써 총회소집이 불가능할 경우 총회 소집을 청구한 자는 법원의 허가를 얻어 총회를 소집할 수 있다.

③ 제2항에 의한 총회는 출석이사 중 연장자의 사회 아래 그 의장을 지명한다.

제20조(총회의결 제척사유) 의장 또는 회원이 다음 각 호의 어느 하나에 해당하는 때에는 그 의결에 참여하지 못한다.

1. 임원 취임 및 해임에 있어 자신에 관한 사항
2. 금전 및 재산의 수수를 수반하는 사항으로써 회원 자신과 법인과의 이해가 상반되는 사항

제5장 이 사 회

제21조(이사회의 구성 및 기능) ① 법인의 이사회는 이사장과 이사로 구성한다.

② 이사회는 다음 각 호의 사항을 심의, 의결한다.

    1. 업무집행에 관한 사항

    2. 사업계획 운영에 관한 사항

      :

    6. 기타 법령이나 법인의 정관 또는 규정에 따라 이사회의 권한에 속하는 사항

제22조(의결정족수) ① 이사회는 재적이사 과반수의 출석으로 개회하고 이사회의 의사는 출석이사 과반수의 찬성으로 의결한다. 다만, 가부동수인 경우에는 의장이 결정한다.

② 이사회의 의결은 대한민국 국민인 이사가 출석이사의 과반수가 되어야 한다.

③ 감사는 이사회에 출석하여 의견을 진술할 수 있다.

제23조(의결제척 사유) 이사장 또는 이사가 다음 각 호의 어느 하나에 해당하는 때에는 그 의결에 참여하지 못한다.

    1. 임원의 취임 및 해임에 있어 자신에 관한 사항을 의결할 때

    2. 금전 및 재산의 수수를 수반하는 사항 등 자신과 법인의 이해가 상반될 때

제24조(이사회의 소집) ① 이사회는 이사장이 소집하고 그 의장이 된다.

② 이사회를 소집하고자 할 때에는 적어도 회의 7일 전에 목적사항을 명시하여 각 이사에게 통지하여여야 한다.

③ 이사회는 제2항의 통지사항에 한하여서만 의결할 수 있다. 다만, 재적이사 전원이 출석하고 출석이사 전원의 찬성이 있을 때에는 통지하지 아니한 사항이라도 이를 부의하고 의결할 수 있다.

④ 이사회는 제3항의 이사 전원이 찬성한 사항일지라도 총회의 의결을 거쳐야 하는 사항은 의결할 수 없다.

제25조(이사회소집의 특례) ① 이사장은 다음 각 호의 어느 하나에 해당하는 소집요구가 있을 때에는 그 소집요구일로부터 20일 이내에 이사회를 소집하여야 한다.

    1. 재적이사 과반수로부터 회의의 목적사항을 제시하여 소집을 요구한 때

    2. 제15조 제4호의 규정에 의하여 감사가 소집을 요구한 때

② 이사회 소집권자가 궐위되거나 또는 이를 기피함으로써 7일 이상 이사회 소집이 불가능할 때에는 재적이사 과반수의 찬성으로 주무관청의 승인을 얻어 소집할 수 있다.

③ 제2항에 의한 이사회의 운영은 출석이사 중 연장자의 사회아래 그 의장을 지명한다.

제26조(서면결의 금지) 이사회의 의사는 서면결의에 의할 수 없다.

제6장 재산 및 회계

제27조(재산의 구분) ① 법인의 재산은 이를 기본재산과 보통재산으로 구분한다.

② 다음 각 호의 어느 하나에 해당하는 재산은 이를 기본재산으로 하고, 기본재산 이외의 일체의 재산은 보통재산으로 한다.

1. 설립 시 기본재산으로 출연한 재산
2. 기부에 의하거나 기타 무상으로 취득한 재산
3. 보통재산 중 총회에서 기본재산으로 편입할 것을 의결한 재산
4. 세계(歲計)잉여금 중 적립금

③ 법인의 기본재산은 다음과 같다.

1. 설립 당시의 기본재산은 "별지목록 1"과 같다.
2. 현재의 기본재산은 "별지목록 2"와 같다.

제28조(재산의 관리) ① 제27조 제3항의 기본재산을 매도, 증여, 임대, 교환하거나, 담보에 제공하거나 의무부담 또는 권리의 포기를 하고자 할 때는 이사회의 의결과 총회의 승인을 거쳐 주무관청의 허가를 받아야 한다.

② 법인이 매수, 기부채납, 기타 방법으로 재산을 취득할 때는 지체없이 이를 법인의 재산으로 편입조치 하여야 한다.

③ 기본재산 및 보통재산의 유지, 보존 및 기타 관리(제1항 및 제2항의 경우를 제외한다)에 관하여는 이사장이 정하는 바에 의한다. 단, 원금손실의 우려가 있는 경우에는 이사회의 의결을 거쳐야 한다.

④ 기본재산의 목록이나 평가액에 변동이 있을 때에는 지체없이 별지목록 2를 변경하여 정관변경 절차를 밟아야 한다.

제29조(재산의 평가) 법인의 모든 재산의 평가는 취득당시의 시가에 의한다. 다만, 재평가를 실시한 재산은 재평가액으로 한다.

제30조(경비의 조달방법 등) 법인의 유지 및 운영에 필요한 경비는 기본재산의 과실, 각종 기부금, 회원의 회비 및 기타의 수입으로 조달한다.

제31조(회계의 구분) ① 법인의 회계는 목적사업회계와 수익사업회계로 구분한다.

② 제1항의 경우에 법인세법의 규정에 의한 법인세 과세대상이 되는 수익과 이에 대응하는 비용은 수익사업회계로 계리하고, 기타의 수익과 비용은 목적사업회계로 계리한다.

③ 제2항의 경우에 목적사업회계와 수익사업회계로 구분하기 곤란한 비용은 법인세에 관한 법령의 규을 준용하여 배분한다.

제32조(회계원칙) 법인의 회계는 사업의 경영성과 수지상태를 정확하게 파악하기 위하여 모든 회계거래를 발생의 사실에 의하여 기업회계의 원칙에 따라 처리한다.

제33조(회계연도) 법인의 회계연도는 정부의 회계연도에 따른다.

제34조(예산외의 채무부담 등) 예산외의 채무의 부담 또는 채권의 포기는 이사회의 의결과 총회의 승인을 거쳐 주무관청의 허가를 받아야 한다. 다만, 당해 연도의 예산으로 상환할 수 있는 단기차입(短期借入)과 차입하고자 하는 금액을 포함한 장기차입금의 총액이 기본재산 총액에서 차입당시의 부채 총액을 공제한 금액의 100분의 5에 상당하는 금액 미만인 장기차입(長期

借入)은 주무관청의 허가를 받지 않는다.

제35조(임원 등의 보수 제한) 정수 범위 내에서 감독청의 승인을 받은 임직원(임원과 직원)을 제외하고는 보수를 지급하지 아니한다. 다만, 실비의 보상은 예외로 한다.

제36조(임원 등에 대한 재산대여 금지) ① 법인의 재산은 이 법인과 다음 각 호의 하나에 해당하는 관계가 있는 자에 대하여는 정당한 대가없이 이를 대여하거나 사용하게 할 수 없다.

    1. 법인의 설립발기인

    2. 법인의 임원

    3. …

    4. …

② 제1항 각 호의 규정에 해당되지 아니하는 자의 경우에도 법인의 목적에 비추어 정당한 사유가 없는 한 정당한 대가없이 대여하거나 사용하게 할 수 없다.

제37조(사업실적 및 사업계획 등의 제출) ① 법인의 사업계획과 세입세출예산은 당해 사업의 회계연도 개시 1월전까지 다음 각 호의 서류를 이사회의 의결과 총회의 승인을 거쳐 주무관청에 제출한다.

    1. 추정대차대조표 및 그 부속 명세서

    2. 추정손익계산서 및 그 부속 명세서

② 법인은 매 회계연도 종료 후 3월 이내에 다음 각 호의 서류를 이사회의 의결과 총회의 승인을 얻어 주무관청에 제출한다.

    1. 대차대조표 및 그 부속 명세서

    2. 손익계산서 및 그 부속 명세서

    3. …

제7장 보 칙

제38조(정관변경) 법인의 정관을 변경하고자 할 때에는 총회에서 재적회원 3분의 2 이상의 찬성으로 의결하여 다음 각 호의 서류를 첨부하여 주무관청의 허가를 받아야 한다.

    1. 변경사유서 1부

    2. 정관개정안(신·구대조표를 포함한다) 1부

    3. 정관의 변경에 관한 총회 또는 이사회회의록 등 관련서류 1부

제39조(해산신고 및 청산) ① 법인을 해산하고자 할 때에는 총회에서 재적회원 4분의 3 이상의 찬성으로 의결하며, 청산인은 파산의 경우를 제하고는 그 취임 후 3주간 내에 해산등기를 하고 지체없이 다음 각 호의 서류를 첨부하여 주무관청에 해산신고를 하여야 한다.

    1. 법인 해산신고서

    2. 해산 당시의 재산목록

    3. 잔여재산의 처분방법의 개요를 기재한 서류

    4. 해산 당시의 정관

    5. 당해 해산결의를 한 총회의 회의록

② 법인의 해산 시 파산의경우를 제외하고 이사가 청산인이 되며 청산인은 법인의 청산이 종결된 때에는 3주간 내에 이를 등기하고 청산종결 신고서를 주무관청에 제출하여야 한다.

제40조(잔여재산의 귀속) 법인이 해산할 때의 잔여재산은 부산광역시교육청에 귀속한다.

제41조(시행세칙) 회비징수에 관한 사항 등 이 정관의 시행에 관하여 필요한 사항은 이사회의 의결과 총회의 승인을 거쳐 세칙으로 정한다.

제42조(공고사항 및 방법) 법령의 규정에 의한 사항과 다음 각 호의 사항은 이를 ○○일보에 공고하여 행한다.

    1. 법인의 명칭 및 사무소의 소재지 변경

    2. 기타 이사회에서 공고하기로 의결한 사항

제43조(기부금 모금액 등) 법인은 연간 기부금 모금액 및 활용실적을 다음연도 3월말까지 인터넷 홈페이지 등에서 공개한다.

부   칙

제1조(시행일) 이 정관은 주무관청의 허가를 받은 날부터 시행한다.

제2조(회원에 대한 경과조치) 이 정관 시행당시 법인설립을 위하여 발기인 등이 행한 행위는 이 정관에 의하여 행한 것으로 본다.

제3조(설립당초의 임원 및 임기) 법인 설립 당초의 임원 및 임기는 다음과 같다.

직위	성명	주 소	직업	임기
이사장				4년
이 사				2년
이 사				4년
이 사				2년
이 사				4년
감 사				2년
감 사				2년

상기와 같이 법인을 설립하기 위하여 이 정관을 작성하고 다음과 같이 설립자 전원이 기명날인한다.

발기인 대표   (인)

발기인   (인)

발기인   (인)

발기인   (인)

【별지1】

설립당초의 기본재산목록

1. 기본재산 총괄표
(0000년 0월 0일 설립)

재 산 명	수 량	평 가 액(원)	비 고
현 금	0	0	
합 계	0	0	

2. 기본재산 세부목록
(0000년 0월 0일 설립)

재산명	종 별 (소재지,지번,지목)	수량 (지적)	단가(원)	평 가 액(원)	비 고
현 금		0		0	
합 계		0		0	

【별지2】

현재의 기본재산목록

1. 기본재산 총괄표
(0000년 0월 0일 설립)

재 산 명	수 량	평 가 액(원)	비 고
현 금	0	0	
합 계	0	0	

2. 기본재산 세부목록
(0000년 0월 0일 설립)

재산 명	종 별 (소재지,지번,지목)	수량 (지적)	단가(원)	평 가 액(원)	비 고
현 금		0		0	
합 계		0		0	

2. 주식회사 정관(예시)

주식회사 OO 정관

제1장 총 칙

제1조(상 호) 이 회사는 "주식회사 OO"라 칭하며, 영문은 "OO co, Ltd."로 표기한다.

제2조(목 적) 이 회사의 목적 사업은 다음과 같다.

1.

2.

3.

4.

제3조(본점과 지점의 소재지) 이 회사의 본점은 서울특별시 OO구에 두고 필요에 따라 이사회 결의로 국내외에 지점, 출장소, 사무소 및 현지법인을 둘 수 있다.

제4조(공고방법) 이 회사의 공고는 서울특별시에서 발행하는 일간 OO신문에 게재하는 방법으로 한다.

제2장 주 식

제5조(회사가 발행할 주식의 총수) 이 회사가 발행할 주식의 총수는 1,000,000주로 한다.

제6조(1주의 금액) 이 회사가 발행하는 주식 1주의 금액은 500원으로 한다.

제7조(주식의 종류) 이 회사가 발행할 주식의 종류는 보통주와 우선주로 한다.

제8조(회사설립 시 발행하는 주식의 총수) 이 회사가 회사 설립 시에 발행하는 주식의 총수는 200주로 한다.

제9조(주권의 종류) 이 회사가 발행할 주권의 종류는 1주권, 10주권, 100주권, 500주권, 1,000주권의 5종으로 한다.

제10조(신주인수권) 이 회사의 주주는 신주 발행에 있어서 그가 소유한 주식 수에 비례하여 신주의 배정을 받을 권리를 가진다. 그러나 주주가 신주인수권을 포기 또는 상실하거나 신주 배정에서 단주가 발생하는 경우 그 처리 방법은 이사회의 결의에 의한다.

제11조(신주의 배당기산일) 회사가 유상증자, 무상증자 및 주식배당에 의하여 신주를 발행하는 경우 신주에 대한 이익의 배당에 관하여는 신주를 발행한 때가 속하는 영업연도의 직전 영업연도 말에 발행된 것으로 본다.

제12조(명의개서) 주식의 양도로 인하여 명의개서를 청구할 때에는 이 회사의 소정의 청구서에

주권을 첨부하여 제출하여야 한다. 상속, 유증, 기타 계약 이외의 사유로 인하여 명의개서를 청구할 때에는 이 회사 소정의 청구서에 주권 및 취득원인을 증명하는 서류를 첨부하여 제출하여야 한다.

제13조(주주의 주소 등의 신고) 이 회사의 주주 및 등록된 질권 또는 그 법정대리인이나 대표자는 이 회사가 정하는 서식에 의하여 그의 성명, 주소와 인감을 당 회사에 신고하여야 한다. 신고사항에 변경이 있는 때에도 또한 같다.

제14조(주주명부의 폐쇄 및 기준일) ① 이 회사는 매 결산기의 다음날부터 정기주주총회의 종결일까지 주주명부의 기재의 변경을 정지한다.

② 제1항의 경우 이외에 주주 또는 질권자로서 권리를 행사할 자를 확정하기 위하여 필요한 때에는 이사회의 결의에 의하여 주주명부의 기재의 변경을 정지하거나 또는 기준일을 정할 수가 있다. 이 경우에는 그 기간 또는 기준일의 2주간 전에 공고하는 것으로 한다.

제3장 주주총회

제15조(소집시기) ① 이 회사의 주주총회는 정기주주총회와 임시주주총회로 한다.

② 정기주주총회는 매 사업연도 종료 후 3월 이내에, 임시주주총회는 필요에 따라 소집한다.

제16조(소집권자) 이 회사의 주주총회의 소집은 법령에 다른 규정이 있는 경우를 제외하고는 대표이사가 소집한다. 대표이사 유고시에는 이사회의 결의에 의하여 정한 이사가 소집한다.

제17조(소집통지 및 공고) 주주총회를 소집함에는 그 일시, 장소 및 회의의 목적사항을 총회일 2주간 전에 각 주주에게 서면 또는 전자문서로 통지를 발송하여야 한다. 다만, 의결권 있는 발행주식총수의 100분의1 이하의 주식을 소유한 주주에 대한 소집통지서는 2주간 전에 주주총회를 소집한다는 뜻과 회의 목적사항을 서울특별시에서 발행하는 00신문에 2회 이상 공고함으로써 서면 또는 전자문서에 의한 소집통지서에 갈음할 수 있다.

제18조(소집지) 주주총회는 본점 소재지에서 개최하되 필요에 따라 이의 인접지역에서도 개최할 수 있다.

제19조(의장) 주주총회의 의장은 대표이사로 한다. 대표이사 유고시에는 이사회에서 선임한 다른 이사가 이를 대행한다.

제20조(의장의 질서유지권) ① 주주총회의 의장은 그 주주총회에서 고의로 의사진행을 방해하기 위한 언행을 하거나 질서를 문란케 하는 자에 대하여 그 발언의 정지, 취소 또는 퇴장을 명할 수 있으며, 그 명을 받은 자는 이에 응하여야 한다.

② 주주총회의 의장은 의사진행의 원활을 기하기 위하여 필요하다고 인정할 때에는 주주의 발언 시간 및 회수를 제한할 수 있다.

제21조(주주의 의결권) 주주는 법령에 따른 규정이 있는 경우를 제외하고는 주식 1주에 대하여 1개의 의결권을 가진다.

제22조(의결권의 대리행사) ① 주주는 대리인으로 하여금 의결권을 행사하게 할 수 있다.

② 제1항의 대리인은 주주총회 개시 전에 그 대리권을 증명하는 서면(위임장)을 제출하여야 한다.

제23조(주주총회의 결의방법) 주주총회의 결의는 법령에 다른 정함이 있는 경우를 제외하고는 출석한 주주의 의결권의 과반수로 하되 발행주식총수의 4분의 1이상의 수로 하여야 한다.

제24조(주주총회의 의사록) 주주총회의 의사는 그 경과의 요령과 결과를 의사록에 기재하고 의장과 출석한 이사가 기명날인 또는 서명을 하여 본점과 지점에 비치한다.

제4장 이사, 이사회, 감사

제25조(이사 및 감사의 수) 회사는 1인 이상의 이사와 1인 이상의 감사를 둔다. 다만, 자본금이 10억원 미만인 경우에는 감사를 두지 아니할 수 있다.

제26조(이사 및 감사의 선임) ① 이사 및 감사는 주주총회에서 선임한다.

② 이사와 감사의 선임은 출석한 주주의 의결권의 과반수로 하되 발행주식 총수의 4분의 1이상의 수로 하여야 한다. 감사의 선임에는 의결권 있는 발행주식총수의 100분의 3을 초과하는 수의 주식을 가진 주주는 그 초과하는 주식에 관하여 의결권을 행사하지 못한다. 다만 소유주식수 산정에 있어 최대주주와 그 특수관계인, 최대주주 또는 그 특수관계인의 계산으로 주식을 보유한 자, 최대주주 또는 그 특수관계인에게 의결권을 위임한 자가 소유하는 의결권 있는 주식의 수는 합산한다.

제27조(이사 및 감사의 임기) ① 이사의 임기는 3년으로 한다. 그러나 그 임기가 최종의 결산기 종료 후 당해 결산기에 관한 정기주주총회 전에 만료될 경우에는 그 총회의 종결 시까지 그 임기를 연장한다.

② 감사의 임기는 취임 후 3년 내에 최종의 결산기에 관한 정기 주주총회 종결 시까지로 한다.

제28조(이사 및 감사의 보선) ① 이사 또는 감사 중 결원이 생긴 때에는 주주총회에서 이를 선임한다. 그러나 법정 원수에 달하고 또한 업무 수행에 지장이 없는 경우에는 보궐선거를 보류하거나 또는 차회 정기주주총회 때까지 연기할 수 있다.

② 보선에 의하여 선임된 이사 및 감사의 임기는 전임자의 잔여 임기로 한다.

제29조(대표이사 등의 선임) 이 회사는 이사회의 결의로 대표이사 1명과 전무이사 및 상무이사 약간 명을 둘 수 있다. 다만, 자본금이 10억 원 미만이고 이사가 2명뿐인 경우에는 주주총회에서 대표이사를 선임한다.

제30조(이사의 직무) ① 대표이사는 회사를 대표하고 업무를 총괄한다.

② 전무이사, 상무이사 및 이사는 대표이사를 보좌하고 이사회에서 정하는 바에 따라 이 회사의 업무를 분장 집행하며 대표이사 유고시에는 이사회에서 다른 결의가 없으면 위 순서로 그 직무를 대행한다. 단, 그 직위의 자가 복수인 경우에는 그 직무를 대행할 순위를 미리 이사회의 결의로 결정한다.

제31조(감사의 직무) ① 감사는 이 회사의 회계와 업무를 감사한다.

② 감사는 이사회에 출석하여 의견을 진술할 수 있다.

③ 감사는 회의의 목적사항과 소집의 이유를 기재한 서면을 이사회에 제출하여 임시총회의 소집을 청구할 수 있다.

제32조(이사회의 구성과 소집) ① 이사회는 이사로 구성하며, 회사 업무의 중요한 사항을 결의한다.

② 이사회는 대표이사 또는 이사회에서 따로 정한 이사가 있을 때에는 그 이사가 회의일 1일 전에 각 이사 및 감사에게 통지하여 소집한다. 그러나 이사 및 감사 전원의 동의가 있을 때에는 소집절차를 생략할 수 있다.

제33조(이사회의 결의방법) ① 이사회의 결의는 이사 과반수의 출석과 출석이사의 과반수로 한다.

② 이사회는 이사의 전부 또는 일부가 직접 회의에 출석하지 아니하고 모든 이사가 동영상 및 음성을 동시에 송수신하는 통신수단에 의하여 결의에 참가하는 것을 허용할 수 있다. 이 경우 당해 이사는 이사회에 직접 출석한 것으로 본다.

③ 이사회의 결의에 관하여 특별한 이해관계가 있는 자는 의결권을 행사하지 못한다.

제34조(이사회의 의사록) 이사회의 의사에 관하여 의사록을 작성하고 의장과 출석한 이사 및 감사가 기명날인 또는 서명을 하여 본점에 비치한다.

제35조(이사 및 감사의 보수와 퇴직금) ① 이사와 감사의 보수는 주주총회 결의로 정한다.

② 이사와 감사에 대한 퇴직금 지급은 주주총회 결의를 거친 임원퇴직금지급규정에 의한다.

제36조(상담역 및 고문) 회사는 이사회의 결의로 상담역 또는 고문 약간명을 둘 수 있다.

제5장 계 산

제37조(회계연도) 이 회사의 회계연도는 매년 1월 1일부터 12월 31일까지로 한다.

제38조(재무제표와 영업보고서의 작성 및 비치) ① 이 회사의 대표이사는 정기주주총회 회일의 2주간 전에 다음 각호의 서류와 그 부속명세서 및 영업보고서를 작성하여 이사회의 승인과 감사의 감사를 받아 정기주주총회에 제출하여야 한다.

   1. 재무상태표
   2. 손익계산서
   3. 이익잉여금처분계산서 또는 결손금처리계산서

② 제1항의 서류는 감사보고서와 함께 정기주주총회 회일의 1주간 전부터 본사에 5년간 비치하며, 지점에는 그 등본을 3년간 비치하여야 한다.

③ 대표이사는 제1항 각호의 서류에 대한 주주총회의 승인을 얻은 때에는 지체 없이 재무 상태표와 외부감사인의 감사 의견을 공고하여야 한다.

제39조(이익금의 처분) 이 회사는 매 회계연도의 처분 전 이익잉여금을 다음과 같이 처분한다.

   1. 이익준비금
   2. 법정적립금

    3. 임의적립금

    4. 주주배당금

    5. 임원상여금

    6. 차기이월 이익잉여금

제40조(이익배당) 이익배당금은 금전과 주식으로 하며 매 결산기에 있어서의 주주명부에 기재된 주주 또는 질권자에게 지급한다.

제41조(배당금 지급 청구권의 소멸시효) 배당금의 지급 청구권은 5년간 이를 행사하지 아니하면 소멸시효가 완성한다. 소멸시효 완성으로 인한 배당금은 회사에 귀속한다.

부 칙

제1조(정관의 효력) ① 이 정관은 2018년 3월 20일부터 시행하다.

  ② 이 정관에 규정되지 않은 사항은 주주총회의 결의와 상법 기타 법령이 정하는 바에 의한다.

제2조(발기인) 회사의 발기인의 성명, 주소 등은 정관 말미 기재와 같다.

위와 같이 00 주식회사를 설립하기 위하여 이 정관을 작성하고, 발기인이 이에 기명날인한다.

2023년 3월 20일

    발기인 성명 :　　　　　　　(인)

    주민등록번호 :

    주 소 :

    인수 주식수:　　주

    발기인 성명 :　　　　　　　(인)

    주민등록번호 :

    주 소 :

    인수 주식수:　　주

3. 협동조합 정관(예시)

<h3 style="text-align:center">○○협동조합 정관</h3>

<h3 style="text-align:center">제1장 총칙</h3>

제1조(명칭) 이 조합은 협동조합기본법에 의하여 설립하며, ○○협동조합이라 한다.

제2조(목적) ○○협동조합(이하 '조합'이라 한다)은 자주적·자립적·자치적인 협동조합 활동을 통하여 00000(예, 마을공동체사업의 활성화 등)를 통하여 조합원의 복리증진과 상부상조 및 지역경제의 발전에 기여함을 목적으로 한다.

제3조(사업의 종류) ① 이 조합은 그 목적을 달성하기 위하여 다음 각 호의 사업을 할 수 있다.

    1. 조합원과 직원에 대한 상담, 교육·훈련 및 정보제공

    2. 다른 조합과의 협력을 위한 사업

    3. 조합의 홍보 및 지역사회를 위한 사업

② 제1항에도 불구하고 조합은 「통계법」 제22조 제1항에 따라 통계청장이 고시하는 한국표준산업분류에 의한 금융 및 보험업을 영위할 수 없다.

제4조(조합의 책무) ① 조합은 조합원 등의 권익 증진을 위하여 교육·훈련 및 정보 제공 등의 활동을 적극적으로 수행한다.

② 조합은 다른 협동조합, 다른 법률에 따른 협동조합, 외국의 협동조합 및 관련 국제기구 등과의 상호 협력, 이해 증진 및 공동사업 개발 등을 위하여 노력한다.

제5조(사무소의 소재지) 조합의 주된 사무소는 ○○시·도 ○○시·군·구 ○○읍·면·동 ○○리에 두며, 필요한 곳에 지사무소를 둘 수 있다.

제6조(공고방법) ① 조합의 공고는 주된 사무소의 게시판(지사무소의 게시판을 포함한다)에 게시하고, 필요하다고 인정하는 때에는 ○○특별시·광역시·특별자치시·도·특별자치도에서 발간되는 일간신문 및 중앙일간지에 게재할 수 있다.

② 제1항의 공고기간은 7일 이상으로 하며, 조합원의 이해에 중대한 영향을 미칠 수 있는 내용에 대하여는 공고와 함께 서면으로 조합원에게 통지하여야 한다.

제7조(통지 및 최고방법) 조합원에 대한 통지 및 최고는 조합원명부에 기재된 주소지로 하고, 통지 및 최고기간은 7일 이상으로 한다. 다만, 조합원이 따로 연락받을 연락처를 지정하였을 때에는 그곳으로 한다.

제8조(공직선거 관여 금지) ① 조합은 공직선거에 있어서 특정 정당을 지지·반대하거나 특정인을 당선되도록 하거나 당선되지 아니하도록 하는 일체의 행위를 하여서는 아니 된다.

② 누구든지 조합을 이용하여 제1항에 따른 행위를 하여서는 아니 된다.

제9조(규약) 조합의 운영 및 사업실시에 관하여 필요한 사항으로서 이 정관으로 정한 것을 제외하고는 규약으로 정할 수 있다.

제2장 조합원

제10조(조합원의 자격) 조합의 설립목적에 동의하고 조합원으로서의 의무를 다하고자 하는 자는 조합원이 될 수 있다.

제11조(조합원의 가입) ① 조합원의 자격을 가진 자가 조합에 가입하고자 할 때에는 가입신청서를 제출하여야 한다.

② 조합은 제1항에 따른 신청서가 접수되면 신청인의 자격을 확인하고 가입의 가부를 결정하여 신청서를 접수한 날부터 2주 이내에 신청인에게 서면 또는 전화 등의 방법으로 통지하여야 한다.

③ 제2항의 규정에 따라 가입의 통지를 받은 자는 조합에 가입할 자격을 가지며 납입하기로 한 출자좌수에 대한 금액 중 제1회의 금액을 지정한 기일 내에 조합에 납부함으로써 조합원이 된다.

④ 조합은 정당한 사유없이 조합원의 자격을 갖추고 있는 자에 대하여 가입을 거절하거나 가입에 관하여 다른 조합원보다 불리한 조건을 붙일 수 없다.

제12조(조합원의 고지의무) 조합원은 제10조제1항에 따라 제출한 가입신청서의 기재사항에 변경이 있을 때 또는 조합원으로서의 자격을 상실하였을 때에는 지체 없이 조합에 이를 고지하여야 한다.

제13조(조합원의 책임) 조합원의 책임은 납입한 출자액을 한도로 한다.

제14조(탈퇴) ① 조합원은 예고하고 조합을 탈퇴할 수 있다.

② 조합원은 다음 각 호의 어느 하나에 해당하는 때에는 당연히 탈퇴된다.

1. 조합원 지위의 양도 등 조합원으로서의 자격을 상실한 경우
2. 사망한 경우
3. 파산한 경우
4. 금치산선고를 받은 경우
5. 조합원인 법인이 해산한 경우

제15조(제명) ① 조합은 조합원이 다음 각 호의 어느 하나에 해당하면 총회의 의결을 얻어 제명할 수 있다.

1. 출자금 및 경비의 납입 등 조합에 대한 의무를 이행하지 아니한 경우
2. 3년 이상 계속해서 조합의 시설 또는 사업을 이용하지 아니한 경우
3. 조합의 목적사업과 관련된 법령·행정처분·정관 및 규정을 위반한 경우
4. 고의 또는 중대한 과실로 조합의 사업을 방해하거나 신용을 상실하게 하는 행위를 한 경우

② 조합은 조합원을 제명하고자 할 때에는 총회 개최 10일 전에 그 조합원에게 제명의 사유

를 알리고 총회에서 의견을 진술할 기회를 주어야 한다.

③ 제2항에 따른 의견진술의 기회를 주지 아니하고 행한 총회의 제명 의결은 해당 조합원에게 효력이 없다.

④ 조합은 제명결의가 있을 때에 제명된 조합원에게 제명이유를 서면으로 통지하여야 한다.

제16조(탈퇴·제명조합원의 지분환급청구권) ① 조합을 탈퇴하거나 조합으로부터 제명된 조합원은 지분의 환급을 청구할 수 있다.

② 조합은 탈퇴 또는 제명 조합원이 조합에 대한 채무를 다 갚을 때까지는 제1항에 따른 지분의 환급을 정지할 수 있다. 다만, 탈퇴 또는 제명 조합원이 조합에 대하여 채무가 있을 때에는 제1항에 따른 환급금과 상계할 수 있다.

③ 제1항에 따른 청구권은 탈퇴 또는 제명 당시의 회계연도의 다음 회계연도부터 청구할 수 있다.

④ 제1항에 따른 청구권은 탈퇴하거나 제명된 날부터 2년간 행사하지 아니하면 소멸된다.

제17조(탈퇴조합원의 손실액 부담) ① 탈퇴한 조합원의 지분 환급분을 계산할 때 이 조합의 재산으로 그 채무를 다 갚을 수 없는 경우에는 탈퇴한 조합원은 납입의무를 이행하지 아니한 출자액의 범위에서 그가 부담하여야 할 손실액을 납입한다.

② 제1항에 따른 손실액의 납입 청구에 관하여는 제15조제4항을 준용한다.

제3장 출자와 경비부담 및 적립금

제18조(출자) ① 조합원은 1좌 이상의 출자를 하여야 하며 출자 1좌의 금액은 ○○○원으로 한다.

② 한 조합원의 출자좌수는 총 출자좌수의 100분의 30을 넘어서는 아니 된다.

③ 출자금은 일시에 납입한다. 다만, 불가피할 경우에는 2회로 나누어 납입할 수 있다.

④ 제3항 단서의 경우 출자 제1회의 납입금액은 출자금액의 2분의 1로 하고, 제2회 납입일자는 제1회 출자납입일로부터 6개월 이내로 한다.

⑤ 조합에 납입할 출자금은 조합에 대한 채권과 상계하지 못한다.

⑥ 출자는 현물로도 할 수 있고, 현물출자의 경우 규약이 정하는 바에 따라 출자액을 계산한다. 이 경우 현물출자자는 출자의 납입기일에 출자의 목적인 재산의 전부를 조합 또는 조합에서 지정한 장소에 납입하여야 한다.

제19조(우선출자) ① 조합은 잉여금배당에서 우선적 지위를 가지는 우선출자를 발행할 수 있다.

② 우선출자에 대한 배당은 제17조에 따른 배당 보다 우선하여 실시하되, 그 배당률은 액면금액의 100분의00 이상 100분의 00 이하의 범위 안에서 정기총회에서 정한다.

> **제19조(우선출자)** 조합은 협동조합기본법 제22조의2에 따른 우선출자를 발행하지 아니한다.

제20조(출자증서 등의 교부) ① 조합의 이사장은 조합원이 제17조의 규정에 의하여 최초 출자금을 납입한 때 및 조합원이 요구할 때에는 다음 각 호의 사항을 적은 출자증서 또는 출자를 확

인할 수 있는 증표에 기명날인하여 조합원에게 발급하여야 한다.

   1. 조합의 명칭

   2. 조합원의 성명 또는 명칭

   3. 조합 가입 연월일

   4. 출자금의 납입 연월일

   5. 출자금액 또는 출자좌수

   6. 발행 연월일

② 조합의 이사장은 매년 정기총회 7일 전까지 조합원의 출자금액 변동상황을 조합원에게 알려주어야 한다. 이 경우 우편 또는 전자통신매체를 이용하여 통지할 수 있다.

제21조(지분의 범위) 조합의 재산에 대한 조합원의 지분은 다음 각 호와 같다. 다만, 법 제66조 제1항에 의한 법정적립금은 지분 범위에 포함되지 아니한다.

 1. 조합원이 납입한 출자금

 2. 매 회계연도 총회에서 지분으로 확정한 준비금 등

제22조(지분등의 양도와 취득금지) ① 조합원 지위의 양도 또는 조합원 지분의 양도는 총회의 의결을 받아야 한다.

② 조합원이 아닌 자가 지분을 양수하려고 할 때에는 가입의 예에 따른다.

③ 지분의 양수인은 그 지분에 관하여 양도인의 권리의무를 승계한다.

④ 조합원은 지분을 공유하지 못한다.

⑤ 조합은 조합원의 출자지분을 취득하거나 이를 질권의 목적으로 하여서는 아니 된다.

제23조(출자금액의 감소의결) ① 조합은 부득이한 사유가 있을 때에는 조합원의 신청에 의하여 출자좌수를 감소할 수 있다.

② 조합은 출자 1좌의 금액 또는 출자좌수의 감소(이하 "출자감소"라 한다)를 총회에서 의결한 경우에는 그 의결을 한 날부터 14일 이내에 대차대조표를 작성한다.

③ 조합은 제1항에 따른 의결을 한 날부터 14일 이내에 채권자에 대하여 이의가 있으면 조합의 주된 사무소에 이를 서면으로 진술하라는 취지를 공고하고, 이미 알고 있는 채권자에게는 개별적으로 최고하여야 한다.

④ 제3항에 따른 이의신청 기간은 30일 이상으로 한다.

⑤ 그 밖의 출자좌수의 감소 절차와 방법에 관하여는 별도의 규약으로 정할 수 있다.

제24조(채권자의 이의) ① 채권자가 제65조의 이의신청 기간에 출자감소에 관한 의결에 대하여 이의를 신청하지 아니하면 출자 1좌 금액의 감소를 승인한 것으로 본다.

② 채권자가 이의를 신청하면 조합은 채무를 변제하거나 상당한 담보를 제공하여야 한다.

제25조(경비의 부과 및 징수) ① 조합은 조합의 사업 및 그 사업에 부대하는 사업에 필요한 경비를 충당하기 위하여 조합원에게 경비를 부과 및 징수할 수 있다.

② 제1항에 따른 경비의 부과금액, 부과방법, 징수시기와 징수방법은 이사회에서 정한다.

③ 조합원은 경비를 납입할 때 조합에 대한 채권과 상계할 수 없다.

④ 제2항의 부과금에 있어서 조합원에 대한 부과금액의 산정기준 사항에 변경이 있어도 이미 부과한 금액은 변경하지 못한다.

제26조(사용료 및 수수료) ① 이 조합은 조합의 사업을 이용하는 자에 대하여 사용료나 수수료를 부과할 수 있다.

② 이 조합이 계약을 체결함에 있어 계약당사자의 위임에 따라 운송·보관 그 밖의 행위를 대행하는 경우에는 이 조합은 그 대행에 필요한 부대비를 징수한다.

③ 제1항에 따른 조합원의 사용료나 수수료 납입을 조합에 대한 채권과 상계할 수 없다.

④ 제1항의 부과에 관한 사항은 규약으로 정한다.

제27조(과태금) ① 조합은 조합원이 출자금 또는 경비 등의 납입의무를 그 기한까지 이행하지 아니하는 경우에는 과태금을 징수할 수 있다.

② 조합원은 제1항에 따른 과태금을 조합에 대한 채권과 상계할 수 없다.

③ 과태금의 금액과 징수방법은 규약으로 정한다.

제4장 총회와 이사회

제28조(총회) ① 조합은 총회를 둔다.

② 총회는 정기총회와 임시총회로 구분한다.

③ 총회는 이사장과 조합원으로 구성하며, 이사장이 그 의장이 된다.

제29조(대의원총회) ① 조합원의 수가 200인을 초과하는 경우 총회에 갈음할 대의원 총회를 둘 수 있다.

② 대의원은 조합원 중에서 선출한다.

③ 대의원의 의결권 및 선거권은 대리인으로 하여금 행사하게 할 수 없다.

④ 대의원의 정수는 ○○명 이상으로 하며 임기는 ○년으로 한다.

⑤ 결원으로 인하여 선출된 대의원의 임기는 전임자 임기의 남은 기간으로 한다.

⑥ 대의원은 조합원의 선거를 통하여 선출하며, 선거방법에 관한 사항은 선거관리규약으로 정한다.

⑦ 대의원총회에 관하여는 총회에 관한 사항을 준용하며, 이 경우 "조합원"은 "대의원"으로 본다.

⑧ 대의원총회는 조합의 합병, 분할 및 해산에 관한 사항은 의결할 수 없다.

제30조(대의원의 의무 및 자격상실) ① 대의원은 성실히 대의원총회에 출석하고, 그 의결에 참여하여야 한다.

② 대의원총회는 대의원이 다음 각 호의 어느 하나에 해당하는 행위를 할 때에는 그 의결로 대의원자격을 상실하게 할 수 있다. 이 경우 해당 대의원에게 서면으로 자격상실 이유를 의결일 7일 전까지 통지하고, 총회 또는 대의원총회에서 의견을 진술할 기회를 주어야 한다.

   1. 대의원총회 소집통지서를 받고 정당한 사유 없이 계속하여 3회 이상 출석하지 아니하

거나 대의원총회에 출석하여 같은 안건에 대한 의결에 2회 이상 참가하지 아니한 경우

2. 부정한 방법으로 대의원총회의 의사를 방해한 경우

3. 고의 또는 중대한 과실로 이 조합의 명예 또는 신용을 훼손시킨 경우

제31조(정기총회) 정기총회는 매년 1회 회계연도 종료 후 3개월 이내에 이사장이 소집한다.

제32조(임시총회) ① 임시총회는 다음 각 호의 어느 하나에 해당하는 경우에 이사장이 소집한다.

1. 이사장 및 이사회가 필요하다고 인정할 때

2. 조합원이 조합원 5분의 1 이상의 동의를 받아 소집의 목적과 이유를 적은 서면을 제출하여 이사장에게 소집을 청구한 때

3. 감사가 조합의 재산상황이나 업무집행에 부정한 사실이 있는 것을 발견하고 그 내용을 총회에 신속히 보고할 필요가 있다고 인정하여 이사장에게 소집을 청구한 때

② 이사장은 제1항 제2호(제61조의 규정에 따른 해임 요구를 포함한다) 및 제3호의 청구를 받으면 정당한 사유가 없는 한 2주 이내에 소집절차를 밟아야 한다.

③ 제1항 제2호 및 제3호의 규정에 의하여 총회의 소집을 청구하였으나 총회를 소집할 자가 없거나 그 청구가 있은 날부터 2주 이내에 이사장이 총회의 소집절차를 밟지 아니한 때에는 감사가 7일 이내에 소집절차를 밟아야 한다. 이 경우 의장의 직무는 감사가 수행한다.

④ 감사가 제3항의 기한 이내에 총회의 소집절차를 밟지 아니하거나 소집할 수 없는 경우에는 제1항 제2호의 규정에 의하여 총회의 소집을 청구한 조합원의 대표가 이를 소집한다. 이 경우 조합원의 대표가 의장의 직무를 수행한다.

제33조(총회의 소집절차) ① 이사장은 총회 개최 7일 전까지 회의목적·안건·일시 및 장소를 정하여 우편 또는 전자통신매체 등으로 각 조합원에게 통지하여야 한다.

② 이사장이 궐위 또는 부득이한 사유로 총회를 소집할 수 없는 때에는 제53조 제3항에서 정하는 순으로 이를 소집한다.

제34조(조합원제안권) ① 조합원은 조합원 5분의 1 이상의 동의를 받아 이사장에게 총회일의 2주 전에 서면으로 일정한 사항을 총회의 목적사항으로 할 것을 제안할 수 있다.

② 이사장은 제1항에 의한 조합원제안이 있는 경우에는 이를 이사회에 보고하고, 이사회는 조합원제안의 내용이 법령 또는 정관을 위반하는 경우를 제외하고는 이를 총회의 목적사항으로 하여야 한다. 이 경우 조합원제안을 한 자가 청구하면 총회에서 그 제안을 설명할 기회를 주어야 한다.

제35조(총회의 의결사항) 다음 각 호의 사항은 총회의 의결을 얻어야 한다.

1. 정관의 변경

2. 규약의 제정과 변경 또는 폐지

3. 임원의 선출과 해임

4. 사업계획 및 예산의 승인

5. 대차대조표, 수지계산서, 결산보고서의 승인과 잉여금의 처분 및 손실금의 처리

6. 감사보고서의 승인

7. 조합의 합병·분할·해산 또는 휴업 또는 계속

8. 조합원의 제명

9. 다른 협동조합에 대한 우선 출자

10. 탈퇴 또는 제명 조합원에 대한 출자금 환급

11. 그 밖에 이사장 또는 이사회가 필요하다고 인정하는 사항

제36조(총회의 의사) ① 총회의 의사는 법령상 다른 규정이 있는 경우를 제외하고는 총 조합원 과반수의 출석으로 개회하고 출석조합원 과반수의 찬성으로 의결한다.

② 제1항의 규정에 의한 총회의 개의 정족수 미달로 총회가 유회된 때에는 이사장은 20일 이내에 다시 총회를 소집하여야 한다.

③ 총회는 제32조에 따라 미리 통지한 사항에 한하여 의결할 수 있다. 다만, 긴급을 요하여 총조합원의 3분의 2이상의 출석과 출석조합원 3분의 2 이상의 찬성이 있는 때에는 그러 하지 아니하다.

④ 총회에서 조합과 조합원간의 이익이 상반되는 사항에 대하여 의결을 행할 때에는 해당 조합원은 의결에 참가하지 못한다. 이 경우 의결에 참가하지 못하는 조합원은 의사정족수와 의결정족수에 포함되지 아니한다.

제37조(합병·분할 및 해산등의 의결) 다음 각 호의 사항은 조합원 과반수의 출석과 출석 조합원 3분의 2 이상의 찬성으로 의결한다.

1. 정관의 변경

2. 조합의 합병·분할·해산 또는 휴업

3. 조합원의 제명

4. 탈퇴·제명 조합원에 대한 출자금 환급

5. 다른 협동조합에 대한 우선출자

제38조(의결권 및 선거권) ① 조합원은 출자좌수에 관계없이 각각 1개의 의결권과 선거권을 갖는다.

② 조합원은 대리인으로 하여금 의결권 및 선거권을 행사하게 할 수 있다. 이 경우 그 조합원은 출석한 것으로 본다.

③ 대리인이 의결권 또는 선거권을 행사할 때에는 대리권을 증명하는 서면을 의결권 또는 선거권을 행사하기 전에 조합이 정하는 양식에 따라 미리 조합에 제출하여야 한다.

제39조(대리인이 될 자격) 전조 제2항에 따른 대리인은 다른 조합원 또는 본인과 동거하는 가족(조합원의 배우자, 조합원 또는 그 배우자의 직계 존속·비속과 형제자매, 조합원의 직계 존속·비속 및 형제자매의 배우자를 말한다. 이하 같다)이어야 하며, 대리인이 대리 할 수 있는 조합원의 수는 1인에 한한다.

제40조(총회의 의사록) ① 총회의 의사에 관하여 의사록을 작성하여야 한다.

② 의사록에는 의사의 진행 상황과 그 결과를 적고 의장과 총회에서 선출한 조합원 3인 이상이 기명날인하거나 서명하여야 한다.

제41조(총회의 운영규약) 정관에 규정하는 외에 총회의 운영에 관하여 필요한 사항은 총회 운영 규약으로 정한다.

제42조(총회의 회기연장) ① 총회의 회기는 총회의 결의에 의하여 연장할 수 있다.

② 제1항의 규정에 의하여 속행된 총회는 제33조 제1항의 규정을 적용하지 아니한다.

제43조(이사회) ① 조합에 이사회를 둔다.

② 이사회는 이사장 및 이사로서 구성한다.

③ 이사장은 이사회를 소집하고 그 의장이 된다.

④ 이사회의 소집은 회의일 7일전까지 회의의 목적, 안건, 일시 및 장소를 기재한 서면을 각 이사에게 통지하여야 한다. 다만 긴급을 요하여 이사회 구성원 과반수의 동의가 있을 때에는 소집절차를 생략할 수 있다.

⑤ 이사는 이사장에게 이사회 소집을 요구할 수 있다. 이사장이 정당한 사유 없이 이사회 소집을 거절하는 경우에는 다른 이사가 이사회를 소집할 수 있다.

⑥ 감사는 필요하면 회의의 목적사항과 소집이유를 적은 서면으로 이사장에게 이사회 소집을 청구할 수 있다. 이 경우 이사장이 지체 없이 이사회를 소집하지 아니하면 그 청구한 감사가 이사회를 소집할 수 있다.

⑦ 제5항과 제6항의 경우 이사장이 의장의 직무를 행할 수 없을 경우에는 이사장의 직무를 대행할 이사가 그 직무를 대행한다.

제44조(이사회의 의결사항) ① 이사회는 다음 각 호의 사항을 의결한다.

　　1. 조합의 재산 및 업무집행에 관한 사항

　　2. 총회의 소집과 총회에 상정할 의안

　　3. 규정의 제정과 변경 및 폐지

　　4. 사업계획 및 예산안 작성

　　5. 간부 직원의 임면 승인

　　6. 기본자산의 취득과 처분

　　7. 그 밖에 조합의 운영에 중요한 사항

　　8. 이사장이 부의하는 사항

② 이사회는 제3조 각 호의 사업을 수행하기 위하여 필요한 위원회를 설치·운영할 수 있다.

③ 제2항의 위원회 구성 및 운영에 관하여는 별도 규약으로 정한다.

제45조(이사회의 의사) ① 이사회는 구성원 과반수의 출석으로 개회하고 출석이사 과반수의 찬성으로 의결한다.

② 이사의 개인 이익과 조합의 이익이 상반되는 사항이나 신분에 관련되는 사항에 관하여는 당해 이사는 이사회의 의결에 관여할 수 없다. 이 경우 의결에 참가하지 못하는 이사는 의사정족수와 의결정족수에 포함되지 아니한다.

제46조(이사회의 의사록) 이사회의 의사에 관하여는 의사의 경과와 그 결과를 기재한 의사록을 작성하고 참석 이사 전원이 이에 기명날인하거나 서명하여야 한다.

제5장 임원과 직원

제47조(임원의 정수) ① 조합의 임원으로 이사장 1명을 포함한 3명 이상 00명 이내의 이사와 1 명 이상의 감사를 둔다.

② 제1항의 임원 중 이사회의 호선에 의해 상임임원을 둘 수 있다.

제48조(임원의 선임) ① 이사 및 감사는 총회가 조합원 중에서 선출하되, 이사회의 추천에 따라 조합원 외의 자를 선출할 수 있다.

② 이사장은 이사 중에서 총회에서 선출하고, 부이사장, 전무이사 및 상무이사 등은 이사회가 이사 중에서 호선한다.

③ 임원의 결원에 따른 보궐선거는 결원이 발생한 날로부터 0개월 이내로 하여야 한다.

④ 임원의 임기만료 또는 사임으로 제45조에 따른 임원의 정수를 충족하지 못하는 경우, 퇴임한 임원은 새로운 임원이 선임될 때까지 임원의 권리·의무가 있다.

⑤ 조합원인 법인이 협동조합의 임원인 경우 그 조합원인 법인은 임원의 직무를 수행할 사람을 선임하고, 그 선임한 사람의 성명과 주소를 조합원에게 통지하여야 한다.

⑥ 제1항~제5항의 선거 방법, 절차 등에 관하여는 선거관리규정으로 정한다.

제49조(임원등의 결격사유) ① 다음 각 호의 어느 하나에 해당하는 자는 이 조합의 임원이나 임원의 직무를 수행할 사람이 될 수 없다.

1. 피성년후견인
2. 파산선고를 받고 복권되지 아니한 사람
3. 금고 이상의 실형을 선고받고 그 집행이 끝나거나(집행이 끝난 것으로 보는 경우를 포함한다) 집행이 면제된 날부터 3년이 지나지 아니한 사람
4. 금고 이상의 형의 집행유예를 선고받고 그 유예기간 중에 있는 사람
5. 금고 이상의 형의 선고유예를 받고 그 선고유예기간 중에 있는 사람
6. 형법 제303조 또는 성폭력범죄의처벌등에관한특례법 제10조에 규정된 죄를 범하여 300만원 이상의 벌금형을 선고받고 그 형이 확정된 후 2년이 지나지 않은 사람
7. 법원의 판결 또는 다른 법률에 따라 자격이 상실 또는 정지된 사람

② 제1항 각호의 사유가 발생하면 해당 임원이나 임원의 직무를 수행할 사람은 당연히 퇴직한다.

③ 제2항에 따라 퇴직된 임원이나 임원의 직무를 수행할 사람이 퇴직 전에 관여한 행위는 그 효력을 상실하지 아니한다.

제50조(선거운동의 제한) ① 누구든지 자기 또는 특정인을 조합의 임원 또는 대의원으로 당선되도록 하거나 당선되지 아니하도록 할 목적으로 다음 각 호의 어느 하나에 해당하는 행위를 할 수 없다.

1. 조합원(협동조합에 가입신청을 한 자를 포함한다. 이하 이 조에서 같다)이나 그 가족 또는 조합원이나 그 가족이 설립·운영하고 있는 기관·단체·시설에 대한 다음 각 목의 어느 하나에 해당하는 행위

가. 금전·물품·향응이나 그 밖의 재산상의 이익을 제공하는 행위

나. 공사의 직을 제공하는 행위

다. 금전·물품·향응, 그 밖의 재산상의 이익이나 공사의 직을 제공하겠다는 의사표시 또는 그 제공을 약속하는 행위

2. 후보자가 되지 못하도록 하거나 후보자를 사퇴하게 할 목적으로 후보자가 되려는 사람이나 후보자에게 제1호 각 목에 규정된 행위를 하는 행위

3. 제1호 또는 제2호의 이익이나 직을 제공받거나 그 제공의 의사표시를 승낙하는 행위 또는 그 제공을 요구하거나 알선하는 행위

② 임원 또는 대의원이 되려는 사람은 선거일 공고일부터 선거일까지의 기간 중에는 선거 운동을 위하여 조합원을 호별로 방문하거나 특정 장소에 모이게 할 수 없다.

③ 누구든지 협동조합의 임원 또는 대의원 선거와 관련하여 연설·벽보, 그 밖의 방법으로 거짓의 사실을 공표하거나 공연히 사실을 적시하여 후보자를 비방할 수 없다.

④ 누구든지 임원 또는 대의원 선거와 관련하여 다음 각 호의 방법 이외의 선거운동을 할 수 없다.

1. 선전 벽보의 부착

2. 선거 공보의 배부

3. 소형 인쇄물의 배부

4. 합동 연설회 또는 공개 토론회의 개최

5. 전화·팩스·컴퓨터통신 등을 이용한 지지 호소

제51조(선거관리위원회의 구성·운영) ① 조합의 임원 및 대의원 선거사무를 공정하게 관리하기 위하여 본 조합에 선거관리위원회(이하 "위원회"라 한다)를 둘 수 있다.

② 위원회는 조합원(대의원을 포함한다)중에서 이사회의 의결을 거쳐 이사장이 위촉하는 ○명 이내의 위원으로 구성한다. 이 경우 당해 선거에 임원으로 후보등록한 자는 위원이 될 수 없다.

③ 위원회는 다음 각 호의 사무를 관장한다.

1. 후보자의 자격심사

2. 선거인 명부의 확정

3. 후보자 추천의 유·무효 판정

4. 선거공보의 작성과 선거운동방법 결정 및 계도

5. 선거관리, 투표관리 및 개표관리

6. 투표의 유·무효의 이의에 대한 판정

7. 선거관련 분쟁의 조정

8. 선거운동 제한규정 위반여부 심사 및 조치

9. 당선인의 확정

10. 그 밖에 선거에 필요한 사항

④ 그 밖에 위원회의 구성·운영 등에 관하여 필요한 사항은 선거관리규약으로 정한다.

제52조(임원의 임기) ① 임원의 임기는 3년으로 한다.

② 임원은 연임할 수 있다. 다만, 이사장은 2차례만 연임할 수 있다.

③ 결원으로 인하여 선출된 임원의 임기는 전임자의 임기종료일까지로 한다.

제53조(이사장 및 이사의 직무) ① 이사장은 이사회의 결정에 따라 조합의 업무를 집행하고 조합을 대표한다.

② 이사는 이사장을 보좌하며 조합의 업무를 집행한다.

③ 이사장이 사고가 있을 때에는 미리 이사회가 정한 순서대로 그 직무를 대행하고 해당자가 2인 이상일 경우에는 연장자 순으로 한다.

④ 제3항의 경우와 이사장이 권한을 위임한 경우를 제외하고는 이사장이 아닌 이사는 조합을 대표할 수 없다.

제54조(감사의 직무) ① 감사는 연 ○회 이상 조합의 업무집행 상황, 재산상태, 장부 및 서류 등을 감사하여 총회에 보고하여야 한다. 반기별 감사보고서는 이사회에, 반기별 감사보고서를 종합한 종합감사보고서는 정기총회에 각각 제출하여야 한다.

② 감사는 예고 없이 조합의 장부나 서류를 대조 확인할 수 있다.

③ 감사는 이사장 및 이사가 법령·정관·규약·규정 또는 총회의 의결에 반하여 업무를 집행한 때에는 이사회에 그 시정을 요구하여야 한다.

④ 감사는 총회 또는 이사회에 출석하여 의견을 진술할 수 있다.

제55조(감사의 대표권) 조합이 이사장을 포함한 이사와 소송, 계약 등의 법률행위를 하는 때에는 감사가 조합을 대표한다.

제56조(임원의 의무와 책임) ① 임원은 법령과 조합의 정관, 규약, 규정 및 총회와 이사회의 의결을 준수하고 조합을 위하여 성실히 그 직무를 수행하여야 한다.

② 임원이 법령 또는 정관을 위반하거나 그 임무를 게을리하여 조합에 손해를 가한 때에는 연대하여 그 손해를 배상하여야 한다.

③ 임원이 고의 또는 중대한 과실로 그 임무를 게을리하여 제3자에게 손해를 끼친 때에는 제3자에게 연대하여 그 손해를 배상하여야 한다.

④ 제2항 및 제3항의 행위가 이사회의 의결에 의한 것일 때에는 그 의결에 찬성한 이사도 제2항 및 제3항의 책임이 있다.

⑤ 제4항의 의결에 참가한 이사로서 명백한 반대의사를 표시하지 아니한 자는 그 의결에 찬성한 것으로 본다.

⑥ 제2항부터 제5항까지의 규정에 따른 구상권의 행사는 감사 및 이사에 대하여는 이사장이, 이사장에 대하여는 감사가, 전체 임원에 대하여는 조합원 5분의 1 이상의 동의를 받은 조합원 대표가 한다.

제57조(임원의 보수 등) ① 임원에 대하여 규정이 정하는 바에 따라 여비 등 조합업무와 관련된 비용을 실비 범위 내에서 지급할 수 있다.

② 상임임원에 대하여는 규정이 정하는 바에 따라 보수를 지급할 수 있다.

제58조(이사의 경업금지) ① 이사는 조합원 전원의 동의를 받지 아니하고는 자기 또는 제3자의

계산으로 조합의 영업부류에 속한 거래를 하지 못하며, 같은 종류의 영업을 목적으로 하는 다른 회사의 이사 또는 집행임원이 되지 못한다.

② 이사가 전항의 규정에 위반하여 거래를 한 경우에 그 거래가 자기의 계산으로 한 것인 때에는 조합은 이를 조합의 계산으로 한 것으로 볼 수 있고, 제3자의 계산으로 한 것인 때에는 그 이사에 대하여 조합은 이로 인한 이득의 양도를 청구할 수 있다.

제59조(이사와 조합 간의 거래) 이사는 조합원 과반수의 결의가 있는 경우에만 자기 또는 제3자의 계산으로 조합과 거래를 할 수 있다. 이 경우에는 민법 제124조를 적용하지 아니한다.

제60조(임직원의 겸직금지) ① 이사장은 다른 조합의 이사장을 겸직할 수 없다.

② 이사장을 포함한 이사와 직원은 감사를 겸직할 수 없다.

③ 임원은 이 조합의 직원을 겸직할 수 없다. 다만, 조합원의 수가 10인 이하인 경우에는 해당 기간 동안 그러하지 아니하다.

제61조(임원의 해임) ① 조합원은 조합원 5분의 1 이상의 동의로 총회에 임원의 해임을 요구할 수 있다. 이 경우 해임의 사유를 기재한 서면을 총회 의장에게 제출하여야 하며, 총회의 의장은 부득이한 사유가 없는 한 30일 내에 총회 소집절차를 거쳐 해임 의안을 상정하여야 한다.

② 조합은 제1항에 따른 서면 제출이 있을 때에는 총회 개최 10일 전에 해당 임원에게 해임 이유를 서면으로 통보하고, 총회에서 의견을 진술할 기회를 주어야 한다.

③ 이사장 해임을 의결하는 총회에서는 제53조 제3항의 순서대로 의장의 직무를 대행한다.

④ 임원의 해임을 의결하는 총회에서 해당 임원은 의결에 참가할 수 없다.

⑤ 임원의 해임 사유, 해임 절차 등에 관하여 필요한 사항은 규약으로 정한다.

제62조(직원의 임면등) ① 직원은 이사장이 임면한다. 다만, 간부직원은 이사회의 결의를 거쳐 이사장이 임면한다.

② 직원의 임면, 급여, 기타 직원에 관하여 필요한 사항은 규정으로 정한다.

제6장 사업계획과 회계

제63조(사업계획과 수지예산) ① 이사회는 매 회계연도 경과 후 3개월 이내에 해당 연도의 사업계획을 수립하고 동 계획의 집행에 필요한 수지예산을 편성하여 총회의 의결을 받아야 한다.

② 제1항에 따른 사업계획과 예산이 총회에서 확정될 때까지는 전년도 예산에 준하여 가예산을 편성하여 집행할 수 있다. 이 경우 총회의 사후 승인을 받아야 한다.

③ 이사회가 총회에서 확정된 사업계획과 예산을 변경한 때에는 차기 총회에서 사후 변경 승인을 받아야 한다.

제64조(회계연도 등) ① 조합의 회계연도는 매년 1월 2일부터 12월 31일까지로 한다.

② 조합의 회계는 일반회계와 특별회계로 구분하되, 당해 조합의 주 사업은 일반회계로 하고 그 외의 사업은 특별회계로 한다.

제65조(특별회계의 설치) 특별회계는 조합의 주 사업외의 특정사업을 운영할 때, 특정자금을 보유하여 운영할 때, 기타 일반회계와 구분 경리할 필요가 있을 때 설치한다.

제66조(법정적립금) ① 조합은 매 회계년도 결산의 결과 잉여금이 있는 때에는 자기자본의 3배가 될 때까지 잉여금의 100분의 10 이상을 적립하여야 한다.

② 제1항의 법정적립금은 손실금의 보전에 충당하거나 해산하는 경우 외에는 사용하여서는 아니 된다.

제67조(임의적립금) ① 조합은 매 회계연도의 잉여금에서 제61조에 따른 법정적립금을 빼고 나머지가 있을 때에는 총회에서 결정하는 바에 따라 매 회계연도 잉여금의 100분의 20 이상을 임의적립금으로 적립할 수 있다.

② 임의적립금은 총회에서 결정하는 바에 따라 사업준비금, 사업개발비, 교육 등 특수한 목적을 위하여 지출할 수 있다.

제68조(손실금의 보전) 조합은 매 회계연도의 결산 결과 손실금(당기손실금을 말한다)이 발생하면 미처분이월금, 임의적립금, 법정적립금 순으로 이를 보전하고, 보전 후에도 부족이 있을 때에는 이를 다음 회계연도에 이월한다.

제69조(잉여금의 배당 및 이월) ① 조합은 제66조의 법정적립금 및 제67조의 임의적립금의 적립과 제68조에 따른 손실금의 보전 후 잉여금이 있을 때에는 총회의 결의로 이를 조합원에게 배당할 수 있다.

② 제1항의 배당시 조합원별 배당금은 조합사업의 이용실적 또는 조합원이 납입한 출자액의 비율에 따라 계산한다. 이 경우 잉여배당금은 다음 각 호의 원칙을 준수하여야 한다.

    1. 이용실적에 대한 배당은 전체 배당액의 100분의 50 이상이어야 한다.

    2. 납입출자액에 대한 배당은 납입출자금의 100분의 10을 초과하여서는 아니 된다.

③ 잉여금배당의 방법, 절차 등은 규약으로 정한다.

④ 조합은 제63조에 따른 보전과 제61조 및 제62조에 따른 적립금 적립 및 제1항에 따른 배당을 실시한 후에 잔여가 있을 때에는 총회의 결의로 잉여금을 다음 회계연도에 이월할 수 있다.

제70조(결산등) ① 조합은 정기총회일 7일 전까지 결산보고서(사업보고서, 대차대조표, 손익계산서, 잉여금처분안 또는 손실금처리안 등을 말한다)를 감사에게 제출하여야 한다.

② 조합은 제1항에 따른 결산보고서와 감사의 의견서를 정기총회에 제출하여 승인을 받아야 한다.

제71조(운영의 공개) ① 이사장은 결산결과의 공고 등 운영사항을 적극 공개하여야 한다.

② 이사장은 정관·규약·규정과 총회·이사회의 의사록, 회계장부 및 조합원 명부를 주된 사무소에 비치하여야 한다.

③ 결산보고서는 정기총회 7일 전까지 주된 사무소에 비치하여야 한다.

④ 조합원과 조합의 채권자는 이사장에게 제2항 및 제3항의 서류를 열람하거나 또는 그 사본의 교부를 청구할 수 있다.

⑤ 이사장은 제4항의 청구가 있을 때에는 정당한 이유 없이 그 교부를 거부하지 못한다.

⑥ 이사장은 결산일로부터 3개월 이내에 설립신고를 한 ○○특별시·광역시·특별자치시·도 또는 협동조합연합회의 홈페이지에 다음 각 호의 자료를 게재하여야 한다.

    1. 정관, 규약, 규정

2. 사업계획서

3. 결산서

4. 조합원·직원 등에 대한 교육·홍보 실적

5. 총회, 대의원총회, 이사회의 활동 상황

제7장 보칙

제72조(합병과 분할) ① 조합은 합병계약서 또는 분할계획서를 작성한 후 총회의 의결을 얻어 합병 또는 분할할 수 있다.

② 합병 또는 분할로 인하여 존속하거나 설립되는 조합은 합병 또는 분할로 소멸되는 조합의 권리·의무를 승계한다.

제73조(해산) 조합은 다음 각 호의 어느 하나에 해당하는 사유가 발생하였을 때에는 해산하고 해산절차는 민법 등 관련 법령에 의한다.

1. 총회의 의결

2. 합병·분할 또는 파산

제74조(청산) ① 조합이 해산한 때에는 파산으로 인한 경우를 제외하고는 이사장이 청산인이 된다. 다만, 총회에서 다른 사람을 청산인으로 선임하였을 경우에는 그에 따른다.

② 청산인은 취임 후 지체 없이 재산상태를 조사하고 재산목록과 대차대조표를 작성하여 재산처분의 방법을 정하여 총회의 승인을 얻어야 한다.

제75조(청산 잔여재산의 처리) 조합이 해산 후 채무를 변제하고 청산 잔여재산이 있을 때에는 총회가 정한 산정방법에 의하여 이를 조합원에게 분배한다.

부칙

이 정관은 ○○○시·도지사의 신고서류 수리가 완료된 날부터 시행한다.

2023년 3월 20일
발기인 000
발기인 000
발기인 000
발기인 000
발기인 000

4. 정보공개서에 기재하여야 하는 사항(가맹사업 공정화에 관한 법률 제4조 제1항)

1. 정보공개서의 표지

가. 정보공개서라는 한글 표시

나. 다음의 문장

이 정보공개서는 귀하께서 체결하려는 가맹계약 및 해당 가맹사업에 대한 전반적인 정보를 담고 있으므로 그 내용을 정확하게 파악한 후에 계약체결 여부를 결정하시기 바랍니다. 「가맹사업거래의 공정화에 관한 법률」에 따라 가맹희망자에게는 정보공개서의 내용을 충분히 검토하고 판단할 수 있도록 일정한 기간이 주어집니다. 따라서 이 정보공개서를 제공받은 날부터 14일(변호사나 가맹거래사의 자문을 받은 경우에는 7일)이 지날 때까지는 가맹본부가 귀하로부터 가맹금을 받거나 귀하와 가맹계약을 체결할 수 없습니다.

이 정보공개서는 법령에서 정한 기재사항을 담고 있는 것에 불과하며 그 내용의 사실 여부를 한국공정거래조정원이나 가맹사업 분야의 전문성을 갖춘 법인·단체 중 해당 업무를 수행할 수 있다고 공정거래위원회가 인정하여 고시하는 기관에서 모두 확인한 것은 아닙니다. 또한, 귀하께서는 어디까지나 가맹계약서의 내용에 따라 가맹사업을 운영하게 되므로 정보공개서의 내용에만 의존하여서는 아니 됩니다.

다. 가맹본부의 상호, 영업표지, 주된 사무소의 소재지, 가맹사업과 관련하여 가맹본부가 운영하는 인터넷 홈페이지 주소, 가맹사업 담당부서, 가맹사업 안내 전화번호

라. 정보공개서의 등록번호 및 최초 등록일

마. 정보공개서의 최종 등록일

2. 가맹본부의 일반 현황

가. 가맹본부의 설립일(법인인 경우 법인설립등기일, 개인인 경우 최초 사업자등록일을 말한다), 법인등록번호(법인인 경우만 해당한다) 및 사업자등록번호

나. 가맹본부 및 가맹본부의 특수관계인[「독점규제 및 공정거래에 관한 법률 시행령」제4조제1호에 따른 동일인관련자(가맹본부가 아닌 자의 사용인은 제외한다) 및 「독점규제 및 공정거래에 관한 법률 시행령」제16조제1호에 따른 특수관계인을 말한다. 이하 같다] 중 정보공개일 현재 최근 3년 동안 가맹사업을 경영한 적이 있거나 경영하고 있는 특수관계인의 명칭, 상호, 영업표지, 주된 사무소의 소재지, 대표자의 이름, 대표전화번호(회사인 경우에는 회사의 대표번호를, 개인인 경우에는 주된 사무소의 대표번호를 기재한다. 이하 같다)

다. 가맹본부가 외국기업인 경우에는 가맹본부 및 가맹본부의 특수관계인 중 정보공개일 현재 최근 3년 동안 국내에서 가맹사업을 경영한 적이 있거나 경영하고 있는 특수관계인의 명칭, 상호, 영업표지, 국내의 주된 사무소의 소재지, 대표자의 이름, 대표전화번호, 국내에서 영업을 허락받은 기간(가맹본부가 다른 사업자에게 국내에서 가맹사업운영권을 부

여한 경우에만 기재한다)

라. 가맹본부가 정보공개 바로 전 3년간 다른 기업(정보공개일 현재 최근 3년 동안 가맹사업을 경영한 적이 있거나 경영하고 있는 경우만 해당한다)을 인수·합병(다른 기업의 가맹사업 관련 사업을 양수 또는 양도한 경우도 포함한다. 이하 같다)하거나 다른 기업에 인수·합병된 경우 해당 기업의 명칭, 상호, 주된 사무소의 소재지, 대표자의 이름

마. 가맹희망자가 앞으로 경영할 가맹사업(이하 "해당 가맹사업"이라 한다)의 명칭, 상호, 서비스표, 광고, 그 밖의 영업표지

바. 가맹본부의 정보공개 바로 전 3개 사업연도의 재무상황에 관한 다음의 정보
   1) 연도별 대차대조표 및 손익계산서. 다만, 가맹본부가 재무제표를 작성하지 아니하는 경우에는 매출액을 확인할 수 있는「부가가치세법」에 따른 부가가치세신고서 등의 증명서류로 대신할 수 있다.
   2) 연도별 가맹사업 관련 매출액(영업표지별로 나누어 기재하되, 분류가 어려운 경우에는 그 합계를 기재할 수 있다. 또한 관련 매출액 산정이 곤란한 경우 추정된 매출액임을 밝히고 상한과 하한을 표시한다)과 구체적인 산정기준
   3) 개인사업자가 법인사업자로 전환한 경우 종전 개인사업자의 1)의 정보(정보공개 바로 전 3개 사업연도 정보만 해당한다)

사. 가맹본부의 현 임원(「독점규제 및 공정거래에 관한 법률」제2조제6호에 따른 임원을 말한다. 이하 같다)의 명단(가맹사업 관련 임원과 관련되지 아니하는 임원을 나누어 기재한다) 및 정보공개일 현재 최근 3년 동안의 개인별 사업경력(재직했던 직위 및 사업기간을 포함한다)

아. 가맹본부의 정보공개 바로 전 사업연도 말 현재 임직원 수(상근·비상근 임원과 직원을 나누어 기재한다)

자. 가맹본부 및 그 특수관계인이 정보공개일 현재 최근 3년 동안 가맹사업을 경영하였거나 경영하고 있는 경우 그러한 사실(영업표지별로 나누어 기재한다)

차. 가맹본부가 가맹점사업자에게 사용을 허용하는 지식재산권에 관한 다음의 정보
   1) 등록 및 등록신청 여부(지식재산권의 경우 특허청 등록·등록신청 여부, 등록이 거부된 경우 그 사실, 등록·출원번호 및 등록일·출원일을 포함한다)
   2) 지식재산권 소유자 및 등록신청자의 이름
   3) 사용이 허용되는 지식재산권의 등록 만료일
   4) 가맹본부가 지식재산권의 사용을 허용받은 기간 및 사용 범위

3. 가맹본부의 가맹사업 현황
가. 해당 가맹사업을 시작한 날
나. 해당 가맹사업의 연혁(해당 가맹사업을 시작한 날 이후 해당 가맹사업을 경영한 가맹본부의 상호, 주된 사무소의 소재지, 대표자의 이름, 가맹사업 경영 기간)

다. 해당 가맹사업의 업종

라. 정보공개 바로 전 3개 사업연도 말 현재 영업 중인 해당 가맹사업의 전국 및 광역지방자치단체별 가맹점 및 직영점 총 수(가맹점과 직영점을 나누어 기재한다)

마. 해당 가맹사업과 관련하여 정보공개 바로 전 3년간 신규 개점, 계약 종료, 계약 해지, 명의 변경의 사정이 있는 가맹점의 수(연도별로 나누어 기재한다)

바. 해당 가맹사업 외에 가맹본부 및 가맹본부의 특수관계인이 경영하는 가맹사업의 업종, 영업표지 및 사업 시작일과 정보공개 바로 전 3개 사업연도 말 현재 영업 중인 가맹점 및 직영점의 총 수

사. 직전 사업연도에 영업한 가맹점사업자(전국 및 광역지방자치단체별로 나누어 기재하되, 바로 전 사업연도 말 현재 5명 미만의 가맹점사업자가 영업 중인 지역은 기재를 생략할 수 있다)당 지역별 연간 평균 매출액(정확한 매출액이 산정되지 아니하는 경우에는 추정된 매출액임을 밝히고, 상한과 하한을 표시하며, 매장 전용 면적 3.3㎡당 연간 평균 매출액을 함께 적는다)과 구체적인 산정기준

아. 직전 사업연도 말 현재 영업 중인 가맹점사업자의 평균 영업기간(각 가맹점사업자의 최초 가맹계약 체결일부터 직전 사업연도 말까지 영업한 일수를 모두 더하여 총 가맹점사업자의 수로 나눈 기간을 말한다)

자. 해당 가맹사업을 경영하는 가맹지역본부(가맹본부가 직접 운영하는 지역사무소 등을 포함한다. 이하 이 목에서 같다)에 관한 다음의 정보

1) 가맹지역본부의 상호, 주된 사무소의 소재지, 대표자의 이름, 대표전화번호, 관리지역, 가맹본부와 맺은 계약기간

2) 가맹지역본부가 가맹계약 체결의 상대방인지 여부

3) 가맹지역본부가 관리하는 바로 전 사업연도 말 현재 영업 중인 가맹점 수)

차. 해당 가맹사업과 관련하여 가맹본부가 정보공개 바로 전 사업연도에 지출한 광고비 및 판촉비(광고 및 판촉 수단별로 나누어 기재하되, 분류가 어려운 경우에는 총액만 기재한다)

카. 가맹금 예치에 관한 사항

1) 해당 업무를 수행하는 기관의 상호, 담당 지점이나 부서의 이름과 소재지, 안내 전화번호

2) 가맹금 예치절차

3) 가맹희망자 또는 가맹점사업자의 소재지에 따라 예치기관이 달라지는 경우 관련된 정보

타. 피해보상보험계약 등의 체결 내역(해당 사실이 있는 경우만 기재한다)

1) 보험금액

2) 보장범위 및 지급조건

3) 보험금의 수령절차

4) 그 밖에 필요한 사항

4. 가맹본부와 그 임원의 법 위반 사실 등

　가. 정보공개일 현재 최근 3년 동안 가맹사업거래와 관련하여 법,「독점규제 및 공정거래에 관한 법률」또는「약관의 규제에 관한 법률」을 위반하여 공정거래위원회로부터 시정권고 이상의 조치를 받거나 공정거래위원회 또는 시·도지사로부터 법 제6조의4제1항에 따른 정보공개서 등록취소 처분을 받은 사실

　나. 정보공개일 현재 최근 3년 동안 가맹사업거래와 관련하여「가맹사업거래의 공정화에 관한 법률」또는「독점규제 및 공정거래에 관한 법률」을 위반하거나, 사기·횡령·배임 등 타인의 재물이나 재산상 이익을 영득 또는 이득하는 죄로 받은 유죄의 확정판결과 관련된 민사소송에서 패소의 확정판결을 받았거나, 민사상 화해를 한 사실

　다. 정보공개일 현재 최근 3년 동안 사기·횡령·배임 등 타인의 재물이나 재산상 이익을 영득 또는 이득하는 죄를 범하여 형의 선고를 받은 사실

5. 가맹점사업자의 부담

　가. 영업개시 이전의 부담

　　1) 가맹점사업자가 해당 가맹사업을 시작하기 위하여 가맹본부에게 지급하여야 하는 대가의 내역과 그 반환조건 및 반환할 수 없는 경우에는 그 사유(계약금, 가입비, 할부금의 첫 지급액, 선급임차료, 교육비, 개점행사비 등 대가에 포함되는 구체적인 내용을 나누어 기재한다)

　　2) 보증금·담보목적물 등 계약 종료 시 가맹점사업자에게 반환되는 대가(가맹점사업자의 귀책사유 등으로 반환되지 아니하는 경우에는 그 사유를 기재한다)

　　3) 예치가맹금의 범위와 그 금액(가맹본부가 피해보상보험계약 등에 가입한 경우에도 법 제6조의5제1항에 따라 예치대상이 되는 가맹금의 액수를 기재한다)

　　4) 1)과 2) 외에 가맹점사업자 사업을 시작하는 데에 필요한 다른 대가(위치나 점포 크기 등에 따른 비용의 차이를 예시하되, 정확한 금액이 산정되지 않는 경우에는 추정된 금액임을 밝히고 상한과 하한을 표시하며, 매장 전용 면적 3.3㎡당 비용을 함께 적는다)의 내역, 지급대상과 그 반환조건 및 반환될 수 없는 경우에는 그 사유

　　　가) 필수설비·정착물·인테리어 비용(가맹본부가 강제 또는 권장하는 경우만 해당한다)

　　　나) 최초로 공급되는 상품의 비용 또는 용역의 비용

　　　다) 설계 및 감리 비용

　　　라) 그 밖의 필요 비용

　　5) 가맹점 입지 선정 주체 및 선정 기준

　　6) 가맹점사업자와 그 종업원의 채용 및 교육에 대한 기준

　　7) 가맹점 운영에 필요한 설비, 장비, 정착물 등의 물품 내역 및 공급 방법·공급 업체(가맹본부 또는 가맹본부가 지정한 자가 공급하는 경우만 해당한다)

　나. 영업 중의 부담

1) 상표 사용료, 리스료, 광고·판촉료, 교육훈련비, 간판류 임차료, 영업표지 변경에 따른 비용, 리모델링(remodeling) 비용, 재고관리 및 회계처리 비용, 판매시점 관리 시스템(POS)을 포함한 운영 시스템 유지 비용 등 가맹점사업자가 해당 가맹사업을 경영하기 위하여 가맹본부 또는 가맹본부가 지정한 자에게 정기적으로 또는 비정기적으로 지급하여야 하는 모든 대가의 내역과 그 반환조건 및 반환될 수 없는 경우에는 그 사유(각각의 내역을 나누어 기재한다)

2) 가맹점사업자가 해당 가맹사업을 운영하는 과정에서 가맹본부가 가맹점사업자에게 가맹본부 또는 가맹본부가 지정한 자와 거래할 것을 강제 또는 권장하여 공급받는 품목에 대하여 가맹본부에 지급하는 대가 중 적정한 도매가격을 넘는 대가(이하 "차액가맹금"이라 한다)와 관련한 다음의 사항(부동산 임차료가 포함된 경우와 포함되지 않은 경우를 나누어 기재하며, 가맹본부가 직접 제조하거나 생산하여 가맹점사업자에게 공급하는 품목에 대한 정보는 기재하지 않을 수 있다)

   가) 직전 사업연도의 가맹점당 평균 차액가맹금 지급금액[직전 사업연도 영업기간이 6개월 이상인 가맹점이 가맹본부에 지급한 차액가맹금의 합계액(직전 사업연도의 영업기간이 1년 미만인 가맹점의 경우 지급한 차액가맹금을 1년치로 환산한 금액을 반영한다)/직전 사업연도 영업기간이 6개월 이상인 가맹점 수]

   나) 직전 사업연도의 가맹점당 매출액 대비 차액가맹금 지급금액의 비율[직전 사업연도 영업기간이 6개월 이상인 가맹점이 가맹본부에 지급한 차액가맹금의 합계액/직전 사업연도 영업기간이 6개월 이상인 가맹점 매출액의 합계액]

3) 가맹본부가 재고관리·회계처리 등에 관하여 가맹점사업자를 감독하는 내역

다. 계약 종료 후의 부담(부담이 없는 경우에는 그 사실을 기재한다)

1) 계약 연장이나 재계약 과정에서 가맹점사업자가 추가로 부담하여야 할 비용(점포 이전이 필요할 경우 그 비용도 포함한다)

2) 가맹본부의 사정에 의한 계약 등의 종료 시 조치사항

   가) 가맹본부가 가맹사업을 다른 사업자에게 양도하는 경우 기존 가맹점사업자와   의 계약승계 여부

   나) 가맹본부가 사용을 허락한 지식재산권의 유효기간이 만료되는 경우 조치사항

   다) 가맹본부가 해당 가맹사업을 중단하는 경우 조치사항

3) 가맹점사업자가 다른 사업자에게 가맹점운영권을 이전하려는 경우, 가맹점사업자 또는 다른 사업자가 가맹본부에 부담하여야 할 대가

4) 계약종료 후 조치사항(가맹본부 또는 가맹본부가 지정한 자가 공급한 물품의 반품조건 등 재고물품 처리 방안을 포함한다)

6. 영업활동에 대한 조건 및 제한

가. 가맹점사업자가 해당 가맹사업을 시작하거나 경영하기 위하여 필요한 모든 부동산·용역·

설비·상품·원재료 또는 부재료의 구입 또는 임차에 관한 다음의 사항

1) 가맹본부가 가맹점사업자에게 가맹본부 또는 가맹본부가 지정한 자와 거래할 것을 강제 또는 권장할 경우 그 강제 또는 권장의 대상이 되는 품목, 품목별 차액가맹금 수취 여부 및 공정거래위원회 고시로 정하는 주요 품목별 직전 사업연도 공급가격의 상·하한[가맹본부가 직접 공급하는 품목과 가맹본부가 지정한 자가 공급하는 품목을 구분하여 기재한다. 다만, 가맹사업이 소매업(편의점 등 소비자에 대해 각종 잡화를 종합적으로 판매하는 업종을 의미한다)에 해당하거나 차액가맹금을 수취하지 않는 경우에는 해당 정보의 기재를 생략할 수 있다]

2) 가맹본부가 가맹점사업자에게 가맹본부 또는 가맹본부가 지정한 자로부터 구입하도록 강제한 것과 관련하여 가맹본부의 특수관계인이 경제적 이익을 취하고 있는 경우 해당 특수관계인의 명칭, 가맹본부와 특수관계인 간 관계의 내용, 경제적 이익의 대상이 되는 상품 또는 용역의 명칭, 그 직전 사업연도에 해당 특수관계인에게 귀속된 경제적 이익의 내용(매출액, 임대수익 등을 의미하며, 정확한 금액이 산정되지 않는 경우에는 추정된 금액임을 밝히고 상한과 하한을 표시한다)

3) 가맹본부가 가맹점사업자에게 가맹본부 또는 가맹본부가 지정한 자와 거래할 것을 강제 또는 권장한 품목과 관련하여 가맹본부가 직전 사업연도에 납품업체, 용역업체 등으로부터 금전, 물품, 용역, 그 밖의 경제적 이익을 얻는 경우 해당 납품업체, 용역업체 등의 명칭, 그 경제적 이익의 내용[금전인 경우 판매장려금, 리베이트(rebate) 등 그 명칭에 관계없이 그 합계액을 기재하되, 정확한 금액이 산정되지 않는 경우에는 추정된 금액임을 밝혀 상한과 하한을 표시하고, 금전이 아닌 경우에는 해당 상품이나 용역의 명칭·수량 등을 기재한다. 이하 4)에서도 같다]

4) 가맹본부가 가맹점사업자에게 가맹본부의 특수관계인과 거래(특수관계인의 상품 또는 용역이 가맹점사업자에게 직접 공급되거나 제3의 업체를 매개로 공급되는 경우를 포함한다)할 것을 강제한 품목과 관련하여 특수관계인이 직전 사업연도에 납품업체, 용역업체 등으로부터 경제적 이익을 얻는 경우 해당 납품업체, 용역업체 등의 명칭, 그 경제적 이익 내용

나. 가맹본부의 온라인·오프라인 판매에 관한 사항

1) 바로 전 사업연도 말 기준 연간 국내 매출액(연간 국내 매출액을 산정하기 곤란한 불가피한 사정이 있는 경우에는 공정거래위원회가 정하여 고시하는 바에 따라 산정한 매출액을 말한다) 중 온라인과 오프라인의 매출액 비중. 이 경우 온라인 매출액 비중은 가맹본부가 직접 운영하는 온라인몰 매출액과 다른 자가 운영하는 온라인몰 매출액으로, 오프라인 매출액 비중은 가맹점 매출액과 그 밖의 오프라인 매출액으로 각각 구분하여 적는다.

2) 바로 전 사업연도 말 기준 국내 판매상품 중 온라인과 오프라인 전용 판매상품의 비중

다. 삭제

라. 상품 또는 용역, 거래상대방 및 가맹점사업자의 가격 결정을 제한하는 경우 이에 관한 상세한 내용
  1) 가맹점사업자에게 지정된 상품 또는 용역만을 판매하도록 제한할 필요가 있는 경우에는 그 제한내용
  2) 가맹점사업자의 거래상대방에 따라 상품 또는 용역의 판매를 제한할 필요가 있는 경우에는 그 제한내용
  3) 가맹점사업자가 판매하는 상품 또는 용역의 가격을 정하여 이에 따르도록 권장하거나, 가맹점사업자가 판매가격을 결정·변경하기 전에 가맹본부와 협의할 필요가 있는 경우에는 그 제한내용
마. 가맹점사업자의 영업지역을 보호하기 위한 구체적인 내용
  1) 법 제12조의4에 따라 가맹계약 체결 시 가맹점사업자의 영업지역을 설정하여 가맹계약서에 적는다는 사실과 가맹계약기간 중에는 정당한 사유 없이 가맹점사업자의 영업지역에서 동일한 업종의 직영점·가맹점(가맹본부 또는 그 계열회사가 운영하는 직영점·가맹점으로 한정한다)을 설치하지 아니한다는 사실(가맹본부 또는 그 계열회사가 보유하고 있는 영업표지 중 해당 가맹사업과 동일한 업종의 영업표지가 존재하는 경우 그 영업표지도 함께 적는다)
  2) 영업지역의 설정 기준
  3) 가맹계약 갱신과정에서 영업지역을 재조정할 수 있는 사유 및 영업지역을 재조정하는 경우에 가맹점사업자에게 미리 알리는 절차와 동의를 받는 방법
  4) 가맹점사업자가 가맹본부로부터 보장받는 영업지역 밖의 고객에게 상품 및 용역을 판매하는 데 따르는 제한
  5) 가맹본부가 가맹점사업자의 영업지역 내에서 대리점, 다른 영업표지를 사용한 가맹점 등을 통하여 가맹점사업자가 거래하는 상품이나 용역과 동일하거나 유사하여 대체재 관계에 놓일 수 있는 상품이나 용역을 거래하고 있는 경우 이에 관한 내용
  6) 가맹본부가 온라인, 홈쇼핑, 전화권유판매 등을 통하여 가맹점사업자가 거래하는 상품이나 용역과 동일하거나 유사하여 대체재 관계에 놓일 수 있는 상품이나 용역을 거래하고 있는 경우 이에 관한 내용
  7) 그 밖에 영업지역에 관한 내용
바. 계약기간, 계약의 갱신·연장·종료·해지 및 수정에 관한 상세한 내용
  1) 가맹계약의 기간(계약 갱신 기간을 포함하며, 여러 가지의 기간이 있으면 모두 기재한다)
  2) 계약 갱신 거절 사유
  3) 계약 연장이나 재계약에 필요한 절차
  4) 계약 종료, 해지 사유 및 그 절차(가맹본부 및 가맹점사업자의 권리를 각각 기재한다)
  5) 계약 수정의 사유, 사전 통보 여부 및 동의 절차
사. 가맹점운영권의 환매·양도·상속 및 대리행사, 경업금지, 영업시간 제한, 가맹본부의 관

리·감독 등에 관한 상세한 내용

    1) 가맹점운영권의 환매 및 양도에 필요한 절차

    2) 가맹점운영을 대행하거나 위탁할 수 있는지와 그에 필요한 요건

    3) 가맹점사업자의 경업금지 범위(경업금지 기간, 업종, 지역을 기재한다)

    4) 영업시간 및 영업일수 등의 제한에 대한 내용

    5) 가맹점사업자가 고용하도록 권장되는 종업원 수 및 가맹점사업자가 직접 영업장에서 근무해야 하는지 여부

    6) 가맹본부가 가맹점사업자의 영업장을 관리·감독하는지 여부와 관리·감독하는 항목

아. 광고 및 판촉 활동

    1) 광고의 목적에 따른 가맹본부와 가맹점사업자의 비용분담기준

    2) 가맹점사업자가 가맹본부와 별개로 광고 및 판촉을 하려는 경우에 필요한 조건 및 절차

자. 해당 가맹사업의 영업비밀 보호 등에 관한 내용(가맹점사업자가 누설하지 아니하여야 할 영업비밀의 범위 및 그 기간을 포함한다)

차. 가맹계약 위반으로 인한 손해배상에 관한 사항

7. 가맹사업의 영업 개시에 관한 상세한 절차와 소요기간

가. 가맹계약 체결을 위한 상담·협의 과정에서부터 가맹점 영업 개시까지 필요한 절차(시간 순서대로 기재하되 변호사나 가맹거래사의 자문을 받는 방법을 포함한다)

나. 각 절차에 걸리는 기간(기간이 늘어날 수 있다는 점과 그 사유를 기재하되, 정확한 기간 이 산정되지 아니하는 경우에는 추정된 기간임을 밝히고 상한과 하한을 포함한 구간으로 표시)

다. 각 절차에 드는 비용(절차별로 구체적으로 기재하되, 정확한 비용이 산정되지 아니하는 경우에는 추정된 비용임을 밝히고 상한과 하한을 포함한 구간으로 표시한다)

라. 가맹계약 체결 이후 일어날 수 있는 분쟁의 해결 절차

8. 가맹본부의 경영 및 영업활동 등에 대한 지원(지원사항이 없는 경우에는 그 사실을 적는다)

가. 가맹점사업자의 점포환경개선 시 가맹본부의 비용지원에 관한 사항(법 제12조의2제2항 에 따라 의무적으로 지급하여야 하는 최소한의 비용을 지급하는 경우라도 해당 내용을 적는다)

나. 판매촉진행사 시 인력지원 등 가맹본부가 지원하는 사항이 있는 경우 그 구체적 내용

다. 가맹본부가 가맹점사업자의 경영활동에 대한 자문을 하는 경우 그 구체적 방식 및 내용

라. 가맹본부가 가맹희망자 또는 가맹점사업자에게 직접 신용을 제공하거나 각종 금융기관 의 신용 제공을 주선하는 경우에는 신용 제공에 대한 구체적 조건 및 신용 제공 금액

마. 가맹본부가 가맹점사업자의 안정적인 점포 운영을 위한 경영상 지원 제도를 운용하는 경 우 지원 조건 및 금액

9. 교육·훈련에 대한 설명(교육·훈련 계획이 없는 경우에는 그 사실을 기재한다)

　가. 교육·훈련의 주요내용(집단 강의 및 실습 교육을 구분한다) 및 필수적 사항인지 여부

　나. 가맹점사업자에게 제공되는 교육·훈련의 최소시간

　다. 가맹점사업자가 부담하는 교육·훈련비용

　라. 교육·훈련을 받아야 하는 주체(가맹점사업자가 자기 대신에 지정한 자도 교육·훈련을 받을 수 있는 경우에는 이를 기재한다)

　마. 정기적이고 의무적으로 실시되는 교육·훈련에 가맹점사업자가 불참할 경우에 가맹본부로부터 받을 수 있는 불이익

10. 다음 각 목의 직영점 운영 현황

　가. 바로 전 사업연도 말 기준 전체 직영점의 명칭 및 소재지

　나. 바로 전 사업연도 말 기준 전체 직영점의 평균 운영기간(각 직영점의 영업개시일부터 바로 전 사업연도 말까지의 영업한 일수를 모두 더하여 총 직영점의 수로 나눈 기간을 말한다)

　다. 바로 전 사업연도 말 기준 전체 직영점의 연간 평균 매출액(연간 평균 매출액을 산정하기 곤란한 불가피한 사정이 있는 경우에는 공정거래위원회가 정하여 고시하는 바에 따라 산정한 매출액을 말한다).

색 인

저 / 자 / 소 / 개

정쾌영(鄭快永)

[약력]
신라대학교 명예교수
사단법인 부산국제개발협력연구원 이사장
부산광역시교육청 행정심판위원, 소청심사위원
신라대학교 법학과 교수 역임
중국 칭다오과기대학교 연구교수 역임
신라대학교 인문사회과학대학 학장 역임
신라대학교 글로벌한국학센터 소장 역임
KOICA한국어문화연수사업단 단장 역임

[주요저서]
『상법원론』(교서관), 『상법총칙·상행위법』(21세기사)
『상법(하)』(21세기사), 『회사법』(21세기사)
『전자거래법』(21세기사), 『현대생활과 법률』(동방문화사)
『한국사회·문화의 이해』(세종출판사), 『한국경제의 이해』(세종출판사, 공저)
『주식회사의 의결권에 관한 법리』(한국기업법학회, 공저)
『주식회사법대계(Ⅱ)』(한국상사법학회, 공저)

[주요논문]
독일 주주포럼제도의 도입에 관한 연구
책임보험계약의 법리
전자선하증권의 도입에 관한 연구
사외이사제도의 개선방향
실권된 주식·전환사채의 제3자 배정에 관한 문제점
내부통제제도에 관한 고찰
중국 외상투자기업의 종류와 특성
중국 회사법상 주식유한회사의 지배구조
이익공여 금지 위반과 주주총회 결의 취소 등 다수

창업법강의

초판발행	2018년 2월 28일
개정3판발행	2023년 2월 25일
지은이	정쾌영
펴낸이	안종만·안상준
기획/마케팅	정성혁
표지디자인	이수빈
제 작	고철민·조영환
펴낸곳	(주) **박영사**
	서울특별시 금천구 가산디지털2로 53, 210호(가산동, 한라시그마밸리)
	등록 1959. 3. 11. 제300-1959-1호(倫)
전 화	02)733-6771
f a x	02)736-4818
e-mail	pys@pybook.co.kr
homepage	www.pybook.co.kr
ISBN	979-11-303-3750-0 93360

copyright©정쾌영, 2023, Printed in Korea

정 가   25,000원